문사통의교주 3

文史通義校注

Annotations and Correction on General Meaning of Historiography and General Meaning of Bibliography

지은이 장학성(章學誠, 1738~1801)은 중국 청나라 때 학자이며 원래 이름이 문효(文斅), 자가 실재(實齋), 호가 소암(少岩)이다. 절강성 회계(오늘날 소홍)에서 살림이 넉넉지 않은 지식인 집안에서 태어났다. 어려서 병치레가 잦아 공부가 지지부진했던 그는 열다섯 살부터 역사학에 흥미를 가지게 되었고 스물다섯 살부터 주균을 스승으로 모시고 고문을 배우기 시작했다. 서른세 살에 안휘 학정으로 부임한 주균을 따라 갔으며 본격적으로 『문사통의』를 쓰기 시작했다. 병으로 돌아가기 직전까지 글쓰기를 놓지 않았으니 평생의 공력이 『문사통의』에 고스란히 모여 있다. 1773년 서른여섯 살 되던 해 화주의 행정 책임자 유장성을 위해 『화주지』를 편집했다. 『화주지』를 편집하면서 당시 지식인들이 별 관심을 기울이지 않던 지방지를 새롭게 인식하게 되었다. 1777년 마흔한 살에 진사에 급제해 국자감 전적 벼슬을 받았으나 취임하지 않고 막빈 생활을 하면서 전국의 서원에서 강의도 하고 지방지도 편찬해 주며 생계를 이었다. 1794년 쉰일곱 살의 그는 고향 회계에 정착하고 평생 쓴 글들을 정리하기 시작한다. 1800년 예순세 살에 노환이 심해진 그는 실명 상태에 빠졌지만 사람을 불러 구술하면서까지 창작의 끈을 놓지 않았다. 이 해에 그는 학문적 유언이라고 할 수 있는 「절동학술」을 썼고 이듬해 1801년 11월 세상을 떠났다.

옮긴이 임형석(林亨錫, Lim Hengseok)은 1969년 부산에서 태어나 자랐다. 1992년 부산대학교 철학과에서 학사 학위를, 1997년 중국 북경의 청화대학 사상문화연구소에서 사상사 석사 학위를, 2001년 북경대학 철학계에서 철학 박사 학위를 받았다. 2001년부터 부산과 인근의 여러 대학에서 시간강사 및 연구원으로 일했고, 현재 부산 경성대학교 중국대학 중어중문학과 초빙외래교수이다.

문사통의교주 文史通義校注 3

1판 1쇄 인쇄 2011년 2월 20일 1판 1쇄 발행 2011년 2월 25일

지은이 장학성 옮긴이 임형석 펴낸이 박성모 펴낸곳 소명출판
등록 제13-522호 주소 137-878 서울시 서초구 서초동 1621-18 (란빌딩 1층)
대표전화 (02) 585-7840 팩시밀리 (02) 585-7848
이메일 somyong@korea.com 홈페이지 www.somyong.co.kr

ISBN 978-89-5626-545-2 94820 값 25,000원,
ISBN 978-89-5626-542-1 (전 5권)

이 번역도서는 2006년 정부재원(교육인적자원부·학술연구조성사업비)으로 한국연구재단의 지원에 의하여 연구되었음.

문사통의 교주 3

文史通義校注

장학성 지음
임형석 옮김

소명출판

일러두기

1. 이 번역서의 저본은 장학성이 쓰고 섭영이 교정하고 주를 단 『문사통의교주』(文史通義校注, 北京, 中華書局, 1985)이다.
2. 중화서국 판 『문사통의교주』의 표점(標點)은 대부분 옳지만 여러 사람이 함께 작업한 탓인지 어긋나는 경우가 가끔 발견된다. 이것은 통일시키고 역주에서 밝혔다. 아울러 창수량(倉修良)이 편집한 『문사통의신편』(文史通義新編, 上海, 上海古籍出版社, 1993), 엄걸(嚴傑)과 무수성(武秀成)이 번역한 『문사통의전역』(文史通義全譯, 貴陽, 貴州人民出版社, 1997)도 남김없이 대조했으며 참고한 부분도 간혹 있다.
3. 이 번역서는 장학성의 원문과 원주, 섭영의 교주, 옮긴이의 역주 세 부분으로 구성되어 있다. 장학성의 원문은 본문으로 번역하고 원주는 본문에 괄호를 친 뒤 작고 굵은 글씨로 옮겨서 구분했다. 섭영의 교주는 『문사통의교주』의 원래 순서대로 주로 처리했다. 옮긴이의 역주는 각각의 주 밑에 '*역주'라고 써서 따로 구분했다.
4. 번역은 가능한 우리말로 풀어쓰려고 노력했다. 원문에 충실하고자 노력했으나 원문이 지나치게 축약된 경우에는 의역하기도 했다. 전통 문인의 글쓰기 대부분이 그러하지만, 장학성의 문장도 축약이 심하다. 이를 그대로 옮길 경우 앞뒤 문맥을 파악하는데 어려움이 있기 때문에 적절하게 풀어 옮겼다. 필요한 경우에는 옮긴이의 역주에 이를 설명했다.
5. 인명, 지명, 서명 등은 모두 한글 음으로 표기했다. 온전한 우리말 번역을 위해 국내의 갖가지 번역서와 연구 성과를 가능한 한, 충실히 참조하고 반영하고자 노력했다. 기존의 번역이 어색하고 구태의연한 경우, 옮긴이의 관점에 따라 의역하고 현대적으로 해석하기도 했다.
6. 섭영의 교주는 장학성의 원문에 나타나는 인명과 지명, 서명 등 거의 모든 사항을 망라하고 있다. 옮긴이의 역주는 섭영의 교주를 충실히 옮기고도 충분치 않은 경우에만 달았다. 옮긴이의 역주 가운데 장학성의 본문에 대한 것은 별도로 표시했다. 별도의 표시가 없는 옮긴이의 역주는 섭영의 교주에 대한 역주이다.
7. 원어 표기가 필요한 경우에는 한글 뒤 ( ) 안에 부기하였다. 그리고 옮긴이가 의역한 경우, 곧 저자가 지나치게 축약해서 쓴 말을 풀어쓰는 경우에는 [ ] 안에 원어를 표기했다. 또한 동일한 원어 표기가 여러 차례 등장하는 경우는 독자의 편의를 위해 필요하다고 판단했기 때문이다.

권5 - 내편5

권6 - 외편1

문사통의교주 전체 차례

권 5
내편 5

신정(申鄭)[1]

사마천이나 반고 같은 역사가가 나타나지 않자 전문가의 사학은 시들어 버렸다. 진수와 범엽 이후 역사서를 잘 지은 경우도 있지만 잘 짓지 못한 경우도 있다. 그러나 이들도 대략 일가를 이룬 사람이라고 할 수 있다. 당나라 때 역사를 편찬하는 관청[局]과 국사 편찬을 감독하는 관청[監]을 개설하여 진나라 때부터 수나라 때까지 고사(故事)를 정리하고[2] 그

1 나는 이렇게 생각한다. 역사 기록은 통사를 소중하게 생각하는데 통사의 이익과 못마땅한 점은 「석통」편에 이미 상세하게 논했다. 두우의 『통전』과 마단림의 『문헌통고』가 기술한 것은 오로지 전장과 제도를 밝히는 데 있지만, 정초의 『통지』는 정치적 안정과 불안정, 흥망성쇠를 아울러 언급하고 있다. 다만 이처럼 큰 것을 감싸서 포괄하는 일은 한 사람의 힘으로 버틸 수 있는 것이 아니므로, 꼼꼼하지 못하고 간단한 것이 많다. 장학성의 시대에 왕명성은 정초를 제멋대로인 사람이라고 가리켰고, 대진은 그를 촌스러운 유학자이며 경을 기준으로 역사서를 저울질하며 지나친 말이 있다고 물리쳤다. 장학성은 마음이 편안하지 못하여 특별히 이 글을 지었다. 유함흔 『문사통의지어』는 이렇게 말한다. "이것 및 다음 세 편과 「서교」편은 마찬가지로 역사서를 논하는 대강이다. 이것은 역사서가 탁월하고 독특한 판단력을 소중하게 여기며, 사장 따위를 짓는 문학이나 비교하고 검토해서 증거를 찾는 일이 역사

책들을 각각 독립된 역사서[一史]라고 불렀다. 그러나 학자들은 유파를 잘못 계승하여 다시 역사서의 형식을 변별하고 바로잡지 않았기 때문에 옛사람이 글을 지은 뜻은 어두워지고 밝혀지지 않았다. 사장 따위나 짓는 문학가는 문사를 펼칠 뿐이고 외우는 일에 힘쓰는 사람[記誦家]은 비교와 조사에 정밀할 뿐이기 때문에 사학에 대한 보탬이 작아 보인다. 그러나 판단하며 이해하려고 더 부지런히 힘썼지만 고대로부터 멀어지면 멀어질수록 흐름을 따르다 보니 근원을 잊게 되었고 위대한 근본 바탕을 모르다 보니 더욱 들어맞지 않게 되었다. 정초[3]는 옛사람의 시대로부

서가 될 수 없다는 것을 밝힌다. 「신정」이라고 이름 지은 이유는 정초를 비난하는 당시 사람들을 바로잡고자 하는 것일 뿐이고, 사실 정초를 위하려는 것만은 아니다." 여강 하씨 초본에 근거하면 원래 제목 아래의 주에 "「석통」전 첫째(釋通傳一)"라는 글자가 있다. 다음 편인 「답객문 상」 아래에는 「석통」전 둘째(釋通傳二)라고 주를 달았다. 「석통」과 「답객문 상」 여러 편은 모두 『경신간초』에 실려 있다. 「답객문 상」은 "계사년 항주에서"라고 했는데, 그렇다면 「석통」은 건륭 38년 계사년에 지은 것이다. 이 글이 계사년 이후의 경술년과 신해년에 지었다면, 건륭 45년부터 46년 사이여야만 하겠지?

2 『사통』 「정사」는 이러하다. "처음에 양나라, 진나라 및 북제, 북주, 수나라의 역사서가 모두 미처 없었기 때문에 당나라 태종은 학사들에게 나누어 편찬하라고 명령했는데, 사실은 앞에 갖춰져 있다.(요사렴(姚思廉)이 『양서』와 『진서』를 짓고 이백약(李伯藥)이 『북제서』를 지으며 영호덕분이 『북주서』(北周書)를 짓고, 위징과 안사고가 『수서』를 지은 것을 말한다) 이어서 비서감 위징이 그 사무를 총괄해서 주관하도록 했기 때문에 모든 「찬」과 「논」은 위징이 참여한 것이 많다. 처음에 정관 3년에 창조하여 정관 18년에 이르러 비로소 완성했는데, 다섯 왕조의 기전체 역사서를 합쳐서 목록까지 아울러 모두 이백쉰두 권이다." 따로 「설림」의 주77에 보인다. 정관 18년에 또한 『진서』를 다시 고쳤다. 이 뒤에는 계속 이어서 관례가 되었고, 글을 짓는 뜻은 어두워지고 밝지 않았다. 주장은 다음 편에 보인다.

3 『송사』 「유림전」은 이러하다. "정초는 자가 어중(漁仲)이며 홍화군(興化軍) 포전(莆田) 출신이다. 책을 짓기를 좋아하고 문장을 짓지 않았는데, 늘 유향이나 양웅에 뒤지지 않는다고 자부했다. 협제산에 살면서 인사도 사절했다. 세월이 한참 흐르자 이름난 큰 산과 큰 내를 돌아다니며 기이한 것을 수집하고 고대를 찾아다녔다. 장서가를 만나면 꼭 책을 빌려 머물면서 남김없이 읽고서야 떠났다. 조정과 장준(張浚) 이하 모두 그를 우러렀다. 처음에 경지, 예악, 문자, 천문, 지리, 충어, 초목, 방서의 학문을 지었는데 모두 논변한 것이 있다. 소흥 19년에 그것을 올리니 황제가 궁중도서관[秘府]에 소장하라고 명령했다. 정초가 되돌아가서 학문에 더욱 힘쓰자 따르는 사람이 이백여 명이나 되었다. 시강 왕륜(王綸)과 하윤중(賀允中)이 천거하여 황제가 불러서 만나게 되었고, 이를 계기로 반고 이후 대대로 역사서를 짓는 일이 잘못되었

터 천 년이나 뒤에 태어나 옛사람이 저술한 근원을 보고 탄식했다. 그러나 지은이의 뜻이 어휘의 화려함[詞采]으로 글을 지으려는 데만 있지 않고 비교하고 검토해서 증거를 찾는 일[考據]을 학으로 삼으려 한다는 것을 알았다. 그래서 결국 사마천을 바로잡아 고친 뒤 박식함과 우아함을 근거로 보태려고 했으며 반고를 폄하하고 덜어낸 뒤 반고가 사마천을 그대로 따라한 일을 풍자했다.[4] 그는 홀로 삼천 년 동안 내려온 글과 오래된 문헌을 수집한 뒤 탁월하고 독특한 판단력[別識心裁]을 운용했다. 그는 아마 통사를 짓는 사람[通史家]의 기풍을 잇고 스스로 경륜하여 일가의 주장을 이룬 사람일 것이다.[5] 학자들은 견문이 적고 의심이 많다. 학

다고 말했다. 황제는 이렇게 말했다. '경의 이름을 들은 지 오래되었소. 고대의 학을 펼쳐 스스로 일가를 이뤘다는데 어찌 이렇게 늦게야 만나게 되었는지!' 우적공랑에 임명하고 정초가 지은 『통지』를 베끼라는 공문을 주었다. 책이 완성되자 추밀원 편수관이 되었다. 고종이 건강으로 거둥한 뒤 『통지』를 바치라고 명령했는데, 마침 정초가 병으로 죽어버렸다. 나이는 쉰아홉이다. 학자들은 협제 선생(夾漈先生)이라 부른다."

4 사마천을 바로잡고 싶다면 박식함과 우아함을 더해야 한다. 『통지』「자서」는 이러하다. "위대한 저술은 반드시 박식함과 우아함에 대해 깊이가 있어야 하고, 천하의 책을 남김없이 본 뒤에야 죽더라도 한이 남지 않는다. 사마천의 시대에 협서율[挾書之律]이 막 폐지되었고 책을 얻는 길은 아직 넓혀지지 않았기 때문에, 삼천 년에 걸친 역사적 자취이지만 일고여덟 가지 책에 마음에 황송하여 몸을 굽히는 지경이었다. 사마천에게 한스러운 것은 박식함이 부족하다는 것이다. 아마 저서라는 것은 비록 이전 사람의 책을 고르더라도 반드시 스스로 일가의 주장을 이뤄야 할 것이다. 이제 사마천의 『사기』는 예전의 글을 완전히 이용하고 속된 말도 끼어들어, 참으로 가려 뽑는 일이 갖춰지지 않았을 때부터 기록할 것은 기록하고 삭제할 것은 삭제하는 일을 서두르지 않는다. 그러므로 나는 감히 이전 사람들의 말을 빠트릴 수 없으며, 그래서 고사를 기술하고 대대로 전해진 것을 정돈하여 가지런하게 만든 것이지 이른바 창작이라고 말하지 않는 것이다. 유지기도 역시 『사기』가 예전 기록을 많이 모으고 때때로 어수선한 말을 끼운 것을 꾸짖고 있는데 사마천에게 한스러운 것은 우아함이 부족하다는 것이다." 반고가 사마천을 그대로 답습한 것을 꾸짖은 것은 「언공 상」의 주45를 보라.

역주_ **비교하고 검토해서 증거를 찾는 일**은 고증과 같은 말이다.

5 정초는 『통지』 이백 권을 지었다. 「제기」(帝紀)는 삼황에서 시작하여 수나라 공제(恭帝)까지인데, 모두 열여덟 권이며 「후비전」 두 권을 붙였다. 「표」를 「보」(譜)로 바꾼 것은 『주보』(周譜)를 본받았는데 모두 네 권이다. 「지」를 「약」(略)으로 바꾼 것은 큰 이름을 피한 것인데 모두 쉰두 권이다. 「주동성세가」(周同姓世家)가 한 권인데 「종

자들은 정초가 창조한 범례, 비할 바 없이 뛰어난 판단력과 넓디넓은 논설도 제대로 모를뿐더러 숱한 주장을 어떻게 요리해야 하는 지도 모르면서 그가 창조한 사학의 핵심을 깎아내고 있다. 그리고 정초가 원용하거나 근거할 때 꼼꼼하지 못하고 간단한 점, 편집할 때 잘라낼지 말지 결정하지 못한 점만 꼬투리 잡아서 어지럽게 공격한다. 공격의 기세가 마치 같은 하늘을 이고 살 수 없는 원수와 같다. 옛사람이 되살아난다면 정초에 대한 그들의 공격이 어찌 고리칼의 머리 구멍에 쉭 하고 지나가는 바람소리만큼이나 되겠는가?[6] 정초의 『통지이십략』 가운데 「육서략」, 「칠음략」과 「곤충초목략」은 이른바 사학으로 경학을 돕는 것이다. 그래서 본래 특정 시대만 잘라서 글로 쓰지 않고 끝없이 연속되는 사실들을 열거하는 것이 당연하다. 이것은 정말 이른바 전문가의 끊어진 학업이며 한나라 때나 당나라 때 많은 유학자들도 들어보지 못한 것이다.[7] 조례를

실전」 여덟 권을 붙이고, 「주이성세가」(周異姓世家)가 두 권, 「열전」이 아흔여덟 권, 「재기」가 여덟 권, 「사이전」(四夷傳) 일곱 권이다. 「기」, 「전」, 「세가」, 「재기」, 「보」, 「약」의 여섯 가지 체재를 갖췄다. 「기」, 「전」, 「세가」, 「재기」 가운데 분량이 많은 것은 예전 글에 의거하여 덜거나 보탰다. 그가 홀로 힘써 계획을 세워 해나간 것은 이십략에 있다. 이것은 정초가 「자서」에서 "아마 저서라는 것은 비록 이전 사람의 책을 고르더라도 반드시 스스로 일가의 주장을 이뤄야 할 것이다"라고 말한 것이다.

6 『예기』 「곡례 상」은 이러하다. "아비의 원수는 함께 하늘을 이고 살아서는 안 된다." 『장자』 「즉양」은 이러하다. "혜자는 이렇게 대답했다. '피리를 불면 높고 큰 소리가 납니다만 칼자루를 불면 휙 하고 작은 소리밖에 안 납니다.'" 사마표는 이렇게 말한다. "칼자루는 칼자루 끝에 고리 모양으로 생긴 작은 구멍을 말한다. 혈연(吷然)은 바람이 지나가는 것과 같다."

7 『통지』 「자서」는 이러하다. "강엄에게 이런 말이 있습니다. '역사서 편찬의 어려움은 「지」(志)에서 벗어나지 않는다.' 참으로 「지」라는 것은 불변하는 법[憲章]과 이어진 것이라서 전고에 노련한 사람이 아니라면 할 수 없는 것이고 「기」와 「전」에 비기지 못합니다. 「기」는 연대로 사실을 감싸고 「전」은 사실로 사람을 잇기 때문에 유학을 지망하는 선비[儒學之士]라면 모두 지을 수 있습니다. 오로지 「지」가 어렵고 그 다음은 「표」만큼 어려운 것이 없기 때문에 범엽과 진수의 무리는 「기」와 「전」을 만들었지만 감히 「표」와 「지」를 만들 수 없었습니다. 「지」의 큰 원칙은 『이아』에서 시작되었는데 사마천은 「서」(書)라고 하고 반고는 「지」(志)라고 하며 채옹은 「의」(意)라고 하고 화교(華嶠)는 「전」(典)이라고 하며 장발(張勃)은 「녹」(錄)이라고 하고 하법성은 「설」(說)이라고 했습니다. 나머지 역사서는 동시에 반고를 이어서 지라고 부르는데, 모두 뜬소문에 대해서는 상세하고 사실에 대해서는 간단하기 때문에 『이

창조하고 어마어마한 분량의 거대한 체계를 만든 것은 다름 아니라 뜻과 종류에 따라 자신의 가학을 밝힌 것이다. 정초는 저술 사업을 그의 시대에 완성시키지 않을 수 없었기 때문에 대충 정리하고 수정했다.[8] 그래서 원래 소학의 전문가가 따로 지은 책과 나은지 못한지 비교한 적이 없다. 또한 정초는 자신이 완성시킨 학설을 후세인이 묵수한 채 조금도 변통하지 못하게 만들려고 생각한 적도 없다. 정초가 떨친 것은 큰 줄거리이지만 보잘 것 없는 학자들이 아홉 마리 쇠털을 불어 터럭 한 올을 찾는 것처럼 마디마디 자그마한 잘못을 찾으려 한다. 이것이 어찌 추나라와 노나라 사이에서 분주히 뛰어다니며 유학을 가르치지 않는다고 한신과 팽월 같은 명장을 나무라는 일과 다르겠는가?[9] 그리고 벌레를 새기거나 도장을 새기는 것처럼 글짓기에 능숙하지 않다고 복생이나 공안국처럼 이름난 유학자를 나무라는 일과 다르겠는가?[10]

아』의 뜻을 남김없이 다할 수 없습니다. 저는 이제 천하의 위대한 학술을 모으고 큰 줄거리와 자세한 조목을 조리 있게 정리하여 「약」이라고 이름 지었는데, 모두 스무 가지입니다. 모든 왕조의 불변하는 법은 학자가 잘하는 일이지만 여기 남김없이 지었습니다. 「예략」[禮], 「직관략」[職官], 「선거략」[選擧], 「형법략」[刑法], 「식화략」[食貨] 다섯 가지는 한나라와 당나라 때 여러 유학자들이 얻어 들은 것이고 「씨족략」[氏族], 「육서략」, 「칠음략」, 「천문략」[天文], 「지리략」[地理], 「도읍략」[都邑], 「시략」[謚], 「기복략」[器服], 「악략」[樂], 「예문략」, 「교수략」, 「도보략」, 「금석략」[金石], 「재이략」[災異], 「곤충초목략」 열다섯 가지는 한나라와 당나라 때 여러 유학자들이 얻어 듣지 못한 것입니다."

8 『순자』「성악」은 이러하다. "굽은 나무는 반드시 도지개나 불을 쬐어 바로 잡은 뒤라야 곧아진다." 양경의 주는 이러하다. "은괄(檃栝)은 나무를 바로잡는 나무이다." 은(檃)은 은(隱)이라고도 한다. 『후한서』「등훈전」(鄧訓傳)은 이러하다. "헤아려서 바로잡는다." 괄(栝)은 괄(括)이라고도 한다. 하휴 「공양전서」는 이러하다. "그러므로 드디어 정리하고 수정하여 그것이 법도를 받아들이도록 했다."

9 한신과 팽월(彭越)은 한나라 고조[高帝]의 이름난 장수이다. 『사기』「태사공자서」는 이러하다. "북쪽으로 문수와 사수를 건너 제나라와 노나라의 도읍에서 학업을 익히고 공자가 남긴 기풍을 살펴보았으며 추(鄒)와 역(嶧)에서 향사(鄉射)에 참여했다." 『시』「제풍」 "의차"(猗嗟)는 이러하다. "교묘한 걸음걸이여." 『모시전』은 이러하다. "창(蹌)은 교묘하게 빨리 걷는 모습이다."

10 복승(伏勝)과 공안국은 한나라 초기의 경사이다. '벌레 좀 새길 줄 알고 글씨 좀 팔 줄 안다'는 것은 「감우」의 주43을 보라. 나는 이렇게 생각한다. 여기까지 정초의 탁월하고 독특한 판단력이 통사를 짓는 사람의 가풍을 갖추고 있으며, 학자가 과장해

사마천의 비할 바 없이 뛰어난 학문은 『춘추』 이후 사마천 하나뿐이다. 그는 아주 오랜 세월을 범위로 하고 제자백가를 빠짐없이 모았다. 사마천은 범례의 창조, 탁월한 견해와 비할 바 없이 뛰어난 판단력에서 고대의 문명 창조자의 근원에 바싹 다가섰으며 『춘추』의 가학을 제대로 갖췄다.[11] 사마천이 인용한 사실에 근거가 없거나 부당한 삭제와 채택이 있으며 논의가 순수하지 못하다고 가정해 보자.[12] 만약 사마천이 당나라나 송나라 이후에 태어났고 옛사람이 논해서 결정한 적이 없다면? 만약 사마천이 당시에 근거로 삼았던 석실이나 금궤에 소장된 문서 및 『세본』, 『첩기』, 『초한춘추』와 같은 책들이 모조리 사라지지 않았다면? 만약 그렇다면 문학적 수사에 빠지거나 비교하고 검토해서 증거를 찾는

서 찾는 것은 대수롭지 않은 예절에 많이 있다고 말한다. 또한 가업당본 『장씨유서』에 따르면 이것 다음에 한 단락이 더 있는데, 글을 기록하자면 다음과 같다. "어떤 분이 이 책을 연구할 때 원용한 근거가 정밀하지 않다고 말할 수 없고 비교 탐구[考求]가 합당하지 않다고 말할 수 없다. 이로써 『통지』를 도왔으니 정초의 공신이라고 해야 된다. 서례(敘例, 나는 다름 아니라 「속통지서」(續通志敘)라고 생각한다)에서 입술을 삐쭉이며 서로 따지면서 도리에 맞지 않는 것을 공격할 때 힘을 아끼지 않는 것은 옛사람이 저술한 뜻을 미처 다하지 않았지만 버릇이 된 풍속의 지나치게 자질구레한 견해에 얽매이지 않을 수 없는 것이다."

11 『통지』 「자서」는 이러하다. "서계가 만들어진 이래로 주장을 세운 사람은 비록 많지만, 오로지 공자만 하늘이 낸 성인이다. 그러므로 『시』, 『서』, 『예』, 『악』을 종합하여 한 손에 모은 뒤에 천하의 글을 통일할 수 있었다. 요임금과 순임금, 삼대의 왕들을 꿰뚫어 하나로 통하게 한 뒤에 고금의 변화를 다할 수 있다. 공자가 이미 돌아가시자 제자백가[百家諸子]가 일어났다. 각각 『논어』를 본받아 허튼 소리로 책을 지었지만 역대의 실제 자취에 대해서는 기록하여 잇지 않았다. 사마담과 사마천 부자가 나타나서 대대로 이어진 책임자[世司]의 전적을 교묘하게 잘 지었다. 그러므로 위로는 공자의 의도를 밝혀서 『시』, 『서』, 『춘추좌전』, 『국어』, 『세본』, 『전국책』, 『초한춘추』의 말에 맞추고, 황제, 요임금, 순임금부터 진나라와 한나라의 세상에 통해서 책을 완성하여, 다섯 가지 체재로 나누어, 「본기」는 연대를 기록하고 「세가」는 왕조를 전하며 「표」는 이로써 달력을 바로잡고 「서」는 이로써 비슷한 종류대로 사실을 분류하며 「전」은 이로써 사람을 적었다. 백 개의 왕조가 지난 뒤라도 사관이 그 방법을 바꿀 수 없게 만들었고 학자는 그 책을 버릴 수 없으니, 육경 뒤에 오로지 이 작품만 있을 뿐이다."

12 왕약허(王若虛)의 『사기변혹』(史記辨惑)이 사실부터 글자에 대한 논의까지 모두 변별하여 바로잡은 것처럼 이전 사람들이 『사기』의 잘못을 들춰낸 것은 대단히 많다. (『호남유로집』(滹南遺老集) 권9부터 권12까지)

일에 빠진 후세인은 모두 함께 돈을 헤아리듯 세세하게 대조하고 치수를 재듯 세밀하게 잴 것이다. 제아무리 사마천이라도 어떻게 뒤통수를 맞았을지 알 수 없다.[13] 오늘날 정초를 논의하는 사람들은 이것과 무엇이 다른가? 공자는 『춘추』를 지으면서 대체로 이렇게 말했다. "『춘추』의 사실은 제나라 환공이나 진나라 문공의 일이고 『춘추』의 글은 역사서와 같다. 공자는 자신이 『춘추』의 대의를 취한 것이라고 스스로 말했을 따름이다."[14] 사실은 다름 아니라 바로 후세의 비교하고 검토해서 증거를 찾는 사람[考據家]이 높이는 것이고 글은 다름 아니라 바로 후세의 사장 따위나 짓는 문학가가 중시하는 것이다. 그러나 공자가 취한 것은 그들과 다른 데에 있다. 그렇다면 역사가들은 저술 방법에서 어찌 뜻이 귀결되는 곳을 찾지 않을 수 있겠는가? 사마천과 반고 이후 역사가들은 탁월하고 독특한 판단력도 없을 뿐 아니라 찾는 것이 다만 사실과 글에 한정

---

13 『사기』「태사공자서」는 이러하다. "석실과 금궤의 책을 엮었다." 또한 『사기』「삼대세표」는 이러하다. "나는 『첩기』를 읽고 역대의 「보」[曆譜]를 헤아렸다." 『한서』「사마천전찬」은 이러하다. "사마천은 『춘추좌전』과 『국어』를 근거로 하고 『세본』과 『전국책』을 골라 『초한춘추』를 기술한 뒤 그 뒤의 사실을 이어서 천한 연간[大漢]에 이르렀는데, 그중 진나라와 한나라에 대해 한 말이 상세하다. 경전을 고르고 모은 것이나 여러 사람의 사실을 나누어 흩은 것은 꼼꼼하지 못하고 간단하거나 모순되는 경우가 대단히 많았다. 역시 많은 책을 널리 읽거나 여기저기 찾아다니며 경험하고 경전을 꿰뚫고 고금을 이리저리 돌아다니며 위아래로 수천 년 동안을 이렇게 부지런하게 일했다. 또한 그의 옳고 그름은 성인에 대해 대단히 잘못되었다. 위대한 도를 논하면서 황제와 노자를 앞세우고 육경을 뒤에 논했다. 「유협열전」을 편집할 때 처사를 물리치고 간웅을 앞세웠다. 「화식열전」을 서술할 때 권세 있는 사람과 이익을 높이고 가난하고 신분이 낮은 사람을 모욕했다. 이것은 그의 폐단이다. 그러나 유향과 양웅이 모든 책들을 널리 바로잡은 뒤부터 모두 사마천에게 좋은 역사가의 자질이 있다고 칭찬하고 좋은 점에 복종하여 사리를 서술하고 변별하지만 화려하지 않고 질박하지만 촌스럽지 않으며, 그 글이 바르고 그 사실이 참되며 허투루 아름답게 꾸미지 않고 나쁜 것을 숨기지 않는다. 그러므로 그것을 실록이라고 한다."그래서 반고는 『사기』에 대해 비록 공연히 불만스럽게 말했지만 오히려 스스로 자신이 따라서 복종한 곳이 있으니, 후세인이 그것을 가혹하게 꾸짖는 것과 다르다.

역주_ 천한 연간이라 옮긴 大漢은 본디 위대한 한나라 정도의 뜻이다. 『사기』는 일반적으로 한나라 무제 천한(天漢) 연간까지 기술하고 있다고 한다. 大와 天은 필획이 빠지기 쉬운 글자이므로 『한서』가 전해지는 과정에 잘못이 있으리라 추정된다.

14 『맹자』「이루 하」의 글을 보라.

되었다. 정초만 대의를 찾으려는 의지가 약간 있었지만 편집을 학문이라 일삼는[綴學] 무리가 시끄럽게 일어나 그와 다툰다. 그러나 그들의 논점으로 채운다면 바로 과거 시험의 문사나 구실아치의 장부 같은 모든 것은 명백하고 흠이 없으며 확실하고 근거가 있는 것이리라. 그러면 이런 것들이 도리어 사마천이나 반고보다 훨씬 현명하다고 생각할 것이다.[15]

비록 그렇지만 정초도 허물이 없을 수 없다. 사마천 부자와 반고 부자는 학업을 전수하고 평생 사관의 자리에 있었던 일은 본디 말할 것도 없다. 사마광의 『자치통감』[16]을 편찬하던 열아홉 해 동안 편찬 기구[書局]가 사마광 자신을 따랐고 사마광 자신이 부하 직원을 초빙했으며 함께 토론한 사람들도 모두 당시 유명 인사들이었다. 그러므로 비할 바 없이 뛰어난 사업을 이룩하여 세상의 으뜸가는 스승이 될 수 있었다. 정초는 자잘한 개인의 신분으로 두메산골에 처박혀 형편없는 조건에서 사마천과 반고 이후 사람들이 감히 하려고 하지 않은 일을 혼자서 했다. 높고 먼 주장을 세웠다지만 내용은 이름에 걸맞지 않았다. 또한 불행하게도 당시에는 마단림의 『문헌통고』[17]와 나란히 거론되었는데 『문헌통고』가

---

15 나는 이렇게 생각한다. 여기까지 『춘추』를 연구한 사람들의 학문이 꼭 사실과 글의 끄트머리를 갖추려고 할 필요가 없으며 사마천 이후에는 오로지 정초만 뜻을 찾으려는 의지가 있을 수 있다고 말하고 있다.

16 「서교 하」의 주37 및 「사주」의 주35를 보라.

17 마단림은 자가 귀여(貴與)이고 송나라 승상 마정란(馬廷鸞)의 아들이며 요주(饒州) 낙평(樂平) 출신이다. 도종 함순 연간에 조시(漕試)에서 일등을 했다. 마정란이 가사도를 거역하여 자리를 떠나는 일을 당하자 마단림은 곁에 머물면서 모시고 봉양했지 과거 시험을 볼[計偕] 생각을 하지 않았다. 송나라가 망한 뒤 구주로(衢州路)에 있는 가산서원의 산장을 맡은 적이 있다. 늘그막에 집안에서 나오지 않고 책을 짓다가 죽었다. 자신의 가학에 뿌리를 두고 『문헌통고』 삼백마흔여덟 권을 완성했다. 모두 스물네 가지 문을 세웠다. 「전부」, 「전폐」(錢幣), 「호구」(戶口), 「직역」(職役), 「정각」(征榷), 「시적」(市糴), 「토공」(土貢), 「국용」(國用), 「선거」, 「학교」, 「직관」, 「교사」(郊社), 「종묘」(宗廟), 「왕례」(王禮), 「악」, 「병」(兵), 「형」(刑), 「여지」(輿地), 「사예」(四裔)는 바로 『통전』에 있는 기존의 규칙을 근거로 해서 분야를 분석하고 책이 미처 갖추지 못한 것을 보태고 이었다. 「경적」(經籍), 「제계」(帝系), 「봉건」, 「상위」(象緯), 「물이」(物異)는 『통전』에 없는 것이고 여러 가지 책을 가려 뽑아서 완성한 것이다.

역주_ 조시는 송나라 경우 연간에 시작되어 계속 전운사의 친척을 대상으로 보인 과거 시

꼼꼼하지 못하고 거칠어도[18] 도리어 『통지』만큼 심하게 욕을 먹지 않았다. 보잘 것 없는 학자들은 본래 정해진 판단력이 없기 때문에 남들을 따라서 사람 틈에 숨어 칭찬하거나 비난하고 함부로 견줘 비교하거나 논의한다. 그들은 결국 『통지』가 종류대로 나열하거나 찬집하는 유서 편찬 사업과 수준이 같다고 말한다.[19] 그러나 둘이 나은지 못한지 비교해

험이다. 시험 방법은 주와 부의 시험과 같으며 합격자는 성시에 참가할 수 있었다.

18 전대흔은 이렇게 말한다. "나는 『신당서』「예문지」와 『송사』「예문지」를 읽을 때 가끔 같은 책인데 거듭 나타나는 것은 역사 편찬 기구[史局]를 한 사람이 직접 관장하지 않은 폐단이라고 생각한다. 마단림 「경적고」 따위는 한 사람이 편집한 것이고 조공무와 진진손 두 사람의 학설에서 고른 것에 지나지 않으며 역시 거듭해서 나오는 것도 있다. 예를 들어, 육덕명 『경전석문』 서른 권은 권185 "경해류"에도 보이고 또한 권190 "소학류"에도 보인다. 송민구 『춘명퇴조록』 다섯 권은 권201 "고사류"(故事類)에도 보이고 또한 권216 "소설류"에도 보인다. 곽무천 『악부시집』 백 권은 권186 "악류"(樂類)에도 보이고 또한 권248 "총집류"에도 보인다. 이광예(李匡乂) 『자가집』(資暇集) 세 권은 권214 "잡가류"에 보이지만, 권215에는 이광의(李匡義) 『자가집』 세 권이 있다. 의(義)와 예(乂)가 글자꼴이 서로 비슷하여 잘못된 것인지 모르겠다. 당신미(唐愼微) 『대관본초』(大觀本草)와 『증류본초』(證類本草)는 다름 아니라 같은 책인데 둘로 잘못 나눴다. 아마 글 짓는 사람[著作之家]은 이런 폐단을 면하지 못한 경우가 많은데 피차 서로 비웃으며 예부터 그랬다고 하는 것이다."(『십가재양신록』 권13) 이것은 비록 「경적문」 하나만[經籍一門] 가리키지만 나머지 엉성하고 변변치 못한 것은 따라서 헤아릴 수 있다.

19 나는 이렇게 생각한다. 여기서 종류대로 배열하여 편찬하고 모으는 학업은 아마도 『문헌통고』를 가리킬 것이다. 「석통」 자주는 이러하다. "『문헌통고』 같은 종류의 책은 비록 『통전』을 본뜬 것이긴 하지만, 분석하고 순서대로 배열한 것을 보면 사실은 유서의 학문이다. 『문헌통고』에는 특별한 판단력이나 일반적 형식이 없다. 그래서 과거 시험에 쓰이는 대책에서 자신의 주장을 늘어놓을 때 쓰기 편리하다" 최근 사람인 금정암은 장학성의 주장이 그렇지 않다고 깊이 생각한다. 대략 이렇게 말한다. "사마천이 여덟 편의 「서」를 지어서 전장과 큰 법도가 되는 제도를 기술했다고 하는 마단림의 말은 대단히 참되다. 그래서 『통전』이 주와 군을 서술한 것은 『한서』「지리지」에서 본떴고 변경의 방비를 서술한 것은 여러 가지 역사서의 「외국전」에서 나왔다. 『문헌통고』가 예문을 서술한 것은 『한서』「예문지」와 『수서』「경적지」 두 가지에서 본떴다. 만약 하나하나 취해서 탐색한다면 틀림없이 모두 그 연원이 있을 것이다. 그러므로 관례를 본떴다고 하면 괜찮지만, 관례에서 모두 나왔다면 안 된다. 정초 『통지』 이십략 따위는 대부분 『통전』에서 베끼기만 하고 보태서 보충하지 않았기 때문이다. 이로써 마단림의 『문헌통고』를 보면 훨씬 더 못하다. 또한 마단림의 『문헌통고』가 싣고 있는 것은 송나라 제도가 가장 상세한데 『송사』의 여러 「지」가 미처 갖추지 못한 것이 많다. 안어(按語)로 역시 고금을 꿰뚫을 수 있고 절충이 지극

서 논의한다면 높디높은 누각[20]을 한 치 짜리 나무토막처럼 생각하거나 게다가 나무토막만도 못하다고 생각하는 추세가 어찌 억울하지 않겠는가![21]

히 옳지만, 이것은 또한 『문헌통고』의 장점이지 『통지』가 남김없이 갖출 수 있는 것이 아니다."(『중국사학사』 제7장)

20 「설림」의 주53을 보라.

21 나는 이렇게 생각한다. 여기까지 정초가 자기 한 몸으로 끊어진 사업을 어깨에 짊어지려 했지만 엉성하고 변변치 못한 것은 본래 피하기 어려운 일이라고 말한다.

답객문(答客問)

상·중·하

1. 답객문(상)[1]

계사년 항주에 있을 때,[2] 징군(徵君) 대진[3]과 처사(處士) 오영방(吳穎芳)[4]

1 나는 이렇게 생각한다. 이 글은 찬술을 논하고 있으며, 탁월하고 독특한 판단력을 대단히 상세하게 뜻을 깨달아 밝혔다. 찬술과 기주의 구별을 논한 것은 「서교」편과 비교하여 더욱 분명하다. 하씨 초본의 원래 제목 아래의 주에는 "「석통」전 둘째"라는 글자가 있다. 지은 해는 다음 두 편과 마찬가지로 「석통」편의 주1에 보인다.

2 계사년은 건륭 38년이다. 『장실재연보』는 이러하다. "선생은 영파로부터 화주로 돌아왔다. 도중에 항주에 들렀는데, 대진이 오영방과 이야기하던 김에 정초 『통지』를 통렬하게 흉보는 것을 들었다."

3 『청사열전』 「유림전 하」 1은 이러하다. "대진은 자가 동원(東原)이며 안휘 휴녕 출신이다. 책을 읽을 때는 깊고 느릿하게 생각하기 좋아했다. 나이 열예닐곱 먹어서 주소를 정밀하게 연구하고 실제 사실에서 진리를 찾았으며[實事求是] 특정한 학파를 위주로 하지 않았다. 무원 강영을 좇아 배우면서 배운 것을 내놓고 질문하자 강영이 그것 때문에 놀라며 감탄했다. 서울에 들어오자 기윤, 주균, 전대흔, 왕명성, 노

이 담소를 나누다가 정초의 『통지』를 통렬하게 비난했다는 말을 들었다. 그들의 말은 비할 바 없이 괴이쩍고 우스운 것이라[5] 깊이 논변할 필요도

문초, 왕창은 모두 자기를 굽혀 그와 교제했다. 상서 진혜전(秦蕙田)이 『오례통고』(五禮通考)를 편찬할 때, 추보에 정밀한 사람을 찾았는데 대진을 초빙하여 관상수시문[觀象授時] 한 분야를 편찬하게 했다. 건륭 38년 황제가 사고관을 열라고 명령하자, 총재는 대진을 추천하여 찬수에 임명했다. 건륭 40년 회시에 합격한 사람들과 함께 전시에 참여하도록 특별히 명령하여 진사 출신과 동등한 자격을 하사하고 한림원 서길사로 고쳤다. 교정한 『대대예기』와 『수경주』(水經注)는 더욱 정밀하게 조사해서 밝혔다. 건륭 42년 벼슬에 있는 상태에서 죽었는데 나이는 쉰다섯이다. 대진의 학문은 발음과 글자에서 훈고를 찾고, 훈고로부터 의리를 찾는다. 의리는 자기 마음에 허투루 품은 생각에 근거할 수 없으며 반드시 고대의 경에서 찾아야 한다고 말했다. 고대의 경에서 찾지만 옛사람이 남긴 글이 거의 끊어져 버렸고 고금의 차이가 뚜렷하게 멀어졌기 때문에 반드시 고대의 풀이[古訓]에서 찾아야 한다. 고대의 풀이가 밝혀지면 고대의 경이 밝혀지고, 고대의 경이 밝혀지면 현인과 성인의 의리가 밝혀진다. 그리고 내 마음에서 현인과 성인의 의리와 같은 것은 그것을 근거로 해서 밝혀진다. 의리는 다른 것이 아니라 전장과 제도에 남아 있는 것이다. 그는 훈고와 의리를 갈라서 둘로 만들었다. 그래서 훈고가 의리를 밝힐 수 없게 되었고 의리가 전장과 제도에 깃들지 않게 되었다. 앞으로의 추세는 틀림없이 이단의 학문과 치우치고 잘못된 학설이지만 자기는 모르는 쪽으로 흐를 것이다."나는 이렇게 생각한다. 지은 책이 모두 스무 가지가 넘는데 문인인 단옥재와 공계함(孔繼涵)이 『대씨유서』(戴氏遺書)를 판각했다.

역주_ **징군**은 조정의 초빙을 받았지만 관직을 받지 않은 은사를 가리킨다. **처사**도 징군과 같은 뜻의 말이다.

4 『청사열전』「문원전」2는 이러하다. "오영방(吳穎芳)은 자가 서림(西林)이고 절강 인화 출신이다. 어려서 동자시에 응시했을 때, 구실아치에게 혼이 났는데 크게 수치스럽게 생각했다. 이때부터 고대를 밝히는 일에 한결같은 의지를 가지고 죽을 때까지 다시 벼슬길에 나가지 않았다. 평생 모든 서적을 널리 살펴보았는데, 늘 정초 『통지』가 선유들과 논란을 벌이는 일에 힘쓰는 것을 이상하게 생각했다. 그래서 『통지』의 「육서략」, 「칠음략」, 「악략」을 가져다 하나하나 선유들을 우러르면서 그 근원을 찾았다. 『취빈록』(吹豳錄) 쉰 권, 『설문리동』(說文理董) 마흔 권, 『음운계론』(音韻計論) 네 권, 『문자원류』(文字源流) 여섯 권, 『금석문석』(金石文釋) 여섯 권을 완성했다. 어려서 여악(厲鶚)과 사이가 좋았는데, 여악은 그에게 시를 배우도록 가르쳤고 한 편이 완성될 때마다 반드시 자주 고친 뒤에 확정했다. 그러므로 남은 시는 비록 적지만 격식은 정밀한 것에 가깝다. 또한 불경[內典]에도 정통했다. 나이 여든에 죽었다. 『임강향인시집』(臨江鄕人詩集) 네 권이 있다."

5 대진 「여임효렴유식서」(與任孝廉幼植書)는 이러하다. "지난번에 같이 배우는 사람들이 옛사람을 어리석게 고수하기만 하는 것을 책망했는데 이제는 임유식[幼植] 네가 도리어 그렇구나. 아마 학문이 아직 처음 바탕을 꿰뚫거나 정밀한 것과 거친 것을 꿰뚫는 경지에 이르지 못하고, 다만 의도로 저울질하고 문헌[載籍]을 지극히 광범위

없다고 생각해서 내버려두고 논하지 않았다. 그 뒤 정초의 『통지』를 비방하는 학자들이 대단히 많아졌다.[6] 그래서 나는 어떤 사람의 주장을 빌어 저술의 근원과 흐름을 논변하여 밝혔다. 나는 스스로 세상의 낡은 습속이나 근거 없는 논의를 꺾어 버리고 바로잡은 공로가 대단하다고 생각한다.[7] 내 글은 위로 사마천과 반고까지 거슬러 올라가고 아래로 『문헌통고』까지 논변하고 있다. 이것은 모두 역사학자의 요지이며 『통지』 때문에만 발표한 것은 아니다. 그러나 이것을 모르는 사람이 다시 트집 잡아 거북할 만큼 따지고 들었다. 그래서 「답객문」 세 편을 쓰게 되었다.

손님 가운데 장학성 선생[章子]의 「속통지서서후」(續通志敍書後)를 본 사람이 있었다.[8] 그는 장학성에게 이렇게 물었다. "『통지』를 함부로 논의할 수 없다는 말씀은 이미 들었습니다. 선생의 논변은 글이 번거롭긴 하

하게 만드는 것은 오히려 이른바 생각하기만 하고 배우지 않으면 위태롭다고 하는 것이다. 예전의 정초[鄭漁仲]이나 최근의 모기령[毛大可]처럼 다만 경과 도를 해칠 따름이다." 또한 「여시중명논학서」(與是仲明論學書)는 이러하다. "이전 사람들 가운데 정초나 양신[楊用修] 같은 여러 군자는 널리 배우고 굳세게 외운 사람이라서 집이 가득 차도록 책을 쓸 정도로 학식이 매우 넓지만 미처 정밀하고 자세히 조사하지 못했다."(『대동원집』 권9)

6 자(訾)는 소리가 자(子)이고 헐뜯는다는 뜻이다. 오(謷)는 소리가 오(敖)이고 못났다는 말이다. 『여씨춘추』 「회총」(懷寵)은 이러하다. "선왕을 헐뜯으며 예전의 전범을 밀치고 헐뜯는다."

7 다름 아니라 「신정」이다. 이한 「한창려집서」는 이러하다. "선생은 글에 대해 나쁜 것을 꺾어버리고 말끔히 소탕한 공이 있는데, 전쟁에 비기자면 씩씩하고 뛰어난 것이 보통이 아니라고 말할 수 있다."

8 검본[貴陽本] 『문사통의』의 「신정」편명 아래에는 이런 안어가 있다. "뒤에 있는 「답객 상」의 예전에 붙여둔 메모는 이렇게 말한다. '이것은 「속통지서서후」(續通志敍書後)인데, 다름 아니라 앞의 「신정」편이니 앞의 글 제목을 고쳐야만 한다. 운운.' 속(續) 자를 지나치게 풀이한 것이라고 대단히 의심스럽다. 또한 원래 제목이 아직 당장 바꾸기 편치 않기 때문에 여기에 원래 메모를 붙인 것이다." 나는 이렇게 생각한다. 『속통지』(續通志)는 다름 아니라 건륭 연간에 편찬한 것이다. 앞글은 어떤 사람의 서설(敍說)을 빌려서 말하고 있기 때문에 "서후"라는 제목을 붙였다는 것은 대단히 명백하며, 「신정」은 아마도 책을 편집할 때 고친 것일 뿐이리라.(유함흔의 학설에 뿌리를 두고 있다)

지만 생략할 수 없으며[9] 선생의 추론이 건드리는 것은 옛사람을 앞에 내세우기도 하고 뒤로 물리기도 합니다. 여기에는 논의를 높이 치는 세상 사람들과 분야가 다른 것이 많습니다. 어찌 고의로 칭찬하거나 비난하셔서 그들의 논변을 도우시는 겁니까? 만약 그렇지 않다면 선생에게 따로 학설이 있는 겁니까? 학자들은 모두 이십이사(二十二史)라고 부르고[10] 목록학자들도 모두 사마천과 반고의 역사서 이후부터 원나라와 명나라의 역사서까지 정사 분야로 구분하고 있습니다. 당나라 때 사람들이 진나라 때부터 수나라 때까지 고사를 정리한 뒤 그들의 책을 각각 독립된 역사서라고 불렀고 학자들이 유파를 잘못 계승하여 다시 역사서의 형식을 변별하고 바로잡지 않았다는 이야기는 지금 선생 혼자만 주장하고 있습니다. 어찌 진나라와 수나라 이후의 역사서를 독립된 역사서라고 부를 수 없겠습니까? 그런 역사서들은 「표」나 「지」의 완성된 규범을 보면 기전체의 정해진 형식입니다. 이것은 사마천과 반고의 역사서와 달라진 것이 없습니다. 역사를 편찬하는 관청과 국사 편찬을 감독하는 관청을 개설하여 많은 사람을 모아 역사서를 편찬하는 일도 시대의 추세가 그렇게 만든 것일 뿐입니다. 그 내용을 찾아본다면 똑같은 범례입니다. 이제 학자들이 유파를 잘못 계승했다고 말씀하신다면 진나라와 수나라 이후의 역사서가 진수와 범엽 이전의 역사서와 확연히 종류를 달리하는 근

---

9 쇄(殺)은 소리가 쇄(曬)이고 덜고 깎는다는 뜻이다. 『예기』 「예기」는 이러하다. "예가 다르다고 해서 고루 풍요해서도 안 되고 고루 검소해서도 안 된다."

10 『사고전서총목제요』는 이러하다. "정사라는 이름은 『수서』 「경적지」에 보이며 송나라 때 와서 열일곱 가지로 정해졌다. 명나라 때 간행한 국자감본[明刊監板]은 『송사』, 『요사』, 『금사』, 『원사』를 합쳐서 스물한 가지이다. 건륭제[皇上]는 『명사』를 임금의 명령으로 제정하고 또한 『구당서』를 증보하라는 명령을 내려 스물세 가지가 되었다. 최근에 사고에 널리 수집하여 설거정의 『구오대사』를 모아서 엮을 수 있었고 황제에게 아뢰어 재가를 받아 구양수의 『신당서』와 동시에 열거하여 모두 스물네 가지가 되었다." 나는 이렇게 생각한다. 조익 『이십이사차기』가 열거한 이십이사의 목록은 『사기』, 『한서』, 『후한서』, 『삼국지』, 『진서』, 『송서』, 『남제서』, 『양서』, 『진서』, 『위서』, 『북제서』, 『주서』, 『수서』, 『남사』, 『북사』, 『신당서』, 『오대사』, 『송사』, 『요사』, 『금사』, 『원사』, 『명사』이다.

거가 어디 있는지 감히 물으렵니다."[11]

장학성 선생은 이렇게 대답했다. "역사서의 위대한 근원은 『춘추』에 뿌리를 두고 있지. 『춘추』의 대의는 기록할 것은 기록하고 삭제할 것은 삭제하는 데 밝혀져 있다네.[12] 기록할 것은 기록하고 삭제할 것은 삭제한다는 뜻은 시작부터 끝까지 사실이 줄거리를 갖춰야 한다는 것뿐만 아니라 글도 법도에 맞아야 한다는 것이지. '『춘추』의 대의는 내가 취했다'[13]는 공자의 뜻에 따라 살피자면 본디 하늘과 사람의 질서를 잡아 위대한 도를 헤아려 밝힌다는 것이라네. 그래서 고금의 변화에 통달하고 일가의 주장을 이룬 사람[14]은 틀림없이 남들이 소홀히 여기는 것을 상세하게 살피고 남들이 같다고 여기는 것을 다르게 생각하며 남들이 가볍게 여기는 것을 중요하게 보는 법이지. 그리고 남들이 조심하는 것을 흘려버리고 남들이 묵수하는 것에 얽매이지 않으며 종류대로 모으는 범례에도 빠지지 않을 것이라네. 그런 뒤에야 드러나지 않을 정도로 자그마하고 아득하거나 너무 작아서 흘려버리기 십상인 것에 마주쳐도 한결같은 마음으로 독립 판단[獨斷]을 가질 수 있지. 그런 책을 완성했을 때 저절로 천지와 나란히 서고 귀신에게 물을 수 있으며 앞 시대의 성인과 맞아떨어지고 후세의 성인을 기다릴 수 있다네.[15] 이것이 바로 가학을 소

---

11 나는 이렇게 생각한다. 이 앞은 가정해서 묻는 것이다.

12 「역교 하」의 주26을 보라.

13 「서교 상」의 주29를 보라.

14 이 말은 사마천의 「보임소경서」에 보인다.

15 사마상여 「봉선문」은 이러하다. "생각을 부지런히 하여 천지의 작용에 참여합니다." 『예기』 「중용」은 이러하다. "귀신에게 물어보아도 의심스러움이 없고 왕조가 백 번 바뀐 뒤의 성인을 기다려도 갈팡질팡 하지 않는다." 『이소』는 이러하다. "아! 나는 선현들을 본받으려 하네!" 『문선오신주』는 이렇게 말한다. "전수(前脩)는 앞 시대에 도와 덕을 닦고 익힌 사람을 말한다."

역주_ **독립 판단**은 장학성이 말하는 역사가의 판단력[史識]과 거의 같은 뜻이며 글자가 다를 뿐이다. 일상어에서 '독단'이라는 말이 가진 부정적 의미는 없다. 옮긴이는 일상어 '독단'이 가져올 부정적 인상 때문에 독립 판단으로 옮긴다. 그리고 사마상여

중하게 여기는 근거이지. 『춘추』의 뜻으로 잰다면 진수와 범엽 이후의 역사서에 잘못이 없다고 감히 말할 수 없을 걸세. 그러나 그들의 독특하고 탁월한 판단력은 가학에 모두 남아 있지. 설령 입술을 까뒤집고 나무라는 사람이[16] 『사기』가 처사를 물리치고 간웅을 앞세웠으며 『한서』가 충신을 억누르고 임금을 꾸며주었다고 하더라도[17] 그들의 역사서는 헤어지거나 모이는 온갖 변화를 한데 묶고 대의를 옆길로 새지 않게 만들었다네. 그러니 가학이라 부르거나 경의 뜻에 부합한다 말하기에 본래 충분한 것이지. 그들의 역사서는 애초에 분류하고 편집하는 후세인의 작업과 결코 같은 것이 아니었네. 후세인들은 자막의 절충하는 태도를 본받으려 하고 향원의 비판하지 않는 태도를 추구하면서도[18] 자신이 사마천과 반고를 뛰어넘었다고 큰 소리로 떠들어 젖히지. 임금과 신하의 사적, 벼슬아치가 지키는 전장, 임금다운 왕이 왕조의 성을 바꿔 천명을 받는 일, 앞 시대를 종합하여 증명하는 일, 분류하고 편집하여 비슷한 것을 제시하는 일은 특정 시대의 낡은 사물을 보존하는 것이라네. 이것이 이른바 역사서를 정리하는 작업인 것이지. 역사를 편찬하는 관청과 국사 편찬을 감독하는 관청을 개설하여 많은 사람을 모아 역사서를 편찬하는 일도 정정당당하게 자신의 의례를 사용하고 묵수하는 법도를 지키면서 후세인이 논의해서 결정하기를 기다리면 괜찮을 것이라네. 어찌 우리가 전문가의 저작이라고 말하는 것과 같다는 것인가?[19]

의 글은 「봉선문」이 아니라 「난촉격」에 있다.

16 『한서』 「가의전」은 이러하다. "며느리와 시어미가 서로 기뻐하지 않는다면 입술을 삐쭉이며 서로 따지게 된다."

17 『사통』 「오시」는 이러하다. "아마 『상서』의 가르침은 정사에 통달하여 오래된 옛날 일도 아는 것을 위주로 했을 것이다. 『춘추』의 대의는 악을 징벌하고 선을 권하는 것이 우선이다. 『사기』는 처사를 물리치고 간웅을 앞세웠으며, 『한서』는 충신을 억누르고 임금을 꾸며주었다. 이것은 옛날의 성공과 실패를 따지는 범례와 좋은 역사가의 옳고 그름을 따지는 기준으로 나란히 놓은 것이다. 지은이는 이것을 상세히 말한다."

18 「질성」의 주4 및 주16을 보라.

19 나는 이렇게 생각한다. 여기까지 전문적인 저술을 말하는 것이지 고사를 정돈하여

『주역』은 이렇게 말한다네. '진실로 적임자가 아니면 도는 헛되이 행해지지 않는다.'[20] 역사학의 천재가 시대마다 나타나는 것은 아니고 시대의 변화도 늘 일정한 것은 아니지. 보고 들은 것을 분류하고 편집할 때 이것이 아무개의 가학이라고 표시하거나 삭제와 채택의 결단이 급한 일이 아니라고 하는 것은 어찌 『진서』와 『수서』만 그렇겠는가? 반고 이전에 유향, 유흠, 양웅, 가규의 『사기』가 있었고[21] 범엽 이전에 유진(劉珍), 이우(李尤), 채옹, 노식(盧植), 양표의 『한기』가 있었네.[22] 그런 역사서들이 어찌 「표」나 「지」의 완성된 규범을 따르지 않거나 기전체의 정해진 형식을 쓰지 않은 적이 있던가? 그러나 이미 끝난 과거를 묵수하고 미래를 기다리기만 하는 진나라와 수나라 이후의 역사서와 기록할 것은 기록하고 삭제할 것은 삭제하는 독립 판단을 갖춘 전문가가 있지. 그들이 공들인 보람은 서로 보탬이 될 수 있지만 유파는 서로 뒤섞을 수 없다네. 이것은 결단코 그런 것이지. 시대를 거슬러 올라가보지. 모든 나라가 가진 보배로운 책[23]이 『춘추』에 대해 가진 의의, 『세본』과 『전국책』[24]이 『사기』에 대해 가진 의의는 이런 것일 뿐일세.[25]

가지런하게 배열한 것을 말하는 것이 아니다.

20 『주역』 「계사전 하」의 글을 보라.

21 「언공 상」의 주49를 보라.

22 『후한서』 「문원전」은 이러하다. "유진(劉珍)은 자가 추손(秋孫)이며 남양 채양(蔡陽) 출신이다. 영초 연간에 등태후(鄧太后)가 유진에게 동관에 있는 제자백가를 유도도(劉騊駼), 마융과 교정하라는 명령을 내렸고 또한 유진에게 유도도와 함께 건무 연간 이래 유명한 신하의 전[建武以來名臣傳]을 지으라는 명령을 내렸다." 또한 "이우(李尤)는 자가 백인(伯仁)이다. 화제 때 동관에 불러들여 난대 영사에 임명했다. 안제 때 간의대부가 되었는데, 알자이자 복야인 유진 등과 함께 모두 『한기』를 지으라고 명령했다." 「노식전」(盧植傳)은 이러하다. "노식은 자가 자간(子幹)이며 의랑에 임명되었다. 황제는 마일제(馬日磾), 채옹, 양표, 한열(韓說) 등과 함께 『한기』를 보충하고 이으라고 명령했다." 『사통』 「정사」는 이러하다. "희평 연간에 광록대부 마일제, 의랑 채옹, 의랑 노식은 저작동관에서 「본기」와 「열전」 가운데 완성할 만한 것을 계속 이었다."

23 「서교 상」의 주21을 보라.

24 「언공 상」의 주47을 보라.

25 나는 이렇게 생각한다. 여기까지 고사를 가지런히 정리하는 일이나 저술 전문가가

당나라 이후 사학은 끊어지고 저작도 전문가가 없어졌다네. 후세인은 『춘추』의 가학을 모르고 제멋대로 많은 사람을 모아 관청에서 편찬한 역사서를 사마천, 반고, 진수, 범엽의 여러 역사서와 아울러 정사에 나열해 두었지. 그래서 역사서의 글이 과거 시험의 정해진 형식이나 구실아치의 공문서[文移]와 똑같아져서 조금도 변통할 수 없게 되었네. 가끔 학을 좋아하고 깊이 생각하는 선비가 있어서 스스로 옛사람을 스승으로 삼아 천편일률적인 방법 이외에 새로운 의례를 표방하고 독자적으로 갖춘 독특한 판단력을 드러내곤 했지. 그러나 세상의 이상한 놈들이 모여서 그를 욕하면서 사사건건 까탈을 잡고 끄집어내 말을 지어내곤 한다네. 이것은 비유하자면 원숭이가 갓과 옷을 보면 물어뜯고 찢어발겨 모조리 없어질 때까지 멈추지 않는 것과 같지.[26] 정초의 『통지』에 대한 비방은 보통 이런 심리 때문이라네.[27]

아! 도가 밝혀지지 않은 지 너무 오래되었구나. 육경은 모두 사이고[28] 형체를 이루기 이전을 도라고 하며 형체를 이룬 뒤를 기(器)라고 하네.[29] 공자는 『춘추』를 지은 이유를 아마 이렇게 말했지. '성인이 실행한 사업의 깊고 절절한 측면을 드러내서 밝히는 것이 내가 도를 허튼 소리에 깃들이고자 하는 것보다 낫다.'[30] 그렇다면 전장과 역사적 사실은 지은이가 감히 소홀히 여길 수 없었던 것이라네. 이것은 아마 기에 근거하여

공들인 보람이나 효과가 서로 바탕이 될 수 있고 유파가 서로 뒤섞일 수 없다는 것을 말한다.

26 『장자』「천운」은 이러하다. "그러므로 예의나 법도라는 것은 때에 따라서 변하는 것이다. 만약 원숭이를 잡아다가 주공의 옷을 입힌다고 한다면 그는 틀림없이 이빨로 물어뜯고 찢어발겨서 깡그리 없애 버린 뒤에야 만족할 것이다. 고금의 차이를 생각해보면 마치 원숭이가 주공과 다른 것이나 같다."

27 나는 이렇게 생각한다. 여기까지 당나라 이후에 유파가 뒤섞이고 탁월하고 독특한 판단력을 가진 사람과 서로 미워하는 것을 이상하게 생각하는 것이 정초 『통지』가 헐뜯음을 받는 이유라고 말한다.

28 「역교 상」의 주2를 보라.

29 『주역』「계사전 상」의 글을 보라.

30 『춘추번로』「유서」 및 『사기』「태사공자서」를 보라.

도를 밝히는 것일 뿐이겠지. 『춘추』는 도를 밝히기에 충분하다네. 제사 지낼 때 제사 그릇을 다루는 일에 책임을 맡은 벼슬아치가 있는 것처럼[31] 군자는 이것 때문에 자질구레한 일을 하지 않는 법이지. 도가 밝혀지지 않자 기를 다투게 되었고 내용이 충분하지 않자 글을 경쟁하게 되었다네. 그런 폐단은 허튼 소리로 이기려 드는 것이나 겉만 번지르르한 논변으로 이치에 상처를 입히는 것과 별다른 차이가 없지. 그러나 여기에 빠진 세상 사람들은 살피지 못하고 있다네. 사마천은 이렇게 말하지. '학을 좋아하고 깊이 생각한다면 마음이 그 의도를 안다.'[32] 지금 세상에 이런 의도를 아는 사람을 어디서 찾아내 창작과 조술의 뜻을 함께 논의해 볼 수 있겠는가?"[33]

2. 답객문(중)[1]

손님이 이렇게 물었다. "공자 자신은 '조술하고 창작하지 않으며 믿고 고대를 좋아한다'라고 말했습니다. 또한 '옛 것을 좋아하고 재빠르게 찾으려 한다'라고도 말했습니다.[2] 하나라와 은나라의 예에 대해 공자는 말

---

31 『논어』「태백」의 글을 보라.

32 『사기』「오제본기찬」은 이러하다. "배우기를 좋아하고 깊이 생각해서 진심으로 그 의도를 아는 사람이 아니라면 본디 보거나 들은 것이 적은 사람에게 이런 이야기를 하는 것은 어려운 일이다."

33 나는 이렇게 생각한다. 여기까지 역사서가 기(器)에 의거하여 도를 밝히는 근거이기 때문에 역사서를 논할 때 의도를 알 수 있느냐를 소중하게 생각한다고 말한다.

1 유함흔『문사통의지어』는 이렇게 말한다. "이 글은 기주와 찬술의 차이를 논하고 있다." 하씨 초본에 따르면 원래 제목 아래의 주에 "「석통」전 셋째(釋通傳三)"이라는 글자가 있다.

2 동시에 『논어』「술이」의 글을 보라.

할 수 있었습니다. 그러나 하나라와 은나라의 예를 증명하지 못해 믿을 수 없다고 말한 것은 문헌이 충분하지 못함을 개탄한 것입니다.[3] 지금 선생께서는 지은이에게 뜻[義旨]이 있으나 제사 지낼 때 제사 그릇의 숫자처럼 자질구레한 일은 묻지 않겠다고 말씀하셨습니다. 이것이 공자의 가르침에 어긋나는 일은 아닌지요? 마단림의 『문헌통고』가 상세하게 갖춰져 있고 정초의 『통지』가 꼼꼼하지 못하고 어긋난다는 것은 삼척동자라도 아는 일입니다. 선생께서는 홀로 그것들의 뜻을 취하고 쓸모가 있는지 없는지 묻지 않겠다고 하십니다. 결국 정초의 억울함을 풀어주고 마단림을 억울하게 만들고자 하시는 일이니 학설이 편파적인 것은 아닌지요?"[4]

장학성 선생은 이렇게 대답한다. "천하의 주장은 각각 일리가 있지. 경전의 주장도 이와 같을 따름이라네. 옛사람의 글을 읽을 때 글의 뜻을 완전히 이해하지 못하고 사이비가 아닌지 의심스러운 학설만 붙잡고 한쪽 귀퉁이에서 승부를 다툰다면 귀퉁이마다 이런 주장을 집어낼 수 있을 테지. 천하에는 늘어놓고 편집한[比次] 책, 독립 판단의 학, 비교 검토해서 찾는 일이 있다네.[5] 세 가지가 중요하게 여기는 것은 각자 다르고 서로 통용할 수 없지. 육경은 나머지 전적에 대해 마치 하늘에 떠오른 해나 달과 같다네. 『서』를 읽을 때 마치 『시』가 없는 것처럼 굴고 『역』을 읽을 때 마치 『춘추』가 없는 것처럼 군다면[6] 비록 성인이 지은 어떤 경이라도 여러 학자가 연구하거나 탐색해서는[攻索] 안 되지.[7] 『역』은 '불변하는 기준이 될 수 없다'라고 말하지만[8] 『서』는 도리어 '절

3 「역교 상」의 주16을 보라.

4 나는 이렇게 생각한다. 이 앞은 가정해서 묻는 것이다.

5 순서대로 배열한다는 것은 고사를 정돈하여 가지런하게 만드는 것이다. 독립 판단은 마음속에 따로 품은 생각이 있다는 것이다. 비교 검토해서 찾는 일은 의심스러운 것을 꼼꼼하게 따져서 검토하는 것이다.

6 「석통」의 주73을 보라.

7 검본[黔刻本], 월아당총서본, 지고당총서본에 따르면 모두 "비교 검토해서 찾는 일"[考索]이라고 했다.

실하고 요약이 잘된 말을 높인다'라고 말한다네.[9] 『시』를 읽을 때 다듬은 말 때문에 뜻을 해쳐서는 안 되지만[10] 『춘추』는 바로 단어 하나로 옳고 그름을 결정하지.[11] 만약 용이 피를 흘리고 귀신이 수레에 가득 실렸다는 『주역』의 형상을 가지고 '월약계고'(粵若稽古) 같은 『상서』의 글을 증명하려 한다든지,[12] 만약 곰, 뱀, 물고기, 깃발 같은 『시경』의 꿈에 기대어 '봄, 왕이 달력을 바로 잡았다'는 『춘추』의 정사와 법령을 기록하려 한다면[13] 성인의 사업은 황폐해지고 경을 연구하는 뜻은 어긋나게 될 것이라네. 만약 옛 것을 좋아하고 재빠르게 찾으려 하며 문헌으로 증명하여 믿을 수 있다고 말했다 하더라도 나는 앞 시대 성인의 언행[14]이 찢

---

8 『주역』「계사전 하」의 글을 보라.

9 『상서』「필명」의 글을 보라.

10 『맹자』「만장 상」은 이러하다. "그러므로 시를 말하는 사람은 글로 말을 해치는 것도 아니고 말로 의지를 해치는 것도 아니며 자기 의도로 지은이의 의지를 맞이해야만 시를 안다고 할 것이다." 조기의 주는 이러하다. "글은 시의 문장이 이끌어서 일으킨 일이다. 말은 시인이 노래하고 읊은 가사이다. 의지는 시인의 의지가 하고자 하는 일이다. 의도는 학자가 마음에 담은 의지이다. 시를 말하는 사람이 의지에 뿌리를 두어야만 글로 말을 해치지 않을 수 있고 말로 의지를 해치지 않을 수 있다고 맹자는 말한다."

11 두예 「춘추좌씨전서」는 이러하다. "『춘추』는 비록 한 글자로 포폄했지만, 그러나 모두 몇 구절이라야만 말을 완성할 수 있다." 공영달 소는 이렇게 말한다. "포(褒)할 때는 자(字)를 쓰고 폄(貶)할 때는 이름[名]을 부른다. 포폄은 한 글자에 있다."

12 용이 들에서 싸워 흘린 피와 귀신을 실은 수레는 「역교 하」의 주63 및 주32를 보라. 『상서』「요전」은 이러하다. "왈약계고제요"(粵若稽古帝堯) 「전」은 이러하다. "약(若)은 순(順)이고 계(稽)는 고(考)이다." 월(粵)은 왈(曰)이라고도 한다. 이것은 『주역』의 괘사와 효사로 역사서를 지을 수 없다는 것을 말한다.

13 『시』「소아」 "사간"은 이러하다. "상서로운 꿈은 무엇인가? 대인께서 점치시니 곰이며 말곰이요(아들 낳을 상서로운 꿈이다), 독사니 뱀이로다(딸 낳을 상서로운 꿈이다)." 또한 "무양"은 이러하다. "목동이 꿈꾸었네 많은 물고기여(물고기가 많은 꿈은 풍년이란 뜻이다) 거북과 뱀을 그린 깃발이며 새매를 그린 깃발이여(교외의 들판에 있는 깃발 꿈은 큰 마을[州里]의 깃발이니 사람이 많아진다는 뜻이다)." '봄 왕이 달력을 바로 잡았다'는 「사덕」의 주32를 보라. 이것은 『시』의 말로 역사서를 지을 수 없다는 것을 말한다.

역주_ 깃발은 '旐'를 옮긴 것이다. 거북이나 뱀을 그린 검은 빛깔의 깃발이며 운구할 때 앞세운다.

14 「원학 상」의 주2를 보라.

기고 흩어져 완전히 형태를 잃게 되리라고 생각하지 않지. 많이 들어야 고를 것이 생기고 널리 배워야 요약할 것이 있다네.[15] 자신이 선택하는 것은 자기 스스로 결정해야만 하는 것이지 일괄적으로 이미 있는 학설에 사로잡혀서는 안 되는 법이지. 위대한 도가 드러나지 않자 제자백가가 앞 다퉈 주장을 펼친 것은 모두 선왕의 어떤 측면만 얻게 되었네. 이것은 '이목구비가 모두 아무리 밝다한들 서로 기능을 통하게 만들 수는 없다'는 장자의 말과 같다네.[16] 눈이 아주 밝아서 가을 털의 끄트머리처럼 가는 것도 볼 수 있다 한들, 우레 소리나 천둥소리를 볼 수는 없는 법이고 귀가 아주 밝아서 온갖 소리를 다 변별할 수 있다 한들, 태산을 볼 수 없는 법이지. 눈과 귀는 각각 할 수 있는 것과 할 수 없는 것이 있다고 말한다면 옳을 걸세. 그러나 귀로 듣고 눈으로 볼 수 있는데도 우레 소리나 천둥소리를 듣지 못하고 큰 산악을 보지 못한다면 말이 되겠는가?[17]

한나라 이후부터 학자들은 자신이 얻은 것을 근거로 찬술에 깃들여 자신을 표현한 사람이 적지 않지. 고명한 사람은 독립 판단이 필요한 학에 기운 경우가 많고 침잠한 사람은 비교 검토해서 찾는 일을 높인다네. 천하의 어떤 학술이라도 이런 두 갈래 길을 갖춰야만 하지. 이건 마치 해가 뜨면 낮이고 달이 뜨면 밤인 것이나 날이 더우면 여름이고 날이 추우면 겨울인 것에 비기겠네. 이로써 밀어내고 밀려나면서 대신하여 한

---

15 『논어』「술이」는 이러하다. "선생님이 말씀하셨다. '아마 모르면서 하는 것도 있을 수 있지만 나는 이런 것이 없다. 많이 듣고 좋은 것을 골라서 따르며 많이 보고 아는 것이 지혜로움의 두 번째 단계이다.'" 『논어』「옹야」는 이러하다. "선생님이 말씀하셨다. '문에 대해 널리 배우고 예로써 요약한다면 역시 어긋나지 않을 수 있으리라!'"

16 『장자』「천하」를 보라. 나는 이렇게 생각한다. 장자의 이른바[莊生所謂]에서 "위"(謂)는 각 판본에서 "득"(得)이라고 잘못 되어 있다. 여기서는 지고당총서본에 의거하여 바로잡았다.

17 나는 이렇게 생각한다. 여기까지 순서대로 배열한 책, 독립 판단의 학, 비교 검토해서 찾는 일의 공로 세 가지에 각각 위주로 하는 것이 있어서 서로 통할 수 없다고 말한다.

해를 완성할 때 서로 필요하고 보탬이 되는 것이지.[18] 이로써 자신을 어떤 범위에 한정시키고 경계를 세우면 둘 다 상하는 폐단이 생기게 되네.[19] 그러므로 사마천과 반고는 역사학의 시조이며 복생과 정현[20]은 경사이지. 그들의 위치를 바꾼다면 잘 해내지 못할 걸세.[21] 이것도 자신의 방법을 나란히 시행하더라도 서로 위배되지 않는 것이지.[22] 복생과 정현에게 어떤 경의 주석을 베푸는 공동 작업을 시킨다면 틀림없이 서로 어긋나 용납하지 않는 못마땅한 점이 생길 걸세. 사마천과 반고에게 어떤 역사서를 편찬하는 공동 작업을 시킨다면 틀림없이 서로 맞지 않아 충돌할까봐 꺼릴 테지. 이로써 전문가의 학은 자신의 의도를 외로이 실행하려고 하지 않은 적이 없다는 것을 알겠네. 설령 같은 길을 가는 동반자가 다투더라도 의심하지 않으며 비록 온 세상이 나무라더라도 돌아보지 않지. 이것이 바로 사마천이 반드시 전할 만한 사람에게 전하려고 한 이유이며[23] 반고가 반드시 마융을 기다렸다 손아래누이를 통해 학업을 받게 한 이유라네.[24] 그런 뒤에야 그들의 학이 드러나기 시작했지. 사마천의 『사기』는 서광이나 배인[25] 등 여러 사람이 그의 학업을 전했고 반

---

18 『한서』 「율력지」는 이러하다. "윤달을 세워서 시간을 정하고, 이로써 한 해의 시절과 차례[歲功]를 완성한다." 한유 「여우양양서」(與于襄陽書)는 이러하다. "그것을 앞세우지 말라. 비록 아름답더라도 드러나지 않는다. 그것을 뒤세우지 말라. 비록 성대하더라도 전해지지 않는다. 이런 두 가지 사람은 애초에 서로 필요로 하지 않았던 적이 없다." 수(須)는 수(需)와 통한다.

19 『장자』 「추수」는 이러하다. "널찍하게 마치 사방에 끝이 없는 듯, 아무런 경계도 두지 않는다." 육기 「문부」는 이러하다. "떨어트려 놓으면 둘 다 아름답지만 합쳐놓으면 둘 다 상한다."

20 복승은 「언공 상」의 주62를 보라. 정현은 「역교 중」의 주5를 보라.

21 『주례』 「고공기」는 이러하다. "좋은 곳으로 땅을 옮기다."

22 『예기』 「중용」은 이러하다. "도는 동시에 시행해도 서로 어긋나지 않는다." 주희 주는 이러하다. "패(悖)는 배(背)와 같다."

23 『한서』 「사마천전」은 이러하다. "제가 만약 이 책을 완성한다면 명산에 숨겼다가 적임자에게 전하렵니다. 사통팔달의 도회지나 큰 도시에 두었다가 만일 죽임이라도 당하면 어찌 후회스럽지 않겠습니까?"

24 「사주」의 주8을 보라. 가업당본 『장씨유서』에 따르면 반고 다음에 "서"(書) 자가 있다.

25 배인은 「사주」의 주9를 보라. 서광은 「지난」의 주23을 보라.

고의 『한서』는 복건이나 응소[26] 등 여러 사람이 그의 학업을 전했네. 전문가의 학은 입으로 가르치고 마음으로 전하는 것이지. 이것은 경사가 장구를 전수하는 것과 다르지 않네. 그렇다면 세상을 다스리려는[27] 『춘추』의 의도는 반드시 문자가 있어야만 상세하게 알 수 있는 것이 아니며 반드시 묵수한다고 해서 맞아떨어질 수 있는 것도 아니겠지. 그러나 현대 학자들은 옛사람의 독립 판단을 적은 저술을 마주치기만 하면 불만스런 의도를 가지고 시끄럽게 굴면서 어지러이 일어나 공격한다네. 여기서도 그들이 논의하기를 좋아할 뿐이지 업적을 이루려는 생각이 없음을 알 수 있지.[28]

늘어놓고 편집한 책은 장고나 영사(令史)와 공목(孔目) 같고[29] 장부와 기거주[記注]에 정해진 격식과 같지. 그것의 근원이 설령 국립 문서관[柱下]이 갈무리한 데[30] 뿌리를 두고 있다 하더라도 조사와 검색[稽檢]을 대비하고 채택에 이바지하는 일에 쓰인 것은 애초부터 다른 이상한 점은 없다네. 그러나 독립 판단의 학은 옳지 않으면 선택하여 가다듬지 않으며

26 복건은 「지난」의 주23을 보라. 응소는 「사주」의 주10을 보라.

27 『장자』 「제물론」은 이러하다. "『춘추』가 기록한 세상을 경륜하는 일이나 선왕의 기록에 대해 성인은 논의하지만 구분하지는 않는다." 왕선겸은 이렇게 말한다. "나는 이렇게 생각한다. 『춘추』가 기록한 세상을 경륜하는 일이란 연도와 시간으로 세상 일의 내력을 적은 것을 말하는 것이지, 공자가 지은 『춘추』가 아니다." 이것은 그 말을 쓰지만 뜻은 다른 것이다.

28 나는 이렇게 생각한다. 여기까지 비교 검토해서 찾는 일의 공로가 독립 판단의 학과 다르다는 것을 말한다.

29 장고는 「서교 상」의 주13을 보라. 한나라 때 난대 상서는 모두 영사가 있었는데 문서를 담당했다. 당나라 때는 집현원에 공목(孔目)이 있었는데 문서를 꼼꼼하게 따져서 검토하는 일을 담당하는 사람이다.

30 『사기』 「장창전」은 이러하다. "진나라 때 어사가 되어 궁전에서 사방의 문서[柱下方書]를 담당했다." 『사기색은』은 이러하다. "주나라와 진나라는 모두 주하사가 있었는데 어사라고 불렀다. 관장하는 일 및 모시고 서있는 일이 늘 궁전 기둥 아래였기 때문에 노담은 주나라 주하사이다. 지금 장창은 진나라 때 역시 이 자리에 있었다. 방서(方書)는 방판(方版)이며 작은 일을 판(版)에 적는 것을 말한다. 사방의 문서를 주관한다고 하기도 한다."

역주_ 기거주는 편년체의 실록이다.

비교 검토해서 찾는 일은 옳지 않으면 근거가 되지 않는 법이지. 이것은 마치 좋은 술도 술지게미를 떠날 수 없거나 아름다운 곡식도 거름을 떠날 수 없는 것이나 같다네. 그래서 직책을 맡은 벼슬아치의 고사, 안독(案牘)이나 도첩(圖牒) 등의 책을 함부로 논의할 수 없지. 그러나 독립 판단의 학과 비교 검토해서 찾는 일은 지혜롭고자 하지만 늘어놓고 편집한 책이라서 어리석어진다네. 이것도 역시 술을 술잔[尊彝]에 채울 수 있지만 술지게미를 술잔에 채울 수 없는 것이나 곡식을 제사 그릇[簠簋]에 수북이 담을 수 있지만[31] 거름을 제사 그릇에 담을 수 없는 것처럼 이치가 지극히 명백하다네. 옛사람은 이렇게 말하지. '수식이 없는 주장은 오랫동안 행하지 못한다.'[32] '품격이 높고 점잖지 못한 글은 신사가 입에 올리기 어렵다.'[33] 직책을 맡은 벼슬아치의 고사, 안독이나 도첩을 모두 모아도 오랫동안 행하기 어렵기 때문에 늘어놓고 편집하는 방법이 생긴 것이라네. 이것은 가학이라 부를 수도 없고 판단력과 풀이를 세울 수도 없지. 그래서 고사를 정리한 뒤 후세인이 가다듬어 결정하길 기다리는 것이라네. 이것이 바로 늘어놓고 편집한 책이 어리석어지는 결과이지. 그것을 천거하여 저작의 전당에 올리고 또한 가학이라는 이름을 스스로 붙이기가 말처럼 쉽겠는가? 하물며 반고의 자질은 지극하다고 말할 수 있는데도 그는 진종(陳宗)이나 윤민(尹敏) 같은 무리와 함께 「세조본기」(世祖本紀), 「신시열전」[新市], 「평림열전」[平林]을 지었다네. 이것은 『한서』와 나란히 세울 수 없으며[34] 반드시 범엽의 『후한서』[35]가 정통이 되어야만

31 『주례』에는 사준이(司尊彝)라는 관직이 있다. 『설문해자』는 이러하다. "보(簠)는 차기장과 메기장을 담는 둥근 그릇이다. 궤(簋)는 차기장과 메기장을 담는 네모난 그릇이다." 『광운』은 이러하다. "보궤는 제사 그릇이다."

32 「언공 상」의 주2를 보라.

33 『사기』「오제본기찬」을 보라.

34 『후한서』「반고전」은 이러하다. "현종은 반고를 불러 교서랑에 임명하고 난대 영사를 제수했다. 전 휴양 영(睢陽令) 진종(陳宗), 장릉 영(長陵令) 윤민(尹敏), 사례 종사(司隷從事) 맹이(孟異)와 함께 『세조본기』를 완성했다. 낭으로 옮겨서 궁중 도서관의 책을 교정했다. 반고는 또한 공신인 평림군[平林], 신시군[新市], 공손술의 사실을 지

하지. 그러면 많은 사람을 모아 관청에서 편찬한 고사와 전문가가 독립 판단하여 지은 역사서에 아무런 연관이 없다는 것도 명백해질 걸세.[36]

이렇게 된 뒤부터 원류를 이미 잃어버렸지. 정초가 비교 검토해서 찾는 일을 하지 않았지만 『통지』는 독립 판단의 학을 밝혔다고 할 수 있다네. 군자는 여기에 채택할 만한 것이 있다고 생각하지. 마단림[馬貴與]이 독립 판단의 학을 하지 않았으므로 『문헌통고』는 늘어놓고 편집하는 일도 완성했다고 할 수 없다네. 마단림은 지혜도 채택할 만한 것이 없을 뿐 아니라 어리석음이 도가 되는 일도 제대로 못한 셈이지. 하물며 마단림이 『통전』을 취하여 『통전』의 분야[門類]를 더 많이 나눈 것도[37] 펼쳐서 검색하기 편리하게 만든 것일 뿐일세. 그리고 역사서와 방지를 근거로 그들의 논의를 모은 것은 절충하기 쉽게 만든 것일 뿐이지. 이것은 바로 경생이 과거 시험을 대비하기 위한 참고서이기 때문에[38] 감히 아무도 모르고 혼자서만 얻은 견해라고 표현하거나 천편일률적인 방법 이외의 새로운 뜻이라고 표방할 수 없다네. 그리고 이것은 엄연히 세상에 아부하여 향원이 된 것이지.[39] 옛사람이 글을 지은 뜻에 대해 그는 들을 수도 없다네. 세속적인 학자들은 『문헌통고』의 분류 형식이 찾기 쉽다는 점을 편리하게 생각하고 논설이 평온하고 사이좋은 것을 기쁘게 생각하

었고, 「열전」과 「재기」 스물여덟 편을 지어서 황제에게 바쳤다. 황제는 그래서 그에게 짓고 있는 책을 끝내고 완성시키도록 했다. 반고는 한나라가 요임금의 운수를 이어서 제왕의 사업을 세웠다고 생각했다. 고조의 육대손인 무제 때 이르러 역사를 기록하는 신하가 이내 업적과 어진 덕을 돌이켜 기술하여 개인적으로 「본기」를 지어 온갖 왕의 끄트머리에 엮고 진나라와 항우의 반열에 두었으나 태초 연간 이후는 빠트린 채 기록하지 않았다. 그러므로 이전의 기록을 찾고 지었으며 들은 것을 엮고 모아서 『한서』를 만들었다."

35 「시교 하」의 주37을 보라.

36 나는 이렇게 생각한다. 여기까지 순서대로 배열한 책과 독립 판단의 역사 기록이 다르다는 것을 말한다.

37 『통전』은 「서교 중」의 주23을 보라. 『문헌통고』의 분류는 「신정」편의 주17을 보라.

38 「박약 상」의 주7 및 주8을 보라.

39 「질성」의 주4를 보라.

지. 그래서 서로 더불어 하나같이 쏠려서 서로 칭찬하기 바쁘다네. 그러나 그들은 저술의 원류가 비슷하지도 않다는 것을 모르지. 이것은 후아조찰(嘔啞嘲哳)하는 노래를 누가 부르면 모든 사람이 따라 부르는 것이나 진배없다네."[40]

3. 답객문(하)[1]

손님이 이렇게 물었다. "독립 판단의 학과 비교 검토해서 찾는 일에 대한 말씀은 이미 들었습니다. 늘어놓고 편집한 책을 선생께선 술지게미와 거름에 견주셨는데 무슨 말씀이신지 감히 여쭤도 되겠습니까?"[2]

장학성 선생은 이렇게 대답했다. "이것은 폄하하려는 말이 아니지. 옥원석이 있어야만 조각을 베풀 수 있고 재목이 있어야만 도끼를 휘두를 수 있다네.[3] 어느 것이 먼저고 나중인지 어느 것이 무겁고 가벼운지는 쉽게 알 수 있지. 공자가 편집하지 않은 『시』, 『서』와 결정하지 않은 『역』, 『예』, 『춘추』[4]는 모두 선왕의 오래된 전범이라네. 그러나 공자가

---

40 백거이 「비파행」(琵琶行)은 이러하다. "산에서 부르는 노래와 촌구석의 피리 소리 어찌 없으랴만 조잡하고 시끄러워 들어주기 어렵다네." 사마상여 「상림부」는 이러하다. "요임금의 춤을 추고 갈천씨[葛天]의 음악을 들으면 천 명이 노래하고 만 명이 따라 부른다." 나는 이렇게 생각한다. 여기까지 『문헌통고』를 논한다.

역주_ **후아조찰**은 후아가 어린이의 말소리나 노래 소리, 조찰이 새가 지저귀는 소리라는 뜻이다. 모두 의성어이며 뜻은 없다.

1 유함흔 『문사통의지어』는 이렇게 말한다. "이 글은 오로지 순서대로 배열하는 것을 논하고 있다."나는 이렇게 생각한다. 여기에는 「석통」전 넷째(釋通傳四)여야만 하지만 하씨 초본의 제목 아래에 주가 없다. 어쩌면 잉크가 떨어져나간 것이리라.

2 나는 이렇게 생각한다. 여기까지 가정해서 묻는 것이다.

3 『장자』 「산목」은 이러하다. "옥은 모서리를 깎고 다듬어서 자연의 순박함으로 돌아간다." 도끼를 휘두르는 것은 「언공 중」의 주36을 보라.

논하고 결정하지 않았다면 그것을 학자들에게 전할 수 없었을 테지. 이도(李燾)는 이렇게 말한다네. '좌구명은 『춘추』의 「전」을 지으려고 우선 각국의 역사 기록을 모았다. 나라마다 전해지는 말을 나눠서 『춘추좌전』[內傳]을 지을 때 채록하는 일을 준비했다.'[5] 이것은 비록 억측한 말이지만 옛사람이 글을 지을 때 전혀 근본도 없이 쓰지 않는다는 말이라네. 따라서 늘어놓고 편집하는 일을 논의하지 않을 수 없다는 것을 알 수 있지. 늘어놓고 편집하는 방법은 대략 세 가지가 있다네. 때에 따라 짓고 모은 뒤 후세인이 논하고 결정하길 기다리는 경우는 유흠과 양웅의 『사기』[6]나 반고와 진종의 『한기』[7]가 바로 이런 종류이지. 저술할 의지가 있는 사람이 먼저 많은 책을 섭렵하는 일을 마치 땔나무를 모으는 것처럼

---

4 공자가 『시』와 『서』를 편집하고 『역』, 『예』, 『춘추』를 정했다는 이야기는 『사기』 「공자세가」를 보라.

5 『사통』 「육가」는 이러하다. "좌구명은 『춘추』 내전을 짓고 나서, 다시 사라진 글을 밝히고 별도의 학설을 모은 뒤 주나라, 노나라, 제나라, 진나라, 정나라, 초나라, 오나라, 월나라 여덟 나라의 사실을 나누고 주나라 목왕에서 시작하여 노나라 도공(悼公)에서 마쳤다. 따로 『춘추』 외전인 『국어』를 지었으며 합치면 스물한 편이다." 그래서 『국어』는 『춘추좌전』 뒤에 지은 것이다. 이도는 이렇게 말한다. "옛날 좌구명이 장차 『춘추』의 전을 지을 때, 먼저 모든 나라의 역사서를 찾아 모아, 나라별로 「어」(語)를 만들고 이내 그중 뛰어난 것을 찾아서 『춘추』의 전을 지었다. 그러나 찾아 모은 말을 먼저 취하고도 초고는 갖춰서 남겼다. 당시 사람들은 그것을 함께 전수하고 익히면서 이름을 『국어』라고 했다."(『문헌통고』 권183 「경적고」 10에서 인용) 『송사』 「이도전」(李燾傳)은 이러하다. "이도는 자가 인보(仁甫)이며 미주(眉州) 단릉(丹稜) 출신이다. 『왕안석일록』[王氏書]을 읽은 것을 부끄럽게 여겨 홀로 역사서[載籍]을 널리 통달하고 온갖 사람들의 책을 수집하여 망라하여 분발하여 역사가의 임무를 스스로 맡았다. 송나라[本朝]의 전고는 더욱 힘을 내서 파고들어 조사했다. 사마광 『자치통감』의 범례를 본떠서 편년체의 책을 하나 지었는데 이름을 『장편』(長編)이라고 했다. 순희 7년 그것을 황제에게 바치니 비부에 소장하라고 명령했다. 이도는 이 책이 차라리 번거로워서 잘못 되더라도 간단해서 잘못되지는 않았다고 스스로 말했다. 그러므로 송나라 모든 황제[一祖八宗]의 사실이 모두 구백일흔여덟 권이나 되고 책 앞의 총목록만 다섯 권이다. 황제는 그 책이 사마광에게 부끄럽지 않다고 말했다. 벼슬은 부문각(敷文閣) 학사에 이르렀고 죽었을 때 문간(文簡)이라는 시호를 받았다."

6 「언공 상」의 주49를 보라.

7 앞 편의 주34를 보라.

생각하는[8] 경우는 왕응린의 『옥해』[9]나 사마광의 『자치통감장편』[長編][10]이 바로 이런 종류라네. 전문적인 학파를 오랫동안 연구한 뒤 거대한 작업을 완성하는 경우는 사마천이 창공(倉公)의 의술을 기록한 「창공열전」[11]이나 반고가 유향의 『홍범오행전』을 편집한 일[12]이 바로 이런 종류이지. 때에 따라 짓고 모은 뒤 논하고 결정하길 기다리는 일은 상세함과 간단함, 채택과 삭제에 대한 조리만 정밀할 뿐이라네. 먼저 많은 책을 섭렵하는 일을 땔나무 모으기처럼 생각하면 동일성과 차이의 변별이나 비교 검토해서 찾는 일만 조심할 뿐이지. 전문적인 학파를 오랫동안 연구한 뒤 거대한 작업을 완성시키면 구현과 제요[13]만 대체로 통달할 뿐이라네. 늘어놓고 편집하는 일이 이처럼 다르기 때문에 지은이의 뜻도 때에 맞는 구체적 상황에 따라 변별해야만 하지. 그러나 오늘날의 학자는 천하의 도가 예의 제도의 차이를 견줘보는 것, 발음과 뜻풀이의 정확함과 부정확함을 변별하는 것에만 있다고 생각하고 그저 이럴 뿐이라고 생각

---

8 『시』「대아」"역박"(棫樸)은 이러하다. "땔감이며 모닥불 감으로 자르지." 「전」은 이러하다. "유(槱)는 적(積)이다." 유(槱)는 소리가 유(酉)이다.

9 노문초 『송사예문지보』(宋史藝文志補)는 이러하다. "왕응린 『옥해』는 이백 권이다."

10 『직재서록해제』「편년류」는 이러하다. "장편이라고 말한 것은 사마광 『자치통감』 때문이다. 먼저 그에게 총목(叢目)을 지으라고 명령하여 완성한 뒤 바로 장편을 편집한 뒤에 그것을 편집하여 책을 완성했다. 『당장편』(唐長編)은 육백 권인데 지금 『자치통감』은 오로지 여든 권일 뿐이다."(『속통감장편』(續通鑑長編) 해제)

11 『사기』「창공열전」[倉公傳]은 이러하다. "태창공(太倉公)은 제나라 태창(太倉)의 우두머리이며 임치 출신이다. 성은 순우[淳于氏]이고 이름은 의(意)이다. 어려서 의술과 방술[醫方術]을 좋아했다. 고후 8년 다시 같은 고향 원리(元里)의 공승(公乘)인 양경(陽慶)을 스승으로 받아들였다. 양경은 나이가 일흔이 넘었는데 아들이 없었으므로 순우의가 이전에 배웠던 처방을 남김없이 버리게 하고 다시 자신이 가진 비밀스런 처방[禁方]을 모두 그에게 주었으며 황제와 편작(扁鵲)의 맥서(脈書)를 전수했다. 얼굴에 나타나는 다섯 가지 빛깔로 오장의 병을 진단하고 병든 사람이 살지 죽을지 알며 의심스러운 병의 증세를 판단해서 치료할 수 있을지 결정하는 것이다. 또한 약재 처방에 관한 이론[藥論]도 있었는데 대단히 정밀했다. 그에게 삼년 동안 전수했는데 사람의 병을 고치기도 하고 살지 죽을지 판단하는 것을 많이 증명했다." 「창공열전」 뒤에 붙여서 기술한 약 처방[藥方]은 대단히 갖춰져 있다.

12 「언공 중」의 주28 및 주30을 보라.

13 「박약 상」의 주13을 보라.

한다네. 이것은 우물에 들어앉아 하늘을 관측한 뒤 우주가 운행하는 도수를 모조리 끝까지 파고들고자 하는 일이나 사랑방의 움푹한 곳에 고인 물을 측정한 뒤[14] 모든 바다의 파도를 재보고자 하는 일과 무엇이 다른가? 이렇게 한다고 모조리 알 수 있다고 생각하는가?[15]

한나라 황제의 춘추(나이(年壽)이다)는 『별록』(신찬이 주를 달았다)에 갖춰져 있고[16] 복생과 문당[文翁]의 이름은 비석[石刻]으로 증명되며[17] 한나라 고조가 신풍(新豐)에 성을 쌓은 일은 유흠의 기록(『서경잡기』(西京雜記)이다)에 상세하고[18] 한나라 무제가 평범한 옷을 입고 몰래 저자를 다니길 좋

---

14 한유 「원도」는 이러하다. "우물에 앉아 하늘을 바라보면서 하늘이 작다고 말하지만 하늘이 작은 것은 아니다." 『장자』 「소요유」는 이러하다. "한 잔의 물을 마루의 패인 곳에 엎지르면 작은 풀잎은 떠서 배가 된다." 요(坳)는 어교(於交)의 반절이고 웅덩이 아래[窊下]라는 뜻이다.

15 온 세상은 「언공 하」의 주7을 보라. 나는 이렇게 생각한다. 여기까지 순서대로 배열한 책이 대략 세 가지 종류로 나뉘며, 지은이는 마땅함을 따라서 변별해야만 한다고 말한다.

16 『한서』의 「본기」 열두 편에 따르면 각 황제의 나이는 모두 신찬의 주에 명백하다.

17 『한서』 「유림전」은 이러하다. "복생은 제남 출신이다." 장안은 이렇게 말한다. "이름은 승(勝)이라고 「복생비」(伏生碑)가 말한다." 「순리전」은 이러하다. "문옹은 여강 서(舒) 출신이다. 어려서 학문을 좋아하여 『춘추』에 통했다. 경제 말년에 촉군의 수가 되었다. 촉 땅이 처박하고 변변치 못한 두메산골인 것을 보고 그들에게 권유하려고 했다. 군과 현의 구실아치 가운데 머리가 트이고 재빠르며 재능이 있는 사람을 가려서 서울에 보내서 박사에게 학업을 전수받게 했다. 또한 성도 저자 안에 학관을 만들고 소속된 현[下縣]의 젊은이들을 모집하여 학관 제자로 삼았다. 이로부터 촉 땅이 크게 교화되었고 서울에서 배운 사람이 제나라와 노나라와 나란하게 되었다." 「여강칠현전」(廬江七賢傳)은 이러하다. "문당(文黨)은 자가 중옹(仲翁)이다. 아직 학문을 하지 않았을 때, 사람들과 함께 산에 들어가 나무를 하면서 같이 간 사람에게 이렇게 말한다. '나는 멀리 가서 배우고 싶은데, 우선 내 도끼를 높은 나무 위에 던져봐야겠다. 도끼는 걸릴 것이다.' 위를 쳐다보고 던졌는데 도끼가 과연 위에 걸렸다. 곧이어 장안에서 경을 전수받았다." 양신은 이렇게 말한다. "문옹이 촉 땅에 있으면서 거의 자연인들을 위해 기준을 세웠다. 문옹은 이름이 당이다."(『승암외집』(升庵外集) 권41) 지금 전해지는 「문옹비」(文翁碑)는 가짜이고 문옹의 이름이 없다.

18 『서경잡기』 권2는 이러하다. "태상황(太上皇)이 장안으로 옮겨와 깊은 궁궐에 살게 되면서 몹시 슬프고 애달파 하며 즐거워하지 않았다. 고조는 주변 사람들에게 가만히 그 까닭을 물었다. 평생 좋아하던 일이 모두 젊었을 때 푸주한을 했던 일, 술을 사마시거나 떡을 사먹는 일, 닭싸움이나 공차기이며, 이것을 즐겁다고 생각했다. 이제 이런 것들이 없기 때문에 즐겁지 않았던 것이다. 고조는 그래서 신풍(新豐)을 만

아한 일은 외전(外傳)(『한무고사』이다)에 기록되어 있지만[19] 사마천의 『사

들고 아는 사람들을 옮겨와 거기를 채우자, 태상황은 기뻐했다. 그러므로 이것이 신풍에는 막 되먹은 사람이 많고 옷과 모자를 제대로 갖춰 입은 의젓한 젊은이가 없는 까닭이다."나는 이렇게 생각한다. 『수서』「경적지」 "구사류"(舊事類)는 이러하다. "『서경잡기』는 두 권이다." 지은 사람의 성명은 적지 않았다. 『직재서록해제』「전기류」는 이러하다. "『서경잡기』는 여섯 권인데, 구루 영인 갈홍이 지었다. 그 권의 끄트머리는 이렇게 말한다. '우리 집에는 유흠[劉子駿]의 책 백 권이 있는데 돌아가신 아버지가 전하신 것이다. 유흠은 『한서』를 지으려고 했기 때문에 한나라의 사실을 마구 기록했는데 미처 완성하지 못하고 죽었다. 시험 삼아 이 책으로 반고가 지은 것을 비교해서 교정해보니, 거의 모두 유흠의 책을 취한 것이고 약간 차이가 있을 뿐이다. 반고가 취하지 않은 것은 이만 자를 넘지 않는데 이제 두 권으로 베껴서 이로써 『한서』에 빠진 것을 도우려고 한다.' 이른바 돌아가신 아버지라는 사람은 유흠의 아버지 유향이지만, 『중흥관각서목』은 갈홍의 아버지라고 생각하여 전했으니 옳지 않다. 『신당서』「예문지」에도 역시 두 권뿐이다. 이제 여섯 권이라는 것은 후세인들이 그것을 나눈 것이다. 나는 이렇게 생각한다. 갈홍은 널리 듣고 깊이 배워서 동진 때[江左] 따를 사람이 없다. 지은 책이 거의 오백 권이고 「갈홍전」에는 그 목록을 갖춰서 수록했는데 이 책이 있다는 소리는 듣지 못했다. 그리고 유향과 유흠 부자도 역시 그들이 역사서를 지어서 세상에 전한 적이 있다는 말을 듣지 못했다. 반고가 의거하여 기술하게 했는데도 역시 완전히 없애서 수록하지 않았을 리가 없으니 거의 의심스러운 말이다. 어찌 유향과 유흠이 전한 것이 아니기만 하겠는가? 마찬가지로 꼭 갈홍의 작품이라고도 못한다." 『유양잡조』(酉陽雜俎)는 이러하다. "유신이 시를 지을 때, 『서경잡기』의 사실을 쓰려고 하다가 곧 스스로 좇아 고치면서 이렇게 말했다. '이것은 오균(吳均)의 말이니 아마 쓰지 못할 것이다.'" 그러므로 조공무 『군재독서지』는 이렇게 말한다. "이 책은 동진 때 사람들이 모두 오균이라고 생각해서 그에게 맡겨서 지었다." 여기서 유흠의 기록이라고 한 것은 아마 권의 끄트머리에 기록한 것을 오해해서 믿은 것이리라.

19 『한무고사』는 이러하다. "늘 가벼운 차림으로 몰래 궁궐 밖을 다녔다. 당시의 승상 공손홍이 자주 간언했지만 따르지 않았다. 공손홍은 자기 아들에게 이렇게 말했다. '내 나이 벌써 여든이 넘었고 폐하가 재상으로 발탁했다. 선비는 오히려 자기를 알아주는 사람을 위해 죽는데 하물며 세상의 임금이신데 어찌 그러지 않을 수 있겠느냐? 만약 폐하가 몰래 궁궐 밖을 나다니는 일을 그치지 않는다면 사직이 틀림없이 위태로울 것이다. 내가 비록 사어(史魚)에 미치지 못하지만 만에 하나를 바라고 죽음으로써 간언할 수 있다.' 이어서 스스로 목숨을 끊었다. 황제가 듣고서 그것을 슬퍼하면서 스스로 뇌문을 지었다." 『사고전서총목제요』"소설류"는 이러하다. "『한무고사』는 한 권이며 예전에는 본디 반고가 지었다고 제목을 달았다. 그러나 역사서에서 반고에게 이런 책이 있다는 소리는 듣지 못했다. 『수서』「경적지」 "전기류"가 목록에 기록한 곳에서도 역시 반고가 지었다고 말하지 않았다. 조공무 『군재독서지』는 장간지(張柬之) 「명동기발」(冥洞記跋)을 인용하여 왕검에게서 나왔다고 말했다. 당나라 초기는 제나라와 양나라 때에서 아직 멀지 않으니 헤아리는 바가 있는 것이

기』나 반고의 『한서』에 채록되지 않은 것은 늘어놓고 편집하는 일의 번거로움이 지은이가 생략하는 일을 가로막지 못하기 때문이라네. 조비(曹丕)가 선양을 사양한 상주문[表文]은 『위서』 「헌제전」(獻帝傳)에 상세하고[20] 문소황후[甄后]의 아름다운 행실은 『위서』가 대단히 칭송하며[21] 애뢰(哀牢)의 「전」은 계리(計吏)에게 거둔 것이고(『논형』을 보라)[22] 선현의 상주문이

당연하다."

20 『삼국지』 「위서」 "문제기"의 주는 「헌제전」(獻帝傳)에 실린 「선대중사양표」(禪代衆事讓表)를 인용하고 있다.

21 『삼국지』 「위서」 "견후전"(甄后傳)의 주는 『위서』를 인용하여 이렇게 말한다. "황후는 어려서부터 자랄 때까지 노는 것을 좋아하지 않았다. 여덟 살 때, 바깥에서 일어서서 말을 타는 등의 놀이판이 벌어지자 집안사람들과 여러 명의 언니들은 모두 높은 누각에 올라가서 보았지만 황후는 홀로 가지 않았다. 여러 언니들이 이상해서 물어보니 황후는 이렇게 대답했다. '이것이 어찌 여자가 볼 것입니까?' 아홉 살 때, 글씨 쓰기를 좋아해서 글자를 보면 바로 알았다. 자주 여러 오빠들의 붓과 벼루를 쓰자 오빠가 황후에게 이렇게 말했다. '너는 여공(女工)을 익혀야 마땅한데 글씨 쓰기를 배우는 것을 보니 여자 박사가 되어야겠구나?' 황후가 이렇게 대답했다. '옛날 훌륭한 여자들은 배우지 않은 사람이 없다고 들었습니다. 이전 세상에서 잘 되고 못된 것을 자기를 경계하는 일로 삼아야 하는데 글씨를 모르면 무엇을 말미암아 그것을 보겠습니까?'" 또한 이렇게 말한다. "책임자가 장추궁(長秋宮)을 지을 것을 아뢰었는데 황제는 옥새가 찍힌 문서로 황후를 맞이하여 행재소(行在所)로 갔다. 황후는 「표」를 올렸다. '앞 시대에 흥한 나라치고 나라를 오래오래 누리고 임금의 자리를 전하여 뒤를 잇는 일은 후비를 근거로 하지 않는 경우가 없다고 저는 들었습니다. 그러므로 반드시 적임자를 조사해서 뽑아서 여자에 대한 가르침[內教]을 일으켜야 합니다. 이제 즉위한 지 얼마 되지 않아서 마음이 어질고 깨끗한 사람의 지위를 올려서 황후와 후궁들[六宮]을 거느려 다스리는 일은 참으로 마땅한 것입니다. 저는 자신을 살펴보면 어리석고 변변치 못해서 나라의 큰일을 맡지 못하는데다가 병까지 들었으니 감히 변변치 않은 속뜻이나 지키렵니다.' 옥새를 찍은 문서가 세 번 이르자 황후는 세 번 사양했는데 말이 대단히 간절했다. 마침 한창 무더울 때인데 황제는 가을에 서늘해지길 기다렸다가 거듭 황후를 맞이하고자 했다. 황후가 병들어 결국 위독해지더니 여름 6월 정묘에 업에서 세상을 떴다. 황제는 슬프고 가슴 아파하면서 탄식을 연발하다가 황후로 추증하는 책서를 내렸다."

역주_ **문소황후**(文昭皇后)는 성이 견씨(甄氏)이기 때문에 견후, 견황후라고도 불린다. 조비의 정비이며 조비가 즉위하자 황후가 되었다. 견일의 딸로써 중산군 무극현(현재 하북성 장가구) 출신이다.

22 『논형』 「일문」은 이러하다. "양종[楊子山]은 군의 상계리(上計吏)인데 삼부(三府)에서 「애뢰전」(哀牢傳)을 짓다가 완성하지 못하는 것을 보고, 군에 돌아와 지어 바쳤다. 명제[孝明]는 그를 기이하게 여겨서 거둬서 난대에 있게 했다."

황초(黃初) 연간에 유행했지만[23] 진수의 『삼국지』나 범엽의 『후한서』는 수록하여 편집하지 않은 것은 늘어놓고 편집하는 일의 사사로움이 공정한 지은이를 기다려야만 하기 때문이지. 그러나 경생이 익히는 학업은 결국 전고 모음집[典林]을 편찬할 뿐이며 문학자[辭客]가 휘두르는 붓은 그래서 운율이 있는 어휘[韻藻]를 수집할 뿐이지. 최근의 얄팍한 기풍은 근거로 삼아 검색하는 데 편리한 것만 채택한 뒤 각자 사사로운 어린이용 교재를 지어[24] 변변치 못한 학자들이 채택하여 지니고 다니는 일에 제공할 뿐이라네. 그래서 늘어놓고 편집하는 일은 술지게미나 거름 따위인데 설령 악취가 나는 것을 신기한 것으로 바꾸길 바란다 해도 이것이 어찌 가능하겠는가?[25]

촌스런 책과 세속적인 학문에는 좋은 재료도 없지. 그래서 늘어놓고 편집하는 일은 근거하기 어렵다네. 이것이 첫 번째 이유이지. 그렇게 거

역주_ **삼부**는 태위, 사도, 사공을 말한다. **애뢰**는 한나라 때 동남아시아에 가까운 서남부 지역의 이민족이다. **계리**는 한나라 때 군국에 문서를 전달하는 사자이다.

23 황초는 위나라 문제의 연호이다. 『이십이사차기』 권7은 이러하다. "배송지 『삼국지주』는 『위략』을 인용하고 있다.(나는 이렇게 생각한다. 『삼국지주』에는 「위서」 권2가 나타나고 이어서 「헌제전」을 인용하고 있지 『위략』이 아니다) 조비가 선양을 받을 때, 이복(李伏) 등이 권하여 아뢴 것이 한 번, 허지(許芝) 등이 권하여 아뢴 것이 한 번, 사마의 등이 권하여 아뢴 것이 한 번, 환계(桓階) 등이 권하여 아뢴 것이 한 번, 상서령 등이 합쳐서 아뢰고 권하여 아뢴 것이 한 번, 유이(劉廙) 등이 권하여 아뢴 것이 한 번, 유약(劉若) 등이 권하여 아뢴 것이 한 번, 보국장군(輔國將軍) 등 백스무 명이 권하여 아뢴 것이 한 번, 박사 소림(蘇林) 등이 권하여 아뢴 것이 한 번, 유이 등이 다시 권하여 아뢴 것이 한 번인데 조비는 번번이 사양한다는 명령을 내렸다. 마지막으로 화흠(華歆) 및 공경들이 날을 가려 단을 설치하겠다고 아뢰자 비로소 즉위했다. 이것은 비록 모든 것이 가짜에서 나왔지만, 오히려 명예를 돌아보고 의로움을 생각한다면 감히 갑자기 받을 수 없으니 예를 다하여 사양하는 일의 남은 기풍이 있다."

역주_ **황초**는 위나라 문제 조비의 연호이다. 220~226년까지이다.

24 「전기」의 주23을 보라.

25 악취가 나는 것과 신기한 것은 「서교 하」의 주32를 보라. 나는 이렇게 생각한다. 여기까지 순서대로 배열한 책을 지은이가 가지고 처리할 때는 상세한 것을 간단하게 해도 무방하지만 『전림』(典林)이나 『운조』(韻藻)의 부류에 대해서는 본디 논할 만한 것이 없다고 한다.

뒤들인 고실(故實)은 본래 글이 아닌 경우가 많고 글자나 구절을 바꾸길 좋아한다네. 본바탕을 얄팍하게 만들어 학자가 원서를 익히게 만들기는커녕 새로 수록한 것을 살피는 일을 게으르게 만들지.[26] 그래서 늘어놓고 편집하는 일은 근거가 되기 어렵다네. 이것이 두 번째 이유이지. 비슷한 것을 제시한 뒤 근거로 삼는 일은 본래 저술이 아니라네. 그러나 오래된 서적을 모아놓고도 어느 책에서 나온 것인지 드러내지 않으면서 마치 자기 혼자만 터득한 것인 마냥 군다면 사람들이 검증한 뒤 믿게 만들 수 없지. 그래서 늘어놓고 편집하는 일은 근거가 되기 어렵다네. 이것이 세 번째 이유이지. 전해들은 것 가운데 특이한 말이나 별도의 유래를 가진 기록은 동시에 수록한 뒤 지은이의 결단과 선택을 기다려서는 안 된다네. 그러나 개인의 총명함만 믿고 마음대로 선택과 삭제를 결정하지. 그래서 늘어놓고 편집하는 일은 근거가 되기 어렵다네. 이것이 네 번째 이유이지. 그림을 그리는[圖繪] 학을 역사서에 수록하지 않으며[27] 금석문[金石之文]을 목록만 거둬들인다면[28] 후세인이 비교 조사하더라도 검증하고 믿을 만한 근거가 없어지지. 그래서 늘어놓고 편집하는 일은 근거가 되기 어렵다네. 이것이 다섯 번째 이유이지. 전문 서적의 거대한 총서를 편집했는데도 채집하고 수록하여 사라지는 일을 미리 막지 않은 채 단행본으로 돌아다니도록 내버려 둔다면 점차 사라지는 지경에 이르게 되지. 그래서 늘어놓고 편집하는 일은 근거가 되기 어렵다네. 이것이 여섯 번째 이유이지. 분류 형식에 얽매인 채 선택해서 책을 완성하더라도 법칙[法律] 이외에 여러 방면으로 구비하지 않고 지은이가 변별해서 가다

26 유지기의 말은 「석통」의 주67을 보라.

27 이야기는 「외편」의 「화주지 여지도 서례」에 상세하다.

28 금석문이 믿고 있는 것을 비교하는 바탕으로 삼기에 충분하다면 사학에 대단히 크나큰 도움을 줄 것이다. 구양수 『집고록』(集古錄) 이후부터 대대로 금석문을 목록에 기록한 책은 손으로 꼽지 못할 정도이다. 청나라 왕창은 『금석췌편』(金石萃編) 127권을 지어 삼대부터 송나라 말기 요나라 글자까지 천오백여 통을 수록하고 글 전체를 그대로 베끼고 틈틈이 설명하고 풀었는데 금석학에서 가장 해박한 것이다. 만약 목록만 거둔다면 다시 무슨 쓸모가 있겠는가?

듣기만 기다린다면 그물코가 하나뿐인 그물을 펼쳐봐야 새를 잡을 기약이 없는 것이나 마찬가지겠지.[29] 그래서 늘어놓고 편집하는 일은 근거가 되기 어렵다네. 이것이 일곱 번째 이유이지. 무릇 이런 여러 측면은 옛사람도 두루 상세하게 미치지 못한 것일뿐더러 후학들은 더구나 상세하게 알지 못하는 것이라네. 만약 먼 길을 떠나는 사람이 석 달 동안 먹을 양식을 모으는 것처럼[30] 오랫동안 연구할 의지가 있는 사람이라면 강의와 학습을 어찌 기다리고만 있겠는가? 그러나 온 세상 선비들은 자신의 덕성과 능력을 헤아릴 줄 모르고 모두 지은이를 자임한다고 시끄럽게 떠들고 있다네. 그들은 통발, 올가미, 효시 같은 도구[31]를 사용하는 작업을 하려고 하지도 않지. 그들은 '누가 환히 들여다볼까 두려워하는 개인적인 의도를 가진 채, 선과 의에 복종하는 공적인 마음이 없다'[32]라는 유흠의 말이 가리키는 그런 사람들이라네. 그렇다면 학술 사업은 어떻게 적절함을 얻을 수 있겠는가? 그리고 저술의 방법은 무엇을 근거로 올바름을 얻을 수 있겠는가?"[33]

---

29 『회남자』「설산훈」은 이러하다. "새가 장차 오는데 새그물을 펼치고 기다려도 새가 걸리는 것은 그물눈 하나뿐이기 때문이다. 만약 그물눈이 하나밖에 없는 그물을 만든다면 새를 잡을 날은 오지 않을 것이다."

30 『장자』「소요유」는 이러하다. "천리 길을 가려는 사람은 석 달 동안 양식을 모은다."

31 『장자』「외물」은 이러하다. "통발은 물고기를 잡기 위해 있으며 물고기를 잡고 나면 통발 따위는 잊히고 만다. 올가미는 토끼를 잡기 위해 필요하며 토끼를 잡고 나면 올가미는 잊히고 만다." 「재유」는 이러하다. "증삼과 사추가 걸왕과 도척의 앞장을 선 것은 아닌지 어찌 알겠는가?" 상수는 이렇게 말한다. "효시는 화살 가운데 우는 소리를 내는 것이다."

32 「이양태상박사서」를 보라.

33 나는 이렇게 생각한다. 여기까지 순서대로 배열한 책에서 일곱 가지 폐단을 제거하고도 여전히 학자의 노력이 필요하다고 말한다.

답문(答問)[1]

어떤 사람이 이렇게 물었다. "앞 시대 사람의 문사는 고쳐서 자기가 지은 것으로 만들 수 있는 것인지요?"

나는 이렇게 대답했다. "왜 안 되겠는가! 고대에는 글을 공공의 것이라고 생각했다네. 만약 앞 시대 사람의 문사가 이미 남김없이 말했다면 후세인은 조술만 하면 되지 다시 창작할 필요는 없었지. 시를 읊을 때 특정 단락만 잘라서 취하는 일은 마치 자신의 입에서 시가 나오는 것처럼 말하는 것과 다르지 않다네. 문사를 짓는 근거만 중요하게 생각하지 문사 자체를 중요하게 생각하지 않기 때문이지. 만약 문사를 짓는 의도에 근거만 있다면 고쳐서 지을 필요도 없고 앞 시대 사람의 문사가 자신의 문사와 다르지 않게 된다네. 앞 시대 사람의 의도가 없으면서 문사만

1　나는 이렇게 생각한다. 이 글은 이전 사람의 글을 편찬하고 고치는 일을 논하고 「언공」편의 실마리를 이끌고 있다. 『장실재연보』에 따르면 청나라 가경 원년 병진년에 지었다. 무창 가씨 초본 『병진산중초』에 그 제목이 있다.

똑같아지기를 추구한다면 비록 글자나 구절이 조금도 앞 시대 사람의 문사를 침범하지 않았다 하더라도 앞 시대 사람이 말한 것을 몰래 흉내 낸 셈이지. 군자는 그것을 변변치 않게 생각해서 훔쳤다고 말한다네."[2]

어떤 사람이 이렇게 물었다. "진림이 조홍 대신 위나라 태자에게 답장을 보낼 때 조홍은 진림이 문사를 지었다는 일을 꺼려서 말하지 않았습니다. 정이가 조식에게 자신의 글을 윤색시키면서 '누가 나중에 내 글이 수정된 사실을 알겠는가?'라고 말했습니다.[3] 당나라 한유는 이렇게 말했습니다. '고대에는 글이 반드시 자신에게서 나왔지만 세월이 지나자 글을 지을 수 없어서 표절하게 되었다.'[4] 옛사람은 반드시 문사를 자기가 도맡아 지으려고 했습니다. 그런데 어찌 문사를 짓는 의도만 중요하게 생각했다고 말하십니까?"

나는 이렇게 대답했다. "문인의 글과 저술의 글은 같은 차원에서 말할 수 없는 것이라네. 저술은 반드시 문사보다 앞세워야 하는 것이고 문사를 빌어 그것을 표현하는 것일 뿐이지. 종묘와 조정에서 예를 행하는 일에 비유해보세. 예를 행할 때는 반드시 비단으로 만든 띠[錦紳]를 두르고 옥으로 만든 패옥[玉佩]을 차고 예를 행하지.[5] 그러나 예를 행하는 그들은 비단 띠나 옥패가 어떻게 만들어진 것인지 묻지 않는다네. 저술의 글이란 이런 것이지. 금공(錦工)이나 옥공(玉工)이 예를 익힌 적은 없더라도 비단 띠를 만들고 옥을 다듬은 일을 근거로 공로를 저울질하는 법이라네.

---

2 『일지록』 권18은 이러하다. "한나라 때 사람들은 스스로 지은 책이지만 옛사람에게 의탁하기 좋아했다. 장패 『상서』 백두 편이나 위굉 『시서』의 부류가 이것이다. 진나라 이후 사람들은 다른 사람의 책을 훔쳐서 자기 작품으로 만든 일이 있다. 곽상 『장자주』나 하법성 『진중흥서』의 부류가 이것이다. 과거 명나라 때 사람들은 책을 지으면서 훔치지 않은 적이 없을 따름이다."

3 「설림」의 주13 및 주24를 동시에 보라.

4 「변사」의 주33을 보라.

5 『설문해자』는 이러하다. "신(紳)은 큰 띠라는 뜻이다." 금신(錦紳)은 비단으로 만든 띠이다. 『시』 「진풍」 "위양"(渭陽)은 이러하다. "무엇을 드리지? 옥과 패옥을 드리리라."

그런데 다른 장인이 만든 물건을 자기가 만든 것처럼 주장한다면 사람들은 모두 훔쳤다고 생각하겠지. 문인의 글이란 이런 것이라네. 그러므로 문인의 견해로 저술의 문사를 논의하는 일은 마치 금공이나 옥공이 종묘와 조정에서 행하는 예의 법도[禮典]를 논의하는 것이나 마찬가지지."[6]

어떤 사람이 이렇게 물었다. "옛사람은 외교사령의 초고를 창작한 뒤에 고치고 윤색했으며[7] 후세의 시와 글에도 잘못 쓴 글자를 고쳐주는 스승이 있었습니다.[8] 중요하게 생각하는 것이 의도에 있지 문사는 헤아릴 것이 없다고 칩시다. 종묘와 조정에서 예를 행할 때 비록 비단 띠와 패옥을 헤아리지 않는다 하더라도 비단 띠와 패옥이 낡고 찢어져 제도에 맞지 않는다면 어찌 예를 행할 수 있겠습니까?"

---

6 나는 이렇게 생각한다. 여기까지 문인의 글과 저술의 글이 다르다는 것을 말한다. 오여륜(吳汝綸) 「엄역천연론서」(嚴譯天演論序)는 이러하다. "전국시대[晩周] 이래로 제자백가가 각자 학파의 이름을 붙이자 그 글은 기쁜 것이 많았다. 그 대략적인 줄거리는 집록(集錄)의 글이 있고 자저(自著)의 말이 있는 것이다. 집록은 편마다 각각 뜻이 있어서 서로 합쳐서 꿰뚫지 않는 것인데, 『시』와 『서』에 기초를 둔 것이다. 자저는 하나의 뿌리를 세우고 가지와 잎사귀처럼 원래 책을 이해하는데 도움이 되는 풀이[扶疏]인데, 『주역』과 『춘추』에 기초를 둔 것이다. 한나라 때 선비들은 글을 지어서 서로 추켜세우는 일을 다투었다. 『사기』가 『춘추』를 이어서 지었으니 사람의 다스림은 이로써 드러나고 양웅 『태현』이 『주역』을 본떠서 지었으니 하늘의 운행은 이로써 밝혀진다는 것은 그중 심한 것이다. 이것은 모두 이른바 줄기는 하나이지만 가지와 잎사귀가 무성한 것처럼 원래 책을 이해하는데 도움이 되는 풀이이다. 당나라 중엽에 와서 한유가 나왔고 근원은 『시』와 『서』에 두고 있다. 아주 달라져서 집록의 형식이 되었고 송나라 이래로 그것을 으뜸으로 삼았다. 그래서 한나라 때는 지어서 엮은 글이 많고 당나라와 송나라 때는 모아서 수록한 글이 많은 것이 그 큰 줄거리이다." 오여륜이 논한 것은 장학성의 학설과 서로 참조할 만하다.

7 「설림」의 주12를 보라.

8 도악(陶岳) 『오대사보』(五代史補)는 이러하다. "제기(齊已)가 시를 들고 정곡(鄭谷)에게 화답하면서 「조매」(早梅)를 이렇게 노래했다. '앞마을 깊은 눈 속 간밤 몇 가지 피었네.'[前村深雪裏, 昨夜數枝開] 정곡은 이렇게 말했다. '몇 가지라면 이른 것이 아니니 한 가지라 하는 것이 낫다.' 제기는 정곡을 한 글자를 고쳐준 스승[一字師]으로 섬겼다."

나는 이렇게 대답했다. "이것은 글을 가지고 글을 논하는 것이라 그 자체가 별도라네. 글을 가지고 글을 논하는 일에 대해 공자[先師]는 문사란 뜻을 전달하는 것을 추구한다고 가르쳤고 증자는 말과 얼굴빛이 드러날 때 비루함과 어긋남을 멀리하라고 경계시켰지.[9] 공자 제자를 네 가지 부류로 나눌 때 문학과 언어 두 부류는 함께 있었다네.[10] 말을 다듬는 일도 잘해야 소중하게 생각하는 법이지. 옛사람은 문사를 지을 때 정교함을 찾지 않은 적이 없다네. 그러나 피차의 영역에 대해서 논하지 않은 이유는 글에 대해 논쟁을 벌이게 되면 글이 자신에게서 나온 것이라서 자신을 뽐내는 일이 되기 마련이기 때문이지. 위나라와 진나라 이후부터 글을 논하는 일에도 자연스럽게 전문가[11]가 생기게 되었지. 악부는 『시경』에 나오는 시[什]처럼 오래된 가락을 새 가락으로 바꿨네.[12] 『문선』은 앞 시대 사람의 시와 글을 편집할 때[13] 모두 소리의 정서와 빛깔을 위주

9 『논어』「위령공」은 이러하다. "선생님은 말씀하셨다. '말이 전달되었을 뿐이다.'" 주희 주는 이러하다. "말은 의도를 전달하기만 하면 그만이지 풍부함과 화려함으로 교묘하게 하지 않는다." 문사가 변변치 못하거나 속된 것을 멀리해야 한다는 것은 「원도 하」의 주37을 보라.

10 『논어』「선진」은 이러하다. "선생님이 말씀하셨다. '진나라와 채나라 사이에서 나를 따르던 사람들이 모두 내 문하에 이르지는 않았구나. 덕행은 안연, 민자건, 염백우(冉伯牛), 중궁이다. 언어는 재아와 자공이다. 정사는 염유와 자로[季路]이다. 문학은 자유와 자하이다." 주희 주는 이러하다. "공자는 제자들의 말에 의거하여 여기 열 명을 기록하고 동시에 그들이 잘하는 것을 지목해서 네 분야[四科]로 나눴다."

11 종영 『시품』은 높낮이를 품평하고 유파를 나누어 밝힌다. 유협 『문심조룡』은 체제(體製)를 분석하여 논하고 이법(理法)을 종합하여 기술한다. 참으로 문학 작품을 논하는 전문가의 작품이다.

12 『문심조룡』「악부」는 이러하다. "음악을 붙인 가사[樂辭]를 시라고 하고, 시가의 곡조[詩聲]를 노래라고 한다. 가사에 곡조를 붙일 때, 가사가 너무 번거로우면 조절하기 어렵다. 그러므로 조식[陳思]은 이연년이 '고대의 노랫말을 보태거나 더는 일에 능숙하다'라고 칭찬했다. 쓸데없이 많은 말은 덜어내는 것이 마땅하니 간단함을 소중하게 여기는 일을 밝혔다." 나는 이렇게 생각한다. 고대의 노랫말을 보태거나 더는 일은 고대의 노랫말을 취하여 새로운 음악에 넣을 때 보태거나 덜어서 구절로 취하여 장단에 맞게 한다.

13 가의 「과진론」은 세 편의 글이 잇달아 시작과 끝을 삼았지만(장학성은 바로 『가자』의 편명이라고 말한다), 『문선』은 그중 상편만 수록했다. 위나라 문제 『전론』은 글

로 했지. 이것은 저술과 다른 종류라네. 『회창일품집』[會昌制集]의 서문은 이상은[義山]이 지은 풍성한 서문을 정아(鄭亞)가 깎아낸 것이지.[14] 당나라 원화 연간의 「월식」 노래는 한유가 노동[玉川]이 지은 「월식시」의 기괴함을 없애버린 것이라네.[15] 한유는 원래 시 제목을 남겨 원래 지은이의 시와 글로 되돌려 준 경우도 있지만, 아예 표제를 고쳐 자신의 문집에 넣

이 무려 스무 편이나 되지만, 『문선』은 그중 「논문」만 수록했다. 장재 「의사수시」는 다만 한 수만 수록했다. 동시에 이전 사람의 작품을 가다듬어 취하는 범례이다.

14 『직재서록해제』 「별집류」는 이러하다. "『회창일품집』 스무 권, 별집 열 권, 외집 네 권은 당나라 재상인 문요 이덕유가 지었다. 『회창일품집』[一品集]은 모두 회창 연간 재상 자리에 있을 때의 제고(制誥), 조책(詔冊), 표소(表疏)의 종류이다." 정아(鄭亞) 「서」는 이러하다. "공로는 이미 저것과 같고 창작은 또한 이것과 같다. 그러므로 무종 연간의 책명(冊命), 전고(典誥), 주의, 비찬(碑贊), 군기(軍機), 우격(羽檄)을 합치면 모두 두 질, 스무 권인데 바로 『회창일품제집』(會昌一品制集)이라는 제목을 붙였다. 제목에 연도를 기록한 것은 황제의 성스러운 덕을 돌이키는 것이고 벼슬자리를 쓴 것은 관직의 사업을 밝히는 것이다. 때는 정묘년, 정아는 비서성[左掖]에서 계림관찰사[桂林]로 나왔는데 구월에 이덕유의 편지가 낙양에서 도착했고 전고로 황제의 명령을 지어서 어두운 촌구석[幽鄙]에 내려 보내고 내게 서문을 짓게 하여 모아서 책을 완성했다." 『이의산문집』(李義山文集) 권4 「태위위공회창일품집서」(太衛衛公會昌一品集序) 제목 아래의 주에 따르면 다음과 같이 말한다. "계림관찰사[桂府] 영양공(滎陽公)을 대신했다." 영양은 정아이다. 또한 정아 서문 제목 아래의 주는 이렇게 말한다. "이상은의 작품을 고쳐서 정했다. 이상은[義山]은 서릉과 유신을 훨씬 뛰어넘는 학문이 있고 정아는 토론하고 꾸민 공이 있다." 아마 『이의산문집』[李集]을 엮은 사람은 정아가 고쳐 지은 것을 동시에 가져다가 문집에 넣었을 것이다. 정아는 영양 출신이고 자가 자좌(子佐)이며 원화 연간 진사가 되었다. 이덕유가 절서에 주둔하고 있을 때, 종사(從事)로 부름을 받아 급사중, 계림관찰사[桂管觀察使]를 역임했다. 오상 사건[吳湘獄]에 연좌되어 바로잡지 못하고 순주(循州) 자사로 폄직되었다가 벼슬에 있을 때 죽었다. (『신당서』 「정전전」)

15 『신당서』 「한유전」은 이러하다. "노동은 낙양에 살았는데 한유가 당시 하남 영이었다. 한유는 그의 시를 아껴서 두텁게 예우했다. 노동은 스스로 옥천자라는 호를 썼다. 「월식시」를 지어서 원화 역당(元和逆黨)을 비웃은 적이 있는데 한유는 그 교묘함을 칭찬했다." 노동 「월식시」가 비교적 이상해서 한유가 삭제하여 고치고 「월식시효옥천자작」(月蝕詩效玉川子作)이라고 부르며 자기 시집에 수록해 넣었다. 「언공하」의 주92를 보라.

역주_ 한유는 노동의 「월식시」가 상당히 기이한 말을 많이 썼다고 생각하고 시를 새로 편집하고 말을 고쳤다. 그리고 시의 제목을 「월식시효옥천자작」(月蝕詩效玉川子作)이라고 붙였다. 이 구절은 한유의 일을 말하고 있다. **원화 역당**은 당나라 목종 때 권력을 장악한 환관 무리인데 왕수징(王守澄)이 우두머리이다.

은 경우도 있지. 이것이 비록 글을 논하는 일에 대한 하찮은 기술이긴 하지만 이것을 정밀하게 하는 사람도 있으며 터득한 것에 깊이가 있는 경우도 있다네. 그래서 피차의 글자와 글귀에 소소하게 있는 동일함은 다시 비교해서 문제 삼지 않는 것이지."[16]

어떤 사람이 이렇게 물었다. "옛날에 악광(樂廣)은 말을 잘 했고 지우는 글을 잘 썼습니다. 악광이 이야기하면 지우가 대답할 수 없었고 지우가 글을 쓰면 악광이 대응할 수 없었습니다.[17] 사람들마다 각자 장기가 다른 법입니다. 그러면 말은 잘하는데 글은 잘 쓰지 못하는 사람이 다른 사람을 시켜 글을 쓰게 하는 일은 괜찮은 것인지요?"

나는 이렇게 대답했다. "반악(潘岳)도 악광을 위해 관직을 사양하는 상주문[讓表]을 썼지. 그는 반드시 악광이 말하려는 뜻을 터득한 뒤에야 유

16 나는 이렇게 생각한다. 여기까지 글로 글을 논하는 것이 그 교묘함을 찾지 않은 적이 없다고 말한다.

17 『세설신어』「문학」은 이러하다. "태숙광(太叔廣)은 언변이 대단히 좋았지만 지우[摯仲治]는 글짓기를 잘 했다. 두 사람 모두 열경(列卿)의 지위에 있었다. 공무를 보는 자리에 이를 때마다 태숙광이 이야기하면 지우는 대답하지 못했다. 물러나서 글을 지어 태숙광과 논란을 벌이면 태숙광은 또한 대답하지 못했다." 주는 왕은의 『진서』를 인용하여 이렇게 말한다. "태숙광은 자가 계사(季思)이며 동평 출신이다. 성도왕(成都王)을 태제(太弟)로 맞았는데, 그를 낙양에 보내고자 했기 때문에 태숙광의 자손은 낙양에 많다. 해를 입을까 근심했기 때문에 스스로 목숨을 끊었다. 지우는 자가 중치(仲治)이며 서울 장안 출신이다. 할아버지 지무[茂]는 수재이고, 아버지 지모[模]는 태복경(太僕卿)이다. 지우는 어려서 학문을 좋아하여 황보밀을 스승으로 섬겼기 때문에 글 뜻을 잘 바로잡아 익혀서 저술이 많다. 비서감과 태상경을 역임했다. 혜제를 따라서 장안으로 왔다가 결국 호현과 두현[鄠杜] 사이에서 떠돌았다. 성품이 고대에 대해 박식하기를 좋아했고 글이 있는 책이라면 남김없이 읽었다. 영가 5년 낙양에 큰 기근이 들었을 때 결국 굶어 죽었다. 지우와 태숙광의 명성과 지위가 대략 같지만, 태숙광은 말재주가 뛰어나고 지우는 글재주가 뛰어났기 때문에 함께 정사를 돌본 것은 적었다. 여러 사람이 앉은 자리에서 태숙광이 이야기하면 지우는 대답할 수 없었다. 지우가 물러나와 글을 써서 태숙광과 논변을 벌이면 태숙광이 대답할 수 없었다. 그래서 더욱 서로 비웃으며 세상을 어지럽혔다. 태숙광은 기록할 만한 것이 없고 지우는 기록한 것이 많으니 여기서 이긴 것이다." 나는 이렇게 생각한다. 태숙광과 악광은 두 사람인데 이것은 잘못해서 하나로 만들었으니 잘못 고증했다.

명한 글을 지었다네.[18] 역사서에도 두 사람을 칭찬하지 않은 적이 없지. 서한과 동한 이후 말도 잘하고 글도 잘 쓰는 사람은 적었다네. 학이 뛰어난가 싶으면 문사가 성에 차지 않고 글을 잘 짓는가 싶으면 아는 것이 별로 없었지. 학문도 역시 한쪽에 치우쳤고 문사라는 길에도 특정한 것만 잘하는 사람만 나타났다네. 학문과 문사는 본래 서로 도와서 효과를 나타낼 수 있는 것이지만 세상사람 대부분은 서로 비난만 하고 있지. 그래선 끝내 위대한 도를 터득하여 알 수 없는 법이라네. 문사는 하찮은 것이지. 만약 한계를 없애고 여러 가지 전문과 장점을 모은다면 문사도 오히려 뛰어나고 영원히 썩지 않을 업적을 세울 수 있다네. 그런데 하물며 학문으로부터 옛사람의 위대한 근본 바탕에 나아가 추구하는 일이야 말할 것도 없겠지. 그러나 예나 지금이나 그런 사람이 없었으니 이것은 어쩔 수 없는 일이라네."[19]

어떤 사람이 이렇게 물었다. "정말 선생의 말씀과 같다면 문장과 학문은 서로 의지할 수 있겠습니다. 만약 힐난하는 사람이 있다면 본래 잘

18 『세설신어』「문학」은 이러하다. "악광[樂令]은 청담을 잘했지만 글짓기는 잘하지 못했다. 장차 하남 윤의 관직을 사양하려고 반악에게 「표」를 지어달라고 청했다. 반악은 이렇게 말했다. '지을 수는 있습니다만, 먼저 그대의 의도를 잘 알아야만 하겠습니다.' 악광은 사양하는 이유를 기술하고 늘어놓으니 이백여 자 정도 되었다. 반악은 바로 취하여 이리저리 엮더니 훌륭한 글을 완성했다. 당시 사람들은 모두 이렇게 말했다. 만약 악광이 반악의 글을 빌리지 않고 반악이 악광의 뜻을 취하지 않았다면 이런 것은 완성될 수 없었을 것이다." 주는 우예 『진서』를 인용하여 이렇게 말한다. "악광은 자가 언보(彦輔)이며 남양 출신이다. 맑고 평온한데다가 담백하고 탁 트였고 게다가 이치와 지식이 있었다. 시중, 하남 윤 등으로 계속 옮겼다. 조정에서는 마음 씀씀이가 소탈하고 담백하여 당시 사람들이 그를 올곧고 귀하다고 중시했다. 왕융을 대신하여 상서령이 되었다." 또한 『진양추』를 인용하여 이렇게 말한다. "반악은 자가 안인(安仁)이며 영양(滎陽) 출신이다. 일찍부터 자질이 뛰어나다고 명성이 났고 글을 잘 지었는데, 맑고 기이한 것은 세상에 둘도 없어서 채옹도 넘어서지 못했다. 벼슬은 황문시랑에 이르렀는데 손수(孫秀)에게 죽임을 당했다."

19 나는 이렇게 생각한다. 여기까지 문장과 학문이 서로 도와서 결과를 이룰 수 있다고 말한다.

하는 것도 없는 사람이 공공의 정의[公義]를 올바르지 않은 길로 이끄는 것이요 잘 하는 사람들 속에 섞여 숫자만 채우고 있는 것이겠지요.[20] 이런 사람을 어떻게 변별할 수 있겠습니까?"

나는 이렇게 대답했다. "삼천 근 짜리 세발솥은 두 사람이 들 수 있지. 천오백 근을 들 만한 힘이 없는 사람은 바로 넘어질 걸세. 이광이 정불식의 군대에 들어갔을 때 꽂아놓은 깃발과 쌓아놓은 바리케이드는 모두 새것으로 바뀐 것처럼 보였지.[21] 타고난 자질과 지혜가 만약 정불식보다 못하다면 군대가 어지러워질 걸세. 부자가 멀리 여행을 가면서 한 푼도 지니고 가지 않는다 해도 돈이 필요할 때 빌리자는 말만 하면 남들이 그에게 빌려주려고 다툴 걸세. 다른 사람은 빌리자고 해도 그렇게 되지 않는 이유는 뭐겠는가? 돈이 많은 부자는 나중에 남의 돈을 빌릴 수 있는 걸세. 그러므로 만약 문학을 공적인 것이라 여긴다면 내용이 없는 사람들이 가짜로 설칠 수 없는 것이지."[22]

어떤 사람이 이렇게 물었다. "앞 시대 사람의 글이 완전히 좋은 것이 아니라면 후세인이 좇아 작품을 교정한 뒤 법도를 보여주는 것도 가능하겠지요?"

나는 이렇게 대답했다. "참 말하기 어렵네. 저술할 때 앞 시대 사람을 고치려면 자신의 의도에 따로 줏대가 있어야 하지. 그래야만 상처를 입히지 않을 걸세. 글을 논할 때 앞 시대 사람을 고치더라도 문심이 같아선 안 되지. 글도 마치 사람의 얼굴과 같아서[23] 자신의 견해를 근거로 급히 앞 시대 사람보다 낫다고 말해서는 안 된다네. 유지기는 『사통』에 「점번」(點煩)편을 지었지.[24] 좌구명과 사마천 이후의 역사서에 대해 모두

20 「언공 하」의 주74를 보라.

21 「설림」의 주30을 보라.

22 나는 이렇게 생각한다. 여기까지 문학이 공정하고자 하는 의지를 가지려면 반드시 먼저 내용이 있어야 한다고 말한다.

23 '사람 마음은 얼굴과 같다'는 「언공 중」의 주52를 보라. '문심'은 「문덕」의 주3을 보라.

덧칠하거나 고친 것이 있었다네. 사람들은 그가 역사는 아는데 글은 모른다고 나무랐지. 그러나 유지기는 고쳐야 할 것이 있으면 고쳤기 때문에 성공과 실패가 오히려 잘 드러나게 되었다네. 전문적으로 글을 논하는 일에 종사한다면 마땅히 조심해야만 하지. 지금이나 옛날이나 똑똑하고 지혜로운 사람도 완벽하게 하기 어려운 법일세. 요즘 사람의 견해가 반드시 옛사람만 못한 것은 아니지. 대략 아무 마음도 먹지 않고 우연히 터득한다면 돌덩이를 금덩이로 바꾸는[25] 효과를 거둘 걸세. 의도를 가지고 고친다면 틀림없이 잘 칠해둔 담장에 어지럽게 그린 낙서 같다는[26] 비난이 많아질 테지. 아마 글을 논하는 일은 지은이가 타고난 성령[天機]이 저절로 드러나는 것을 소중하게 여기지[27] 사람들이 천착하기를 일삼

---

24 『사통』「점번」은 「외편」 제6에 있다. 「서」는 이렇게 말한다. "일찍이 반고와 사마천 이래로 요사렴의 『양서』와 『진서』, 이백약의 『북제서』, 영호덕분의 『북주서』, 안사고와 공영달의 『수서』에 이르기까지 예전의 뜻에 의거하지 않은 것이 없기 때문에 널리 뜯어 고쳐 정리하려고 한 적이 있다." 나는 "점번"(點煩)이 원래 "출번"(黜煩)이라고 생각하기 때문에 가업당본 『장씨유서』에 따라 고쳤다. 장학성은 유지기가 번거로운 것에 강조점을 찍은 것과 방포가 옛사람의 글을 고친 것이 다르다고 생각한다. 이것은 바로 유지기가 사학의 관점에서 보기 때문에 그가 번거로운 것에 강조점을 찍은 것에는 성공한 것도 있고 실패한 것도 있다. 다름 아니라 사실을 서술할 때 번거로운 것이 있으면 강조점을 찍으면 되지만 얼을 전하는 것을 써넣은 데는 강조점을 찍지 않아야 마땅하다. 방포는 문학의 관점에서 보기 때문에 옛사람의 글을 고쳐서는 안 된다고 한다.

25 『열선전』은 이러하다. "허유(許遊)는 남창 출신이며 진나라 초기에 정양(旌陽)의 영을 지냈다. 돌을 고쳐서 금으로 바꾸는 것처럼 부를 지을 줄 알았다." 황정견 「여홍구부서」(與洪駒父書)는 이러하다. "두보[老杜]가 시를 짓고 한유가 글을 지을 때, 한 글자라도 출처가 없는 것이 없다. 아마 후세인들이 글을 많이 읽지 않기 때문에 한유와 두보가 이런 말을 스스로 창작했다고 말할 뿐이리라. 고대에 문장을 지은 사람들은 참으로 만물을 도야할 수 있었기 때문에 비록 글에 옛사람의 낡아 빠진 케케묵은 말을 취하더라도 마치 신령한 효험이 있는 단약 한 알이 쇠를 달구어 금을 만드는 것과 같다."

26 『맹자』「등문공 하」는 이러하다. "어떤 사람이 만약 여기 있는데 기와를 헐고 담벼락에 금을 그어놓고 도리어 자기 마음대로 이제 먹을 것을 구한다면 그대는 그를 먹여주겠는가?" 주희 『맹자집주』는 이러하다. "만(墁)은 담벼락을 꾸미는 것이다." 화만(畫墁)은 담벼락 위의 장식에 낙서를 하고 허문다는 말이다.

27 『장자』「추수」는 이러하다. "지금 나는 내가 타고난 기틀을 그대로 움직이고 있지만 그것이 어떻게 그렇게 움직이는지는 모른다."

는 것을 바라지 않을 뿐이리라."[28]

어떤 사람이 이렇게 물었다. "최근의 방포(方苞) 선생과 같은 분은 당나라와 송나라 때의 대가들을 많이 편집하고 고쳤습니다.[29] 이것도 보탬이 되는 것인지요?"

나는 이렇게 대답했다. "방포는 문인에 지나지 않네. 그가 터득한 것은 본래 그다지 깊이가 없지.[30] 하물며 또한 개인적인 마음과 호승심[勝氣]을 보탰으니 도리어 후학들과 어리석은 녀석들이 점차 거리끼지 않는 길을 틔워줬다네. 그는 자그마하고 개인적인 지혜 밖에 없어서 하나를 알면 절반 밖에 풀지 못했지만 옛사람이 남긴 틈을 전공하지 못하거나

28 나는 이렇게 생각한다. 여기까지 저술할 때 이전 사람의 것을 고치는 의도에는 위주가 되는 것이 있으나 전문적으로 글을 논하는 일에 종사한다면 조심해야 마땅하다고 말한다.

29 방포 『고문약선』(古文約選) 「범례」는 이러하다. "『시』, 『서』, 『춘추』 및 사서는 한 글자라도 늘리거나 뺄 수 없기 때문에 글의 완벽한 규칙이다. 시대를 내려와서 『춘추좌전』, 『사기』, 한유의 글은 비록 길어지기는 했지만 글자나 구절에서 깎아낼 만한 것이 대단히 적다. 나머지 여러 사람은 비록 온 세상을 통틀어 전하여 읊는 글이라도 갈라진 뜻과 쓸데없는 말을 피하지 못한다. 깎아버리기 편하려면 옆에 잠시 갈고리 표시를 해두었다가 살펴보는 사람이 따로 고르도록 해야 한다." 방포는 자가 영고(靈皐)이며 청나라 동성 출신이다. 어려서 형 방주[舟]를 따라서 학업을 전수받았고 태학에서 공부했다. 이광지는 그의 글을 보고 감탄하여 이렇게 말했다. "한유와 구양수가 다시 태어났구나. 북송 이후로 이런 작품은 없었다." 강신영(姜宸英)과 왕원(王源)은 바른 행실과 몸가짐, 지향하는 것을 함께 논한 적이 있는데 이렇게 말했다. "학문과 행실은 정호, 정이와 주희의 뒤를 잇고 문장은 한유와 구양수의 사이에 있으니 그는 거의 도에 가깝구나!" 강희 45년 진사가 되었다. 강희 50년 겨울 『남산집』(南山集)의 사단이 났을 때, 엮이는 바람에 체포되어 형부의 옥에 갇혔다. 이광지가 그를 구하는데 힘썼기 때문에 용서받을 수 있었다. 벼슬이 예부 우시랑에 올랐다가 해임되었고, 경사관(經史館) 총재에 임명되었다. 나중에 병 때문에 고향으로 돌아와서 절동에서 의사가 되었고 안탕산[雁蕩]과 천모산[天姥]을 구경했다. 건륭 14년 죽었는데 향년은 여든둘이다. 글을 논할 때는 의법에 엄격했다. 지은 책에는 『좌전의법거요』(左傳義法擧要)가 있고 『관자』와 『순자』를 편집하여 정했으며 『통지당경해』[通志堂宋元經解]를 편집하여 정했고 아울러 『망계문집』(望溪文集)이 세상에 유행한다.(『국조선정사략』 권14)

30 이 구절은 원래 "방포는 옛사람이 뿌리가 그다지 깊지 않다고 말한 그런 사람에 지나지 않는다"이라 했다. 지금 가업당본 『장씨유서』에 근거하여 고친다.

앞 시대 사람이 남긴 것을 줍지 못한 것은 아니지. 이렇게 학술을 논한다면 큰 것은 모르고 작은 것만 아는 현명하지 못한 사람[31]의 줄에 세워야 한다네. 그러나 그의 학설을 남겨서 후세인이 선택하도록 대비하는 것은 괜찮지. 만약 이렇게 문사에 대해 논한다면 대의와 아무 상관이 없기 때문에 모두 내버려두고 논하지 않아도 된다네. 이것은 다름 아니라 사람의 마음이란 마치 얼굴이 다른 것처럼 다르기 때문에 반드시 억지로 똑같이 만들려고 할 의도가 없는 것과 같지. 결국 옳고 그름이나 성공과 실패에 대해 후세인도 견해가 있을 것이므로 자연스레 침묵하지는 않을 것이라네. 틀림없이 어쩔 수 없이 말해야 하는 것처럼 그것을 말하겠지. 그러나 두 번 세 번 상세히 살핀 뒤에 그렇게 할 걸세. 이것은 마치 국가의 오래된 법도를 논의하거나 뛰어난 신하들이 이로움과 폐단에 대해 상주문을 올리는 것처럼 열 가지 백 가지 이로움과 폐단이 분명히 드러나지 않으면 차라리 오래된 것을 지키고 함부로 고치지 않는 것이나 같지. 만약 이런 의도를 깊이 알지 못하고 옛사람을 함부로 논의한다면 이것은 평범하다 못해 제멋대로인 일이라네. 설령 얻을 것이 조금도 없는 것은 아니지만 크게 잃을 경우 보상하지 못할 수도 있기 때문이지. 방포가 대가들을 편집하고 고친 일이 꼭 어쩔 수 없었기 때문일까? 옳고 그름이나 성공과 실패에 분명히 드러난 이로움이나 폐단이 있었기 때문일까? 국가의 오래된 법도를 논의하거나 뛰어난 신하들이 이로움과 폐단에 대해 상소문을 올리는 것처럼 차라리 오래된 것을 지키고 함부로 고치지 않는 일의 본래 의도가 있었기 때문일까? 방포 스스로도 감히 그렇다고 말할 수 없을 걸세. 그래서 개인적인 마음과 호승심을 가지고 옛사람을 이기려 든 것이 방포가 끝내 옛사람의 경지에 도달하지 못한 이

---

31 『논어』「자장」은 이러하다. "자공은 이렇게 말한다. '문왕과 무왕의 도가 아직 땅에 떨어지지 않았다. 사람들에게 있어서 훌륭한 사람은 그중 큰 것을 기억하고 훌륭하지 못한 사람은 그중 작은 것을 기억하고 있으므로 문왕과 무왕의 도가 있지 아니함이 없다.'" 지(識)는 소리가 지(志)이며 기억한다는 뜻이다.

유이지. 아마 고대의 수준과 똑같이 변화할 수 있는 사람은 반드시 옛사람의 기준[繩度尺寸]을 감히 먼저 넘으려 하지 않을 것이라네. 그것을 오롯이 믿고 돈독하게 지키지 않는다면 고대의 수준에 들어간다 해도 깊이가 없을 테고 깊이가 없으면 고대의 수준으로 변화할 수 없겠지. 이것은 어떤 사람의 친구 관계에 비길 수 있겠네. 관중과 포숙아[管鮑]가 너나들이 재물을 나누는[32] 정의를 온전하게 실현한 일은 아주 조그맣고 하찮은 것을 가지거나 줄 때[33] 지나친 규칙을 엄격하게 적용하지 않는다면 틀림없이 불가능한 일이겠지. 그러므로 고대를 배우면서도 감히 고대에 구석구석 빠져들 수 없는 사람은 고대를 믿으면서도 지극히 조심하고 엄격한 것이지 고대를 가볍게 여기는 것이 아니라네. 방포는 옛사람의 의도를 모르고 오로지 문사만 따를 뿐이지. 하물며 그가 문사에서 터득한 것은 본래 그다지 깊이가 없다네. 그는 개인적이며 자그마한 지혜로 옛사람이 당연히 그랬으리라 함직한 것만 훔쳐볼 수 있을 뿐이고 그들이 정말 그런지는 모르지. 그러니 그가 붓을 떨쳐 고치는 일을 그렇게 쉽게 한 것은 당연한 걸세."[34]

---

32 『사기』「관안열전」은 이러하다. "관중 이오(夷吾)는 영수 유역[潁上] 출신이다. 어렸을 적에 포숙아(鮑叔牙)와 어울렸는데 포숙은 그의 훌륭함을 알았다. 관중은 가난했기 때문에 늘 포숙을 속였지만 포숙은 끝내 그를 잘 대해주었고 이러니저러니 말하지 않았다."

33 『맹자』「만장 상」은 이러하다. "의롭지도 않고 도가 아니라면 한낱 지푸라기라도 남에게 주지 않고 한낱 지푸라기라도 남에게서 취하지 않는다." 주희 주는 이러하다. "개(介)는 초개(草芥)의 개(芥)와 같다. 말해서 받는 것과 취하여 주는 것에는 크든 작든 상관없이 한결같이 도와 의로움에 의거하고 떳떳해야 한다는 말이다."

34 나는 이렇게 생각한다. 여기까지 방포가 이전 사람의 글을 편집해서 정한 일을 말한다.

고문공식(古文公式)[1]

고문의 형식이나 원류는 배우기 시작한 사람이 입문할 때 당연히 맨 처음 변별해야만 하는 것이다. 소식[蘇子瞻]의 「표충관비」(表忠觀碑)는 조변(趙抃)의 상주문[奏議]을 전부 수록하고 있다. 글에는 보태거나 뺀 것이 없고 마지막 부분에 명(銘)과 시를 붙였을 뿐이다.[2] 이것은 바로 한나라

1 문장은 고대를 배울 수 있지만 제도는 반드시 시대를 따라야만 한다. 이 글은 오로지 상주하고 논의하는 글의 형식을 밝혔다. 『장실재연보』에 따르면 이것은 병진년(가경 원년)의 차기 가운데 두 단락을 나중에 정사년의 차기 두 단락과 합쳐서 완성한 것이다. 무창 가씨 초본에 따르면 원래 제목 아래의 주에는 "경신년에 새로 고쳤다"[庚申新訂]라는 글자가 있다. 경신년은 가경 5년이니, 아마도 이 해에 글을 완성한 것이리라.

2 소식 「표충관비」(表忠觀碑)는 이러하다. "희녕 10년 시월 무자에 자정전 대학사 우간의대부(右諫議大夫) 지항주군주사(知杭州軍州事)인 신 조변은 아룁니다. '…… 신 조변은 죽음을 무릅쓰고 아룁니다.' 황제는 명령을 내려 '좋다'라고 했다." 『송사』 「조변전」(趙抃傳)은 이러하다. 조변은 자가 열도(閱道)이며 구주 서안 출신이다. 전중시어사를 역임하면서 탄핵할 때 권세 있고 총애를 받는 사람이라도 피하지 않아 서울에서 철면 어사(鐵面御史)라고 이름이 났다. 촉 땅을 다스릴 때 거문고 하나, 두

때 비문[漢碑]의 일반적 형식이며 금석에 새긴 여러 글에 나타나는 것이라서 다 실을 수도 없다. 바로 당나라와 송나라 때 여덟 대가의 글[唐宋八家文]에서 유종원[柳子厚]의 「수주안풍효문비」(壽州安豐孝門碑)도 그런 형식을 썼으니 본래 이상하게 생각할 필요가 없다.[3] 왕안석[王介甫]은 놀랍게도 이것이 『사기』 「제후왕연표」(諸侯王年表)를 배운 것이라고 말했는데[4]

루미 한 마리만 가지고 갔다. 나중에 참지정사에 임명되었으나 왕안석과 맞지 않아 지항주(知杭州)가 되기를 바랐고 늙어서 벼슬을 그만두기를 청하자 태자소보를 더했으며 죽고나서 청헌(淸獻)이라는 시호를 받았다.

3 유종원의 「수주안풍효문명」(壽州安豐孝門銘)은 이러하다. "수주 자사인 신 승사(承思)는 아룁니다. 구월 정해에 안풍현(安豐縣) 현령인 저는 다음과 같은 일을 아룁니다. 제가 거느리고 있는 편호(編戶)인 백성 이흥(李興)의 아비가 고치기 어려운 나쁜 병이 들었는데 시간이 급박해지자 이흥은 스스로 넓적다리 살을 베어 누가 선물로 보낸 것이라고 거짓말을 했습니다. 그 아비는 늙고 병이 들어 이미 씹어 넘길 수 없었고 하루를 지내고 죽었습니다. 이흥은 울부짖고 가슴을 움켜쥐면서 코와 입으로 피를 줄줄 흘리고 흙을 그러모아 무덤을 만든 뒤 눈물, 콧물을 줄줄 흘렸습니다. 무덤 왼쪽에 작은 오두막을 짓고 거적을 덮어 그 속에 엎드려 숨은 채 엎드려 기다가 갑자기 뛰어오르며 밤낮으로 울면서 호소했습니다. 효성이 영계에 도달하여 신령스럽게 이적이 나타났습니다. 오두막 위에 자줏빛 영지[紫芝]와 흰빛 영지[白芝] 두 뿌리가 났는데 각각 길이가 한 치이고, 오두막 안에 단물이 나는 샘이 솟아올랐습니다. 기이한 모습은 도기(圖記)에 드러난 징조와 맞습니다. 이것은 모두 폐하가 효성스럽게 다스리시고 신령스럽게 교화하시며 몰래 그 마음에 맞았기 때문에 이런 일을 초래할 수 있었습니다. 저는 삼가 이렇게 생각합니다. 평민 백성의 낮은 신분과 변변치 못함을 일으키려 해도 그들이 따르는 버릇은 얕고 수준이 떨어지며 본성은 문자로 이끌 수 없고 태어나면서부터 농사일을 업으로 삼고 있습니다. 그러나 그가 순수한 효성스러움을 뒤좇아 옛사람의 줄을 넘어설 수 있었기 때문에 하늘의 뜻과 신령스러운 도는 상서로운 물건을 내려서 특별함을 표시했습니다. 엎드려 바라옵건대, 폐하는 하늘같고 신령스러운 요임금의 덕을 가지셔서 공로를 표창하여 위아래를 합쳐야 마땅합니다. 마을 문에 표를 하도록 청합니다. 뚜렷하게 비석에 새겨 아름다운 기풍을 널리 펼치고 후세에 살펴볼 수 있는 일이 끝없이 영원하게 만들기를 청합니다. 신은 죽음을 무릅쓰고 올려 청합니다. 황제는 명령을 내려 '좋다'라고 했다. (묘지명은 생략한다)"(『유하동집』 권20) 송나라 사승조 『학재점필』 권2는 이러하다. "소식의 「표충관비」는 먼저 「장」(狀)을 상주하여 열거한 것을 서문으로 삼고 '황제는 좋다는 명령을 내렸다'라는 데 이르러 그것을 묘지명으로 엮었으니 그 격식이 대단히 새롭다. 바로 유종원이 지은 「수주안풍현효문명」을 본뜬 것이며 아마 충성을 효성에 비겨서 그 형식을 온전히 쓰고 있을 뿐이리라. 유종원의 글은 대단히 법도에 맞아 우아하며 소식의 비문은 유종원을 보고 보탠 것이 있다. 금릉 왕씨(金陵王氏)가 사마천이 지은 「연표」로 인정해주어야 마땅합니다."

정말 어리석은 공부벌레의 말이다. 이기경(李耆卿)은 유종원의 글이 『한서』를 배운 것이라고 말했는데[5] 역시 전혀 이해할 수 없다. 이것은 지극히 평범해서 언제나 보고 들을 수 있는 일인데도 훌륭하다는 여러 사람들이 왜 괴이쩍고 기이하게 생각하고 골동품처럼 보는 것인가? 만약 이로움과 폐단이나 성공과 실패가 있다면 하물며 요새 저자거리나 시골에서도 이로움을 일으키고 폐단을 금지시키자고 공공연하게 논의한 뒤 관청에 법으로 만들어 달라고 요청하고 비석을 세워 오랫동안 전해주려고 한다. 그런 비석에는 바로 관청의 문서나 널리 알리는 글[告諭]의 원문을 새기고 글자나 글귀를 보태거나 덜지 못하게 한다. 이것도 고대의 법도[古法]이다. 왕안석을 비롯한 여러 사람은 왜 이런 비석[碑刻]을 본 적이 없는 것일까? 당시 왕안석의 손님[門客] 중에 이것이 해괴하다고 나무라고 꼬집은 사람이 있었던 일은 더구나 한번 웃어줄 가치도 없는 일이다.[6]

문사를 근거로 논한다면 표충관(表忠觀)을 수선하자고 요청한 조변[趙淸獻]의 원래 상주문도 소식의 비문처럼 예스럽고 우아하지 않다.[7] 역사가

---

4 송나라 서도(徐度) 『각소편』(却掃編) 중권은 이러하다. "소식이 애초에 조변을 위해 「표충관비」를 지었을 때, 어떤 사람이 가지고 와서 왕안석[王荊公]에게 보여주었다. 왕안석이 그것을 읽고 나지막이 읊은 뒤에 이렇게 말했다. '이게 무슨 말이야?' 그때 손님 가운데 옆에 있던 사람이 왕안석이 잘못을 들춰냈다고 생각하고 그것을 훼방하고 헐뜯었다. 왕안석은 대답하지 않고 그것을 두세 번 다시 읽고 또한 그것을 들고 일어서서 가면서 또 읽다가 문득 속여서 이렇게 말한다. '이것은 「삼왕세가」로구나. 기이하다고 할 만하다.' 손님은 크게 부끄러워했다." 장학성이 "「제후왕연표」(諸侯王年表)를 배운 것"이라고 말한 것은 아마 『문장정의』(文章精義)를 따라서 잘못된 것이리라.

5 송나라 이기경(李耆卿) 『문장정의』는 이러하다. "소식의 「표충관비」는 글이 끝날 때까지 조변의 상주문을 기술하고 한 글자도 보태거나 덜지 않았다. 이것은 『한서』를 배운 것이다. 다만 왕안석[王介甫]이 「제후왕연표」라고 생각한 것은 그르다."

6 나는 이렇게 생각한다. 이 단락은 소식의 「표충관비」가 바로 한나라 때 비문의 형식인 것은 원래 이상하게 여길 만한 것이 없음을 말한다.

7 방포[方望溪]는 이렇게 말한다. "조변의 상주문은 헌걸차고 노련하며 굳세기 때문에 「삼왕세가」의 형식을 쓸 수 있다. 그러나 조변이 과연 이렇게 잘할 수 있었다면 나머지 다른 글들도 세상에 유행하고 후세에 전해지는 것이 많아야 마땅한데 어찌 상주문만 소식이 대신 지었겠는가?"(『고문약선』) 소목(蕭穆)은 이렇게 말한다. "장학성

가 기록한 사실과 말은 본래 정해진 문장 형식에 따라 하나하나 점검하고 고치는[8] 법도가 원래 있다. 소식의 비문은 비록 베끼고 옮겨 써서 완성한 글처럼 보이지만 사실 글의 뼈대를 구성하고 가다듬는 형식에 상당히 공들였다. 다만 문사는 교정할 수 있지만 제도는 반드시 시대를 따라야 한다. 비문의 첫머리는 "신하 조변이 말씀드립니다"이고 비문의 끄트머리는 "황제가 좋다고 말씀하셨다"이다. 이것은 아마도 송나라 때 주의를 올려 진술하고 황제의 뜻을 내려 표현하는 형식이 아닐 것이다. 그러나 소식은 마음속으로 "승상인 신하 이사는 죽음을 무릅쓰고 말씀드립니다" 및 "황제가 좋다고 말씀하셨다" 등 『사기』 「진본기」의 말[9]이 너무 익숙하다는 것을 생각했을 것이다. 그래도 유지기의 비난을 벗어나지 못하는 것은 모습이 같아도 마음은 다르기 때문이다.[10] 나는 예전에 『화주지』(和州志)[11]를 편찬할 때 「을해의열전」(乙亥義烈傳)[12]을 지었다. 이 글은

은 조변에게 당시 원래 상주문이 있는데 소식이 「명」을 지어 나중에 문집에 넣었다고 생각하는 듯하다. 다름 아니라 조변의 원래 상주문을 가지고 작품을 교정하고 윤색했다는 것인데 그르다. 아마 조변의 상주문은 당시 다름 아니라 소식에게 주요 원고를 대신 짓도록 했을 것이다. 지금 『조청헌공문집』(趙淸獻公文集)에는 이 상주문이 전혀 없다. 소식은 이 일이 조변의 이름에 근거한 것이기 때문에 당시 주요 원고를 대신 지었을 때도 조변의 원래 직함을 그대로 남긴 것이 지극히 당연하다."(『경부유고』(敬孚類稿) 5) 이것은 아마 방포의 학설을 이은 것이리라. 그러나 조변의 문집에 이 상주문이 없다고 해서 역시 소식이 원고를 주도했다고 확정할 수 없다. 유함흔 『문사통의지어』 이렇게 말한다. "만약 조변의 이 상주문이 다름 아니라 소식이 주도한 원고라면 그것은 소목이 추측한 말이 뿐이다."

8 이상은 「한비」(韓碑)는 이러하다. "「요전」 「순전」의 글자를 교정하고 "청묘"와 "생민" 시를 개칠하여 고쳤다."(『이의산시집』(李義山詩集) 상)

9 『사기』 「진시황본기」는 이사가 책을 불사르기를 아뢰어 청한 일을 기록하고 있는데, 다름 아니라 이런 법도이다.

10 『사통』 「모의」(摸擬)는 이러하다. "아마 모의(摸擬)라는 형식에는 그 길이 두 가지가 있을 것이다. 첫째가 모습은 같지만 마음이 다른 것이고, 둘째가 모습은 다르지만 마음이 같은 것이다."

11 『장실재연보』에 따르면 건륭 39년 『화주지』 마흔두 편을 짓고 편집과 교정을 마친 뒤, 이어서 화주의 저술 가운데 문헌에 도움이 되는 것 및 문사가 법도에 맞아 우아한 것을 골라서 『화주문징』(和州文徵) 여덟 권으로 모았는데(「화주문징 서례」) 『주의』 두 권, 『징술』(徵述) 세 권, 『논저』(論著) 한 권, 『시부』(詩賦) 두 권이다. 그 책을

명나라 말기인 숭정(崇禎) 8년에 "도적떼"[闖賊]가 화주(和州)를 함락시켰을 때[13] 벼슬아치와 구실아치, 신사(紳士)와 백성, 남자와 여자가 변을 당한 일을 쓴 것이다. 기사본말체[14] 형식을 사용하여 사실을 주요한 것으로 하고 사람을 보조적인 것으로 하여 상세하게 갖춰 기록했다. 그러나 화주 사람들 가운데 옳고 그름을 따지는 소리가 시끄럽게 일어났다. 이것은 아마 "도적떼"가 성을 지키는 화주 사람들에게 화풀이를 하려고 화주성을 도륙했는데 성을 지키자고 앞장선 사람들이 온 성의 목숨을 해치게 만들었다고 도륙당한 사람의 자손들이 그들에게 허물을 돌렸기 때문일 것이다.[15] 또한 성을 지킨 사람들의 조직[部署]이 법도에 맞지 않아 성이 함락되었다고 꾸짖는 글도 있었다. 심지어 성을 지키자고 앞장선 사람들이 성벽에 밧줄을 매고 도망가려다 "도적"들에게 붙잡혀 죽은 것이

안휘 학정 진조(秦潮)에게 바쳤다. 진조는 화주가 함산현[含山] 하나만 관할하고 있기 때문에 『화주지』가 화주만 상세하고 함산현에 대해서는 간단하다고 했고, 또한 의견이 맞지 않는 것이 많았다. 편지를 주고받으며 반박하고 따지다가 『화주지』를 만드는 일을 결국 중간에 그만두었다.(「방지변체안휘통지」(方志辨體安徽通志)) 그래서 편집하여 스무 편만 남겼고 이름을 『지우』(志隅)라고 했다.(현재 가업당본 『장씨유서』 「외편」 권16에 실려 있다)

12 『장씨유서』를 살펴보면, 『화주지』 「열전」이 제10부터 제21까지 빠져 있다. 이 글은 그중에 있어서 오늘날 전해지지 않는다.

13 숭정은 명나라 장렬제(莊烈帝)의 연호이다. 화주는 오늘날 안휘성 화현(和縣)이다. 숭정 2년 고영상(高迎祥)은 자신을 틈왕(闖王)이라 불렀다. 이자성은 연수진[延綏]으로부터 가서 그를 맞이했고 틈장(闖將)이라고 불렀다. (『통감강목』 삼편(三編)) 숭정 8년 섣달 경자에 장강 북쪽의 "도적떼"[賊]는 소현(巢縣)과 함산현을 함락하고 결국 화주를 습격하여 함락시켰다.(『명사기사본말』(明史紀事本末) 권75) 틈왕이 화주를 공격하여 함락시킨 일을 가리킨다.

14 「서교 하」의 주38을 보라.

15 『화주지』 「마여융전」(馬如融傳)은 이러하다. "마여융[如融]은 마여교[如蛟]의 아우이다. 숭정 을해년의 사변에 마여교는 온 집안이 국난으로 목숨을 바쳤는데 사실은 「의열전」(義烈傳)에 상세하다. 애초에 '떠돌이 도적떼'[流寇]가 크게 이르자 화주는 미처 어찌할 사이 없이 갑작스러운 일이라서 대비하지 못했다. 사람들의 여론은 성을 버리고 숨고자 했는데, 마여교는 홀로 몸을 일으켜 성을 지킬 방책을 논의했다. 그러나 '도적떼'들이 큰 소리로 꾸짖기를 성을 지키는 일이 사흘까지 끈다면 남김없이 죽이고 용서하지 않겠다고 했다. 그 뒤 화주성이 함락되자 죄다 마구 죽여서 거의 남김 없는 지경이었다. 화주 사람들은 이 때문에 마여교에게 허물을 돌렸다."

지 정말로 변을 당한 것이 결코 아니라고 모함하는 사람도 있었다. 나는 봉양(鳳陽) 순무였던 주대전(朱大典)이 화주의 함락을 보고한 상주문을 찾아냈다.[16] 신사들이 변을 당한 상황은 장강 방어[江防]를 책임졌던 화주 주동(州同)의 보고에 근거하고 있었다. 주동의 보고는 포위된 성에 함께 있다가 도망쳐 나온 난민이 직접 목격한 사정을 구술한 것에 근거하고 있었다. 신사들의 충성스러움과 장렬한 죽음은 모두 모함할 수 없는 것이었다. 나는 상주문[奏報]을 전부 수록하여 「을해의열전」의 서문으로 삼았다. 중간에 글을 약간 수정했는데 대단히 잘 된 곳이 있었다. 그러나 글의 첫머리는 꼭 이렇게 말한다. "숭정 9년 이월 어느 날 봉양 순무로서 군사 업무를 책임지고 있는 도찰원(都察院) 우부도어사(右副都御史) 신하 주대전은 삼가 아룁니다. 화주성이 도적에게 함락당하고 신사들이 변을 당하여 불쌍함을 견딜 수 없는 지경입니다. 정문을 내려 표창함으로써 정의롭고 장렬한 죽음을 널리 알리기를 빕니다." 글의 끄트머리는 이렇게 말한다. "황제의 뜻을 받들라. 상주문을 보니 민망하고 측은하도다. 표창을 맡고 있는 부서인 예부는 관례를 살펴 시행하도록 하라." 이것은 실제로 당시 상주문으로 진술하고 황제의 명령이 대답하는 방식이다. 어떤 사람은 중간의 상주문을 이미 삭제하고 고쳐서 예스럽고 우아하게 만들었으며 앞뒤의 글도 같은 형식에 따라 윤색한 것 같다고 말했다. 나는 상주문의 어휘와 구절에 결코 정해진 문체의 형식이 없기 때문에 예스럽고 우아하게 수정해도 되며 사리에도 장애가 되지 않는다고 말했다.

16 『명사』 「주대전전」(朱大典傳)은 이러하다. 주대전은 자가 연지(延之)이고 금화 출신이며 명나라 만력 연간에 진사가 되었다. 숭정 연간에 산동 순무일 때, 당시 "도적떼"[寇]가 난리를 일으키고 등주[登]를 근거지로 내주[萊]를 포위하자, 주대전은 군사 수만 명을 모아서 그들을 공격했다. "도적떼"[賊]가 평정되고 조운 총독[總督漕運] 겸 순무에 발탁되어 봉양으로 옮겨서 지켰다. 여러 차례 "도적떼"[賊]를 쳐부순 공이 있었지만 얼마 되지 않아 탄핵을 받아 파직되어 고향으로 돌아갔다. 복왕 때 병부 상서로서 상강군무 총독[總督上江軍務]이 되었다. 청나라 군대가 남쪽으로 내려오자 무성(婺城)을 지키다가, 성이 함락되자 온 집안이 죽었다.

역주_ 다음 본문의 **주동**은 지주를 보좌하는 벼슬아치이다.

그러나 앞뒤의 글은 본래 당시 공문의 형식이라야만 한다. 어찌 진나라와 한나라 때 옷과 모자를 입은 명나라 사람을 그릴 수 있겠는가? 소식의 「표충관비」는 앞 시대 사람들이 몰랐고 해괴하다고 생각했다. 이것은 본디 앞 시대 사람들이 배우지 않아 생긴 잘못이다. 소식의 글은 본래 논의할 것이 없다. 사람들이 계속 익히게 되자 괴이쩍게 생각하지 않게 되었다. 사실 통하지 않는 것은 오직 당시 공적으로 통용되는 형식을 따르지 않은 앞뒤의 말뿐이다. 문사에서 의례를 살피지 않고 오로지 예스럽고 우아한 것만 따르려 한다면 "신하 조변이 말씀드립니다"라는 말이 어찌 "사악은 이렇게 말한다. 오!"[17]보다 더 오래된 것이겠는가? "황제가 좋다고 말씀하셨다"라는 말이 어찌 "요임금이 말씀하셨다. 그렇다"[18]보다 더 오래된 것이겠는가? 요임금과 순임금을 버리고 진나라와 한나라를 법도로 삼는 사람을 보면 그가 과연 고대를 좋아할 수 있는지 모르겠다.[19]

---

17 『상서』「요전」은 이러하다. "임금이 이렇게 말하셨다. '아 사악(四嶽)아.'" 공안국 『상서전』은 이러하다. "사악은 네 나라[四岳]를 나누어 관장하는 제후이다." 요임금은 홍수 때문에 사악을 향해서 물을 다스릴 사람을 추천하라고 했다. "모두 이렇게 말했다. '오, 곤입니다.'" 공안국 『상서전』은 이러하다. "첨(僉)은 개(皆)이다. 오(於)는 소리가 오(烏)이다. 곤은 우임금의 아버지이다." 첨은 네 나라를 가리키므로 본문에서 "네 나라 제후는 오라고 말했다"라고 했다. 오는 감탄사이다.

18 『상서』「요전」은 이러하다. "여럿이 임금에게 이렇게 말했다. '신분이 낮은 홀아비가 있는데 우순(虞舜)이라 합니다.'" 공안국 『상서전』은 이러하다. "사(師)는 중(衆)이다. 사(錫)는 여(與)이다. 아내가 없는 것을 환(鰥)이라 한다." "임금이 이렇게 말했다. '그렇다. 내가 들었는데 어떤가?'" 공안국 『상서전』은 이러하다. "유(兪)는 연(然)이다."

19 나는 이렇게 생각한다. 여기까지 문사는 예스럽고 우아한 것을 구할 수 있지만 제도는 반드시 시대를 좇아야만 한다고 말한다. 소목 「발문사통의」(跋文史通義)는 이렇게 말한다. "장학성이 논한 것 가운데 문장은 고대를 배울 수 있지만 제도는 반드시 시대를 좇아야 한다는 말이 있다. 이것은 참으로 영원한 명언이니, 나중의 글 짓는 사람[著作之家]은 엄격한 스승의 가르침으로 받들어야 마땅하다. 그래서 이제 장학성이 소식의 글 「표충관비」를 살펴보면 또한 그렇게 생각하지 않은 사람도 있다. 저들은 '신 조변은 아룁니다'나 '황제의 명령은 좋다고 말했다'라는 것이 진나라와 한나라 때의 제도이고, 송나라 때 상주문을 올리는 제도가 꼭 이렇지 않았을 것이라고 말한다. 사실 이런 제도는 한나라 때부터 송나라 때까지 대대로 계속 이어졌고 결코 고친 적이 없다. 소식의 글은 다름 아니라 당시 상주문을 올리는 원래 법도이다. 당나라와 송나라 때 유명한 신하의 문집과 주의는 있는 곳이 뚜렷하고 확실하여 상고

왕완[汪鈍翁]이 지은 「휴주탕열부정문송서」(睢州湯烈婦旌門頌序)[20]는 첫머

할 수 있다. 잠시 한유와 두보 두 사람의 문집을 가지고 말해보자. 두보 「상삼대례부표」(上三大禮賦表)는 '신 두보는 아룁니다'라고 말한다. 한유의 「논불골표」(論佛骨表)나 「조주자사사상표」(潮州刺史謝上表)는 모두 '신 한유는 아룁니다'라고 말한다. 송나라 때 여러 유명한 분들의 문집에 수록된 주의 가운데 이와 같지 않은 것이 없다. 그중 가장 뚜렷하고 명백하여 드러난 것 가운데 사마광[司馬文正公]의 「진자치통감표」(進資治通鑑表)가 으뜸이다. 송나라와 원나라 때 판각한 판본이 모두 그것을 수록하고 있으며 당시 상주문을 펼치는 원래 격식에 한결같이 의거하고 있다."(『경부유고』 5) 유함흔은 이렇게 말한다. "소목의 주장은 그르다. 당나라와 송나라 때 사람들이 표(表)를 상주할 때 쓰는 방식은 표 첫머리에 벼슬과 성명을 갖춘 다음, '신하 아무개는 말합니다'라고 한다. 끄트머리에 '저는 삼가 머리를 조아리고 표를 상주하여 아룁니다'라고 한다. 소주(疏奏)는 차자(箚子)와 장(狀)으로 나누는데 첫머리에 연도와 달, 관직 이름을 모두 갖추고 '아무개 아무개가 장으로 상주합니다'라거나 또는 '차자로 상주합니다. 이상은 신하가 생각할 때 운운' 한다. 장의 끄트머리에 '삼가 상주문을 기록하여 아뢰고 엎드려 황제의 뜻을 기다립니다'라고 말한다. 차자의 끄트머리에 '뜻을 듣고 시행할지 그만둘지 결정하겠습니다'라고 말한다. 이것이 진짜 당나라와 송나라 때 유명인들의 문집에 뚜렷하게 갖춰져 있는 격식이다. 표를 오로지 벼슬을 그만두기를 빌거나 경사스러운 일을 축하하거나 일을 그만두고 물러설 때 베풀었지 상주하는 일 때문에 쓰지 않는 것은 바로 당나라와 송나라 때 일정하고 바꾸지 못하는 법도이다. 조변의 상주문은 틀림없이 차자나 장을 썼을 테고 틀림없이 표를 쓰지 않았을 것이다. 다름 아니라 표에는 틀림없이 '죽음을 무릅쓰고 아룁니다'라고 말하지 않았을 것이기 때문이다. 송나라 제도는 황제의 명령을 제(制)라고 부르지 않았다. 표로 상주하면 비답(批答)이 있게 마련인데 이것도 역시 "좋다"라고만 말하지 않는다. 소식은 뚜렷하게 고대를 본받았는데 어찌 덮어서 지켜줄 수 있겠는가?"(『문사통의지어』) 소목의 주장을 반박하고 바로잡은 것은 분명하다고 칭찬할 만하다.

20 왕완[汪鈍翁]은 「폄속」의 주14를 보라. 휴주(睢州)는 현재 하남성 휴현(睢縣)이다. 왕완 「휴주탕열부정문송서」(睢州湯烈婦旌門頌序)는 이러하다. "순치 17년 하남 순무이자 감찰어사인 신은 꾸밈없이 아룁니다. 제생 탕조계(湯祖契)의 아내 조씨(趙氏)는 명나라 말 이자성의 난을 당하여 도적떼가 탕조계의 집에 들어와 칼을 치켜들고 조씨를 겁탈하려고 그를 몰아 나가려고 했습니다. 조씨는 큰 소리로 꾸짖으면서 이렇게 말했다. '나라가 너에게 무슨 잘못이 있어서 이렇게 백성들을 도륙하고 여자들을 발가벗겨 욕보이는 지경이 되었느냐? 천벌이 내려 너희를 장차 죽일 것이고 너희들 살을 갈아서 누워있는 개돼지에게 먹이는 일이 행해질 것이다. 죽는 일을 근심해본 적이 없는데 감히 칼이나 톱으로 나를 위협하려는 게냐!' 도적떼가 크게 노하여 결국 칼질을 해서 죽였다. 오늘날까지 휴주 전체에 전해져 내려오는데 말이 나오기 무섭게 눈물을 흘리고 노인들이 이를 가는데 다른 말이 하나도 없다. 그래서 신사 아무개와 아무개 등이 지주에게 그 상황을 말하고 지주는 그것을 부의 책임자[司道]에게 올려서 신에게까지 올라왔습니다. 신이 다시 조사해보니 그의 집안과 마을을 표

리에 순안어사(巡按御史)의 상주문을 수록하고 있다. 이것은 본래 일반적 형식이라서 나무랄 일도 아니고 뽐낼 일도 아니다. 그러나 왕완은 글에서 고대의 법도를 사용할 줄 몰랐다. 그래서 공식적으로 통용되는 형식은 반드시 당시 제도를 따르려고 했으며 진나라와 한나라 때 상주문의 형식을 현대적인 글로 고치지도 못했다. 글의 첫머리는 "감찰어사(監察御史)인 저는 솔직하게 말씀드립니다"라고 지었다. 이것은 「표충관비」의 "신하 조변이 말씀드립니다"라는 말에 너무 익숙해서 소식의 글이 법도에 맞지 않는다는 것을 모르기 때문이다. 최근의 상주문은 글의 첫머리에 직함을 서술하고 성을 일컫지 않는 경우가 없다. 이것도 공적으로 통용되는 형식이다! 솔직하게 무슨 성인가? 왕완은 옛사람을 본뜨면서도 어찌 그것을 삭제했더란 말인가? 하물며 최근의 상주문은 직함과 이름 다음에 "삼가 아룁니다"[謹奏]란 말을 꼭 쓰면서도 "말씀드립니다"[言]라고 쓴 사람이 없다. 한 마디 말이 겨우 네 글자밖에 되지 않는데도 두 번이나 공적으로 통용되는 형식을 어겼으니 그가 어떻게 고문사를 짓는지 모르겠다! 여자에게 이름이 있으면 이름을 부르고 이름이 없으면 장씨라 부르든 이씨라 부르든 성을 부르는 일은 괜찮다. 최근 관청의 문서나 민간의 소송청구서[詞狀]에 가끔 성을 버리고 허투루 씨라고만 부르는 경우도 있고 심지어 그 분[該氏]이라고만 부르는 경우도 있다. 이것은 정말 촌스럽고 상스러워 법도가 될 수 없는 것이다. 그러나 법령[21]에 확실한 규정을 밝히지 않았기 때문에 아는 게 좀 있는 구실아치라면 여전히 장씨나 이씨라고 부르고 있다. 이래도 관청에서 금지하지 않는다면 여전히 뭉뚱그려 통용되는 글 쓰는 법도[文法]이며 옳다고 생각할 것이다. 왕완은 일단 정해진 뒤 바뀌지 않는 공적으로 통용되는 형식을 고의로 진나

창하여 이로써 유행하는 풍속을 좋게 권하는 것이 마땅하다고 생각합니다. 신은 삼가 죽음을 무릅쓰고 아룁니다.'"(『요봉문초』(堯峯文鈔) 권37)

21 나는 이렇게 생각한다. 검본 및 지고당총서본은 "영"(令)을 "금"(今)이라고 잘못 썼다. 여기서는 월아당총서본과 가업당본 『장씨유서』를 따라 바로잡았다.

라와 한나라 때의 오래된 규정으로 바꿨다. 이것은 이미 모습이 같아도 마음은 다른 것이다. 정식이든지 상스럽든지 통용되는 호칭이라면 또한 정식 호칭을 버리고 상스러운 호칭을 따르는 쪽으로 치우쳐 있다. 뒤집힘이 어찌 이리도 심한가? 글을 마무리 지으면서 왕완은 또 이렇게 말한다. "신하는 삼가 죽음을 무릅쓰고 말씀드리려 합니다." 이것도 현대의 제도가 아니다. 왕완은 평소 고문사를 근거로 자신을 뽐내고 높였다. 그러나 평범하거나 변변치 못함이 이와 같은 이유는 무엇인가? 왕완의 서문은 "저는 솔직하게 말씀드립니다"라는 구절 다음에 곧바로 이렇게 말하기 시작한다. "휴주의 제생(諸生)인 탕 아무개[湯某]의 아내 조씨(趙氏)는 명나라 말기 이자성(李自成)의 '난리'를 만나" 등등이라 말하고 있는데, 이것도 좋지 않다. 마땅히 "과거 명나라 때 휴주의 제생인 탕 아무개의 아내 조씨는 이자성의 '난리'를 만나"라고 해야 말이 순조롭다.[22] 아마 지금도 살아있는 사람처럼 갑작스레 말을 시작해 놓고 다음 구절에서 "명나라 말기 이자성 때를 만나"라고 보충하면 문기도 얽힌 것 비슷해질 것이다. 글을 배우는 사람은 이런 것을 마땅히 주의해서 변별해야만 한다.[23]

---

22 나는 이렇게 생각한다. 여기서 글에 대한 장학성의 마음 씀씀이가 정밀하고 자세한 곳을 볼 수 있다. 장학성의 「논문시이선」(論文示貽選)은 이렇게 말한다. "앞에 보내신 「경신지간망우열전」[庚辛亡友列傳]은 감정이 참된 것을 스스로 기뻐하고, 문체가 변해도 올바른 것과 어그러지지 않습니다. 오로지 글이 날카로워 미처 오므리지 못한 곳이 있어 아마 요즘 사람들과 부합하지 않을 듯합니다. 두 곳을 고치고 바로잡았는데 곧이어 편지를 부치면서 고친 것도 붙였습니다. 편지가 늦어져서 아직 도착하지 않을 줄은 생각도 못했습니다. 이제 영청(永淸)에서 판각한 판본을 받고 보니 「악자위전」(樂子謂傳) 안에 '천부생원'(天府生員) 앞에 '순'(順)이라는 글자 하나를 더했지만 일에 장애가 없습니다. 그러나 '천부생원' 네 글자는 본래 틀림없이 맞아서 '순' 자 하나를 더하면 바로 어렸을 때 대흥(大興)의 호적을 물리친 것이라 생각합니다. 이것은 명확한 범례가 없으니 글 뜻을 자세하게 변별하여 스스로 얻는 것이 마땅합니다." 또한 이렇게 말한다. "여불위가 『여씨춘추』를 함양에 내건 것처럼 내 글이 한 글자라도 보태거나 덜 수 없다고 내 어찌 말하겠는가? 그러나 문자가 순순히 복종하는 것을 찾는 것이다."(가업당본 『장씨유서』 권29) 이것과 참조해서 살펴볼 만하다.

23 나는 이렇게 생각한다. 이 단락은 왕완 「휴주탕열부정문송」이 소식의 글을 뒤따라 잘못되었다고 말한다.

고문십폐(古文十弊)[1]

나는 고문사의 의례를 논할 때[2] 내가 알고 지내는 여러 분들에게 편지를 보냈다. 이렇게 보낸 편지가 모두 수십 통이나 된다. 붓을 들어 글을 쓴 것도 「문덕」, 「문리」, 「질성」, 「힐루」, 「속혐」, 「속기」(俗忌) 등 여러 편인데[3] 여기서도 내 자신이 주장하는 것은 상세하다. 그러나 옛사람을 논한 것이 많고 최근 사람에 대해서는 드물게 언급했다. 최근의 지은이들이 가지고 있는 주장들[言論]과 그들이 지은 글들을 요새 보았더니 마음이 대단히 편안하지 못하다. 그래서 가장 쉽고 친근한 것을 취하여 열

---

1 나는 이렇게 생각한다. 이 글의 마음먹은 뜻은 글의 서문에 갖춰져 나타난다. 조목조목 열 가지 일은 당시 틀림없이 모두 확실한 견해가 있었던 것이니, 배우는 사람에게 일침을 가하기에 충분하다. 『장실재연보』에 따르면 가경 원년에 지었다.(이 글의 주는 정천범 『문학발범』을 참고하여 취했다)

2 의례는 두예 「춘추좌씨전서」를 보라.

3 글을 논한 편지는 『장씨유서』 「문집」에 갖춰져 상세하다. 「문덕」 이하 다섯 편은 모두 앞에 보인다. 오로지 「속기」(俗忌)편만 보이지 않는데 아마도 다름 아닌 「폄속」의 옛 제목일 것이다.

가지로 가지런히 정리했다. 이것은 뜻을 같이하는[4] 여러분들과 계속 이야기하여 밝히려고 생각하기 때문이다. 만약 다른 글에서 이미 언급한 것이 있다면 다시 논술하지 않았으니 읽는 사람은 계속 찾아봐야 할 것이다. 이렇게 한다고 해도 글에서 드러나지 않은 것을 완전히 밝힐 수는 없다. 그러나 한 귀퉁이를 들면 세 귀퉁이가 저절로 뒤집어지는 것처럼[5] 아마 거의 비슷하지 않은가 싶다.

첫째, 고문사를 짓는 모든 사람은 반드시 옛사람의 위대한 근본 바탕을 먼저 알아야만 한다. 문사가 교묘한지 졸렬한지는 다음 문제이다. 위대한 근본 바탕을 모르면 마음속으로 옳고 그름을 판단할 때 근거할 수가 없다. 그러면 자신이 순서를 논하여 정한 것[6]이 모두 사리에 맞는다고 할 수 없게 된다. 그러나 사리에 본래 못마땅한 점이 없는 것을 다른 사람이 도리어 그렇지 않다고 생각하여 보충하고 구제하려고 한다면 천하의 모든 사람을 이끌고 와서 인의에 재앙을 내리는 꼴이다.[7] 어떤 유명인사가 제 어머니가 일생동안 행한 일을 적은 「행술」을 보내[8] 대흥 출신의 주균 선생에게 비문에 적을 「지」를 지어달라고 요청한 적이 있다.[9]

---

4 『설문해자』는 이러하다. "뜻을 같이 하는 것이 벗이다." 『후한서』 「유도전」(劉陶傳)은 이러하다. "더불어 교제하는 하는 벗은 틀림없이 뜻을 같이 한다."

5 「문리」의 주35를 보라.

6 『사기』 「오제본기찬」은 이러하다. "나는 동시에 순서를 논의하여 정하고 그 말 가운데 더욱 우아한 것을 가렸다." 논차(論次)는 순서를 논의하여 정한다는 말이다.

7 『맹자』 「고자 상」은 이러하다. "천하 사람을 거느리고 인의를 재앙으로 삼는 것은 틀림없이 그대의 말일 것이다!"

8 행술은 행장(行狀)이라고도 부른다. 「고문사유찬서」는 이러하다. "전장이 비록 역사가에게서 비롯되었다지만 뜻은 다르다. 유대괴 선생[劉先生海峯]은 이렇게 말했다. '고대의 유명 인사나 높은 벼슬에 오른 사람을 위해 「전」을 쓰는 일은 사관이 맡은 직책이다. 그 사람이 이미 조금 세상에 알려졌다면, 그를 위해 「전」을 지어서는 안 되고 그를 위해 행장을 지어 역사가에게 올릴 따름이다.'"

9 주균은 「전기」의 주15를 보라. 「고문사유찬서」는 이러하다. "「지」(誌)는 표시하다[識]라는 뜻이다. 무덤 위에 비석을 세우는 경우도 있고 뫼 구덩이 안에 묻는 경우도 있다. 옛사람은 모두 「지」라고 했다. 그것을 「명」(銘)이라 하는 것은 그것을 표시하는 글이기 때문이다. 그러나 사람들이 그것을 살피고도 상세하지 못할까 두려웠기 때문에 또한 「서」(序)를 지었다. 세상에는 무덤 위에 비석을 세운 것을 「비」(碑)라고

그 글은 제 어머니의 절개와 효성을 이렇게 서술하고 있었다. 그의 할아버지는 연세 높은데다 병도 들어 꼼짝도 못하고 침대에 누워서 똥오줌[10]도 가리지 못했지만 집안에 다른 남정네가 없어서[11] 어머니가 더러움을 피하지 않고 몸소 훈증하고 닦아드렸다고 말했다. 그런 일은 아름다운 것이다. 또한 이렇게도 서술하고 있었다. 할아버지가 당시 마음이 급하고 불안해하자 어머니는 조용하면서도 엄숙하게 이렇게 대답했다 한다. "제 나이가 쉰이고 이제 여든 넘으신 시아버지를 모시는데 꺼릴 것이 무엇이며 의심할 것이 무엇이겠습니까?" 아! 어머니의 행실은 아름답지만 아들의 글은 대단히 괘씸하다. 본래 조그마한 티끌도 없는데[12] 꺼리고 의심할 것이 무에 있는가? 수절한 어머니는 대의를 잘 아시는 것 같으니 이런 말씀을 하시지 않았으리라는 것도 확실히 알겠다. 이 분은 아무 이유도 없이 거리낌과 의심을 스스로 만들어 놓고도 특별히 주석을 달아 그 일을 굳이 해명하려 한 것이다.[13] 그래 놓고도 스스로 말을 잘했다고 생각한다. 그러나 이런 일은 마치 눈처럼 하얀 피부를 도려내어 상처를 낸 다음에[14] 아무리 씻어봐야 흉터가 지지 않는 것과 마찬가지이다. 만

하거나 「표」(表)라고 하기도 하고, 묻은 것을 「지」라고 하기도 한다. 「지」와 「명」을 나누어 둘로 만들고 앞에 붙인 「서」만 홀로 「지」라고 부르는 것은 모두 그 뜻을 잃어버린 것이다."

10 『후한서』「장담전」(張湛傳)은 이러하다. "스치는 화살에 오줌을 지렸다." 수(溲)는 소리가 수(叟)이고 오줌이란 뜻이다.

11 『문선』에 있는 이릉 「답소무서」의 주는 이러하다. "정년(丁年)은 한창 기운이 좋은 나이를 말한다." 집안에 차정(次丁)이 없는 것을 집안에 남자가 없다고 하며 당신 할아버지를 제외하면 다른 사람이 없다는 것이다.

역주_ **차정**은 군역에 있는 사람이 죽거나 사정에 의하여 복무하지 못할 경우 그를 이을 열여섯 살 미만의 남자이다.

12 『한서』「가의전」은 이러하다. "자잘하기가 원래 생선가시 같은데 어찌 의심스러워 할 수 있는가?" 안사고는 이렇게 말한다. "체개(蔕芥)는 작은 생선가시이다. 체(蔕)는 음이 축개(丑芥)의 반절이다." 체개는 첩운 연면자(疊韻連綿字)이며 뒤바꿔서 개체(芥蔕)라고도 쓴다.

13 『초사』「천문」은 이러하다. "하늘이 도는 줄은 어디에 매여 있는가?" 왕일 주는 이러하다. "알(斡)은 빙빙 돌다(轉)라는 뜻이다."

14 『장자』「소요유」는 이러하다. "막고야(藐姑射)라는 산에 신령한 사람[神人]이 살고

약 문사를 이해하지 못하는 사람이 이런 상황에 처했다고 하더라도 사실에 근거하여 그대로 쓰기만 하면 될 것이지 아무 이유도 없이 함부로 다듬고 수식해서는 안 된다. 함부로 다듬고 수식하는 일은 살을 도려내어 상처를 내는 것이라고 부른다.[15] 이것은 문인의 일반적인 폐단이다.

둘째, 『춘추』는 국내의 일을 기록할 때 자그마한 잘못은 꺼리지 않는다.[16] 날이 차가워져야 소나무 잎과 잣나무 잎이 나중에 떨어지는 것을 아는 법이기 때문에[17] 소나무와 잣나무의 올바름을 표창하고자 하면 반드시 서리와 눈발의 매서움을 알아야 하는 것은 이세가 반드시 그렇기 때문이다. 세상에 거리끼고 기피할 일이 많아지면서부터 소나무와 잣나무를 표창하려고 해도 서리와 눈발을 부끄럽게 생각할 것도 두렵다. 그래서 손을 대기만 하면 죄다 가시에 찔리는 듯하다. 그러나 큰 잘못을 꺼리고 작은 잘못을 꺼리지 않는 것은 『춘추』가 국내의 사정을 쓸 때처럼 저울질하는 자체 기준이 있다.[18] 강남(江南) 지역의 어떤 오래된 집안

있지. 피부는 얼음이나 눈처럼 희고 몸매는 처녀처럼 부드럽다네." 『문선』 「서경부」는 이러하다. "좋아하는 것은 깃털이 생기고 싫어하는 것은 창유(創痏)가 된다네." 설종 주는 이러하다. "창유는 반흔(瘢痕)을 말한다."

15 섭이중(聶夷中) 「민농」(閔農) 시는 이러하다. "아직 나지도 않은 명주실을 이월에 팔고 나지도 않은 햇곡식을 오월에 파네. 눈앞의 종기를 낫게 하려고 도리어 심장의 살을 깎아낸다네."

16 『춘추공양전』 「은공 10년」은 이러하다. "『춘추』는 국내를 기록하고 국외는 간단하다. 국외의 크게 나쁜 것에 대해서는 쓰고 조금 나쁜 것에 대해서는 쓰지 않았다. 국내의 크게 나쁜 것에 대해서는 꺼리고 조금 나쁜 것에 대해서는 썼다." 하휴 『춘추공양전해고』는 이러하다. "국내의 크게 나쁜 것에 대해서 꺼리고 국외의 크게 나쁜 것에 대해서 쓰는 것은 임금다운 왕이 일어나면 먼저 자신을 바로잡고 국내에 크게 나쁜 것을 없앤 뒤라야 중국의 다른 나라들[諸夏]에 있는 크게 나쁜 것을 다스릴 것이기 때문이다. 신하와 아들의 정의를 보기 때문에 먼저 임금과 아비를 위해 크게 나쁜 것을 꺼린다. 국내의 조금 나쁜 것은 쓰고 국외의 조금 나쁜 것은 쓰지 않는 것은 국내에 조금 나쁜 것이 있으면 마침 중국의 다른 나라들에 있는 크게 나쁜 것을 다스릴 수 있지만, 미처 중국의 다른 나라들에 있는 조금 나쁜 것을 다스릴 수 없다면 먼저 자신을 바로잡은 뒤에 남을 바로잡는 일을 밝힌다. 조금 나쁜 것을 꺼리지 않는 것은 신중하지 못하고 가벼운 것을 벌주고 부끄럽게 만드는 것이다."

17 『논어』 「자한」은 이러하다. "선생님이 말씀하셨다. '해가 추워진 뒤에 소나무와 측백나무가 나중에 시드는 것을 안다.'" 조(彫)는 본래 조(凋)라 한다.

에서 종보(宗譜)를 편집할 때 일이다.[19] 여러 육촌들[群從]의 돌아가신 아버지가 아들을 위해 어떤 집안의 딸을 맞아들이려고 한 일이 있었는데,[20] 길도 멀고 집안도 가난한 바람에 혼인시킬 능력도 없는데다 그 집안의 딸이 혼기도 놓칠까 나중에 두려워졌기 때문에 아들이 요절했다고 거짓으로 알리고[21] 따님을 다른 데 시집보내라는 전갈을 보냈다. 그 집안의 딸은 결국 굶어서 자살하면서도 약혼자가 여전히 살아 있다는 것을 몰랐다. 이것은 여자가 수절한 일이나 지아비를 위해 장렬하게 죽은 일 가운데 어디에도 둘 수 없었다. 그러나 그녀가 행한 일은 실제로 수절하는 일이나 장렬하게 죽는 일에 부끄럽지 않으니 흔적도 없이 사라지게 놔둘 수도 없었다. 사실에 근거하여 그대로 쓰게 되면 일을 그 지경으로 만든 시아버지 자리에 대해 참 겸연쩍지 않을 수 없다. 다만 『주관』「매씨」(媒氏)가 '요절한 사람에게 시집가는 일을 금지했기'[22] 때문에 이렇게 보면 본래 파혼당한 그녀가 죽으라는 법이 없다. 『예기』「증자문」(曾子問)

18 권형(權衡)은 물체의 무게를 재는 도구이며 저울질[稱量]을 가리킨다.

19 종보는 다름 아니라 족보이다. 황여성(黃汝成) 『일지록집석』(日知錄集釋)은 조익을 인용하여 이렇게 말한다. "『남사』는 왕승유(王僧孺)가 「보」(譜)를 지으라는 명령을 받았지만 「보」가 어디서부터 시작된 것인지 몰랐기 때문에 유묘(劉杳)에게 물었다. 유묘는 이렇게 말했다. '환담의 『신론』은 사마천의 『사기』「삼대세표」가 「표」의 형식으로 열거하고 동시에 『주보』를 본받았다고 말합니다. 이로써 헤아려 보면 주나라 때 시작되었어야 합니다.'"

20 종(從)은 사용(似用)의 반절이며 종(宗)과 같다. 군종(群從)은 제종형제(諸從兄弟)를 말한다. 『예기』「내칙」은 이러하다. "예를 갖춰 맞으면 처가 되고 예를 갖추지 않으면 첩이 된다." 빙(聘)은 하빙례(下聘禮)이다.

21 혼인할 때에 대한 『주례』「지관」 "매씨"는 이러하다. "남자는 서른이 되면 장가를 들게 하고 여자는 스물이 되면 시집가게 한다." 『의례』「상복」 주는 이러하다. "상(殤)은 남자가 미처 관례를 치르지 못하고 여자가 미처 계례를 치르지 못하고 죽었기 때문에 슬퍼하고 상심할 만한 사람이다."

22 『주례』「지관」 "매씨"는 이러하다. "열아홉 살이 안 되어 죽은 여자는 함께 장사 지내지 못한다." 정현 주는 이러하다. "상(殤)은 열아홉 살 이하에 미처 시집가지 못하고 죽은 사람이다. 살아 있을 때 예로 서로 접하지 못했기 때문에 죽어서 그들을 합치는 것도 역시 인륜을 어지럽히는 짓이다." 가공언 소는 이러하다. "열아홉 살이 안 되어 죽은 사람에게 장가든다고 말하지 않은 것은 여자를 들었기 때문에 남자는 미루어 알 수 있기 때문이다."

은 이렇게 말한다. '남의 집안 딸을 맞이하는 날이 잡혔는데 남자 부모가 돌아가시면 사람을 보내 여자 쪽에 파혼을 통보한다.' 정현의 주는 이렇게 말한다. '남이 아름답게 만날 수 있는 때를 잃어버릴까봐 두려워하기 때문이다.'[23] 그렇다면 혼인을 사양하는 예가 고대에 있었던 셈이다. 지금 제도는 지아비가 멀리 떠나 삼년 동안 아무 소식이 없으면 아내가 관청에 알린 뒤에 다른 데로 시집가겠다고 해도 들어준다.[24] 이것은 멀리 떠나 소식이 끊어지면 이혼한다는 법률 조문 덕분이다. 그렇다면 시아버지 자리가 아들이 요절했다고 거짓말한 일은 이런 조례에 견줘 사정을 살펴보더라도 여전히 큰 잘못도 아니고 반드시 꺼려서 쓰지 말아야 하는 일이 아니다. 그러나 시아버지 자리의 친척들은 낯빛이 바뀌면서 경고하는 품이 그대로 쓰는 일을 반드시 허용하지 않을 듯했다. 그래서 그런 말을 숨겨서 이렇게 썼다. "편지를 보내 어린 아들이 요절했다고 알리자 여자 집에서 잘못 알아듣고 사위라고 생각했다." 천리 밖,

---

23 『예기』「증자문」은 이러하다. "증자가 이렇게 물었다. '혼례[昏禮]를 할 때 이미 폐백을 드리고 혼인을 올릴 날짜를 잡았는데 여자의 부모가 죽으면 어찌 합니까?' 공자께서 말씀하셨다. '사위가 될 집에서 사람을 보내 조문한다. 만약 사위가 될 사람의 부모가 죽으면 여자 집에서도 역시 사람을 보내 조문한다. 상대방 아버지 상이면 아버지 이름으로 조문하고 어머니 상이면 어머니 이름으로 조문한다. 부모님이 돌아가셨으면 큰아버지나 큰어머니 이름으로 조문한다. 사위가 될 사람이 이미 장례를 치른 뒤에 사위가 될 사람의 큰아버지가 여자 집에 혼인의 명을 돌려[致命] 이렇게 말한다. 아무개 아들이 부모님 상을 당해서 앞으로 형제지친[兄弟]을 맺을 수 없으므로(혼인은 『이아』「석친」에 있는 곽박 주를 보라) 아무개를 시켜서 혼인의 명을 돌립니다. 여자 집에서 허락하나 감히 다른 데 시집보낼 수 없는 것은 예이다. 사위가 될 사람이 상을 마친 뒤에 여자 부모가 사람을 시켜서 청하지만 사위가 될 사람이 취하지 않겠다고 한 뒤라야 다른 데 시집보낼 수 있는 것은 예이다. 여자 부모가 죽었을 때 사위가 될 사람도 역시 이와 같이 한다.'" 정현 주는 이러하다. "반드시 명을 돌리는 것은 여러 해에 걸친 상 때문에 남이 결혼할 때를 놓치도록 할 수 없기 때문이다."

24 『대청율례』(大淸律例)는 이러하다. "약혼을 하고 벌써 오년이 지났고 잘못이 없는데도 결혼하지 않거나 약혼한 남자가 피하여 달아나 삼년 동안 돌아오지 않은 사람은 동시에 관청에 알리는 과정을 거쳐서 허가서를 발급하며 다른 남자와 결혼하는 일을 따로 시행한다."

만리 밖에 아무 이유도 없이 어린 아들의 요절을 알리면서도 아들과 딸의 혼인 날짜를 언급하지 않았으니 알 만한 사람은 글에 이렇게 쓸 이치가 없는데 이렇게 쓴 것은 못마땅한 점이 있기 때문이라는 것을 알 것이다. 사람이 성인이 아닌데 어찌 잘못이 없을 수 있겠는가? 옛사람은 어떤 사람이 행한 일을 서술할 때 성공과 실패가 함께 드러나는 것을 아직 꺼리지 않았다. 요즘 사람들은 어떤 사람의 일을 서술할 때 그 사람의 윗사람, 아랫사람, 옆 사람, 앞 사람, 뒷사람을 살펴서 모두 흠이 조금도 없게 만들려고 하니 어려운 일이다. 이것은 사방팔방 원만하게 만들려고 하는 것이라 부른다. 이것도 문인의 일반적인 폐단이다.

셋째, 글은 쓰려고 하는 사실대로 지으려 하지만 들어보지 못한 일은 글을 쓰려는 사람 마음먹은 대로 지으려고 한다. 어떤 유명인사가 남을 위해 비문에 적는 글을 지을 때 글을 쓰는 사람이 아마 친구의 의리와 정분을 담으려고 하는 것을 본 적이 있다. 비문에 적는 글은 한유가 유종원[柳州]을 위해 지은 「지」(誌)를 본떴다.[25] 한유가 한 걸음 나아가면 그도 따라 한 걸음 나아가고 한유가 뛰면 그도 따라 뛰는 품이[26] 혹시라도 실수하지 않을지 그것만 두려워했다. 글 중간에 세상의 인정을 감탄하는 말이 되풀이 되자 병이 들지 않았는데도 지나치게 끙끙 앓는 소리를 내는 것처럼 느껴졌다.[27] 글의 끄트머리에 어떤 귀인이 장례비용을 내주고 친척들[內親]이 장례를 치르는 데 수고했던 일을 서술했다. 그 집안에 물어보니 귀인이 보태준 부의금은 남보다 약간 후했지[28] 장례 치를 비용을 감당할 수 없는 정도였다. 그리고 친척들은 겨우 장지에 따라왔을 뿐이

---

25 한유 「유자후묘지명」(柳子厚墓誌銘)은 본집(本集) 권32에 실려 있다. 유종원[柳子厚]은 유주(柳州) 자사를 한 적이 있기 때문에 세상에서는 유유주(柳柳州)라고 부른다.

26 「언공 하」의 주102를 보라.

27 신기질 「임강선」(臨江仙)은 이러하다. "평생의 형편과 평생의 마음은 기쁨과 탄식이 꼭 번갈아 오가고 병도 없이 끙끙거리며 앓는 소리를 내네."

28 『의례』 「기석」(旣夕)은 이러하다. "살아 있는 사람을 아는 경우에는 증(贈)을 하고 죽은 사람을 알 경우에는 부(賻)를 한다." 주는 이러하다. "부는 보(補)를 말하는데 돕는다는 뜻이다. 돈이나 값나가는 물건이 부이다."

지 결코 장례를 도맡아 치르지도 않았다. 그리고 그의 아들도 모두 다 자랐기 때문에 유종원의 어린 아들처럼 외롭고 의지할 데도 없어서[29] 반드시 다른 사람이 보살펴줄 필요도 없었다. 그에게 어찌 이 지경이 되도록 사실을 왜곡했느냐고 따져 물었다. 그러자 그는 이렇게 대답했다. "한유가 유종원의 비문에 적을 글을 지을 때 글 끄트머리에 '고향으로 운구하여 장례를 치를 돈은 관찰사(觀察使) 배행립[裴君行立]이 냈고[30] 외사촌 노준(盧遵)은 유종원의 장례도 치르고 장차 그 집안을 돌봐주기로 했다'는 말을 본뜨다 보니 그렇게 되었습니다.[31] 덧붙여 기록한 두 사람에 대한 글에서 받은 느낌이 깊고 도타워서 지금 비문에 적을 글을 그것과 비슷하게 짓고 싶었을 뿐입니다." 나는 이것을 다른 사람에게 말한 적이 있는데 그를 비웃는 사람이 많았다. 글을 쓰면서 옛사람을 베끼는 일은 가볍고 무거운 것을 그냥 옮겨 가져오면 자주 비슷한 일이 생긴다. 이것은 발꿈치를 깎아내 미투리에 맞추는 것이라 부르니[32] 또한 문인의 일반적인 폐단이다.

넷째, 어질고 지혜로운 사람을 성인이라 하면 공자는 감히 자신이 그런 사람이라고 하지 않았다.[33] 호련(瑚璉)은 이름 높은 그릇인데 자공이

---

29 「유자후묘지명」은 이러하다. "유종원에게는 아들자식이 두 명이 있다. 큰 녀석은 주륙(周六)이라 하는데 이제 막 네 살이 되었고, 작은 녀석은 주칠(周七)이라 하는데 유종원이 죽고 나서야 태어났다. 딸자식이 두 명이 있는데 모두 어리다." 혜강 「여산거원절교서」(與山巨源絶交書)는 이러하다. "어려서 진작 부모를 잃어 감싸주는 사람이 없고 어머니와 형들에게 무시당했다." 어려서 아버지를 여의면 두둔하고 보살펴주는 사람이 없기 때문에 고로(孤露)라고 한다.

30 배행립(裴行立)은 강주(絳州) 직산(稷山) 출신이며 당시 계림 관찰사이다.

31 「유자후묘지명」은 이러하다. "노준은 탁주 출신인데 삼가고 조심하는 성품을 가졌고 배우는 것에 물리는 법이 없었다. 유종원이 폄직된 때부터 노준은 그의 집으로 이사 들어가서 살았다. 그가 죽을 때까지 떠나지 않고 유종원을 장사 지낸 뒤에 또한 집안을 돌보려고 했으니 거의 시작한 일을 끝까지 마무리한 사람이다."

32 「서교 중」의 주14를 보라.

33 『맹자』「공손추 상」은 이러하다. "예전에 자공이 공자께 이렇게 물었다. '선생님은 성인이십니까?' 공자가 이렇게 말씀하셨다. '성인은 내가 할 수 없는 것이고 나는 배우기를 싫어하지 않고 가르치기를 게을리 하지 않는 것이다.' 자공이 이렇게 말했다.

어찌 자신을 그런 사람이라고 정할 수 있겠는가?[34] 남이 잘한 일을 칭찬하는 것도 사실에 부합하지 않을까 두려운데 어찌 내가 나를 평가할 때[35] 과장하고 뻐기는 일로 바람을 잡을 수 있겠는가? 어떤 유명인사가 남을 위해 「전」을 지으면서 스스로 이렇게 말하는 것을 본 적이 있다. "우리 고향의 학자들 가운데 근본을 아는 사람이 드뭅니다. 오직 나와 아무개[某甲]만[36] 경술에 공들였지요." 그가 말한 어떤 사람은 본디 당시 유명하긴 했어도 꼭 경술을 잘한다고 할 수는 없었다. 지은이는 유명 인사를 끌어들여 자신에게 붙여서 자기도 유명인사로 만들고자 했고 자신을 높여서 뽐냈으니 부끄러운[37] 짓이다! 또한 강호에 떠도는 선비가 시로 유명해진 경우, 내용이 명성에 걸맞지 않기도 한다. 그러나 내용이 명성에 걸맞지 않은 사람보다도 한참 못한 사람이 어떤 시집의 서문을 쓸 때 서문을 요청한 사람이 이렇게 말했다고 서술한 것도 보았다. "그대와 어떤 사람은 동등한 명성을 누리고 있습니다. 어떤 사람이 벌써 제게 서

'배우기를 싫어하지 않는 것은 지혜입니다. 가르치기를 게을리 하지 않는 것은 어진 것입니다. 어질고 또한 지혜로우시니 선생님은 이미 성인이십니다.' 성인은 공자가 인정하지 않았다."

34 『논어』 「공야장」은 이러하다. "자공이 이렇게 물었다. '저는 무엇과 같습니까?' 선생님이 말씀하셨다. '너(女, 여(汝)이다)는 그릇이다.' 이렇게 물었다. '무슨 그릇입니까?' 이렇게 대답하셨다. '호(瑚)와 연(璉)이다.'" 『논어집해』는 포함을 인용하여 이렇게 말한다. "호와 연은 차기장과 메기장을 담는 그릇이다. 하나라는 호, 은나라는 연, 주나라는 보궤(簠簋)라고 했는데 종묘의 그릇 가운데 소중한 것이다."

역주_ **호련**은 오곡을 담아 신에게 바칠 때 쓰던 주나라 제사 그릇이다. 하나라 때는 제사 그릇을 '瑚', 은나라 때는 '璉'이라고 부른 데서 유래했다. 고귀한 인격을 가진 사람이나 학식과 능력이 뛰어난 사람을 비유적으로 이르는 말로 파생되어 쓰인다. 공자가 자공을 '호련'이라고 평가한 데서 유래했다. 『예기』 「명당위」를 보면 하나라가 연, 은나라가 호이다. 포함이 하나라 때는 호, 은나라 때는 연이라고 한 것은 무슨 영문인지 모른다. 주희도 포함을 이어서 틀렸다.

35 『후한서』 「허소전」(許劭傳)은 이러하다. "다달이 언제나 좋고 나쁘다는 품평을 바꾼다."

36 『일지록』 권23은 이러하다. "『사기』 「만석군전」(萬石君傳)은 '큰 아들이 건(建), 다음 아들이 갑(甲), 다음 아들이 을(乙), 다음 아들이 경(慶)이다'라 했다. 갑과 을은 이름이 아니다. 그 이름을 잃었기 때문에 빌어서 이름 지었다."

37 「번칭」의 주24를 보라. 뉵(恧)은 소리가 뉴(忸)이고 대단히 부끄럽다[慚愧]는 뜻이다.

문을 써줬는데[38] 그대는 어찌 제 시집을 평가하시지 않는 것입니까?" 동등한 명성이란 이야기가 본래 없었다면 요청한 사람은 틀림없이 이렇게 말한 적도 없을 것이다. 그렇다면 동등한 명성이라고 스스로 거짓말을 하면서 남을 빌어 자신을 뽐낸 것이니 부끄러움을 모르는 것이고 낯짝이 이보다 더 두꺼울 수도 없다![39] 하물며 경학은 복건과 정현을 끌어대고[40] 시는 이백과 두보를 타고 오르고도[41] 높은 산처럼 크게 우러른다고

---

38 고깔모자[弁]는 모자 종류이다. 변언(弁言)은 「서」(序)와 같다.

39 『설문해자』는 이러하다. "유니(忸怩)는 부끄럽다는 뜻이다." 『상서』 「오자지가」[僞五子之歌]는 이러하다. "낯짝이 두꺼워도 부끄럽다."

40 복건은 「지난」의 주23을 보라. 정현은 「역교 중」의 주5를 보라.

41 『신당서』 「문예전」(文藝傳)은 이러하다. "이백은 자가 태백이고 흥성황제(興聖皇帝, 이고(李暠)이다)의 구대손이다. 그 조상은 수나라 말에 죄를 지어서 서역으로 옮겨 갔고 신룡 연간 초에 도망쳐 돌아왔다. 이백이 자란 뒤에 민산에 은거했다. 천보 연간 초에 장안에 와서 하지장을 찾아가서 만났다. 하지장은 그의 글을 보고 탄복하며 이렇게 말했다. '그대는 하늘에서 유배당한 신선이구려!' 현종에게 말하여 금란전(金鑾殿)으로 불러서 알현시키고 「송」(頌) 한 편을 바쳤다. 한림 공봉[供奉翰林]으로 임명한다는 황제의 명령이 있었다. 황제가 그의 자질을 아껴서 자주 잔치에서 술을 마셨고 이백은 늘 황제를 모셨다. 술에 취해 고력사(高力士)가 신발을 벗게 만들었다. 고력사는 본래 높은 신분이었기 때문에 그것을 수치스럽게 생각하여 그의 시를 따서 양귀비를 격노하게 만들었다. 황제가 이백에게 벼슬을 주려고 했지만 양귀비가 번번이 막았다. 이백은 황제와 친근하게 되어 용납되지 못할 것을 알고 산으로 되돌아가기를 간절하게 요구했다. 황제는 금을 주어 놓아주었고 사방으로 떠돌아다녔다. 안녹산이 반란을 일으키자 숙송(宿松)과 광려(匡廬) 사이를 이리저리 떠돌아다니다가 영왕 이린[璘]의 부름을 받고 부료좌(府僚佐)가 되었다. 이린이 군대를 일으켰으나 패하고 이백은 연좌되어 야랑으로 머나먼 유배를 떠났다. 사면되어 돌아왔을 때, 이양빙이 당도의 영이었는데 이백이 그에게 의지했다. 대종이 즉위하고 좌습유로 불렀지만 이백은 이미 죽었고 죽을 때 나이가 예순이 넘었다 한다." 『구당서』 「문원전」은 이러하다. "두보는 자가 자미이며 본래 양양(襄陽) 출신이지만 나중에 하남 공현으로 옮겼다. 두보는 천보 연간 초에 진사에 응시했지만 합격하지 못하고 나중에 「삼대례부」를 바치고 경조부(京兆府) 병조 참군에 제수되었다. 안녹산이 서울을 함락하자 숙종이 영무에서 즉위했다. 두보는 행재(行在)로 도망쳐 갔고 좌습유에 제수되었다. 방관을 구할 일을 논하다가 화주 사공 참군으로 쫓겨났다. 당시 관중[關輔]에 난리가 나서 동곡현에 머물렀는데 자신을 나무꾼이라고 했다. 엄무가 성도에 주둔하고 있었고 참모로 상주하고 검교공부원외랑이 되었다. 그래서 성도 완화리(浣花里)에서 대나무를 심고 오두막을 엮어 그 안에서 시를 읊으며 지냈다. 엄무가 죽고 나서 의지할 곳이 없어져 촉 동부[東蜀]를 떠돌다가 고적에게 의지하려 했는데 이미 고적은 죽은 뒤였다. 이 해에 촉 땅에 큰 난리가 나

말하는 데야.[42] 만약 어떤 사람의 경학이나 어떤 사람의 시가 본래 믿을 수 없는 것이지만 오히려 그들을 빌어 명성을 삼는다면 더 말할 것이 없다. 이것은 제멋대로 직함을 두는 것이라 부른다.[43] 이것도 문인의 일반적인 폐단이다.

다섯째, 물건은 적은 것을 소중하게 여기는 법이니 사람도 마땅히 그래야만 한다. 천하 사람이 모두 성인과 현인이라면 공자와 맹자도 우러를 사람이 못된다. 청담[淸言]은 본래 상스러움을 깨트릴 수 있지만 진나라 때[典午]는 이런 사람이 세상을 가득 채웠다.[44] 앞 시대 사람들이 『진서』의 열전들이 소설과 매한가지라고 나무란 이유[45]는 바로 청담을 채

서 두보는 집안을 이끌고 형초로 피난을 가려고 조각배로 삼협을 내려갔다. 배를 육지에 매지도 못했는데 강릉도 역시 난리가 나서 상강[湘流]을 거슬러 올라가다가 형산을 유람하고 뇌양(耒陽)에 잠시 살다가 죽었는데 나이가 쉰아홉이다. 『집』 예순 권이 있다."

42 『시』「소아」 "거할"(車舝)은 이러하다. "높은 산은 우러러 보고 한길은 걸어 다니는 것." 정현 「전」은 이러하다. "경(景)은 명(明)이다. 옛사람 가운데 높은 덕을 가진 사람이라면 그를 우러러 그리워한다. 밝은 행실을 가진 사람이라면 (본받아서) 그것을 행한다."

43 봉연(封演) 『봉씨문견기』[聞見記] 권5는 이러하다. "관함(官銜)은 두함이라고도 한다. 함이라고 이름 지은 이유는 사람 입에 재갈을 채운 것처럼 그 이어지는 뜻을 취했다."

44 『이십이사차기』 권8은 이러하다. "청담은 위나라 정시 연간에 일어났는데, 하안과 왕필이 노자와 장자를 조술하여 천지만물이 모두 무(無)를 뿌리로 삼는 것이라고 말했다. 이 때 완적도 본디 높은 명성이 있었는데 입으로 허무를 이야기하고 예법을 따르지 않았다. 그 뒤 왕연과 악광이 그를 사모하여 모두 마음에 담고 있는 일 바깥에 머물렀기 때문에 당시 대단한 명성이 났다. 천하에서 풍류를 말하는 사람들은 왕연과 악광을 최고라고 했다. 나중 사람들 가운데 언행이 들뜨거나 허황함을 다투지 않은 사람이 없어 결국 풍속이 되었다." 『삼국지』「촉서」 "초주전"(譙周傳)은 이러하다. "초주는 서판(書板)에 이런 글을 써서 문립[立]에게 보여주었다. '전오(典午)는 갑작스레 월유(月酉)에 죽는다.' 전오는 사마를 뜻한다. 월유는 팔월을 말한다." 『논어』「미자」는 이러하다. "도도하게 흐르는 것은 천하가 모두 그러하다." 『논어집해』는 공자를 인용하여 이렇게 말한다. "도도라는 것은 두루 흐르는 모양이다." 이것은 청담이 진나라 때 성행했다는 말이다.

45 『사통』「채찬」은 이러하다. "진나라 때 잡다한 책은 참으로 한 가지 족속이 아닌데, 『어림』(語林), 『세설신어』, 『유명록』(幽明錄), 『수신기』 같은 무리가 수록하고 있는 것은 익살스러운 농담[恢諧]이나 자그마한 논변[小辯]도 있고 귀신[神鬼]이나 괴물

록하여 편집하면서 많이 모으기만 했지 가려낸 것이 적었기 때문이다. 조정에 서는 사람의 기풍과 절도가 올곧아 여간해서 굽히지 않으며 과감하게 주장할 수 있을 때[46] 과거의 역사서는 아름다운 이야기라고 크게 칭찬했다. 명나라 중엽 이후부터 문호와 붕당의 소리가 높아지고 기운이 격해졌다. 그중에 누가 과감하게 주장하지 않은 선비였던가?[47] 이런

이야기도 있다. 그 사실은 거룩하지 않아서 양웅이 살피지 않은 것이다. 그 말은 어지럽거나 귀신에 관한 것이라서 공자[宣尼]가 말하지 않은 것이다. 당나라[皇朝]는 진나라 역사서를 새로 지을 때 많이 골라서 책을 만들었다. 대체로 간보와 등찬의 똥거름 같은 것이나 왕은과 우예의 지게미 같은 찌꺼기를 가지고 일사(逸史)를 만들어 이전의 「전」을 보충했다. 이것이 어찌 위나라[魏朝] 때 『황람』을 지은 일이나 양나라[梁世] 때 『편략』(徧略)을 편찬한 일과 다르겠는가? 많이 모으는 일에 힘쓰는 것을 아름답다고 생각하고 광범위하게 모으는 것을 공로로 여기는 것은 비록 소인배들에게 환심을 살 수는 있어도 결국 군자에게 비웃음을 살 것이다."

역주_ 宣尼는 공자가 받은 첫 번째 봉호(封號)이다. 신나라 황제 왕망은 공자를 포성선니공(褒成宣尼公)에 봉했다.

46 『후한서』「혹리전」은 이러하다. "동선(董宣)이 낙양의 영이 되었을 때 호양공주(湖陽公主)의 하인[蒼頭]이 백주대낮에 사람을 죽이자 동선이 그를 쳐 죽였다. 공주는 황제에게 호소했다. 황제는 포선이 머리를 조아리고 공주에게 사죄하라고 시켰다. 포선이 따르지 않자 억지로 머리를 조아리게 만들었다. 포선은 두 손으로 땅을 버티고 끝내 머리 숙이려고 하지 않았다. 공주는 이렇게 말했다. '문숙(文叔)께서는 평민이셨을 때 죽을 죄를 지은 사람들을 숨겨주셔도 구실아치가 감히 대문 앞에도 오지 못했습니다. 이제 천자가 되셨는데도 위엄이 명령 하나도 시행할 수 없군요?' 황제는 웃으며 이렇게 말했다. '천자가 평민과 같은가.' 이어서 목을 버틴 낙양 영은 나오라고 명령하고 삼십만 전을 하사했다. 동선은 모두 구실아치들에게 나누어 주었다. 이때부터 세력이 강하여 상대하기 힘든 상대들을 냅다 후려치니 떨지 않는 사람이 없었고 서울에서는 호랑이[臥虎]라고 이름이 났다."

역주_ 문숙은 동한 광무제의 자이다.

47 『시』「상송」 "장발"(長發)은 이러하다. "옛날 탕왕 이전의 중엽에는." 「전」은 이러하다. "엽(葉)은 세(世)이다." 『사고전서총목제요』「흠정명신주의」(欽定明臣奏議)는 이러하다. "과거 명나라 때에 오로지 태조만 크고 뛰어난 지략과 재능으로 천하를 한데 섞어서 하나로 만들었다. 하나둘 전해진 뒤 기풍이 점차 옮아가서 조정이 좇는 것은 아마 남송과 대등해졌을 것이다. 그러므로 이백여 년 사이에 사대부가 자신의 주장을 늘어놓는 것은 군자가 나랏일을 제쳐두고 임금의 마음을 논하여 차자[劄] 하나가 걸핏하면 천 마디, 만 마디에 이르고 책론의 형식과 같은 것도 있었다. 소인배들은 공공의 사업을 버리고 사사로운 무리만 다투고 있어서 한 가지 일이 있는 경우 어쩌면 수십 개의 상주문이 나오는 지경이지만, 모두 들춰내고 비난하는 말이다. 보잘 것 없는 무리에 이르러 속임수와 얄팍함이 더욱 늘어났지만 오로지 소인배들

분위기에 휩싸인 사람들을 살펴보면 군자는 반드시 변별할 것이다. 그들이 올곧아 여간해서 굽히지 않으며 위세를 펼친 것이 아니라면 바로 그들의 기풍이 열렬하다고 높여주는 일은 이치가 본디 그렇기 때문이다. 우리 청나라의 옹정제[憲皇帝][48]는 구실아치가 백성을 다스리는 일을 맑게 만들고 낡은 법규를 가다듬어 개혁했으며 관청을 정돈했고 탐욕스러운 검은 무리를 응징했다.[49] 이것은 사실 천 년에 한 번 있을까 말까한 시대이다. 그때 관직에 있던 사람들 가운데 큰 벼슬자리에 있는 사람은 법도가 있고 작은 벼슬자리에 있는 사람은 청렴해서[50] 거의 풍속이 되었다. 탐욕스럽고 가짜인 무리들은 그런 기풍을 바라보고 얼굴을 바꾸지 않은 사람이 없었다.[51] 이것은 시대의 추세가 그랬기 때문이다.[52] 만약

만 이끗을 챙기려고 한 것이 아니라 다름 아닌 군자들도 역시 명성을 다투는 것에 지나지 않았다. 간언하는 벼슬아치들[臺諫]은 조정에서 떠들고 도학자들[道學]은 재야에서 시끄러웠다. 사람들이 군대의 방위와 구실아치의 행정이 나날이 허물어지는 것은 알았지만 허물어지는 이유가 내각 대신[閣臣]과 환관[奄豎]이 몰래 돕기 때문이라는 것은 몰랐다. 사람들이 내각 대신과 환관이 나날이 내홍을 일으키는 것은 알았지만 내홍이 일어난 이유가 문호와 붕당이 부채질하고 꾸미기 때문이라는 것은 몰랐다. 아마 송나라 때 사람들의 폐단은 오히려 논의는 많지만 성공한 것이 적다는 것에 지나지 않을 것이고, 명나라 때 사람들의 폐단은 논의만 하다가 나라를 망하게 만들었을 뿐일 것이다."

48 청나라 세종은 이름이 윤진(胤禛)이며 13년 동안 재위했다. 연호는 옹정이다.

49 『춘추좌전』「소공 14년」은 이러하다. "탐욕 때문에 벼슬을 그르치는 사람은 묵(墨)이다." 두예 주는 이러하다. "묵은 깨끗하지 않다는 말이다."

50 『예기』「예운」은 이러하다. "대신은 신하의 법도를 다하고 소신(小臣)은 청렴하며 관직은 서로 질서가 있고 임금과 신하는 서로 바로잡으면 나라가 살찐다."

51 『춘추좌전』「양공 4년」의 주는 이러하다. "모(冒)는 탐(貪)이다." 『주역』「혁」괘는 이러하다. "소인이 낯빛을 고친다." 왕필 주는 이러하다. "소인이 얼굴을 바꿔 위를 따른다."

52 『맹자』「공손추 상」은 이러하다. "비록 지혜가 있어도 세력을 타는 것만 못하고 비록 농사지을 도구[鎡基]가 있어도 때를 기다리는 것만 못하다." 시대의 추세라는 이어지는 말은 여기에 뿌리를 두고 있다. 『사고전서총목제요』「세종헌황제성훈」(世宗憲皇帝聖訓)은 이러하다. "세종 헌황제는 다스리는 일을 도모하는 데 온 마음을 기울여 날이 저물어도 한가롭지 못하고 만세토록 영원히 기댈만한 꾀를 냈기 때문에 다스리는 일이 번거롭더라도 번잡스러움을 피하지 않았다. 다만 한 명의 사내라도 자기 자리를 찾지 못할까 걱정하는 마음이기 때문에 멀리까지 내다보고 드러나지

전, 지, 비, 장 같은 글을 살펴보면 옹정 연간에 지방 행정 조직의 구실아치들을 서술할 때 뇌물을 근절한 일,[53] 누적된 폐단을 찾아서 없앤 일, 청렴하고 고생스럽게 자신을 지킨 일, 관례 이외에 공급하거나 지불하는 것을 개혁하여 없앤 일을 대단히 칭찬하고 있다.[54] 그런 글들은 확실히 『한서』 「순리전」(循吏傳)과 비교해도 부끄럽지 않다. 그러나 그때 벼슬아치를 평가하는 법령[功令][55]에 몰려 그들이 어쩔 수 없었던 사정을 모르는 소리다. 천 명이든 만 명이든 똑같다면 대단히 훌륭한 절도라고 생각할 수 없다. 어찌 환관[閹寺]을 보고 그들이 여색을 밝히지 않는다고 칭송할 수 있단 말인가?[56] 산에 살면서 땔나무를 소중하게 생각하고 물가에 살면서도 물고기나 새우를 보배로 여기는 이치가 없다는 것은 모든 사람이 안다. 그러나 남을 칭찬하는 사람만 여전히 혼자 그렇지 않다고 한다. 이것은 시대의 추세에 통달하지 못한 것이라 부른다. 이것도 문인의 일반적인 폐단이다.

않은 것까지 미리 지켰으며 세밀한 것도 남기지 않았다. 또한 계묘년에 황제에 즉위하기 이전에 강희제[聖祖仁皇帝]를 모신 날이 길어서, 위로는 정교의 조례와 제도, 형벌을 주고 상을 내리는 저울질을 가장 자세하게 들었고 아래로는 온갖 법률과 제도의 이익과 폐단, 만물의 진정과 거짓을 가장 깊이 알았다." 그러므로 그가 황제의 자리에 있을 때 구실아치의 행정을 정돈하라고 명령하여 변변치 못한 규정을 뜯어고치고 기풍이 이에 의해 완전히 새로워졌다.

53 『소이아』 「광고」(廣詁)는 이러하다. "두(杜)는 막히다[塞]이다." 『주례』 「옥부」(玉府)의 주는 이러하다. "고대에 남에게 물건을 드릴 때는 어른이라면 헌(獻)이라고 하고 보통은 궤(餽)라고 한다." 『광아』 「석고」는 이러하다. "유(遺)는 송(送)이다."

54 『시』 「패풍」 "정녀"(靜女) 정현 「전」은 이러하다. "순(洵)은 신(信)이다." 『사기』에 비로소 「순리전」이 생겼고 후세의 역사서들이 따른 것이 많다. 『사기색은』은 이러하다. "법을 받들어 좇아서 다스리는 구실아치를 말한다."

55 「경해 중」의 주16을 보라.

역주_ **벼슬아치를 평가하는 법령**은 功令을 옮긴 말이다. 功令은 이밖에 '과거 시험의 답안을 적을 때 사용하는 여러 가지 형식'이라는 뜻도 있다.

56 『시』 "항백서"(巷伯序) 정현 「전」은 이러하다. "시인(寺人)은 궁궐 안의 소신[內小臣]이다." 소는 이러하다. "시인도 역시 엄인(奄人)이다." 『광류정속』은 이러하다. "시인은 궁궐[壼閨庭寺] 안에 있으며 엄인(閹人)을 말할 뿐이다." 혜강 「여산거원절교서」는 이러하다. "어찌 황문(黃門)을 보면서 정절을 말할 수 있겠는가?" 이것은 그 말뜻을 썼다.

여섯째, 역사서가 이미 일가를 이뤘다 하더라도 다른 역사서에 글이 남아서 나타나기도 한다. 예를 들어 『사기』 「관안열전」(管晏列傳)도 있지만 관중과 안영의 공훈은 『사기』 「제태공세가」[齊世家]에 상세하다든지[57] 장이(張耳)를 제목에서 나눴지만 사실이 『사기』 「진여전」(陳餘傳)에 총괄되어 있는 것이다.[58] 이것은 글을 지은 의도가 다를 뿐 아니라 도리어 상세하고 간단한 형식 때문에라도 그런 것이 적당하다. 문집 가운데 「전」은 따로 돌아다니는 것이다. 아마 관련된 일에 마주치더라도 서로 드러낼 수 있는 글이 없다면[59] 형편상 반드시 더욱 상세하게 만들어야 할 것이다. 이것도 그런 이치이다. 그러나 반드시 사리를 저울질해서 사람에게 부합시킬 수 있다면 글이 번거롭고 중복되더라도 못마땅한 점으로 여기지 않을 따름이다. 예를 들어 당나라가 회서(淮西)의 난리를 평정한

---

57 『사기』 「관안열전찬」은 이러하다. "태사공은 이렇게 말한다. 내가 관자의 「목민」, 「산고」, 「승마」, 「경중」, 「구부」를 읽어보니 그가 말한 것이 굉장히 상세했다. 그가 지은 글을 보고 나서 그가 시행한 사업을 살펴보고 싶어졌기 때문에 그의 「전」을 편집했다. 그 책은 세상에 많이 있으므로 논하지 않고 그중 세상에 알려지지 않은 사실만 논하겠다." 춘추시대에 제나라의 정치적 업적은 관자와 안자를 최고로 치기 때문에 그들의 대단한 공로는 「제태공세가」에 상세하게 적혀 있다.

58 『사기』 「장이진여열전」에서 「장이전」(張耳傳)은 겨우 그가 외황현[外黃] 부자의 딸에게 장가든 일을 백여 자 정도 서술한 다음에 바로 「진여전」(陳餘傳)에 들어가서 장이와 진여가 군대를 일으킨 처음과 끝을 갖춰서 기술했다. 그 뒤 진여가 죽임을 당하고 장이가 한나라에 항복해서 조나라 임금으로 즉위했다. 장이가 세상을 뜨고 아들 장오[敖]가 이었는데 아내 노원공주(魯元公主)가 반란을 꾀한다는 모함을 받았다. 그의 손님인 관고(貫高)가 그를 위해 변호해서 여러 가지 실마리가 깨끗하게 풀렸는데 역시 「진여전」에 그것을 서술하고 있다. 그렇다면 서로 얽혀서 관련된 것이 아무 것도 없는데 다시 시작한 것일 뿐이다.

59 『교수통의』 「호저」(互著)는 이러하다. "반고와 사마천의 「열전」 가법은 어떤 사람의 사실에 대해 두 가지 상반되는 측면이 있다면 상세한 것과 간단한 것을 모두 수록했다. 예를 들어 자공은 「중니제자열전」이 정전(正傳)이지만 「화식열전」에도 들어가 있는 이유는 서로 나타내는 것이기 때문이다. 「유림전」의 동중서, 왕길, 위현은 이미 경사에 대한 글에 편집되었지만 따로 한 사람만 쓰는 전전(專傳)이 있다. 아마 사실과 뜻으로 글의 제목을 달 때 사람 이름이 그 사이에 헤어졌다 모였다 하지만 그 뜻을 깨달아 밝히는 일을 취할 따름이리라." 이것은 「전」이 서로 드러내도록 쓴다는 뜻이다.

뒤 한유의 「평회서비」[韓碑]는 공로를 배도에게 돌렸다.[60] 이것은 당연하다고 말할 수 있다. 나중에 한유가 거짓 모함과 훼방을 당하자 황제가 단문창(段文昌)에게 다시 지으라는 명령을 내렸다.[61] 이것은 영원히 안타까운 일이다. 그러나 단문창이 이소(李愬)를 따르긴 했지만 이소의 공로도 본래 없앨 수 없는 것이라서 그의 잘못은 그다지 심하지 않았다. 그럴 리는 없지만 만약 당시 이름도 없는 편장이나 비장[偏裨]처럼[62] 전쟁이 성공하든지 실패하든지 상관없는 사람이 죽은 뒤 무덤에 묘표를 세우면서[63] 회서에서 세운 공적을 지나치게 진술하는 이치는 있을 수 없다. 주균 선생은 편수 벼슬을 살았던 장옹식[蔣君]을 위해 비문에 적는 글을 지은 적이 있다.[64] 이 글에서는 나라에서 준가르[准回]를 차례로 평정

---

60 당나라 회서와 채주 땅은 오소성(吳少誠)이 나눠서 차지한 때부터 오소양[少陽] 및 그 아들 오원제를 거치면서 삼십여 년이 지났다. 헌종 원화 10년에 재상 배도가 나가서 군대를 감독했는데 이소가 눈 내리는 밤에 채주를 급습하여 오원제를 사로잡고서 비로소 그들을 토벌하여 평정했다. 한유 「평회서비」는 배도의 일을 서술한 말이 많다. 요범(姚範)은 글을 평하여 이렇게 말한다. "원화 9년부터 회서와 채주에서 군사 작전을 벌여 원화 10년에 이르러 비로소 평정했다. 그 사이 장군에게 군대를 출동시키라고 명령하여 성을 공격하여 항복을 받은 것이 모두 동일한 때의 일도 아니며 역시 남김없이 배도에게만 뒷일을 수습할 것을 명령한 것도 아니다. 그러나 「평회서비」[序]가 모두 한 때의 일처럼 비슷하게 만든 것은 아마 「평회서비」가 당나라 헌종이 군대의 위용을 떨쳐 공적을 이룬 일과 명령을 펼쳐 반역자를 토벌한 위용을 두드러지게 하려고 했기 때문일 것이다. 배도가 재상으로서 임금의 명령을 펼쳐 위로하고 임금과 신하가 협의해서 꾀한 것도 역시 글 대로라고 믿어야만 한다. 배도의 위엄을 드러내면 임금의 위엄은 더욱 높아지니 이것은 『시』 「대아」의 "강한"(江漢)과 "상무"의 뜻이다. 이로써 큰 업적을 지키고 정해지도록 하며 편안하게 신하들을 부리고 황제가 몹시 성을 내어 그치지 않는 것처럼 보이려는 꾀이다. 채주에 들어가서 반역한 신하 하나를 잡은 일을 상세하게 적은 것은 당나라의 위엄과 덕망이 쇠퇴했기 때문이다. 이것은 배도의 「표」가 말한 '『시』와 『서』의 글은 각각 규격화된 문장의 규범[品章]과 체계가 있다'라는 것이다." 이것은 장학성의 의도를 딱 드러내준다.

61 「속혐」의 주2를 보라.

62 『춘추좌전』 「양공 30년」은 이러하다. "영윤을 돕는다." 주는 이러하다. "편(偏)은 좌(佐)이다." 『한서』 「항적전」(項籍傳)은 이러하다. "항적이 비장이 되었다." 주는 이러하다. "비(裨)는 서로 돌아가며 돕는다는 말이다."

63 『한서』 「성제기」의 주는 이러하다. "천맥(阡陌)은 밭 사이의 길이다." 후세인은 무덤으로 가는 길에 비석을 세우는 것을 표천(表阡)이라 했다.

한 사실의 요점을 서술하고 있다. 이것은 장옹식이 『평정준갈이방략』[方略]의 편집을 총괄하면서 혼자 힘으로 수고했으나 책이 완성된 뒤 그가 죽는 바람에 그의 공로를 기려줄 수 없었기 때문이다. 그러나 비문에 적는 글은 우아하고 힘차서 학자들이 부러워했다. 나중에 어떤 중서사인이 죽은 뒤 어떤 지은이가 그의 전기를 지은 것을 보았다.[65] 그의 글은 주균 선생이 쓴 장옹식의 비문에 적는 글의 원문을 완전히 베낀 것이었다. 아마 그 사람도 몇 달 동안 『평정준갈이방략』의 일부를 편집한 적이 있고 관례적으로 책머리에 직함과 이름만 올라갔을 뿐, 사실 이 책에 눈길도 줘본 일이 없을 것이다. 이것과 이름도 없는 편장이나 비장이 회서의 난에서 세운 공로를 차지하는 것이 또 무엇이 다른가? 문인이 사실 모으기를 좋아하는 것이 군대의 구실아치[軍吏]가 공로를 가로채는 것과 거의 같으니 어떻게 그들을 훈계할 수 있겠는가? 이것은 같은 고을 사람의 명정(銘旌)이라 부른다.[66] 옛날에 허풍이 센 사람이 있었다. 죽을 때까지 한

---

64 주균 「편수장군묘지명」(編修蔣君墓誌銘)은 이러하다. "장군은 이름이 옹식(雍植)이고 자가 진수(秦樹)인데 신사년 이갑 일등[二甲第一人]으로 진사를 하사받았고, 서길사로 고쳤다가 평정준갈이방략관(平定準噶爾方略館) 찬수관에 임명되었다. 총재를 맡은 여러 대신들은 모두 그를 믿고 소중하게 생각했고 『평정준갈이방략』을 도맡아 처리하도록 시켰다. 장군은 일찍 일어나 사무실[書室]에 앉았고 날이 저물면 등잔을 켜고 계속했는데 책이 완성되었을 때 장군의 정력은 여기서 거의 녹아 없어졌다. 책을 바친 뒤에 같이 편찬한 사람은 모두 특별히 공로를 인정하여 승진했지만 장옹식의 이름은 끝내 함께 하지 못했다. 돌아가신 시독어사 양술증[楊公述曾] 같은 방략관의 여러 대신들은 직함을 하사하는 범례로 청하자고 논의했지만 일이 끝난 뒤 성과가 없었다."(『사하문집』 권12)

65 사령운 「산거부」는 이러하다. "국사는 이로써 이전의 「기」(紀)를 수록하고, 가전은 이로써 세상의 「모」(模)를 펼친다네." 『수서』 「경적지」 사부에는 한나라, 위나라, 육조시대의 가전 스물아홉 부를 수록하고 있다. 현재 종보 안의 「전」과 「기」도 역시 가전이라고 부른다.

66 청나라 오영광(吳榮光)의 『오학록』(吾學錄)은 이러하다. "『주례』 「춘관」 "사상"(司常)은 '대상(大喪)에는 명정(銘旌)을 제공한다'고 한다. 최근에는 붉은 비단에 안료로 글씨를 쓸 때 직함을 빌려 아무개 벼슬 아무개 공의 널이라고 눈에 띄도록 크게 적는다. 다른 종이에 크게 적는 것은 성명이고 명정 아래에 풀로 붙여둔다. 대렴(大斂)을 한 뒤에 대나무 장대에 내걸어 영구의 오른쪽에 기대 놓는다. 장사 지낼 때 장대 및 성명을 적은 종이를 치우고 명정을 널 위에 덮는다."

번도 관직에 부름을 받은 적이 없지만 직함을 무릅쓰는 일을 좋아했다. 죽을 때가 되었을 때 아는 사람을 두루 불러 놓고 명정에 무슨 글자를 쓸 것인지 계획을 세웠다. 어떤 사람이 그의 뜻을 따라 예봉(例封), 대증수직(待贈修職), 등사랑[登仕] 등 여러 관직을 빌어다가 말했지만[67] 그는 말할 때마다 고개를 떨어뜨리고 기뻐하지 않았다. 마지막으로 우스갯소리를 잘 하는 사람이 그 고을 출신으로 높은 신분에 오른 사람의 직함을 취하여 '훈호와 관직[勳階]이 사보(師保), 전각(殿閣), 부원(部院), 아무개 나라에 아무개로 봉해진 아무개 공[某國某封某公]의 같은 고향 사람 아무개의 영구'라고 큰 글씨로 썼다.[68] 사람들은 이것을 우스운 이야기로 전했다. 그러므로 아무 건더기가 없이 그림자만 갖다 붙이려는 사람을 같은

역주_ **명정**은 죽은 사람의 관직과 성씨 따위를 적은 깃발이다.

67 『대청회전』(大清會典) 권12 「이부」(吏部)는 이러하다. "모든 담은(覃恩)과 예봉(予封)은 벼슬의 직책과 급수를 변별하여 봉해야 하는 사람의 성명과 생사를 열거하여 적는다. 자신이 제수된다면 증조부모, 조부모, 부모 및 아내 가운데 살아 있는 사람은 봉하고 죽은 사람은 추증한다. 만약 이봉(貤封)하면 각자 그 사정에 따라 청한다. 황제의 허락을 얻으면 자기 아내와 자신을 봉하는 일을 멈추고 그것을 드린다." 이것이 예봉(例封)의 뜻이다. 또한 "관청의 공무 때문에 죽은 모든 사람은 직함을 드린다. 모든 직함을 드리는 등급은 열여덟 가지인데 관직을 살펴서 차등을 둔다." 이것은 대증(待贈)의 뜻이다. 또한 『대청회전칙례』[則例]는 이러하다. "순치 연간 초에 담은 및 삼년의 근무 기간을 정하고 일률적으로 통틀어 봉하고 추증하니 일품부터 오품까지는 모두 고명(誥命)으로 주었고 육품부터 칠품까지는 모두 칙명(敕命)으로 주었으며 정팔품은 수직랑(修職郎), 종팔품은 수직좌랑(修職佐郎), 정구품은 등사랑(登仕郎), 종구품은 등사좌랑(登仕佐郎)이다." 이것은 수직등사(修職登仕)의 뜻이다. 계(階)는 벼슬의 등급이다.

68 사보라는 것은 태사, 소사, 태보, 소보(少保) 따위이다. 전각(殿閣)이라는 것은 무영전 대학사, 문연각 대학사 따위이다. 부원(部院)이라는 것은 이부나 호부의 상서나 시랑, 한림원이나 도찰원의 시독어사(侍讀御史) 따위이다. 아무개 나라나 아무개로 봉해진 사람은 아무개 나라 공(公)이니 아무개 나라 후(侯) 따위가 이것이다. 모두 높은 벼슬아치나 뚜렷한 녹[高官顯祿]이다. 오교(吳喬) 『위로시화』(圍爐詩話)는 이렇게 말한다. "요즘 사람이 시를 지을 때 걸핏하면 성당(盛唐)을 들먹인다. 소주에 있을 적에 어떤 집안에서 빈소를 차리는 것을 보았는데 그 명정은 이랬다. '명나라 소사 문연각 대학사 신공 옆집 두부집 왕씨 아줌마 영구'[皇明少師文淵閣大學士申公間壁豆腐店王阿奶之靈柩]. 이것을 옮겨서 여러분에게 드릴 수 있다." 아마 당시 이런 우스갯소리가 있었을 것이다.

역주_ **훈호**는 나라에 업적을 세운 사람에게 주던 칭호이다.

고을 사람의 명정이라고 부른다. 문인들도 그것을 본뜨게 될지 생각지도 못했다. 이것도 문인의 일반적인 폐단이다.

일곱째, 진평(陳平)이 한나라를 보좌한 일은 토지신의 사당에서 사람들에게 고기를 나눠줄 때 뜻이 이미 드러났다.[69] 이사가 진나라를 망하게 한 일은 변소의 쥐에서 조짐이 이미 싹텄다.[70] 아직 드러나지 않은 기미를 헤아려 장차 드러나게 될 일을 아는 것은 본디 관상쟁이의 깊고 미묘한 이치[玄機]이다.[71] 미묘한 틈을 찾아서 어떤 사람의 정신을 표현하는

---

69 『사기』「진상국세가」(陳相國世家)는 이러하다. "승상 진평은 양무(陽武) 호유향(戶牖鄕) 출신이다. 마을에서 토지신 제사를 지낼 때 진평이 주재하는 사람이 되었는데, 고기를 나누어 먹어보니 대단히 공평했다. 동네 어른들은 이렇게 말했다. '진 씨네 애[陳孺子]가 주재하는 사람이 되니 참 잘하는구나!' 진평은 이렇게 말했다. '아! 내가 천하를 주재하는 재상이 되더라도 역시 고기를 나누듯 공평할 것인데.'"

70 『사기』「이사열전」(李斯列傳)은 이러하다. "이사는 초나라 상채 출신이다. 나이가 어렸을 때 군의 보잘 것 없는 구실아치가 되었는데, 구실아치가 머무는 집의 변소에 사는 쥐가 더러운 것을 먹다가 사람이나 개가 가까이 오면 자주 놀라고 두려워하는 것을 보았다. 이사는 창고에 들어가 창고에 사는 쥐가 쌓아놓은 곡식을 먹고 커다란 집안에 살면서 사람이나 개를 근심스럽게 여기지 않는 것을 살펴보았다. 그래서 이사는 이렇게 탄식했다. '사람이 잘나고 못난 것은 비유하자면 쥐와 같으니, 자신이 처한 바에 달렸을 뿐이다.' 그래서 순경을 좇아 제왕의 통치술[帝王之術]을 배웠다. 학이 완성된 뒤, 서쪽으로 진나라에 들어가려고 했다. 순경에게 작별 인사를 하면서 이렇게 말했다. '저는 때를 얻으면 게으름을 피우지 말라고 들었습니다. 지금 큰 나라들이 장차 다투려는 때이니 유세하는 사람들이 일을 주도하고 있습니다. 지금 진나라 임금은 천하를 삼켜 제(帝)라고 부르면서 다스리고자 합니다. 이것은 아직 벼슬이 없는 사람이 바쁘게 달려갈 때입니다. 낮은 신분의 자리에 있지만 꾀를 행동에 옮기지 않는 사람은 이런 날짐승이나 사슴을 고기로 보면서도 남 체면이 있어서 억지로 그냥 지나칠 수 있는 사람일 뿐입니다. 그러므로 신분이 낮은 것보다 더 심한 욕은 없으며 곤궁한 것보다 더 심한 슬픔은 없습니다. 낮은 신분의 자리나 고달픈 상태에 오랫동안 있다 보면 세상을 비딱하게 보고 이익을 싫어하게 되며, 아무 일도 하지 않는 상태에 자신을 내맡기게 됩니다. 이것은 선비의 진정한 감정이 아닙니다. 그러므로 저는 장차 서쪽으로 가서 진나라 임금에게 유세하려고 합니다.'"

71 『삼국지』「위서」 "장홍전"(臧洪傳)은 이러하다. "또한 시작과 끝을 예측하거나 드러나지 않는 조짐을 보고 드러나는 것을 알 수 없다." 『사기』「평원군열전」(平原君列傳)은 이러하다. "평원군은 이미 합종을 결정하고 돌아갔다. 돌아가서 조나라에 이르러 이렇게 말했다. '저[勝]는 감히 다시 선비를 고르지 못하겠습니다. 제가 고른 선비는 많으면 천 명, 적어도 백여 명인데 천하의 선비를 잃지 않았다고 생각했습니다. 이제 나는 하마터면 모수 선생[毛先生]을 잃을 뻔했소.'" 「동경부」에 대한 설종

것도 글 쓰는 사람의 묘한 용법이다. 그러나 어떤 사람의 정신과 의지가 어디 있는지 터득해야만 그림을 잘 그리는 사람이고 유명한 화가가 뺨에 세 가닥 터럭을 더 그려 넣어 묘하게 만든 것처럼 해야 잘 그리는 것이다.[72] 만약 앞 시대 사람이 쓴 문사의 아름다움만 부러워하여 변변치 않게 소소한 표현만 억지로 찾아서 비슷한 글을 짓는 일만 추구한다면 복사꽃을 보고 깨달음이 생겼다고 해서[73] 마침내 복사꽃을 따서 밥을 짓는 것처럼 비슷한 글을 짓는다고 어찌 신통하고 묘함이 다시 생기겠는가? 또한 최근의 학자들은 사실의 증명을 추구하는 일만 기뻐한다. 그들은 부서지고 잘린 비석에서 잃어버린 글자를 발견할 때마다 올바른 뜻이 무엇인지 상관하지 않고 자주 고대의 제도와 비교하여 역사서에 빠진 부분을 땜질해 놓고선 이것이 본디 잘한 짓이라 생각한다. 이것을 근거로 글을 쓰면서 많은 것을 탐내고 터득하기에 힘쓴다. 부서지고 잘린 비석이 군더더기일 뿐이지 중요하지 않다는 것을 명백하게 알면서도 도리어 후세에 보탬이 되기 위해 헤아려 구한 것이라고 생각하며 말이 지나치게 많더라도 꺼리지 않는다.[74] 이것은 글이 절실하고 요긴하지 않았

주는 이러하다. "현(玄)은 신(神)이다." 『관자』 「칠법」(七法) 주는 이러하다. "쇠뇌[機]는 안에서 쏘았는데도 바깥에서 움직이고 가까워도 멀리까지 날아가며 빠르지 않은데도 빠르고 행하지 않았는데도 도달하니, 그것이 하는 것은 보지만 그것이 어떻게 그렇게 하는지는 알 수 없다." 나는 이렇게 생각한다. 각종 판본은 모두 "지혜로운 선비가 조짐을 안다"[智士之相機]라고 했는데, 이것은 가업당본 『장씨유서』를 따라서 고쳤다.

72 『세설신어』 「교예」(巧藝)는 이러하다. "고개지[顧長康]가 배해[裴叔則]를 그릴 때 뺨 위에 털 세 가닥을 보탰다. 어떤 사람이 그 까닭을 물었다. 고개지는 이렇게 말했다. '배해(裴楷)는 뛰어나고 명랑하며 판단력도 갖추고 있다. 바로 이렇게 해야 그가 판단력을 갖추고 있는 것이 된다.' 그림을 보는 사람이 그것을 잘 찾아보면 과연 털 세 가닥을 보탠 것이 신명이 있는 것 같고, 그것을 보태지 않아 편안하지 않을 때보다 낫다고 느낄 것이다."

73 송나라 보제 스님[釋普濟] 『오등회원』(五燈會元)은 이러하다. "지근 선사(志勤禪師)는 애초에 위산(潙山)에 있었는데 복사꽃을 보고 도를 깨우쳤다. 이런 게송을 지었다. '삼십 년 동안 검객을 찾았건만 몇 번이나 잎이 지고 또 가지를 뽑았던가. 흘깃 복사꽃을 본 뒤부터 바로 지금 같을 뿐 다시 의심하지 않으리.'"

74 『예기』 「곡례 상」은 이러하다. "예는 함부로 남을 즐겁게 하지 않으며 말을 많이 하

을 뿐만 아니라 도리어 오늘날의 세상에 살면서도 후세의 고증을 준비하려고 한다. 이것은 바로 동택의 화살 재료와 같은 것이니 모조리 사용할 수나 있겠는가?[75] 남의 전기를 쓸 경우 글은 그 사람과 같아야 하고 사실을 서술할 경우 글은 그 사실과 같아야만 한다. 그것이 고증과 관련된 경우라면 반드시 본질을 갖추는 일이 긴요하다. 설령 실수로 한가한 감정이 나오더라도 바로 이것[阿堵]을 위해 정신을 표현하는 일이 된다.[76] 여기에 힘쓰지 않은 채 저자거리에서 채소를 살 때처럼 덤을 추구할 줄만 안다면[77] 이것은 뱀을 그리면서 쓸데없이 발까지 그리는 것이라 부른다.[78] 이것도 문인의 일반적인 폐단이다.

여덟째, 문인이 글을 잘 쓰는 것은 당연한 일이지만 문인이 글을 써주는 사람이 꼭 글을 잘 지을 필요는 없다. 사실을 서술하는 글은 지은이

지 않는다."

75 「힐루」편의 주22를 보라. 가업당본『장씨유서』는 왕병은의『교기』(校記)를 따라서 이렇게 말한다. "『춘추좌전』「선공 12년」'동택의 갯버들이 많은데 언제 다 쓸 셈이요?'에서 글자를 '기'(旣)라고 썼지 '기'(暨)라고 쓰지 않았다. 기(旣)는 두예의 주에 '남김없다[盡]라는 뜻이다.'라고 했다. 쓰더라도 남김없이 쓸 수 없다는 말이다. 현재 각 판본은 '기'(暨)라고 했는데 잘못되었다."

76 『세설신어』「교예」는 이러하다. "고개지가 사람을 그릴 때 몇 년 동안 눈동자를 그려 넣지 않는 경우가 있었다. 어떤 사람이 그 까닭을 물었다. 고개지는 이렇게 말했다. '몸의 사지가 아름답고 못생긴 것은 본래 말할 수 없이 묘한 곳과 상관이 없다. 정신을 전달하여 비치는 대로 그려내는 것은 바로 이[阿堵] 안에 있는 것이다.'" 도(堵)는 진나라 때 사람들이 늘 쓰는 말이며 지금 말로 '이것'과 같은 뜻이다.

77 황보밀『고사전』은 이러하다. "사도 후패(侯霸)가 엄자도(嚴子道)를 보내어 엄광(嚴光)에게 편지를 바치게 했다. 엄자도가 답장을 달라고 하자 엄광은 그냥 입으로 불러주었는데 적은 것이 싫었다. 엄광이 이렇게 말했다. '푸성귀를 사올까요? 도움이 될 것입니다.'"

78 『전국책』「제책」은 이러하다. "초나라에 제사를 맡은 사람이 자기 하인들[舍人]에게 큰 잔에 담긴 술을 하사했다. 하인들은 서로 이렇게 말했다. '여러 사람이 마시기에는 부족하고 한 사람이 마시기에는 남을 정도이니 땅에 뱀을 그려서 먼저 완성한 사람이 술을 마시기로 하자.' 어떤 사람이 뱀을 먼저 완성하고 술을 끌어다 마시려다 말고 이내 왼손으로 술잔을 잡고 오른손으로 뱀을 그리면서 이렇게 말했다. '나는 거기다 발도 그릴 수 있다.' 다른 사람이 뱀을 완성하고 술잔을 뺏으면서 이렇게 말했다. '뱀은 본디 발이 없는데 그대는 어찌 거기 발을 그릴 수 있단 말인가?' 결국 그 술을 마셨다."

의 말이다. 글을 화려하게 지을지 소박하게 지을지는 오로지 짓는 사람 마음에 달렸지만 사실대로 짓기를 바랄 뿐이다. 말을 기록하는 글은 지은이의 말이 아니다. 글을 화려하게 지을지 소박하게 지을지는 본래 말한 사람의 말과 똑같이 되길 기대하지 지은이 자신이 주장할 수 있는 것이 아니다. 수절하거나 장렬하게 죽은 여인들 가운데 시를 알고 예절을 익힌 사람이 본디 있을 수 있다. 어떤 사람은 학문을 했던 적도 없고 어떤 사람은 시골의 구불구불한 고샅 출신이기도 하며[79] 심지어 종살이하는 할머니이거나 팔려간 계집종인 경우도 있다. 올바르게 정절을 지키는 사람이나 효성스럽고 정의로운 사람은 모두 타고난 천성이 뛰어나다. 그렇다면 그들의 자질이 비록 옛사람에 부끄럽지 않다 하더라도 글은 문화인의 우아함[儒雅]을 기약하긴 어렵다. 이런 사람들의 전기를 볼 때마다 그들의 말을 서술하면서 『논어』나 『효경』에 뿌리를 두거나[80] 『모시』, 『예기』 「내칙」(內則)[81], 유향의 『열녀전』[82], 반소[曹昭]의 『여계』[誡][83]를 넘나드는 말이 그들 자신의 입에서 나온 것처럼 쓰고 있다.[84] 이것은 꾸민

---

79 『예기』 「단궁 상」은 이러하다. "이것은 저자거리의 예이다." 정현 주는 이러하다. "위(委)는 곡(曲)이다. 곡항(曲巷)은 더러운 골목을 말하는 것과 같다."

80 『논어』는 「시교 상」의 주73을 보라. 『효경』은 「경해 상」의 주29를 보라.

81 『한서』 「유림전」은 이러하다. "조나라 사람 모장은 『시』를 전수했는데 이것이 『모시』이다." 「내칙」은 『예기』의 편 이름이다. 공영달 소는 정현의 『목록』을 인용하여 이렇게 말한다. "「내칙」은 남녀가 집에 살면서 부모와 시부모를 섬기는 법도를 기록한 것이다. 여자들이 사는 규문 안에서 따라야 하는 몸가짐이 본받을 만하다고 해서 내칙이라고 한다."

82 『수서』 「경적지」 "잡전류"는 이러하다. "『열녀전』 열다섯 권은 유향이 지었고, 반소[曹大家]가 주를 달았다." 『한서』 「유향전」은 이러하다. "유향은 임금다운 왕의 가르침은 안에서 바깥으로 미치며 가까운 데서 시작한다고 생각했기 때문에 『시』와 『서』에 실린 훌륭한 왕비와 곧은 여자들 가운데 나라를 일으키고 집안을 드러내서 법도로 본받을 만한 사람 및 불길한 짓을 하고 총애를 받아 나라와 집안을 어지럽히고 망하게 한 여자들을 고르고 취한 뒤 『열녀전』 여덟 편을 순서대로 편집하여 천자가 경계하도록 했다."

83 『수서』 「경적지」 "유가류"는 이러하다. "반소[曹大家] 『여계』 한 권이다." 따로 「경해 하」의 주20에 상세하다.

84 『상서』 「진서」는 이러하다. "남의 뛰어남과 훌륭함은 스스로 입 밖으로 내는 것보다

것이라 할 수 있다. 그러나 지아비를 잘 도우려는 사람이 어찌 반드시 녹거(鹿車)나 홍안(鴻案)을 다 알아야 한단 말인가?[85] 아들을 잘 가르치려

자신이 마음속으로 좋아하는 것이 낫고 그래야 받아들일 수 있다." 『일체경음의』는 『창힐』(蒼頡)을 인용하여 이렇게 말한다. "불시(不啻)는 많다는 것이다."

85 『후한서』「열녀전」은 이러하다. "발해(勃海) 포선(鮑宣)의 아내는 환씨(桓氏)의 딸이며 자가 소군(少君)이다. 포선은 소군의 아버지에게 배운 적이 있는데 소군의 아버지는 그가 고생스럽지만 맑은 것을 기이하게 생각했기 때문에 딸을 시집보냈다. 시집갈 때 가지고 가는 혼수를 바리바리 싸 보내서 대단히 많았다. 포선은 불쾌하게 생각하여 아내에게 이렇게 말했다. '당신[少君]은 부유하고 교만하게 살아서 아름다운 장식에 익숙하겠지만 나는 사실 가난하고 신분이 낮으니 이런 예를 감당할 수 없소.' 아내는 이렇게 말했다. '아버님[大人]은 당신[先生]이 덕을 닦고 검약함을 지킨다고 해서 제[賤妾]게 당신을 모시고 세수하고 빗질하는 잔시중을 들라고 하셨고 이미 당신[君子]을 받들어 모시게 되었으니 명하시는 대로 따르오리다.' 포선은 웃으면서 이렇게 말했다. '이렇게 할 수 있다면 이것은 내 의지와 같다.' 아내는 그래서 옷시중이며 단장시키는 일을 모시는 사람들을 모두 돌려보내고 짧은 저고리와 치마로 갈아 입은 뒤 포선과 함께 자그마한 수레[鹿車]를 끌고 고향 마을로 돌아갔다. 시어머니에게 인사하는 예를 마치자 항아리를 들고 물을 길러 나갔으며 여자의 바른 길을 행하여 온 고을이 칭찬했다." 또한 『후한서』「일민전」(逸民傳)은 이러하다. "양홍(梁鴻)은 자가 백란(伯鸞)이며 부풍 평릉(平陵) 출신이다. 같은 현에 맹씨에게 딸이 있었다. 몸이 뚱뚱하고 못생겼으며 까무잡잡했는데, 힘은 돌절구를 드는 정도였다. 짝을 가려 시집가지 않고 있었는데 나이 서른이 되자 부모가 그 까닭을 물었다. 딸은 이렇게 말했다. '양홍처럼 훌륭한 사람을 얻고 싶습니다.' 양홍이 소문을 듣고서 그에게 청혼했다. 딸은 삼으로 만든 신을 만들고 광주리를 짜서 길쌈하는 도구를 모았다. 시집갈 때서야 비로소 꾸미고 집안에 들어갔다. 이레가 지나도 양홍은 대답하지 않았다. 아내는 그래서 침대 아래 무릎 꿇고 이렇게 청해서 말했다. '저는 서방님[夫子]이 높은 뜻을 가졌기 때문에 여러 명의 여자를 버리고 물리쳤다고 들었습니다. 저도 역시 여러 명의 사내를 거드름을 피우며 거만하게 대했습니다. 이제 선택되었는데 감히 죄를 청하지 않을 수 있겠습니까?' 양홍은 이렇게 말했다. '나는 나와 고락을 함께 할 사람을 바라는데, 함께 깊은 산속에 숨을 수 있는 사람이면 된다. 지금 그대가 무늬 있는 고운 비단옷을 입거나 분을 바르고 눈가를 진하게 칠하는 것이 어찌 양홍이 원하는 것이겠는가?' 아내는 이렇게 말했다. '이로써 그대의 의지를 살폈을 뿐입니다. 저는 본래 은거할 때 입는 옷을 가지고 있습니다.' 그래서 다시 북상투[椎髻]를 틀고 베옷을 입은 뒤 조종하며 앞장섰다. 양홍은 크게 기뻐하면서 이렇게 말했다. '이 사람은 진짜 양홍의 아내이다. 나를 받들 수 있겠다.' 그에게 덕요(德耀)라는 자를 지어 주고 맹광(孟光)이라고 이름 지었다. 잠깐 살다가 오나라 땅에 이르렀다. 큰 부자인 고백통(皐伯通)에게 기대어 곁채에서 살면서 남에게 절구질을 해준 품삯으로 살았다. 집에 돌아올 때마다 아내는 밥을 차리는데, 감히 양홍을 우러러 쳐다보지도 못하고 밥상을 들어 눈썹과 나란한 지경이었다. 고백통이 찬찬히 살펴보고 이상하게 여기고 이렇게 말했다. '저 일꾼은 자기 아내가 이토록 공

는 사람이 어찌 모두 화획(畫獲)이나 환웅(丸熊)을 잘 알고 있어야만 한단 말인가?[86] 문인들은 가슴 속에 그림을 다 그려놓은 뒤[87] 비로소 여자의 덕[閨修]을 기록한다.[88] 그렇게 지은 글들은 모두 목판을 새겨 찍어내는 그림처럼 똑같다. 글을 꾸미긴 했지만 사실을 잃어 버렸으니 어찌 소박한 대로 진짜 모습을 전할 수 있겠는가? 이로써 헤아려볼 때 유명한 장군은 하찮은 병사에서 일어나며 정의로운 협객은 평범한 동네에서 치고 박으며 큰다.[89] 그들의 말이 경생과 같을 필요는 없지만 기록과 서술은 완곡하지만 닮게 만드는 일이 소중하다. 그러나 요즘 세상의 지은이 가운데 이에 대해 그다지 깊이 생각해보는 사람이 많은 것 같지 않다. 이것을 배우가 연극하는 것이라 한다.[90] 배우가 노래할 때는 설령 농사꾼

경하도록 할 수 있으니 보통 사람이 아니다.' 그래서 장차 집안에서 살게 했다."

86 『송사』「구양수전」은 이러하다. "구양수는 네 살에 아버지를 여의었지만 어머니 정씨는 절개를 지키기로 스스로 맹세하고 몸소 그에게 학문을 가르쳤다. 집안이 가난하여 갈대로 땅에 그려서 글씨를 배우는 지경이었다." 『신당서』「유중영전」(柳仲郢傳)은 이러하다. "유중영은 자가 유몽(諭蒙)인데, 어머니 한씨가 아들을 잘 가르쳤다. 유중영은 어려서 학문을 좋아했는데 곰쓸개를 환약으로 만들어 밤에 씹어 먹으면서 부지런히 공부하는 것을 돕게 했다."

87 소식「화죽기」(畫竹記)는 문동[文與可]의 말을 기술하고 있다. "대나무를 그릴 때는 반드시 마음속에 이미 완성된 대나무를 얻어야 한다. 그런 뒤에 붓을 들고 꼼꼼히 살펴보면 바로 자기가 그리고자 하는 것이 보인다. 급히 시작하여 그것을 따라 붓을 떨치면 바로 완성된다. 자기가 본 것을 뒤좇는 것은 토끼가 튀어 오르면 송골매가 내리꽂는 것처럼 잠깐 내버려 두면 지나가 버린다."(『동파전집』 권32) 조충지(晁沖之)「증양극일학문여가화죽구시」(贈楊克一學文與可畫竹求詩)는 이러하다. "문동이 대나무를 그릴 때 마음속에 이미 완성된 대나무가 있었네."

88 『이아』「석궁」(釋宮)은 이러하다. "궁중의 문 가운데 작은 것을 규(閨)라고 한다." 『이소』는 이러하다. "아! 나는 선현들을 본받고 세속에 복종하지 않으려 하네!" 『문선오신주』는 이렇게 말한다. "전수(前脩)는 앞 시대에 도와 덕을 닦고 익힌 사람을 말한다." 규수(閨修)는 덕성이 있는 여자를 말한다.

89 『주례』「지관」 "소사도"(小司徒)는 이러하다. "다섯 사람을 오(伍)로 하고 다섯 오를 양(兩)으로 하며 네 양을 졸(卒)로 하고 다섯 졸을 여(旅)로 하며 다섯 여를 사(師)로 하고 다섯 사를 군(軍)으로 한다." 장형「서경부」는 이러하다. "마을을 어슬렁거리며 돌아다니네." 설종 주는 이러하다. "여(閭)는 마을 문이다. 염(閻)은 마을 안의 문이다."

90 『춘추좌전』「양공 6년」의 주는 이러하다. "우(優)는 희롱한다는 뜻이다." 『국어』「주어」의 주는 이러하다. "영(伶)은 음악을 맡은 벼슬이다." 우령(優伶)은 배우를 가리킨

이나 하찮은 구실아치라 할지라도 입만 벌리면 음정을 맞출[葉宮商] 수 있기 때문이다.[91] 이것을 놀이[戲]라 한다. 그러나 전기를 기록하는 사람은 그것을 따라 본받는다. 이것도 문인의 일반적인 폐단이다.

아홉째, 옛사람은 글을 완성한 뒤 짓는 법을 세웠지 정해진 격식이 있었던 적은 없다. 어떤 사람의 전기를 쓸 때는 사람 됨됨이를 사실대로 쓰고 사실을 서술할 때는 사실대로 쓰면 된다. 정해지지 않은 가운데 일정한 법도가 있는 것이다. 그런 의도를 아는 사람은 아침부터 저녁까지 그런 것을 만날 것이다.[92] 그런 의도를 모르는 사람은 겉모습만 베끼지 정신을 닮게 하지는 못한다. 나는 예전에 이미 죽은 화주의 급사(給事) 「성성지전」(成性志傳)을 지은 적이 있다.[93] 성성은 상부에 글을 올려 주장했던 일로 유명했다. 그래서 그가 아뢰고 의논한 기록을 수집하여 기록했다.[94] 그러나 성성은 어렸을 때 난리를 만나서 온 집안이 피해를 입었기 때문에[95] 부모님을 추도하는 문사가 글마다 나타났다. 그리고 「맹성」(猛省)이라는 글은 더욱 침통하여 효도가 무엇인지 가르칠 만했기 때문에 글을 처음부터 끝까지 전부 기록했다. 그와 같은 고향 사람 가운데 이름을 대면 알 만한 사람이 내 글을 높이 평가하며 이렇게 말했다. "앞에 많은 상주문[奏章]을 기록했지만 「맹성」만한 글이 없더군요. 배가 앞으로 나아가는데 이물은 무겁고 고물은 가벼운 것에 비길 수 있겠습니다.[96]

다. 극(劇)은 희(戲)이다.

91 『광아』「석고」는 이러하다. "시(矢)는 직(直)이다." 『법언』「오백」(五百)은 이러하다. "성인은 올바른 말만 한다." 협(叶)은 협(協)과 같으며 부합한다는[合] 말이다.

92 『장자』「제물론」은 이러하다. "상상할 수 없는 영원한 세월이 지난 뒤라도 그 풀이를 아는 위대한 성인을 만난다면 이것은 아침저녁처럼 짧은 시간에 만난 것과 같을 것이오."

93 성성은 자가 아존(我存)이며 화주 출신이다. 「성성지전」은 가업당본 『장씨유서』「외편」 권18 『화주지』를 보라.

94 「성성지전」에는 정성공(鄭成功)의 형세 등 여덟 편의 상주문을 서술하고 있다.

95 명나라 숭정 을해년[乙亥]에 "떠돌이 도적떼"[流寇]가 화주를 함락했을 때, 성성의 온 집안이 피해를 입은 일은 「성성지전」을 보라.

96 『회남자』「본경훈」은 이러하다. "용을 아로새긴 배와 익조[鷁]를 이물에 그린 배를

이제 이렇게 끝맺고 보니[97] 글들을 잘 배치했다고 할 만합니다." 나는 짐짓 장난스럽게 이렇게 따져 물었다. "만약 성성에게 본래 이런 글이 없었다고 하면 배가 끝까지 잘 나아갈 수 있었겠습니까?" 글방 선생들[塾師]이 사서(四書)의 글귀 뜻을 강의한 것을 시문이라 부른다.[98] 여기에는 과거 시험의 정해진 방식에 꼭 맞아야만 하는 법도가 있다. 그러나 법도는 허투루 말하기 어렵기 때문에 자주 비유를 가져다 학생들[蒙學]에게 제시하곤 한다. 이들은 집에 비유해서 칸을 이루는 뼈대와 구조를 말하기도 하고 몸에 비유해서 눈썹과 눈, 힘줄과 관절을 말하기도 한다. 그림에 비유해서 화룡점정이나 뺨에 세 가닥 터럭을 더 그려 넣은 것을 말하기도 하고[99] 풍수[形家]에 비유해서 산줄기[來龍]와 혈이 맺힌 자리[結穴]를 말하기도 한다.[100] 이렇게 때에 따라 비유를 취한다.[101] 그러나 막 배우기

타고 악기를 연주하며 물에 떠서 즐기는데 이것은 물에서 제멋대로 노는 것이다." 고유 주는 이러하다. "익은 큰 새이다. 그 모양을 그려서 이물에 붙이기 때문에 익수(鷁首)라고 한다." 『옥편』은 이러하다. "타(舵)는 배를 바로잡는 나무이다."

97 소식 『구지필기』(仇池筆記)는 이러하다. "소악(蘇鶚)은 이렇게 말했다. '술잔을 쭉 돌리는 것이 남미(婪尾)이고 남미(藍尾)라고도 한다. 후백(侯白) 「주율」(酒律)은 술잔을 쭉 돌릴 때 끝에 앉은 사람이 연거푸 세 잔을 마시는데 남미주(婪尾酒)라고 했다."

98 『사고전서총목제요』 「사서류서」(四書類序)는 이러하다. "『논어』와 『맹자』는 예전에 각각 단행본이었고 『대학』과 『중용』은 예전에 『예기』의 두 편이었다. 그것을 사서로 엮은 것은 송나라 순희 연간부터 시작되었다. 그것을 법령[令甲]으로 내건 일은 원나라 연우 연간 과거 시험을 회복시킬 때부터 시작되었다. 옛날에는 이 이름이 없었다." 또한 『논어후안』[後案]은 이렇게 말한다. "나는 이렇게 생각한다. 사서를 써서 원나라 연우 연간부터 선비를 취했지만 이치와 도를 드러내 밝히는 책이 결국 점점 과거 시험 합격을 낚아채는 길이 되었다. 명나라 영락 연간에 와서 『사서대전』이 나오고 지름길이 열리자, 팔고문[八比]이 성행하고 세속적인 학문이 불길처럼 일어나, 과거 시험의 글은 이름이 경의(經義)를 떨쳐 드러냈다 하더라도 내용이 주의(註意)를 떨쳐 드러낸 것이지 경의가 어떤지 묻지 않았다. 설령 이른바 주의를 그다지 이치를 연구하지 않았다 하더라도 허자(虛字)의 느낌을 헤아리고 짐작해서 글을 지을 때 본뜰 것을 대비하면 결코 주의가 어떤 것인지 묻지 않았다." 이것은 시문의 폐단을 대략 엿볼 수 있다.

99 앞의 주72와 주76을 보라.

100 『한서』 「예문지」 "수술략"의 「형법서」(形法序)는 이러하다. "형법이라는 것은 구주의 형세를 크게 열거하여 성곽과 건물[室舍]을 세우고 사람 및 육축의 생김새 골상 판별법[骨法]의 도수, 기물의 생김새를 형상화해서 그들의 소리와 기운이 귀한지 천

시작한 사람들을 위해 법도를 보여주는 일에도 본래 어쩔 수 없는 측면이 있기 때문에 꾸지람할 수만 없다. 다만 시문 짓기가 버릇이 되어 깊숙이 굳어진다면, 나아가 어떤 고대 서적이나 고문을 보더라도 모두 시문에서 배운 견해대로 볼 것이고 손을 움직여 글을 쓸 때마다 글방 선생이 자신에게 가르쳐준 논의만 움켜쥐고 있을 것이다. 그렇다면 이것은 마치 장기판 위에서 말을 펼치고 에워싸는 일처럼 틀림없이 맞아 떨어지지 않을 것이다. 이것은 우물 안 개구리가 천문을 살피는 것이라 부른다.[102] 이것도 문인의 일반적인 폐단이다.

열째, 시문은 평가하고 가려 뽑을 수 있지만 고문은 경세의 사업이기 때문에 평가하고 가려 뽑을 수 없다. 앞 시대 사람이 고문을 평가하고 가려 뽑은 일이 있다. 그런 일이 글을 가지고 글을 논한 것이라면 괜찮다. 그러나 평가하고 가려 뽑은 사람이 고문을 깊이 아는 사람이 아닌 경우가 많다. 옛사람의 책이 지금 완전하게 전해지지 않은 상황이라면 그의 글은 역사서의 「전」에 있게 마련이다. 평가하고 가려 뽑는 사람은 역사서의 「전」에 따라 수집하고 기록하는 경우가 많다. 그러나 역사서에서 「전」의 형식은 원문을 생략하고 일부를 따서 인용함으로써 필요 없는 것을 정리하고 수정하는 경우가 잦기 때문에[103] 역사서의 형식은 원문을 온전하게 모두 갖추고 있는 것이 아니다. 평가하고 가려 뽑은 사람

한지, 길한지 흉한지 탐구한다." 이것은 후세에 풍수지리[形家]의 근본이 되었다. 산의 혈맥을 용이라고 하고 무덤을 혈이라고 하는 것은 그들의 술어이다.

101 가업당본 『장씨유서』에 따르면 이것 다음에 "변변치 못한 버릇이 풍습이 되다"라는 글자가 있다.

102 『군서치요』는 『시자』(尸子) 「광」(廣)편을 인용하고 있다. "우물 속에서 별을 보면 보이는 것은 별 몇 개에 지나지 않지만 언덕 위에서 바라보면 처음에 나오는 것도 보이고 들어가는 것도 보이는 것은 눈이 더 밝아졌기 때문이 아니라 형세가 그런 것이다."

103 도지개[隱括]는 「신정」의 주8을 보라. 『사기』 「사마상여열전」은 이러하다. "무시공(無是公)이 상림을 말한 것 및 자허가 운몽을 말한 것은 가지고 있는 것이 대단히 많기 때문에 그 요점을 깎아서 취한다." 이것은 역사서가 원문을 깎아서 요약한 사례의 하나이다.

이 그렇게 된 이유를 살피지 못하면 원문이 본래 이렇다고 오해하여 다시 그대로 좇아 설명하게 된다. 글을 이끌어내는 실마리도 갖추지 않고 중간을 뚝 잘라 일으킨 것을 글의 시작이 기이하다고 과장해서 추켜세우기도 한다.[104] 나머지 글을 잘라내고 곧바로 정전에 집어넣은 것을 글의 마무리가 우뚝 솟은 산과 같다고 뻐기기도 한다. 그래서 기이한 것을 좋아하고 판단력이 모자란 사람은 도리어 서로 감탄하고 칭찬하며 일부러 뒤따라 베끼기도 한다. 이것은 "아들을 구하려는 것이 아니라 포를 아끼고 있소"라는 『춘추좌전』의 말과 거의 같다.[105] 과거의 명나라 중엽 이후부터 정서도 이치도 맞지 않으면서 고문을 짓는 일을 자신의 사명으로 생각하는 사람들은 글을 지을 때 어디서부터 온 것인지도 모르고 글을 맺을 때 어디로 가야하는지도 몰랐다. 오로지 이렇게 해야만 사람들이 생각하고 논의하는 범위를 벗어나서 기이하고 특별하다고 뽐낼 수 있기 때문에 평탄하고 넓은 길에 가시풀이 자라게 되었고 문장을 귀신처럼 변화시키려고 힘쓰게 되었다. 갑작스레 왔다가 갑작스레 멈추는[106] 이런 모습이 어찌 없었던 적이 있던가? 어찌 기이하고 특별하지 않았던 적이 있던가? 그러나 험하게 솟은 산의 바위나 물의 파도는 기운이 쌓이고 기세가 왕성해지면 저절로 그렇게 표현되기 마련이다. 꼭 그렇게 만들어서 이루겠다는 이치는 없다. 문인이 기이한 것을 좋아하면 미혹되기 쉽다. 이것은 조나라 서울 한단에서 걷는 법을 잘못 배운 것이라 부른

---

104 발인(發軔)은 시작을 가리킨다. 「변사」의 주7을 보라. 『한서』 「추양전」은 이러하다. "바퀴처럼 둥글게 말려서 구불구불 휘감겨 있다." 주는 이러하다. "이기(離奇)는 구불구불하게 휘감긴 모양이다."

105 「힐루」의 주2에 인용한 『춘추좌전』을 보라. 왕병은 『교기』는 이렇게 말한다. "멱(覓)은 『춘추좌전』을 좇아서 애(愛)라고 해야만 한다." 검본[黔刻本]에 따라서 "애"(愛)라고 바로잡았다.

106 『후한서』 「두융전」 주는 이러하다. "두(斗)는 뛰어나게 훌륭하다는 뜻이다." 『상서』 「익직」은 이러하다. "명구(鳴球)를 두드려 치다." 알(戛)은 격(擊)이다. 알연(戛然)은 돌연(突然)과 같다. 고대에 음악을 연주할 때 축어(柷敔, 모습은 엎드린 짐승과 같다)를 한 번 치면 모든 음악이 갑자기 멈춘다.

다.[107] 이것도 문인의 일반적인 폐단이다.

107 『장자』「추수」는 이러하다. "저 수릉(壽陵)의 젊은이가 한단에서 걸음걸이를 배웠다는 이야기를 자네 혼자만 듣지 못한 것인가? 그는 미처 조나라의 걸음걸이를 배우지 못하고 또한 예전 걸음걸이마저 잃어버리는 바람에 곧장 기어서 돌아올 수밖에 없었지." 수릉은 연나라의 고을이다. 여자(餘子)는 아직 어른이 되지 않은 사내아이이다. 학행(學行)은 걷는 방법을 배운다는 뜻이다. 한단은 조나라 서울이다. 국능(國能)은 조나라 걷는 방법에 능숙한 사람이다. 고행(故行)은 예전에 걷는 방법이다.

절동학술(浙東學術)[1]

절동의 학문은 비록 주희[婺源]에게서 나온 것이다.[2] 원섭, 원숙, 원보[三袁] 같은 사람들 때부터 강서(江西)의 육구연[陸氏]을 받드는 사람이 많아졌지만[3] 경에 통달하고 고대의 이상에 동감했지 결코 허투루 사람의 덕성에 대해 말하지 않았다. 그러므로 주희의 가르침에 어긋나지 않았다. 왕양명 선생[陽明王子]이 맹자의 양지를 밝히면서[4] 다시 주희와 모순

1 절동(浙東)은 절강의 동부, 예전의 영파부, 소흥부, 태주부, 금화부, 엄주부, 구주부[衢], 처주부[處], 온주부 여덟 부의 땅이다. 절동의 학술은 일반적으로 금화 출신 여조겸이 중원의 문헌을 전하면서 근본 바탕을 다스리는 방법을 분명하게 강의하게 되었다. 영가(永嘉) 출신 진부량(陳傅良)이 큰 법도가 되는 제도와 다스리는 방법을 토론하고 섭적이 세상을 다스려 쓰임새를 구제한다고[經世濟用] 자부했다. 영강(永康) 출신 진량(陳亮)은 나라가 시작하고 끝나는 방법과 계략을 파고들어 세웠다. 이들은 모두 절동 출신이며, 주희나 육구연이 성리를 강의하는 것과 달라서 절동학파라고 부른다. 장학성은 절동 학술을 논하면서 이상 여러 사람을 언급하지 않았다. 장학성이 학문을 논한 것에 의거하면 "성명을 말하는 사람은 반드시 역사서에서 파고들어야" 하기 때문에 절동은 전문가를 소중하게 여기고 천인성명을 잘 말하고 인사에 절실하다고 말할 수 있다. 사학이 세상을 다스리는 근거는 헛된 말로 저술하

는 것이 아니고 으뜸으로 삼는 것이 없어서도 안 되고 또한 문호가 있어서도 안 된다. 이미 천인성명을 잘 말하고자 한기 때문에 여조겸 이하 여러 사람이 세상을 다스려서 쓸모를 이뤄줘야 한다는 말을 취하지 않았고 주희와 육구연이 성리를 말하는 것에서 취한 것이 있다. 다만 반드시 역사서에서 파고드는 것이 주희나 육구연과 다르기 때문에 또 다른 학파인 것이다. 근원을 헤아리면 육구연이고, 내려오면 왕수인, 유종주(劉宗周), 황종희, 만사대와 만사동 형제 및 전조망에게 이른다. 육구연, 왕수인, 유종주는 모두 성명을 말하고 황종희, 만사대와 만사동 형제, 전조망에 이르러 역사를 연구하게 되었다. 왕수인이 말한 "육경은 모두 사이다"라는 말에 이미 역사서에서 파고들려는 의도가 있다. 이것은 또 다른 일파의 절동 학술이다. 무창 가씨 초본 『경신잡정』(庚申雜訂)에 「절동학술」편이 있는 것을 근거로 하면 가경 5년, 장학성의 당시 나이 예순셋에 지은 것이다. 아마 장학성 자신의 늘그막 정론일 것이다.

역주_ **절동**은 절강의 동부 지역을 가리키며 송나라 때 양절동로(兩浙東路)에서 나온 말이다.

2 무원은 현재 안휘성에 있는데, 주희는 무원 출신이다. 절동의 학문이 비록 무원에서 나왔지만, 전조망 「목종학안」(木鍾學案) 「서록」(序錄)은 이러하다. "영가는 주자학이고 섭미도[葉文修公]와 진식[潛室]에게서 시작되었다. 섭미도의 책은 상고할 수 없지만 『목종집』(木鍾集)이 아직 남아 있다."(『송원학안』(宋元學案) 권65) 섭미도(葉味道)는 자가 지도(知道)이고 온주 출신이며 주희[文公]를 스승으로 섬겼다. 진식(陳埴)은 자가 기지(器之)이며 영가 출신이다. 어려서 섭적[水心]을 스승으로 삼았다가 나중에 주희를 좇아 배웠다. 진식이 제자의 물음에 대답한 것을 모아서 『목종집』이라는 이름을 붙였다. 아마 스승의 학설을 묵수할 수 있는 사람일 것이다. 나는 이렇게 생각한다. 이것은 절동의 학문이 주희에게서 나왔고 왕수인부터 황종희에 이르는 일파가 아니라는 말이다.

3 『송사』 「원섭전」(袁燮傳)은 이러하다. "원섭은 자가 화숙(和叔)이며 은현 출신이다. 어려서 『후한서』[東都] 「당고전」을 읽고 분발하여 명예와 절개를 지키기로 스스로 마음먹었다. 태학에 들어가 진사 시험에 합격하고 강음 위(江陰尉)에 제수되었다. 영종이 즉위하자 태학정(太學正)으로 불렀다. 직강학사(直講學士)로 승진했다가 봉사(奉祠)로 있을 때 죽었다. 애초에 원섭이 태학에 들어갈 때 육구령이 학록이었다. 육구령의 아우 육구연을 만난 뒤 본심의 뜻을 깨닫자 바로 스승으로 섬겼다. 늘 인심과 천지가 한 뿌리이니 정밀한 마음으로 그것을 얻고 항상 조심스럽게 그것을 지키면 천지와 서로 비슷해진다고 말했다. 학자들이 혈재 선생(絜齋先生)이라고 불렀다. 시호는 정헌(正憲)이다." 『송원학안』 권75는 이러하다. "원숙(袁肅)은 혈재의 아들이다.(호는 진재(晉齋)이고 경원 5년 진사가 되어 벼슬이 소경(少卿)에 이르렀다) 신안에서 광평(廣平, 서린(舒璘)이다)을 좇았고 그 뒤에 세상에 이름이 알려졌다. 원보(袁甫)는 자가 광미(廣微)이며 혈재의 아들이다. 가정 7년 진사에 일등으로 합격했고 벼슬이 권병부상서(權兵部尙書)까지 높아졌다가 죽었는데 시호는 정숙(正肅)이다. 어려서 아버지의 가르침을 잊지 않고 간직했으며 또한 자호(慈湖, 양간(楊簡)이다)를 좇아 학문을 배웠다. 나는 풀과 나무가 싹이 트는 것을 살피고 새들이 서로 지저귀는 것을 들으면 내 마음과 꼭 맞아떨어진다고 스스로 말했다. 지은 책에 『몽재중용

을 일으키게 되었다.[5] 즙산 유종주[劉氏]는 양지에 뿌리를 두고 신독(愼獨)

강의』(蒙齋中庸講義) 네 권이 있는데 밝힌 것 가운데 육구연의 종지가 많다."

4 「박약 하」의 주2를 보라. 『왕양명연보』는 이러하다. "무종 지덕 3년 봄 용장(龍場)에 이르렀다. 용장은 귀주 서북쪽 수많은 산이 빽빽한 가운데 있기 때문에 큰 뱀이며 작은 뱀, 도깨비 따위나 독충과 열병 따위가 있었다. 함께 사는 이민족들은 말이 달랐다. 말이 통하는 사람은 모두 중원에서 망명한 사람들이었다. 예전에는 집이 없었기 때문에 그들에게 흙벽돌을 찍고 나무를 얽게 해서 살았다. 유근에 대한 원한이 가시지 않았으나 성공과 실패, 영예와 치욕을 스스로 헤아려보고 모두 벗어날 수 있었기 때문에 오로지 죽고 사는 한 가지 생각만 여전히 없애지 못하고 있음을 깨달았다. 그래서 돌로 널을 만들어 스스로 이렇게 맹세했다. '나는 오로지 하늘의 명령만 기다릴 뿐이다.' 밤낮으로 단정하게 앉아서 맑게 침묵하면서 고요하고 전일한 상태[靜一]를 찾았다. 그렇게 오래 있으니 가슴 속이 시원하고 개운해졌다. 그리고 좇아온 하인들이 모두 병이 들자 스스로 장작을 패고 물을 길어다 미음을 쑤어 먹였다. 성인이 이런 지경에 처하면 다시 어떤 도가 있을까 늘 생각했기 때문에 어느 날 이슥한 밤에 격물치지의 뜻을 크게 깨우쳤다. 깨지도 잠들지도 않은 상태에서 어떤 사람이 그에게 마을 하는데 소리치며 뛰어오른 것도 깨닫지 못한 바람에 하인들이 모두 놀랐다. 비로소 성인과 현인의 도가 내 본성에 본래 충분하며, 과거에 사물에서 이치를 찾으려던 것은 잘못이라는 것을 알았다. 그래서 오경의 말을 입 밖으로 내지 않고 마음으로만 기억하여 그것을 증명했는데 들어맞지 않는 것이 없었다." 왕수인은 이렇게 말한 적이 있다. "나는 양지(良知)라는 이 학설을 천백번 죽을 고비에서 얻은 것이라서 남들에게 한 마디 말로 남김없이 말해줄 수가 없다. 다만 학자들이 그것을 쉽게 얻어서 일종의 재미있는 장면처럼 가지고 놀고, 착실하게 힘껏 공부하지 않는 탓을 이 양지에 지울까 두려울 뿐이다!"

5 왕수인이 주희와 가장 부합하지 않는 점은 격물치지의 학설에 있다. 왕수인 「답고동초린서」(答顧東樵璘書)는 이렇게 말한다. "주희의 이른바 격물이라고 하는 것은 그래서 내 마음으로 모든 사물 하나하나에서 이치를 찾는 것이니, 효자의 부모에게 효자의 이치를 구한다는 말과 같다. 효성스러움의 이치를 찾는 것은 과연 내 마음에 있는 것인가? 아니면 과연 부모의 몸에 있는 것인가? 만약 과연 부모의 몸에 있다고 한다면, 부모님이 돌아가신 뒤에 내 마음은 결국 효성스러움의 이치가 없는 것인가? 어린애가 우물에 들어가는 것을 보면 틀림없이 측은의 이치가 생기게 된다. 그렇다면 측은의 이치는 과연 어린애의 몸에 있는 것인가? 아니면 내 몸의 양지에 있는 것인가? 이것으로 사례를 들면 모든 일과 모든 사물의 이치는 모두 그렇지 않은 것이 없다. 그래서 마음과 이치를 쪼개서 둘이라고 하는 것이 틀렸다는 것을 알 수 있다. 내가 말하는 치지와 격물 같은 것은 모든 사물 하나하나에 대해 내 마음의 양지를 실현한다. 내 마음의 양지는 다름 아니라 이른바 천리(天理)이다. 모든 사물 하나하나에 내 마음의 천리를 실현한다면 모든 사물 하나하나는 모두 그 이치를 얻는다. 그러므로 내 마음의 양지를 실현하는 것이 치지라고 말하는 것이다. 모든 사물 하나하나가 모두 그 이치를 얻은 것이 격물이다. 그래서 마음과 이치를 합쳐서 하나가 되는 것이다."(『왕양명연보』에서 인용)

의 뜻을 밝혔다.[6] 유종주의 주장은 주희와 맞지 않았으나 주희를 나무라지도 않았다. 이주 황종희[黃氏][7]는 즙산 유종주의 문하에서 나왔으며 만

---

6 유종주는 자가 기동(起東), 호가 염대(念臺)이며 명나라 산음 출신이다. 만력 연간 진사에 합격했으며 천계 연간 초에 예부 주사가 되고 우통정(右通政)을 역임했다. 환관 위충현과 객씨(客氏)를 탄핵했다가 호적에서 삭제되어 평민이 되었다. 숭정 2년 순천부윤(順天府尹)으로 기용되었다. 황제가 직접 정치 사건에 간여하는 옥사[詔獄]을 없애고 새로운 군비 지출[新餉]을 없앨 것을 청했으나 숭정제는 관심을 표하지 않았고 병을 핑계로 귀향한다. 숭정 15년 다시 기용되어 이부 좌시랑에 제수되어 좌도어사에 발탁되었으나, 강채(姜埰)와 웅개원(熊開元)을 구명하는 일을 논했다가 황제의 노여움을 사서 다시 관직에서 삭제되었다. 홍광제(弘光帝)가 즉위한 뒤 원래 벼슬로 기용되었고 상소를 올려 마사영(馬士英)을 탄핵하고 완대성(阮大鋮)의 기용을 막으려 했으나 받아들여지지 않자 사직하고 고향으로 돌아왔다. 항주가 함락되자 곡기를 끊고 죽으니 나이 예순여덟이다. 저술에 『고역초의』(古易鈔義), 『성학종요』(聖學宗要), 『학언』(學言), 『인보』(人譜), 『문집』 등이 있다. 증인서원(證人書院)을 짓고 즙산(蕺山)에서 학문을 강의한 적이 있기 때문에 학자들은 그것에 의거하여 즙산 선생(蕺山先生)이라 부른다. (『명사』 「유종주전」) 유종주의 학문은 신독을 으뜸으로 한다. 이렇게 말한 적이 있다. "군자의 학문은 신독뿐이다. 일이 없는데 여기서 신독하는 것이 바로 존양(存養)의 요점이다. 일이 있는데 여기서 신독하는 것이 바로 성찰(省察)의 공부이다. 독(獨) 이외에 이치는 없으니 이것을 곰곰이 생각하는 것이 궁리(窮理)이며 책을 읽어서 몸소 증험한다. 독 이외에 몸이 없으니 이것을 닦는 것이 수신이며 말과 행실로 직접 실천한다. 사실 똑같은 일일 뿐이다. 이것에 대해 아는 것을 복성(復性)의 학문이라 한다."(『내학문답』(來學問答) 「답문인」(答門人)) "독 이외에 이치는 없다"는 주희가 모든 사물 하나하나에서 이치를 구한다는 것과 부합하지는 않지만, 다만 주희를 흉보지 않았다.

7 『청사열전』 「유림전 하」 1은 이러하다. "황종희(黃宗羲)는 자가 태충(太沖)이며 절강 여요 출신이다. 열네 살에 제생이 되었다. 유종주를 좇아 배웠다. 복왕 때 황죽포(黃竹浦)의 젊은이 수백 명을 규합해서 장강 유역에서 여러 군대를 따랐는데 당시 세충영(世忠營)이라고 불렀다. 청나라 군대가 절강을 평정한 뒤, 황종희는 몰래 집에 돌아와 결국 고향에서 어머니를 모시고 저술에 힘썼다. 이왕 이렇게 되자 학업을 청하는 사람이 나날이 찾아왔다. 그래서 절강[越中]에 증인서원의 모임을 다시 시작하여 유종주의 실마리를 펼쳤다. 황종희의 학문은 비록 유종주에게서 나왔지만 심성을 함부로 말하지 않았다. 학자를 가르칠 때 경을 말하면 한나라 때 유학자를 으뜸으로 삼았고 세상에서 떳떳한 자리를 세우는 일은 송학을 으뜸으로 삼았다. 늘 명나라 때 사람들의 강학은 어록의 찌꺼기를 그대로 이어받았고 육경을 근본으로 삼지 않았으며 책을 묶어놓고 허황된 이야기에 매달려 일삼았기 때문에 더욱 세상에 유행하는 나쁜 풍속이 무성하다고 말했다. 그러므로 학자는 반드시 먼저 경을 깊이 연구해야 한다. 그러나 경학[經術]에 사로잡히면 쓰임에 적용하지 않게 되지만, 세상 물정에 어두운 유학자라는 꾸짖음을 피하고자 한다면 반드시 겸해서 역사서를 읽어야 한다. 또한 "글을 읽은 것이 많지 않으면 이런 이치의 변화를 증명할 근거가 없다. 글

사대와 만사동 형제의 경학과 사학을 열어주었다.[8] 거기서 전조망[全氏祖望][9] 등에 이르기까지 여전히 그런 의도를 남겼고 육구연을 받들지만 주

을 많이 읽었지만 마음에서 찾지 않으면 세속적인 학문"이라고 말했다. 그러므로 고금을 오르락내리락 하고 모든 주장들을 파고들어 천관(天官), 지지(地志), 구류, 제자백가의 가르침부터 정밀하게 연구하지 않은 것이 없었다. 저술에 『역학상수론』(易學象數論) 여섯 권, 『율려신의』(律呂新義) 두 권, 『명사안』(明史案) 이백마흔네 권, 『명유학안』(明儒學案) 예순두 권이 있고, 또한 『송유학안』(宋儒學案)과 『원유학안』(元儒學案)을 모아서 칠백 년 동안 유학의 원류를 기록했다. 『명문해』(明文海) 사백여든두 권, 『남뢰문정』(南雷文定) 열한 권, 『문약』(文約) 네 권이 있다. 강희 34년 죽었고 나이는 여든여섯이다."

8 『청사열전』「유림전 하」1은 이러하다. "만사대는 자가 광종(光宗)이며 절강 은현 출신이다. 아버지 만태[泰]는 시를 잘 짓고 아울러 역사 사실을 잘 알았다. 경학과 사학을 여러 아들에게 나누어 전수하고 황종희를 좇아 배우게 하여 각자 일가를 이루게 했다. 만사대는 경을 연구했는데 여러 경에 통달하지 못하면 경 하나도 통할 수 없고, 전과 주의 잘못을 깨닫지 못하면 경에 통달할 수 없으며, 경으로 경을 풀이하지 않으면 역시 전과 주의 잘못을 깨달을 근거가 없다고 생각했다. 그의 학문은 특히 『춘추』와 세 가지 『예』에 정밀했다. 저서에는 『학춘추수필』(學春秋隨筆) 열 권, 『학례질의』(學禮質疑) 두 권, 『의례상』(儀禮商) 세 권, 『예기우전』(禮記偶箋) 세 권, 『주관변비』(周官辨非) 두 권이 있다. 강희 22년 죽었는데 나이 쉰하나이다. 만사동은 자가 계야(季野)이며 태어날 때부터 이상하리만치 영민했다. 나이 열너덧이 되었을 때 집안에 소장한 책을 두루 읽었는데, 대략적인 뜻은 모두 얻었다. 황종희를 좇아 유종주[蕺山劉氏]의 학문을 얻어 들었고 신독을 위주로 했다. 여러 역사서에 널리 통했고, 명나라 때 장고에 더욱 익숙해서 명나라가 건국한 이후부터 남명 당왕[唐]과 계왕[桂]에 이르기까지 공신, 장군과 재상, 국내외 여러 대신의 「연표」를 지어 골라 선택할 일을 준비했다. 강희 17년 박학홍사과에 천거되었으나 사양하고 가지 않았다. 『명사』를 편찬하라고 황제가 명령했을 때, 대학사 서원문(徐元文)이 총재가 되어서 만사동을 館局에 천거해 넣으려고 했는데 만사동은 다시 사양했다. 그러자 자기 집으로 초빙해서 간행하여 편찬하는 일을 맡겼다. 서원문이 파직되고 그를 이은 사람인 대학사 장옥서(張玉書)와 진정경(陳廷敬), 상서 왕홍서(王鴻緖)도 모두 그를 초빙했다. 건륭 초 대학사 장정옥(張廷玉) 등이 황제의 명령을 받들어 『명사』를 간행해서 정할 때, 왕홍서의 원고에 의거해서 보태거나 덜었다. 왕홍서의 원고는 사실 만사동의 손에서 나왔다. 만사동은 성품이 명예와 이익을 즐기지 않고 사람을 만날 때마다 오로지 책을 읽으라고 권하고 명예와 절개를 간절하게 권했다. 강희 41년에 죽었는데 나이 예순이다. 저서에는 『역대사표』(歷代史表) 예순 권, 『유림종파』(儒林宗派) 여덟 권, 『기원휘고』(紀元彙考) 네 권, 『송계충의록』(宋季忠義錄) 열여섯 권, 『군서의변』(群書疑辨) 열두 권, 『석원시문집』(石園詩文集) 스무 권 등의 책이 있다."

9 『청사열전』「유림전 하」1은 이러하다. "전조망은 자가 소의(紹衣)이며 절강 은현 출신이다. 건륭 원년 진사가 되었다가 한림원 서길사로 고쳤다. 건륭 2년 산관(散館)한 뒤 지사(知事)로 기용되었으나 결국 고향에 돌아와 다시 벼슬길에 나가지 않았다.

희에 어긋나지도 않았다. 오직 서하(西河) 모기령[毛氏][10]만 양지의 학문을 밝혀 제법 얻은 것이 있었다. 그러나 문호의 편견을 가지고 주희를 지나치게 공격했기 때문에 비록 같은 절동 출신이라 해도 그다지 그의 주장이 옳다고 생각하지 않는다.[11]

요즘 사람들은 정림 고염무[顧亭林氏]를 청나라 이후 유학자 가운데 으뜸이라고 떠받든다. 그래서 자연스럽게 절서(浙西)의 학문이 옳다고 생각한다.[12] 고염무와 동시대에 절동 출신의 이주 황종희가 있다는 것을 모른다. 황종희는 비록 고염무와 쌍벽을 이루는 정도로 보이지만 위로는

성품이 곧고 굳셌다. 고향에 돌아온 뒤 가난하고 병도 들어 끼니도 거르는 지경이었지만 남이 도와주려 해도 받지 않았다. 즙산서원[蕺山], 단계서원(端溪書院) 등에서 주강(主講)을 맡아서 사림이 우러르고 중시했다. 건륭 20년 집에서 죽으니 나이가 쉰하나이다. 전조망의 학문은 깊고 넓어서 끝이 없었으며 꿰뚫고 있지 않은 책이 없었다. 한림원에 있을 때 이불(李紱)과 함께 『영락대전』을 빌려서 읽었는데, 매일 각자 스무 권씩 읽었다. 당시 명사관(明史館)을 열었는데 다시 편지 여섯 통을 지어서 공문을 보냈다. 먼저 「예문지」를 논하고 다음에 「표」를 논하고 다음에 「충의열전」[忠義]과 「은일열전」[隱逸]을 논했는데, 모두 그 말을 옳다고 생각했다. 평생 황종희를 가슴 속에 두고 잊지 않았는데, 집에 있을 때 다시 황종희의 『송원학안』을 편찬했다. 또한 『수경주』를 일곱 번 교정하고 『곤학기문』에 세 번 전(箋)을 달았으며 『경사답문』(經史答問) 열 권, 『길기정문집』(鮚埼亭文集) 쉰 권을 지었다."

10 『청사열전』「유림전 하」 1은 이러하다. "모기령은 자가 대가(大可)이며 절강 소산(蕭山) 출신이다. 강희 18년 늠감생(廩監生)으로 박학홍유과에 천거되어 시험에서 이등을 했고 한림원 검토에 제수되었다가 명사관 찬수관으로 임명되었다. 강희 24년 회시 동고관(會試同考官)에 임명되었다. 얼마 지나지 않아 말미를 얻어 고향에 돌아왔다가 류머티즘에 걸려 결국 다시 벼슬길에 나가지 못했다. 모기령은 모든 책을 널리 꿰뚫고 시와 글도 모두 한 시대를 뒤집어엎었지만, 스스로 자부심을 가진 것은 경학이었다. 강희 52년 집에서 죽으니 나이가 아흔하나이다. 문인 장추(蔣樞)가 『유집』(遺集)을 편집했는데, 「경집」(經集)이 모두 쉰 종류, 「문집」과 「잡저」(雜著)가 모두 이백서른네 권이었다. 모기령은 자신이 자유자재로 널리 변별한 것을 믿고 함부로 남을 물리쳤는데, 한나라 이후 사람은 모두 물리침을 피하지 못했다. 그리고 그는 송나라 사람을 가장 홍보았고 송나라 때 사람 가운데 주희를 가장 홍보았다. 전조망은 모기령의 『집』을 파헤쳐 『소산모씨규무』(蕭山毛氏糾繆) 열 권을 지은 적이 있다."

11 나는 이렇게 생각한다. 이 단락은 절동 학문 전체에 대한 서문이다.

12 「주륙」의 주46을 보라. 절서는 절강의 서쪽 지역이며 예전의 항주부, 가주부, 호주부 세 부의 땅이다.

역주_ 절서는 절강의 서부 지역을 가리키며 송나라 때 양절서로(兩浙西路)에서 나온 말이다.

왕양명과 유종주를 으뜸으로 받들고 뒤로는 만사대와 만사동의 길을 터 주었다. 고염무와 비교하자면 근원이 더 오래되었고 흐름이 더 지속된 것이다. 고염무는 주희를 으뜸으로 받들지만 황종희는 육구연을 으뜸으로 받든다.[13] 고염무와 황종희는 주희나 육구연과 달리 문호의 견해를 가진 강학(講學)의 전문가가 아니다. 그러므로 그들은 서로 우러르고 진심으로 믿으며 나무라지 않았다. 학자가 으뜸으로 여겨서 우러르는 학설

13 고염무[亭林]는 경학이 곧 이학[經學卽理學]이라는 학설을 처음으로 주장했다. 청나라 때 경학자들이 믿고 받들었지만 도리어 그것 때문에 송나라와 명나라 때의 이학에 지지 않고 대항하게 되었다. 그러나 고염무의 학술은 본디 주희를 우두머리[宗主]로 삼는다. 「답우인논학서」(答友人論學書)는 이렇게 말한다. "『대학』은 마음을 말하지 본성을 말하지 않습니다. 『중용』은 본성을 말하지 마음을 말하지 않습니다. 보내신 편지는 마음 한 글자만 듣기 때문에 학설을 완전히 알 수 없습니다. 그래서 감히 함부로 괜찮다고 허락하지 못하겠고 상채(사량좌), 횡포(橫浦, 장구성(張九成)이다), 상산(육구연) 세 사람의 학문으로 떨어졌다고 하겠습니다. 저는 성인의 도가 아래에서 배워 위로 통달하는 방법이라고 생각합니다. 성인의 행실은 어버이에 대한 효도, 형제끼리의 우애, 임금에 대한 충성, 벗 사이의 믿음에 있고, 성인의 직분은 물 뿌리고 비로 쓰는 일, 손님을 대접하는 일, 나아감과 물러남에 있으며, 성인의 글은 『시』, 『서』, 세 가지 『예』, 『역』, 『춘추』에 있고, 성인이 몸을 놀리는 것은 세상에 나가거나 나가지 않는 것, 벼슬을 사양하거나 받는 것, 자리를 취하고 주는 것에 있으며, 성인이 천하에 베푸는 것은 정령, 교화, 형법에 있고, 성인이 지은 책은 모두 난리를 평정하여 질서 있는 세상을 회복하고 나쁜 풍속을 좋은 쪽으로 바꿔서 나라를 다스리고 천하를 평정하는 쓰임새라는 목표에 이르게 하지만 이로움이 없는 것은 이야기하지 않는다고 생각합니다. 시부, 명송(銘頌), 찬뢰(贊誄), 서기(序記) 따위의 모든 글은 교묘한 말이라고 하고 붓을 잡지 않았습니다. 성인은 본성을 다해 천명에 이른다는 세속적인 유학자의 학설에 대해 틀림없이 사물이 있고 법칙이 있다는 것으로 귀결시킬 것입니다. 『서경』이 말한 오행과 오사의 항상성은 그러면 헛된 이론에 들어가지 않을 것입니다. 제가 학이라고 생각하는 것은 이와 같습니다. 이것을 여러 대가[大方之家]에게 질문한다면 깊숙한 맛이 없고 얕아서 살펴볼 만하지 않다고 생각하는 일을 피할 수 없을 것입니다. 비록 그렇지만 역시 어긋나지도 않습니다. 세상의 군자들은 배운 것이 많고 학식이 있기 때문에 착한 것을 밝히는 일[博學明善]의 어려움을 괴로워하고 단박에 초월하여 갑작스럽게 깨닫는 일[一超頓悟]의 쉬움을 즐깁니다. 천하가 모두 이렇게 거침없습니다."(『정림문집』 권6) 이른바 배운 것이 많고 학식이 있기 때문에 착한 것을 밝히는 일은 주희의 이치를 끝까지 연구한 뒤 궁리하여 치지한다는 뜻과 같다. 황종희는 유종주에게 학업을 전수받았고 신독을 덕성에 들어가는 요점이라고 생각하고 왕수인의 양지라는 가르침을 우러러 이었으므로 본디 육구연의 맥을 계속 이은 사람이다.

이 없을 수 없지만 반드시 문호에 얽매여서는 안 된다. 그러므로 절동이든 절서든 동시에 자신의 도를 실천하지만 어긋나진 않는다. 절동은 전문가의 학을 소중하게 생각하고 절서는 박식하고 우아함을 높인다. 그들은 각자 자신의 전통에 따라서 익힌다.[14]

천인성명의 학은 허튼 소리로 강의해서는 안 된다. 그러므로 사마천은 동중서의 천인성명의 학설에 뿌리를 두고 경세의 책을 썼다.[15] 유학자들은 존덕성 하고자 하면서도 의리를 허투루 말하는 것이 효과적이라고 생각한다.[16] 이것은 송학이 대단히 우아한 군자에게 비난받는 이유이다. 공자는 이렇게 말했다. "내가 실행하는 일에서 본 것이 내가 허튼 주장에 내맡기려 한 것보다 오히려 깊고 절실하며 확실히 밝았다."[17] 이것은 『춘추』가 경세하는 근거이다. 공자 같은 성인도 스스로 사람을 일깨우려 나온 하늘의 목탁[天鐸]이라고 말했고[18] 또한 허튼 소리로 이기려 들지 않았다. 하물며 다른 사람이야 말할 필요가 있겠는가? 그러므로 천인성명에 대해 잘 말하는 사람치고 인사에 절실하지 않았던 사람은 없었다. 삼대의 학술은 역사서가 있는 줄만 알았지 경이 있는 줄은 몰랐다. 이것은 인사에 아주 절실했기 때문이다. 후세인들이 경술을 소중하게 생각한 것은 경술이 다름 아니라 삼대의 역사서였기 때문일 뿐이다. 최근의 유학자들은 경을 이야기할 때 인사 이외에 따로 의리가 있다고 말하는 듯하다.[19] 절동의 학문은 성명을 말하려는 사람이라면 반드시 역사서

---

14 나는 이렇게 생각한다. 이 단락은 절동과 절서의 학술, 풍습의 차이를 말한다.

15 사마천이 동중서에게 『춘추』학을 배워서 『사기』를 지어 하늘과 사람이 만나는 지점을 끝까지 파고들려고 했다는 것은 「태사공자서」를 보라.

16 정자는 이렇게 말했다. "사람이라면 안연[顔子]을 배워야만 한다. 안연의 덕성이 있다면 맹자의 사공이 저절로 생긴다. 맹자라는 사람은 우임금과 후직의 사공이다." (『이정어록』 권8) 여기서 그가 덕성을 우러르고 사공을 업신여기는 의도를 볼 수 있다.

17 『춘추번로』 「유서」 및 『사기』 「태사공자서」를 보라.

18 『논어』 「팔일」은 이러하다. "하늘이 장차 선생을 목탁으로 삼으실 것이다." 『논어집해』는 공자가 이렇게 말한 것을 인용하고 있다. "목라(木鑼)는 정교를 베풀 때 백성들을 떨치게 하는 것이다."

19 장학성 「여소이운논학」은 이렇게 말한다. "공자는 이렇게 말했다. '아침에 도를 들

를 연구해야 한다고 주장한다. 이것이 절동의 학문이 뛰어난 이유이다.[20]

주희와 육구연의 차이 때문에 두 학파는 서로 창칼을 겨누고 있는 꼴이고[21] 오랜 세월 옴짝달싹 못하는 차꼬를 차고 감옥에 갇힌 형국이나 가시나무 울타리에 갇힌 형국이기도 하다. 그들이 어수선한 궁극적인 이유를 살펴보자면 오로지 허튼 소리에 올라탄 채 인사에 절실하지 않기 때문일 뿐이다. 사학이 『춘추』에 뿌리를 두고 있음을 알고 『춘추』가 경세하려는 생각이 있음을 안다면 성명을 허튼 소리로 지껄일 수 없음을 알게 될 것이다. 그리고 강학하는 사람도 틀림없이 실제 사업을 충실히 수행하게 될 테고[22] 고집할 만한 문호가 없었을 뿐 아니라 문호를 고집할 이유도 없어질 것이다. 절동의 학문은 비록 주자학과 원류가 다르지 않으나 맞닥뜨린 상황은 달랐다. 그래서 절동의 학문이 세상에 나타난 형태는 다음과 같다. 왕양명은 그것을 얻어 사공을 이루었고 유종주는 그것을 얻어 절개와 의리를 이루었으며 황종희는 그것을 얻어 세상을 피해 숨었고 만사동과 만사대 형제는 그것을 얻어 경술과 역사 기록을 이루었다. 그들이 전수하고 전수받은 것이 비록 동일한 데서 나왔지만 드러난 모습이 완전히 다른 이유는 그것을 근거로 각자 실제 사업을 충실히 수행했기 때문이다. 그들이 실제 사업을 충실히 수행하지 않으면서 허투루 존덕성을 말하고 허투루 도문학을 지껄이기만 했다면 이것은 마치 생김새가 굉장히 비슷한 물풀인 띠나 갈대를 나누는 것과 마찬가지이다. 드러난 모습이 지극히 비슷한데도[23] 문호를 달리하지 않을 수 없

으면 저녁에 죽어도 좋다.' 꼭 아침에 들으면 저녁에 죽을 수 있다고 한다면 도를 듣지 못한 사람이 억울한 목숨이라는 심한 말이다. 온 세상의 유학자들이 도를 말하지만 사물에 의거해서 근거를 구한다는 것을 모르기 때문에 성인의 말을 외우고 본뜨면서도 성인에게는 우리들이 나날이 쓰는 일 바깥에 따로 어떤 도가 있다고 생각할 따름이다."(가업당본 『장씨유서』 권9)

20 나는 이렇게 생각한다. 이 단락은 절동 학술 전통의 정신을 말한다.

21 주희와 육구연의 차이는 「원도 하」의 주43을 보라. 문호는 「원도 하」의 주11을 보라.

22 「원학 중」의 주14를 보라.

23 띠와 갈대는 「언공 하」의 주127을 보라. 『시』 「소아」 "하인사"(何人斯)는 이러하다.

다는 것은 나름대로 보는 견해가 있다고 생각하기 때문일 뿐이다. 그러므로 오로지 변변치 못한 유학자만 문호를 다투는 법이다.[24]

어떤 사람이 이렇게 물었다. "사공이나 기상과 절개[氣節]를 과연 저술과 같은 차원에서 논할 수 있는 것인지요?"

나는 이렇게 대답했다. "사학이 경세할 수 있는 이유는 본디 허튼 소리로 저술한 것이 아니기 때문이지. 하물며 사학도 육경과 마찬가지로 공자에게서 나온 것이니 말일세. 선유는 공자의 공로 가운데 『춘추』보다 큰 공로가 없다고 생각했지.[25] 이것은 바로 『춘추』가 공자 당시의 인사에 절실하고 꼭 맞는 것이었기 때문일 뿐이라네. 저술에 관해 말하는 후세인들은 현대를 버리고 고대만 추구하거나 인사를 버리고 공자가 말한 인간 본성과 천도만 이야기하지. 나는 사람들이 왜 그러는지 모르겠네.

"부끄러운 그 얼굴을." 『예기』 「곡례 상」은 이러하다. "남의 이야기를 앗아다가 자기 이야기라고 하지 말고 남의 말을 무조건 찬성하는 일도 없어야 한다."

24 나는 이렇게 생각한다. 이 단락은 절동의 학문이 각각 사안별로 다르기 때문에 드러나서 두드러지는 것도 다르다는 것을 말한다.

25 『맹자』 「등문공 하」는 이러하다. "공자가 『춘추』를 완성하자 나라를 어지럽게 하는 신하와 어버이를 해치는 자식들이 두려워했다." 『사기』 「태사공자서」는 이러하다. "대체로 『춘추』는 위로 삼대의 왕들의 도를 밝히고 아래로는 인사의 기강을 변별하여, 의심스럽고 미심쩍은 것을 구별하고 옳고 그름을 판명하며 머뭇거리고 정하지 못하는 것을 결정한다. 좋은 사람은 좋아하게 만들고 나쁜 사람은 싫어하게 만들며, 훌륭한 사람은 훌륭하게 여기고 못난 사람은 업신여기게 만든다. 망한 나라를 남기고 끊어진 세대를 이으며 헐어빠진 것을 보충하고 없애버린 것을 일으킨다. 이것이 왕도 가운데 큰 것이다. 『역』은 천지, 음양, 사시, 오행을 드러냈기 때문에 변화에 대해서 뛰어나다. 『예』는 인륜을 경륜하여 처리하기 때문에 행실에 대해서 뛰어나다. 『서』는 선왕의 사실을 기록한 것이기 때문에 정사에 대해서 뛰어나다. 『시』는 산천, 계곡, 날짐승과 길짐승, 풀과 나무, 수소와 암소[牝牡], 수컷과 암컷[雌雄]을 기록한 것이기 때문에 풍토와 기풍에 대해서 뛰어나다. 『악』은 음악을 세운 근거이기 때문에 조화에 대해서 뛰어나다. 『춘추』는 옳고 그름을 변별했기 때문에 사람을 다스리는 일에 대해서 뛰어나다. 그러므로 『예』는 사람을 절제시키고 『악』은 조화를 드러내며 『서』는 정사를 말하고 『시』는 의도를 표현하며 『역』은 변화를 말하고 『춘추』는 정의를 말한다. 어지러운 세상을 수습하여 그것을 올바르게 돌이키는 것은 『춘추』보다 가까운 것이 없다."

학자가 올바른 도리를 모르면 사학을 말할 자격이 없는 법일세."[26] (정리하고 편집하여 늘어놓는 것을 사찬(史纂)이라 부른다. 참조하여 비교하고 수집하여 찾는 것을 사고(史考)라고 부른다. 이것은 모두 사학이 아니다)

---

26 나는 이렇게 생각한다. 이 단락은 역사서가 끝내 세상을 경륜하고 인사에 절실하게 부합하는 근거라는 것을 말한다.

부학(婦學)[1]

『주관』의 여축(女祝)과 여사(女史)[2]는 한나라 제도에서 내기거주(內起居注)인데[3] 여자라도 고대에는 문자와 관련된 일에 기용되었다. 부학이라는 이름은 『주례』「천관」(天官) 안의 부직[內職]에 나타나며 부학이 규정한 여자의 덕성, 말, 몸가짐, 일[德言容功]이 포괄하는 것은 광범위한데 이것은 문학예술만 학문이라 생각한 후세의 생각과 다르다.[4] 그래서 『주

1 나는 이렇게 생각한다. 이후 세 편의 글은 원매를 비평하기 위해 지은 것이다. 원매는 자가 자재(子才), 호가 간재(簡齋)이며 전당 출신이다. 건륭 4년 진사에 합격하여 율수현[溧水] 지현으로 나갔다가 강포현[江浦]과 술양현[沭陽]을 다스리고 다시 강녕으로 전임했는데 머문 곳마다 명성이 났다. 겨우 나이 마흔에 바로 벼슬을 그만두고 강녕부 성 서쪽의 소창산(小倉山) 아래 수원(隨園)을 열고 거기 살면서 시를 읊는 일을 낙으로 삼았다. 가경 2년 정사에 금릉에서 죽었는데 나이가 여든둘이다. 원매는 성품이 툭 트이고 음악과 여색에 마음을 두었다. 시를 지을 때는 성령을 위주로 하고 시를 다듬어서 꾸미는 일을 일삼지 않아서 당시 유행에 대단히 인정받았다. 저서에 『수원시화』(隨園詩話)가 있는데 한 때 노래하고 화답한 작품을 많이 수록했다. 유명한 미인이나 좋은 집안 규수들이 그에게 학업을 청하고 좇아 배우거나 시를 다투어 붙였다. 장학성은 그를 싫어하여 글을 지어 깊이 비난했다. 이밖에 『장씨유서』

역』은 여자들이 집안에서 제 자리를 지키라고 가르치고[5] 『예기』는 길쌈하는 일이 여자의 직책이라 했으며[6] 『국어』[春秋傳]는 여자가 농사일과

에 남아있는 것은 「서방각시화후」(書坊刻詩話後)와 「논문변위」(論文辨僞) 두 편이 더 있다. 또한 「여손연여논학십규」(사라진 글)에 따르면, 가경 원년 병진년(가업당본 『장씨유서』의 부록 장용당(臧鏞堂) 「병진산중초발」(丙辰山中草跋)을 보라)에 지었다. 열 번째 규칙은 다름 아니라 원매를 물리치는 것이고 이미 "따로 전문적인 글로 폭로하여 비판했다"라고 했다. 그래서 여기 있는 여러 글은 병진년 이전에 완성된 것이다. 『정사차기』(丁巳劄記)의 한 조목은 이렇게 말한다. "최근에 부끄러움도 없고 제멋대로인 사람이 있는데 스스로 풍류가 있다고 하고 남녀를 꼬여서 속이고 있다. 이것은 대체로 배우들이 잡스러운 연극에서 재능 있는 젊은이와 아리따운 아가씨를 연기하여 사람들을 속이는 것과 같다. 장강 이남의 명문 집안 여자들 가운데 꼬임에 넘어간 사람이 많다. 시를 거두어 원고를 판각하고 명성을 앞세워 뽐내며 다시 남녀의 거리낌이 없으니 아마 자기가 여자라는 것을 잊은 듯하다. 이런 좋은 집안 계집애들은 부학을 닦지 않는데 어찌 취할 만한 참된 자질이 있겠는가? 그리고 올바르지 않은 사람에게 희롱을 당하고 풍속에 스며들었으니 인심과 세도가 크게 근심스럽구나!" 이것이 아마 「부학」 등 여러 편을 짓게 된 이유이겠지?

2 『주례』 「천관」은 이러하다. "여축(女祝)은 왕후의 내제사(內祭祀)와 모든 내도사(內禱祠)의 일을 관장한다. 때에 맞춰 복을 부르고 재앙을 막는 푸닥거리를 하여 질병과 재앙을 없애는 일을 관장한다." 또한 "여사(女史)는 왕후의 예직(禮職)을 관장한다. 내치(內治)의 부본을 관장하여 왕후에게 내정(內政)이 어떻게 다스려지고 있는지 아뢰고 육궁의 지출결산서를 살펴보고 왕후의 명령을 기록하며 모든 왕후의 일에 태사가 왕을 따르는 예로 따른다."

3 『수서』 「경적지」는 이러하다. "기거주는 임금의 언행과 행동거지를 기록하는 일이다. 『주관』의 내사는 왕의 명령을 관장하고 마침내 그 부본을 적어서 소장하는 것이 그의 직책이다. 한나라 무제에게는 『금중기거주』(禁中起居注)가 있었다. 후한 명덕마황후(明德馬皇后)는 『명제기거주』(明帝起居注)를 지었다. 그렇다면 한나라 때 기거주는 궁중에 있었으며 여사의 직책이었던 듯하다."

4 『주례』 「천관」은 이러하다. "구빈(九嬪)은 부학의 법도를 관장하여 구어(九御)에게 부덕(婦德), 부언(婦言), 부용(婦容), 부공(婦功)을 가르친다." 정현 주는 이러하다. "부덕은 올바르고 순종하는 것을 말한다. 부언은 말본새를 말한다. 부용은 여자다운 몸가짐을 말한다. 부공은 길쌈을 말한다." 그래서 부학은 부덕, 부언, 부용, 부공을 모두 갖추고 있지 본디 문학예술만 있는 것이 아니다.

5 『주역』 「가인」 괘는 이러하다. "단전은 이렇게 말한다. 「가인」은 여자가 안에서 올바른 자리에 있고 남자가 바깥에서 올바른 자리에 있는 것이다. 남녀가 올바른 것은 천지의 큰 뜻이다."

6 앞의 주를 보라. 『예기』 「내칙」은 이러하다. "여자 아이는 열 살이 되면 밖에 나가지 않고 여자 선생님[姆]이 완곡한 말씨와 몸가짐, 어른의 말을 듣고 따르는 법을 가르치며 삼베길쌈을 하고 누에를 길러 실을 뽑으며 비단과 명주를 짜게 한다. 여자의 일을 배워서 옷을 제공한다."

누에치기를 나눠 맡아 곡식과 베를 바치는 일을 말하고[7] 『시』 「소아」의 시는 여자가 술과 밥을 맡는 일이 옳다고 말하기[8] 때문에 여자의 직업이 무엇인지도 대략 알 수 있겠다.(사내아이의 활과 화살이나 계집아이의 주머니와 수건처럼 본디 남자와 여자는 구별된다.[9] 전례(典禮)와 문사는 남자와 여자가 모두 익혀야 하는 것이다. 후비, 부인(夫人), 내자(內子), 명부(命婦)는 손님을 대접하거나 장례를 치르고 제사지낼 때 모두 전례와 문사가 있어야 하므로 배우지 않으면 안될 것이다)[10]

부학의 명목은 덕성, 말, 몸가짐, 일 네 가지다. 정현의 주는 이렇게 말한다. "말은 부름이나 물음에 대답하는 말[辭令]이다." 본디 경례(經禮)에 대해 잘 모르면서 문장만 익힌다면 학문이라 할 수 없다. 그래서 시를 읊고 예를 익힐 줄 알아야 한다.[11] 고대의 부학은 대략 남자들[丈夫]에게

---

7 『국어』 「노어 하」는 이러하다. "왕후는 몸소 현담(玄紞, 왕관의 앞뒤에 늘어뜨린 구슬을 꿰는 검은 매듭)을 짠다. 공과 후의 부인은 그것에 더하여 굉(紘)과 연(綖, 모자의 끈)을 짜야 한다. 경의 내자(內子)는 큰 띠를 만든다. 명부(命婦)는 제사 지낼 때 입는 옷을 짓는다. 모든 선비의 아내는 그것에 더하여 조회할 때 입는 옷을 만든다. 백성 이하부터는 모두 지아비의 옷을 짓는다. 사(社, 춘분(春分)에 토지신을 제사한다) 제사에는 일(농사일과 누에치기)을 할당하고 증(蒸, 겨울 제사) 제사에는 결과(오곡, 베와 비단)를 바치는데 남자와 여자의 곡식과 실을 보고 잘못이 있으면 벌을 주는 것이 고대의 제도이다."

8 『시』 「소아」 "사간"은 이러하다. "계집아이 낳으면 맨 땅에 재우고 포대기 둘러 손에 실패를 쥐어주네. 나쁠 것도 좋을 것도 없으며 술 데우고 밥 짓기나 가르쳐 부모의 근심거리나 되지 않기를."

9 『예기』 「내칙」은 이러하다. "아기가 태어났는데 사내아이라면 문 왼쪽에 활을 걸어 놓고 계집아이라면 문 오른쪽에 수건을 걸어 놓는다. 사흘이 되면 처음으로 아기를 안는다. 아들이면 이 날 활쏘기를 행하고 딸이면 행하지 않는다." 또한 "아기가 밥을 먹을 수 있으면 오른손으로 먹도록 가르친다. 말을 할 수 있게 되면 사내아이는 유(唯), 계집아이는 유(兪)라고 대답하도록 가르친다. 사내아이는 가죽 주머니를 차게 하고 계집아이는 비단 주머니를 차게 한다." 정현 주는 이러하다. "반(鞶)은 작은 주머니인데 수건[帨巾] 따위를 넣는 것이다. 사내아이는 무두질한 가죽을 쓰고 계집아이는 비단을 쓰는데 테두리를 꾸민다."

10 나는 이렇게 생각한다. 이 단락은 부학이 포괄하는 것 및 여자의 직분이 있는 바를 밝힌다.

11 『예기』 「왕제」는 이러하다. "악정은 네 가지 방법을 높이고 네 가지 가르침을 세운다. 그래서 선왕의 『시』, 『서』, 『예』, 『악』을 따라 선비를 만든다. 봄과 가을에는 『예』와 『악』을 가르치고 겨울과 여름에는 『시』와 『서』를 가르친다." 『순자』 「권학」은

버금가는 것이다. 후세의 여자들이 지은 글은 비록 화려하고 꾸미는 쪽에 약간 치우쳤지만 요컨대 전수받은 연원이 있음을 알아야만 한다.[12]

부학은 구빈(九嬪)이 관장하며 가르치는 법도는 궁중[宮壼]에서 시행한다. 부학이 나라 안에서는 신하의 채읍[臣采], 나라 밖에서는 제후의 봉지[侯封]에 이르기까지 시행되었다는 것은 『주례』의 육전이 밝히지 않았지만 저절로 관례에 따라 추측할 수 있다.[13] 『시』 "갈담"(葛覃)에 나오는 사씨는 『시』 「국풍」[風詩]에 기록되어 있다.[14](제후 봉지 안의 부학이다) 여자의 말과 몸가짐은 여사[姆]가 가르친다. 이것은 『예기』 「내칙」에 규정되어 있다.[15](경, 사, 대부의 부학이다) 『춘추좌전』과 『국어』 등 『춘추』의 여러 「전」을 두루 살펴보면 제후의 부인, 대부의 내자는 모두 경의 글을 말하고 전고를 말할 수 있었으며 지은 말도 훌륭하다. 초나라 무왕의 가득 찬 마음에서 길흉을 읽어낸 등만(鄧曼) 부인은 천도를 상세하게 추리했다.[16] 원형리정[利貞]의 뜻을 말한 목강(穆姜)은 『주역』 「건」 괘[乾元]를 정

이러하다. "학문하는 순서는 먼저 경을 외우는 일에서 시작하고 예를 읽는 일에서 끝난다." 양경 주는 이러하다. "수(數)는 술(術)이다. 경(經)은 『시』와 『서』이다. 예(禮)는 전례에 속하는 것을 말한다."

12 나는 이렇게 생각한다. 이 단락은 여자의 말이 원래 『시』와 『예』에 뿌리를 두고 있다는 것을 밝힌다.

13 구빈은 왕궁에 있는 여관이다. 『주례』 「천관」 "내재"(內宰)는 이러하다. "구빈은 부학의 법도를 관장하여 구어(길쌈을 관장하는 여관)를 가르치는 일을 관장한다." 호(壼)는 곤(閫)과 같고 소리는 곤(悃)이다. 『이아』 「석궁」은 이러하다. "궁중의 통로를 호(壼)라고 한다." 『상서』 「요전」은 이러하다. "요임금이 이렇게 물었다. '누가 내 일을 따를 사람을 찾아 볼 것인가.'" 주(疇)는 수(誰)이다. 자(咨)는 방(訪)이다. 약(若)은 순(順)이다. 채(采)는 사(事)이다. 누가 내 일을 따를 수 있는가 묻는 것이다. 육전은 「시교 상」의 주24를 보라. 부학이 모든 후, 경, 대부에 있다는 말은 비록 『주관』 육전에 상세하지 않지만 왕조의 궁궐에서 헤아려서 알 수 있다.

14 『시』 「주남」 "갈담"(葛覃)은 이러하다. "여사에게 아뢰어 친정 간다 알렸네." 「전」은 이러하다. "사(師)는 여사이다. 고대에 여사는 여자의 덕성, 여자의 말, 여자의 몸가짐, 여자의 일을 가르쳤다."

15 『예기』 「내칙」은 이러하다. "여자 아이는 열 살이 되면 밖에 나가지 않고 여자 선생님이 완곡한 말씨와 몸가짐, 어른의 말을 듣고 따르는 법을 가르친다." 정현 주는 이러하다. "완(婉)은 언어를 말한다. 만(娩)이라는 말은 미(媚)이다. 미는 몸가짐을 말한다."

16 『춘추좌전』 「장공 4년」은 이러하다. "초나라 무왕이 형시(荊尸, 시는 진(陣)이다. 형

밀하게 이해하고 있다.[17] 노나라 공보목백[穆伯]의 아내[令妻]는 말이 법도에 맞아 교훈을 주었다.[18] 제나라 사도의 아내[內主]는 예가 있었기 때문

시는 초나라가 진을 펼치는 방법이다)를 만들고 군대에 혈(孑, 극(戟)이다)을 나눠주었다. 무왕이 장차 재계하려고 안으로 들어갔다가 부인 등만(鄧曼)에게 이렇게 말했다. '내 마음이 두근거리오.' 등만은 탄식하며 이렇게 말했다. '가득 차면 흔들리는 것은 하늘의 도입니다. 돌아가신 아버님[先君]은 그것을 알고 있었기 때문에 전쟁이 닥쳐서 장차 중대한 명령을 내리려고 하면 임금의 마음을 두근거리게 하는 것입니다. 만약 군대가 헛되이 죽지 않고 임금이 행군할 때 돌아가신다면 나라의 복이 될 것입니다.' 무왕은 결국 행군하다가 만목(樠木) 아래에서 돌아가셨다."

17 『춘추좌전』「양공 9년」은 이러하다. "목강이 동궁에서 돌아가셨다. 목강이 애초 동궁에 갈 때 점쳤는데 「간」의 팔이라는 점괘가 나왔다. 태사가 이렇게 말했다. '이것은 「간」 괘가 「수」로 변하는 것입니다. 「수」 괘는 밖으로 나간다는 말입니다. 소군께서는 반드시 동궁을 빨리 나가야만 합니다.(「수」 괘는 나가야 하는 것이므로 목강에게 동궁을 나갈 것을 권한 것이다)' 목강은 이렇게 대답했다. '아니오. 이것은 『주역』에서 이렇게 말하고 있소. 「수」 괘는 원형리정이니 허물이 없다. 원은 몸에서 가장 중요한 것이오. 형은 가례에서 주인과 손님이 만나는 것이오. 이는 정의가 조화를 이루는 것이오. 정은 일의 줄기요. 어짊을 체득하면 사람의 우두머리가 될 수 있소. 아름다운 덕성은 예에 부합할 수 있소. 만물을 이롭게 하는 것은 정의를 조화시킬 수 있소. 바르고 곧은 것은 일을 처리할 수 있소. 그런 까닭에 속일 수가 없고, 그래서 비록 「수」 괘라도 허물이 없는 것이오. 지금 내가 여자의 몸으로 난에 함께 했소(난을 일으키는 데 참가했다) 본디 아래 자리에 있는데다가 어질지 못하니 원이라고 할 수 없소. 국가를 바로잡지 못하니(노나라 성공을 폐위시키려고 한다) 형이라고 할 수 없소. 난을 일으켜 몸을 해쳤으니 이라고 할 수 없소. 태후의 자리를 버리고 교태를 부렸으니(교여(僑如)와 음란하게 굴었다) 정이라고 할 수 없소. 네 가지 덕이 있는 사람은 「수」 괘라도 허물이 없을 것이오. 나는 그것이 모두 없으니 어찌 「수」 괘에 부합하겠소? 나는 나쁜 짓을 했으니 허물이 없을 수 있겠소? 나는 틀림없이 여기서 죽을 것이니 나갈 수 없소이다.'"

18 『국어』「노어 하」는 이러하다. "공보문백(公父文伯)이 조정에서 돌아와 자기 어머니(공보목백(公父穆伯)의 아내)에게 문안 인사를 했다. 어머니는 마침 삼에서 실을 뽑고 있었는데 문백이 이렇게 말했다. '제[歜] 집에서 주인이신 어머니가 여전히 실을 뽑으시니 계손씨의 노여움을 살까 두렵습니다. 그는 제가 어머니를 잘 모시지 못한다고 생각하지 않겠습니까?' 그러자 어머니는 이렇게 탄식했다. '노나라는 곧 망할 것이야, 너처럼 어린아이에게 벼슬을 갖춰주었으니. 너는 아직 벼슬 하는 도리를 들은 적이 없더냐? 앉아라! 내가 네게 말해주마. 옛날 선왕이 백성들을 살게 하실 때 메마른 땅을 가려서 그들을 살게 했다. 백성들을 수고스럽게 해야 그들을 쓸 수 있고 그래야만 천하의 왕 노릇을 오래 할 수 있기 때문이다. 백성은 수고스러우면 그리워하고 그리워하면 착한 마음이 생긴다. 편안하면 음탕해지고 음탕해지면 착한 것을 잊으며 착한 것을 잊으면 나쁜 마음이 생긴다. 비옥한 땅에 사는 백성이 좋은 재목이 못 되는 이유는 음탕하기 때문이다. 메마른 땅에 사는 백성치고 정의로움으

에 높은 신분에 봉해질 수 있었다.[19] 유하혜[士師]는 창문 아래에서 죽음을 맞이했으나 아내가 애도하는 뇌문(誄文)을 지었다.[20] 기량은 나라를 위해 죽었지만 넋이나마 되돌아 올 수 있었던 것은 지아비를 잃은 기량의 아내가 교외에서 조문하려 한 제나라 임금을 거절했기 때문이다.[21] 샘물이 찰랑찰랑 흐른다고 표현한 것은 지아비가 돌아오길 바라는 마음을

로 향하지 않는 사람이 없는 이유는 수고스럽기 때문이다. 이제 네가 「어찌 자기를 편안하게 하지 않으시냐」고 했다. 이런 식으로 임금의 명령을 받드는 벼슬을 하고 있으니 나는 네 아버지[穆伯] 제사가 끊어질까 두렵구나!'" 공보문백의 이름은 촉(歜)이다.

19 『춘추좌전』「성공 2년」은 이러하다. "제나라 경공은 성을 지키고 있는 병사들에게 이렇게 말했다. '힘을 다해라! 제나라 군대가 패했다.' 길을 가로 막은 여자가 있어서 비키라고 했다. 그 여자는 이렇게 물었다. '임금은 위기를 벗어났습니까?' 이렇게 대답했다. '벗어났소.' 그러자 이렇게 물었다. '예사도(銳司徒, 병기를 주관하는 벼슬)는 벗어났습니까?' 그러자 이렇게 대답했다. '벗어났소.' 그러자 이렇게 말했다. '만약 임금과 내 아버지가 벗어났다면 되었다.' 그리고 달아났다. 제나라 경공은 그 여자가 예가 있다고 생각했다. 일이 끝나고 그를 수소문하게 했다. 벽사도(辟司徒, 辟은 벽(壁)이고 군대 진지를 주관하는 벼슬)의 아내라는 것을 알고 그에게 석류(石窌, 읍의 이름이다)를 주었다."

20 『논어』「미자」는 이러하다. "유하혜가 소송을 맡은 벼슬[士師]이 되어 세 번 쫓겨났다." 『열녀전』 2는 이러하다. "유하혜가 죽고 나서 문인들이 그를 위해 뇌문을 쓰려고 했다. 유하혜의 아내가 이렇게 말했다. '선생님의 덕을 뇌문으로 쓰려고 합니까? 그렇다면 당신들은 내가 아는 만큼 모를 것입니다.' 그리고 뇌문을 이렇게 말해 주었다. '선생님의 겸손함이여! 선생의 끝없는 열정이여! 선생님은 참으로 성실하고 남을 해치지지 않으셨습니다. 남의 의견을 부드럽게 받아들이고 풍속을 따랐으며 억지로 자신을 드러내지 않으셨습니다. 치욕을 무릅쓰고 백성을 구제했으니 덕이 더욱 크군요. 비록 세 번이나 자리에서 쫓겨나셨어도 끝내 숨지 않으셨습니다. 훌륭한 군자이시여! 길이 분발하셨습니다. 아아! 안타깝도다. 마침내 세상을 버리시다니. 오래토록 사실 것 같더니 이제 결국 가셨습니다. 아아! 슬프도다. 넋이 떠나는구나. 선생의 시호는 혜(惠)라고 해야 마땅할 것입니다.' 문인들은 그것을 좇아 뇌문을 지었는데 한 글자도 고칠 수 없었다."

21 『예기』「단궁 하」는 이러하다. "제나라 장공이 탈(奪)에서 거나라[莒]를 칠 때 기량(杞梁)이 죽었다. 기량의 아내가 길에서 영구를 맞아들이면서 슬프게 울었다. 장공은 사람을 보내 그를 조문했다. 그러자 이렇게 대답했다. '임금의 신하가 죄를 면할 수 없다면 장차에 저자거리[市朝]에 버려둘 것이며 아내나 첩은 구속될 것입니다. 임금의 신하가 죄를 면한다면 조문할 곳이 돌아가신 분의 초라한 집이나마 있으니 임금께서는 길에서 조문하여 임금을 욕되게 하지 마십시오.'" 역시 『춘추좌전』「양공 23년」도 보라.

에둘러 읊은 위나라 아내의 노래이다.[22] 제비가 위아래로 난다는 것은 장강이 외롭고 쓸쓸하게 잉첩을 집으로 돌려보낸 시이다.[23] 경례의 법도[典法]와 글의 화려함[文采]의 이런 풍류가 유명한 경이나 대부와 무엇이 다른가? 그러나 이것은 모두 어떤 일이 있고 그것과 묶인 채 문헌[載籍]에 우연히 나타날 뿐이지 특별히 드러내지 않았다. 만약 후세에 태어났으면 역사서는 틀림없이 한 편을 할애하여 기록했을 것이고, 분류에 따라 「열녀전」에 넣었을 것이다. 반소나 채염[24]의 이야기처럼 그들의 휘황찬란한 사실은 유향의 『열녀전』이나 범엽의 『후한서』 「열녀전」[25]에 실

22 『시』 「패풍」 "천수"(泉水)는 이러하다. "졸졸 흐르는 저 천수여, 역시 기수로 흐르는구나. 위나라에 그리운 이 있어 그리워하지 않는 날이 없네. 사랑하는 여러 일가붙이 여자들과 애오라지 더불어 꾀하노라." 『시서』는 이러하다. ""천수"는 위나라 여자가 친정에 돌아갈 것을 생각하는 것이다. 제후에게 시집와서 부모가 돌아가셔도 찾아뵙고 싶지만 그러지 못하기 때문에 이 시를 지어서 스스로 드러낸 것이다."

23 『시』 「패풍」 "연연"(燕燕)은 이러하다. "제비와 제비가 정답게 나는구나, 오르락내리락 지저귀네. 지자(之子)가 친정에 돌아가니, 남쪽 멀리 나가 전송하네. 바라보기만 하고 가지 못하니, 정말 내 마음 괴롭구나!" 『시서』는 이러하다. ""연연"은 위나라 장강(莊姜)이 친정에 돌아가는 첩을 떠나보내는 것이다." 유원(劉沅) 『시경항해』(詩經恆解)는 이렇게 말한다. "대규(戴嬀)가 진나라로 되돌아갈 때, 장강이 그를 보내며 지었다. 대규는 장강의 잉첩이고 완(完)을 낳았는데, 장강이 자기 아들로 삼아서 즉위시키니 이 사람이 환공(桓公)이다. 주우(州吁)가 그를 시해하고 대규를 내쫓았다. 장강은 그를 들판에서 보내면서 진나라를 근거로 삼아 도적을 토벌하려고 꾀했다. 다만 이별에 상심한 것만이 아니다."

24 반소는 조세숙의 아내이다. 「경해 하」의 주20을 보라. 『후한서』 「열녀전」은 이러하다. "진류군 동사(董祀)의 아내는 같은 군 채옹의 딸이고 이름은 염(琰), 자는 문희(文姬)이다. 박학하고 재치 있게 말을 잘했으며 또한 음악의 곡조[音律]에 대해 훌륭했다. 하동 위중도(衛中道)에게 시집갔는데 지아비가 죽고 아들이 없어서 친정집에 돌아와 있었다. 흥평 연간에 천하에 많은 사람이 죽고 어지러워지자 채염은 이민족 기병에게 사로잡혀서 남흉노(南匈奴) 좌현왕(左賢王)에게 떨어졌다. 이민족 땅에 사는 이십 년 동안 두 아들을 낳았다. 조조는 평소 채옹과 사이가 좋았기 때문에 그에게 후사가 없는 것을 가슴 아프게 생각하여 이에 사신을 보내 금과 벽옥으로 그를 데려왔고 다시 동사에게 시집갔다."

25 양웅 『태현경』은 이러하다. "만물을 명당에 올리니 상서로운 구름이 떠서 아름답고 성하다." 주는 이러하다. "율율(矞矞)은 만물이 봄바람 속에 자라는 소리와 모습이다." 좌사 「촉도부」는 이러하다. "아름다운 옥의 결과 빛깔은 번쩍번쩍 빛나네." 표병(彪炳)은 눈부신 빛이 환하게 빛나는 모양이다. 유향 『열녀전』은 「고문십폐」의 주82를 보라. 범엽 『후한서』에서 「열녀전」은 권114에 있다.

린 이야기의 열배도 넘을 것이다. 그래서 부학도 후세에 와서 전수되지 않게 되었음을 알 수 있다. 삼대의 전성기에 여자들의 거동과 글은 남자와 동등했고 전해지는 이야기를 통해 보자면 그들이 처음부터 남다르다고 자랑하지 않았다는 것을 아마 알 수 있을 것이다.[26](배워먹지 못한 놈들이 『시』「정풍」의 "진유"(溱洧) 같은 여러 편의 시가 음탕한 연놈들이 스스로 서술한 것이라고 생각한다. 그래서 고대의 사내아이와 계집아이조차 입을 벌리기만 하면 시가 되었으니 후세의 문인보다 낫다는 소리가 나왔다. 이들은 이런 이치가 절대로 있을 수 없다는 것도 모른다. 그들의 이야기는 나중에 상세하게 논변하기로 하자. 여기서는 논할 짬이 없다. 그러나 부학은 고대에 확실히 있었다. 다만 경, 사, 대부에게서만 시행되었고 평민[齊民] 여자들이 모두 학문을 아는 것은 아니었다)

춘추시대 이후로 관사의 직책이 나뉘었다. 현직 벼슬아치[職司]가 학을 지키지 않았기 때문에 글은 저술로 흘렀다.(고대에는 개인적인 학파의 저술이 없었다는 이야기는 『교수통의』에 상세하다)[27] 남자들 가운데 대단히 뛰어난 사람도 모두 성정이 끌리는 대로 찬술하여 일가를 이뤘다.(이것은 전국시대 진나라 이전의 제자백가의 주장 및 서한 이후의 경학과 사학 등 전문가의 학업을 가리킨다) 사장으로 수준이 더욱 떨어지자 이들은 또한 타고난 아름다운 자질에서 뛰어난 것을 글의 화려함[文采]으로 표시하여 드러냈다.(이것은 서한 원제와 성제 이후 및 동한 이후 여러 사람의 시문집을 가리킨다) 그리고 여자 가운데 기이한 지혜와 남다른 재능을 가진 사람은 천지의 빼어난 기운[閒

26 나는 이렇게 생각한다. 이 단락은 옛날 여자의 말 가운데 경전에 나타나는 것을 증명한 것이다.

27 『교수통의』「첫 번째 원도」는 이러하다. "이치는 크고 만물은 많으니 완전히 알 수는 없다. 성인은 그것을 위해 관직을 세워 나누어 지키고 문자도 역시 그것을 따라 기록한다. 이런 관직이 있으면 이런 법도가 있기 때문에 법도는 관직에 갖춰져 있다. 이런 법도가 있으면 이런 책이 있기 때문에 관직은 자신의 책을 지킨다. 이런 책이 있으면 이런 학이 있기 때문에 스승은 자신의 학을 전수한다. 이런 학이 있으면 이런 학업이 있기 때문에 제자들은 자신의 학업을 익힌다. 관직이 학과 학업을 지키는 것은 모두 같은 데서 나왔고 천하는 같은 글자로 다스리는 것이기 때문에 개인이 저술한 문자는 없었다."

氣]을 타고났기[28] 때문에 역시 문사에 치우쳤지만 드러날 수 있었고 예나 지금이나 칭송받고 있다. 그렇다면 이것도 시대의 추세가 그렇게 만든 것일 뿐이다. 그러나 한나라 조정에서 유술이 성행한 것을 반고는 이익과 녹봉을 좇는 길이 그렇게 만든 것이라고 생각했다.[29] 아마 과거 시험의 답안을 적을 때 사용하는 여러 가지 형식을 떠받들기 때문에 현명한 사람들이 다투고 싸우게 되었고 선비의 학업이 농부가 밭을 일구는 일이나 매한가지가 되었을 것이다. 이것은 본디 그런 이치이다. 여자의 글은 자신의 직업이 아니고 그들 가운데 뛰어난 사람은 타고난 천성이 뛰어난 데서 나온 것이지 기풍을 다투고 명성을 좇으려는 것이 아니다.[30] (명성을 좋아하는 분위기는 좀 오래된 과거와 요새에 가까운 과거의 문인에게서 일어났다. 옛사람들은 비록 명성을 좋아하는 못마땅한 점이 있더라도 문학예술 분야에 구구하게 얽매이지 않았다. 남자들이 글로 명성을 날리길 좋아하면 판단력이 있는 사람들은 촌스럽다고 생각했다. 여자가 명성을 좇으면 여성스럽지[陰類] 않다고 생각했다)

당산부인[唐山]의 「방중가」(房中歌)[31]와 반첩[班姬]의 「장신부」(長信賦)[32]는

---

28 『춘추연공도』(春秋演孔圖)는 이러하다. "정기(正氣)는 제(帝)이다. 한기(閒氣)는 신하이다. 수기(秀氣)는 사람이다." 한기는 뛰어난 재능을 가진 사람은 간혹 한 번씩 나오는데 그들의 특수한 기운에 관해 말한 것이다.

29 「원학 下」의 주4를 보라.

30 나는 이렇게 생각한다. 이 단락은 한나라 때 여자들이 글을 잘 지은 것은 타고난 본성에서 나왔다고 말한다.

31 『한서』「예악지」는 이러하다. "방중사악(房中祠樂)은 고조의 당산부인(唐山夫人)이 지은 것이다." 위소는 이렇게 말한다. "당산은 성이다." 또한 이렇게 말한다. "고조는 초나라 음악을 즐겼기 때문에 방중(房中)에서 초나라 음악을 즐겼다. 혜제 2년 악부령 하후관(夏侯寬)에게 퉁소와 피리를 갖추고 '안세악'(安世樂)이라고 이름을 바꾸라고 시켰다." 호응린 『시수』「외편」 1은 이러하다. "당산부인의 「안세」와 「방중」이 본래 『아』와 『송』이라고 하는 것은 한나라 때 사람의 말이 아니다."

32 『한서』「외척전」은 이러하다. "성제의 반첩여(班倢伃)는 성제가 즉위하자 뽑혀서 후궁으로 들어갔다. 처음에는 소사(少使)로 있다가 곧(蛾, 아(俄)와 같다) 임금의 총애를 받아서 첩여가 되어 증성사(增城舍)에서 살았다. 성제가 궁중의 뒤뜰에서 노닐 때 첩여가 가마를 함께 타도록 했던 적이 있지만 첩여는 사양했다. 그 뒤 조비연(趙飛燕) 언니와 아우가 보잘 것 없는 신분에서 일어나 예의 제도를 넘어서 이전에 있던 사람들보다 위세를 떨치게 되었다. 홍가(鴻嘉) 3년 조비연이 허황후와 반첩여가

『시경』[風雅]의 정체와 변체(正變)이다.(아는 「방중가」를 가리키고 풍은 「장신부」를 가리킨다) 이것은 후궁이 지은 것[33]이고 사실이 나라의 변고와 관련되기 때문에 『사기』[史策]에 기록한 것이다. 나머지 시들은 거의 없다. 전해지는 글이 대체로 적다는 것은 『한서』「예문지」가 수록한 것[34]에서 대략 볼 수 있다. 악부에 전해지는 것은 음악에 맞춰 읊는 시를 본받은 것이다.[35] 아버지를 대신하여 수자리 떠난 일을 읊은 「목란시」, 부부가 엇갈려 헤어진 일을 읊은 「공작동남비」[孔雀],[36] 뽕잎을 따는 일을 읊은 「맥상상」,[37] 산 아래서 궁궁이[蘼蕪]를 뜯는 노래,[38] 「사시백저가」[四時白紵], 꽃

후궁을 저주한다고 모함했다. 허황후는 그 일에 연좌되어 폐위되었다. 첩여는 오랫동안 있다가는 위태롭겠다고 보고 장신궁(長信宮)에서 태후를 모시겠다고 청했다. 임금은 허락했다. 첩여는 동궁으로 물러나 살면서 시를 지어 자신의 처지를 마음 아프게 슬퍼했다."

33 『후한서』「황후기」(皇后紀)는 이러하다. "궁궐의 올바른 자리에 있었다." 『설문해자』는 이러하다. "위(闈)는 궁중의 문이다."

역주_ 『시경』이라고 옮긴 말의 원문은 風雅이다. 중화서국의 표점자는 『風』『雅』라고 구별해서 표시했다. 風雅는 『시경』을 가리키는 다른 말이기 때문에 통틀어 『시경』이라고 옮겼다.

34 나는 이렇게 생각한다. 『한서』「예문지」 "시부략" '가시류'[歌詩]는 이러하다. "이부인(李夫人) 및 귀행인(貴幸人)의 가시 세 편이다."

35 악부는 「언공 하」의 주76을 보라. 음악에 맞춰 읊는 시는 「시교 하」의 주8을 보라.

36 「목란시」는 「언공 하」의 주85를 보라. 「공작동남비」(孔雀東南飛)는 『옥대신영』에서 「고시위초중경처작」(古詩爲焦仲卿妻作)이라는 제목을 달았다. 그 「서」는 이렇게 말한다. "한나라 말 건안 연간에 여강부(廬江府)의 보잘 것 없는 구실아치 초중경(焦仲卿)의 아내 유씨(劉氏)는 초중경의 어머니가 내쳤는데, 다시 시집가지 않겠다고 스스로 맹세했다. 그 집안에서 그를 옥죄자 물에 빠져서 죽었다. 초중경이 그것을 듣고 역시 뜰의 나무에 목을 매달아 죽었다. 당시 사람들은 그것을 가슴 아프게 생각하여 시를 지었다고 할 따름이다."

37 「맥상상」은 『옥대신영』에서 「일출동남우행」(日出東南隅行)이라고 제목을 달았고, 「염가나부행」(豔歌羅敷行)이라고도 한다. 최표 『고금주』는 이렇게 말한다. "「맥상상」이라는 것은 진씨(秦氏)의 딸에게서 나온 것이다. 진씨는 한단 사람이며 나부라는 이름을 가진 딸이 있었는데, 고을 사람인 천승(千乘) 왕인(王仁)의 아내가 되었다. 왕인은 나중에 조왕(趙王)의 가령(家令)이 되었다. 나부가 나가서 밭두둑에서 뽕잎을 따고 있는데, 조왕이 높은 곳에 올랐다가 보고서 기뻐했다. 그래서 술자리를 봐놓고 겁탈하려고 했다. 나부는 쟁(箏)을 교묘하게 잘 탔는데, 그래서 「맥상상」이라는 노래를 지어서 자신을 밝혔다. 조왕은 그래서 그만 두었다."

38 「상산채미무」(上山採蘼蕪)는 『옥대신영』에서 고시라고 적고 지은 사람의 성명은 적

처럼 향기로운 「자야」의 노래 소리[39]는 대단히 편안하고 가락은 부드럽고 아름답다.[40] 그래서 서한과 동한의 고악부[古辭](이것은 모두 지은이의 이름이 없다)부터 육조시대의 잡의악부[雜擬][41]까지 모두 시인[騷客]이 본뜬 문사이며 사람을 생각하며 흥을 깃들인 것이다. 정서는 비록 사내아이와 계집아이를 빌렸지만 뜻은 사실 『시경』의 시인[風人]에 뿌리를 두고 있다. 그러므로 그들의 문사에는 넓고 큰 것이 많기 때문에 남녀가 주고받았다고 수상쩍게 생각할 것은 없다.(「맥상상」이나 「우림랑」(羽林郎) 같은 시[42]는

지 않았다.

39 「백저가」(白紵歌)는 악부 무곡가사(舞曲歌詞)이다. 『악부해제』(樂府解題)는 이러하다. "고대의 가사는 춤추는 사람의 아름다움을 대단히 칭찬하는데 아름다운 시절을 음악으로 연주하고 흰 모시를 기려서 이렇게 노래한다. '바탕은 가벼운 구름 같고 빛깔은 은과 같네. 마름질하여 두루마기를 만들고 나머지는 두건을 만들어야지. 두루마기는 몸을 빛나게 하고 두건은 티끌을 떨어내네.'" 『당서』「악지」는 이러하다. "양나라 무제는 심약에게 그 가사를 고쳐 「사시백저가」(四時白紵歌)를 만들라고 명령했다." 「자야가」(子夜歌)는 악부 청상곡사(淸商曲詞)이다. 『고금악록』은 이러하다. "오 땅의 음악[吳聲] 열 곡이 있는데 하나가 「자야」이다." 따로 「언공 하」의 주84에 상세하다.

40 『예기』「악기」는 이러하다. "즐거운 마음이 느껴질 때는 소리가 명랑하면서도 여유가 있다." 정현 주는 이러하다. "탄(嘽)은 너그럽고 여유로운 모습이다." 『상서』「필명」은 이러하다. "상나라의 풍속은 어지럽다."소는 이러하다. "한선자는 주왕이 사연(師延)에게 새로운 음탕한 곡조를 짓게 했다고 했다. 미미(靡靡)는 서로 뒤좇아 따른다는 뜻이다."

41 나는 이렇게 생각한다. 한나라 애제 때 악부관(樂府官)을 중지시켰다. 동한 때 이 관직을 두었는지 헤아릴 수 없다. 한나라와 위나라 교체기에 조조, 조비, 조식 부자는 모두 문채가 있었고 음악을 이해했다. 예전의 악보[譜]를 이어서 새로운 가사를 고치기도 하고 새로운 가사를 짓고 아울러 새로운 악보를 창조하기도 했기 때문에 악부는 여기서 많이 늘어났다. 육조시대 사람들의 의악부(擬樂府)에 이르면 음악을 넣지 않은 시가 되었을 뿐이다. 호응린 『시수』「내편 1」은 이렇게 말한다. "악부는 위나라 때부터 전해지지 않았고 문인들이 흉내 내서 지어 제목 다음에 붙인 것이 많았다. 이전의 선배들은 대대로 옳고 그름을 나누어 논했다. 나는 당시 다만 곡조와 가락[聲調]을 맞춘 것이었지 꼭 가사의 뜻에 부합할 필요는 없었다고 생각한다."

42 『삼국지』「위서」 "진사왕전"은 이러하다. "따라서 그들의 화목한 모습을 『시경』의 시인은 노래했다." 『정자통』(正字通)은 이러하다. "봄기운이 활짝 펼쳐진 것이 태탕(駘蕩)이다." 악부의 뜻은 풍시에 뿌리를 두고 있어서 가사에는 깃들여 풍자하는 것이 많다. 그러므로 비록 여유로워도 싫어하지 않는다. 「우림랑」(羽林郎)은 곽씨 집안[霍家] 하인 풍자도(馮子都)가 술집의 이민족 여자를 골린 일을 그렸는데, 신연년(辛

비록 자신이 정조가 굳고 행실이 깨끗하다고 하지만 그윽하고 조용한 여자가 어찌 말도 거침없고 수다스럽게도 경박한 남자들과 입씨름을 벌인다는 말인가. 이것은 본뜬 데서 나왔기 때문에 아름다운 것이다) 좋은 집안 여자[閨房]의 노래 가운데 여자의 사람 됨됨이가 정조가 굳든 음탕하든 상관없이 지은 말들이 법도[邊幅]를 갖추고 있는 것은 가끔 전해진다.[43] 탁문군[文君]은 외간남자들과 음탕하게 정을 통한 사람이지만 그의 「백두음」[白頭]은 풍자로 사마상여에게 권고하려고 했을 뿐이다.[44] 채염은 절개를 잃은 여자이지만 열 명의 구실아치에게 간절하게 감사하려고 글을 베꼈다.[45] 이들 이외에 평범한 생활을 편안하게 여기며 순탄하게 살았고 정절로 유명한 여자들이 지은 시들은 모두 잔잔한 물처럼 고요하거나 맑은 바람처럼 화목하지 않은 것이 없다.[46] 비록 문사[文藻]는 타고난 우아함에서 나왔지만 모범이 되는

延年)의 작품이다.

43 『후한서』 「마원전」은 이러하다. "공손술은 밥을 먹다가 말고 뱉고 달려 나와 나라의 선비를 맞이하여 함께 성공과 실패를 꾀하지 않고 도리어 옷섶 가장자리나 꾸미려고 드니 인형과 마주하고 있는 것 같다." 안사고는 이렇게 말한다. "말은 베나 비단과 같아서 가장자리를 휘갑쳐 정리한다."

44 「백두음」(白頭吟)은 「애여산상설」(皚如山上雪)이라는 이름도 있다. 『서경잡기』 권3은 이러하다. "사마상여는 장차 무릉의 여자와 약혼하여 첩으로 들이려고 했다. 탁문군은 「백두음」을 지은 뒤 자살했다. 사마상여는 그래서 그만 두었다."

45 『후한서』 「열녀전」은 이러하다. "동사가 둔전 도위(屯田都尉)가 되었는데 법을 어겨서 죽게 생겼다. 채염은 조조에게 가서 청을 드렸다. 음악 같은 문사와 맑은 변론은 대단히 시큰거리고 슬픈 뜻을 담고 있었다. 조조는 그 말에 감동해서 바로 동사의 죄를 거듭 살펴보게 했다. 이어서 이렇게 물었다. '부인 집에는 전에 고대 서적이 많다고 들었는데 여전히 그것을 기억할 수 있겠소?' 채염은 이렇게 대답했다. '옛날 돌아가신 아버님이 책을 사천여 권 하사하셨습니다만 떠돌아다니며 진흙과 숯불에 빠진 듯한 고생을 하느라 남아난 것이 없습니다. 이제 기억하고 있는 것은 사백여 편에 실린 것뿐입니다.' 조조는 이렇게 말했다. '지금 열 명의 구실아치를 부인이 붙여서 그것을 옮겨 적게 해야겠다.' 채염은 이렇게 대답했다. '저는 남녀가 유별하고 남녀의 예는 직접 주지 않는다고 들었습니다. 바라옵건대 종이와 붓을 주시면 진서[眞]로 적어서 명에 따르겠나이다.' 그래서 글을 깨끗이 써서 보내니 글에 아무런 잘못이 없었다."

46 『장자』 「덕충부」는 이러하다. "사람은 흐르는 물을 거울삼지 않고 흐르지 않고 잔잔한 물을 거울삼는다." 『시』 「대아」 "연민"(燕民)은 이러하다. "길보(吉甫)가 노래 지으니 화목함이 맑은 바람 같아라."

생각은 집밖으로 벗어나지 않는다.[47] 이것은 바로 부학이 고대와 다를지라도 교화에 어긋나지 않는 것이다.[48]

『시』「국풍」에 있는 남녀의 연애시는 모두 『시경』의 시인이 본뜬 것에서 나왔다. 한나라, 위나라, 육조시대의 노래로 그것을 증명한다면 더욱 의심할 수 없다.(예나 지금이나 마찬가지 이치이기 때문에 옛사람은 사내아이와 계집아이조차 입을 벌리기만 하면 시가 되었고 후세의 학문을 지향하는 선비가 힘껏 쫓아가려 해도 결국 따라갈 수 없다는 것은 말이 되지 않는다) 남자 배우가 조용한 여자로 꾸미고 무대에 오르는 것에 비유해 보자. 아무리 꾸미더라도 결국 좋은 집안 여자처럼 우아하고 깨끗해 보이지 않을 것이다. 어리석은 사람은 이런 이치를 모르고 옛사람이라면 비록 어린 사내와 여자라도 입만 벌리면 시를 지을 수 있다고 함부로 입을 놀린다.[49] 그래서 여자는 풍류가 있고 우아해야 마땅하다고 말한다. 이것은 마치 배우가 무대에 올라와 옛사람의 일을 연기하는 것을 보고 옛사람은 움직이거나 멈추기 전에 꼭 먼저 노래를 한 자락 하는 법인지 함부로 의심하는 것과 같다.[50] (배우가 옛사람의 이야기를 연기할 때 노래하는 가사는 바로 역사서의 전기에서 논찬이라는 형식이 끼어들어 있는 것과 같다. 아마 마음속에 있지만 결코 입으로 나오지 않는 말도 있을 것이고 옆에서 보는 사람의 견해이지 결단코 본인에게서 나오지 않는 견해도 있을 것이다. 이것은 희곡의 가사[曲文]에서 모두 피하지 않는 것이다. 그러므로 군자는 어쩌다가 자신을 칭찬하는 경우가 있지만 소인배[宵小]는 어쩌다가 자신을 비웃는 경우가 있다. 읽는 사람에게 역사서의 전기를 읽는 것처럼 만들어주고 감탄하여 읊는 의도도 아울러 터득하게 만들어준다. 형식은 마땅히 이래야 하며 거리낌이 있을 수 없다. 만

---

47 『예기』「내칙」은 이러하다. "안에서 하는 말은 문지방 바깥으로 나가지 않게 하고 바깥에서 하는 말은 문지방 안으로 들어오지 않게 한다."

48 나는 이렇게 생각한다. 이 단락은 한나라 때 여자들은 다듬은 말[文藻]을 휘둘렀지만 올바른 가르침에 어긋나지 않았다는 것을 말한다.

49 「고문십폐」의 주91을 보라.

50 나는 이렇게 생각한다. 이 단락은 『시』「국풍」의 남녀가 주고받은 말이 모두 『시경』의 시인들이 비긴 데서 나왔다고 말한다.

약 정말 군자와 소인의 입에서 나왔다고 생각한다 하더라도 이런 이치는 없다. 『시』「국풍」에 있는 남녀의 연애시와 남녀의 연애시를 본떠 지은 옛사람의 시는 바로 이렇게 보아야 마땅하다. 만약 정말로 남녀의 입에서 나왔다고 한다면 음탕한 사람이 절대로 이렇게 자신을 까발리지 않을 것이라고 말할 것도 없이 설령 올바른 사람이라도 절대로 이렇게 자신을 더럽히지 않을 것이다)

옛날에 반고는 『한서』를 완성하지 못하고 죽었다. 황제는 반고의 손아래누이 반소에게 몸소 동관에 자리를 잡고 오빠의 뒤를 이어 완성하라는 명령을 내렸다. 그래서 공경과 대신들이 예물을 들고 학업을 청했다.[51](훌륭한 유학자 마융이 반소를 좇아 『한서』를 끊어 읽는 방법을 전수받았다) 이것은 영원히 없어질 번한 일에 살길을 틔웠다고 할 수 있다. 그러나 전문가의 일등 가는 학문에는 집안의 연원이 있는 법이라서 글로는 다 말할 수 없고 전할 만한 사람이 아니라면 전수받을 수 없을 따름이다. 또한 전진[苻秦] 때 처음으로 학교를 세우고 박사와 경사를 널리 두게 되자 오경은 대략적으로 갖춰졌지만 『주관』은 전승이 사라졌다. 태상 벼슬을 하던 위령(韋逞)의 어머니 송씨(宋氏) 집안에서 『주관』의 음의(音義)를 전하고 있다는 박사의 상주문이 올라왔다. 그래서 그 집안에 강당(講堂)을 설치하고 생원(生員) 백이십 명을 둔 뒤 비단 발을 드리우고 학업을 전수받도록 했으며 송씨에게 선문군(宣文君)이라는 작호(爵號)를 하사했다.[52] 이

---

51 「사주」편의 주8을 보라. 지(贄)는 지(摯)나 질(質)과 통한다. 선물을 쥐고 서로 만나는 예절이다. 『예기』「곡례 하」는 이러하다. "지에는 천자의 창, 제후의 규, 경의 고, 대부의 안, 사의 치가 있다. 평민의 지는 필이다."

52 『진서』「열녀전」은 이러하다. "부견(苻堅)이 태학에 거둥해서 박사들에게 경전(經典)을 물어보았는데 예악이 사라지고 빠져서 민망한 적이 있다. 박사 노호(盧壺)가 이렇게 대답했다. '태상 위령(韋逞)의 어머니 송씨(宋氏)는 자기 아버지의 학업을 전수받아 『주관』의 소리와 뜻을 얻었다고 합니다. 지금 나이가 여든이라도 보고 듣는 데 아무 문제가 없습니다. 이 어머니가 아니라면 후생에게 전수할 방법이 없습니다.' 그래서 송씨 집에 강당을 세우고 생원 백스무 명을 두고 붉은 비단으로 둘러친 휘장을 사이에 두고 학업을 전수하게 했다. 송씨를 선문군(宣文君)이라고 부르고 모시는 계집종 열 명을 하사했다. 『주관』의 학이 세상에 다시 유행하게 되자 당시 위씨송모(韋氏宋母)라고 불렀다."

것도 영원히 없어질 번한 일에 살길을 틔웠다고 할 수 있다. 당시 문헌은 동진[江左]에 많았다. 전진은 화산의 동쪽 지역[山東]을 나누어 차지하고 있었기 때문에 없어진 경과 일등 가는 학업은 다행히 대대로 학문을 하는 집안의 딸에게 남았다. 그래서 유명한 공경들이 억지로 더불어 들을 수 있는 것이 아니었다. 이들 두 어머니는 그래서 모두 여자의 몸으로 남자들의 일을 실천한 것이다. 경학을 전하고 역사서를 서술하는 일은 아마 천도와 인법[天人道法]에 관련되었을 것이니 그것이 파묻히고 전승이 사라질까 두렵다. 세상의 주인 되는 임금은 파격적으로 떠받들고 예를 차리지 않을 수 없었다. 그렇다고 그들의 타고난 자질이 빛나기 때문에 세상을 놀라게 했다는 말은 아니다. 다름 아니라 변방을 평정한 초세부인(譙洗夫人) 같은 사람도 있고[53] 황제를 보좌한 평양공주[平陽柴主]도

---

53 『수서』「열녀전」은 이러하다. "초국부인은 고량(高涼) 세씨(洗氏)의 딸이다. 대대로 남월(南越)의 수령이었는데 산과 골짜기를 타넘어 의지하였으며 부락이 십여만이나 되었다. 부인은 어려서 훌륭했고 계책과 모략이 많았다. 부모에게 있을 때 부하 무리를 잘 어루만져 복종하게 했고 군대를 행진시키고 작전을 펼칠 수 있어서 제월(諸越)을 눌러서 복종시켰다. 바다 남쪽의 담이(儋耳) 가운데 귀순하여 붙은 것이 천여 골짜기나 되었다. 양나라 대동 연간 초에 고량 태수 풍보(馮寶)가 맞아들여 아내로 삼았다. 정령에 질서가 있어서 사람들이 감히 어기지 않았다. 풍보가 죽자 영남 바깥[嶺表]이 크게 어지러워졌다. 부인이 백월(百越)을 품어 모으자 여러 주가 편안해졌다. 진나라 영정 11년 아들 풍복[僕]을 양춘 군수(陽春郡守)에 제수했다. 나중에 광주 자사 구양흘(歐陽紇)이 반란을 일으키자 부인은 군대를 일으켜 그들에게 대항했고, 구양흘의 무리가 싸움에 패하여 흩어졌다. 풍복은 부인의 공로로 신도후(信都侯)에 봉해지고 평월중랑장(平越中郎將)을 더했다가, 석룡 태수(石龍太守)로 옮겼다. 지덕 연간에 풍복이 죽었다. 진나라가 망하고 영남 바깥의 여러 군이 함께 부인을 받들어 성모(聖母)라고 불렀는데, 국경을 지키고 백성을 안정시켰다. 수나라 고조가 총관(總管) 위광(韋洸)을 보내 영남 바깥을 편안하게 어루만졌다. 부인은 자기 손자 풍혼[魂]을 보내 사람들을 이끌고 광주에 맞아들였다. 풍혼을 표창하여 의동삼사를 삼았다. 얼마 지나지 않아 번우(番禺) 출신의 왕중선(王仲宣)이 반란을 일으키자 수령들이 모두 그에게 응했는데 위광은 광주성에 있었다. 부인은 손자 풍앙[盎]을 보내서 나가 토벌하여 군대를 남해까지 진출시켜 녹원군(鹿願軍)과 만나서 함께 왕중선을 쳐부수었고 영남 바깥은 결국 평정되었다. 고조는 풍앙을 고주(高州) 자사에 제수하고 풍보를 광주(廣州) 총독 초국공(譙國公)으로 추증하고 부인을 초국부인으로 책봉했다. 막부를 열고 장사(長史) 이하 벼슬아치를 두었다."

역주_ 천도와 인법은 '天人道法'을 옮긴 말이다. 천도에 대해서는 앞의 역주에서 설명했

있다.[54] 이것도 고금을 통틀어 드문 일이다. 한 사람은 특별히 막부(幕府)를 열어[55] 벼슬아치들을 부서별로 임명했다. 한 사람은 해를 가리는 일산[羽葆]을 받치고 음악을 연주하며 근위대[虎賁]가 칼을 차고 호위했다.[56] 어떤 사람은 수나라 임금과 당나라 임금의 조치가 마땅하지 않으므로 본디 그래서는 안 되는 것이라고 생각한다. 천하의 여자들에게 이것을 법도라고 생각하도록 만들 수도 없을 뿐더러 이런 이치도 없다.[57]

다. 인법은 사람이 만든 법도라는 뜻이다. 천도가 자연발생적이라면 인법은 인위적인 것이기 때문에 이렇게 구분했다.

54 『구당서』「시소전」(柴紹傳)은 이러하다. "평양공주(平陽公主)는 고조의 셋째 딸이다. 의병이 장차 일어나려 할 때, 공주는 시소와 함께 장안에 있다가 심부름꾼을 보내 몰래 그것을 알렸다. 공주는 이렇게 말했다. '그대는 마땅히 빨리 떠나야 합니다. 나는 일개 여자로서 임시로 쉽게 숨을 수 있으니 따로 꾀를 내는 것이 마땅합니다.' 시소는 즉시 태원으로 몰래 갔다. 공주는 그래서 호현(鄠縣)의 장원[莊所]으로 돌아와 집안의 재물을 흩어서 산속에 망명한 사람들을 불러서 수백 명을 얻은 뒤 군대를 일으켜 고조에 응했다. 당시 이민족 도적[胡賊] 하반인(何潘仁)이 있었는데 사람들을 모으고 소속이 아직 없었다. 공주는 집안 심부름 하는 어린 종 마삼보(馬三寶)를 보내서 이로움과 해로움으로 설득하여 호현을 공격하도록 만들어 함락시켰다. 마삼보는 또 떼도둑 이중문(李仲文), 상선지(向善志), 구사리(丘師利) 등을 설득하여 각자 무리 수천 명을 이끌고 와서 모이게 했다. 공주는 주질, 무공, 시평(始平)까지 땅을 빼앗아 모두 아래에 두었고 군대 칠만 명을 얻었다. 공주는 간사(間使)에게 소식을 전하도록 시켰다. 고조는 크게 기뻐했다. 의군(義軍)이 황하를 건널 때 시소를 보내 수백 명의 기병을 이끌게 하고 화음으로 달려가게 해서, 남산 기슭에서 공주를 맞았다. 당시 공주는 정예군 만여 명을 이끌고 태종의 군대와 위수 북쪽에서 회합했다. 시소와 각자 막부를 두고 함께 서울을 포위했는데 군영의 이름을 낭자군(娘子軍)이라 했다. 서울을 평정하고 평양공주로 봉했다. 고조 6년에 돌아가시고 장차 장례를 치를 때가 되었는데, 앞뒤로 일산을 받치고 음악을 연주하며 큰 수레에 깃발을 휘날렸는데 반검(班劍) 마흔 명, 호분의 갑옷으로 무장한 병사를 더해서 배치하라는 황제의 명령이 내렸다." 나는 이렇게 생각한다. 시소는 자가 사창(嗣昌)이며 진주(晉州) 임분(臨汾) 출신이다. 고조가 아직 황제가 되기 전에 딸을 시집보냈는데 다름 아니라 평양공주이다.

55 초국부인은 막부를 열고 장사 이하 벼슬아치를 두었다.

56 평양공주는 일산을 받치고 음악을 연주하며 반검 마흔 명, 호분의 갑옷으로 무장한 병사를 더하라는 황제의 명령이 있었다. 우보는 새 깃털을 이어서 엮은 일산의 장식이다. 고취는 북, 징, 피리, 호드기 등이 함께 연주하는 음악 곡조이다. 반검은 칼을 쥔 무사이다. 호분은 용감한 병사이다.

57 나는 이렇게 생각한다. 이 단락은 반소나 송씨처럼 경부와 사부의 끊어진 학업을 전수하는 것이 결코 화려한 재주로 세속을 현혹하는 일이 아니라는 것을 말한다.

진나라 때 사람들은 현학의 기풍[玄風]을 높여서 감정에 내맡긴 채 자유로웠다. 남자들은 육예를 술지게미처럼 생각했고 여자도 청담을 우아하다고 높였다.[58] 왕응의 아내 사씨가 보장(步障)을 걷고 이야기하겠다고 한 일[59]이나 왕혼의 아내 종씨가 참군 벼슬의 왕제에게 새로 시집을 가겠다고 농담한 일[60]은 비록 큰 절개는 잃지 않았지만 명교는 깨끗하게 사라지고 없다. 어떤 논자는 북조가 열여섯 나라로 분열되고 산목숨이 도탄이 빠진 일의 허물을 도리어 청담이 예교(禮教)를 소멸시킨 것에 돌린다. 이것은 정말 근본을 찾은 이론이다.[61]

---

58 『송서』「사령운전론」(謝靈運傳論)은 이러하다. "과거 동진 중흥 연간에 현학의 기풍만 성했다." 『자치통감』「위기」(魏紀)는 이러하다. "하안은 노자와 장자의 책을 좋아하여 하후현, 순찬(荀粲) 및 산양의 왕필 무리와 함께 다투어 청담을 하고 허무를 최고로 숭상하고 육경이 성인의 찌꺼기라고 했다. 이로부터 천하의 사대부가 그를 다퉈 사모하고 본받아서 결국 유행하게 되었고 다시 제어할 수 없었다." 『세설신어』「덕행」의 주는 왕은 『진서』를 인용하여 이렇게 말한다. "위나라 말에 완적은 술을 좋아하고 황당무계하고 제멋대로여서 머리에 모자도 쓰지 않고 산발을 한 채, 발가벗고 두 다리를 쭉 뻗고 살았다. 그 뒤 신분이 높은 집안 젊은이들인 완첨(阮瞻), 왕징, 사곤, 호모보지(胡毋輔之) 무리는 모두 완적을 조술하여 위대한 도의 근본을 얻었다고 했다. 그래서 모자를 벗고 옷을 벗었으니, 추악한 것을 드러내기가 짐승과 같았다. 심한 사람은 통(通)이라고 이름을 짓고 버금가는 사람은 달(達)이라고 했다." 청담[淸言]은 「고문십폐」의 주44를 보라.

59 『진서』「열녀전」은 이러하다. "왕응(王凝)의 아내 사씨는 자가 도온(道韞)이고 사혁[奕]의 딸이다. 총명하고 기억력이 좋으며 재치 있는 말재주가 있었다. 왕응의 아우 왕헌지[獻之]는 손님들과 이야기하면서 논의한 적이 있는데 말문이 막히게 생겼다. 사도온은 계집종을 보내 왕헌지에게 이렇게 말했다. '새색시가 서방님께 포위당한 것을 풀어주시고자 합니다.' 그래서 푸른빛 무늬 있는 비단 병풍을 중간에 놓아 자신을 가리고 왕헌지의 이전 논의를 펼치자 손님이 굴복하지 않을 수 없었다."

60 『세설신어』「배조」는 이러하다. "왕혼(王渾)이 아내 종씨(鍾氏)와 한 자리에 앉아 있을 때 아들 왕제[武子]가 뜰을 지나가는 것을 보았다. 왕혼은 기뻐하면서 아내에게 이렇게 말했다. '이런 아이를 낳았으니 내 뜻을 위로하기에 충분하다.' 아내는 웃으면서 이렇게 말했다. '만약 제가 아우님 왕륜[參軍]과 짝이 되었다면 낳은 자식이 본래 저 정도에 그치지 않았을 것입니다.'" 나는 이렇게 생각한다. 왕혼의 아우 왕륜[淪]은 자가 태충(太沖)이고 대장군 참군(大將軍參軍)을 지냈으며 나이 스물다섯에 죽었다.

61 『일지록』 권5는 이러하다. "위나라 명제가 일찍 세상을 뜨고 소제(少帝)가 즉위하고 원년을 정시로 고쳤다. 삼국이 세발솥처럼 버티고 서서 이때까지 일이십 년이 지났다. 동시대의 유명 인사들의 풍류가 낙양에서 성했다. 그래서 그들은 경전(經典)을

왕씨 집안과 사씨 집안[62]은 비록 예법을 어겼지만 청담과 개념의 이치는 대단히 멀리까지 깨달은 것이다. 그들은 유학의 기풍[儒風]에 물들었지만 현학의 뜻에도 훤했다. 선비의 학문에 비유하자면 언행이 중용에 맞지 않는 사람이 잘못되면 광간(狂簡)이 돼버리는 것[63]과 같을 뿐이다.(이단에 가깝지만 노래하는 기생이나 배우에 가깝지는 않다) 시[五言七字]나 지을 줄 아는 사람만 아니라면 여자가 지켜야 하는 네 가지 덕과 삼종지도[四德三從]를 갖춘 여자보다 자신이 낫다고 자부할 것이다.[64] 만약 그들이 부드럽고 아리따운 모습을 하고[65] 날씨가 찬지 따뜻한지 곰살궂게 묻고 대답

버리고 노자와 장자를 숭상했으며 예법을 없애버리고 얽매이지 않는 것을 숭상했다. 자기 주인이 넘어질까 위태로운 것을 보고도 그냥 길에 지나가는 사람처럼 여기는 일은 바로 이런 여러 현자들이 이끈 것이다. 이 이후부터 다투어 서로 조술했다. 『진서』「유림전서」(儒林傳序)는 이렇게 말한다. '유교[闕里]의 전범과 경을 물리치고 정시 연간의 나머지 논의를 익히며, 예법을 가리켜 세속적이라고 하고 생각 없이 되는대로 큰 소리 치는 것을 가리켜 맑고 고상하다고 한다.' 이것은 허튼 명성이 비록 시류에 의해 입혀졌지만 돈독한 논의는 아직 학자들에게 잊히지 않았다. 그래서 육예를 강구하고 밝혀서 정현과 왕숙이 한나라의 끝을 모았다. 노자와 장자를 펼쳐 말하여 왕필과 하안이 진나라의 시작을 열었다. 나라는 위에서 망하고 가르침은 아래에서 망하는 지경에 이르렀고 서쪽 이민족들[羌戎]이 번갈아 중국을 정복했으며 임금과 신하가 여러 차례 바뀐 것은 숲속 여러 현자들의 허물이 아니라면 누구의 허물이겠는가!" 나는 이렇게 생각한다. 이 단락은 진나라 때 사람들부터 생각 없이 되는대로 큰 소리 치고 명교가 무너지기 시작했다고 말한다.

62 왕씨와 사씨는 동진 때의 명망 있는 집안[望族]이다. 『남사』「적신전」[賊臣] "후경전"(侯景傳)은 이러하다. "후경은 왕씨와 사씨에게 청혼을 했다. 황제는 이렇게 말했다. '왕씨와 사씨는 문벌이 높아서 짝이 되지 못한다. 주씨나 장씨 이하에서 찾아보는 것은 괜찮다.'"

63 언행이 중용에 맞지 않는 사람은 「질성」의 주3을 보라. 『논어』「공야장」은 이러하다. "우리 고향의 젊은이들은 뜻이 크나 일은 간단하다."주희 주는 이러하다. "광간(狂簡)은 뜻이 크지만 일에 간략한 것이다."

역주_ 광간은 기상도 있고 뜻도 높으나 실천할 줄 모르는 사람이다.

64 반소[曹大家] 『여계』(女誡)는 이러하다. "여자에게는 네 가지 행실이 있다. 첫째 여자의 덕성, 둘째 여자의 말, 셋째 여자의 몸가짐, 넷째 여자의 일이다." 『의례』「상복」자하 「전」은 이러하다. "여자에게는 삼종(三從)의 도리가 있고 한 가지만 고집하는 도는 없다. 그러므로 아직 시집가지 않았다면 아버지를 좇고 이미 시집갔다면 지아비를 좇으며 지아비가 죽으면 아들을 좇는다."

65 나는 이렇게 생각한다. 기(綺)는 의(旖)라고 써야만 한다. 『사기』「사마상여열전」은 이러하다. "깃발은 가볍고 부드럽게 바람에 나부낀다." 『사기색은』은 장읍(張揖)을

하며 섬세하게 구석구석 묘사하고 아주 비슷한 모습으로 그리듯 표현하여[66] 화장품으로 자신의 번지르르한 낯빛을 더한 뒤 대놓고 자신의 허튼 소리를 꾸몄다고 해보자. 만약 진나라 사람들이 이런 꼴을 본다면 당시 사람들이 아무리 거짓되고 미덥지 않다 하더라도 아내와 자식을 데리고 도망칠 것이다.[67](왕씨 집안과 사씨 집안은 비록 예법을 어겼지만 사실 책을 읽고 학문을 아는 것이다. 그러므로 그들의 뜻이 깊고 먼 것이다. 그들은 재능 있는 젊은이와 아리따운 아가씨[才子佳人]처럼 으레 천박하고 상스럽게 명성을 좋아하는 사람과 비교해선 안 된다.)

당나라와 송나라 이후부터 천재 여자의 글 가운데 볼만한 것은 봄날 여자의 생각이나 가을날 여인의 애원, 꽃이나 풀이 우거지고 이우는 일, 짧은 노래나 자그마한 글에 지나지 않는다. 이런 글들이 천재 여자의 높고 뛰어남을 전하고 있다. 송약신[宋尙宮]의 『여논어』, 후정씨(侯鄭氏)의 『여효경』 같은 저작이 틈틈이 나타나긴 했다.[68] 비록 그들의 타고난 자질과 판단력이 세상 물정에 어둡고 변변치 못하긴 하지만(여자를 훈계하는 글[女訓]을 지으려고 하면서 반소의 『여계』의 형식을 배워야 한다는 사람은 성인의 경을 함부로 본떠 『칠림』처럼 가상으로 질문하는 형식이나 자허나 오유선생에 관한 글을 짓는 일과 같다는 것을 모른다.) 그들이 가는 방향은 우아하고 올바른 쪽에 가깝

인용하여 이렇게 말한다. "의니(旖旎)는 아나(阿那)와 같다." 가볍게 차면서 부드럽고 온순한 모습을 가리킨다.

66 심약 『송서』 「사령운전론」은 이러하다. "사마상여는 형태를 비슷하게 그리는 말을 교묘하게 잘했다." 『문심조룡』 「물색」(物色)은 이러하다. "최근 이래로 글은 형태를 비슷하게 그리는 것을 소중하게 생각하고 있다. 사람들은 풍경에서 진정한 모습을 살피고 풀과 나무에서 모습을 갈아낸다. 노래와 시를 읊으려면 오로지 의지가 깊고 오랫동안 지속되어야만 한다. 사물을 체득하여 묘하게 만들려면 결과가 빈틈없이 붙어있어야 한다. 그러므로 교묘한 말과 절실한 형상은 도장이 진흙에 찍힌 것과 같다. 더 가다듬거나 깎지 않지만 터럭이나 겨자만큼 작은 것까지 세세하게 그려낸다. 그러므로 말을 살펴서 모습을 볼 수 있으며 글자에 의거하여 시대를 알 수 있다."

67 나는 이렇게 생각한다. 이 단락은 왕씨와 사씨 같은 큰 집안에서 책을 읽고 학문을 아는 것은 다만 글을 잘 쓰기 위해서만은 아니라고 말한다.

68 「경해 하」의 주18 및 주19를 보라.

다. 예술계에서는 이런 글들을 칭찬하면서 그들의 의지가 퍽 아름답다고 너그럽게 받아들일 뿐이다.(이것은 모두 옛사람의 부학이 전해지지 않았기 때문에 의지가 있는 사람들이 이룬 것도 이 정도에 지나지 않는다) 이청조[李易安]가 금석문을 편집하고 연구한 일[69]이나 관도승(管道升)의 정교하고 묘한 글씨와 그림[70]은 후세에도 짝이 될 만한 것이 드물다. 그러나 진귀한 금석에 새겨진 글자에 대한 이청조의 연구는 오로지 조명성[湖州]이 대조하고 교감한 일을 도운 것일 뿐이다.[71] 붓을 놀리는 관도승의 정교한 능력도 조맹부[承旨]가 관찰하고 연습한 일을 근거로 한 것일 뿐이다.[72] 재상의 며느

---

69 송나라 이청조(李淸照)는 호가 이안거사(易安居士)이며 예부 원외랑 이격비[格非]의 딸이다. 어려서 문학적 자질이 있었고 자라서 제성(諸城)의 조명성(趙明城)에게 시집갔다. 조명성은 경과 문집 및 삼대의 청동기, 글씨와 그림, 금석문을 소장하기 좋아했다. 곧이어 내주와 치주[淄]의 지주가 되었는데 녹봉을 쏟아 부어 교감하는 일에 집어넣었고 이청조는 함께 교감했다. 조명성이 『금석록』(金石錄)을 지었는데, 고증이 정확하여 역사서의 잘못을 증명하기 충분한 것이 많았는데 사실 이청조가 도와서 완성한 것이다. 정강 2년 봄, 조명성은 건강으로 할아버지 상을 치르러 가면서 소장하고 있던 것을 절반이나 버렸다. 그해 12월 금나라가 청주(靑州)를 함락할 때 집 열 칸도 넘는 분량의 장서를 불살랐다. 조명성은 제성 출신이지만 집은 청주에 있었기 때문이다. 건염 2년 다시 지건강부(知建康府)로 기용되었다. 건염 3년 지호주(知湖州)의 명령을 받았다. 행재에 도착했지만 병으로 죽었다. 이청조는 스스로 글을 지어 그를 제사지냈다. 장사를 치른 뒤 이청조는 태주로 가서 자기 아우 이항[迒]에게 의지하여 월주와 구주 등 여러 곳을 옮겨 다니며 피난했다. 소흥 2년 또 항주로 가는 길에 들고 있는 고대의 기물을 차례로 잃어버렸다. 그래서 「금석록후서」(金石錄後序)를 지어 떠도는 상황을 스스로 기술했다. 저술에 『수옥사』(漱玉詞)라는 「집」이 있다. (도광 연간 『제남부지』(濟南府志) 「열녀전」)

70 원나라 관도승(管道昇)은 자가 중희(仲姬)이고 오흥 출신이며 한림원 승지(承旨) 조맹부(趙孟頫)의 아내이다. 묵죽, 묵매, 묵란[墨竹梅蘭]을 그릴 때 붓 놀리는 의도가 정밀하고 뛰어났고, 역시 산수화와 불상도 잘 그렸다. 사장을 짓는 일도 배우지 않았지만 잘했다. 편지를 쓸 때 행서와 해서는 거의 조맹부와 다르지 않았다. 위부인(衛夫人) 이후 더불어 짝할 만한 사람이 없다. 위국부인(魏國夫人)에 봉해졌으며 세상에서는 관부인(管夫人)이라고 불렀다.

71 이청조[李易安] 「금석록후서」는 이러하다. "5월 지양(池陽)에 이르렀는데 지호주의 어지를 받았다."

72 『원사』 「조맹부전」(趙孟頫傳)은 이러하다. "조맹부는 자가 자앙(子昂)이고 송나라 태조의 아들 진왕(秦王) 조덕방[德芳]의 후손이다. 호주에 저택을 하사받았기 때문에 조맹부는 호주 출신이 되었다. 원나라에 벼슬을 했고 연우 3년에 한림학사 승지, 영록대부(榮祿大夫)에 제수되었다. 조맹부의 시와 글은 맑고 깊으며 기이하고 편안해

리인 이청조가 태학생[三舍]과 어울려 글을 논할 수 있었다는 소리를 들어본 적이 없다.[73](이청조와 조명성(趙明誠)은 『금석록』(金石錄)을 편집했다. 당시 조명성은 태학에서 공부하고 있었기 때문에 이렇게 말한 것일 뿐이다) 한림학사의 부인인 관도승은 조정 대신[九卿]과 함께 청담을 나눌[揮麈] 수 있었다.[74] 비록 문장을 공공의 도구[公器]라고 하지만 남녀 사이는 사실 예나 지금이나 중대한 한계이다. 그러니 위엄이 있고 당당한 명분과 의리 및 사람이 지켜야 할 도리[綱常]를 어찌 모함할 수 있겠는가?[75]

당나라와 송나라 때부터 과거의 명나라 때까지 나라의 제도에서 여악(女樂)을 없애지 않았다.[76] 공경 대신이 궁에 들어와 당직할 때 비취빛 소매를 두른 시녀가 향로를 들고 있었다. 관청에서 잔치를 베풀 때마다 붉

서, 그것을 읽으면 사람이 바람에 나부껴서 속세의 먼지를 벗어나는 듯한 생각이 들게 만든다. 소전, 대전, 팔분서, 예서, 해서, 행서, 초서[篆籀分隸眞行草書]는 고금에 으뜸이고 따를 사람이 없어서 드디어 글씨로 천하에 이름이 났다. 그가 그린 산수, 나무와 돌, 꽃과 대, 사람과 말은 더욱 정교하고 치밀하다."

73 장염(張琰) 「낙양명원기서」(洛陽名園記序)는 이러하다. "이격비[文叔, 이격비의 자이다]는 원우 연간에 태학에서 벼슬살이를 했다. 건중정국(建中靖國) 연간에 붕당의 바르지 못한 사람들을 다시 쓰면서 당인(黨人)으로 유배 갔다. 딸이 조상정(趙相挺)의 아들에게 시집갔는데 역시 시를 잘 지었다." 그래서 이청조는 바로 재상의 며느리이다. 송나라 제도에서 처음 입학한 사람은 외사(外舍)가 되고 외사로부터 내사(內舍)로 올라가며 내사로부터 상사(上舍)로 올라간다. 이것은 마치 청나라 때 생원 가운데 부생(附生), 증생(增生), 늠생(廩生)과 같다. 두보 「춘일억이백」(春日憶李白) 시는 이러하다. "언제 한 동이의 술이런가? 다시 더불어 자세하게 글을 논하고 싶네."

74 진나라는 봉상(奉常), 낭중령(郎中令), 위위(衛尉), 태복(太僕), 정위(廷尉), 전객(典客), 종정(宗正), 치속내사(治粟內史), 소부(少府)를 구경(九卿)이라 한다. 한나라는 봉상을 태상(太常), 낭중령을 광록훈, 전객을 대홍로(大鴻臚), 치속내사를 대사농으로 고쳤다. 대대로 그것을 이었다. 먼지를 떨어버리는 것은 「횡통」편의 주10을 보라.

75 나는 이렇게 생각한다. 이 단락은 당나라와 송나라 이래로 여자의 자질을 칭찬할 만한 사람도 역시 바깥으로 나대지 않았다고 말한다.

76 주회오(朱懷吳) 『소대기략』(昭代紀略)은 이러하다. "천자가 전각에 오를 때 여관이 따르면서 모시고 여악(女樂)이 이끄는 일은 틀림없이 여태후와 측천무후가 조정에 임했을 때 시작되었겠지만 당나라 현종은 고사로 물려받았다. 명나라 태조가 묵은 법의 폐해를 없애서 영원한 더러움을 씻기에 충분했다." 섭장청은 이렇게 말한다. "이것은 명나라 때 조정에서 황제에게 하례를 올릴 때 여악을 그만 두었지만 여관 육국(六局)이 이끄는 사악은 여전히 없애지 않았다는 것을 말한다."

은 치마를 두른 기생이 술시중을 드는 것을 볼 수 있었다. 오동나무 아래 금 우물[梧桐金井]이란 나그네가 묵는 역정(驛亭)에서 가을을 슬퍼하는 인연이 있었다는 말이다.[77] 난초꽃과 사향 같은 미인[蘭麝天香]이란 곡강지[曲江]에서 봄빛 찬란한 맹세가 있었다는 말이다.[78] 기록을 보면 상세하기도 하다. 또한 과거 명나라[前朝]의 포학하고 가혹한 정치는 신사들[縉紳]을 처벌할 때 재산을 몰수하고 아내와 자식까지 재앙을 당했다. 시와 예로 이름난 번듯한 집안[詩禮大家]의 여자라도 북리(北里)의 기생으로 전락하는 경우가 많았다.[79] 그들 가운데 인물과 예술이 모두 묘하게 빼어

---

77 송나라 진세숭(陳世崇) 『수은만록』(隨隱漫錄) 권5는 이러하다. "육유[陸放翁]가 역에서 묵는데 바람벽에 이렇게 적어 놓은 것을 보았다. '옥으로 만든 섬돌 귀뚜라미 맑은 밤에 시끄러운데, 달빛 어린 우물에 오동잎은 옛 가지와 작별하네. 자려고 누웠으나 구슬프고 쓸쓸하여 잠들지 못하다가, 등불을 불러 일어나 가을 느낌 시를 지었네.' 육유가 누가 썼느냐고 물으니 역졸(驛卒)의 딸이라고 하였고 결국 첩으로 들였다. 장차 반년 조금 넘으려는 무렵 부인이 그를 내쫓았다. 첩은 「복산자」(卜算子)를 지었다. '눈썹 위 근심 주름이나 알았지 근심이 어디서 오는지 몰랐더니. 창밖에 파초 있고 한 바탕 황혼 비가 내리네. 새벽에 일어나 나머지 화장하고 매만져 근심을 떠나보내려 한다. 봄 산을 그린 것과 맞지 않아 여전히 근심이 착 달라붙어 있네.'"

78 분명하지 않다. 나는 이렇게 생각한다. 원나라 때 석군보(石君寶)가 「이아선화주곡강지」(李亞仙花酒曲江池)를 지었는데 정원화(鄭元和)가 곡강에서 이아선(李亞仙)을 만난 일을 펼치고 있다. 난초꽃과 사향 같은 미인이란 말은 어쩌면 이아선을 가리켜 천하에서 제일가는 향기와 빛깔이라는 모란 같은 미인이라고 하는 것이리라. 춘명(春明)은 당나라 서울의 대문 가운데 하나인데, 이를 빌려 서울을 가리킨다. 춘명의 맹세는 어쩌면 두 사람이 곡강에서 철석같이 맹세한 일을 가리키리라.

79 적몰(籍沒)은 가진 것을 장부에 기록하고 몰수하는 일이다. 명나라 성조(成祖)는 임오년 국난에 목숨을 바친 여러 신하들의 호적에서 십족(十族)까지 죽였는데 자식들은 죽이지 않고 남겨 교방(敎坊)에 귀양살이를 보내는 바람에 스스로 목을 매서 죽은 사람이 많았다. 곡응태(谷應泰)는 이렇게 말한다. "사나운 진나라의 법도 죄를 주는 것은 삼족(三族)에 그쳤다. 우악스러운 한나라의 율도 오종(五宗)을 넘지 않았다. 그러므로 보천(步闡)의 집안이 모두 남김 없었다면 육기나 육운의 씨는 말라버렸을 것이다. 세상 사람들은 '천도는 돌아오는 것을 좋아하지만 사람 목숨은 지극히 소중하다'라고 하는데도 결국 이 지경까지 멸망시킬 수 있구나! 또한 하물며 공융이 재앙을 받으면서 상처를 입은 공융의 딸이나 곽회(郭淮)를 좇아 연좌된 아내도 옛날에 다만 형벌로 죽였을 뿐이지 결코 욕보이고 더럽히지는 않았다. 그러나 교방에 나누어 딸리게도 하고 여러 종놈에게 나눠주기도 하니, 반씨(潘氏)가 궁궐 안의 길쌈하는 방에서 황제의 은혜를 입기도 하고 재능 있는 사람이 여물을 썰어 말 먹이는 데 떨어지기도 한다. 이것은 충성스런 신하와 정의로운 선비가 더욱 머리카락이 곤두

난 여자들이 있었다. 그들은 음악에 맞춰 읊는 시를 똑 부러지게 휘어잡았기 때문에 서울의 사대부들은 그들을 좇아 노래를 주고받곤 했다. 아마 이것은 봄날의 풀처럼 끊이지 않고 이어지는 감정이거나 가을날의 단풍처럼 먼 곳을 그리는 마음일 것이다. 그들이 주고받은 노래는 친구로 사귀는 것과 비슷하며 부드러우면서 에둘러 은근하게 꾸준히 오갔다.[80] 시의 정서는 툭 트여 활달하기 때문에 꺼리고 미워할 것도 없다. 좋은 집안 여자[閨閣]의 시는 은은한 북소리와 종소리가 집 밖으로 울려 퍼지는 것 같기 때문에[81] 그들의 도는 본디 당연한 것일 뿐이다. 하물며 음악에 맞춰 읊는 시가 당나라 때[三唐] 성행했다지만[82] 여자의 시 가운데 전해지는 것은 역시 적다. 이제 당나라 때만 놓고 헤아려 보면 시가 가장 많은 여자라도 이야(李冶), 설도(薛濤), 어현기(魚玄機)[83] 세 사람만도

서서 모자를 뚫게 만들고 가슴을 치고 설욕의 눈물을 흘리게 만드는 일이다."(『명사기사본말』 권18) 『사기』「상본기」(商本紀)는 이러하다. "주왕이 사연(師涓)에게 새로운 음탕한 곡조, 북쪽 변방의 춤, 간드러진 음악을 만들도록 시켰다." 나중에 기생집[倡寮]을 북리(北里)라고 부르게 되었다. 당나라 손계(孫棨) 『북리지』(北里志)는 이러하다. "평강리(平康里)는 북문으로 들어가서 동쪽을 향한 세 개의 마을[三曲]이 있는데 다름 아니라 여러 기생들이 모여 사는 곳이다."

80 강엄 「별부」(別賦)는 이러하다. "봄풀은 푸른빛 봄물처럼 초록 물결 일으키는데 남포에서 그대 보내니 슬픔을 어이 하나!" 『초사』「초혼」은 이러하다. "넘실대는 강물이여! 강가에 단풍나무 서있고. 눈은 천리를 다함이여! 봄을 느끼는 마음 아프구나." 『시』「패풍」 "신대"는 이러하다. "편안하고 순한 이를 구하는데." 「전」은 이러하다. "연(燕)은 안(安)이고 완(婉)은 순(順)이다."

81 『시』「소아」 "백화"는 이러하다. "집안에서 치는 북소리며 종소리, 소리는 바깥에서도 들리는데."

82 삼당(三唐)은 초당(初唐), 성당(盛唐), 만당(晚唐)을 말한다. 고병(高棅) 『당시품휘』(唐詩品彙)는 네 개의 시기로 나누는데, 고조 무덕 원년부터 예종 태극(太極) 원년(914년)까지가 초당, 현종 개원 원년부터 대종 영태 원년(512년)까지가 성당, 대종 대력 원년부터 문종 태화 9년(619년)까지가 중당, 문종 개성 원년부터 소선제(昭宣帝) 천호(天祐) 3년(710년)까지가 만당이다.

83 이야(李冶)는 자가 계란(季蘭)이며 궁녀[女冠]이다. 『당시기사』(唐詩紀事) 권78은 이러하다. "이야[季蘭]가 대여섯 살 때, 그 아비가 뜰에서 안고 있는데 시를 지어 장미꽃을 이렇게 노래했다. '지난 시절 시렁을 얽어주지 않았더니 마음이 가로세로 어지러이 얽혔네.' 아버지는 성을 내면서 이렇게 말했다. '이것은 틀림없이 행실을 잃은 여편네가 될 것이다!' 나중에 결국 그 말처럼 되었다." 『직재서록해제』「별집류」는

못하다. 나머지 사람은 비교할 수도 없다. 그래서 여관이나 기생[坊妓]에게 글이 많은 이유는 답시를 지어 접대할 일이 잦았기 때문이며 예법을 지키는 명문 집안의 여자에게 글이 적은 이유는 꾸미지도 말고 겉치레를 엄숙하게 하지 말라고 경계하기 때문이라는 것을 알 수 있다. 이것도 명백하게 증명되었다.[84]

도시나 나라를 기울게 할 만큼 유명한 기생은 유명 인사를 자주 접하며 시를 짓고 답한다. 그들이 지은 시는 부부의 의도나 친구의 의도를 모두 갖추고 있을 때 문사를 잘 빌어 왔다고 말할 수 있다. 그러나 옛사람이 임금을 그리워하거나 친구를 생각할 때는 남녀의 은근한 감정에 깃들이는 경우가 많았다. 만약 『시경』의 시인이 요사스럽고 음탕한 것을 풍자한다면 철없는 미친놈이 말하는 것으로 글을 대신했다. 유명한 기생의 시, 옛사람의 시, 『시경』 시인의 시 세 가지를 구분하자면 그들이 걸은 길은 대략 같다. 그러나 운율이 붙은 시[韻言]를 품평하려면 변별이 있다는 것을 알아야만 한다.[85] 충성스런 신하와 의리 있는 친구는 간단하

이러하다. "『이계란집』(李季蘭集)은 한 권이다." 『전당시』 「소전」은 이러하다. "설도(薛濤)는 자가 홍도(洪度)이며 본래 장안의 좋은 집안 딸이다. 아버지의 벼슬길을 따라 촉 땅에 흘러들어와 정착했고 결국 악적(樂籍)에 들어갔다. 위고(韋皐)가 촉에 주둔하면서 그를 불러 술시중을 들고 시를 읊게 하며 막부에 드나들었다. 열한 개의 주둔지를 도는 동안 모두 시로 유명했다. 늘그막에 완화계(浣花溪)에 살면서 여자 도사의 옷을 입고 송화소전(松花小箋)을 잘 만들었다. 이것을 설도전(薛濤箋)이라고 한다. 『홍도집』(洪度集) 한 권이 있다." 또한 "어현기(魚玄機)는 자가 유미(幼微)이고 장안의 있는 집안 딸이다. 책을 읽기 좋아하고 생각에 재치가 있었다. 보궐(補闕) 이억(李億)이 첩으로 들였다. 이억의 사랑이 사그라지자 결국 함의관(咸宜觀)에서 도사가 되었다. 나중에 계집종 녹교(綠翹)에게 곤장을 치다가 죽인 일 때문에 서울의 온장(溫璋)에 의해 죽임을 당했다." 『직재서록해제』 「별집류」는 이러하다. "『어현기집』(魚玄機集)은 한 권이다."

84 겉치레를 엄숙하게 하지 말라는 앞의 주8을 보라. 나는 이렇게 생각한다. 이 단락은 당나라 때 여자들 가운데 시가 전해지는 사람은 오로지 궁녀와 기생에 그친다고 말한다.

85 왕일 「이소경장구」(離騷經章句)는 이러하다. "「이소」의 글은 시에 의거하여 흥을 취했고 같은 부류를 인용하여 비유해서 가르쳤다. 그러므로 영수와 미인을 임금에게 견주고 복비(宓妃)와 협녀(佚女)를 훌륭한 신하에 비유했다." 이것이 이른바 임금과

지만 뜻 깊은 말에 간절하고 진지한 정성을 담고 있다. 나쁜 것을 풍자해서 충고하는 일과 올바르지 못한 것을 미워하는 일은 말하지 않아도 근심스러워 마음이 아픈 뜻이 드러난다. 『모시서』[序說]가 쫓겨나 없어진 뒤부터 시의 성공과 실패는 분명하게 달라졌다. 본뜻이 확실하지 않게 되었으며 문사의 교묘함과 졸렬함은 확실히 달라졌다.(『초사』「이소」는 아름다운 여인에게 참된 감정을 찾는 것처럼 말이 뒤죽박죽이다. 『시』「국풍」의 "진유" 시는 시인 자신이 서술하는 것처럼 직설적이라 맛이 없다. 빗대어 깃들이게 되면 문정(文情)도 저절로 깊어진다) 그러므로 이름도 없는 남녀의 시는 거의 태극과 음양의 이치가 하늘과 땅 사이에 있는 것과 같다. 지혜로운 사람이 보면 지혜롭다고 말하고 어진 사람이 보면 어질다고 말한다.[86] 유명한 기생이 시를 잘 짓는 것은 옛날 『시경』의 여섯 가지 뜻에 통달한 것이기도 하지만 도리어 남녀가 사모하고 기뻐하는 내용을 『시경』 시인의 온화하고 덕이 두터운 문사에 깃들인 것이기도 하다. 그러므로 그들이 남긴 말은 우아하면서도 법칙이 있고 진실하면서도 변변하다. 천 년을 전한 뒤 좋은 시만 간단히 추려 편집하더라도 실려서 빛날 것이고 남들이 없앨 수 없을 것이다.[87] 다만 주장을 세울 때는 형식이 있는 법이고 여자는 남자

벗을 그리워하는 것은 남녀의 은근한 감정에 가탁하는 경우가 많다는 것이다. 「시서」는 풍이라는 문체를 "주로 글로 빗대어 간언하였는데 말하는 자는 죄가 없고 듣는 자는 경계하기에 충분하다"라고 한다. 『시』「정풍」 "교동서"(狡童序)는 이러하다. ""교동"은 정나라 소공[忽]을 풍자한 것이다. 훌륭한 사람과 일을 도모할 수 없었고 권세 있는 신하가 임금의 명령을 휘둘렀다." 또한 "건상서"(褰裳序)는 이러하다. ""건상"은 올바른 사람이 나타나길 바라는 것이다. 미친 젊은이[狂童]가 제멋대로 행동하기 때문에 나라 사람들이 큰 나라에서 자신들을 바로잡아줄 사람을 보내주기 바라는 것이다." 이것은 이른바 올바르지 못하고 음탕한 것을 풍자하는 것인데 글은 교활한 젊은이와 미친 젊은이가 스스로 말하는 것에 깃들였다. 이 두 가지는 속 좁고 올바르지 못한 것을 주고받은 작품과 본래 구별되는 것이다.

86 주돈이(周敦頤) 「태극도설」(太極圖說)은 이러하다. "무극이면서 태극이다. 태극은 움직여서 양을 낳고 움직임이 극에 달하면 다시 고요해진다. 고요해져서 음을 낳는다. 고요함이 극에 달하면 다시 움직인다. 움직였다가 고요해지는 운동은 서로 뿌리가 된다. 음을 나누고 양을 나눠서 양의(兩儀)가 선다." 『주역』「계사전 상」은 이러하다. "어진 사람이 보면 어질다고 말하며 지혜로운 사람이 보면 지혜롭다고 말한다."

들과 다르다. 예를 들어 「해로」(薤露)가 비록 잘 썼다지만 지아비의 주검을 운구할 때 노래해야 적당하다.[88] 「도가행」[棹歌]이 설령 묘하게 잘 썼다지만 뱃사공의 아내가 불러야 적당하다.[89] 그가 아무한테나 준다 하더라도 대처하는 법은 이래야만 한다. 좋은 집안 여자[閨閣]는 하물며 집에서 한 말도 밖에 들려서는 안 되거늘 집 밖의 노래에 있는 이런 말이 어떻게 시에 들어온 것인가?[90] (관기(官妓)가 혁파된 뒤부터 여자는 집밖에서 노래하면 안 되게 되었다. 남자들은 남녀의 문사를 본떠서 짓더라도 여자가 그것을 빌어 의례가 되어서는 안 되게 되었다. 고대의 열녀(列女)는 모두 이러했다)

교방(教坊)[91]이나 백성들이 사는 마을[曲里]에서는 비록 선왕의 법률 제도가 아니더라도 사실 앞 시대의 고사가 계속 이어지고 있다. 주돈이나 정호, 정이 형제[濂洛] 같은 훌륭한 분들이 아니더라도 보잘 것 없는 덕성에 드나듦이 좀 있다고 무슨 상관이 있겠는가![92] 그러므로 업적을 세워 명성이 있는 신하와 잘못된 일을 바르게 고쳐 구제한 신하, 충성스런 의기와 절개가 있는 무리, 문장과 도덕을 갖춘 유학자, 고상하게 숨어사는 선비는 가끔 한가로운 감정을 깃들여 간단하게 편집한 글을 짓는 경우

---

87 『논어』「위령공」은 이러하다. "선생님이 말씀하셨다. '군자는 말만 가지고 사람을 쓰지 않으며 사람이 나쁘다고 좋은 말까지 없애지도 않는다.'"

88 「폄속」의 주3을 보라. 『시』의 "해로"는 장사지낼 때의 노래이며 상여를 메는 사람들이 노래하기 때문에 상여꾼[挽郎]에게 마땅한 것이다.

89 「도가행」(櫂歌行)은 상화가사(相和歌辭)에 속한다. 육기 「도가행」은 이러하다. "유명한 가수가 세차고 맑게 노래하자 옆에서 듣던 사람들도 사공의 노래를 풀어놓네." 그러므로 "사공의 아내[舟婦]여야 마땅하다"라고 한다.

90 나는 이렇게 생각한다. 이 단락은 여자들이 문지방 바깥에서 시를 지어 주고받는 일을 끊어버려야만 한다고 말한다.

91 『사물기원』(事物紀原) 권2는 이러하다. "당나라 현종[唐明皇] 개원 2년 봉래궁(蓬萊宮) 옆에 처음으로 교방을 세워서 산악(散樂), 여우(俉優), 만연(曼衍)의 놀이를 딸리게 했다."

92 주돈이는 자가 무숙(茂叔)이며 세상에서는 염계 선생(濂溪先生)이라 부른다. 정호와 정이는 「문리」의 주28 및 주29를 보라. 정호와 정이[二程]는 낙양 사람이기 때문에 세상에서는 그들의 학문을 낙학(洛學)이라고 부른다. 이학자들은 자신을 규율하는 것이 모두 엄하기 때문에 열거하여 범례로 삼는다. 『논어』「자장」은 이러하다. "자하는 이렇게 말한다. '큰 덕이 한계를 넘지 않으면 작은 덕은 왔다 갔다 해도 괜찮다.'"

가 있다. 설령 금지령을 선포한다 하더라도 성대한 덕에 그다지 누를 끼치지는 않을 것이다. 다만 문장은 고대를 배울 수 있지만 제도는 반드시 시절을 따라야만 하는 법이다. 우리 청나라[我朝]의 예교는 정밀하고 엄격하기 때문에 꺼리고 의심스러운 것은 조심스럽게 구별한다. 삼대 이후로 이처럼 엄숙했던 적은 없다. 궁중에서 여악을 금지하고 혁파한 뒤부터 관청은 교방을 설치하지 않았다.[93] 그래서 천하에서 남녀 사이를 거짓으로 빌리는 일이 없어지게 되었다. 떠돌아다니며 노래하는 기생이나 한 곳에 오래 머무는 기생이나 미색을 미끼로 그물질 하며 색을 팔게 마련이다. 이것은 모두 엄격한 법률[三尺] 조목을 어기는 일이라서 곤장을 안기라는 판결을 받고 벌금으로도 구원할 수 없다.[94](관직에 있거나 학생인 경우는 모두 품행에 오점을 남기게 되어 영원히 관직에 임용되지 못한다) 배를 삼킬 만한 고래 같은 거물은 포위망을 빠져나가기 때문에 남김없이 소송장에 이름을 걸 수 있는 것은 아니다.[95] 그러나 군자는 속으로 형벌을 두려워

93 나는 이렇게 생각한다. 당나라 초기의 아악과 속악은 모두 태상에게 딸려 있었다. 개원 2년 임금이 태상은 예악을 맡은 관청이기 때문에 배우[倡優]를 맡아서는 안 된다고 해서 다시 좌교방과 우교방[左右教坊]을 두었다. 대대로 그것을 이었다. 궁중의 잔치는 모두 여악을 썼다. 청나라 순치 16년 비로소 태감(太監)으로 고쳐서 썼다. 옹정 7년 화성서(和聲署)로 고치고 비로소 교방을 없앴다.

94 돈(頓)은 가다가 머무르는 것이며 이리저리 옮겨 다니는 것과 짝이 된다. 『한서』 「두주전」은 이러하다. "두주에게 이렇게 말하는 손님이 있었다. '그대는 천하를 위해 공평한 판결을 결정하는 자리에 있으면서 바꿀 수 없는 세 자 짜리 죽간에 쓴 법[三尺法]을 따르지 않고 오로지 황제의 뜻에 따라 사건을 판결하고 있소. 사건의 판결이 본디 이런 것이오?'" 두주는 맹강(孟康)을 인용하여 이렇게 말한다. "세 자 짜리 죽간으로 법령을 쓴다." 『대청율례』 권35 「형률」(刑律) "관리숙창"(官吏宿娼) 조는 이러하다. "갈보를 재우는 모든 문관과 무관은 곤장 예순 대를 친다.(주는 이러하다. 기생을 끼고 술을 마시는 경우도 역시 이 법률에 연좌된다) 중개해서 합쳐준 사람은 한 등급 낮춘다. 만약 관원의 자손이 갈보를 재우는 사람은 죄가 역시 이와 같다." "조례(條例) 1"은 이러하다. "감생과 생원이 악쓰고 술을 마시거나 스승과 어른을 을러대거나 국자감의 규정과 학교의 규정을 지키지 않거나 기생을 끼고 도박을 하거나 관청에 드나들며 민사 소송을 일으키고 없애려고 사건 이야기를 하면서 돈을 건네주거나 물건을 만드는 재료를 독점하는 등 사항은 백성들에게 물어서 밝혀지면 각각 받아야할 죄를 다스린다. 장물을 얻은 사람은 장물을 헤아려 무거운 쪽으로 논죄한다."

하기 마련이니 어찌 스스로 사법을 담당한 벼슬아치[司敗]에게 구속될 일을 하겠는가?[96] 나는 유명 인사가 시의 원고를 판각할 때마다 전집을 보지 않고 먼저 제목을 살펴본다. 어떤 것은 볼연지를 찍은 여인과의 아리따운 정분을 기록한 것이고 어떤 것은 기생집[青樓][97]에서 주고받은 노래를 적었다. 그는 자신이 풍류를 아는 무리라고 생각하고 옛사람도 자신과 마찬가지일 것이라 생각한다. 오늘날 세상에 사는 사람이 설령 금지령을 잘 모른다고 하더라도 어찌 이런 사람과 글에 대해 논할 수 있겠는가? 주공이 예를 제정하여 같은 성을 쓰는 사람끼리는 혼인을 하지 않게 되었다.[98] 설령 주나라 이후에 산다고 해서 상고시대에는 남녀 사이의 분별이 없었다고 생각하여 인륜을 더럽히고 어지럽히며 짐승과 마찬가지로 행동하면서도 옛사람도 이랬는데 하고 생각한다면 맞겠는가?[99](유명 인사의 시집은 먼저 차꼬와 곤장을 갖추고 스스로 진술하는 것이다. 설령 그들이 까막눈이라 법률을 모른다고 해도 그래야 한다)

---

95 『사기』「혹리전」은 이러하다. "배도 삼킬 만한 큰 고기도 빠져나갈 만큼 그물을 헐렁하게 했다." "장탕[湯]은 쥐구멍을 파서 고기를 훔친 쥐 및 남은 고기를 찾아내고 쥐에게 영장을 발부하고 고문한 뒤 심문한 문서[爰書]를 작성하고 심문 판결의 문서를 보고했다." 『사기색은』은 위소를 인용하여 이렇게 말한다. "원(爰)은 환(換)이다. 옛날에 무거운 형벌은 심문한 사람이 피의자를 아끼고 싫어하는 일이 생기는 것을 꺼렸다. 그러므로 옥서(獄書)를 옮기고 바꿔서 다른 벼슬아치에게 비교 대조하게 시켰다. 그러므로 심문한 문서를 작성한다고 하는 것이다."

96 『논어』「이인」은 이러하다. "군자는 형벌을 마음에 품고 있으며 소인은 혜택을 마음에 품고 있다." 『춘추좌전』「문공 10년」은 이러하다. "자서(子西)는 이렇게 말했다. '저는 요행히 죽음을 면했는데 또 어떤 사람이 제가 장차 외국으로 도망갈 것이라고 모함하는 말을 했습니다. 저는 사패(司敗)에게 판결을 받고 죽음을 청하고자 합니다.'" 주는 이러하다. "진나라와 초나라에서는 사구의 이름을 사패라고 한다."

97 조식「미녀」(美女)는 이러하다. "기생집은 한길을 마주하고 높은 문은 무거운 빗장을 질렀네." 나는 이렇게 생각한다. 후세에는 속 좁고 올바르지 못한 것의 호칭이라고 많이 생각했다.

98 주공이 예악 제도를 창조하자 찬양의 노래 소리[頌聲]가 일어났다. 『예기』「곡례 상」은 이러하다. "아내를 맞아들일 성이 같은 사람은 맞지 않는다. 그러므로 첩을 살 때에 성을 모르면 점을 친다."

99 나는 이렇게 생각한다. 이 단락은 시집이 여자의 문학 작품을 싣는 일은 현재의 제도에 어긋난다고 말한다.

타고난 자질이 있어도 꼭 배워야 하며 학은 판단력을 소중하게 생각한다. 타고난 자질이 있는데도 배우지 않는 사람은 보잘 것 없는 지혜만 있을 뿐이다. 자그마한 지혜밖에 없고 판단력도 없는 사람은 타고난 자질을 완성하지 못한다. 타고난 자질을 완성하지 못하고 자그마한 지혜밖에 없는 사람은 아무 일도 제대로 하지 못한다. 그들은 자잘하고 방정맞으며 진중하지 못하고 가벼운 것을 『시경』이라고 생각하며(아(雅)는 올바름(正)이란 뜻이며 나쁜 풍속과 반대이다. 유행에 물드는 것을 상스럽다고 한다. 자잘하고 방정맞으며 상스럽고 촌스러운 것이 모두 세속적인 것이다. 촌스럽고 상스러운 풍속은 오히려 세도와 인심에 상처를 입히지 않지만 자잘하고 방정맞은 풍속은 『시경』의 죄인이다) 조작하여 꾸미고 명목을 꾸며 내세우는 것을 명성으로 생각한다. (명성을 좋아하는 사람치고 상스럽지 않은 사람은 없다) 나중에 태어난 사람들에게 빼기고 남자와 여자에게 창피스러운 일이 인심과 풍속에 대해 끼치는 일반적인 폐단은 이루 말할 수 없다. 방정맞으며 제 마음대로 행동하는 것은 공부하는 젊은이들[子衿] 사이에서 나오며[100] 옛사람들도 그랬다. 빼기고 내세우는 것은 여자들[巾幗] 사이에 유행하는 것이며[101] 앞 시대에는 없었다. 일반적으로 내용이 부족하면서 명성만 다투고 힘쓰며 자신이 대장부답지 못한데도 남이 소중하게 여기길 바란다면 의지가 있는 남자는 모두 그런 짓을 부끄럽게 여긴다. 게다가 부부의 인연[絲蘿]을 끊고 남자와 여자가 직접 주고받는 일을 금지한 예법을 어겨놓고도[102] 번번이 감정에서 비롯된 화려한 작품을 유학자 가운데 뜻이 맞는 사람들

---

100 『시』「정풍」"자금"(子衿)은 이러하다. "왔다 갔다 그대는 성 누각에 있다네. 하루를 못 만나면 석 달만 같다네."「전」은 이러하다. "조(佻)는 가볍고 재빠르다는 뜻이다. 달(達)은 건방지다는 뜻이다." 자금은 젊은 학생이 입는 옷이라서 젊은 학생을 가리킨다.

101 『진서』「선제기」는 이러하다. "제갈량은 자주 싸움을 걸었지만 황제(사마의를 가리킨다)는 나오지 않았다. 그러자 황제에게 건괵(巾幗) 같은 여자의 장식품을 보냈다." 괵은 여자의 머리 장식이다. 건괵은 여자를 가리킨다.

102 『시』「소아」"규변"(頍弁)은 이러하다. "겨우살이와 댕댕이덩굴은 소나무와 잣나무에 벋어 있네."「전」은 이러하다. "조(蔦)는 겨우살이이다. 여라(女蘿)는 토사(菟絲), 송라(松蘿)이다."『예기』「곡례 상」은 이러하다. "남녀는 직접 물건을 받지 않는다."

과 주고받는 일에 가져다 붙인다.[103] 그래서 어느 것이 나은지 평가받는 일을 마치 황제가 진사 급제자의 이름을 발표하는 일[臚傳]처럼 생각하고 문학적 표현의 평론을 마치 유명인사가 사람을 평가하는 월단평[月旦]처럼 생각한다.[104] 이런 일은 앞 시대의 기생집[釵樓]이나 극장[勾曲]에서는 가끔 있었다. 그러나 천지가 생긴 이래로 얌전한 숙녀[靜女]와 규방의 미인[閨姝]에게 이런 예법이 있다는 소리는 듣지 못했다.[105]

여사, 여축, 여무(女巫)와 같은 고대의 부학[106]은 각자 직업을 학이라고 생각했다. 이것은 대체로 남자가 전문적인 기예를 가지고 관직을 지키는 것과 같다. 공통적이며 요령 있는 학은 여자의 덕성, 말, 몸가짐, 일로 요약된다. 여자의 덕성은 드러나지 않기 때문에 명성이 나기 어렵다.(반드시 태임이나 태사[107] 같은 성인이라야 비로소 덕성의 전체를 칭찬할 수 있다) 여자의 일

---

103 육기 「문부」는 이러하다. "시는 감정에 말미암지만 곱고 화려하다." 『남사』는 이러하다. "심약, 사조(謝朓), 왕융은 기운이 비슷하기 때문에 서로 밀어줬다."

104 송나라 정대창(程大昌) 『연번로』(演繁露)는 이러하다. "오늘날의 황제가 진사 급제자의 이름을 발표하는 일은 궁전 위에서부터 궁전 아래까지 모두 여러 사람이 높은 소리로 계속 붙여서 앞에 소리 높여 했던 말을 전달하여 잇달아서 멀리까지 들리게 한다." 『후한서』 「허소전」(許劭傳)은 이러하다. "허소와 허정[靖]은 높은 명성을 갖추고 있었는데 함께 고향 마을의 인물을 알리고 논하는 일을 좋아해서 다달이 문득 그 평가를 바꿨다. 그러므로 여남의 풍속에는 월단평(月旦評)이 생겼다."

105 차루(釵樓)는 분명하지 않다. 구곡(句曲)은 구란(句欄)과 같다. 이상은 「창가」(倡家) 시는 이러하다. "발은 가볍고 장막은 무거우니 금빛 구란일세." 후세인은 드디어 극장을 구란이라고 부르게 되었다. 『시』 「패풍」 "정녀"는 이러하다. "얌전한 아가씨 아름다우니." 「전」은 이러하다. "정(靜)은 곧고 얌전한 것이다. 주(姝)는 아름다운 모습이다."나는 이렇게 생각한다. 이 단락은 몸파는 기생에게 품평을 바라지 않는 것이 본래 아니라고 말한다.

역주_ 섭영은 釵樓의 뜻이 미상이라고 했지만, 차두련(釵頭蓮)에서 나온 말이 아닌가 한다. 차두련은 전족(纏足)의 여러 이름 가운데 하나이다. 따라서 차루는 전족을 한 기생들이 모여 있는 집이라는 뜻으로 여겨진다.

106 여사와 여축은 앞의 주2를 보라. 『주례』 「춘관」은 이러하다. "여무(女巫)는 해마다 때가 되면 신에게 빌어서 재앙을 없애며 향기로운 풀로 목욕시키는 일을 관장한다. 가뭄이 매우 심하면 기우제를 올린다."

107 『시』 「대아」 "사제"(思齊)는 이러하다. "거룩하신 태임(太任)이시여, 문왕의 어머니시라네." 또한 "태사(太姒)께서 아름다운 소리를 이어받아, 많은 자손 낳으셨네." 태사는 무왕의 어머니이다.

은 드러나기 때문에 열거하기 쉽다.(누에치기나 베 짜기 같은 종류는 선비나 백성에 상통한다) 부학 가운데 글쓰기와 가까운 것은 여자의 말과 몸가짐 두 가지 사항이 가장 중요하다. 아마 여염집 여자[內則]부터 천자, 제후, 경, 대부, 선비까지 예법과 몸가짐[禮容]을 익히지 않는 경우는 없을 것이다. 조회, 빙문, 상례, 제례에 대해 후비, 부인, 내자, 명부는 모두 맡은 일이 있다. 평소에 잘 익혀 준비하지 않는다면 일이 닥쳤을 때 어떻게 우아하게 치를 수 있겠는가? 한나라 때 경사는 대부분 장구에 의해 예를 말했지만[108] 몸가짐을 잘 아는 서생(徐生)이라는 사람에게 의존한다.[109] 위엄 있는 예의와 나아가고 물러나는 절차는 예에 대한 학설만 외운다고 다 알 수는 없을 것이다. 그래서 여자의 몸가짐은 반드시 예에 익숙해야만 하지만 후세의 훌륭한 유학자들도 모르는 것이 있다.(역사가 기록하고 있는 경강(敬姜)[110]의 말만 살펴보더라도 예법이 엄숙하다. 어찌 후세의 경사나 훌륭한 유학자가 이에 미칠 수 있겠는가) 여자의 말은 부름이나 물음에 대답하는 말을 위주로 한다는 것은 집안에서 여자들이 하는 말이 고대에는 문밖으로 나가지 않는다는 말이다. 이른바 부름이나 물음에 대답하는 말도 반드시 예의에 필요한 것이다. 공자는 이렇게 말한다. "『시』를 배우지 않으면 말할 수 있는 근거가 없다."[111] 부름이나 물음에 대답하는 말을 잘 하는 사람

---

108 『후한서』「교현전」(橋玄傳)은 이러하다. "교현의 자는 공조(公祖)이며 양나라 휴양 출신이다. 칠대조 교인[仁]은 같은 군의 대덕을 좇아서 배웠고 『예기장구』(禮記章句) 마흔아홉 편을 지었는데 교군학(橋君學)이라고 불렀다."

109 「횡통」의 주11을 보라.

110 경강은 앞의 주18을 보라. 『국어』「노어 하」는 이러하다. "공보문백의 어머니[경강]가 계씨에게 갔다. 계강자[康子]가 조당에 있다가 그에게 말을 건넸는데 대꾸하지 않았다. 계강자가 그를 뒤좇아 침문(寢門)까지 갔으나 대꾸하지 않고 들어가 버렸다. 계강자는 조당에 간다는 인사를 하고 들어와 만나서 이렇게 말했다. '제[肥]가 가르침을 받지 못했습니다 틀림없이 죄가 없지 않겠지요?' 이렇게 대답했다. '그대는 이것을 듣지 못했는가? 천자 및 제후는 외조(外朝)에서 백성의 일을 돌보고 내조(內朝)에서 신의 일을 돌본다. 경 이하부터는 외조에서 벼슬아치의 직책을 돌보고 내조에서 집안일을 돌본다. 침문 안쪽은 여자들이 자기들 일을 다스린다. 위아래가 똑같소. 외조는 그대가 임금의 벼슬이 가진 직책을 업으로 삼는 곳이고 내조는 그대가 계씨 집안의 정사를 돌보는 곳이니 모두 내가 감히 말할 수 있는 곳이 아니오."

치고 시에 깊지 않은 사람이 없었다.(춘추시대의 여자들이 남긴 부름이나 물음에 대답하는 말만 봐도 완곡하지만 풍자하여 충고하는 말이 많다) 그래서 고대의 부학은 반드시 예에서 비롯하여 시에 통하는 것이고(예가 아니면 몸가짐을 알 수 없고 시가 아니면 말을 알 수 없다) 육예를 예나 시와 함께 잘하는 여자도 있었을 따름이다.(목강이 『주역』을 논한 일 따위이다) 후세에 부학이 전해지지 않자 재능이 뛰어나고 훌륭하며 문학을 아는 사람은 바로 자신이 여자이지만 남자의 일[士業]을 겸한다고 생각하고 은혜를 베푼 것을 자랑하는 기색[德色]이 낯에 드러나게 되었다. 여자들에게 본디 자신의 학이 있으며 학은 반드시 예를 근본으로 한다는 것을 모른다. 자신의 본업을 버리고 함부로 시에 기대지만 시도 또한 옛사람이 말한 것처럼 부름이나 물음에 대답하는 말에 익숙하고 여자의 말을 잘한다는 것이 아니다. 그러므로 설령 학에 대해 말한다 하더라도 농부가 농토를 버리고 선비가 외국에 나갈 때 선물을 잃어버린 것과 마찬가지이니[112] 어찌 부학이라고 증명할 수 있겠는가? 아! 고대의 부학은 반드시 예에서 비롯하여 시에 통했지만 오늘날의 부학은 도리어 시를 근거로 하기 때문에 예를 그르친다. 예라는 둑이 터진 판에 인심과 풍속은 다시 말할 수가 없다. 이것은 본디 제대로 된 행실이 없는 문인이 올바르지 못한 학설을 제창하여 빠뜨렸기 때문이다. 참으로 부학을 아는 사람들은 제대로 된 행실이 없는 문인을 마치 거름처럼 보는데[113](제대로 된 행실이 없는 문인의 학은 본디 얕고 촌스러워 참으로 학을 아는 사람이 속속들이 보고 논파하기 어렵지 않다) 어찌 그들에게 미혹되는 지경에 이르겠느냐?(고대의 현명한 여자는 재능이 있는 것을 소중

111 『논어』 「계씨」를 보라.

112 『맹자』 「등문공 하」는 이러하다. "주소가 이렇게 물었다. '국경을 나간다면 반드시 선물을 싣는 것은 무엇 때문입니까?' 맹자는 이렇게 대답했다. '선비가 벼슬을 하는 것은 마치 농부가 밭을 가는 것과 같다. 농부가 어찌 국경을 나가면서 쟁기와 보습을 버리고 가겠는가?'" 질(質)은 지(贄)와 통한다.

113 나는 이렇게 생각한다. 이 단락은 옛날 부학은 반드시 예를 근거로 해서 시에 통했다고 말한다.

하게 여긴다. 이전 사람 가운데 "여자가 재주가 없으면 덕이 있다"라고 말한 사람이 있다. 이것은 재능을 싫어하는 것이 아니다. 자그마한 재주만 있으면서 학을 모르는, 그래서 뻐기고 꾸미며 명성만 좇는 여자는 도리어 시골 계집이나 농부의 아내만도 못하며 뛰어난 학식을 가진 사람[大方]에게 비웃음거리도 되지 못한다는 말이다)

중간치 밖에 안 되는 네 마리 말도 시호(時髦)로 장식하면 좋은 집안의 여자들에게는 준마[絶塵]가 된다.[114] 그들은 이것을 빌어 작품의 등급을 매기지만(그들을 실제보다 지나치게 칭찬하는 경우도 있고 그들의 글을 고치고 꾸며 주는 경우도 있다) 그 아름다움을 불쌍하게 생각한 것에 지나지 않는다. 제대로 된 행실이 없는 문인의 마음은 물을 수 없는 것이다. 아! 자신이 재능이 있다고 생각해서 뻐길 때 남들은 그 아름다움을 생각해서 불쌍하게 여기는 것이다. 이유도 모르면서 그것을 흉내 내는 일은 어리석다. 이유를 조금 알아채고도 역시 그것을 흉내 내는 일은 어리석은 중에서도 어리석은 것이다! 여자의 아름다운 이름은 얌전한 숙녀라고 불리는 것이다. 얌전하면 학에 가깝다. 오늘날 재능 있는 여자[才女]라고 불리는 사람은 어찌 그리 나부대기를 좋아하는가? 어찌 그리 대단히 뒤숭숭하고 어수선한 것인가? 어휴![115]

---

114 『후한서』「순제기」(順帝紀)는 이러하다. "순제[孝順]가 처음 즉위했을 때 뛰어난 사람들[時髦]이 참으로 모였다." 주는 이러하다. "『이아』는 이렇게 말한다. '모(髦)는 준(俊)이다.' 곽박 주는 이렇게 말한다. '선비 가운데 뛰어난 사람은 마치 털 가운데 뛰어난 긴 털과 같다.' 당시 장호(張皓), 왕공(王龔), 방참(龐參), 장형, 이합(李郃), 이고, 황경의 무리이다." 『사기』「손빈전」(孫臏傳)은 이러하다. "전기는 자주 제나라의 여러 공자들과 전차 경주[馳逐]에 큰 도박을 하곤 했다. 손빈[孫子]은 그 말이 그다지 큰 차이가 없다는 것을 알았다. 돈을 걸 때가 되자 손빈은 이렇게 말했다. '이제 그대의 하급 전차를 저들의 상급 전차와 겨루게 하고 그대의 상급 전차를 저들의 중급 전차와 겨루게 하며 그대의 중급 전차를 저들의 하급 전차와 겨루게 하십시오.' 세 무리의 전차 경주가 끝나자 전기는 한 번 이기지 못하고 두 번 이겼다." 속세의 티끌을 끊는다는 것은 「언공 하」의 주103을 보라.

115 나는 이렇게 생각한다. 이 단락은 오늘날 재주를 뽐내서 여자들을 꾀는 것은 사람들에게 어리석다는 소리를 많이 듣는다고 말한다.

부학편 서후(婦學篇書後)[1]

「부학」이라는 글은 쇠퇴하여 문란한 풍속을 구제하고 세상의 교화를 지키며 인륜의 기강을 정리하고 사람과 짐승을 구별하려고 썼다. 아마 어쩔 수 없어서 지은 것이지 내가 따지기를 좋아하기 때문은 아니다. 비판하는 사람들은 『시경』의 시에 대한 내 풀이가 주희의 뜻과 달라 과거 시험의 답안을 적을 때 사용하는 여러 가지 형식[功令]을 어겼다고 한다.[2]

---

1 나는 이렇게 생각한다. 이 글은 앞 편의 뜻을 거듭 밝히고, 부학을 일으키는 것이 시와 예를 밝히는 데 있다고 말한다.

2 주희는 『시서』를 불만스러워했기 때문에 『시집전』 스무 권과 『시서변설』(詩序辨說) 한 권을 지었는데 경치에 마음을 담거나 선물하는 글에 대해서 가끔 남녀가 스스로 기술한 것이라고 말했다. 『원사』 「선거지」는 이러하다. "인종 황경(皇慶) 2년 동짓달 과거 시험의 법은 경의를 한 가지 길로 하여 각각 한 가지 경을 연구하고 『시』는 주희[朱氏]를 위주로 하라는 명령을 내렸다." 『명사』 「선거지」는 이러하다. "『시』는 주희의 『시집전』을 위주로 한다." 공령은 「경해 중」의 주16을 보라.

역주_ 「고문십폐」의 역주2를 참조하라. 功令은 두 가지 뜻이 있으며 원래 뜻과 후세의 뜻이 다르다. 장학성은 여기서 功令의 이중적 의미를 살려 논지를 전개하고 있다. 장학성을 비난하는 사람들의 功令은 과거 시험에 사용되는 여러 가지 형식이라는 후

그들은 여러 경전에서 옛사람이 풀이한 뜻을 참고하여 취할 때 그것이 벼슬아치를 평가하는 법[功令]이 아닌 적이 없었다는 것을 모른다. 대략 인정과 이치로 말하자면 고대의 어리석은 백성이나 여자, 더벅머리 아이조차 입만 벌리면 시가 줄줄 나오고[3] 후세의 문인들보다 한참 윗길이라 한다. 하지만 고대와 현대가 이처럼 큰 차이가 날 수는 없는 법이다. 또한 서한과 동한 때부터 춘추시대까지의 시간적 거리는 지금부터 서한과 동한 때까지의 시간적 차이보다 적다. 한나라 때 사람들의 시와 글 가운데 오늘날에도 남아 있는 것치고 고상하게 예스럽지 않거나 꾸밈없이 소박하지 않은 것은 없다. 사람들은 결국 한나라 때 사람들의 재능이 후세보다 훨씬 낫다는 것을 의심하게 되었다. 그러나 금석문을 모은 여러 책을 살펴보아도[4] 한나라 때 사람들이 다듬은 말은 죽간이나 백서에 기록되지 않았다. 그리고 금석문으로 후세에 전해진 것 가운데 어지럽고 산만하며 평범하다 못해 쓸데없는 것도 실제로 많다.[5] 이런 것은 최근 사람들 가운데 글을 잘 짓지 못하는 사람과 큰 차이가 없다. 한나라 때 사람이라고 해서 모두 글을 잘 짓는 것도 아니고 전해진 것은 그중에서 특히 좋은 것일 뿐이다. 삼대 때부터 전해진 글도 당연히 이와 마찬가지이다. 그때는 여자나 더벅머리 아이라도 입만 벌리면 음정을 맞출 수 있었고 이들을 모두 경전의 풀이로 전할 수 있다고 꼭 말하는데 어찌 이런 이치가 있는가? 주희의 풀이도 처음에는 여러 학설 가운데 하나를 스스로 남긴 것에 지나지 않았으니[6] 과연 큰 해로움은 없는 것 같았다. 그러

세의 뜻이지만, 장학성의 功令은 벼슬아치의 인사고과라는 원래 뜻이다.

3 『시』「위풍」 "맹"(氓)은 이러하다. "순진한 백성이여." 「전」은 이러하다. "맹(氓)은 민(民)이다. 치치(蚩蚩)는 인정이 도타운 모습이다." 성인은 올바른 말만 한다는 것은 「고문십폐」의 주91을 보라.

4 「답객문 하」의 주28을 보라.

5 『한서』「사마천전」은 이러하다. "탑용(闒茸) 가운데 있었다." 안사고는 이렇게 말한다. "탑용은 어리석고 천하다는 말이다." 탑용(闒冗)이라고도 쓴다. 이것은 글을 뒤집은 것이며 용용(庸冗)이라고 말하는 것이다.

6 『시』「정풍」에 대한 주희 『시집전』은 이러하다. "정나라와 위나라의 음악은 모두 음

나 최근에 배워먹지 못한 무리가 주희의 풀이를 근거로 삼아 아무 것도 모르는 남자와 여자를 꾀어 한도를 넘게 하고 방탕해도 단속하지 못하게 하니 다시 사람인지 짐승인지 구분할 수도 없게 되었다. 그렇다면 『시경』의 시를 잘못 풀이한 것이 『상서』의 「금등」(金縢)을 오해하여 황제를 대신하는 섭정[居攝]의 길을 열고[7] 『주례』를 오해하여 청묘법[青苗]의 길을 연 일[8]과 무슨 차이가 있는가? 남겨진 재앙이 이처럼 극단에 이르리라는 것을 주희가 어찌 알았겠는가? 설령 당시에 주희와 논변을 주고받은 사람이라 할지라도 남겨진 재앙이 이처럼 극단에 이르리란 것을

탕한 곡조이다. 그러나 시로 그것을 비교해보면 위나라 시는 서른아홉 편이지만 음탕한 시가 겨우 사분의 일이다. 정나라 시는 스물한 편이지만 음탕한 시가 이미 칠분의 오로 끝나지 않는다. 위나라는 오히려 남자가 여자를 기쁘게 한 말이지만, 정나라는 모두 여자가 남자를 유혹한 말이다. 위나라 사람들은 오히려 풍자하고 꾸짖어서 징계하여 가다듬도록 하는 의도가 많고, 정나라 사람들은 다시 부끄러워서 뉘우치는 싸가지가 거의 메마르고 없다. 그래서 정나라 곡조의 음탕함은 위나라보다 심하다. 그러므로 공자가 나라를 논할 때 홀로 정나라 곡조만 경계시키고 위나라를 언급하지 않은 것은 아마 무거운 것을 들어서 말한 것일 테니 본디 스스로 순서가 있는 것이리라. 『시』를 근거로 살필 수 있다는 말이 어찌 믿음직하지 않겠는가!"

7 「금등」은 『주서』의 편명이다. 공영달 소는 이러하다. "무왕이 병이 들자, 주공은 책서를 만들어 신에게 알리고 무왕을 대신하여 죽을 것을 청했다. 신에게 알리는 일이 끝나자 책서를 금등의 궤짝에 넣었는데 결국 「금등」이 되었다." 『한서』 「왕망전」은 이러하다. "원시 5년 겨울 형혹(熒惑) 별이 달 안으로 들어오고 평제가 병이 들었다. 왕망은 책(策)을 만들어 태치(泰畤)에서 하늘의 명령을 청하고 옥벽을 이고 옥홀을 쥐고 자기가 대신 받기를 원했다. 책을 금등에 소장하고 앞 궁전[前殿]에 두고 여러 대신들이 감히 말하지 말도록 명령했다." 안사고는 이렇게 말한다. "주공이 무왕을 위해서 하늘의 명령을 청한 것을 거짓으로 꾸미고 「금등」을 지었다." 거섭(居攝)은 황제 자리에 있으면서 황제 대신 정사를 돌보는 것이며 왕망은 황제 자리를 찬탈하기 전에 거섭하고 있었다.

8 『주례』 「지관」 "천부"(泉府)는 이러하다. "백성 가운데 빌리는 모든 사람은 책임자와 변별하여 그것을 주는데 나라에서 정해진 이자를 적용한다." 국복(國服)은 나라에 대해 복종하여 섬기는 세금인데, 만약 나라에서 실과 솜을 내주었다면 실과 솜으로 갚는 것이다. 『송사』 「왕안석전」(王安石傳)은 이러하다. "청묘법(青苗法)이라는 것은 상평창[常平]이 사둔 곡식을 바탕으로 청묘전(青苗錢)을 만들어 사람들에게 흩어 주는데 이자는 이 퍼센트를 내게 하며 봄에 나눠주고 가을에 거둔다." 신법에 반대한 사람들은 그래서 왕안석이 『주례』를 잘못 이해했기 때문에 청묘법을 만들었다고 했다.

몰랐을 것이다. 지금까지 시는 『시경』을 소중하게 생각해 왔다. 설령 당나라나 송나라 때의 시화(詩話)에서 시 평론이 비록 지극히 얕은 수준이라 할지라도 묘사가 교묘한지 졸렬한지를 비교해서 논하고 글자와 시구를 견주어 비교하는 데 지나지 않는다. 이것은 옛사람들이 시시콜콜 말하지 않았을 뿐이다. 저들 배워먹지 못한 무리는 제멋대로 우아한 멋[風趣]이라는 명목을 내세우고[9] 올바르지 못한 것과 올바른 것, 곧음과 음탕함[貞淫], 옳고 그름이나 성공과 실패를 아주 없애버리고 사람들이 우아한 멋만 추구하도록 한다. 심지어 난초를 뜯고 작약을 주는 일을 읊은 시가 세상의 교화와 무슨 관계가 있어서 공자가 수록한 것인지를 말하여[10] 우아한 멋이라는 설을 증명한다. 아무 것도 모르는 남자와 여자가 갑자기 염치와 단속을 잊고 세상풍파에 따라 쓰러진다. 이것은 육경이 욕망을 이끌어 음탕함을 펼치는 도구라고 생각하는 것이니 성인을 부정

9 『문심조룡』「체성」(體性)은 이러하다. "풍격과 취미[風趣]의 강하고 부드러움은 그 기운과 구별되겠는가?" 원매 『수원시화』 권1은 이러하다. "양만리[楊誠齋]는 이렇게 말한다. '과거에 타고난 자질이 낮고 졸렬한 사람이 격식과 가락[格調]을 이야기하기 좋아하지만 풍격과 취미를 이해하지 못한다는 것은 무슨 말인가? 격식과 가락은 헛된 틀이니 소리의 높낮이나 강약, 장단 따위로 묘사하기 쉽다. 풍격과 취미는 오로지 성령을 그려내는 것이니 천재가 아니면 갖추지 못한다.' 나는 그 말을 깊이 사랑한다. 성정이 있다는 것을 알아야만 비로소 격식과 가락이 생긴다. 격식과 가락은 성정 바깥에 있지 않다. 『시』 삼백 편 가운데 절반은 수고로운 사람과 그리워하는 여자가 꾸밈없이 감정을 말한 일이니 누가 격식을 맞추고 누가 가락을 맞췄던가? 오늘날 격식과 가락을 이야기하는 사람은 그 범위를 벗어날 수 있는가?"

10 『시』「정풍」 "진유"(溱洧)는 이러하다. "진수와 유수 마침 넘실넘실 흐르고, 남자와 여자 마침 난초를 꺾었네. 여자가 '가 볼까요?' 하니 남자는 '벌써 구경했는걸.' '그래도 유수 강가로 구경 가요, 참 재미있고 즐거울 텐데.' 남자와 여자 서로 시시덕거리다 작약 꽃을 주네." 「전」은 이러하다. "간(蕑)은 난(蘭)이다. 작약(芍藥)은 향기로운 풀이다." 『수원시화』 권14는 이러하다. "글을 골라 선집을 만드는 사람[選家]은 최근 사람의 시를 가릴 때 일곱 가지 못마땅한 점이 있다. 걸핏하면 삼강오륜과 명교를 말하거나 경계하고 나무라며 칭찬하거나 꾸짖는 일과 관계가 없다면 기록하지 않아야 한다고 생각한다. 작약 꽃을 건네주고 난초를 꺾는 것이 무슨 상관이 있어서 성인이 삭제하지 않았는지 모른다. 송나라 때 유학자들은 채염이 「열녀전」에 올라서는 안 된다고 꾸짖는다. 그렇다면 십칠사의 「열전」은 남김없이 모두 관룡봉이나 비간이어야 하는가? 공부벌레의 조목 별 규정은 사람을 구역질나게 만드는 것이 네 번째 못마땅한 점이다."

하고 법도를 부정하는 일이다.[11]

어떤 사람이 이렇게 물었다. "『모시서』는 정말 완전히 없앨 수 없겠습니다. 그러나 고대의 백성[氓庶]이 시를 잘 쓰지 못한 것이 사실이라 하더라도 노역을 나온 사람의 노래[12]나 여인(輿人)의 저주[13] 따위는 모두 백성에게서 나왔고 가사도 이제껏 노래하고 있습니다. 어찌 「전」이나 「기」가 모함한 것이겠습니까?"

나는 이렇게 대답했다. "이것은 당시의 속담[諺語]이지 결코 우아한 말이 아닐세. 이것은 꼭 은나라의 「반경」(殷盤)과 주나라의 「대고」(周誥)가 그 지방 특유의 풍속에 따랐다는 선유의 말처럼 오랜 세월을 거치면서 도리어 예스럽고 심오하게 되었기[14] 때문에 기이하고 특이하게 다듬은

---

11 세상 풍파에 따라 쓰러진다[從風波靡]는 각 판본이 이와 같다. 가업당본 『장씨유서』가 "파"(波)를 "피"(披)라고 쓴 것이 옳다. 나는 이렇게 생각한다. 여기까지 『시서』를 없앨 수 없다고 말한다.

12 『춘추좌전』 「선공 2년」은 이러하다. "정나라 귀생(歸生)이 초나라의 명령을 받고 송나라를 쳤다. 송나라 화원(華元)과 악려(樂呂)가 그것을 막았다. 이월 임자에 대극(大棘)에서 싸웠다. 송나라 군대가 크게 패하고 화원을 사로잡고 악려를 죽였다. 송나라는 전차 백 대와 털에 화려한 무늬가 있는 말 사백 마리를 정나라에 주고 화원을 돌려받기로 했다. 송나라가 전차와 말을 가지고 반쯤 갔을 때 화원이 도망쳐서 송나라로 돌아왔다. 송나라가 성을 쌓는데 화원이 식(植, 성을 쌓는 총감독)이 되어 공사 현장을 둘러보았다. 성을 쌓던 사람들은 이렇게 노래했다. '눈을 휘둥그레 뜨고(睅, 튀어나오다) 배를 불쑥 내밀고 갑옷도 버리고 돌아왔다네. 우시(于思, 구레나룻이 많은 모양)여 우시여, 갑옷도 버리고 돌아왔다네.' 화원이 자기 호위병[驂乘]을 보내서 이렇게 대답하게 했다. '소라면 가죽이 있고 무소와 외뿔소도 여전히 많은데 갑옷을 버린들 어떠리?' 일하는 사람들이 이렇게 말했다. '설령 소가죽이 있다한들 갑옷에 칠할 붉은 염료[丹漆]는 어쩌려오?' 화원은 이렇게 말했다. '저들에게서 떠나자. 저들 입은 많고 우리는 적다.'"

13 『춘추좌전』 「양공 30년」은 이러하다. "자산이 정사를 맡은 지 일 년이 지나자 사람들은 그를 이렇게 노래했다. '우리 옷과 모자를 가져다가 쌓아두고(褚, 저장하다) 우리 밭을 가져다가 다시 편제했네(伍, 조직하다). 누가 자산을 죽일까? 내가 가서 거들겠네.' 삼년이 되자 또 이렇게 노래했다. '내게 아들과 아우가 있는데 자산이 가르쳤네. 내게 밭이 있는데 자산이 불려주었네. 자산이 죽으면 누가 그 뒤를 이을꼬?'"

14 「고문상서서」는 이러하다. "반경(盤庚)은 다섯 번 서울을 옮기고도 장차 박은(亳殷)을 서울로 만들려고 했다. 백성들이 탄식하고 원망하자 「반경」 세 편을 지었다." 또

말이 많아진 것이지. 『시』「국풍」처럼 평화롭고 장엄하며 우아하지 못하더라도 문학을 지망하는 선비에게서 나온 글이 『상서』의 전범이나 계획과 같다면 설령 오랜 세월이 지나더라도 계속 읊고 기억하는 데 어려움이 없을 것이네. 『시』「국풍」이 지닌 평화롭고 우아함과 백성들의 세속적인 노래나 속담을 견줘 보면 절대로 다르지. 『시』「국풍」에 수록된 남녀의 말은 모두 『시경』 시인의 풍자에서 나왔지 어리석은 남녀 백성이 지을 수 있는 것이 아니네. 그래서 우아한 멋이라는 이야기는 굳이 공격하지 않아도 저절로 깨지고 굳이 가르치지 않아도 죽일 수 있다는 것을 잘 알겠네."[15]

옛사람의 부학은 비록 사내대장부와 다르다지만 예법과 음악을 갈고 닦아 아름답게 만드는 일은 위로 왕공 귀족과 후비부터 아래로 민간의 빼어난 사람들까지 남녀가 모두 믿고 익혀야만 한다. 아마 네 가지 덕 가운데 예가 아니면 몸가짐을 제대로 할 수 없고 시가 아니면 말을 제대

한 "무왕이 세상을 뜨자 삼감(三監) 및 회이(淮夷)가 반란을 일으켰다. 주공은 성왕을 도와서 장차 은나라를 몰아내고 「대고」를 지었다." 한유 「진학해」는 이러하다. "『상서』의 글들[周誥殷盤]은 이해하지 못하게 어렵고 난삽하다." 『주자어류』 권78은 이렇게 말한다. "『상서』에는 지극히 분명하고 지극히 알기 쉬운 것도 있고 지극히 알기 어려운 것도 있다. 나는 아마 「반경」「주고」(周誥), 「다방」, 「다사」 같은 부류가 당시 불러와서 얼굴을 맞대고 명령하고 얼굴을 맞대고 가르쳐서 알려준 것이라서 본래 당시 입으로 한 말일 것이라고 생각한다. 「여오」(旅獒), 「필명」, 「미자지명」(微子之命), 「군진」(君陳), 「군아」(君牙), 「경명」(冏命) 같은 것들은 당시에 명령하는 말[詞命]을 가다듬은 것이다. 그래서 당시에는 백성들도 모두 쉽게 알 수 있었지만 오늘날에는 노숙한 스승과 존경받는 대학자도 쉽게 알지 못하는 것이 있다. 오늘날 쉽게 알지 못하는 것이라고 꼭 당시 사람들이 오히려 그 말뜻을 몰랐다고 할 수는 없다." 또한 이렇게 말한다. "『상서』의 글들[典謨之書]은 아마 사관이 윤색한 적이 있을 것이다. 「주고」 같은 편들은 아마 오늘날 공고문[榜文]과 비슷하게 세상 사람들에게 깨닫도록 일러주는 것일 뿐이리라. 사투리와 속된 말은 지역과 시대에 따라 각자 다르다. 임소영(林少穎)은 다름 아니라 오늘날 사람들이 '엎드려 바라건대 온갖 복을 누리시기 바랍니다'[伏惟尊候萬福]라고 말하는 것과 같다고 했는데, 옛사람에게 그 말을 들려주면 역시 이것이 무슨 말인지 모를 것이다."

15 나는 이렇게 생각한다. 여기까지 『시』「국풍」의 남녀가 주고받은 말이 모두 『시경』 시인의 풍자에서 나왔다고 말한다.

로 할 수 없기 때문일 것이다. 『시경』의 교화[教]는 본래 음악에 통한다. 그러므로 "관저"편의 교화[化]가 안방에서 일어나면 천하의 어떤 부부치고 제대로 다스려지지 않는 경우는 없다.[16] 삼대 이후에 소학이 없어지자 유학에는 갈라져서 차이가 나는 경사의 학설이 많아졌다. 부학이 없어지자 남자들이 집안을 바로 다스리는[齊家] 효과가 적어졌다. 경사의 학설에 차이가 생기자 이단이 그 가르침을 어지럽힐 수 있었다. 이것은 옛날부터 못마땅한 점이라고 여긴다. 부학이 없어지자 사람들은 집안을 다스리는 일[家政]이 그다지 잘 되지 않는다고 말할 뿐이다. 천 년 뒤에 배워먹지 못한 무리가 우아한 멋이라는 설을 만드는 바람에 결국 좋은 집안의 여자들이 떳떳한 본분을 불안하게 여기고 신분이 낮은 남자를 그리워하여 명성을 좇도록 만들 줄 어찌 알았겠는가. 그런 재앙은 물난리나 맹수보다 사나운데[17] 명의를 추구하는 군자가 이런 세도에 대해 근심하지 않을 수 있겠는가? 옛날 구양수는 불교가 널리 번져 퍼지는 것을 못마땅하게 생각하여 선왕의 정치를 갖추고 스스로 원기를 단단히 하고자 했다. 「본론」(本論)은 그래서 지은 글이다.[18] 오늘날 배워먹지 못한 무리는 그릇되고 간사한 말로 좋은 집안의 여자들을 홀려서 정신 못 차리게 한다. 이것도 역시 부학이 제대로 갖춰지지 않았기 때문에 좋은 집안

16 『시』 "관저서"는 이러하다. ""관저"는 후비의 덕이며 노래의 시작이다. 그러므로 천하를 노래하고 부부를 바로잡는다."

17 『맹자』 「등문공 상」은 이러하다. "요임금 때 천하가 아직 평정되지 않아 홍수가 나서 온 천하에 물이 넘쳤다. 초목이 무성하고 금수가 번성하며 오곡이 익지 않고 금수가 사람을 핍박했다."

18 구양수 「본론」(本論)은 이러하다. "요임금, 순임금, 삼대 무렵에 왕정은 밝게 다스리고 예의의 가르침이 천하에 가득 찼다. 이런 시절에는 비록 불교가 있더라도 들어올 근거가 없었다. 삼대가 쇠락하고 왕정이 사라지며 예악이 없어지는 때가 되고나서 이백여 년 뒤 불교가 중국에 이르렀다. 이를 근거로 말하자면 불교가 우리 근심이 되는 이유는 왕정과 예악이 없어진 시절에 편승해서 왔기 때문이다. 이것이 근심되는 근본이다. 없어진 왕정을 보충하고 없어진 예악을 다스려 왕정이 밝혀지고 예의가 가득 차게 만들면 비록 불교가 있더라도 우리 백성에게 베푸는 바가 없을 것이다. 이것도 역시 본래 그런 추세이다."(『구양문충공전집』 권17)

의 여자들이 유혹에 약한 것이다. 여자들에게는 꾸미지도 말고 겉치레를 엄숙하게 하지 말라고 경계하는 말이 비록 있더라도 예식을 집행하고 시를 잘 아는 일은 마치 나날이 쓰는 것이나 먹고 마시는 것처럼 잠시라도 떨어져 있을 수 없다.[19]

여자의 직책은 길쌈이나 술과 밥을 맡는 일이지 문사를 앞세워서는 안 된다고 생각하는 사람이 있다. 이것도 또한 지나치다. 총명함과 지혜로움은 하늘이 내려줄 때 애초부터 남자와 여자를 가리지 않는다. 이것은 마치 풀과 나무에 꽃처럼 아름다운 것이 있거나 산천에 구슬과 옥이 있는 것과 같다. 비록 성인이 보배롭게 여기지 않은 적이 없더라도 어찌 막고 억누를 수 있겠는가? 바로 그들의 총명함과 지혜를 잘 완성시켜줘야만 한다. 그러므로 여자가 태어날 때부터 꾸미지 않고 수수하다면 여자로서의 가르침[內敎]만 대략 알게 해서 잘못이나 실수에 빠지지 않게 하면 그만이다. 만약 여자가 지혜롭고 글을 잘 안다면 반드시 그가 알고 있는 것을 근거로 시와 예의 연원을 거듭 밝히고 나아가 옛사람의 위대한 근본 바탕을 알게 해준다. 반소나 위령의 어머니[20]가 어찌 꼭 남자보다 한참 못한 사람이겠는가? 반소나 위령의 어머니를 스승으로 삼아서 배워먹지 못한 무리를 본다면 제멋대로 날뛰는 사람일 뿐이다.[21]

---

19 나는 이렇게 생각한다. 여기까지 부학이 없어진 뒤에 바깥으로부터의 꾐이 일어났다고 말한다.

20 반첩은 「사주」의 주8을 보라. 위령 어머니는 앞 편의 주52를 보라.

21 나는 이렇게 생각한다. 여기까지 여자가 글을 잘 짓게 하려면 그들이 『시』를 이해하고 『예』를 익히게 해야만 한다고 말한다.

시화(詩話)[1]

시화의 근원은 종영의 『시품』에 뿌리를 두고 있다.[2] 그러나 그것을 경전에 비교해 본다면 "이 시를 지은 사람은 도를 알겠지?"라거나 또한 "그리워하지 않은 것이다. 만약 그리워했다면 무슨 먼 것이 있겠느냐?"라는 공자의 말과 같다.[3] 이것은 시를 논하면서 사정을 언급한 것이다. 또한 "길보(吉甫)가 노래를 지으니 화목하기가 시원한 바람과 같고, 그 시

---

1 나는 이렇게 생각한다. 이 글은 오로지 원매 『수원시화』를 비평하기 위해서 지은 것이다. 가업당본 『장씨유서』에는 이 글 뒤에 「방각시화」(坊刻詩話)라는 글 및 「제수원시화」(題隨園詩話) 열두 수를 붙였다.

2 「문리」의 주37을 보라.

3 『맹자』 「공손추 상」은 이러하다. "『시』는 이렇게 노래한다. '하늘이 흐리고 비가 오지 않은 때 뽕나무 뿌리를 가져다가 창문을 튼튼히 얽는다네. 이제 이 아래 백성들이 감히 나를 업신여기랴?' 공자는 이렇게 말씀하셨다. '이 시를 지은 사람은 도를 아는 사람이겠지? 나라를 다스릴 수 있는데 누가 감히 그를 업신여기랴?'" 『논어』 「자한」은 이러하다. "'산앵두나무[唐棣] 꽃이여 펄럭펄럭 나부끼는구나. 어찌 그대를 생각하지 않겠는가만 집이 너무 멀구나.' 선생님이 말씀하셨다. '그리워하지 않는데 무슨 먼 것이 있겠느냐?'"

는 위대하며 그 노래는 좋은 것을 펼친다"[4] 따위는 시를 논하면서 말을 다듬는 일을 언급한다. 사정에는 옳고 그름이 있고 다듬은 말에는 정교하고 졸렬함이 있다. 한 가지를 안 뒤 다른 것도 두루 알게 되면 깨우침이 확실히 많다. 황하나 장강처럼 큰 강이 옹달샘에서 발원하듯, 후세의 시화를 지은 사람[詩話家]의 주장은 비록 종영에 뿌리를 두고 있다고 하지만 시화의 유파를 요약하자면 너무 많아서 한 가지로 다할 수는 없다.[5]

『시품』이 시를 논하는 것은 『문심조룡』[6]이 글을 논하는 것과 같다. 이들은 모두 전문적인 학파이며[7] 억지로 책을 완성한 일의 시조이다. 『문심조룡』은 규모가 크고 사려가 주도면밀하며 『시품』은 생각이 깊고 의도가 오래토록 지속된다. 아마 『문심조룡』은 많은 주장을 포괄하지만 『시품』은 깊이 육예로부터 유파를 거슬러 올라가기 때문일 것이다.[8](만약 어떤 사람의 시의 근원이 어떤 특정 학파에서 나왔다고 말한다면 이것은 가장 근본이 있는 학일 것이다. 이런 방법은 유향과 유흠 부자에게서 나왔다) 시를 논하고 글을 논할 때 유파를 거슬러 올라가는 방법을 안다면 경의 근원을 찾을 수 있을 것이고 나아가 천지의 순수함과 옛사람의 위대한 근본 바탕을 볼 수 있을 것이다. 이런 의도는 후세의 시화를 지은 사람이 알 수 있는 것이 아니다.(종영이 추론한 유파에도 그다지 확실하게 알 수 없는 곳이 있다.[9] 아마 옛 서

---

4 시원한 바람은 「부학」의 주46을 보라. 『시』 「대아」 "숭고"(嵩高)는 이러하다. "그 가사 위대하기만 하고 그 좋은 노래를 지어."

5 나는 이렇게 생각한다. 이 단락은 시화가 『시품』에서 시작되었다고 말한다.

6 「문덕」의 주3을 보라.

7 「원도 하」의 주5를 보라.

8 『장자』 「천하」는 이러하다. "후세의 학자는 불행하게도 천지의 순수함과 옛사람의 큰 줄거리를 보지 못한다." 나는 이렇게 생각한다. 이 단락은 『시품』이 유파를 거슬러 올라간 가장 근본이 있는 학문이라고 말한다.

9 섭몽득(葉夢得) 『석림시화』(石林詩話)는 이러하다. "종영은 도잠[陶淵明]을 논하면서 응거(應璩)에게서 나왔다고 생각했는데, 이 말이 어디에 근거했는지 모르겠다. 응거의 시는 많이 보이지 않으며 오로지 『문선』에 그의 「백일시」(百一詩) 한 편이 수록되어 있다. 이른바 '물 아래쪽에서는 살 수 없으니 군자는 그 시작을 조심해야 한다'라는 것은 도잠의 시와 끝내 서로 비슷하지 않다. 『문선오신주』는 『문장록』(文章錄)을 인용하여 이렇게 말한다. '조상(曹爽)은 시의 전고나 사실을 인용할 때 법도를 어

적 가운데 없어진 것이 많기 때문에 증거를 찾기 어려울 것이다. 그러나 이미 대략적인 뜻을 볼 수 있는 경지는 사실 시를 논하는 사람[論詩家]이 도달할 수 있는 것이 아니다)

당나라 때 사람들의 시화는 처음에는 시를 논하는 데 뿌리를 두고 있었지만 맹계(孟棨)의 『본사시』(本事詩)가 나오면서부터[10](이것도 『시소서』(詩小序)에 뿌리를 두고 있다) 사람들은 국사가 시에 서를 쓰는 의도를 알게 되었다. 그리고 호사가들이 뒤를 이어 그것을 확장하자 시화는 사부의 '전기류'에 통하게 되었다. 띄엄띄엄 명물을 설명하고 밝히자 시화가 경부의 '소학류'에 통하게 된 경우도 있고(『이아』는 훈고의 종류이다) 견문을 널리 서술하자 시화가 자부의 '잡가'에 통하게 된 경우도 있다.(이런 두 가지는 송나라 이후에 비교적 많다)[11] 비록 그런 책들의 뜻이 동일한 것은 아니지만 대략 다듬은 말을 논하고 사실을 논하는 데서 벗어나지 않으며 지은이의 의지를 추론하고 『시』의 가르침에 대해 보탬이 되기를 기대할 뿐이다.[12]

기는 경우가 많았다. 응거는 이 시를 지어서 자리에 있는 사람을 풍자했다. 응거의 뜻은 백분의 일이라도 보충하는 것이 있는 것과 같다.' 도잠은 바로 세상의 이러저러한 일을 벗어나 생략하고 초연하게 만물 바깥으로 뛰어넘는 것을 의도했는데, 도리어 떳떳치 못하고 떳떳하지 못하게 자리에 있는 사람이 어찌 그 마음을 더럽힐 수 있겠는가? 설령 이 노인이 백번 양보해서 시로 스스로 이름을 내고자 한 적이 있다 하더라도 한 사람을 좇아 취한 뒤에 그것을 흉내 냈겠는가? 이것은 바로 당시 문학을 지망하는 선비와 속세에서 다투어 나아가고 앞을 다투는 사람들이 한 말일 테니, 어찌 이 노인의 얕음이라 하겠는가? 아마 종영의 촌스러움일 것이다."나는 이렇게 생각한다. 이것은 다름 아니라 그다지 알 수 없는 것의 한 가지 사례이다.

10 『군재독서지』 "총집류"는 이러하다. "『본사시』(本事詩) 한 권은 당나라 맹계가 지었다. 감정 때문에 사물에 대해 느낀 역대의 시를 편찬하고 본래 있었던 일을 서술했는데 모두 일곱 가지 부류이다."

11 송나라 구양수가 은퇴하여 여음에 살 때, 『육일시화』(六一詩話)를 모은 적이 있었고, 그 뒤 사마광에게 『속시화』(續詩話)가 있으며 유반(劉攽)에게 『중산시화』(中山詩話)가 있고 진사도(陳師道)에게 『후산시화』(后山詩話)가 있으니, 송나라 때 사람들의 시화는 결국 수십 명 아래로 내려가지 않는다. 청나라 오경욱(吳景旭)은 『역대시화』(歷代詩話) 여든 권이 있는데 굉장히 풍부하게 수집해서 나열했다. 그중 기술한 것은 「전기」, 「소학」, 「잡가」 세 가지 부류를 겸하고 있다.

12 나는 이렇게 생각한다. 이 단락은 시화의 작품이 문사를 논하고 사실을 논하는 것은 『시』의 가르침에 보탬이 될 것이라고 말한다.

『시품』과 『문심조룡』은 전문가의 저술이다. 자신이 풍부한 학문과 뛰어난 재주를 가진 사람이 아니라면 그렇게 하기가 쉽지 않기 때문에 한발 물러나 시화를 짓는다. 흐름을 따르다 근원을 잊은 채 시화를 짓는 사람은 저작의 처음 의도를 더 이상 알 수 없다. 이것은 마치 훈고나 자부와 사부의 전문가(자부는 앞 문단의 '잡가'를 가리키고 사부는 앞 문단의 '전기류'를 가리킨다)가 그렇게 하는 것이 쉽지 않기 때문에 한발 물러나 설부(說部)를 짓는 것과 같다. 흐름을 따르다 근원을 잊은 채 설부를 짓는 사람은 전문가의 처음 의도를 더 이상 알 수 없다. 보잘 것 없는 시화와 설부가 뒤얽힌 채 구분할 수 없게 되고 학술이 밝혀지지 않으면 인심과 풍속은 어쩌면 그것 때문에 피폐해질 것이다.[13]

송나라 때 유학자들의 강학이나 몸소 실천하는 일은 하기 쉽지 않다. 유행을 좇아 어록을 짓고 주희나 육구연을 주인처럼 떠받들거나 종놈처럼 욕하는 일[14]은 모든 사람이 잘할 수 있지만 그들의 글을 논하고 학예를 비교하여 연원과 유파를 아는 일[15]은 쉽지 않다. 명성을 좋아하는 버릇으로 시화를 짓고 같은 의견을 가진 사람끼리 한패가 되고 다른 의견을 가진 사람을 물리치는 일은 모든 사람이 잘할 수 있지만 일가의 학을 이룰 수 없으면서(만약 일가를 이룰 수 있다면 곧 저절로 저술을 완성한다) 유행을 좇고 명성을 좋아하는 버릇이 든다면 모든 사람이 잘할 수 있는 글을 믿고 의지하여 오로지 자기 마음대로 바라는 주장만 지을 것이다. 얼마나 근심스럽고 얼마나 위태로운가![16]

설부가 유행하면서 생긴 폐단은 선한 사람을 모함하고 간악한 놈들끼

13 나는 이렇게 생각한다. 이 단락은 시화의 보잘 것 없는 무리가 전기잡가(傳記雜家)와 통하지 않고 도리어 부끄러움과 못마땅한 점을 늘게 한다는 것을 말한다.

14 이야기는 「주륙」편에 상세하다.

15 『문심조룡』은 질성과 체제를 논하고 아울러 근원으로 거슬러 올라간다. 『시품』은 교묘함과 졸렬함, 이익과 못마땅한 점을 평하고 아울러 유파를 조리 있게 만든다.

16 나는 이렇게 생각한다. 이 단락은 나중의 시화가 오로지 의도가 바라는 것뿐이라서 걱정스럽다고 말한다.

리 무리를 지어 이름을 속이고 다른 사람의 성씨를 도용하는 것이다. 『용성록』(龍城錄)[17]이나 『벽운하』(碧雲騢)[18] 같은 부류처럼 앞 시대 사람이 논한 것은 아마 헤아릴 수 없이 많을 것이다. 이것이 역사가가 소설이나 야사[稗野]와 구별해서 선택하는 방법을 가져야만 하는 이유이다. 사실은 기록이 있으면 서로 증명할 수 있지만 글은 오로지 의도에 따라 높이 평가하기도 하고 낮게 평가하기도 한다. 시화에 의존할 수 없는 것은 설부보다 심한 경우도 있다.[19]

앞 시대 사람들의 시화의 폐단은 옳고 그름이나 좋고 나쁨을 가리는 공정성을 잃은 것에 지나지 않는다. 요즘 사람의 시화의 폐단은 결국 세도와 인심을 해치는 지경에 이르렀다. 옳고 그름이나 좋고 나쁨의 공정성을 잃은 것은 문인들이 서로 가볍게 여기는 나쁜 버릇[氣習]에 지나지 않고[20] 공정한 논의[公論]는 오래되면 저절로 정해지기 마련이므로 걱정할 필요도 없다. 세도와 인심을 해치는 것은 장차 천하의 총명한 재주와 지혜를 가진 사람들을 취하게 만들어 사람을 짐승의 영역에 가두게 될 것이다. 그들 마음의 움직임은 대단히 깊으며 그들의 술수는 대단히 교

---

17 『직재서록해제』「소설가류」(小說家類)는 이러하다. "『용성록』(龍城錄) 한 권은 유종원이 지었다고 한다. 용성은 유주(柳州)라고 한다. 나부(羅浮)가 매화 꿈을 꾼 일은 그중에 있다. 『신당서』「예문지」에는 이 책이 없으니 아마 의탁한 것이다. 어떤 사람은 왕질성(王銍性)의 작품이라고 한다."

18 『직재서록해제』「소설가류」는 이러하다. "『벽운하』(碧雲騢) 한 권은 매요신이 지었다고 적혀 있고 마구간의 말을 책 이름으로 삼았다. 그 이야기는 이렇게 말한다. '세상 사람들은 가마[旋毛]가 더럽다고 생각하지만 이것은 가마를 소중하게 생각한다. 비록 소중하지만 못마땅한 점은 없앨 수 있겠지?' 건방짐이 이와 같은데, 매요신[聖兪]은 틀림없이 가깝지 않을 것이다. 기록하고 있는 열 개 넘는 조목은 공경이 헐뜯고 비방한 것이 많아서, 비록 범중엄[范文正]이라도 역시 피하지 못한다. 어떤 사람은 사실 위태(魏泰)가 지은 것이며 그것을 매요신에게 가탁한 것이라고 한다. 왕성지(王性之)가 그것을 대단히 상세하게 변별했지만 소백온[邵氏] 『문견후록』(聞見後錄)은 여전히 그렇지 않다고 생각한다."

19 나는 이렇게 생각한다. 이 단락은 이야기[說部]가 속이고 거스르기 때문에 더욱 시화에 기대기 어렵다고 보인다고 말한다.

20 「원도 하」의 주42를 보라.

활하다. 그래서 그들의 재앙과 환난은 장차 이루 말할 수 없게 될 것이다. 명분과 의리를 지키는 군자는 그들을 준엄하게 막지 않을 수 없으며 그들을 엄격하게 변별하지 않을 수 없다.[21]

소설(小說)은 패관에게서 나왔고 저자거리[委巷]에 전해지는 자질구레한 이야기이지만 비록 옛사람들이라 할지라도 없애버리지 않았다.[22] 그러나 상스럽고 촌스러운 것은 믿을 수 없는 것이 많다. 줄거리가 귀신의 일과 뒤섞이고 은혜와 원한을 갚는 일이 아울러 나타난다. 『동명기』[洞冥]와 『습유기』[23]의 글이나 『수신기』와 『영이기』[靈異][24]의 글은 육조시대[六代] 이래로 각자 글을 지었다. 당나라 때부터 독립된 글[單篇]이 나타나 별도로 전기(傳奇)[25]라는 종류를 만들었다.(전문적으로 어떤 사실의 내력을 쓴다

---

21 나는 이렇게 생각한다. 이 단락은 시화의 폐단이 고대보다 오늘날이 더 심하기 때문에 변별하지 않을 수 없다고 말한다.

22 『한서』「예문지」"제자략"은 이러하다. "'소설가'라는 유파는 아마 패관에서 나왔을 것이다. 가담항어(街談巷語)는 길거리에 퍼져 다니는 뜬소문을 옮기는 사람들이 만든 것이다. 공자는 이렇게 말했다. '비록 작은 도라 하더라도 틀림없이 살펴볼 만한 것이 있다. 오랫동안 지속될 것을 이루려고 하면서 진흙이 묻을까봐 두렵기 때문에 군자는 하지 않는다.' 그러나 역시 없앨 수도 없다. 마을에 사는 보잘 것 없는 지식을 가진 사람이 언급하는 것도 역시 엮어서 잊지 않도록 한다. 만약 어쩌다가 고를 만한 말이 하나라도 있으면 이것도 역시 꼴을 베거나 나무를 하는 어리석은 사람의 논의일 것이다."

23 『직재서록해제』「소설가류」는 이러하다. "『동명기』 네 권과 『습유기』 한 권은 동한 광록대부 자황(子横) 곽헌(郭憲)이 지었다. 한나라 무제 『별국동명기』(別國洞冥記)라는 제목을 붙였다. 별도의 기록은 또한 『태평어람』에서 베껴냈는데, 그렇다면 네 권도 역시 온전한 책은 아니다." 『습유기』는 「힐루」편의 주43을 보라.

24 『수신기』는 「힐루」편의 주43을 보라. 『수서』「경적지」"잡전류"는 이러하다. "『영이기』는 열 권이다." 지은 사람의 성명은 적지 않았다.

25 『군재독서지』"소설류"는 이러하다. "『전기』(傳奇) 세 권은 당나라 배형(裴鉶)이 지었다. 배형은 고병(高駢)의 손님이다. 그 책이 기록한 것은 모두 신선이나 괴이쩍고 진기한 일이다." 이것이 바로 전기라는 말로 책 이름을 지은 것이다. 호응린은 이렇게 말한다. "모든 비정상적이고 이상한 이야기는 육조시대에 성행했다. 그러나 전해지는 기록에 어긋나거나 거짓이 많다고 해서 꼭 남김없이 괴이쩍게 만든 말은 아니다. 당나라 때 사람들은 의도적으로 기이한 것을 좋아하여 소설을 빌려서 붓끝을 맡겼다." 당나라 때 사람들의 전기소설(傳奇小說)은 송나라 이방 등이 편찬한 『태평광기』에 많이 수록되었다.

면 다시 종류대로 모아서 책을 짓지 않는다) 아마 남녀의 애정을 모은다면 헤어짐과 만남, 기쁨과 슬픔을 벗어나지 않을 것이다. 홍불이 양소에게 이별을 알리고[紅拂辭楊][26] 이와가 수놓은 저고리로 정생에게 보답하며[繡襦報鄭][27] 한부인과 우우가 낙엽으로 연락하고[韓李緣通落葉][28] 최앵앵과 장생

26 두광정(杜光庭) 「규염객전」(虯髥客傳)은 대략 이렇게 말한다. "수나라 양제가 강도(江都)에 거둥할 때 사공 양소(楊素)에게 서울[西京]을 지키라고 명령을 내렸다. 양소는 교만하고 귀한 신분이라서 모시는 계집종들이 늘어섰다. 위공(衛公) 이정(李靖)은 평민 신분으로 그를 만났다. 어떤 기생이 특히 예쁜데 붉은 먼지떨이[紅拂]를 들고 앞에 서서 이정에게 윙크했다. 이정이 묵는 여관으로 돌아왔는데 밤에 문을 두드리는 소리가 들렸다. 이정이 누구냐고 묻자 이렇게 대답했다. '저는 양소 집에서 붉은 먼지떨이를 들고 있던 기생입니다.' 불러들이자 옷과 모자를 벗는데 이제 열여덟이나 열아홉쯤 되는 아리따운 미인이었다. '저는 양 사공을 모신지 오래되어 천하의 사람들을 많이 살펴보았지만 그대만한 분은 없었습니다. 겨우살이가 큰 나무에 기대기를 원하여 달려왔을 따름입니다.' 이정은 결국 함께 태원으로 돌아갔다."(『태평광기』 권193)

27 백행간(白行簡) 「이왜전」(李娃傳)은 대략 이렇게 말한다. "천보 연간에 영양 고을 정생(鄭生, 이름은 원화(元和)이다)이 장안에 과거 시험에 응시하러 갔다가 동시(東市)에 놀러간 적이 있다. 명가곡(鳴珂曲)에 이르러 이왜(李娃, 이름은 아선(亞仙)이다)를 만났는데 요염한 자태가 말할 수 없이 빼어났다. 세상 천지에 없는 사람이라 마치 무엇을 잃어버린 것 같은 마음이 들었다. 다른 날 찾아가서 그 문을 두드리니 유모[姥]가 나타났다. 유모는 정생을 집 안으로 불러들여 이왜에게 나오라고 명령했다. 거동과 걸음걸이가 이처럼 아리땁고 고운 사람은 미처 본 적이 없었다. 새벽이 되자 자기 짐을 남김없이 옮겨서 이아선의 저택에 쭉 살게 되었다. 한 해 남짓 지나고 보니 들고 온 재물이며 종놈이며 말도 남은 것이 없었다. 유모의 눈치가 점점 게을러졌다. 어느 날 정생이 집에 돌아왔더니 문빗장을 꽉 지르고 유모는 이미 거처를 옮겼다. 정생이 황당하여 어찌할 바를 모르다가 발광하고 어찌할 바를 모르다가 이어서 예전의 저택으로 되돌아 왔다. 병에 걸려 대단히 위독하자 저택 주인은 흉사(凶肆)로 그를 옮겼다. 나중에 조금 차도가 있자 장례를 대신 치르는 일[繐帷]을 하고 그 삯을 얻어서 먹고 살도록 시켰다. 그의 슬픈 노래를 들어보면 뭐라 말할 수 없이 오묘하게 간곡하고 정성을 다했다. 이때 정원화의 아버지가 서울에 와있었는데 어떤 떠꺼머리총각[老豎]이 그를 보고 데려다 줘서 집에 돌아왔다. 아버지는 그를 수백 대 때렸는데 쓰러져 죽어버리자 그를 버리고 가버렸다. 같이 장례 일을 하던 무리가 그를 쳐들고 와서 하룻밤 지나자 살아났다. 비럭질을 일삼았는데 어느 날 큰 눈이 내리자 동냥소리가 몹시 구슬펐다. 이왜가 안방에서 듣고 버선발로 뛰쳐나왔다. 정생이 비썩 마른 것이 사람 꼴이 아닌 것을 보고 마음이 감동했다. 그래서 앞으로 나가 그 목을 껴안고 수놓은 저고리로 그를 싸안아 집으로 돌아왔다. 정생을 목욕시키고 옷을 갈아입힌 뒤 몇 달이 채 되지 않아 처음처럼 평온하게 나아졌다. 그래서 정생에게 온갖 생각은 떨쳐 버리고 학문에 뜻을 두라고 시켰다. 그 해 정생은

이 거문고로 애정을 전달한[崔張情導琴心][29] 이야기 및 명주가 죽었다가 다시 살아난 일[明珠生還][30]이나 소옥이 죽어서 원한을 갚은[小玉死報][31] 이

직언극간과(直言極諫科)에 응시하여 일등으로 합격하고 참군에 제수되었으며 청환과 현직[淸顯]의 자리를 여럿 거쳤다. 십 년 사이에 여러 군에 이르렀다. 이왜는 견국부인(汧國夫人)에 봉해졌다."(『태평광기』 권484)

28 장실(張實) 「유홍기」(流紅記)는 대략 이렇게 말한다. "당나라 희종 때 우우(于祐)는 궁궐 도랑에 떨어진 나뭇잎을 보았는데 글씨가 그 위에 적힌 것 같았다. 주워 보니 과연 이런 시를 적어 놓았다. '흐르는 물은 어찌 그리 급한가? 깊은 궁궐에서 종일 한가로운데. 은근히 단풍과 작별하려네. 사람 사는 세상으로 잘 가기를.' 우우는 단풍 위에 이렇게 썼다. '잎사귀에 쓰신 여인의 원망을 들은 적 있습니다. 잎사귀에 시를 써서 보내신 당신은 누구십니까?' 궁궐 도랑 위에 놓아 흘려보내 궁궐로 들어가게 만들었다. 나중에 한부인(韓夫人)이 궁궐[禁庭]에서 나오자 우우는 성대한 결혼식[大禮之數]을 올리고 두 사람은 사귀며 즐거움을 나눴는데 대단히 즐거웠다. 대나무 상자에서 각자 단풍을 꺼내 보여주며 감탄하며 이렇게 말했다. '이 일이 어찌 우연이겠소? 이미 정해진 것이 없지 않을 것이요.' 한씨는 이런 시를 지었다. '한 연의 아름다운 시를 흐르는 물에 적으니 십 년 동안의 시름이 가슴에 가득하네. 오늘 오히려 난새와 봉새처럼 벗하니 장차 단풍이 좋은 매파였음을 알겠네.'" 나는 이렇게 생각한다. 한부인과 우우를 여기서 한부인과 이우라고 말한 것은 글을 쓸 때의 잘못이다.(『청쇄고의』(青瑣高議) 전집(前集) 권5)

29 원진 「앵앵전」(鶯鶯傳)은 대략 이렇게 말한다. "정원 연간에 장생(張生)은 포(蒲)를 유람했다. 포 동쪽에는 보제사(普濟寺)가 있는데 장생이 거기 묵었다. 마침 최씨가 장차 장안으로 돌아가는 길에 포로 나왔다가 역시 이 절에 머물게 되었다. 딸(앵앵)의 얼굴빛이 아리땁고 기이하여 장생이 홀딱 빠져버렸다. 최앵앵의 계집종 이름은 홍낭(紅娘)인데 장생이 몰래 그에게 예의를 갖추고 연애시 두 수를 엮어서 건네주게 했다. 이어서 최앵앵을 여러 달 동안 만났다. 장생은 문득 과거 시험 날짜가 닥쳐서 서쪽으로 가야만 했다. 그러나 자신의 감정을 말할 수가 없어서 최앵앵 옆에서 근심하며 탄식하고 있었다. 최앵앵은 장차 이별할 것을 속으로 알고서 천천히 장생에게 말했다. '그대는 늘 내가 거문고를 잘 탄다고 하셨는데 지난번에는 부끄러워 탈 수 없었습니다. 이제 설령 가시더라도 그대에게 이 정도 성의는 보여야겠지요.' 그래서 거문고를 떨치게 명하니 「예상우의서」(霓裳羽衣序)를 탔다. 몇 곡조 타지 않았는데 슬픈 소리가 마음을 슬프고 어지럽혀 그것이 이 곡조인 줄 모르는 지경이었다. 이튿날 새벽 장생은 길을 떠났다."(『태평광기』 권488)

30 설조(薛調) 「무쌍전」(無雙傳)은 대략 이렇게 말한다. "왕선객(王仙客)은 건중 연간에 조정 신하 유진(劉震) 누이의 아들이었다. 유진에게 무쌍이라는 딸이 있었다. 유진 누나의 병이 위독해지자 며느리로 주겠다고 약속했다. 왕선객은 장례를 주관하기 위해서 양양[襄], 등주[鄧]로 돌아왔다. 장례 기간이 끝나고 서울로 돌아갔다. 경원(涇原)의 병사들이 반란을 일으키자 유진은 왕선객을 불러 물건을 책임지고 따라오도록 하고[押物] 개원문(開遠門)을 나섰다. 병사들이 장안성을 나와 조정의 벼슬아치를 찾을 때 왕선객은 짐수레를 버리고 도망쳐서 양양으로 돌아왔다. 원래 상태대로

돌아간 것을 나중에 알고서 서울에 들어와 외삼촌의 소식을 수소문했다. 유진이 가짜 왕조의 벼슬을 받아서 부인과 함께 모두 극형에 처해졌고 무쌍은 이미 궁궐로 들어갔다는 소리를 들었다. 무쌍의 계집종 채빈(采蘋)이 금오장군(金吾將軍) 댁에 있는 것을 왕선객은 후한 값을 치르고 그를 데려왔다. 몇 달이 지나자 궁중의 사자[中使]가 궁중[內家]에 있는 서른 명을 압송해서 데리고 원릉(園陵)으로 가서 청소하는 일에 부릴 것이라는 소식이 갑자기 들렸다. 왕선객은 무쌍이 그 안에 있으리라 짐작했다. 그래서 이교관(理橋官)으로 가장하여 수레가 지나갈 때 수레에 가까이 다가갔더니 과연 무쌍을 만났다. 글을 받았는데 이렇게 말하고 있었다. '부평현(富平縣)에 사는 고압아(古押衙)는 사람들 가운데 마음이 있는 사람이니 구할 수 있을 것이오.' 왕선객은 드디어 고압아[古生]를 찾아가 만났다. 고압아가 원하는 것은 틀림없이 힘껏 이루어 주었다. 고압아가 무엇을 원하느냐고 묻자 왕선객은 사실대로 알렸다. 나중에 며칠 지나고 갑자기 원릉의 궁인을 처치한다는 소리가 있었는데 죽이려는 사람이 바로 무쌍이라는 것을 알아냈다. 왕선객은 울부짖으며 곡하기를 그치지 않았다. 이날 저녁이 더욱 깊어졌는데 아주 급하게 문을 두드리는 소리가 들려 열어보니 바로 고압아였다. 대나무 광주리에 사람을 하나 데리고 왔는데 왕선객에게 이렇게 말했다. '이것은 무쌍이오.' 왕선객이 껴안고 집에 들어가서 날이 밝을 때까지 지켰더니 온 몸에 온기가 돌고 구원하여 치료했더니 차차 나아졌다. 고압아는 이렇게 말했다. '오늘 그대의 은덕에 충분히 보답했소. 먹으면 바로 죽는데 사흘이면 살아나는 약처방[藥術]이 모산(茅山)의 도사에게 있다고 늘 들었소. 내가 사람을 시켜 한 알을 구하게 했고 채빈에게 궁중의 사자으로 가장시켜서 무쌍이 반역의 무리라는 이유로 이 약을 내려 자살하도록 만들었소. 원릉 아래에 이르렀을 때 아는 사람이라고 가탁해서 비단 백 필을 주고 주검을 데려왔소. 그대는 더 이상 여기 살 수 없을 것이오.' 왕선객은 그래서 집안을 이끌고 양양과 등주로 돌아와서 무쌍과 함께 부부로 늙었다."(『태평광기』 권486) 육채(陸采)는 그것을 근거로 「명주기」(明珠記)를 지었다.

31 장방(蔣防) 「곽소옥전」(霍小玉傳)은 대략 이렇게 말한다. "곽소옥의 어머니는 정지(淨持)라 하는데 곽왕(霍王)이 총애하는 계집종이다. 왕이 세상을 뜨자 여러 형제는 소옥이 천한 것[賤庶]에게서 태어났다고 그다지 거두지 않았다. 바깥으로 내보내 살게 하고, 성을 정씨로 바꿨다. 매파를 보내 사윗감을 찾다가 이익(李十郎, 익(益)이다)을 얻었는데 나이가 젊고 어여뻐서 서로 좋아했고 이렇게 이태가 지났다. 나중에 이익이 글씨를 잘 쓰고 판단이 뛰어나다고[書判] 하여 뽑혀서 과거 시험에 합격했고 정현 주부(鄭縣主簿)에 제수되었다. 곽소옥에게 단정하게 살면서 기다리기만 하면 곧 사람을 시켜 받들어 맞아들일 것이라고 했다. 임지에 도착한지 열흘이 지나서 말미를 얻어 동도(東都)로 부모님을 찾아뵈러 가게 되었다. 미처 집에 도착하기 전에 어머니[太夫人]는 이미 이종누이 노씨(盧氏)와 약혼해 두었는데 이익이 감히 거절할 수 없었다. 곽소옥은 이익이 말한 기한이 넘은 뒤부터 근심하고 한스럽게 한 해 남짓 지내다가 결국 깊은 병에 걸렸다. 그때 노씨는 장안에 있었고 이익은 말미를 청해서 장안성으로 들어가 아내로 맞아들였다. 포호사(布豪士)가 그를 데리고 정씨 댁에 갔는데, 곽소옥이 이익을 보고 말도 하지 않은 채 술잔을 들어 땅에 부으며 이렇게 말했다. "그대가 이처럼 마음을 저버렸으니 이제 영원히 이별해야만 하겠소! 내

야기 따위가 있다. 이치에 닿지 않는 것을 억지로 끌어대어 맞추었기 때문에 이런 종류의 이야기들은 그럴 듯하다 싶기도 하고 결국 사마상여의 자허 따위에 가탁하기도 한다.[32] 비록 사정과 상황은 제각각일지라도 아마 비슷할 것이다. 처음에는 고대 문학 작품의 의도를 지나치게 그리워하는 데 지나지 않았지만 문학자[辭客]가 느낌을 깃들이자 시인[詩家]의 악부인 「고염행」[古豔] 같은 작품들과 같아졌다.[33] 송나라와 원나라 이래로 이것을 연의(演義)로 확장하고[34] 사곡(詞曲)으로 지었다. 드디어 고사(瞽史)가 현악기를 뜯으며 읊고 배우가 무대에 오르자 우아함과 상스러움이나 남녀의 구분도 없어지고 가무와 여색으로 눈과 귀를 기쁘게 하지 않는 경우가 없었다. 아마 패관이 『한서』 「예문지」에 나타나면서부터 세 번의 변화를 거쳐 옛사람의 원류를 깡그리 잃어버렸을 것이다.[35]

소설, 가곡(歌曲), 전기, 연의 같은 갈래는 꼭 다음과 같이 남녀를 묘사한다. 남자는 반드시 마음이 자잘하고 여리며 언행이 가볍지만 풍류를

가 죽은 뒤에 반드시 역귀가 되어 그대의 아내와 첩들이 종일 편안하지 못하게 만들겠소!" 술잔을 땅에 던지고 몇 마디 길고 슬프게 울더니 목숨이 끊어졌다. 나중에 이익이 본 여자들은 번번이 샘내어 미워하여 첩이 세 명이나 되었는데도 대체로 처음과 같았다."(『태평광기』 권487)

32 「경해 하」의 주21을 보라.

33 『악부시집』은 『고금악록』을 인용하여 이렇게 말한다. "사랑 노래[豔歌]는 하나가 아니라서 곧바로 사랑 노래라고 하는 것이 있다. 다름 아니라 이 「염가행」(豔歌行, 편편당전연(翩翩堂前燕)이라고도 한다) 같은 것이다. 「나부」(羅敷), 「하상」(何嘗), 「쌍홍」(雙鴻), 「복종」(福鍾) 따위도 모두 사랑 노래이다."

34 소설은 역사 사실에 근거하지만, 야사를 마구 골라서 덧붙여 늘어놓아서 글을 완성한 것은 연의(演義)라고 한다. 나는 이렇게 생각한다. 반악 「서정부」(西征賦)는 이러하다. "영왕은 강물을 막으려 싸움을 멈추게 하고 태자진은 뜻을 펼쳐 이야기를 바쳤네." 이선 주는 『국어』를 인용하여 이렇게 말한다. "영왕 22년 곡수[穀]와 낙수[洛] 두 강물이 다투다가 임금의 궁궐을 무너뜨리려고 했는데 임금이 그들을 막으려고 했다. 태자진이 간언하여 이렇게 말했다. '안 됩니다. 저는 고대에 백성을 거느리는 사람은 산을 무너뜨리지 않고 강물을 막지 않는다고 들었습니다. 이제 제가 정사를 맡으면서 사실 물리치려 하지만 두 강물의 신들에게 재앙이 있을 것입니다.'" 연의라는 말은 여기에 뿌리를 두고 있다.

35 나는 이렇게 생각한다. 이 단락은 소설로부터 전기(傳奇)로, 전기로부터 연의와 사곡(詞曲)으로 세 번 변하고서 그 원래 뜻을 잃었다고 말한다.

아는 재능 있는 젊은이[才子風流]라고 아름답게 꾸미며[36] 여자는 반드시 음탕하고 다정하지만 세상에 견줄 사람 없는 아리따운 아가씨[佳人絶世]라고 아름답게 꾸민다.[37] 세상에는 자그마한 지혜를 가졌지만 학이나 판단력이 없는 남자도 있고 글을 짓거나 그림을 그릴 줄 알지만 『예』의 가르침에 어두운 여자도 있다. 이들은 모두 전기의 재능 있는 젊은이와 아리따운 아가씨를 고대의 사람이라고 생각한다. 오늘날 시화를 짓는 사람도 바로 자그마한 지혜를 가졌지만 지식이나 판단력이 없는 사람이다. 자그마한 지혜를 가졌지만 지식이나 판단력이 없는데다 비딱하고 올바르지 못한 마음씀씀이를 더했으니 이것은 소인배이면서 거리낌이 없는 것이다. 어찌 하지 못할 일이 있겠는가?[38]

부록

나는 강표 영겸각총서(靈鶼閣叢書) 『문사통의보편』에 있는 「시화」편이 여강 하씨 초본의 「시화」를 근거로 했다고 생각한다. 『영겸각총서』의 「시화」 다음에는 아홉 조목이 더 있기 때문에 다음과 같이 수록한다.

시화는 시를 논하지 겉모습을 논하는 것이 아니다. 겉모습만 가지고 논하자면 대장부를 칭찬하는 말은 몸이 건장하고 기이하게 크다[魁梧奇偉], 몸이 건장하고 수염이 좋다[豐碩美髯], 골격이 건장하고 서슬 푸른 기운이 준엄하다[豐骨棱峻], 빼어난 모습이 바람처럼 시원하다[英姿颯爽] 따

---

36 『후한서』 「번영전론」(樊英傳論)은 이러하다. "한나라 때 이른바 유명 인사라는 사람들의 풍류를 알 수 있다." 『송서』 「사령운전론」의 『문선』 주는 이러하다. "바람이 흩는 것처럼 물이 흐르는 것처럼."

37 「부학」편의 주85를 보라.

38 나는 이렇게 생각한다. 이 단락은 소설의 보잘 것 없는 무리가 인심에 해를 끼치고 오늘날의 시화가 바로 그 폐단을 좇고 있다고 말한다.

위가 있다한들 안 될 것이 무엇이 있겠는가. 오늘날 대체로 이런 소리를 듣지 못하게 된 이유는 소년이나 스물 남짓한 무리를 사랑스런 여자처럼 아름답다[美如好女]라고 하지 않으면 꼭 그림자를 돌아보니 어여삐 여기고 싶다[顧影堪憐]고 하거나 옥처럼 말갛고 얼음처럼 투명한 피부[玉映冰膚]라고 하지 않으면 꼭 난초나 향기로운 풀처럼 좋은 성품[蘭薰蕙質]이라 하기 때문인데(이것 역시 매우 축약적인 글이며 일정한 글자꼴은 아니다) 그런 의도로 무엇을 하려는 것인지 모르겠다. 심지어 올바르지 못한 학설을 예의 제도라고 몹시 칭찬하고 절개를 지킨 여자[節婦]만 칭찬하며 절개를 지킨 남자[貞男]는 기리지 않는 것은 잘 생긴 남자를 첩으로 삼는 짓도 꺼리지 않는 것을 보여주는 것이다. 그렇다면 사람의 탈을 쓰고 짐승 소리를 내는 것처럼 흔들리지 않고 시화를 지은 것이니 그런 사람은 죽여 마땅하고 글도 불살라야 마땅하다!(남자를 갈보로 삼는 것은 예부터 법률로 금지하고 있다. 그 사람은 배워먹지 못해 알 리가 없다)

고금을 통틀어 여자의 시는 남자의 시편에 비하자면 천분의 십, 백분의 일에 지나지 않는다. 시화에서 우연히 거론하더라도 남자의 시에 비하자면 역시 천분의 십, 백분의 일에 지나지 않는다. 시를 논한 것이 많거나 적은 것은 틀림없이 시가 많거나 적은 것에 따라서 구분했을 테고 이세가 반드시 그런 것이리라. 오늘날 시들이 쌓일 정도로 많은데 좋은 집안 여자라고 칭찬받는 사람들의 시가 거의 남자의 시와 맞먹을 정도이다. 심지어 어미와 딸, 시어미와 며느리의 시를 나란히 이은 것이나 손아래동서와 손윗동서, 언니와 아우의 시를 엮은 사람들의 집안은 낭야 왕씨나 진군 사씨, 청하 최씨나 범양 노씨처럼 대단하다. 예부터 여자[壼內]의 글을 높이는 풍습이 어찌 오늘날보다 세찬 적이 있었겠는가? 군자들이 이로써 방향을 속일 수는 있겠지만 그것이 옳다 한들 어찌 정말 옳겠는가? 하물며 그들이 좋은 집안의 여자들을 서술할 때는 절반 이상이 모두 용모를 칭찬하는 말인데 나라 안에서 으뜸가는 미인[國色]이라 아첨하지 않으면 선녀 같은 미인[天人]이라고 아첨하며 아름다운 시나 글[聯珠]이라고 찬양하지 않으면 완벽한 아름다움[合璧]이라고 추켜세워서 결국 그들의 글을 보는 사람이 시를 품평하는 말이라는 것을 잊게 만들고 게다가 그들의 아름다움만 품평하는 책이 되고 마니 시화가 생긴 이래로 이런 것은 본 적이 없다.

여자가 집안에서 하는 말[內言]은 집밖으로 나가지 않는 법이고 시화가 그들을 위해 제멋대로 세상에 소문난 평판[名字]을 세워주었다 한들 말의 기운[聲氣]을 칭찬하는 것이 알찬지 알차지 않은지 나는 알지 못한다.(시화는 무엇을 근거로 남의 좋은 집안 여자들을 이렇게 상세하게 알 수 있는가? 이것을 근거로 한다면 비딱하고 올바르지 못한 것을 바로 보게 되니 다시 거짓으로 꾸미는 것은 논하지 않는다) 세상에 소문난 남자의 평판[姓字]은 사방을 휘감아 도는 법이니 시화가 그들의 명성을 들먹였다 한들 어찌 끝내 숨길 수 있겠는가? 시화에는 덕망이 있다고 유명한 사람이나 큰 벼슬을 하는 사람의 자투리 일들을 기록하고 기이한 재주를 가진 사람이나 오래전부터 존경받는 사람의 정밀하고 잘하는 일들을 적는다. 그들의 신세가 가난하고 보잘 것 없는 경우라도 그윽하고 뛰어나다고 칭찬받고 한 마디라도 취할 만하다면 이것을 실마리로 향기로운 이름을 남기는 것은 참으로 시화에 있어야만 하는 일이다. 지금 옥과 돌을 나누지 않고 곡식 싹과 잡초 싹을 구별하지 않은 채, 가끔 시화에 자기 성명을 적고 그 사람을 오랜 만에 만나거나 우연히 만나는 것은 사실 바람과 티끌 속에서 돌아다니며 구걸하는 짓이자 어리석은 종놈의 천한 품격이다. 거드는 말이 참과 거짓을 변별하지 않거나 비기는 말이 완전히 방향이 어긋난다면 이것은 어쩌면 작은 종기를 모르면서 싫어하는 것일 수도 있다. 하지만 그런 놈들이 없지 않다. 그렇게 해서 품평[題品]을 구할 수 있다면 참된 재능이 있는 사람이나 오래전부터 존경받는 학자는 같은 부류라는 것을 차라리 부끄럽게 생각하지 않겠는가? 그래서 좋은 집안의 여자가 시를 칭찬하는 일을 안다는 소리는 무엇을 근거로 실제 내용을 살피겠는가? 그들이 세세하게 아로새긴 말이나 아주 새롭게 우려낸 말을 살펴보면 비록 얼굴은 모두 다르지만 됨됨이는 하나도 다르지 않으니 교정해서 바꾸고 거짓으로 꾸민다 하더라도 있는 그대로의 형편이 뚜렷이 나타난다. 어찌 얌전한 숙녀와 유명한 미인[名姝]에게 맑은 생각과 아름다운 시가 없겠는가? 누런 띠나 흰 갈대에 이끌리면 자줏빛이 붉은빛을 빼앗는 일을 미워한다는 것을 도리어 깨닫게 된다.

자신을 뽐내는 일은 남자의 부끄러움이고 자기 스스로 짝을 찾는 일은 여자의 부끄러움이다. 복사나무와 자두나무는 꽃이 곱고 열매가 맛있기 때문에 오라고 하지 않아도 찾아오는 사람이 많아 나무 아래 저절로 길이 난다. 영원히 남을 만한 사람은 틀림없이 옛사람의 이른바 진실[誠然]에 대해서 이해했기 때문에 죽을 때까지 진실 안에서 근심하고 즐거워하지 온 세상이 옳다거나 그르다는 것을 돌아보지 않는다. 비딱하고 올바르지 못한 사람은 세상의 인정을 받고 싶어 하기 때문에 우선 말의 기운을 앞에 내세워 인심을 떠들썩하게 뒤흔든다. 또한 사람들이 흔들리지 않는 것을 두려워하기 때문에 사람을 꾀어 명성을 좋아하게 만들기도 하고 심지어 올바르지 못한 주장을 부르짖으면서 사람이 짐승과 다른 까닭이 명성을 좋아하기 때문이라고 말하는 지경이다. 명성을 좋아하는 사람은 감정을 속이고 거짓을 꾸며서 일시적인 명예를 다투어 좇겠지만 이것은 비록 짐승이라도 하지 않는 짓이다. 이것은 사람을 쇠뭉치로 때려 죽여서 묻거나 무덤을 도굴하는 것이나 마찬가지이니 역시 짐승이라도 하지 않는 짓이다. 사람과 짐승이 다른 이유를 사람을 쇠뭉치로 때려 죽여서 묻거나 무덤을 도굴하기 때문이라고 오늘날 누군가 소리 높여 부르짖는다면 말이 되겠는가? 경전에 견강부회하고 성인의 주장을 함부로 모욕하는 것은 더구나 마음이 어지럽고 맥이 빠져서 미친 병을 앓는 것이다!(『논어』의 "군자가 인을 떠나서 어찌 명성을 이루려는가?"라는 말이나 "군자는 죽을 때까지 명성이 남에게 일컬어지지 않는 것을 한스럽게 생각한다"라는 말을 모두 명성을 좋아한다는 증거로 마구 인용한다)

사람의 명성을 전해야만 하는 이유에는 여러 가지 뜻이 많다. 그러나 저들이 문학의 명성에만 힘쓰라고 사람을 꾀는 것은 역시 작지 아니한가? 설령 문학에서 명성을 얻어야만 하더라도 길은 넓다. 그러나 저들이 사람을 꾀는 것은 또한 섬세하고 방정맞으며 재주는 뛰어나나 경솔한 사장에 지나지 않는다. 재능 있는 젊은이와 아리따운 아가씨가 등장하는 소설에서 남자는 반드시 장생(張生)이나 이십(李十)이고 여자는 반드시 굉도(宏度)이거나 유미(幼微)라고 하고 천하의 남녀를 모두 거느리고 훨훨 날 듯 나비가 되고 버드나무 꽃이 된 뒤라야 마음이 크게 통쾌하다고 생각한다. 그렇다면 이런 사람이 명성이라고 하는 것은 바로 명교의 죄인일 것이다! 이런 사람이 명성이라고 하는 것을 판단력이 있는 사람은 역시 깊이 부끄러워한다.

학자도 역시 우아한 것과 속된 것[雅俗]의 구별을 아는가? 우아한 것은 올바름[正]이고 떳떳함[常]이라고도 한다. 올바른 것을 편안하게 여기고 떳떳한 것을 지키면 내용이 도달하고 이름이 저절로 거기로 되돌아가는데 이것이 천하의 대단히 우아한 군자이다. 명성을 좋아하는 무리는 나를 잊고 남을 따르며 세속이 추켜 주면 경망스럽게 기뻐하고 세속이 그르다고 하면 슬퍼하며 근심한다. 세속이 주거나 빼앗는 것에 따라 재빨리 피하고도 자기 처신을 옳다고 생각하기 때문에 비로소 상스러운 것에 돌아가 기댄다. 하물며 명성을 좋아하는 것을 우아하다고 생각하는 것이나 이익을 좋아하는 것을 속되다고 생각하는 것은 특히 그르다. 명성은 이익이 있기 때문에 좋아하는 것이다. 좋아하는 것은 다르지만 마음은 다르지 않다. 그러므로 명성을 좋아하는 사람은 이익을 좋아하는 사람보다 훨씬 상스럽다. 사람을 꾀어 명성을 좋아하게 만드는 사람은 무덤을 도굴하는 방법을 남에게 가르치는 사람보다 죄가 크다.(일단 명성을 좋아하는 마음[名心]이 생기면 즉시 상스러운 기운에 젖어든다. 많은 사람들과 경쟁하게 되니 상스러움을 어찌 치료할 수 있겠는가?)

비딱하고 올바르지 못한 사람은 반드시 믿는 구석이 있는 법이다. 섬세하게 운을 맞춰 얼핏 예뻐 보이는 글재주를 지니고 훌륭한 업적과 어진 덕을 칭송하는 글을 짓는다. 남의 뜻을 잰 뒤 손뼉으로 맞장구를 치는 이야기로 막힌 구석 없이 순탄하고 원활하게 남의 뜻에 맞추는 술수를 휘두른다. 지위가 높고 권세가 있는 사람이나 지위가 높고 요직에 있는 벼슬아치가 이런 사람들을 만나지 못한 적은 없을 것이다. 명성과 인망이 있는 유명한 사람이 이런 사람들의 아첨을 듣지 못한 적은 없을 것이다. 글이나 말로도 부족하면 사시사철 좋은 경치를 구경하며 즐겁게 노는 것으로 이끈다. 남의 꽁무니만 뒤좇는 것으로도 부족하면 지지고 볶아서 입맛을 당기게 하는 것으로 아첨한다.(어떤 귀인은 아랫사람인 자기가 바친 음식을 맛보았다고 스스로 기록한다. 또한 어떤 귀인은 자기가 어여뻐하는 첩이 술과 먹을거리를 손수 맞춰줄 것을 여러 차례 찾았고 첩에게 고맙다고 하고 상을 내린다고 아뢰는 일도 있다) 귀인의 나이 어린 자제를 기생집[青樓]에서 모시거나(귀인의 나이 어린 자제와 기생집[句曲]에 함께 있는 것이다) 기생집[金屋]에서 기생들이 아양 떠는 자태를 칭송하는 일(귀인이 아끼고 어여뻐하는 일은 필기(筆記)에 상세하지 않은 것이 없다)에 이르면 따를 수 없이 뛰어난 기술이라며 정밀하고 잘하는 글을 지극히 갖춰서 특히 칭찬한다. 귀인은 공무를 마치고 퇴근한 여가에 역시 즐길 만한 오락을 생각한다. 배우들은 자기가 늘 보던 것이고 개나 말도 역시 늘 길들인 것이기 때문에 자주 보아 신선하지도 않고 싫증나던 참이다. 갑자기 글짓기에 통달한 배우나 곡조나 노래를 이해하는 개나 말이 구석구석 마음대로 하는 품이 마치 사람을 이해하는 것처럼 보이면 가엽게 여기다가도 사랑하지 않는 사람을 찾기는 거의 보배를 얻을 정도로 드물다. 게다가 무엇이든 잘할 것 같지만 내용이 없는 말 사이에 마치 드러나지 않게 비유하고 풍자하는 말이 있는 것처럼 감정을 꾸미거나 산과 숲 같은 자연에 깃들이기 때문에(자신을 산과 숲에 은둔한 무리에 깃들이지만 실제 자취는 권세 있고 사치스러운 세속[軟轅鈴閣]을 떠나지 않는다) 남들이 청류라고 오인하게 만들어서 그에게 윗자리에 앉으라고 사양하면 웃는 낯으로 보답하고 고귀한 신분을 빌린다. 드디어 높은 지위에 오르면 사람을 부를 때 권세를 끼고 명령하고, 배나 수레가 향하는 곳이면 도처에서 마중 나오게 하며 어수선하고 의심스러운 소문이 돌아다니면 주와 현에 알현하기를 청하고 말로 관계를 맺거나[關說] 음탕한 일로 다툼이 일어나는[陰訟] 경우 자신의 못난 의도를 내키는 대로 행하기도 하고(기회를 틈타 여자와 육체적 관계 따위를 맺는 것이다) 나이 어린 사람들을 모아들여 주색잡기에 빠져 제멋대로 구는 좋지 못한 주장을 함부로 펼치기도 한다. 그래서 인륜에 대해 버러지만도 못한 도적은 명교가 반드시 죽인다. 어두운 자들은 여러 지방에서 자기에게 아침밥이며 저녁밥을 날라다 주는 것이나 세상에 들리는 명성이 눈부시게 빛난다고 뽐내지만 이것이 장의나 공손연[儀衍]을 부러워하는 남자라는 것도 모르고 보잘 것 없는 여자들조차 그들을 부끄러워하는 줄도 모른다.

『시경』 삼백 편에는 성인의 가르침이 남아 있고 영원히 유명한 유학자들에게도 다른 논의는 듣지 못했다. 지금은 근심 때문에 마음이 어지러워지고 맥이 빠져서 거리낌이 없어지며 감히 성인의 주장을 모욕하고 올바르지 못한 주장이 걷잡을 수 없이 퍼져 사람의 눈과 귀를 놀라게 한다. 『시경』의 여섯 가지 뜻은 대단히 넓지만 저들은 『시』의 「아」와 「송」이 「국풍」보다 뒤떨어진다고 생각한다. 『시』 「국풍」의 시는 대단히 많지만 저들은 남녀에 대해서 묘한 감정을 말한 것이라고 생각한다. 성인과 현인의 법도와 교훈을 함부로 거두거나 왜곡시켜 인용하지 않은 것이 없고 이것이 욕망을 이끌어 음탕함을 펼치는 도구라고 생각하니 그 죄가 죽는다고 감당할 수 있겠는가! 시를 짓는 재주가 천하제일이라고 자신하는 사람은 대단히 인품이 낮고 말과 행동이 주책없으며 뭘 모르는 사람이다. 옛날에 이백은 시를 논할 때 마음이 깨끗하고 거짓이 없는 것[淸眞]을 소중하게 여겼는데 이것이 바로 고금의 시와 글을 논하는 기준이자 규칙이기 때문에 지금까지도 과거 시험의 답안을 적을 때 사용하는 여러 가지 형식처럼 높이 내건다. 마음이 깨끗하고 거짓이 없는 것은 학문하는 도중에 마음에 얻은 것이 있다면 시나 글로 자신이 본 것을 풀어쓰고 교묘하게 다듬을 의도가 없는 것이지만 글을 다듬는 일에 남김없이 힘을 쏟는 사람은 따라잡지 못한다.(시나 글을 막론하고 모두 학문이 필요하며 허튼 소리로 성정을 말하는 사람은 결국 대가가 아니라 보잘 것 없는 사람[小家]이다) 저들은 학문을 원수처럼 보고 가슴 속에 품은 촌스러운 습속을 보태는데 그러면 내용을 이미 잊어버렸기 때문에 형식을 붙일 수가 없다. 그들이 조심스럽게 언어의 교묘함에서 승부를 다투려고 하는 것은 앵무새나 성성이가 사람의 말을 본뜬 것과 같으니 적으려고 두루마리를 펼칠 필요도 없이 그들에게 기록할 만한 시가 없다는 것을 벌써 알 수 있다.

사람마다 각자 잘하는 것이 있고 잘하지 못하는 것이 있으니 억지로 잘하게 할 수 없다. 촌스러운 습속을 품은 마음이나 비딱하고 올바르지 못한 마음에서 나온 시는 자신의 실제 내용이 없다. 그러나 내용을 버리고 형식을 논한다면 재주는 뛰어나나 경솔하고 아첨하는 그의 자질은 앵무새나 성성이의 말을 본뜨는 것과 같기 때문에 남의 눈과 귀를 즐겁게 하지 못한 적이 없고 비록 예술계에서 소중하게 여기지는 않지만 역시 가장 처지는 못난 것[下駟]에 붙여서 이름을 전하는 일은 감당한다. 그는 자신을 헤아리지 않고 학문과 문장을 함부로 이야기하지만(고문사는 대단히 재치[才氣]가 있지만 문리가 전혀 통하지 않는다) 그 말은 비슷하지도 않으며 거의 색주가에서 『열녀전』을 읽는 것에 가깝다. 학문의 길은 대단히 넓어서 예의 제도를 외우는 것은 그중 한 측면일 뿐이다. 저들은 내용이 없고 짜임이 허술하면서도 배우지 않고 한나라 때 유학자들을 싫어하면서 술지게미처럼 여긴다. 자신의 주장이 거름흙과 같은 것임을 어찌 알겠는가?

경학은 대대로 이어진 연원이 있고 본래 특수한 지혜로 깊은 공부를 더 하지 않으면 일가의 학문을 이룰 수 없다. 그러나 저들은 시를 지을 줄 모르는 사람이 경학으로 달아나 숨는다고 생각한다. 그러면 복생이나 정현 같은 훌륭한 유학자가 바로 이렇게 달아나서 그것을 만들었다는 소리인데 비열하고 또한 어긋난다! 비교하고 검토해서 증거를 찾는 일은 학문마다 모두 있는 일이다. 학문에 학파가 하나만 있는 것이 아니듯, 비교하고 검토해서 증거를 찾는 일에도 학파가 하나만 있는 것은 아니다. 촌스럽고 변변치 않은 사내는 학문에 유파가 있다는 것도 모르고 남의 학문이 제 눈을 속이는 것을 뻔히 보면서도 지적하거나 판단하지 못하고 뭉뚱그려 비교하고 검토해서 증거를 찾는 사람이라고 이름 붙인다. 비교하고 검토해서 증거를 찾는 일에 어찌 학파가 있을 수 있는가? 학문에 비교하고 검토해서 증거를 찾는 일이 있는 것은 마치 시와 글에 사실이 있는 것과 마찬가지일 뿐이다. 만약 한유나 유종원의 글과 이백이나 두보의 시를 보고도 아무개의 시, 아무개의 글이라고 결정하지 못하고 시와 글에 사실이 있다는 것만 보고 즉시 뭉뚱그려서 사실을 적은 사람[事實家]이라고 이름 짓는다면 말이 되겠는가? 학문이 일가를 이루면 힘을 떨쳐 드러낸 뒤 문사를 짓거나 내용을 증명한 뒤 비교하고 검토해서 증거를 찾는다. 사람의 몸에 비기자면 학문은 정신이나 지혜[神智]이고 문사는 살가죽[肌膚]이며 비교하고 검토해서 증거를 찾는 일은 머리뼈[骸骨]인데 세 가지가 갖춰진 뒤라야만 저술이라고 한다. 저술은 학문에 따라서 각자 학파의 이름을 짓는 것이지 이른바 비교하고 검토해서 증거를 찾는 사람이나 저술하는 사람이 따로 있는 것은 아니다. 촌스럽고 세속적인 사내는 저술이 학문에 따라 학파의 이름을 짓는다는 것도 모르면서 문득 개인적 의견으로 비교하고 검토해서 증거를 찾는 사람과 저술하는 사람을 함부로 나누거나 또는 제 욕심을 채우려는 마음으로 저술하는 사람이 결국 비교하고 검토해서 증거를 찾는 사람보다 낫다고 함부로 논의한다.(저들이 말하는 비교하고 검토해서 증거를 찾는 일은 유서나 과거 시험을 대비하기 위한 참고서에 지나지 않는다. 이른바 저술은 저들 자신이 지은 근거 없는 시와 글 따위에 지나지 않는다. 사실 이것은 모두 일가를 이루었다고 칠 수 없다) 이것은 전체를 다 갖춘 사람을 보면서도 그에게 정신이나 지혜가 있는 것을 모르고 사람에는 머리뼈 사람[骸骨家]과 살가죽 사람[肌膚家]이 있다고 함부로 나누거나 또는 살가죽 사람이 결국 머리뼈 사람보다 낫다고 말하는 셈이다. 이것은 대체 무슨 말인가? 시화가 시를 논하는 것은 종지를 완전히 잃었다. 그래서 큰 것에 대해서는 어두우면서 도리어 자잘한 것에 대해서는 밝은 이것을 잡스러운 예술에 비기자면 보잘 것 없는 도에도 볼만 한 것이 있으면 군자는 오히려 나쁜 것을 버리고 좋은 것만 취한다. 그들이 함부로 자신은 헤아리지 않으면서 학문과 문장을 분수에 넘치게 논하는 일은 바로 촉나라에 볕이 들고 월나라에 눈이 내리자 뛰어다니며 짖는 품이 어쩔 줄 모르는 개와 같고(학문을 논하는 곳마다 문득 진심으로 싫어하고 미워하는 것이 마치 괴이한 것을 보고 짖는 개 같다) 햇빛이 촛불과 비슷하다고 하자 피리를 햇빛이라 지껄이거나 해가 구리 접시와 비슷하다고 하자 구리 접시 소리와 비슷한 종소리를 듣고 해라고 지껄이는 장님과 같다. 비슷한 것을 열거할 때는 갑을 두고 을이나 병을 잘못 연결시키고 틀린 것을 지적할 때는 자기가 노쇠한 것을 잊고 대공이니 소공이니 시마니 남의 상복[功緦]을 비교하여 논의한다. 남이 뱉어놓은 찌꺼기를 표절하고(조금이나마 이치에 가까운 것은 모두 남의 것을 표절한 데서 나온 것이기 때문에 얕게 드러나 쉽게 알 수 있다) 비슷하지 않은 것을 억지로 본받는다.(배우는 사람의 말씨는 번번이 그 의도를 잃게 마련이다) 말과 행동이 제멋대로인 것이 비록 싫어도 어리석은 것은 사실 불쌍하다. 촌스런 아낙이나 계집아이가 소양군[昭陽]이나 장신군(長信君)을 제멋대로 헤아리거나 촌스런 무지렁이나 늙은이가 금마문[金馬]과 옥당전[玉堂]에서 어수선하게 다투는 것과 같다. 한 수레 가득 귀신을 싣고 가는 것과 크게 비슷하니 사람을 웃겨서 밥알을 내뿜어 상에 가득 차게 만든다. 어찌 하늘은 그들의 넋을 빼앗았는가? 왜 그들은 자신의 추한 모습을 그리는 일은 입에 착착 달라붙는 재미있는 일이라고 생각하는가?

권 6
외편 1

방지립삼서의(方志立三書議)

주현청립지과의(州縣請立志科議)

지지통부(地志統部)

화주지 황언기 서례(和州志皇言紀序例)

화주지 관사표 서례(和州志官師表序例)

화주지 선거표 서례(和州志選擧表序例)

화주지 씨족표 서례(和州志氏族表序例)
상·중·하

화주지 여지도 서례(和州志輿地圖序例)

화주지 전부서 서례(和州志田賦書序例)

화주지 예문서 서례(和州志藝文書序例)

화주지 정략 서례(和州志政略序例)

화주지 열전 총론(和州志列傳總論)

화주지 궐방열전 서례(和州志闕訪列傳序例)

화주지 전지열전 서례(和州志前志列傳序例)
상·중·하

화주문징 서례(和州文徵序例)

방지립삼서의(方志立三書議)[1]

한 지방의 문헌을 정리하려고 하면[2] 반드시 세 가지 학을 세워야만 비로소 옛사람이 남긴 의도에 통달할 수 있다. 기전체 정사의 형식을 본떠 「지」를 짓고 율령과 전례의 형식을 본떠 「장고」를 지으며[3] 『문선』과 『문원』의 형식을 본떠 「문징」을 짓는다.[4] 세 가지 책은 서로 도와서 시행해야 하고 하나라도 빠져선 안 되며 하나로 합치는 일은 더구나 안 된

1 『주례』「춘관」에 따르면 다음과 같다. "외사는 사방의 「지」를 관장한다." 방지라는 이름은 여기에 뿌리를 두고 있다. 유함흔 『문사통의지어』는 이러하다. "이 글은 서례의 모든 줄거리이다. 그리고 육예의 유파를 논한 것은 역시 「역교」, 「서교」, 「시교」 편의 요점을 정리한 것이다." 이것과 다음 편은 무창 가씨 초본의 원래 제목에 "이미 판각했다"라고 주를 달았다. 지은 해는 「서교 상」의 주1을 보라.

2 「역교 상」의 주16을 보라.

3 『사기』「귀책열전」은 이러하다. "문제와 경제는 장고를 이어서 답습했을 뿐이지 미처 강구하거나 시험한 적이 없다." 장고는 국가의 고실이다.

4 『문선』은 「서교 중」의 주30을 보라. 『문원』은 「시교 상」의 주39를 보라. 문징(文徵)은 「역교 상」의 주16을 보라.

다. 내가 의도적으로 기이한 것을 창조했다고 남들이 생각할까 두렵다. 그래서 어떤 사람이 묻는다고 가정하고 의도를 모두 드러내 볼까 한다.[5]

이렇게 물어보자. "방지의 유래는 오래되었지만 그것을 세 가지 책으로 나눠서 지은 적은 없다. 이제 갑자기 세 가지로 나눠서 지은 까닭은 무엇인가?"

이렇게 대답하겠다. "사학을 밝히기 위해서이다. 가의[賈子]는 일찍이 '옛사람은 천하를 다스릴 때 지극히 섬세하게 나누었다'라고 말했다.[6] 나는 그것을 『주관』에 비교해 보고나서[7] 옛사람들이 역사적 사실을 지극히 섬세하게 나누지 않은 적이 없다는 것을 알았다. '외사는 사방의 「지」를 관장한다'는 말에 대해 주는 이렇게 말한다. '진나라의 『승』, 노나라의 『춘추』, 초나라의 『도올』은 마찬가지이다.'[8] 이것은 어떤 나라의 전체 역사라는 말이다. 그리고 행인도 다섯 가지 글을 바치고[9] 태사도

---

5 나는 이렇게 생각한다. 이 단락은 글의 서문이다.

6 가의 「논적저소」(論積貯疏)의 글이다. 나는 이렇게 생각한다. 석(析)은 원문을 좇아서 "실"(悉)이라고 해야만 한다. 「주현청립지과의」가 이것을 인용한 것은 틀리지 않았다.

7 「역교 하」의 주3을 보라.

8 『주례』「춘관」은 이러하다. "외사는 사방의 「지」를 관장한다." 정현 주는 이러하다. "지(志)는 기록한다는 뜻이다. 노나라 『춘추』, 진나라 『승』, 초나라 『도올』 따위이다." 가공언 소는 이러하다. "『춘추』라고 이름 지은 것은 네 계절의 순서를 말한다. 봄은 양의 시작이고 가을은 음의 시작이다. 그러므로 봄가을을 들어서 네 계절을 포괄한다. 진나라 것을 『승』이라고 하는 이유는 『춘추』가 군대를 내는 법이기 때문이다. 전(甸)은 사방 여덟 리인데 큰 수레[長轂] 한 대를 낸다. 그러므로 『춘추』를 『승』이라고 이름 지은 것이다. 초나라 것을 『도올』이라고 하는 이유는 도올이 나쁜 짐승이기 때문이다. 『춘추』는 올바른 역사서이라서 좋고 나쁜 것을 피하지 않는다. 일이 도올과 같기 때문에 『춘추』를 『도올』이라고 한다. 이것은 모두 나라마다 전고가 다르고 역사서마다 이름이 다른 것이다. 그것을 인용하는 사람은 『춘추』가 사실 기록이라는 것을 보고자 하여 사방의 「지」와 마찬가지 전고라고 한다."

9 『주례』「추관」은 이러하다. "소행인(小行人)은 나라의 빈객을 접대하는 예절과 전적을 관장하여 사방의 사자들을 접대한다. 예절 풍속과 정사, 가르침과 다스림, 형벌과 금지를 거스르거나 순종하는 것을 하나의 책으로 만들고, 도리에 어긋남과 거스름, 포악하고 어지러움, 못된 짓을 하고 명령을 어기는 것을 하나의 책으로 만들며, 돌

풍시를 조사한다.[10](상세한 것은 「주현청립지과의」[志科議]를 보라. 여기서는 세 가지 책과 딱 맞아떨어지는 것만 취한다) 그래서 왕조가 제후의 나라에서 문헌을 취할 때 문헌을 모으는 곳이 단일하지 않아도 본디 충분하다. 만약 그중 하나를 뺄 수 있다면 옛사람이 그것을 담당하는 관직을 설치하지 않았을 것이다. 만약 관직을 단일하게 합칠 수 있었다면 먼저 단일하게 합친 책이 옛사람에게 있었을 것이다."[11]

이렇게 물어보자. "봉건제를 끝내고 군현제를 하게 되었다.[12] 오늘날

림병, 장례, 흉년, 가뭄, 불운, 가난함을 하나의 책으로 만들고, 편안함과 즐거움, 화목하고 친함, 편안하고 태평한 것을 하나의 책으로 만든다. 이런 모든 것은 나라마다 기이한 일을 변별하여 왕에게 돌이켜 명령을 받아서 왕이 천하의 모든 사정을 두루 알게 한다."

10 『예기』「왕제」는 이러하다. "순시해야 하는 해의 이월에 동쪽으로 순수하며 태사에게 백성들의 시를 올리게 하여 이로써 백성의 기풍을 살핀다." 정현 주는 이러하다. "시를 펼친다는 것은 시를 골라서 살펴본다는 말이다." 『춘추공양전』「선공 15년」의 주는 이러하다. "남녀 가운데 원한을 가진 사람들이 서로 뒤좇으며 노래를 불렀는데 배고픈 사람은 먹을 것을 노래하고 수고스러운 사람은 그 일을 노래한다. 남자 나이 예순, 여자 나이 쉰이 되도록 자식이 없는 사람은 관청에서 먹여주고 입혀주며 그들이 백성 사이에서 시를 찾도록 시켜서 향은 읍에 제출하고 읍은 나라에 제출하며 나라는 천자에게 알린다."

11 나는 이렇게 생각한다. 이 단락은 『주관』을 원용하여 세 가지 책을 나눠 세워야만 하는 것을 증명한다고 말한다.

12 『사기』「진시황본기」는 이러하다. "26년 승상 왕관[綰] 등이 이렇게 말했다. '제후들을 이제 막 쳐부쉈지만 연나라, 제나라, 초나라 땅은 멀어서 왕을 두지 않으면 그들을 막을 수 없습니다. 여러 아들을 왕으로 세울 것을 청하니 오로지 임금께서 허락해주시면 다행이겠습니다.' 시황제는 모든 신하들에게 그것을 논의하게 했다. 모든 신하들이 편하다고 생각했다. 정위 이사는 이렇게 논의했다. '주나라 문왕은 아우와 아들, 일족을 매우 많이 봉했습니다. 그러나 나중에 점차 멀어져서 서로 원수처럼 공격했으며 제후들끼리 죽이고 정벌했으나 주나라 천자는 금지시킬 수가 없었습니다. 이제 천하가 폐하의 신령스러움에 기대어 통일되었고 모두 군현이 되었습니다. 여러 아들과 공신은 제후의 부역과 세금으로 후한 상을 하사하시면 대단히 충분하고 제어하기 쉬울 것입니다. 천하에 다른 의도가 없게 만드는 것이 천하의 안녕을 얻는 방법입니다. 제후를 두신다면 편하지 않습니다.' 시황제는 이렇게 말했다. '정위의 논의가 옳다.' 천하를 나눠 서른여섯 개 군으로 만들고 군마다 수(守), 감(監), 위를 두었다."

의 방지가 고대의 국사를 흉내 내면 안 되는가?"

이렇게 대답하겠다. "오늘날의 천하라고 해서 사람의 도리[民彝]와 사물의 법칙[物則][13]이 고대와 조금이라도 달라진 적은 없다. 방지가 국사를 흉내 내서는 안 된다. 수(守)나 영(令) 같은 지방관은 이제 모두 벼슬자리를 바꾸고 임명하는 것이 되었으며 이런 일은 이부가 맡고 있고 집안에 따라 벼슬을 세습하지 않게 되었다. 그래서 제후가 봉건한 뒤 스스로 책에 원년을 기록하는 것처럼 할 수 없을 따름이다. 그러나 예나 지금이나 문헌들이 위로 조정에서 거둬들이는 일에 대비해야 하는 것은 어찌 다르겠는가? 사람들은 춘추시대 모든 나라가 제멋대로 구는 것을 보고 제후들은 각자 제도를 시행했다고 생각한다. 제후의 국사는 각자 땅을 나누어 차지하고 지키는 후세의 국사와 대략 같기 때문에 방지까지 밀고 나갈 수 없다고 생각할 따름이다. 『주관』의 법도가 바로 글자를 통일하고 수레바퀴 폭을 통일한 성대한 정치라는 것도 모르고[14] 제후의 봉건제가 임금다운 왕의 법을 시행하는 일이 후세의 군현제와 다르지 않다는 것도 모른다.[15]

고대에는 개인적 저술이 없었고[16] 육경이 모두 사였다.[17] 후세에 그대로 이어받아 쓰면서 없어지지 않은 것은 오로지 『춘추』, 『시』, 『예』 세

---

13 『시』「대아」"증민"은 이러하다. "하늘이 백성들을 낳으시고 사물에 법칙 있게 하셨네. 백성들 일정한 도를 지녀 아름다운 덕을 좋아하네."「전」은 이러하다. "증(烝)은 중(衆)이다. 물(物)은 사(事)이다. 칙(則)은 법(法)이다. 이(彝)는 상(常)이다. 의(懿)는 미(美)이다." 정현「전」은 이러하다. "병(秉)은 집(執)이다. 하늘이 많은 백성을 낳고 백성의 성품에는 물상(物象)이 있는데 오행과 인, 의, 예, 지, 신이다. 백성의 감정에는 본받는 것이 있는데 희, 노, 애, 락, 호, 오이다. 그러나 백성이 가지고 있는 것은 일정한 도이니 아름다운 덕을 가진 사람을 좋아하지 않는 사람이 없다."

14 글자를 통일하고 수레바퀴 폭을 통일한다는 것은「시교 상」의 주68을 보라.

15 나는 이렇게 생각한다. 이 단락은『주관』의 법도가 후세에 군현제로 바뀌었다고 해서 다르지 않다는 것을 말한다.

16 '고대에는 개인적인 저작이 없었다'는「시교 상」의 주3 및 같은 편 뒤의 한 단락을 보라.

17 '육경은 모두 사이다'는「역교 상」의 주2를 보라.

가지 뿐이다. 기전체 정사는 『춘추』의 유파이고 장고와 중요한 전거는 주나라의 공식적 제도의 유파이며 「문징」과 여러 가지 선집은 『시』 「국풍」의 유파이다.[18] 기린을 잡은 일을 마지막으로 『춘추』를 끝맺은 이래로[19] 후학들 가운데 옛사람의 위대한 근본 바탕을 온전히 알 수 있었던 사람은 드물었다. 그래서 반드시 오랫동안 학업을 쌓아야만 점차 헤아려 드러나게 되었다. 사마천의 『사기』와 반고의 『한서』 이래로 이미 『춘추』의 실마리를 이었다. 유질의 『정전』[20]과 두예의 『통전』[21]이 비로소 주나라의 공식적 제도의 실마리를 잇기 시작했다. 여조겸의 『송문감』[22]과 소천작의 『원문류』[23]가 비로소 풍시의 실마리를 잇기 시작했다. 이것들은 모두 한 시대를 취하고 모아서 책을 만든 뒤 서로 바탕으로 삼아 증명하기 때문에 허튼 소리가 없다."[24]

이렇게 물어보자. "왕통[文中子]은 이렇게 말했다. '성인이 역사를 조술한 것은 『서』, 『시』, 『춘추』 세 가지가 있다.'[25] 이제 세 가지 역사서를

18 '주장을 세울 때는 근본이 있다'는 이런 말이다. "사학은 『춘추』에 뿌리를 두고 전문가의 저술은 관례에 뿌리를 두고 사장은 대략 풍시에 뿌리를 두어야만 한다. 천하의 글은 여기에서 남김이 없다."(가업당본 『장씨유서』 권7) 이것과 참조하여 증명할 수 있다. 『주역』 「계사전 하」는 이러하다. "고정되어 일정한 법칙이 될 수 없으니 오로지 변화해 가는 것이다." 한백 주는 이러하다. "정해진 기준으로 세울 수 없다." 중요한 전거[典要]라는 말은 여기서 나왔다.

19 붓을 꺾은 것은 「주륙」의 주31을 보라.

20 유질 『정전』은 「석통」의 주26을 보라.

21 두우 『통전』은 「서교 중」의 주23을 보라.

22 여조겸 『문감』은 「서교 중」의 주32를 보라.

23 소천작 『문류』는 「서교 중」의 주33을 보라.

24 나는 이렇게 생각한다. 이 단락은 후세의 역사서가 『춘추』, 『시』, 『예』 세 집안의 유파를 펼쳤다고 말한다.

25 『중설』 「왕도」(王道)는 이러하다. "선생은 설수에게 이렇게 말했다. '옛날 성인이 역사서를 기술한 것이 세 가지이다. 성인이 『서』를 기술해서 제왕의 제도가 갖춰졌기 때문에 흩어져 없어지더라도 모두 얻게 되었다. 성인이 『시』를 기술해서 흥성과 쇠락의 이유가 드러났기 때문에 궁지에 몰리더라도 모두 얻게 되었다. 성인이 『춘추』를 기술해서 올바른 것과 올바르지 못한 것의 자취가 밝혀졌기 때문에 살피더라도

논하면서 『서』를 제외하고 『예』를 더했는데 가리키는 것이 어찌 왕통의 주장과 다른가?"

이렇게 대답하겠다. "『서』와 『춘추』는 본디 같은 학파의 학이다. 『죽서기년』[竹書]을 비록 모두 믿을 수 없지만 편년체가 고대에 있었다는 것은 아마 알 수 있을 것이다.[26] 『서』의 글들은 역사서의 형식 가운데 별도의 형식이다. 옛사람들은 간단하고 소박했기 때문에 기전체와 합쳐서 지은 적이 없을 뿐이다. 좌구명은 『춘추좌전』으로 『춘추』 경을 도왔기 때문에 하나로 합쳤다.[27] 그중의 사명은 바로 『상서』의 훈이나 고의 유산이고 증명하려고 인용한 전범과 사실[典實]은 바로 공이나 범의 종류이다. 그러므로 『주서』는 평왕에서 끝나지만(「태서」는 제후국에 붙이는 글이다) 『춘추』가 평왕에서 시작하는 것은 그것들이 계속 이어지고 있음을 밝힌 것이다.[28] 『춘추좌전』이 부합하자 사마천과 반고가 그것을 근거로 이었

모두 맞게 되었다. 이런 세 가지는 한결같이 역사서에서 나왔지만 뒤섞여서는 안 되기 때문에 성인이 나누었다."

26 죽서(竹書)는 『죽서기년』이다. 「서교 하」의 주48을 보라. 『수서』 「경적지」는 이러하다. "그 저서는 모두 편년체로 계속 이어지므로 『춘추경』과 크게 비슷하다. 그것이 기록한 사실은 『춘추좌전』과 도우면서 같다."

27 「서교 상」은 이러하다. "주나라의 공식적 제도는 세밀했지만, 기주의 정해진 방법은 나중에 생겼다. 기주의 방법이 정해진 뒤에도 찬술이라는 이름이 정해지지 않았을 수 있다. 당시는 제도가 세밀하고 자세하게 갖춰져 있고, 실무를 맡은 책임자가 정해진 규정집을 가지고 있다고 했다. 내가 특별히 중차대한 것만 제시하고 기록해서, 위대한 통치자가 세상을 다스린 큰 줄거리를 보여주겠다. 전, 모, 훈, 고, 공, 범, 관, 형이라는 『상서』의 여러 형식 가운데 어떤 것은 상세하고 어떤 것은 간단하다. 그리고 어떤 것은 버리고 어떤 것은 취했다. 이것은 의도에 따라 이름 붙인 것일 뿐이므로, 유일하게 정해진 범례라고 확정지을 필요는 없다. 이것이 『상서』가 세상을 다스릴 수 있는 근거이다. 주나라의 공식적 제도가 없어진 상황이 되자 기주가 제도 전체를 갖출 수는 없게 되었다. 『춘추』는 같은 말이나 사물을 모아 비교하고 가치를 판단했지만, 좌구명은 모든 정부 기관에 소장된 기록과 노나라 이외의 모든 나라가 가진 보배로운 책을 가지고 역사 사실의 전체 과정을 갖추지 않을 수 없었다. 이것은 추세가 그랬기 때문이다." 이것은 『상서』와 『춘추』가 하나로 합치는 이유에는 어쩔 수 없는 필연성이 있다는 것을 말한다."

28 『주서』는 「문후지명」까지이다. 「서서」는 이러하다. "평왕이 진나라 문후에게 검은 기장으로 담은 거창(秬鬯) 술과 나라 제사에 쓰는 옥으로 만든 잔[圭瓚]을 하사하고 「문후지명」을 지었다." 그 다음 「비서」(費誓)인데 노나라 제후 백금(伯禽)이 지었다.

고 드디어 역사가의 정해진 법칙[科律]이 되었다. 이것은 장강과 한수의 근원은 나뉘지만 나중에 합쳐서 흐르는 일과 거의 같다.[29] 왜 그런지는 모르지만 그런 것이다. 후세인들이 이해하지 못한 바람에 『상서』와 『춘추』를 말의 기록과 사실의 기록이라고 나누어 구별한 일[30]은 육예의 유파를 모르기 때문이다. 주나라의 공식적 제도에서 빠트리면 안 되는 것은 앞에 말한 데 이미 갖춰 두었다."[31]

이렇게 물어보자. "『악』이 사라지고 『서』가 『춘추』에 합쳐지면서 육예 가운데 겨우 네 가지만 남게 되었다. 이미 육경이 모두 사라고 말하는데 후세의 역사서에는 『역』을 이은 유파가 왜 없는 것인가?"

이렇게 대답하겠다. "고대의 다스림은 천도에 상세하고 인사에 간단했지만 후세에는 인사에 상세하고 천도에 간단했다. 시대의 추세가 그렇게 만든 것이라서 성인이 억지로 할 수 없는 것이 있었다. 상고시대에 구름이나 새로 관직의 이름을 기록하고[32] 천시를 관장하라고 명령했고

「진서」는 진나라 목공이 지었다. 그래서 제후 나라의 책을 붙여서 수록한다. 두예 「춘추좌씨전서」는 이러하다. "주나라 평왕은 동주의 첫 왕이고, 은공은 나라를 사양한 훌륭한 임금이다. 그들의 시대를 비교하면 서로 이어지고 그들의 자리를 말하자면 여러 나라인데, 그들의 시작은 주공의 자손에 뿌리를 두고 있다. 평왕은 영원한 명을 내려서 서주를 이어 중흥을 열게 해달라고 하늘에 빌 수 있었다. 은공은 조상의 사업을 넓혀서 왕실을 밝게 열 수 있었다. 그래서 서주의 아름다움을 찾을 수 있고 문왕과 무왕의 자취가 땅에 떨어지지 않았다. 그러므로 그 역수를 의거하고 그들이 행한 일을 붙이며 주나라의 예전을 골라서 임금다운 왕의 뜻을 모아서 완성하고 장래에 법도를 내려주었다." 평왕에 가탁하여 시작하는, 드러나지 않는 의도를 깨달아 밝히기에 충분하다.

29 『상서』「우공」은 이러하다. "민산에서 장강이 시작한다." 또한 "파총(嶓冢)에서 양수[漾]가 시작되어 동쪽으로 흘러 한수[漢]가 되고 다시 동쪽으로 흘러 창랑수[滄浪之水]가 되며 삼서(三澨)를 지나서 대별산[大別]에 이르러 남쪽으로 장강에 흘러들어 간다."

30 「서교 상」의 주24를 보라.

31 나는 이렇게 생각한다. 이 단락은 『상서』와 『춘추』가 특정 학파의 학문에 뿌리를 두고 있고 연대와 사건이 계속 이어진다고 말한다. 특정 학파의 학문에 뿌리를 두고 있으면 연대와 사실이 계속 이어진다.

요임금과 순임금이 비로소 인사를 관장하라고 명령했다. 『상서』 「요전」은 희씨와 화씨에게 상세하게 명령했는데 『주관』의 보장씨[33]는 춘관에서 중간쯤 되는 관직[中秩]에 속할 뿐이다. 이로써 상세하고 간단한 상황을 대체로 헤아려 짐작할 수 있다. 『역』이라는 책은 일을 시작하고 일을 완성하므로 성인은 신령스러운 도를 근거로 가르침을 베풀고 신령한 물건을 일으켜 백성의 쓰임새에 앞장선다.[34] 복희, 신농, 황제는 계속 이어지지 않으며 하나라, 상나라, 주나라도 계속 이어지지 않는다.[35] 정확한 달력을 만들어 올바른 시간을 부여하는 일과 어떤 왕조가 제도를 창조하는 일을 같다고 여기는 이유는 아마 무수히 많은 사람의 눈과 귀를 새롭게 만들기 때문일 테다. 후세에는 오로지 세상에 달력을 널리 퍼뜨려 모두 알게 만들고 올바른 시간을 부여하는 일만 정전이라고 생각하지만 시간과 날을 점치는 일[占時卜日]도 천문을 관측하는 벼슬아치가 지키는 방식이다. 이른바 천도는 멀고 인사는 가깝다는 것[36]은 어쩔 수 없는 시

---

32 「역교 하」의 주18을 보라.

33 희씨와 화씨, 보장씨는 「천유」의 주16에 동시에 나타난다.

34 일을 시작하고 일을 완성하는 것은 「역교 상」의 주6을 보라. 신령스러운 도를 근거로 가르침을 베푼다는 것은 「역교 상」의 주12를 보라. 미처 예측하지 못한 사물을 하늘에서 일으키고 이로써 백성들이 사용하도록 준비한다는 것은 「역교 상」의 주7을 보라.

35 나는 이렇게 생각한다. 『주례』의 태복은 세 가지 『역』의 방법을 관장하고 있다. 정현 『역찬』(易贊)은 이러하다. "하나라는 『연산』, 은나라는 『귀장』, 주나라는 『주역』이라 한다." 그래서 하나라, 상나라, 주나라가 계속 계승하지 않는다. 그러나 『연산』은 신농씨에 뿌리를 두고 있고 『귀장』은 황제에 뿌리를 두고 있으며 『주역』은 포희씨에게 뿌리를 두고 있다.(「역교 상」의 주10을 보라) 그래서 복희씨, 신농씨, 황제는 독자적인 근원을 가지고 있다. 태복이 세 가지 『역』의 방법을 관장하고 있다는 것은 고대에는 천도에 대해 상세하게 알았다는 말이다.

36 『춘추좌전』 「소공 17년」은 이러하다. "비조(裨竈)가 자산에게 이렇게 말했다. '송나라, 위나라, 진나라, 정나라에 장차 같은 날 불이 날 것입니다. 만약 우리가 관가(瓘斝)와 옥찬(玉瓚)으로 제사를 지내면 정나라에는 틀림없이 불이 나지 않을 것입니다.' 자산은 좇지 않았다." 「소공 18년」은 이러하다. "오월에 송나라, 위나라, 진나라, 정나라에서 모두 와서 불이 났다고 알렸다. 비조가 이렇게 말했다. '내 말을 듣지 않으면 정나라에 또 장차 불이 날 것이오.' 정나라 사람들이 그 말을 쓰자고 청했다. 자태숙(子大叔)이 이렇게 물었다. '나라의 보물은 백성을 지키기 위한 것입니다. 만

대의 추세이다. 그래서 후세의 역사가 가운데서 사마천만 오히려 천관을 관장했고[37] 반고 이후부터는 하늘의 일을 말하지 않았다."[38]

이렇게 물어보자. "육경은 이어서 삼사가 되었다. 이것도 역시 어떤 왕조의 전장 제도에서 거대한 부분이다. 지방[方州]은 작고 보잘 것 없는 땅[39]이라서 「지」 하나로도 충분히 다할 수 있는데 하필 모든 것을 갖추는 일에서 취하려고 하는가?"

이렇게 대답하겠다. "종류대로 모으는 범례는 하나로 합치는 일을 용납하지 않는다. 옛날에 천자의 옷은 십이장[十有二章]이고 공, 후, 경, 대부, 사는 등급에 따라 깎아내렸다. 『시』 "현상"[元裳] 장[40]에 이르러 이것

약 불이 난다면 나라가 거의 망하게 될 터인데 그대는 무엇을 아끼는 것입니까?' 자산은 이렇게 대답했다. '천도는 멀고 인도는 가까우니 도달하지 못하는 것이요. 무엇을 근거로 그것을 알겠소? 비조가 어찌 천도를 알겠소! 그가 말이 많다고 하니 이것이 어찌 가끔 말한 믿음직스런 말이 아니겠소.' 결국 보물을 내주지 않았는데 역시 다시 불이 나지 않았다."

37 『사기』 「태사공자서」는 이러하다. "사마씨는 대대로 천관을 주관했다." 『사기색은』은 이러하다. "천관은 바로 천문과 성력의 일을 널리 안다."

38 나는 이렇게 생각한다. 이 단락은 후세의 역사서가 『역』의 유파를 펼치지 않았고, 그 까닭은 후세가 인사에 상세하기 때문이라고 말한다.

39 『춘추좌전』 「소공 7년」은 이러하다. "최이국"(蕞爾國)의 주는 이러하다. "최는 작은 모양이다."

40 『주례』 「춘관」은 이러하다. "사복(司服)은 왕이 길한 일과 흉한 일에 입는 옷을 관장하며 옷에 아로새긴 명물과 쓰임새를 변별한다." 정현 주는 이러하다. "『상서』는 이렇게 말한다. '내가 옛사람의 모습을 보고 해, 달, 별, 산, 용, 꿩[華蟲]을 수놓고 종묘의 제사 그릇[宗彝], 물풀, 불, 가는 씨앗, 보불(黼黻)을 가는 실로 수를 놓았다." 이것이 고대 천자의 면복(冕服)에 있는 열두 가지 무늬이다. 주나라에 이르자 해, 달, 별을 깃발에 그렸는데 이른바 '세 가지 별을 그린 깃발[三辰旂旗]은 그 밝음을 밝힌다'는 것이다. 그리고 면복의 아홉 가지 무늬 가운데 산에 용을 올리고 종이에 불을 올리는 것은 용과 불의 신명을 우러르는 것이다. 아홉 가지 무늬는 맨 첫째가 용, 다음 둘째가 산, 다음 셋째가 화충, 다음 넷째가 불, 다음 다섯째가 종이인데, 모두 화(畵) 무늬로 수놓았다. 다음 여섯째가 조, 다음 일곱째가 분미, 다음 여덟째가 보, 다음 아홉째가 불인데, 모두 치(黹) 무늬로 수놓았다. 그렇다면 임금의 예복[袞] 저고리에 있는 다섯 가지 무늬와 치마에 있는 네 가지 무늬가 모두 아홉 가지이다. 붉은 꿩과 꿩을 그리는 것을 화충(華蟲)이라 한다. 저고리에 세 가지 무늬가 있고 치마에 네 가지 무늬가 있으니 모두 일곱 가지이다. 가는 붓으로 호랑이와 원숭이를 그리는 것을

은 극에 달한다. 그러나 이것을 보잘 것 없다고 생각하여 모자나 신발을 뭉뚱그려 하나의 물건으로 합치는 일은 틀림없이 안 되는 것이다. 이전 사람들은 육부(六部), 경(卿), 감(監)에 대한 「지」가 대개 있었다.[41] 그러나 이부는 병부의 일을 모르고 호부는 예부의 일을 침범하지 않았다. 비록 천하의 큰일을 합치더라도 사실은 어떤 벼슬아치가 맡고 있는 치우친 부분이니 모든 것을 갖춰야 한다고 꼭 꾸짖을 필요는 없다. 지방은 비록 작지만 명령을 받들어서 시행할 때 이부, 호부, 예부, 병부, 형부, 공부의 일이 갖춰지지 않는 것이 없다. 이것은 이른바 전체를 갖추었지만 규모가 작은 것이다. 국사가 여기서 취하여 가다듬는 일은 장차 『춘추』가 모든 나라의 보배로운 책을 빌려 바탕으로 삼은 것과 같아질 것[42]이니 어찌 소홀히 할 수 있겠는가?"[43]

이렇게 물어보자. "방지가 생긴 이래로 국사가 근거로 삼았다는 이야기는 들어본 적이 없다. 이제 국사가 방지를 취한다고 말하는 이유는 무엇인가?"

이렇게 대답하겠다. "방지가 전승되지 않은 지 오래 되었고 현재 방지

종이(宗彝)라고 한다. 저고리에 두 가지 무늬가 있고 치마에 세 가지 무늬가 있으니 모두 다섯 가지이다. 가는 씨앗을 치 무늬로 수놓은 것은 그림이 없다. 저고리에 한 가지 무늬가 있고 치마에 두 가지 무늬가 있으니 모두 세 가지이다. 현(玄)이라는 것은 저고리에 무늬가 없고 치마에 불(黻)을 자수로 수놓았을 뿐이다. 그래서 현이라고 한다. 모든 면복들은 검은색 저고리[玄衣]와 분홍색 치마[纁裳]이다."

41 당나라는 이부, 호부, 예부, 병부, 형부, 공부의 육부 상서를 세워서 주나라를 본떴으며 그들을 상서성에서 거느렸다. 『명사』 「예문지」 "직관류"는 이러하다. "송계명(宋啓明) 『이부지』(吏部志) 마흔 권, 왕숭경(王崇慶) 『남경호부지』(南京戶部志) 스무 권, 응정육(應廷育) 『형부지』(刑部志) 여덟 권, 유진(劉振) 『공부지』(工部志) 백서른아홉 권, 하시정(夏時正) 『태상지』(太常志) 열 권, 고존인(顧存仁) 『태복지』(太僕志) 열네 권, 형양(邢讓) 『국자감지』(國子監志) 스물두 권이다."

42 『맹자』 「공손추 상」은 이러하다. "염우, 민자건, 안연은 재주를 갖췄지만 미약하다." 모든 나라가 가진 보배로운 책은 「서교 상」의 주21을 보라.

43 나는 이렇게 생각한다. 이 단락은 방지가 구체적이지만 드러나지 않기 때문에 국사가 취하여 편집한다고 말한다.

라고 부르는 것은 방지가 아니다. 고풍스럽고 우아한 것은 문인의 놀이이며 소기(小記)나 단서(短書), 청담[淸言]이나 총설(叢說)일 뿐이다. 상스럽고 촌스러운 것은 문이와 안독, 강호를 떠돌면서 구걸하는 일, 세속을 따라 주고받는 일일 뿐이다. 신사들[搢紳先生]은 늘 그것을 나무란다.[44] 국사는 어쩔 수 없이 아래로 가보(家譜)나 지장(誌狀), 문집이나 기술(記述)을 취한다. 이것이 이른바 예를 잃어버리면 들판에서 구한다는 것이다.[45] 그러나 개인적 저술은 내용을 잃은 것이 있을까 두려운데 방지가 없다면 그것을 위해 증거를 받쳐주지 못한다. 그러므로 비교하고 조사하는 수고로움을 견디지 못하고 설령 잘못 믿는 폐단이 있어도 피하지 못할까 두려워진다. 아마 방지가 사라지고 국사가 병을 얻은 지 오래되었을 것이다. 방지가 이미 국사의 근거가 되지 못한다면 허투루 베풀고 쓸모를 얻지 못한 것이겠지. 이른바 네모난 술잔이 이제 모나지 않게 되었구나[觚不觚]라는 말은 방지를 두고 한 말이겠지!"[46]

이렇게 물어보자. "이제 세 가지 책을 동시에 세우는 일은 과거의 방

---

44 『사기』「오제본기찬」은 이러하다. "제자백가가 황제를 말할 때 그 글은 우아하지도 온당하지도 않아서 신사들이 그것을 말하기 어렵다." 『사기집해』는 서광을 인용하여 이렇게 말한다. "천신(薦紳)은 다름 아니라 진신(縉紳)이다. 고대 글자는 가차한 것이다." 나는 진(縉)과 진(搢)이 같다고 생각한다.

45 「횡통」의 주5를 보라.

46 『논어』「옹야」는 이러하다. "선생님이 말씀하셨다. '모난 술잔이 모나지 않으면 모난 술잔이겠는가! 모난 술잔이겠는가!'" 유보남 『논어정의』는 이러하다. "모기령 『사서개착』[改錯]은 이렇게 말한다. '고대에 그릇을 만들고 이름을 지을 때는 각각 뜻을 취했다. 『예』의 주는 고(觚)가 두 홉 들이라고 했는데 적다는 것을 뜻으로 취했다. 『시설』(詩說)은 술을 마실 때는 늘 적게 마셔야 하므로 고라고 한다고 했다. 그래서 이것이 고라는 이름을 지은 이유이고 원래 군자가 고과(孤寡)라고 할 때와 같은 뜻이다. 이제는 술을 마실 때 늘 적지 않은데도 여전히 고라고 부른다면 이름과 내용이 어긋나는데 여전히 고라고 할 것인가?' 고가 모서리가 있는 술잔이라고 말하기도 하는데 그 뒤로 모서리가 없는 것도 역시 고라고 했다. '고를 부숴서 둥글게 만들다'라는 『사기』의 비유와 같다. 이것도 역시 이름과 내용이 어긋나기 때문에 뜻에 대해 통할 수 없는 것이다."나는 이렇게 생각한다. 이 단락은 후세에 방지가 전해지지 않았기 때문에 국사가 근거로 삼지 못했다고 말한다.

지에 있는 것을 나누어 가르려는 것인가? 아니면 방지에 없는 것을 보태서 세발솥처럼 정립하려는 것인가?"

이렇게 대답하겠다. "나누는 것도 있고 보태는 것도 있다. 그러나 그 뜻은 한 마디로 다하기 어렵다. 역사서를 짓는 방법에 문학을 지망하는 선비의 우아한 말[雅言]이나 구실아치의 장부와 안독[簿牘]은 모두 쓸 수가 없다. 그러나 두 가지를 버린다면 역사서를 만들 근거가 없어지겠지. 맹자는 '그 사실, 그 글, 그 뜻은 『춘추』가 취한 바'라고 말했다.[47] 장부와 안독의 일을 가지고 우아함에 가까운[爾雅] 글로 윤색하며[48] 뜻으로 결단한다. 그래서 국사와 방지는 모두 『춘추』의 유파이다. 사람의 몸에 비유한다면 사실이란 것은 몸의 뼈이고 글이란 것은 몸의 피부이며 뜻이라는 것은 몸의 정신이다. 뜻으로 결단해야 책은 비로소 일가를 이룬다. 책이 꼭 일가를 이룬 뒤에야 전범이 생기고 법도가 생겨서 기억할 수 있고 기록할 수 있다. 그래야만 세상에 오랫동안 전해질 수 있다. 그러므로 '지는 기록'이라고 하는데 오랜 세월을 거치려고 하여 기록할 만하다는 말이다."[49]

이렇게 물어보자. "「지」가 이미 장부와 안독을 취해서 뼈대가 되었는데 왜 다시 장부와 안독을 깎아서 「장고」를 만든다는 것인가?"

이렇게 대답하겠다. "그 주장은 『박주장고』(亳州掌故)의 범례와 논의[例議]에 상세하지만 이제 다시 간단하게 말해보겠다. 사마천의 여덟 편의

---

47 「서교 상」의 주29를 보라.

48 『한서』 「예문지」는 이러하다. "읽을 때는 올바르게[爾雅] 읽어야만 한다." 심흠한은 『한서소증』에서 이렇게 말한다. "『대대예기』 「소변」(小辯)편은 '올바르게 고대에서 본다면 말을 변론하기 충분하다'라고 한다." 또한 「유림전」의 안사고 주는 이렇게 말한다. "이아(爾雅)는 올바른 것에 가깝다는 뜻이다."

49 『한서』에 있는 열 가지 「지」를 안사고는 이렇게 말한다. "지는 기록한다는 말이고 그 사실을 쌓아서 기록하는 것이다." 나는 이렇게 생각한다. 이 단락은 방지도 역시 『춘추』의 유파이므로 다름 아니라 장부와 문서의 일은 올바른 글로 윤색하고 뜻으로 결단한다고 말한다.

「서」[50]는 모두 전장을 속속들이 뒤져서 큰 뜻을 밝힌 것이다. 『사기』 「예서」의 범례는 이렇게 말한다. '제사 그릇을 다루는 범례는 책임자가 있는 법이다.'[51] 이것은 사부(史部)에 있는 「서」나 「지」의 일반적 범례이다. 사마천이 책임자라고 가리키는 것은 숙손통의 조의(朝儀), 한신(韓信)의 군법, 소하(蕭何)의 율령처럼[52] 각각 벼슬아치가 지키는 방식을 가지고 장고를 보존하는 것이지 모든 역사서가 똑같이 수록할 수 없는 것일 뿐이다. 안타깝게 유질과 두우 같은 사람[53]은 따로 장고를 삭제하고 중요한 전거를 편집하지 않았다. 그러므로 한나라의 전범을 찾는 것은 반고의 『한서』만 있을 뿐이고 예의 제도가 당나라 때처럼 상세하지 못하기 때문에 그 결과는 쉽게 알 수 있다. 그래서 따로 장고를 편집해서 「지」를 돕는데, 이것은 마치 『당서』와 『당회요』의 관계,[54] 『송사』와 『송회요』(宋會要)의 관계,[55] 『원사』와 『원전장』(元典章)의 관계,[56] 『명사』와 『명

50 『사기』의 여덟 가지 「서」는 첫째 「예서」, 둘째 「악서」, 셋째 「율서」, 넷째 「역서」, 다섯째 「천관서」, 여섯째 「봉선서」, 일곱째 「하거서」, 여덟째 「평준서」이다. 『사기색은』은 이러하다. "「서」는 오경과 육경을 뭉뚱그려 부르는 이름[總名]이다. 여기서 여덟 편의 「서」는 국가의 큰 줄거리를 적은 것이며 반고는 「지」라고 했다. 지도 역시 기록한다는 뜻이다." 여덟 편의 「서」는 방지에 있는 장고와 같다.

51 나는 이렇게 생각한다. 『사기』 「봉선서」는 이러하다. "나는 천자가 하늘과 땅의 여러 신들, 명산, 대천에 제사지내고 봉선을 하는 일을 수행했다. 수궁(壽宮)에 들어가서 제사지내는 일을 모시고 신에게 올리는 축문[神語]도 들어서 방사와 사관[祠官]의 의도를 끝까지 살펴보았다. 그래서 물러나서 예부터 지금까지 귀신에게 제사지낸 사실을 순서대로 논하고 안팎에 대해 갖춰서 드러냈다. 후세의 군자는 이것을 근거로 살펴볼 수 있을 것이다. 제사 그릇[俎豆], 옥과 비단[珪幣]에 대한 상세한 것이나 술을 바치는 예절은 책임자가 보존하고 있다." 이것은 「예서」인데 검색을 잘못했다. 『논어』 「태백」은 이러하다. "제사 그릇[籩豆]을 다루는 일은 책임자가 있는 법이다." 형병 소는 이러하다. "변두(籩豆)는 제사 지낼 때의 예기(禮器)이다. 제사 그릇을 잡고 예를 행하는 일은 주관하는 사람이 있다는 것을 말한다."

52 「서교 상」의 주15를 보라.

53 유질은 「석통」의 주26을 보라. 두우는 「서교 중」의 주23을 보라.

54 『직재서록해제』 「전고류」는 이러하다. "『당회요』 백 권은 사공 평장사 진양(晉陽) 출신 제물(齊物) 왕부(王溥)가 지었다. 애초에 당나라 덕종 때 소면(蘇冕)이 마흔 권을 지었다. 무종 때 최현(崔鉉)이 마흔 권을 이었다. 이때 와서 왕부가 또한 선종 이후의 고사를 골라서 모두 백 권으로 완성했다. 건륭(建隆) 2년 정월에 바쳤다."

회전』(明會典)의 관계와 같을 뿐이다."[57]

이렇게 물어보자. "오늘날의 방지에서 이른바 예문(藝文)이란 항목은 서목(書目)을 두고 시집과 문집을 많이 가려 두었다. 이것은 사실과 말을 서로 증명하도록 해서 변하면 통하게 만드는 도리를 얻은 것 같다. 지금 꼭 글을 따로 지어서 문징을 만드는 것은 의도에서 어떤 차이가 있는가?"

이렇게 대답하겠다. "내 주장은 『영청현지』「문징」[永淸文徵]의 서례에 상세하니 지금은 다시 간단하게만 말하겠다. 역사서의 형식을 본떠서 「지」를 만든다면 역사서의 기록과 관련된 시와 글은 「본기」나 「열전」에

---

55 『직재서록해제』「전고류」는 이러하다. "『육조국조회요』(六朝國朝會要) 삼백 권은 감수국사(監修國史) 왕규(王珪)가 지었다. 건륭 연간부터 희녕 10년까지이다. 『속회요』(續會要) 삼백 권은 감수 벼슬의 선정(仙井) 출신 노윤문(盧允文) 등이 바쳤다. 원풍 원년부터 시작하여 정강 말년까지 이른다. 『중흥회요』(中興會要) 백 권은 감수 진강(晉江) 출신 양극가(梁克家) 등이 바쳤다. 염흥(炎興) 원년부터 이어서 편찬하여 소흥 32년에 그친다. 『국조회요총류』(國朝會要總類) 오백여든여덟 권은 이심전(李心傳)이 엮은 것인데 세 가지 책을 합쳐서 하나로 만들었다."

56 『사고전서총목제요』 "정서류"(政書類)는 이러하다. 『원전장』(元典章) 「전집」(前集)은 예순 권이며, 「신집」(新集)을 붙였고 권의 숫자는 없다. 지은 사람의 성명이 적혀 있지 않다. 「전집」은 세조가 즉위한 때부터 연우 7년 영종이 정사를 보기 시작한 때까지이다. 강령은 모두 열 가지인데, 조령(詔令), 성정(聖政), 조강(朝綱), 대강(臺綱), 이부, 호부, 예부, 병부, 형부, 공부이다. 목록은 모두 삼백일흔셋이다. 「신집」의 형식은 대략 「전집」을 본떴고 영종 지치 2년의 일을 이어서 수록하고 있지만 여전히 마치지 못한 판본인 듯하다."

57 『사고전서총목제요』 "정서류"는 이러하다. "『명회전』(明會典) 백여든 권은 홍치 10년 황제의 명령을 받들어 편찬하고 홍치 15년에 책이 완성되었으며 정덕 4년에 거듭 교정하여 간행했다. 총재는 대학사 이동양 등이다. 육부를 강령으로 하여 대체로 홍무 28년 당시 여러 관청의 관직이 관장하는 것을 위주로 하고 『조훈대고』(祖訓大誥), 『대명령』(大明令), 『대명집례』(大明集禮), 『홍무제례』(洪武制禮), 『의례정식』(儀禮定式), 『계고정제』(稽古定制), 『효자록』(孝慈錄), 『교민방문』(教民榜文), 『대명률』(大明律), 『군법』(軍法), 『정률』(定律), 『헌강』(憲綱) 열두 가지 책을 참조했다. 한 왕조의 전장에 대해 가장 포괄적으로 갖추었다. 모든 역사서에서 미처 상세하지 못한 것을 이것은 모두 처음부터 끝까지 갖추었으니, 나중에 오는 사람들의 고증에 대비하기에 충분하다." 나는 이렇게 생각한다. 이 단락은 장고가 따로 한 가지 책이 되는 까닭을 밝힌다.

넣어야만 한다. 반고의 『한서』의 「전」과 「지」에 실린 한나라 조정에서 임금이 내린 명령서와 신하의 상주문[詔疏] 같은 여러 편의 글은 괜찮다. 글을 선택하는 범례로 「예문지」를 만드는 일은 그래서 『송문감』을 『송사』와 합쳐 같은 책으로 만들거나 『원문류』를 『원사』와 합쳐 같은 책으로 만드는 것과 같은 일이다.[58] 이것을 「본기」와 「열전」에 기록된 글과 어떻게 구별하겠는가?"[59]

이렇게 물어보자. "글을 선별하는 일은 양나라 때[蕭梁]의 『문선』을 본받아 『문원영화』와 『당문수』(唐文粹)[60]가 이었으니 유래가 오래되었다. 이제 『송문감』이나 『원문류』가 처음으로 『시』 「국풍」을 이은 실마리라고 한 것은 무엇 때문인가?"

이렇게 대답하겠다. "『문선』이나 『문원영화』처럼 여러 학파가 중시하는 것은 문사[文藻]이지 실제 사실을 증명하는 것이 아니다. 『송문감』은 정치에 뜻을 두기 시작했고 『원문류』는 고사를 중시했다.[61] 이것은 후세

---

58 『송문감』은 「서교 중」의 주32를 보라. 『원문류』는 같은 편의 주33을 보라.

59 나는 이렇게 생각한다. 이 단락은 문징이 따로 한 가지 책이 되는 까닭을 밝힌다.

60 글을 가리는 일은 양나라 소명태자 소통이 편찬한 『문선』에서 시작되었다. 「서교 중」의 주30을 보라. 『문원영화』는 「전기」의 주34를 보라. 『당문수』는 「서교 중」의 주31을 보라.

61 주필대(周必大) 「송문감서」(宋文鑑序)는 이렇게 말한다. "황제 폐하(효종)는 정사를 돌보는 짬에도 오히려 저작에 대해 잘 생각해서 음미하셨다. 책의 분량이 대단히 많아서 두루 살펴보기 어려우니 치도(治道)에 보충할 것을 가려서 「표」를 지어 내라고 말했다. 그래서 저작랑 여조겸에게 삼관(三館)과 사고(四庫)에 소장한 것을 꺼내고 신사들 가운데 오래된 집안이 기록한 것을 모아서, 중흥 이래부터 끊어서 모아서 편집한 뒤 「표」를 지어 바치라고 명령했다. 문학 작품[古賦詩騷]은 문학성이 있는 것을 위주로 하고 에둘러 충고하는 것을 바란다. 임금의 명령서[典策詔誥]는 온화하고 덕이 있으면서도 체통이 있는 것을 바란다. 신하의 상주문[奏疏表章]은 정직하고 성실하면서 충성스럽고 아끼는 것을 취한다. 경계가 되는 글과 찬양하는 글[箴銘贊頌]은 정밀하고 성실하면서도 상세하고 명백한 것을 취한다. 보고서[書啓]나 잡저는 대체로 사실과 문사가 균형을 이룬 것을 우선하고 사실이 문사를 이기는 것을 다음으로 한다. 형식과 내용이 갖춰진 것을 우선하고 내용이 형식을 이기는 것을 다음으로 한다. 황제는 율시(律詩)와 경의가 국가에서 선비를 취하는 근원이니 역시

인들이 계속 익힌 지 오래되었지만 옛사람보다 생각이 낫다."[62]

이렇게 물어보자. "지방의 문자는 많지 않아서 다스리는 데 요점이 되는 글은 이미 기전에 넣었는데, 다시 「지」와 서로 증명할 수 있는 시와 글도 따로 모아서 별도의 책을 만든다면 글이 드물어서 얼마 되지 않을까 두렵다."

이렇게 대답하겠다. "이미 별도의 책을 만들었다면 의례는 조금 느슨해지기 마련이다. 바로 『송문감』이나 『원문류』로 말하자면 역사서를 증명하는 데 큰 뜻이 있기 때문에 모든 글을 엮어 똑같이 만들 수는 없다. 훌륭한 글[名筆佳章]은 사람들이 함께 좋아한다. 설령 역사서를 증명하는 데 남김없이 부합하지 않더라도 동시에 수록하지 못하는 경우는 없다. 아마 어떤 책에 독자적인 형식이 있다면 『시』의 가르침은 저절로 『춘추』와 궤도를 달리할 것이다.[63] 최근 방지의 「예문」 가운데 분수에 넘치는 것은 논할 필요도 없다. 그중 조금 판단력이 있는 사람이라면 쓸모

고르도록 하고 대략 고대의 제도를 남기도록 하라고 다시 말했다. 백쉰 권으로 정했다." 이것은 이른바 애초에 정치에 대해 의도를 가지고 있다는 말이다. 원나라 진려(陳旅) 「원문류서」(元文類序)는 이렇게 말한다. "한림 대제 조군(趙郡) 출신 백수(伯修) 소천작은 이것에 대해 분발하여 의지를 가지고 있다. 진나라, 한나라, 위나라, 진나라의 글은 『문선』에 수록되어 있고 당나라와 송나라의 글은 『당문수』와 『송문감』에 실려 있다고 생각한다. 국가의 문장이 성대한데 골라 모으지 않는다면 장차 결국 흩어지고 사라지며 가라앉고 뒤섞일 것이고, 번쩍번쩍 빛나는 뛰어난 공적은 장래에 빛나지 못할 것이니 지금 세상에서 크게 빠뜨리지 않겠는가? 그래서 나라가 처음 세워졌을 때부터 지금까지 유명 인사가 지은 것을 모았는데, 가시(歌詩), 부송(賦頌), 명찬(銘贊), 서기(序記), 주의(奏議), 잡저(雜著), 서설(書說), 의론(議論), 명지(銘誌), 비전(碑傳) 따위는 모두 종류대로 모았다. 스무 해 동안 쌓아서 모두 약간 수를 얻었는데 일흔 권이며 이름을 『국조문류』(國朝文類)라고 했다. 백 년 동안 문물의 뛰어난 것이 남김없이 여기에 있다." 이것은 이른바 바로 고사에 대해 의도를 가지고 있다는 말이다.

62 나는 이렇게 생각한다. 이 단락은 『송문감』과 『원문류』가 풍시의 실마리를 펼치는 데서 시작했고 역사서와 상관있다고 말한다.

63 사장은 풍시에 뿌리를 두고 사학은 『춘추』에 뿌리를 두고 있다. 궤도가 저절로 나뉜다는 위의 주18을 보라.

있는 것을 가려서 취할 줄 알겠지만 조심스럽게 선별한 것이 많지 않다. 역사서의 「지」의 뜻으로 조율할 줄 모르고 이렇게 마구잡이로 거둬들이니 만약 어떤 지방의 문물이 성대한지 보려면 설령 「예문」의 분량을 두 배로 늘려도 오히려 그것이 너무 적지 않은지 꺼려진다. 전문적으로 모은 별도의 책을 만들어서 세 학파의 학을 밝히지 않는다면 나아가거나 물러나도 모두 근거를 잃을 것이다."[64]

이렇게 물어보자. "『문선』의 여러 문체는 갖추지 않은 것이 없다. 이제 바로 풍시의 유파로 되돌리려 한다는 것은 무슨 말인가?"

이렇게 대답하겠다. "주장은 「시교」편에 상세하지만 이제 다시 간단하게 말해보겠다. 『서』는 이렇게 말한다. '시는 의지를 말한다.'[65] 고대에는 개인적 저술이 없었고 경부, 자부, 여러 역사서는 모두 옛사람 가운데 벼슬아치가 지키는 방식에 뿌리를 두고 있었다.[66] 『시』는 오히려 말하고자 하는 것만 의도할 수 있었다. 당나라와 송나라 이전의 문집에는 저술이 없었다. '문'이 의해(義解)(경학이다), 전기(傳記)(사학이다), 논찬(論撰)(제자백가이다) 같은 종류가 아니어야만 옛사람들은 비로소 '문'이라 불렀다. 의해, 전기, 논찬의 여러 가지 형식을 옛사람들은 '서'라고 불렀지 '문'이라

64 나는 이렇게 생각한다. 이 단락은 문징이 시와 글을 수집하는 이유가 본디 역사서를 증명하는 데 있지만 아름다운 작품도 역시 아울러 수록할 수 있다고 말한다.

65 현재 판본의 『상서』 "우서" 「순전」의 글이다. 공영달 소는 이러하다. "시는 사람의 의지와 의도를 말한다."

66 나는 이렇게 생각한다. 「원도 중」은 이러하다. "『주역』은 태복이 관장하고 『서』는 외사가 관장하며 『시』는 태사가 거느리고 『예』는 종백에게서 기원했으며 『악』은 사성이 관장하고 『춘추』는 각각 국사가 있다." 이것은 모든 경이 옛사람의 관직이 지키는 것에 뿌리를 두고 있다는 것이다. 『한서』 「예문지」 "제자략"은 어떤 학파의 학문이 어떤 관직에서 나왔다고 말한다. 이것은 제자백가가 옛사람의 관직이 지키는 데서 나왔다는 것이다. 「사석」은 이러하다. "『주관』의 내사 이하 다섯 벼슬아치는 도서, 기재, 명령, 법식 등의 일을 맡는데, 오늘날 내각 육과나 한림 중서라는 부류와 같은 사람이라네." 이것은 여러 역사서가 옛사람의 관직이 지키는 데 뿌리를 두고 있다는 것이다.

부르지 않았다. 소통의 『문선』이 시와 글을 합쳐서 모두 '문'이라고 부른 것은 문집과 『시』가 동일한 유파라는 것을 알았기 때문이다.[67] 이제 『문선』의 범례를 본떠 「문징」을 만들고 가려 넣은 '문'이 비록 동일한 범례는 아니지만 요컨대 모두 자기 의도에 따라 말하고 있다고 생각했기 때문에 풍시에 붙인 것이다."[68]

이렇게 물어보자. "공연에게는 『한위상서』가 있고 왕통에게도 『속서』가 있다.[69] 이것은 모두 임금이 내린 명령서와 포고문, 신하의 상주문을 취하여 하나의 「집」으로 모아서 합쳤으니 마찬가지로 『문선』의 유파이다. 그러나 저들이 『상서』를 연구하는 사람[書家]을 이었다고 보고 『시경』의 목록[詩部]에 넣지 않는 것은 무엇 때문인가?"

이렇게 대답하겠다. "『상서』의 학은 좌구명 이후부터 『춘추』에 아울러 들어가게 되었다.[70] 공연과 왕통 같은 사람은 그런 뜻을 통달하지 못

---

67 소통 「문선서」(文選序)는 이러하다. "주공의 전적과 공자의 서적은 해나 달과 함께 모두 높이 걸려 있고 귀신과 함께 오묘함을 다툰다. 효성스럽고 삼가는 일의 준거이자 법도이며 인륜의 스승이자 벗이다.(경(經)이다) 어찌 거듭 요약해서 그것을 마름질하겠는가? 노자와 장자의 작품, 관자와 맹자의 유파는 아마 의도를 세우는 것을 으뜸으로 생각하지 글을 잘 짓는 것을 근본으로 여기지 않았을 것이다.(자(子)이다) 오늘날 지은 것은 또한 이것을 근거로 생략했다. 사실을 기록한 역사서와 연대를 이은 역사서는 옳고 그름을 판단하여 결정하고 같은 것과 다른 것을 구별하여 기록하는 근거이다.(사(史)이다) 그러나 감정을 표현한 글[篇翰]을 비교하면 역시 벌써 다르다. 「찬」과 「논」이 어휘의 화려함[辭采]을 모으고 「서」와 「술」이 글의 아름다움을 뒤섞어 늘어놓게 되면서, 사실은 깊은 생각을 벗어나고 뜻은 화려한 수사[翰藻]로 귀결되고 말았다.(문(文)이다) 그러므로 시[篇什]와 함께(시(詩)이다) 뒤섞어 모았다." 이것은 문집을 시와 동일한 유파로 본다.

68 나는 이렇게 생각한다. 이 단락은 가려 넣은 글이 꼭 자기 의도를 스스로 말한 것을 취해야 한다고 말한다.

69 「서교 중」의 주15를 보라.

70 「서교 상」은 이러하다. "『춘추』의 사실들은 제나라 환공이나 진나라 문공의 일 따위이다. 그리고 재공이 주나라 왕의 명령을 제나라 임금에게 전하고, 왕자호가 주나라 왕의 명령을 진나라 임금에게 전한 일은 『상서』의 훈이나 고의 형식과 같다. 좌구명은 『춘추』의 풀이에 그것을 붙여서 『춘추』의 본문을 돕게 했지만, 공자는 『상서』의 「문후지명」에 그것을 함께 기록하지 않았다. 이것은 『서』가 『춘추』에 들어갔다는

하고 억지로 그들의 『상서』를 지었다. 그러므로 그들의 도도 끝내 시행될 수 없었다. 이것은 비유하자면 후세에 제수가 이미 황하로 흘러들지만[71] 『상서』 「우공」에 얽매인 자들은 오히려 형택(滎澤)과 도구(陶丘)에서 옛 물길을 준설하려고 하는 것과 같다."[72]

이렇게 물어보자. "세 가지 책 이외에도 역시 계속 그대로 잇고 없애버리지 않은 것은 『자치통감』의 편년체와 『통감기사본말』의 기사본말체 따위이다.[73] 이것은 뒤에 계속 이어졌으니 시조를 계속 제사지내고 신주를 옮기지 않는 것처럼 해야만 한다.[74] 이것은 육예 가운데 어떤 유파를 이었다고 해야 하나?"

이렇게 대답하겠다. "이것은 모두 『춘추』의 갈라진 유파이다. 아마 기전체의 역사서는 본디 『춘추』의 가학을 넓힌 것이지만 『자치통감』은 「본기」의 글을 넓히고 기전체의 「지」나 「전」과 하나로 합친 것일 테다. 기사본말체의 근원은 『상서』에서 나왔다. 그러나 『상서』는 중간에 꺾여서 『춘추』로 들어갔기 때문에 마찬가지로 『춘추』의 유파가 되었다. 사

명백한 증거이다."

71 제수는 하남성 제원현 서왕옥산에서 발원하여, 동남쪽으로 흘러 저룡하와 합류하여 황하로 들어간다. 제수의 옛 물길은 본래 황하를 거쳐서 남쪽으로 흐르다가 다시 동쪽으로 흘러 태산 동쪽을 지나면서 황하와 나란히 흐르다가 바다로 들어간다. 오늘날 하류 유역은 황하, 대청하, 소청하가 차지하고 있으며 다만 하북성의 발원지만 여전히 남아있을 뿐이다.

72 『하서』 「우공」은 이러하다. "연수(沇水)를 이끌어 동쪽으로 흘러 제수가 되었다가 황하로 흘러들어가고 흘러넘쳐 형택[滎]이 되었다가 동쪽으로 도구(陶丘) 북쪽에서 나온다." 호위(胡渭) 『우공추지』(禹貢錐指)는 오징을 인용하여 이렇게 말한다. "제수가 황하로 흘러든 뒤 숨은 물줄기가 땅속에 잠기어 가서 황하를 가로질러 남쪽으로 향해 넘쳐서 형택(滎澤)이 되었고 다시 도구 북쪽으로 나왔다." 형택은 현재 하남 형택현 치소의 남쪽에 있다. 도구는 현재 산동 정도현(定陶縣) 서남쪽에 있다. 나는 이렇게 생각한다. 이 단락은 좌구명이 『서』를 『춘추』에 아울러 넣은 뒤부터 사람들이 그 실마리를 따로 확장하려고 했지만 특히 따로 표현하지 못했다고 말한다.

73 『자치통감』은 「서교 하」의 주37을 보라. 『통감기사본말』은 같은 편의 주38을 보라.

74 「서교 하」의 주22를 보라.

마천과 반고 이후로 기전체가 『춘추』를 대신해서 이었다. 『자치통감』은 기전체가 「본기」와 「열전」을 나눈 것을 취하여 편년체로 합쳤다. 『통감기사본말』은 또한 『자치통감』이 합친 것을 취하여 사실을 종류대로 나누었다. 그러나 사실에 근거하여 각각 편명을 정하는 것은 일반적 범례가 아닌데 도리어 『상서』가 남긴 법도를 얻었다. 이것이 바로 이른바 여러 차례 변천을 겪은 일이 처음 상태로 되돌아간다는 것이다.[75] 그래서 「비」(賁) 괘가 하는 일은 꾸미는 것이라서 「박」(剝) 괘로 받고 「박」 괘가 하는 일은 막히게 마련이라서 「복」(復) 괘로 받는다.[76] 이것은 비유하자면 단사(丹砂)를 구워서 수은(水銀)을 만드는데 수은을 구우면 다시 단사가 되는 것과 같으니 바로 그런 이치이다. 이 주장은 따로 전문적인 글을 가지고 토론할 것이니 여기서 상세하게 설명하지 않겠다."[77](이것은 덧붙인 논의이지 방지를 말하는 것이 아니다)

이렇게 물어보자. "선생은 방지를 편찬할 때 세 가지 책 이외에 다시 『총담』(叢談)이라는 책을 따로 지었다. 무엇 때문인가?"[78]

이렇게 대답하겠다. "이것은 자료를 거두고 남은 것이다. 옛사람은 일가를 이루는 책을 지을 때, 양이 많음을 뽐내려고 남김없이 찾지 않았다. 그러나 널리 보지 않으면 요약하여 취할 기초가 없다. 이미 요약하여 취했다면 널리 본 나머지는 정리한 것 사이에 넣자니 어울리지 않고[79] 버

---

75 「서교 하」를 보라.

76 『주역』 「서괘전」은 이러하다. "「비」 괘는 꾸민다는 뜻이다. 지극하게 꾸민 뒤에 형통하면 남김이 없기 때문에 「박」 괘로 받는다. 박(剝)은 오래 묵어 긁히고 깎여서 떨어진다는 뜻이다. 만물이 남김없이 끝날 수 없는 법이니 위에서 긁히고 깎여서 떨어지는 일이 다하면 아래로 돌아가기 때문에 「복」 괘로 받는다."

77 따로 전문적인 글이 있다는 말은 「서교 하」를 가리킨다. 나는 이렇게 생각한다. 이 단락은 사마광 『자치통감』과 원추 『통감기사본말』이 바로 『춘추』의 갈라진 유파라는 것을 논한다.

78 장학성 『호북통지』에는 『총담』 네 권이 있다. 첫째가 「고거」(考據), 둘째가 「일사」(軼事), 셋째가 「쇄어」(瑣語), 넷째가 「이문」(異聞)이다.

79 나는 이렇게 생각한다. 검본[黔刻本]은 "난"(攔)을 "난"(闌)이라고 했다. 뒤에도 마찬

리자니 아깝다. 그러므로 야사나 설부의 유파에 붙여서 『총담』을 지었다. 이것은 마치 경부의 별해(別解), 사부의 외전(外傳), 자부의 외편(外篇) 따위와 같은 것이다. 세 가지라는 책 숫자에 맞지도 않는데 넷이어야 하는 까닭은 무엇 때문이겠는가? 세 가지 책은 모두 다스리는 요점에 대한 것이지만 『총담』은 꼭 없으면 안 되는 책이 아니기 때문이다. 이전 사람들은 「지」를 편찬할 때 늘 이런 종류를 「지」에 붙인 뒤, 여편(餘編)이라 부르는 경우도 있었고 잡지(雜志)라고 부르는 경우도 있었다. 그들은 책의 의례[例義]에 대해 뛰어난 일가를 아직 이루지 못했기 때문에 뒤에 붙였다 하더라도 해로울 것이 없다. 이미 세 학파의 학을 세워서 세 분야의 책을 지었다면 원칙을 빌릴 수 없기 때문에 따로 하나를 엮고 저술해서 적당한 자리를 얻는 것이 낫다. 『한서』 「예문지」는 '소설가'라는 유파가 패관에서 나왔고 길거리나 세상에 떠도는 뜬소문이라고 한다. 이것도 역시 풍속을 가릴 때 배제하지 않는 것이다."[80]

가지이다.

80 길거리나 세상에 떠도는 뜬소문은 「시화」의 주22를 보라. 나는 이렇게 생각한다. 이 단락은 『총담』이 따로 한 편이 되는 까닭을 밝힌다.

주현청립지과의(州縣請立志科議)[1]

보잘 것 없는 나[鄙人]는 어려서부터 가난했고 글재주로 남의 녹을 먹었다. 여러 차례 지방지[志乘]를 만드는 일에 초빙되어[2] 「지」를 편찬하는 일을 여러 차례 겪었다. 그 사이 옛사람의 옳고 그름을 품평하고 나중에 「지」를 만들 때의 범례(凡例)를 어림잡아 헤아렸는데 아마 그것을 상세하게 말한 적이 있었을 것이다. 요컨대 모두 형식으로 내용을 돕고[3] 문체

1 유함흔 『문사통의지어』는 이러하다. "이것은 순서대로 배열하는 일을 논하는데 「답객문 하」와 같은 뜻이다."

2 건륭 28년 장학성은 호북으로 부모님을 뵈러 갔다. 이듬해, 아버지 장표[驤衢先生]를 도와 『천문현지』(天門縣志)를 편찬한다. 건륭 38년 화주 지주 유장성(劉長城)의 초빙에 응하여 『화주지』를 편집한다. 건륭 42년 영청현(永清縣) 지현 주진영의 요청에 응하여 『영청현지』(永清縣志)를 편찬한다. 건륭 54년 박주 지주 배진(裴振)을 위해 『박주지』(亳州志)를 편찬한다. 건륭 57년 호광 총독 필원을 위해 『호북통지』를 편찬한다.

3 육기 「문부」는 이러하다. "「비」는 형식을 열어 젖혀서 내용을 돕는다." 이선 주는 이러하다. "「비」는 덕을 서술하기 때문에 형식과 내용이 서로 반반이다."

를 근거로 형식을 세우는 것이다. 법도를 세워서 선례를 열고 잘 바로잡아 나중의 못마땅한 점을 막는 일은 이미 직책이 미치는 범위가 아니기 때문에 내 지위를 넘는 꾀를 내길 원치 않는다. 간혹 한가할 때 하늘을 이야기하기도 하지만 결국 진흙으로 만든 소가 바다에 들어가는 일로 끝나기 일쑤고[4] 아름다운 의지를 실현할 수 없어 마음이 텅 빈 듯하다. 그러나 정해진 방법이 이미 일시적인 것이 아니라면 주장을 세운들 역시 나중에 올 사람을 기다리는 일에 무슨 방해가 되겠는가? 그래서 말을 끝맺기 바라며 알아본 사람이 선택해주기를 기다린다.[5]

나는 이렇게 생각한다. 『주관』 종백의 부하인 '외사가 사방의 「지」를 관장한다'는 말에 대해 주는 이렇게 말한다. "진나라의 『승』, 초나라의 『도올』과 같은 종류이다."[6] 이것은 제후가 완성한 책이다. 책을 완성했는데 어찌 근거한 바가 없겠는가? 그것을 주나라 제도에 비교한 적이 있는데 옛사람은 역사 사실에 대해 지극히 섬세하게 알지 못한 적이 없다는 것을 알았다. 사회는 이미 교외에 있는 현(縣)과 도(都)의 서계(書契)와 판도(版圖)의 부본을 관장한다.[7] 당정(黨正)은 "소속된 백성을 모아 법을 읽어 주고 그들의 덕행과 도예(道藝)를 적는다."[8] 여서(閭胥)와 비중(比衆)은

---

4 『논어』 「헌문」은 이러하다. "증자가 말했다. '군자는 자기 자리를 벗어나지 않는 것을 생각한다.'" 『국어』 「제어」는 이러하다. "그들이 맑고 깨끗한 곳에 살도록 하다." 주는 이러하다. "한연(閒燕)은 청정(淸淨)과 같다." 『전등록』은 이러하다. "동산(洞山)이 용산 화상(龍山和尙)에게 이렇게 물었다. '무슨 도리를 보고 이 산에 머물게 되었소?' 용산화상은 이렇게 말했다. '내가 보니 진흙으로 만든 소 두 마리가 싸우다가 바다로 들어가더니 이제껏 소식이 없구나.'"

5 나는 이렇게 생각한다. 여기까지 글의 서문이다.

6 앞 편의 주8을 보라.

7 『주례』 「천관」은 이러하다. "사회는 나라의 관청, 교외, 현이나 도의 온갖 물건의 재물과 쓰임새를 관장하며 모든 서, 계, 판, 도의 부본을 두고 모든 벼슬아치를 다스린 결과를 기록한 서류를 접수하고 회계를 직접 듣는다." 정현 주는 이러하다. "판(版)은 호적이다. 도(圖)는 땅의 모양과 농토의 면적이다." 가공언 소는 이러하다. "여기 서, 계, 판, 도 다음 글에는 사서가 올바름을 관장한다고 한다. 이것은 사회가 계획하고 헤아리기 때문에 그 부본을 관장하는 것이다."

8 『주례』 「지관」은 이러하다. "당정(黨正)은 정월 초하루에 소속된 백성을 모아 법을

"그들 가운데 몸가짐을 조심스럽게 가지고 남을 잘 구제하는 사람을 기록한다."[9] 송훈(誦訓)은 "각지의 지방[道方]에 있는 기록을 설명하고 직접 사실을 살펴보고 아뢰는 일을 관장한다. 각지의 지방에 있는 못된 것을 설명하고 피하고 꺼리는 일을 아뢰어 지방의 풍속을 알게 한다."[10] 소사는 "나라의 「지」를 관장하고 세계를 엮어 소목을 변별한다."[11] 훈방은 "사방의 정사를 말해서 위아래의 의지가 함께 하도록 하는 일을 관장하며 사방에서 대대로 전해진 도를 외운다."[12] 형방(形方)은 "나라의 지역을

읽어 주고 그들의 덕행과 도예(道藝)를 적어서 해마다 때에 맞춰 백성의 숫자가 많아졌는지 적어졌는지 비교한다." 가공언 소는 이러하다. "당정은 한 해가 시작하는 정월 초하루에 많은 백성들을 모아 놓고 법을 읽어 주고 이어서 그것에 의거하여 그들의 덕행과 도예를 기록한다."

9 『주례』「지관」은 이러하다. "여서(閭胥)는 많은 백성들을 모아서 일을 도우며 일이 끝나면 법을 읽어 주고 그들 가운데 몸가짐을 조심스럽게 가지고 남을 잘 구제하는 사람을 기록한다." 가공언 소는 이러하다. "여서는 벼슬이 낮아서 백성들과 가깝기 때문에 법을 읽어 주는 일에 특정한 시절이 정해져 있지 않다. 다만 많은 백성을 모아서 일을 돕는 시절에 법을 읽어 주기 때문에 일이 끝나면 법을 읽어 준다고 하는 것이다."

10 『주례』「지관」은 이러하다. "송훈(誦訓)은 각지의 지방[道方]에 있는 기록을 설명하고 직접 사실을 살펴보고 아뢰는 일을 관장한다. 각지의 지방에 있는 못된 것을 설명하고 피하고 꺼리는 일을 아뢰어 지방의 풍속을 알게 한다." 가공언 소는 이러하다. "각지의 지방에 있는 기록을 설명하는 일을 관장한다고 말한 것은 「지」가 다름 아닌 오늘날의 지(識)이기 때문이다. 사방에서 오래되었거나 최근이거나 사실을 기록하고 적어서 설명하여 왕에게 알린다. 직접 사실을 살펴보고 아뢴다고 말한 것은 왕에게 알리는 것이 고대에 대해 박식한 것을 살펴보는 일이다. 송훈[訓誦]은 또한 사방의 언어 가운데 나쁘게 여기는 일을 설명하여 왕에게 아뢰고 그들이 꺼리고 싫어하는 것을 왕이 피하도록 하는 일을 관장한다. 그렇게 하는 근거는 왕이 지방의 풍속과 언어를 광범위하게 알게 만드는 일이다." 나는 이렇게 생각한다. 검본은 "피기"(避忌)를 "벽기"(辟忌)라고 했다.

11 『주례』「춘관」은 이러하다. "소사는 나라의 다스림을 관장하고 세계를 엮어 소목을 변별한다." 가공언 소는 이러하다. "소사가 나라의 「지」를 관장하는 것은 나라의 말을 잇고 제후에 의거한다. 지는 기록한다는 말이다. 제후의 나라 안에서 기록한 사실이라면 모두 관장한다. 세계를 엮는다고 말한 것은 「제계」와 「세본」을 정한다는 말이다. 소목을 변별한다고 말한 것은 「제계」와 「세본」 가운데 본래 소목이나 가깝고 먼 관계가 있기 때문에 반드시 변별해야 한다."

12 『주례』「하관」은 이러하다. "훈방씨(訓方氏)는 사방의 정사를 말해서 위아래의 의지가 함께 하도록 하는 일을 관장하며 사방에서 대대로 전해진 도를 외운다."정현 주

제어하는 일을 관장하며 그들이 봉해진 강역을 바로잡는다."[13] 산사(山師)와 천사(川師)는 "산림과 천택의 이름을 관장하고 산림과 천택에서 나는 사물과 사물이 이로운지 해로운지 변별한다."[14] 원사(原師)는 "사방의 지명을 관장하며 언덕, 물가나 평지, 늪이나 습지의 이름을 변별한다."[15] 이것은 시골부터 도회지[鄕遂都鄙] 사이[16]의 산천과 풍속, 물산과 인륜을 크던 작던 남기지 않는 것이다. 행인이 다섯 가지 글을 바치고[17] 직방씨[職方]가 지도와 호적을 모으며[18] 태사[大師]가 풍시를 조사해서[19] 위에 전

는 이러하다. "도(道)는 언(言)과 같으며 왕을 위해 말한다는 뜻이다. 사방은 제후이다. 위아래는 임금과 신하이다. 전도(傳道)는 대대로 전해져서 말하는 지나간 고대의 사실이다. 왕을 위해 외우는 것은 오늘날 성인의 덕이나 요임금과 순임금의 도를 논하는 것과 같다."

13 『주례』「하관」은 이러하다. "형방씨(形方氏)는 나라의 지역을 제어하는 일을 관장하며 그들이 봉해진 강역을 바로잡는다." 가공언 소는 이러하다. "형방씨는 사방의 땅과 형세를 아는 일을 위주로 하기 때문에 나라의 지역 크기와 형세를 짓는 일을 관장하도록 시키며 또한 그들이 봉해진 강역을 바로잡을 때 서로 침범하지 않도록 한다."

14 『주례』「하관」은 이러하다. "산사(山師)는 산림의 이름을 관장하고 산림에서 나는 사물과 사물이 이로운지 해로운지 변별하여 나라에 퍼트리며 진귀하고 기이한 사물은 바치도록 한다."

15 『주례』「하관」은 이러하다. "원사(原師)는 사방의 지명을 관장하며 언덕, 물가나 평지, 늪이나 습지의 이름을 변별하고 거기서 나는 사물에 따라 고을을 분류한다."

16 주나라 제도에서 왕의 직할지[王畿] 안은 사방 천리이고 왕성 바깥에는 교(郊)와 전(甸)이라는 땅이 있다. 교는 여섯 개의 향(鄕)이 있고 전에는 여섯 개의 수(遂)가 있으며, 더 바깥에는 공읍(公邑), 가읍(家邑), 소도(小都), 대도(大都)가 있다. 또한 그 바깥은 제후의 나라이다. 『주례』「지관」 "대사도"는 이러하다. "다섯 집[五家]이 비(比), 다섯 비가 여(閭), 네 여가 족(族), 다섯 족이 당(黨), 다섯 당이 주(州), 다섯 주가 향(鄕)이다." '수인'(遂人)은 이러하다. "다섯 집이 인(鄰), 다섯 인이 이(里), 네 이가 찬(酇), 다섯 찬이 비(鄙), 다섯 비가 현(縣), 다섯 현이 수(遂)이다."정현 주는 이러하다. "인, 이, 찬, 비, 현, 수는 교 안에 있는 비, 여, 족, 당, 주, 향과 같다. 이름이 다른 이유는 서로 변한 것을 보여줄 뿐이다." 또한 「천관」 "총재 상"은 이러하다. "팔칙을 관장하여 도와 비를 다스린다." 정현 주는 이러하다. "도와 비는 공경과 대부의 채읍이거나 왕의 자제들의 식읍인데 주(周), 소(召), 모(毛), 담(聃), 필(畢), 원(原)에 속한 것은 왕의 직할지 안에 있는 것들이다."

17 앞 편의 주9를 보라.

18 『주례』「하관」은 이러하다. "직방씨는 천하의 「도」를 관장하여 천하의 땅을 관장한다. 나라, 도와 비, 사이(四夷), 팔만(八蠻), 칠민(七閩), 구맥(九貉), 오융(五戎), 육적(六狄)의 백성을 변별하고 그들의 재물과 쓰임새인 아홉 가지 곡식과 여섯 가지 가축의

달하는 것이다. 아마 제도는 위에서 아래로 내려오고 가려 모으는 일은 아래로부터 위로 올라갈 것이다. 가려 모으는 일이 갖춰지기만 하면 제도는 더욱 정밀해지는데 이것이 삼대의 좋은 방법이다. 후세의 역사 사실은 위가 아래보다 상세하다. 군현제와 봉건제는 다르기 때문에 방지가 다시 고대의 국사를 살피지 않고 지리를 연구하는 사람[地理家]의 주장에 들어간다면[20] 방지의 사실은 이미 치우치고 온전하지 않게 된다. 하물며 방지에 벼슬아치가 지키는 방식의 제도가 없어지고 남의 말을 듣고 제멋대로 한다면 방지의 범례도 들쭉날쭉해져서 중요한 전거가 될 수 없는데 이것은 추세가 그렇게 만든 것이다.[21]

문장은 정사에서 관찰하면 된다. 삼대 이후의 문장에 삼대의 없어진 제도가 없을 수 있지만 삼대 이후의 정사는 삼대가 남긴 의도를 스승으로 삼지 않을 수 없다. 만약 정법(政法)에도 역시 삼대의 문장에 없어진 제도가 남아 있다면 또한 문장이 삼대의 아름다움을 얻어서 갖출 수 없음을 어찌 근심하랴? 천하의 정사가 주와 현에서 시작하여 조정에 전달되는 것은 마치 삼대의 마을 사람과 일가붙이[比閭族黨]가 육경에게 정사를 아뢰는 일과 같다.[22] 제후의 나라에서는 장수(長帥)와 정백(正伯)이 말

회계를 변별하여 그중 이롭고 해로운 것을 두루 알게 한다."

19 앞 편의 주10을 보라.

20 『수서』「경적지」 이후부터 방지의 책은 모두 사부 "지리류"에 드러내 적는다.

21 나는 이렇게 생각한다. 여기까지 삼대의 문헌을 골라 모은 것이 갖춰져 있기 때문에 제도가 정밀하다고 말한다. 후세의 방지는 관직이 지키지 않기 때문에 중요한 전거가 될 수 없다.

22 『주례』「지관」 "대사도"는 이러하다. "다섯 집으로 비를 만들어 서로 보호하게 하고 다섯 비로 여를 만들어 서로 의지하게 하며 네 여로 족을 만들어 서로 장사 지내게 하고 다섯 족으로 당을 만들어 서로 구제하게 한다." 또한 당정은 각각 자기 당의 정령이나 가르침과 다스림을 관장하고, 족사(族師)는 각각 자기 족의 계령(戒令)과 정사를 관장하며, 여서는 각각 자기 여의 호출하는 명령[徵令]을 관장하고, 비장(比長)은 각각 자기 비의 다스림을 관장한다. 육경은 「서교 상」의 주11을 보라.

역주_ **마을 사람**은 비려(比閭), **일가붙이**는 족당(族黨)을 옮긴 말이다. 족당은 같은 성(姓)인 부계 친족을 기간으로 모계 친족인 모당(母黨)과 처계 친족인 처당(妻黨)을 아울러 일컫는 말. 부계 친족을 중심으로 하기 때문에 일족이당(一族二黨)이라고도 하며

미암아 천자에게 통보한다.[23] 조정의 육부 상서가 다스릴 때[24]는 천하의 주와 현에 있는 육과(六科) 가운데 이전(吏典)의 장고를 합쳐서 정치(政治)를 세운다.[25] 아래에서 위로 올리는 일도 역시 삼대의 마을 사람과 일가 붙이나 장수와 정백의 유산이다. 육부가 반드시 천하의 장고를 합쳐야 정치가 시행되고 사관이 반드시 천하의 기재를 합쳐야 문서가 갖춰진다. 그래서 주와 현의 장고는 사실에 근거하여 이름 짓고 전리(典吏)가 이어받아서 시행하는데 육과 이외에서 많이 임명했다. 그러나 주와 현의 기재(記載)는 전문가의 전범으로 지키지 않기 때문에 대의가 빠져 있다. 간혹 호사가의 무리가 지방지를 편찬하여 모으는데 일시적으로 가려서 찾아가는 일을 대부분 따르며 사람들이 평범하고 분수에 넘치는 경우가 대부분이기 때문에 완전하고 좋은 게 으레 드문 법이다. 심지어 사사로운 감정을 가지고 모함하거나 뇌물을 받고 글을 써주기도 한다. 그래서 방지를 언급하면 신사들[薦紳先生]은 늘 그것을 나무란다.[26] 사관은 아래로부터 풍속을 가리고 주와 현의 지방지가 이와 같으면 장차 무엇을 근거로 기록할 것은 기록하고 삭제할 것은 삭제할 바탕을 삼겠는가?[27] 하

삼족(三族)이라고도 한다. 일족이당이라는 표현은 친족을 이루는 부계, 모계, 처계 중에서 부계를 중시하고 모계와 처계를 부차적으로 본 데에서 나온 것이다. 본래 친족관계는 출자(出自)로서 형성되므로 부계와 모계가 동시에 중시되는 양계(兩系) 친족제도와 부계나 모계 중 어느 한 편의 친족관계만을 특히 중시하는 단계(單系) 친족제도가 있는데, 일족이당은 단계친족제도를 강조한 것이 된다. 그것은 일족이당의 일족이 특별히 종족(宗族), 본족(本族), 본종(本宗)이라고 불리는 데서도 알 수 있다.

23 『예기』「왕제」는 이러하다. "천리 바깥에는 방백(方伯)을 설치하는데 다섯 나라를 속(屬)이라 하고 속에는 장(長)이 있다. 열 나라를 연(連)이라 하는데 연에는 수(帥)가 있다. 서른 나라를 졸(卒)이라 하는데 졸에는 정(正)이 있다. 이백열 나라를 주(州)라 하는데 주에는 백(伯)이 있다. 여덟 주에 여덟 백, 쉰여섯 정, 백예순여덟 수, 삼백서른여섯 장이 있다. 여덟 백은 각각 부하를 이끌고 천자의 노신[老] 두 명에게 속하는데 천하를 오른쪽, 왼쪽으로 나누어 이백(二伯)이라 한다."

24 앞 편의 주41을 보라.

25 『대청회전』「이부」는 이러하다. "직예청(直隸廳)과 직예주(直隸州)는 현에 자신의 다스리는 일을 나누고 이부, 호부, 예부, 형부, 형부, 공부의 일을 다스린다."

역주_ 정치는 정사를 펼칠 때의 원칙이다.

26 앞 편의 주44를 보라.

물며 천하의 역사서가 있고 나라의 역사서가 있으며 혈족의 역사서가 있고 개인의 역사서가 있다. 전, 장, 지, 술[28]은 개인의 역사서이고 가승(家乘)과 보첩[29]은 혈족의 역사서이다. 부, 주, 현의 「지」는 나라의 역사서이고 한 왕조를 통틀어 기록하는 것은 천하의 역사서이다. 사람을 늘어놓은 뒤에 집안이 생기고 집안을 늘어놓은 뒤에 나라가 생기며 나라를 늘어놓은 뒤에 천하가 생긴다. 오로지 나눈 것이 지극히 상세해야만 합친 것 가운데 좋은 것을 가리고 유감이 없다. 보첩이 흩어지면서 조사하기 어려워졌고 「전」과 「지」가 사사로워지면서 아첨이 많아졌다. 조정이 역사서를 편찬하는 일은 반드시 방지에서 형식을 취하려 한다. 그러나 방지 가운데 통부(統部)가 여러 부(府)에서 취하고 여러 부는 주와 현에서 취하는 것도 역시 아래로부터 위로 올라가는 길이다. 그래서 주와 현의 방지는 아래로 보첩이나 「전」과 「지」에 의해 공평함을 유지하고 위로 통부[部]와 부(府)에 의해 증명되어 믿을 만하게 되니 사실 왕조의 역사서

---

27 「역교 하」의 주26을 보라.

28 요내 「고문사유찬서」는 이러하다. "유대괴 선생은 이렇게 말한다. 고대의 유명 인사나 높은 벼슬에 오른 사람을 위해 「전」을 쓰는 일은 사관이 맡은 직책이다. 문학을 지망하는 선비가 「전」을 짓는 것은 아마 「오자왕승복전」[圬者]이나 「종수곽탁타전」[種樹] 같은 부류일 뿐이리라. 그 사람이 이미 조금 세상에 알려졌다면, 그를 위해 「전」을 지어서는 안 되고 그를 위해 행장을 지어 역사가에게 올릴 따름이다." 『문심조룡』 「서기」(書記)는 이러하다. "「장」(狀)은 모습이다. 모습을 본래 모습 그대로 나타내서 그 사실을 취하는 것이다. 선현은 시호를 드러내는 동시에 「행장」(行狀)이 있다." 또한 요내 「고문사유찬서」는 이러하다. "「지」는 표시한다는 뜻이다. 무덤 위에 비석을 세우는 경우도 있고 뫼 구덩이 안에 묻는 경우도 있다. 옛사람은 모두 「지」라고 했다. 그것을 「명」이라 하는 것은 그것을 표시하는 글이기 때문이다." 「행장」은 「행술」이라고도 하는데 바로 그 평생 행한 일을 기술한다.

29 송나라 나대경(羅大經) 『학림옥로』(鶴林玉露)는 이러하다. "황정견은 늘그막에 일기[日錄]를 지었는데 가승(家乘)이라는 제목을 붙였다. 『맹자』에 있는 진나라 『승』의 뜻을 취했다." 나중에 그래서 가보를 가승이라고 불렀다. 『사기』 「십이제후연표서」는 이러하다. "태사공은 『춘추역보첩』(春秋曆譜牒)을 읽었다." 『사기색은』은 이러하다. "「보」는 주나라 때 시작되었는데 『한서』 「예문지」에는 『제왕보』(帝王譜)가 있다. 또한 고대부터 『춘추』를 연구하는 학자들에게는 연력(年曆)과 보첩의 학설이 있다. 그러므로 두예[杜元凱]는 『춘추장력』(春秋長曆) 및 『공자보』(公子譜)를 지었다."

[朝史]를 요약하고 편집한[要刪] 것이다.[30] 기간이 정해진 공사, 세금과 소송 사건은 주와 현이 이전의 장고가 있다는 것을 믿고 육부가 징발하여 구할 때 이바지할 수 있다. 문헌을 헤아리고 거두는 일은 주와 현이 다만 분수에 넘치고 법도가 없는 지방지만 믿는다면 어찌 사관이 채택할 때 충분하겠는가? 주와 현이 요점을 뽑은 책은 이미 살펴보기 충분하지 않으니 왕조의 역사서가 차라리 아래로 보첩과 「전」과 「지」에서 찾으려고 하지 주와 현에 다시 묻지 않는 것은 당연하다. 대체로 기간이 정해진 공사, 세금과 소송 사건은 육부가 주와 현을 근거로 삼지 않고 민간에 직접 묻는다면 어찌 적당한 일이겠는가? 그렇다면 삼대 이후의 역사적 사실이라도 역시 어렵지 않겠는가? 문장은 정사에서 관찰하면 된다. 삼대의 벼슬아치가 지키는 방식의 전적이 없다면 삼대의 문장이 없는 것이다. 만약 삼대의 문장이 없다면 비록 삼대의 사공이 있다 손치더라도 해와 달처럼 밝혀 알릴 수가 없다. 영사의 안독은 문학을 전공하는 유학자[文學之儒]가 세세하게 말하지 않지만 정교를 다스릴 때 이것을 버리고 따로 나온 것이 있었던 적은 없다. 후세에는 오로지 문학을 전공하는 유학자들이 역사 사실을 완성하라고 하지만 관청의 장고는 역사가에 의해 완전한 제도를 갖추지 않았다. 이것이 삼대 이후에 내용을 떠나 형식을 말하거나 역사 사실을 말하기 어려운 이유이다. 오늘날 천하의 대계(大計)[31]가 이미 주와 현에서 시작하게 되었다면 역사 사실을 맡겨서 잘 되게 다짐하는 것도 역시 주와 현의 「지」에서 시작해야만 한다. 주와 현에는 황당무계한 「지」는 있지만 황당무계한 영사의 안독은 없다. 「지」

30 「언공 하」의 주86을 보라.

31 『주례』 「천관」 "태재"는 이러하다. "삼년마다 모든 구실아치의 다스림을 대계(大計)하여 벌을 줄 것은 벌을 주고 상을 줄 것은 상을 준다." 명나라 제도에서 지방 정부의 관직[外官]을 헤아려 살피는 것을 대계라고 한다. 그 법도는 주와 현에서 다달이 헤아려서 부에 올려 보내고 부는 헤아린 것의 높낮이를 평가하여 포정사에 올려 보낸다. 순무와 안찰사는 그들의 부하가 삼년 동안 벌인 사업을 적은 것을 두루 조사하여 책을 만들어서 모두 보고하고 여덟 가지 방법으로 처분하는 것을 대계라고 한다. 청나라는 그것을 이었다.

에는 사람에 따라 좋고 나쁘거나 사람에 따라 교묘하고 졸렬한 의례와 문사가 있지만 안독에는 사람에 따라 좋고 나쁘거나 사람에 따라 교묘하고 졸렬한 의례와 문사가 없다. 기록하여 올리는 일에는 정해진 방법이 있고 전범으로 지키는 일에는 정해진 사람이 있다는 것은 아마 삼대가 남긴 의도를 스승으로 삼는다는 것이리라. 그러므로 주와 현의 「지」는 일시적으로 취하여 마무리할 수 없으며 평소 여러 전리 가운데[32] 특별히 지과(志科)를 세우고 전리 가운데 글 쓰는 법도를 조금 이해하고 있는 사람을 선발해서 담당하도록 한다. 또한 정해진 방식을 세워서 법도에 따라 기재하도록 하면 대략 안독에 공식(公式)이 있는 것처럼 저 잘났다고 함부로 짓는 폐단이 없어질 것이다. 수십 년 세월이 쌓인다면 문학을 잘하고 역사서의 형식에 통달한 사람을 찾아가서 기록할 것은 기록하고 삭제할 것은 삭제하여 책을 완성한다. 이것이 이른바 적임자를 기다린 뒤에 시행한다는 것이다. 이처럼 한편으로 쌓고 한편으로 편찬한다면 일에서 수고스럽지 않지만 일의 보람은 이미 문학과 사학을 전공하는 유학자가 미칠 수 없는 것이고 이른바 정법에도 역시 삼대의 문장이 없어진 제도를 남기게 된다.[33]

그러면 정해진 방식으로 세우는 것은 장차 어떻게 하는가? 육과의 안독은 큰 줄거리를 간단하게 취해서 부본을 기록하여 소장하면 된다. 고을 수령이나 사유[34]가 벼슬을 떠나는 날, 그들이 평소 행한 일에서 좋고 나쁜 것 가운데 확실한 근거가 있는 것을 가지고 일의 내력을 기록하면 된다. 다스리는 지역에 있는 집안이 자신의 「보」(譜)를 편찬하고 다스리는 지역에 사는 사람이 자신의 전, 지, 장, 술을 지어서 반드시 부본을 바치면 학교의 사유가 공정한 논의를 가려서 취한 뒤 조사하고 바로잡

---

32 『대청회전』 권12 「이부」는 이러하다. "승리(丞吏)는 넷으로 구별되는데 셋째가 전리(典吏)이다. 사(司), 도(道), 부, 청, 주, 현의 구실아치를 모두 전리라고 한다."

33 나는 이렇게 생각한다. 여기까지 현에서 지과를 세우는 것이 삼대의 문물과 전장에서 남은 제도를 남기는 근거라고 말한다.

34 「시교 상」의 주70을 보라.

아 지과에 소장하면 된다. 다스리는 지역의 인사 가운데 어떤 사람에게 경부와 사부의 저술이나 시와 사의 문학 작품이 있으면 논의하여 결정하고 편집을 완성하여 반드시 부본을 바치고 지과에 소장하여 등록한 제목[部目]을 동시에 기록하면 된다. 관청 건물[衙廨]이나 성과 해자[城池], 학교와 사당[學廟]이나 사당 건물[祠宇], 둑과 다리는 수리하거나 세울 것이 있으면 반드시 지과에 알리고 시작부터 끝까지 과정 전체를 보고하도록 하면 된다. 쇠나 돌에 새긴 것, 사실 기록과 문학 작품은 반드시 원본을 그대로 본떠서 지과에 소장하면 된다. 빈흥(賓興)이나 향음주례,[35] 법을 읽는 일이나 경을 읽는 의식을 정한대로 시행할 때는 반드시 당시의 관직 등급[官秩] 및 성명을 쓰고 그들이 들은 것과 본 것을 기록하면 된다. 책을 소장하는 도서실에 두면 수재와 화재가 범하지 못한다. 자물쇠로 잠그는 궤짝에 두고 지과를 나누거나 별도로 분류하는 일은 연도와 달에 따라 분류한 뒤 표시해서 봉한 뒤 소장하고 까닭 없이는 제멋대로 열어보지 못하게 한다. 향숙(鄕塾)과 의학(義學)의 의도를 본떠[36] 고을 사방에 각각 채방(采訪)을 한 사람씩 배치하고 신사들 가운데 공정하고 사람들이 우러르는 덕망에 부합하는 사람을 골라서 없어진 글과 없어진 사실을 찾게 하고 때에 맞춰 바치게 한다. 학교의 사유는 노숙하고 의젓한 사람을 조심스럽게 가리고 바칠 것을 바쳤으면 서로 더불어 공정하게 사실을 조사하면 된다. 예악과 정사는 서로 표리 관계가 되는 것이다.

35 『주례』「지관」"대사도"는 이러하다. "향에서 세 가지 일로 모든 백성을 가르치고 인재를 추천한다." 정현 주는 이러하다. "물(物)은 사(事)와 같다. 흥(興)은 거(擧)와 같다. 백성들의 세 가지 일에 대한 가르침을 이루면 향대부는 그중 훌륭한 사람을 천거하고 잘하는 사람은 술자리를 베푸는 예로 대접한다. 예를 마치면 왕에게 그들의 글을 바친다." 과거 시험을 치르던 시대에 선비들이 향시에 순조롭게 나아가면 지방의 벼슬아치가 잔치를 베풀어 대접하는 것도 역시 빈흥(賓興)이라고 했다. 아마 고대의 향음주례[鄕飮酒之禮]를 본뜬 것이리라.

36 『후한서』「유림전」"양인전"(楊仁傳)은 이러하다. "양인은 자가 문의(文義)이며 파군 낭중 출신이다. 숙종이 즉위하고 십방(什邡) 영으로 제수했는데 구실아치[掾史]의 자제들에게 공부할 것을 권하고 격려하여 모두 학교에 들어가서 공부하도록 했다. 이로 말미암아 의학(義學)이 크게 일어났다."

학문을 지망하는 선비는 예악을 토론할 때 반드시 종축(宗祝)에게 그릇 숫자를 묻고 악공과 악사[工師]에게 음절을 비교해야만[37] 문장을 지을 때 허튼 소리에 의지하지 않는다. 영사의 안독은 대신이 나랏일을 토론하는 바탕인데 마치 예에 종축의 그릇 숫자가 있고 음악에 악공과 악사의 음절이 있는 것과 같다. 만약 정사를 논의하면서 영사의 안독을 촌스럽게 여기고 예악을 정하면서 종축의 그릇 숫자나 악공과 악사의 음절을 달가워하지 않는다면 이것은 내용이 없는 형식이므로 쓸 수 없다. 유독 역사가의 학업에 대해서만 법도를 세워 폐단을 없애지 않으면서 어찌 문학을 전공하는 유학자에게 맡기면 마무리하기에 충분하다고 말하겠는가?[38]

어떤 사람이 이렇게 물었다. "주와 현이 이미 지과를 세웠다면 문헌이 흩어져 사라지는 일을 근심하지 않습니다. 주와 현에서 사관으로 전달할 때, 지위도 뚜렷하게 차이가 나고 정세도 역시 거느리는 관계가 아닌데 부와 포정사사[39]가 묻지 않아도 괜찮겠습니까?"

나는 이렇게 대답했다. "주와 현이 시키는 대로 받들어 시행해서 부실하다면 포정사사와 부는 반드시 조목조목 살펴야만 하네. 지과는 육과 안독의 요점을 요약하여 전적을 보존하는 것이지. 부의 구실아치는 반드시 주와 현의 지과에서 요점을 요약하여 「부지」(府志)가 취하여 가다듬을 것을 만든다네. 포정사사의 구실아치는 반드시 부의 지과에서 요점을 요약하여 「통지」(通志)가 취하여 가다듬을 것을 만들지. 포정사사와 부의

---

37 『주례』「춘관」의 부하는 내종(內宗), 외종(外宗), 대축, 소축(小祝)이 있고 제사 그릇을 관장한다. 공사(工師)는 다름 아니라 악공(樂工)과 악사(樂師)이다.

38 나는 이렇게 생각한다. 여기까지 지과를 세우는 요점과 그 방법을 말한다.

39 명나라 태조는 전국을 열세 개 포정사(布政司)로 나누고 포정사마다 포정사(布政使)를 두어, 성 전체의 민정과 재정을 관리했다. 그 뒤 총독, 순무, 순안(巡按)을 보태어 설치했다. 이런 여러 벼슬이 포정사 위에 생기자 권한이 나날이 희미해졌다. 청나라에 이르러 포정사는 결국 총독과 순무의 하급 벼슬아치가 되었다.

「지」에는 취하여 가다듬을 것뿐만 아니라 또한 동시에 수록하여 쌓아서 서로 비교하고 헤아려 주와 현에 있는 지과의 사실과 거짓을 조사할 수 있네. 주와 현의 지과가 고을 수령과 사유가 평소에 행한 일 가운데 좋고 나쁜 것에 대해 실제 근거가 있는 것을 기록하고 일의 내력을 상세하게 기록하는 것처럼 통부의 대신은 포정사사의 지과도 역시 벼슬을 떠나는 날에 지과에 보존하지. 여러 부에 있는 벼슬아치의 부에서 만든 지과도 역시 벼슬을 떠나는 날, 주와 현처럼 기록하면 된다네. 그래서 부의 지과를 담당한 구실아치는 주와 현의 지과책[科冊]에 합쳐서 부본만 보존하는 것이 아니고 포정사사의 지과를 담당한 구실아치는 그것을 부의 지과에 합쳐서 부본만 보존하는 것이 아니며 또한 포정사사와 부에 대한 자기 기록도 있으니 생략할 수 없는 것이지."[40]

어떤 사람이 이렇게 물었다. "이것은 역사 사실에 대해 정말 도움이 됩니다. 정사를 다스리는 데도 역시 이것에 기대는 것이 있는지 모르겠습니다."

나는 이렇게 대답했다. "문장과 정사는 서로 표리 관계가 아니었던 적이 없네. 영사의 안독은 정사의 근거이지. 사단이 났는데 지키지 못해 물과 불에 잃어버리는 일도 있고 거두어 간직하는 일을 조심하지 않아서 습기와 벌레에 부식되는 일도 있으며 간사한 구실아치가 법을 제멋대로 휘둘러 교정하거나 표절하고 고치는 일도 있다네. 만약 요점을 기록하여 지과에 부본을 소장했다면 이런 몇 가지 근심도 사라질 걸세. 이것은 정사를 다스리는 데 도움이 적지 않네. 보첩은 벼슬아치가 관장하지 않고 고금의 적당함도 다르며 천하의 집안과 혈족이 번성했기 때문에 서울의 관청에서 남김없이 조사할 수 없지.[41] 그래서 제사를 계승하는 일[祠襲]을

40 나는 이렇게 생각한다. 여기까지 지과를 세우는 일이 역사 사실에 도움이 된다는 것을 말한다.

41 경관(京官) 가운데 부조(部曹)를 맡고 있는 사람은 각 부를 맡고 있는 벼슬아치 이하

빼앗으려고 다투면 소송이 벌어지게 마련이고 가산과 가업을 상속하게 되면 소송이 벌어지게 마련이며 남의 성을 도용해서 호적을 차지하거나 이미 양자로 간 사람을 본가에 되돌려 보내면[歸宗][42] 소송이 벌어지게 마련이고 혼인이 법률을 어기면 소송이 벌어지게 마련이며 호구에 따라 나눈 부역을 숨기거나 누락시키면 소송이 벌어지게 마련인데 가보[譜據]를 잃어버리거나 간사한 무리가 거짓으로 지어내 그 틈을 타서 어지럽히면 갖가지 폐단이 늘어난다네. 평소에 보첩이 있고 지과에 부본을 남김없이 바치면 여러 가지 근심이 없어지지. 이것은 정사를 다스리는 데 도움이 적지 않네. 고대에는 개인적 저술이 없었지만 아마 전국시대 이후부터는 고대의 법도로 얽맬 수 없었겠지. 그러나 저술이 벼슬아치가 지키는 방식에 예속되지 않게 되자 사람들은 자신이 옳다고 하는 사사로움을 견디지 못하게 되었다네. 성인의 학이 쇠락하자 빗나가는 논의가 성인의 가르침을 어지럽히고 사관이 직책을 잃자 야사가 제멋대로 굴게 되었지. 최근의 문집이나 전지(傳誌)에서 분수를 넘는 것, 설부에서 옳고 그름이 뒤섞여 어지러운 것, 기재에서 변변치 않고 어지러운 것, 맑은 논의를 어수선하고 의심스럽게 만드는 것은 아마 일일이 꾸짖을 수도 없이 많을 것이라네. 만약 편집해서 완성하는 일을 논의해서 결정할 때 반드시 지과에 부본을 바치고 학교의 사유들이 공정하게 토론한다면 가까운 지역은 사실을 대질하기 쉽고 가까운 시대는 전해들은 것에 의지할 수 없게 될 것이니 또한 이런 여러 가지 상황의 근심을 초래하지 않겠지. 정사를 다스리는 데 도움이 되는 이런 것은 이루 헤아리지 못할 정도라네. 그러므로 문장과 정사는 표리 관계가 아닌 적이 없다는 것이지."[43]

가 모두 이러하다.

42 양자로 간 아들이 자신을 낳아준 부모를 위해 재최(齊衰)의 장례 기간을 가지는 것을 강복자(降服子)라고 한다. 어미를 따라서 다른 성을 가진 아버지 밑에서 자랐다가 본가[本宗]로 되돌아온 사람을 귀종(歸宗)이라고 한다.

43 나는 이렇게 생각한다. 여기까지 지과를 세우는 일이 정사의 다스림에 도움이 된다는 것을 말한다.

지지통부(地志統部)[1]

양호(陽湖) 출신의 편수(編修) 벼슬을 한 홍량길(洪亮吉)[2]은 『건륭부청주현지』(乾隆府廳州縣志)를 짓고 모은 적이 있다. 『대청일통지』의 범례를 기준으로 부(部)를 나누고[3] 포정사사에 부와 청(廳)이나 주와 현을 나누어

1 『장실재연보』에 따르면, 청나라 가경 2년 삼월에 장학성은 안휘 동성에서 시험 답안지를 채점했다. 이 해에 홍량길은 『권시각문집』(卷施閣文集)을 판각했는데 「여장진사서」(與章進士書)를 실어 장학성의 십 년 전 학설을 반박하고 있다. 그래서 이 글을 지어서 그것을 바로잡은 것이다.

2 홍량길은 자가 치존(稚存)이며 양호 출신이다. 건륭 55년 진사가 되어 편수에 제수되었다. 가경 4년 교습 서길사(教習庶吉士)에 제수되었고 황제에게 올린 글이 말씨가 바르고 정성스러운 탓에 이리(伊犁)에서 국경 수비하는 자리로 유배되었다. 이듬해 풀려나서 돌아왔고 갱생거사(更生居士)라는 자호를 지었다. 십여 년 동안 집에 머물다가 죽었는데 나이 예순넷이다. 그의 학문은 살펴보지 않은 것이 없으며 시와 글은 기이한 기운이 있었다. 어려서 무진 출신의 중칙(仲則) 황경인과 명성을 나란히 했고 황경인이 분주에서 객사하자 천리를 마다 않고 장례를 치르러 갔기 때문에 세상 사람들에게 대단한 벼슬아치로 꼽혔다. 그 뒤 경학[經術]에 몰두하여 연구하고 같은 고을 계구(季逑) 손성연과 학문을 논하면서 서로 진보했는데 사람들은 손성연과 홍량길[孫洪]이라고 불렀다. 저술에 『좌전고』(左傳詁) 스무 권, 『공양곡량고의』

소속시켰다. 십 년 전 홍량길 댁에 찾아갔을 때, 현재 제도에서 부를 나누는 것이 처음 제도와 다르기 때문에 『건륭부청주현지』에서는 포정사사라는 예전 이름에 얽매이지 말고 현재 제도처럼 부원이라 불러야만 한다고[4] 여러 차례 말씀드리고 의례도 밝힌 적이 있다. 그때 홍량길은 내가 틀렸다고 했다. 최근에 그가 판각한 『권시각문집』(卷施閣文集)을 보니 내게 보낸 「여장진사서」(與章進士書)가 거기 있었다.[5] 내 주장을 번거

(公羊穀梁古義) 두 권, 『건륭부청주현도지』(乾隆府廳州縣圖志) 쉰 권, 『삼국지강역지』(三國志疆域志) 두 권, 『동진강역지』(東晉疆域志) 네 권, 『십육국강역지』(十六國疆域志) 열여섯 권, 『시문집』(詩文集) 모두 예순네 권이 있는데 세상에 돌아다닌다.(『국조선정사략』 권35)

3 『사고전서총목제요』 "지리류"는 이러하다. "『대청일통지』 오백 권은 건륭 29년 황제의 명령을 받들어 지었다. 이 책은 처음에 건륭 8년 편찬하고 편집하여 책을 완성하니 모두 삼백마흔두 권이다. 외번(外藩) 및 조공 제국(朝貢諸國)은 따로 붙여서 수록했다. 건륭 20년에 이르러 이리를 평정하자 이에 황제가 특별히 거듭 고칠 것을 명령하여 이 판본으로 정했다."

4 부(部)는 각 부의 상서시랑을 말한다. 원(院)은 도찰원(한나라 때 이래로 어사대가 있었고 명나라가 도찰원을 설치했다. 청나라는 그것을 이었다)을 말한다. 청나라 때 순무에게 시랑 및 부도어사의 직함을 더했으므로 역시 부원이라고 부른다.

5 『권시각문집』 갑집(甲集) 권8 「여장진사학성서」(與章進士學誠書)는 이러하다. "전에 보여드린 보잘 것 없는 제 책 『건륭부청주현도지』에서 모든 포정사의 관할은 총독과 순무로 고쳐야만 비로소 체제에 부합한다고 했습니다. 그대는 역사서의 범례에 대해 잘 알고 있는 사람이니 이것을 근거로 감히 한두 가지만 간단하게 늘어놓겠습니다. 저는 이렇게 생각합니다. 당나라는 천하를 열 개의 도(道)로 나눴기 때문에 가탐(賈耽)에게 『개원십도술』(開元十道述)이 있습니다. 그 뒤 이길보가 그것을 이어서 지은 『원화군현도지』[元和郡縣志]가 있는데, 이것도 역시 열 개의 도로 나눴습니다. 오로지 농우도[隴右道]를 열 번째로 옮긴 것만 『개원십도술』과 대략 다를 뿐입니다. 송나라 초에 천하를 열두 개의 도로 나누었기 때문에 악사(樂史)의 『태평환우기』[太平寰宇志]가 그것에 의거했습니다. 나중에 또 천하를 스물세 개의 노(路)로 나누었기 때문에 왕존(王存)의 『원풍구역지』(元豊九域志)가 그것에 의거했습니다. 원나라는 열세 개의 행성(行省)으로 나누었습니다. 명나라는 두 개의 서울과 열세 개의 포정사사(布政使司)로 나누었습니다. 청나라[本朝]는 열아홉 개 포정사사로 늘렸고, 비록 세속에서는 여전히 원나라 때 행성이라는 예전 호칭을 잇고 있지만 사실은 명나라 포정사의 기존의 범례와 같습니다. 하물며 지지는 구주의 땅을 기록하는 것입니다. 구주의 땅을 기록하면 모든 지방마다 각각 땅을 지키는 벼슬아치를 드러내서 거느리기 충분합니다. 총독과 순무[督撫]는 명나라 성화 연간 이후부터 비록 이미 정해진 인원이 있지만 그 이름은 황제가 내리는 명령이고 그들이 쥐고 있는 것은 관방(關防)이라서 본디 땅을 지키는 벼슬아치라고 그들을 이름 지을 수 없습니다. 설

롭게 칭찬하고 널리 인용한 뒤, 부를 나누는 일에 대한 내 주장을 통렬하게 논박했다. 하지만 나는 끝내 그가 옳다고 말할 수 없다. 또한 그가 변별한 것은 내가 지난번에 벌써 대부분 분석했기 때문에 다시 뭐라고 말할 만한 것도 없다. 홍량길은 내 본뜻을 그다지 생각하지 않은 듯하다. 이제 내 주장을 듬성듬성 구별한 것을 근거로 아들들과 아우들에게 남

령 한나라 때 자사가 군수(郡守)를 거느렸지만 반고의 『한서』 「지리지」는 군의 이름을 크게 쓴 다음에 아무개 주에 속한다고 주를 달았지, 주의 이름을 군의 이름 앞에 앞세우지 않았습니다. 당나라 때는 절도사와 관찰사가 여러 주를 관할했지만 『개원십도술』, 『원화군현도지』, 『신당서』와 『구당서』의 「지리지」는 모두 열 개의 도로 거느리게 하고 모든 절도사와 모든 관찰사가 관할하는 것을 기준으로 삼지 않았습니다. 송나라 때도 역시 절도, 방어(防禦), 단련(團練) 등이 여러 주를 관할하게 했지만 스물세 개의 노는 오로지 전운사가 거느린 것에 따라 정했습니다. 전운사라는 관직은 현재의 포정사사와 다르지 않습니다. 또한 청나라의 『황여표』(皇輿表)와 『대청일통지』는 모두 각각 아무개 포정사라고 썼지 총독과 순무를 쓰지 않았습니다. 이것은 또한 부, 청, 주, 현을 기록하는 사람이 본받아야만 하는 것일 뿐입니다. 그것을 고대에 비교해보면 반고, 가탐, 이길보, 왕존, 악사가 저와 같습니다. 그것을 현대에 증명해보면 『황여표』나 『대청일통지』도 이와 같습니다. 어찌 꼭 새로운 범례를 따로 뒤집어서 예전 법도를 어지럽혀야 합니까? 또한 현재의 제도는 총독이 두 명의 순무를 관할하기도 하고 세 명의 순무를 관할하기도 하며, 또한 총독은 있지만 순무는 없는 경우도 있고 순무는 있지만 총독은 없는 경우도 있습니다. 그대가 말한 대로 장차 총독을 써야할까요? 순무를 써야할까요? 장차 하나하나를 나눠서 풀어야 할까요? 순무는 또한 하나의 포정사를 관할하기도 하고 두 개의 포정사를 관할하기도 합니다. 그대가 말한 대로 장차 순무를 쓰고 다시 포정사를 써야할까요? 아니면 순무를 쓰는 것으로 그쳐야 할까요? 만약 하나하나 쓴다면 글의 제목을 다는 일이 번거로움을 견디지 못할 것입니다. 만약 총독을 쓰기도 하고 순무를 쓰기도 한다면 이름을 부르는 일이 또한 한결같지 않을 것이고, 그렇다면 각 포정사사를 어떻게 써야만 되겠습니까! 설령 모든 부마다 연혁 다음에 반드시 첫머리에 총독, 순무 및 포정사와 안찰사[兩司]가 어떤 지방을 지키면서 머무는[守道駐箚] 곳을 기록한다면, 이것은 다름 아니라 반고가 모든 군 다음마다 아무개 주에 속한다고 주를 단 범례이고 『신당서』와 『구당서』 「지리지」가 모든 도 다음마다 채방사(采訪使)가 아무개 주를 다스린다고 썼던 범례입니다. 또한 오늘날 향시에 응시하는 사람은 모두 아무개 포정사사의 향시에 응시한다고 하지 순무까지 올라가 언급하지도 않고 역시 겸하여 관할하는 총독까지 올라가서 언급하지도 않습니다. 어떤 지방의 벼슬아치가 포정사에 이르면 거느리지 않는 것이 없다는 것을 역시 알 수 있으니 총독과 순무는 말할 필요도 없습니다. 저는 올바르게 고치는 것을 꺼리는 것이 아니라 구체적 실제가 이와 같아야만 한다는 것일 뿐입니다. 감히 거듭해서 그것을 주변에 질문합니다."

겨 보여주고 내가 볼 때는 이렇다고 밝히고자 한다. 그러나 내 주장이 꼭 옳다고는 감히 말하는 것은 아니다.[6]

통부의 제도에는 봉건제 시대의 방백(方伯)이 있었고 군현제 시대인 한나라 때부터 열세 개의 부(部)와 주로 나누었다.[7] 육조시대의 주와 군은 제도가 번갈아 바뀌었다. 통부의 벼슬아치는 도독(都督)이니 총관(總管)처럼 관직 이름도 여럿이었고 부를 세우는 일도 일정하지 않았다. 그래서 당나라 때 사람들이 오대(五代) 때의 지지(地志)를 만들 때(바로 『수서』 「지리지」이다) 통부의 설을 이해하지 못하고 『상서』 「우공」의 구주를 기준으로 군현을 구분하게 되는 바람에 이런 폐단이 생겼다.[8] 당나라 때 사람들은 도(道)를 나눴고[9] 송나라 때 사람들은 노(路)를 나눴다.[10] 비록 관직 제도

---

6 나는 이렇게 생각한다. 이 단락은 글의 서문이다.

7 방백(方伯)은 앞 편의 주23을 보라. 『한서』 「지리지」는 이러하다. "무제는 북쪽의 이민족과 남쪽의 이민족[胡越]을 물리치고 땅을 열어 영토를 넓혔는데 남쪽에 교지(交趾)를 두고 북쪽에 삭방주[朔方之州]를 두었으며 서주, 양주[梁], 유주, 병주를 아울렀다. 하나라와 주나라의 제도에서 옹주를 양주[涼]로 고치고 양주[梁]를 익주로 고쳤는데 모두 열세 개의 부이고 자사를 두었다." 나는 이렇게 생각한다. 「우공」의 구주는 주나라 때 서주를 생략해서 청주에 넣었고 양주를 생략해서 옹주에 넣었지만, 기주의 땅은 유주와 병주로 나누었다. 한나라는 하나라와 주나라의 제도를 겸하여 옹주를 삭방으로 나누었고 옹주를 고쳐서 양주라고 하고 양주를 고쳐서 익주로 하였으며 게다가 교주를 두어 열세 개의 부가 되었다. 주에는 자사를 두었는데 기주, 유주, 병주, 연주, 청주, 서주, 양주[揚], 형주[荊], 예주[豫], 양주[涼], 익주, 교주[交], 삭방주가 이것이다.

8 『통전』 「직관」은 이러하다. "송나라 때는 총독제주제군사(總督諸州諸軍事)가 있었다. 후위 때는 경기대도독(京畿大都督)을 두었다. 후주는 도독제군사(都督諸軍事)를 총관(總管)으로 고쳤다. 수나라 문제는 병주, 익주, 형주, 양주에 대총관(大總管)을 두었다. 그 나머지 총관부(總管府)를 여러 주에 두고 상중하 세 등급으로 나열했다." 오대 때의 지지[五代地志]는 다름 아니라 『수서』 「지리지」이다. 나는 이렇게 생각한다. 『수서』 「지리지」는 수나라 때의 지리를 기록하고 있는데, 양제가 주를 군으로 고쳤고 군이 백구십 개, 현이 천이백쉰다섯 개나 된다. 이것에 의거해서 「지리지」를 엮었으니 수나라 때의 「지리지」이지 "오대 때의 지지"가 아니다. 장학성의 이야기는 옳지 않다. 『수서』 「지리지」가 백아흔 개 군을 기록할 때, 일부를 약간 나누지 않을 수 없었다. 그래서 경조군(京兆郡)부터 하원군(河源郡)까지 스물일곱 개 군처럼 먼저 군을 열거하고 옹주에 귀속시킨 것은 다름 아니라 "「우공」의 구주로 군과 현을 나누어 쓴" 것처럼 어쩔 수 없는 일이었다. 장학성이 "폐단"이라고 생각한 것은 확실하지 않은 듯하다.

[官制]와 거느려 다스리는 지역이 일정하지 않지만 도와 노의 이름을 고치지 않았기 때문에 지지를 편찬하는 사람은 도와 노만 제시하면 부를 어떻게 나눴는지 알았다. 원나라 제도도 노를 나눴다. 여러 노는 모두 행성 평장(行省平章)이 주관했기 때문에 행성이라고도 불렀다.[11] 명나라는 행성을 열세 개의 포정사사로 고쳤고[12] 각 구역을 지키는 벼슬아치를 포

---

9 『신당서』「지리지」는 이러하다. "당나라 태종 원년에 비로소 산천의 형편에 의거하여 천하를 열 개의 도로 나누었다. 첫째 관내(關內), 둘째 하남, 셋째 하동, 넷째 하북, 다섯째 산남(山南), 여섯째 농우, 일곱째 회남, 여덟째 강남, 아홉째 검남, 열째 영남이다. 예종 경원 2년 천하의 군과 현을 나누어 스물네 개 도독부(都督府)를 두어 그것을 거느렸다. 현종 개원 21년 또한 열 개의 도에 의거하여 산남과 강남을 동도와 서도로 나누고 검중도(黔中道) 및 경기(京畿)와 도기(都畿)를 보태서 설치했다. 열다섯 명의 채방사(採訪使)와 검찰(檢察)을 두었다. 모든 군과 부는 삼백스물여덟 개이고 현은 천오백일흔세 개이다.(딸려 있는 주와 군은 숫자에 넣지 않았다)"

10 『송사』「지리지」는 이러하다. "(태종) 지도 3년 천하를 열다섯 노로 나눴고, 인종 천성 연간에 열여덟로 쪼갰으며, 신종 원풍 연간에 또 스물셋으로 쪼갰다. 경동동로와 경동서로[京東東西], 경서남로와 경서북로[京西南北], 하북동로와 하북서로[河北東西], 영흥로[永興], 진봉로[秦鳳], 하동로[河東], 회남동로와 회남서로[淮南東西], 양절로[兩浙], 강남동로와 강남서로[江南東西], 형호남로와 형호북로[荊湖南北], 성도로[成都], 재로와 이로와 기로[梓利夔], 복건로[福建], 광남동로와 광남서로[廣南東西]이다. 동남쪽으로는 바다에 맞닿았고 서쪽으로는 파북(巴僰)까지 이르렀으며 북쪽으로는 세 개의 관문[三關]까지 이르렀다. 동서의 길이가 육천사백팔십오 리, 남북의 길이가 만천육백이십 리이다."

11 『원사』「지리지」는 이러하다. "지원 27년 중서성 하나를 세웠다.(산동의 서쪽과 하북을 거느린 땅을 복리(腹裏)라고 한다) 행중서성은 열한 개다. 영북(嶺北), 요양(遼陽), 하남, 섬서, 사천, 감숙, 운남, 강절(江浙), 강서, 호광, 정동(征東)이며 진번(鎭藩)을 나누어 복속시켰다. 노는 백여든다섯 개, 부는 서른세 개, 주는 삼백쉰아홉 개, 군(軍)은 네 개, 안무사(安撫司)는 열다섯 개, 현은 천백스물일곱 개이다."

12 『명사』「지리지」는 이러하다. "홍무 연간 초에 서울을 장강 유역에 세우고 경기(京畿)나 응천부 같은 여러 부와 직예의 서울[京師]을 가지고 묶은 원나라 중서성을 없앴다. 나중에 행중서성을 남김없이 혁파하고 열세 개 포정사사를 두어 천하의 부, 주, 현 및 딸려 있는 여러 관청을 나누어 거느렸다. 성조는 북경에 서울을 정한 뒤 북평(北平)을 직예로 하고, 또한 귀주와 교지(交趾)에 포정사사 둘을 보태어 설치했다. 인종과 선종 무렵 남교(南交)가 여러 차례 반란을 일으키자 바로 다시 그것을 국외의 변방으로 버렸다. 명나라가 끝날 때 직예는 경사(京師), 남경 둘이다. 포정사사인 것이 열세 개인데 산동, 산서, 하남, 섬서, 사천, 호광, 절강, 강서, 복건, 광동, 광서, 운남, 귀주이다. 포정사사가 나누어 거느린 부가 백마흔 개, 주가 백아흔세 개, 현이 천백서른여덟 개이다. 딸린 부가 열아홉 개, 주가 마흔일곱 개, 현이 여섯 개인

정사사 포정사라고 불렀다. 포정사사는 분부(分部)의 이름이지만 포정사는 통부의 벼슬아치이므로 뒤섞으면 안 된다. 포정사사는 네 글자를 빠짐없이 말하지만 행성은 성(省)이라고 줄여 부를 수도 있다. 간편한 것을 좇기 좋아하는 것이 인지상정이기 때문에 제도를 고쳤다 하더라도 당시 유행대로 포정사사를 성이라고 부르고 만다. 오랫동안 이어져 이미 관습이 되었고 상주문과 공문서에 자주 나타난 일이 점차 쌓인 것이 하루 이틀이 아니다. 청나라의 포정사사는 명나라의 옛 제도를 그대로 따라서 관습이 되었기 때문에 성이라 부르는 것도 역시 명나라의 옛 제도를 그대로 따른다. 이것은 한나라 제도에서 아들들이나 아우들에게 나라를 봉하고 작위를 나눠줘 임금을 만들고 황제가 내린 명령서와 포고문, 신하의 상주문에서 제후왕(諸侯王)이라고 부르는 것과 같다. 전국시대 제후가 아닌데도 당시 역시 고대를 따랐기 때문에 이름을 이은 것이다. 다만 청나라 초기의 제도가 명나라의 옛 제도와 완전히 같을 뿐이었기 때문에 정식 이름은 포정사사여야만 한다. 백여 년 동안 시대에 따라 적당함을 제정했고 명칭도 비록 명나라의 옛 이름을 이었지만 체제(體制)는 명나라와 점차 달라졌다.[13]

지금 홍량길의 책에는 '건륭'이라는 이름에 넣었으므로 이름을 따라서 내용을 따져보면 반드시 부원이라고 불러야만 하며 포정사사라고 불러서는 안 된다.[14] 청나라 초기의 제도에서 순무는 도맡은 땅이 없지만[15]

데, 이(里)로 조직한 것이 육만구천오백마흔여섯 개이다. 명나라 초기 통치권이 미치는 영역[封略]을 헤아려보면 동쪽으로 조선(朝鮮)에서 시작하여 서쪽으로 토번(土番)을 의지하고 남쪽으로 안남(安南)을 싸안고 북쪽으로 사막[大磧]을 두고 있다. 동서로 만천칠백오십 리이고 남북으로 만구백사 리이다."

13 나는 이렇게 생각한다. 『명사』 「직관지」는 이러하다. "승선포정사사(承宣布政使司), 좌포정사와 우포정사[左右布政使]가 각각 한 명인데 종이품(從二品)이며 한 성의 정사를 관장한다. 조정에 덕택과 금지령이 있으면 흐름을 이어서 널리 전파하여[承流宣播] 책임자에게 내린다." 『대청회전』 권4 「이부」는 이러하다. "총독과 순무는 포정사에 자기가 다스리는 일을 나누고 포정사는 부에 자기가 다스리는 일을 나누며 부는 청, 주, 현에 자기가 다스리는 일을 나누고 자기의 이부, 호부, 예부, 병부, 형부, 공부의 일을 다스린다." 이것은 명나라와 청나라의 체제가 다른 이유이다.

과거 명나라의 북경과 남경[兩京]에는 포정사사가 없었지만 순천부와 응천부 사이에 순무를 간혹 설치했다. 순천부 이외에도 정정(正定) 순무가 있었고 응천부 이외에도 봉양(鳳陽) 순무가 있었다.[16] 여러 순무는 오늘날처럼 부 전체를 거느려서 다스리거나 자기가 도맡은 땅도 없었다. 이것이 부원이라고 불러야만 하는 첫 번째 이유이다. 청나라 초기의 제도에서 순무는 전문적인 관직이 없었으며 강희 연간 이전 순무는 이품(二品), 삼품(三品), 사품(四品)으로 달랐다. 순무가 시랑을 겸하면 이품, 부도어사(副都御史)를 겸하면 삼품, 첨도어사(僉都御史)를 겸하면 사품이다. 오늘날은 모두 병부 시랑이나 우부도어사를 겸한다.[17] 이렇게 제도를 정비해야 흠차(欽差)처럼 품계를 정하지 않는 범례가 다시 나타나지 않는다. 이것이 부원이라고 불러야만 하는 두 번째 이유이다. 학정[學差]이 부원에게 문서를 보내고 중앙 정부의 관직[京職]이 있지만 중앙 정부의 관직을 버리면 학정이라는 관직이 없어진다. 오늘날 순무가 새로 제수되면 이부는 반드시 병부나 도찰원의 직함을 겸해야 할지 말아야 할지 청한다. 비록

14 나는 이렇게 생각한다. 이 구절은 가업당본 『장씨유서』에 "반드시 순무를 위주로 하여 부원이라고 불러야지 거듭 포정사사라고 불러서는 안 된다"라고 했다.

15 『속문헌통고』「직관」은 이러하다. "순무라는 이름은 홍무 연간에 시작되었다. 황태자를 보내 섬서를 순무하게 했다. 영락 19년 벼슬아치를 보내 천하를 돌아다니며 살폈다. 아마 큰 재난이나 중대한 일이 있으면 보내 돌아다니며 보살피게 했기 때문에 순무라고 부른다. 일이 끝나면 그쳤는데 정해진 인원은 없다. 선덕(宣德) 연간에 관중, 강남 등의 지역이 크고 중요해서 벼슬아치를 번갈아가며 임명했는데 순무는 이로부터 두루 두게 되었다."

16 명나라 북경과 남경에는 포정사사가 없었다. 위의 주12를 보라. 『명사』「직관」 2는 이러하다. "성화 8년 기보(畿輔)는 땅이 넓고 거용관(居庸關)부터 중간이 나뉘므로 순무 둘을 두고, 동쪽은 순천부와 영평부[永平] 두 곳을 순무하며 준화(遵化)에 주둔한다. 서쪽은 보정부[保定], 진정부[眞定], 하간부[河間], 순덕부[順德], 대명부[大名], 광평부[廣平] 여섯 곳을 순무하며 진정부에 주둔한다." 또한 "총리양저제독군무(總理糧儲提督軍務)는 응천부 등의 순무를 겸하며 한 명이다. 총독조운(總督漕運) 겸 제독군무(提督軍務)는 봉양 등지의 순무와 관하도(管河道)를 겸하며 한 명이다."

17 『청통전』「직관」은 이러하다. "모든 순무는 일률적으로 도찰원 우부도어사의 직함을 겸한다. 병부 시랑의 직함을 겸해야 하는지 말아야 하는지는 이부가 요청하는 뜻에 근거하여 황제가 결정한다."

고사를 계속 잇고 있지만 직함을 겸하지 않는 사람이 있었던 적은 없다. 다만 겸하게 하자고 청하거나 겸하지 않게 하자고 청하는 것을 보면 직함을 겸하지 않을 수 있는 이치도 있다. 『대청회전』이나 『품급고』(品級考) 같은 여러 책을 살펴보면[18] 순무를 종이품(從二品)에 열거하면서 "시랑 직함 정이품을 더한다"라고 주를 달았다. 그렇다면 순무가 설령 중앙 정부의 직함[京銜]을 겸하지 않더라도 이미 정해진 품계가 있는 것이니 꼭 송나라 때의 경조관이 지주군(知州軍)이나 지현사(知縣事)가 되는 것과 같다.[19] 비록 중앙 정부의 직함이 있더라도 주와 현의 벼슬아치가 직방이

18 『사고간명목록』 "정서류"는 이러하다. "『흠정대청회전』 백 권은 건륭 26년 황제의 명령을 받들어 지었다. 강희 33년 처음 편찬하고 옹정 5년 다시 편찬했으며 이때 와서 비교하여 정하기를 세 번 거치고 사실을 뒤좇아 상세하게 했으며 모든 일체의 큰 법도와 큰 법률은 전하여 싣지 않은 것이 없고 큰 줄거리와 자세한 조목이 조리 정연하다." 진방산[陳氏房山]의 『산방총서』(山房叢書)에는 강희 9년 제목을 정한 『품급고』 한 권이 있다.

19 『송사』 「직관지」는 이러하다. "송나라 초기 오대 때의 낡은 근심을 없애고 여러 진의 절도사를 서울에 불러 저택을 하사하고 머무르게 했다. 경조관(京朝官)이 모든 군에 나가서 지키라고 나누어 명령하고 권지군주사(權知軍州事)라고 불렀다. 군은 병사[兵]를 말하고 주는 민정을 말한다. 그 뒤에 문관과 무관이 지군주 지군(知軍州知軍)으로 참여하고 이품 이상 및 중서추밀원(中書樞密院) 선휘사직사(宣徽使職事)는 판모군주군감(判某府州軍監)이라고 불렀다. 여러 부에는 지부사(知府事) 한 명을 두고 군감(軍監)도 역시 이와 같았다. 군의 정사를 도맡아 관리하는 일이나 조령과 교령[條敎]을 널리 펼치는 일, 백성들을 이끌어 착하게 만들거나 간특하고 사특한 백성을 바로잡는 일, 한 해 동안 제때 농사일과 길쌈을 하도록 권하고 가르치거나 효성스럽고 우애로운 사람을 구별하여 밝히는 일, 부역, 전곡, 옥송의 사무나 민정과 병정[民兵之政]을 모두 도맡아서 관장했다." 또한 "현령은 만약 경조관의 막부 벼슬아치라면 지현사(知縣事)가 된다. 수병(戍兵)이 있으면 병마도감(兵馬都監) 또는 감압(監押)을 겸한다." 『일지록』 권9는 이러하다. "송나라 초에는 자사가 있었지만 지주를 따로 두어서 그 권한을 대리하도록 했다. 나중에 자사를 없애고 오로지 지주만 기용했는데 임시 대리였던 이름이 변치 않는 직책이 되었다." 또한 "『송사』는 송나라 초에 조정 안팎으로 제수한 벼슬아치가 본래 직책이 아닌 경우가 많았는데 오로지 임무를 맡겨서 보내는 것을 자격과 경력으로 삼는다고 말한다. 건륭 4년 황제가 경조관의 선비를 선발하여 번화한 고을을 나누어 다스리라고 명령하자, 대리정(大理正) 해서(奚嶼)가 관도(館陶)를 맡고 감찰어사 왕우(王祐)가 위(魏)를 맡고 양응몽(楊應夢)이 영제(永濟)를 맡고 둔전 원외랑 우계휘(于繼徽)가 임청(臨淸)을 맡으니 상참관(常參官)이 현을 다스리는 일이 여기서 시작되었다."

아니라고 말할 수 없다. 이것이 부원이라고 불러야만 하는 세 번째 이유이다. 나라의 큰일은 제사와 전쟁이다.[20] 오늘날 군사 업무[戎政]는 총독이 도맡고 순무도 역시 표병(標兵)이 있으니[21] 본디 논할 것이 없다. 제단과 사당[壇廟]의 제사는 과거 포정사가 주관했지만 오늘날은 순무가 주관한다.[22] 그렇다면 이것이 부원이라고 불러야만 하는 네 번째 이유이다. 빈홍의 큰 법도는 과거에 포정사의 인장을 방(榜)에 찍었지만 오늘날은 순무의 관방인[關防]을 쓴다.[23] 이것이 부원이라고 불러야만 하는 다섯 번째 이유이다. 청나라 초기 제도에서 포정사사는 좌사와 우사가 있어서 각각 이부, 호부, 예부, 공부의 일을 나누어 처리하게 하고 도사(都司)가 군사를 관장하게 하며 안찰사가 형벌을 맡게 했다. 그래서 포정좌사와

---

20 『춘추좌전』「문공 13년」의 글을 보라.

21 『속문헌통고』「직관」은 이러하다. "총독이라는 이름은 명나라 영종 정통 4년 왕기(王驥)가 녹천(麓川)을 정벌할 때 시작되었다. 나중에 군대를 근거로 일으켜 지역에 따라 증설했다." 『청통전』「직관」 11은 이러하다. "총독은 군대와 백성을 도맡아 다스리는 일, 문관과 무관을 모두 거느려서 관할하는 일, 벼슬아치와 구실아치를 헤아려 밝히는 일, 봉강(封疆)을 가다듬고 다스리는 일을 관장한다." 또한 「직관」 16은 이러하다. "제독은 중앙 정부의 군대[官兵]을 모두 거느려서 관할하는 일 및 영신(營汛)을 나누어 방어하는 일, 각 진들을 알맞게 조절하여 제어하는 일, 군대의 실정[軍實]을 검열하는 일, 군사 시설과 장비를 보수하는 일, 자신이 거느리고 있는 부하들의 업무 실적을 중앙에 보고하도록[殿最] 부과하는 일을 관장하고 총독에게 명령을 받는다." 그러나 산동, 산서, 하남, 강서는 모두 순무가 겸한다. 청나라 육군의 제도는 세 개의 영(營)이 하나의 표(標)가 된다. 순무가 거느리는 것이 무표(撫標)이다.

22 『대청회전』「예부」 "사전"(祀典) 주는 이러하다. "사직단(社稷壇) 제사를 주관하는 벼슬아치는 성성(省城)이라면 순무가 맡는다. 각 성, 주, 현은 선사공자묘(先師孔子廟)를 세우고 봄가을의 가운데 달 처음 돌아오는 정일[上丁日]에 석전을 지내는데, 성성에서는 순무가 정헌(正獻)이 된다."

23 빈홍은 「주현청립지과의」의 주25를 보라. 명나라 심덕부(沈德符) 『야획편』(野獲編)에 있는 본조인기(本朝印記)는 황제들의 조정[祖宗朝]을 위한 모든 일에 방장[方印]을 베푼다고 한다. 나중에 일 때문에 보태서 베풀게 되면 관방(關防)을 하사했다. 유진(劉辰) 『국초사략』(國初事略)에 따르면, 태조는 육부의 신하 및 포정사가 빈 종이에 미리 인장을 찍어두고 간악한 짓을 하기 때문에 일이 벌어졌고, 관청에서 보내어 조회할[行移] 때의 관방을 반쪽짜리 인장[半印]으로 감합(勘合)하도록 논의했다. 그래서 관방이 명나라 초에 시작되었고 본래 반쪽짜리 인장이었기 때문에 직사각형[長方形]은 나중에 감합하지 않았어도 여전히 이어서 직사각형으로 만들었다는 것을 알겠다.

포정우사는 조정의 육부와 대등하며 안찰사는 조정의 도찰원과 나란하다. 오늘날 포정사 둘을 가다듬어 포정사 하나로 돌렸지만 역전(驛傳)의 책임은 안찰사와 나누고 도사를 가다듬어 병권을 총독과 순무에게 귀속시켰기 때문에 직무가 전과 다르다.[24] 그러므로 위로 임금이 명령을 내리고 아래로 신하의 상주문과 공문서까지 모두 총독과 순무를 가리켜 봉강이라고 하지 사신[軺使]이라고 하지 않는다.[25] 포정사[布政之司]가 전곡(錢穀)을 모두 모은다느니 안찰사[按察之司]가 형명(刑名)을 모두 모은다고 하지[26] 포정사를 봉강이라 여기지 않는다. 이것은 다시 시대에 의거하여 제도를 세운 것이다. 이것이 반드시 부원이라고 불러야만 하는 여섯 번째 이유이다. 총독과 순무는 비록 함께 봉강이라고 하지만 총독의 관직 직함은 부당(部堂)이라 부른다.[27] 아마 병부의 책임자이고 비록 우도

---

24 『청통전』「직관」 12는 이러하다. "청나라 초기에 모든 성마다 승선포정사사(承宣佈政使司)를 두고 좌사와 우사[左右使]를 각각 한 명씩 두었다. 순치 18년 강남포정사사를 강소포정사사와 안휘포정사사 두 명으로 나누고 강희 6년 원래 관직 이외에 더한 직함[繫銜]인 좌우를 없애고 모든 성마다 포정사 한 명만 두는 것에 그쳤다." 또한 "안찰사는 성 전체의 형명과 탄핵[按劾], 풍속을 떨쳐 일으키는 일, 구실아치의 다스림을 맑게 하는 일을 관장한다. 큰일은 번사(藩司)와 모여서 논의하고 부원의 의견을 듣는다. 성의 역전(驛傳)을 다스리고 맞춰본다. 삼년마다 있는 대비(大比)에는 감시관(監試官)이 되고 대계에는 고찰관(考察官)이 되며 추심(秋審)에는 주고관(主稿官)이 되기 때문에 포정사와 함께 양사(兩司)라고 부른다." 『명사』「직관」 5는 이러하다. "도사(都司)는 한 지방의 군정을 관장하고 각자 자신의 위소(衛所)를 거느리며 오부(五府)에 예속되지만 병부의 명령을 듣는다."나는 이렇게 생각한다. 명나라 초에 도지휘사사(都指揮使司)는 한 성의 군정을 관장하여 직책이 대단히 높았지만 그 뒤로 번갈아가며 낮아져서 청나라 때 이르러 도사는 겨우 사품의 무관 관직[武職]이 되었는데 자리가 유격(游擊) 다음이었고 군대 통솔권[軍權]은 총독과 순무에게 돌아갔다.

25 명나라와 청나라 이래로 독무를 봉강이라고 불렀는데, 봉강에 있는 장수의 직책이라는 말이다. 『사기』「계포전」(季布傳)은 이러하다. "주가(朱家)는 그래서 가벼운 수레를 타고 낙양으로 갔다." 『사기색은』은 이러하다. "나는 이렇게 생각한다. 가벼운 수레를 말하는데 말 한 마리가 끄는 수레이다."

26 『사기』「진승상세가」는 이러하다. "천하의 한 해 동안 전곡 수입과 지출은 얼마냐고 물었다." 전곡은 부세를 가리켜서 말한다. 『사기』「한비전」은 이러하다. "한비는 형명과 법술의 학문을 좋아했다." 예전에 관청에서 형사 사건[刑事判牘]을 위주로 하는 사람을 형명이라 했다.

어사(右都御史)를 겸하지만 여전히 군사 업무를 위주로 하기 때문일 것이다. 순무의 관직 직함은 부원이라 부른다. 도찰원의 책임자이고 비록 병부 시랑을 겸하지만 아마 여전히 구실아치를 감찰하는 일을 위주로 하기 때문일 것이다. 그러므로 오늘날의 제도에서 제이 수도[陪京] 이외에 총독에게 속하지 않는 부, 주, 현은 있어도 순무에게 속하지 않는 부, 주, 현은 절대 없다. 예를 들어 하남, 산동, 산서에는 순무는 있지만 총독은 없으니 순무가 반드시 총독의 직함을 겸하는 것은 아니다. 직예, 사천, 감숙에는 총독은 있지만 순무는 없으니 총독이 반드시 순무의 직함을 겸하는 것은 아니다.[28] 총독과 순무의 직권은 서로 동등한데 왜 총독이 있고 순무가 없는 경우에 총독이 반드시 순무의 직함을 겸해야만 하는가? 바로 순무라는 부원으로서 직방 제도를 획일적으로 만들었기 때문이지 동시에 직함을 많이 겸하기 때문은 아니다. 이것은 다시 현재에 살고 있으면 현재의 체제를 이해해야 마땅하다. 이것이 반드시 부원이라고 불러야만 하는 일곱 번째 이유이다. 오늘날 천하에는 포정사사가 열아홉 개 있지만[29] 『대청회전칙례』[則例]와 육부의 공문서는 이부의 대계,[30] 호

---

27 청나라 때는 각 부의 상서시랑을 부당(部堂)이라고 불렀는데, 그것에 대당(大堂), 좌당과 우당[左右堂]의 명목이 있었기 때문이다. 각 성 총독은 상서 직함을 더하기 때문에 역시 부당이라고 부른다.

28 『대청회전』 권4 「이부」는 이러하다. "총독 여덟 명은 직예, 양강, 민절(閩浙), 호광, 섬숙(陝甗), 사천, 양광, 운귀 각 한 명씩이다. 순무 열다섯 명은 산동성, 산서성, 하남성, 강소성, 안휘성, 강서성, 절강성, 호북성, 호남성, 섬서성, 신강성[新疆], 광동성, 광서성, 운남성, 귀주성 각 한 명씩이다. 총독을 겸한 사람은 직예성, 감숙성, 복건성, 사천성 네 사람이다."

29 『청통전』 「직관」 12는 이러하다. "승선포정사사 포정사는 직예, 산동, 산서, 하남, 산서, 하남, 강녕, 소주, 안휘, 강서, 복건, 절강, 호북, 호남, 섬서, 감숙, 사천, 광동, 광서, 운남, 귀주에 각각 한 명씩이다." 또한 "건륭 25년 강소포정사를 나누어 강녕포정사[江寧]와 소주포정사[蘇州] 각 한 명씩으로 만들었다."

30 『대청회전』 권11 「이부」는 이러하다. "구실아치를 비교하는 모든 법도는 경조관을 비교하는 것을 경찰(京察)이라 하고, 지방 정부의 관직을 비교하는 것을 대계라고 한다. 경찰에는 열제(列題)가 있고 인견(引見)이 있으며 회핵(會覈)이 있다. 대계에는 고제(考題)가 있고 회복(會覆)이 있는데, 삼년마다 명령대로 시행한다."

부의 주소(奏銷),[31] 예부의 회시,[32] 형부의 추감(秋勘)[33]처럼 모두 열여덟 개의 직성(直省)이 있다고 알고 있을 뿐, 열아홉 개 포정사사가 있다는 것을 모른다. 아마 순무는 열여덟 명의 부원만 있다는 것을 알기 때문일 것이다.(순무는 사실 열다섯 자리에 그치고 총독이 겸하여 순무가 없는 것이 세 자리이다) 그러므로 강소의 부원은 계속 이어져서 강소성이라고 부른 지 오래되었다. 소송 포정사사(蘇松布政使司)와 강회 포정사사(江淮布政使司)는 여덟 개 부와 세 개 주를 나누어 다스리는데[34] 공문서든 개인 문서든 글에서 소송직성(蘇松直省)과 강회직성(江淮直省)으로 나눴다는 소리는 듣지 못했다. 이것은 특히 부를 나누는 제도에서 오늘날 포정사사라고 부르면 절대로 안 되고 꼭 부원이라고 불러야만 하는 여덟 번째 이유이다. 순무의 인장에서 관방인을 쓰는 것이 포정사사의 정식 인장을 쓰는 것만 못하고[35] 지방의 올바른 주인이 아니라는 홍량길의 말은 일 곱하기 십이 십이라는 것은 알면서 이 곱하기 오도 십이라는 것은 잊어버린 것이라고 말할

31 『대청회전』 권18 「호부」는 이러하다. "천하의 부역을 고르게 하여 봄의 가운데 달에 징수를 시작하고 겨울의 가운데 달에 징수를 마친다. 징수 장부[徵存]는 해당 관청의 사고(司庫)에게 낸 뒤 각 부에 보고하고 해를 넘기면 주소(奏銷)하도록 한다."

32 『대청회전』 권33 「예부」는 이러하다. "모든 향시 합격자를 거인이라고 하며 성마다 각각 정원을 정한다. 회시 합격자를 공사(貢士)라고 한다. 회시는 향시 이듬해 3월에 명령대로 시행한다."

33 『대청회전』 권53 「형부」는 이러하다. "형을 받아서 죽음에 이른 모든 사람은 세 명의 법사(法司)가 모여서 판결을 결정하고[定讞] 가을에 열리는 추심에서 중앙 정부가 심사한다. 구경첨사과도(九卿詹事科道)는 각자 반(班)에 들어와서 천안문(天安門) 바깥에 모여서 논의한 뒤 황책(黃冊)을 위에 올리고 기한에 맞춰서 지워준다."

34 『황조여지략』(皇朝輿地略)은 이러하다. "강녕포정사사는 네 개의 부, 하나의 청, 두 개의 주를 거느리는데, 강녕부 북쪽이 양주부(揚州府), 회안부(淮安府), 해주(海州)이고 강녕부 서북쪽이 서주부(徐州府)이며 강녕부 동북쪽이 해문청(海門廳)과 통주(通州)이다. 소주포정사사는 네 개의 부와 하나의 주를 거느리는데, 소주부 동쪽이 송강부(松江府)와 태창주(太倉州)이고 소주부 서쪽이 상주부(常州府)와 진강부(鎭江府)이다."

35 『대청회전』 권34 「예부」 "주인"(鑄印)은 이러하다. "각 성의 총독 관방과 순무 관방은 모두 은 재질에 곧은 인꼭지[銀質直鈕]이고 길이가 세 치 두 푼, 너비가 두 치이다. 각 성의 승선포정사사 인장은 은 재질에 곧은 인꼭지이고 만주 글자와 한문[清漢文] 소전체이며 폭은 세 치 한 푼, 두께 여덟 푼이다."

수 있다. 홍량길 말대로라면 부, 청, 주, 현이라고 이름 짓는 것도 역시 맞지 않는다. 부, 주, 현에는 본디 자신의 인장이 있고 직예 동지(同知)이므로 청에는 관방인은 있어도 인장은 없다.[36] 동지는 지부(知府)의 인장을 나누지만 관방인으로는 직방을 거느릴 수 있다. 순무의 도찰원 인장은 부를 나누지만 관방인으로는 직방을 거느릴 수 없다. 어찌 작은 일에는 밝으면서 큰일에는 어두운 것인가? 이것이 부원이라고 불러야만 하는 아홉 번째 이유이다. 홍량길은 또한 오늘날 제도의 총독과 순무는 한나라 때 승상 장사(長史)를 기용하여 주의 자사[刺州]로 내보낸 일과 같아야만 한다고 말한다.[37] 주가 비록 군을 거느리지만 『한서』「지리지」는 여전히 군국을 위주로 하고 자사를 그 사이에 열거하지 않는다. 이런 비유는 그다지 맞지 않는다. 오늘날의 제도에는 오로지 강소라는 하나의 부원에만 두 개의 포정사사가 있고 이밖에는 포정사사가 다스리는 곳이 바로 부원이 다스리는 곳이니 한나라 때 제도에서 하나의 주가 반드시 약간의 군을 거느리는 것에 비할 수 없다. 그러나 홍량길이 말하는 대로라면 감인[闞氏]의 『십삼주지』(十三州志)[38]는 본래 전문 서적이 있는데 어

36 『대청회전』 권34 「예부」 "주인"은 이러하다. "각 부의 인장은 만주 글자와 한문 수로체 전서[垂露篆]이며 폭이 두 치 다섯 푼, 두께 여섯 푼 사 리이고 구리 재질에 곧은 인꼭지[銅質直鈕]이다. 각 주의 인장은 만주 글자와 한문 수로체 전서이며 폭은 두 치 세 푼, 두께 다섯 푼이다. 각 현의 인장은 만주 글자와 한문 수로체 전서이며 폭은 두 치 한 푼, 두께 네 푼이다. 각 동지통판(同知通判)의 관방은 모두 만주 글자와 한문 수로체 전서이며 길이가 두 치 여덟 푼, 너비가 한 치 아홉 푼이다. 주동주판(州同州判)의 관방은 모두 만주 글자와 한문 수로체 전서이며 길이가 두 치 여섯 푼, 너비가 한 치 아홉 푼이다."

37 한나라 때의 상국, 승상 및 후한의 삼공부(三公府)에는 각각 장사가 있었다. 또한 한나라 무제가 처음으로 자사를 두고 황제의 명령을 받들어 주를 살피는 일을 관장했다. 성제는 목(牧)이라고 이름을 바꿨고 애제가 자사라는 이름을 회복시켰다.

38 『북사』「감인전」(闞駰傳)은 이러하다. "감인은 자가 현음(玄陰)이고 돈황 출신이다. 경전에 널리 통달하고 총명하고 재빠른 것이 보통 사람을 넘었는데 『십삼주지』(十三州志)를 지었다." 『수서』「경적지」 "지리류"는 이러하다. "『십삼주지』 열 권은 감인이 지었다." 나는 이렇게 생각한다. 책은 이미 없어졌고 청나라 장주(張澍)의 집본(輯本)이 있다.

찌 주의 자사를 직방에 적지 않았는가![39] 이것이 부원이라고 불러야만 하는 열 번째 이유이다.

제도를 고칠 때는 반드시 명백한 규정이 있어야만 한다. 과거의 명나라가 처음에 순무와 삼사사관(三使司官)을 보낼 때는 보조적인 것과 주요한 것의 관계였을 뿐이다.[40] 순무는 조금 높은 사람인데 임금의 신하를 제후의 위에 놓는 범례와 같을 뿐이다. 나중에 어사대 사신의 권력[臺權]이 점차 중요해지자 삼사(三司)가 어사대의 뜻을 시키는 대로 받들어 시행하게 되었다. 그러나 제도는 아직 고치지 않아서 모든 계전(計典)과 주소, 빈흥과 제사는 모두 포정사가 주인 노릇을 도맡았다.[41] 그러므로 통

---

39 가업당본 『장씨유서』에 따르면 이것 다음에는 "감인의 책은 이제 비록 남아 있지 않지만, 『수서』「경적지」에 수록되어 있고 장회태자의 『후한서주』와 『문선육신주』에 인용한 것이 많다. 홍량길은 박식하고 우아하다는 명성이 있는데 어찌 미처 보지 못했을까?"라는 말이 있다.

40 『명사』「직관」 2 "순무"의 주는 이러하다. "순무라는 이름은 의문태자(懿文太子)가 섬서를 순무한 것에서 시작되었다. 영락 19년 상서 건의(蹇義) 등 스물여섯 명을 보내서 천하를 돌아다니며 살피고 군대와 백성을 편안하게 어루만지게 했다. 이후 상서, 시랑, 도어사, 소경 등 관직에 얽매이지 않고 일이 끝나면 돌아와 보고하게 하고 즉시 보내는 일을 멈추는 경우도 있었다. 애초에 순무라고 이름 짓기도 했고 진수(鎭守)라고 이름 짓기도 했다. 나중에 진수, 시랑과 순무어사가 각각 부하를 거느리고 다른 사람에게 속하지 않게 되자 공문서도 통하지 않고 거추장스러워져서 도어사순무로 정했다. 군대 사무를 겸한 사람은 제독을 더하기도 하고 지방의 병사를 거느리면 찬리(贊理) 또는 참찬(參贊)을 더하기도 하며 관할하는 것이 많고 일이 중대한 사람은 총독을 더했다. 정돈하고 명령하는 일[整飭], 어루만져 다스리는 일[撫治], 돌아다니며 다스리는 일[巡治], 전체를 관리하는 일[總理] 등의 항목처럼 다른 일은 모두 일에 따라서 특별히 베풀었다. 상서시랑으로서 군무 총독인 사람은 모두 도어사를 겸하여 일을 시행하기 편리하였다." 나는 이렇게 생각한다. 명나라 태조가 모든 성에 포정사사를 두어 백성을 다스리고, 안찰사사를 두어 법을 집행했으며, 도지휘사를 두어 군대를 다스린 것은 마치 진나라 때 군마다 수(守), 감(監), 위(尉)를 둔 것과 같다.

41 『명사』「직관」 4는 이러하다. "포정사는 한 성의 정사를 관장하는데, 조정에서 덕택(德澤)이나 금지령[禁令]이 있으면 흐름을 이어서 널리 퍼트리고 이것을 책임자에게 내린다. 아래 딸린 모든 부하의 임기가 차면 청렴함이 관직에 걸맞은지 걸맞지 않은지 위아래로 비교해서 순무와 안찰사에게 보고해서 이부 도찰원에 도달하게 한다. 삼년마다 부, 주, 현의 으뜸이 되는 벼슬아치[正官]를 이끌고 서울에 조회를 하여 법전을 듣고 살핀다. 십 년마다 호적[戶版]을 모아서 백성 숫자와 농토 숫자를 등기한

부의 책임자가 되어 권력이 가볍기 때문에 호칭을 고칠 수 없었다. 우리 청나라는 백여 년 동안 직책 상 관장하는 업무와 제도를 점차 고치고 바꿨다. 오늘날에 이르러 포정사라는 관직과 안찰사(按察使)라는 관직은 전곡과 형명을 나누어 다스리지만 함께 부원에 속하는 벼슬아치이고 원나라 제도에서 행성의 참정(參政)과 참의(參議)와 대략 같다.[42] 모든 큰 정사와 큰 법도 가운데 포정사의 관직을 빼앗아 부원에 귀속시킨 것은 대대로 이어져 내려온 명백한 규정이 있고 이것은 조정과 민간이 함께 아는 것이다. 그러나 통부를 포정사사라고 불러야만 하는 것과 부원으로 고쳐 부르는 것에 도리어 명백한 규정이 없어진 것은 무엇 때문인가? 관청과 개인의 문서에서 모두 이어져 관습이 되었기 때문에 편할 대로 직성이라 부르면 부원만 새롭게 고친 이름이 없는 것이 아니라 포정사사도 역시 동시에 예전 이름이 이어지지 않는다. 율령과 전례(典例), 임금의 명령과 신하의 공문서에는 모두 직성이라는 호칭이 있다. 오로지 『대청일통지』만 여전히 예전의 범례를 이어 포정사사라고 부르고 우연히 아직 고쳐 바로잡지 않았다. 홍량길은 이미 '건륭'이라는 이름으로 「지」를 이름 짓고서도 어찌 건륭제의 예순 해 동안 일어난 일을 모를 수 있는가?[43]

어떤 사람이 이렇게 물었다. "『대청일통지』는 국가의 편찬 기구에서 만든 책이고 홍량길은 제도를 좇아 범례를 세웠으니 어찌 그르다고 할 수 있습니까?"

다. 빈흥은 성의 숫자를 바치고 합쳐서 적절히 조절한다. 종실, 벼슬아치와 구실아치, 스승과 학생, 군대의 병사는 때에 맞춰 녹봉과 늠량(廩糧)을 준다. 하늘 신과 땅 신에게 지내는 제사 전범[祀典]은 때에 맞춰 지내는 제사를 삼간다."

42 『원사』「백관지」는 이러하다. "행중서성은 모든 성마다 승상 한 명, 평장(平章) 두 명, 좌승과 우승[左右丞] 각 한 명, 참지정사 두 명이다." 참의(參議)는 상세하게 할 필요가 있다.

43 나는 이렇게 생각한다. 이 단락은 홍량길의 학설을 논박한다.

나는 이렇게 말했다. "『대청일통지』의 처음 범례가 정해진 뒤 계속 이어지는 바람에 미처 고치지 못했을 뿐이라네.(처음 범례는 본래 포정사사를 위주로 했어야만 한다) 제도가 포정사사를 고쳐서 부원이라고 한 것은 점차 고쳤기 때문이지 하루아침에 새로운 것을 시작하는 짓은 아니기 때문에 국가의 편찬 기구[館閣]가 고치는 지경에 이르지 못했지. 개인적인 저술에서 범례가 뜻에 근거하여 일어나는 것은 제도가 이렇기 때문이라네. 하물며 내가 논변하는 것은 홍량길 때문만도 아니지. 오늘날 고문사를 짓는 사람들은 통부라는 호칭에 대해서 역시 여러 성[諸省]이라고 하거나 아무개 성[某省]이라고 하네. 현재 시행하는 제도를 버리고 원나라 사람들의 명칭을 빌리는 일은 고대에는 들어본 적이 없지. 옹정 연간과 강희 연간 이전의 고문에도 역시 포정사사라는 이름이 없었네.(당시에는 이치를 따지자면 반드시 사사라고 불렀어야만 한다) 명나라 때 사람들은 줄임말을 편하게 여겼지만 원나라 제도를 이었기 때문에 고문의 못마땅한 점이 된지 오래되었지. 그러므로 나는 고문사에서 통부라고 불러야만 하는 것이 있는데도 세속의 유행대로 아무개 성이라고 하는 경우, 나는 꼭 어떤 부원이라 하기도 하고 아무개 부[某部]라고 줄이기도 한다네. 유행대로 여러 성 및 아무개 성 아무개 성 따위[某某等省]라고 하면 나는 꼭 여러 부원 또는 이런저런 등등의 부원이라 하기도 하고 여러 부[諸部] 또는 아무개 부 아무개 부 따위[某某等部]라고 줄이기도 하지. 이것은 거의 이름을 바로잡아서 말을 순조롭게 하기 위한 것일 뿐이라네. 포정사는 오늘날의 제도가 아니기 때문에 꼭 포정사사라고 하거나 사라고 줄여 부르게 한들 안 될 것도 없지만 성이라고 부르는 것은 시행해서는 안 돼지."

어떤 사람은 이렇게 물었다. "임금의 명령, 신하의 상주문, 공문서는 왜 여전히 쓰고 있는지요?"

나는 이렇게 대답했다. "이것은 말을 쓰는 것이기 때문에 다칠 일이야 없지만 고대 문서의 사례는 아니라네. 하물며 임금의 명령, 신하의 상주문, 공문서에서 포정사를 번(藩)이라 하고 안찰사를 얼(臬)이라고 하며 부, 주, 현의 우두머리를 각각 수(守), 목(牧), 영(令)이라 하는 것은 말이기 때문에 다칠 일이야 없지만 역사서의 글에 이런 범례는 없지."[44]

부록_ 정소곡(鄭小穀)의 문집에 실린 「감사통부변」(監司統部辨)(유함흔 『문사통의지어』의 인용에 따름)

황제가 천하를 구주(九州)로 나누고 우임금 때 이르러 천하를 구주라고 이름 지었다. 이름은 비록 때때로 변경되긴 했지만 모두 이 땅이다. 주나라 말기의 천하는 그래서 나라로 헤아렸고 진나라 초기의 천하는 군으로 헤아렸다. 그 뒤로 군은 커지고 주는 작아졌으며 군은 같아도 나라는 달랐다. 그래서 한나라 때는 이어서 열세 주(州)로 나눴고 열세 부(部)로 묶었다. 당나라의 강역(疆域)은 한나라와 대등했는데 열세 부를 열다섯 도(道)로 고치고 감사(監司)는 관찰사(觀察使)라고 하거나 염방사(廉訪使)라고 하거나 또는 절도사라고 했다. 송나라의 강역[疆宇]은 당나라보다 작은데 도 다시 열다섯 도를 아홉 노(路)로 고치고 감사는 전운사(轉運使)라고 하거나 제형사(提刑使)라고 하거나 또는 염운사(鹽運使)라고 했다. 도라고 하든 노라고 하든 구주라는 명목을 나누지 않는다. 군(軍)이 되었든 부가 되었든 구주의 강역 경계[疆界]를 거느리는 것은 같다. 원나라 때 이르러 경조관이 지방 어사대의 감사가 되면 어떤 지방의 중서행성(中書行省)이라고 불렀지만 진나라와 한나라 때 주와 군이라고 부른 것과 연결시키지 않았다. 명나라는 이것을 포정사사라고 고쳐 불렀지만 한나라와 송나라 때 도나 노라고 부른 것에 다시 귀속시키지 못한다. 그래서 통부라고 부르면 말은 궁하지만 감관(監官)을 아무개 성이라 하거나 아무개 사[某司]

44 나는 이렇게 생각한다. 이 단락은 역사서에 있는 문사의 범례를 바로잡는다.

라고 부르면 이름도 올바르지 않고 말도 아름답지 않고 괴이쩍다. 얼마 지나지 않아 원나라 때 사람들이 성이라 하지 않고 행성이라 부른 것은 중앙 정부의 성이 아니라는 것이 밝혀졌다. 명나라 때 사람들이 사라고 하지 않고 포정사사라고 부른 것은 중앙 정부의 벼슬아치 가운데 사(司)가 아님을 밝힌 것이다. 그리고 당시에는 다만 성이라고 했지 사라고 하지 않았다. 이것은 아마 원나라 때의 성으로 당나라와 송나라 때의 도나 노에 맞추고 한나라 때의 부(部)를 대체한 것이리라. 명나라 때 『대명일통지』를 편찬하면서 각 성을 각 포정사사라고 불렀고 청나라 초기에 『대청일통지』를 편찬하면서도 역시 각 성을 포정사사라고 불렀다. 순무의 관직이 이미 방백을 거느리는 권력이라는 것을 몰라서 그런 것이 아니라 이름은 비록 강리(疆吏)라도 관직은 본래 중앙 정부의 직함이기 때문이다. 시랑을 부(部)라고 부르고 어사를 겸하면 원(院)이라 부르는 것도 역시 포정사[布政]를 사사라고 부르는 것과 같다.

장학성[章實齋]은 본래 열여덟 성의 포정사사라고 부를 수도 있지만 열여덟 성의 부원이라고 불러야 마땅하다고 생각한다. 고문을 지을 때 아무개 성은 꼭 아무개 부원이라고 하고 줄임말이라면 아무개 부(部)라고도 하며 여러 원(院)은 꼭 여러 부원이라고 하고 줄임말이라면 여러 부라고 해야 한다고 한다. 이것은 함부로 시대를 좇아서 잘못이 심한 것이다. 오늘날의 순무는 명나라의 순안어사[巡按]나 한나라의 자사(刺史)와 같지만 권력이 수나라의 총관이나 당나라의 절도사와 같다. 한나라 때 사람에 대한 글을 지을 때 통부[總部]를 아무개 주라고 말하지 않고 아무개 목(牧)이라고 말하거나 당나라 때 사람에 대한 글을 지을 때 통부를 여러 도(道)라고 말하지 않고 여러 사(使)라고 말하면 그것이 말이 된다고 할 수 있는가? 옛날 사람들에 대한 글을 짓는다면 지명이나 관직 이름은 시대를 따라야 마땅하다는 장학성의 주장은 옳다. 그러나 막히면 변하고 변하면 통하는 법이라서 말도 역시 중용에 부합하지 않을 수 없다. 통할 수 없는 말을 이해할 수 없는 곳에 베푼다면 고대를 연구하든 현대를 따르든 모두 그른 것이다. 요임금과 순임금 이래의 제도는 진나라 때 와서 크게 변했다. 한나라와 당나라 이래의 제도는 원나라 때 모두 변했다. 만약 어떤 나라의 이름이라면 당(唐), 우(虞), 하나라, 상나라, 주나라, 진나라, 한나라, 당나라, 송나라는 모두 땅 이름이지만 원나라 이후에는 제멋대로 지었다. 만약 어떤 임금의 이름이라면 여남(汝南), 회남(淮南), 동평(東平), 북평(北平), 여양(汝陽), 분양(汾陽)도 땅 이름이지만 원나라 이후에는 따로 제정했다. 주라고 부르고 부라고 부르다가 변해서 도(道)라고 부르고 노(路)라고 부르게 되었고 다시 변해서 성이라고 부르고 사(司)라고 부르게 되었다. 이것도 추세의 어쩔 수 없는 상태인 것이다.

화주지 황언기 서례(和州志皇言紀序例)[1]

『주관』의 외사는 "사방의 「지」를 관장하고" 또한 "만약 사방으로 문서를 보낼 일이 있으면 그 명령을 기록한다." 정현은 '사방의 「지」'에 "노나라의 『춘추』, 진나라의 『승』, 초나라의 『도올』 따위"라고 주를 달았다.[2] '그 명령을 기록한다'에 "임금의 명령을 써서 사자에게 준다"고

1 『장실재연보』에 따르면, 건륭 38년 이월 장학성은 화주 지주 유장성의 초빙에 응하여 『화주지』를 지었다. 이듬해, 마흔두 편을 완성했다. 편집과 교정을 마친 뒤에 다시 『화주문징』 여덟 권을 모았고, 그 책을 안휘 학정 진조에게 바쳤다. 진조의 의견과 맞지 않는 것이 많아서 편지를 주고받으며 변론하고 따지다가 『화주지』 만드는 일을 결국 중간에 그만두었다. 그래서 편집하여 스무 편만 남겼고 『지우』라고 이름 지었다. 「자서」는 이렇게 말한다. "「지」는 역사서의 한 귀퉁이이다. 기린을 잡고 『춘추』를 마친 뒤, 사마천과 반고는 저작의 능력을 더할 수 없이 발휘했고 유향과 유흠은 조목조목 구별하는 이치를 남김없이 발휘했으니 역사가가 그림쇠를 대고 네모와 동그라미를 그리는 듯 지극하다고 말하는 것이다. 위나라, 진나라, 육조시대에는 어떤 때는 성공하고 어떤 때는 실패하다가 당나라 때 이르러 사학이 끊어졌다. 그 뒤 유지기, 증공, 정초 같은 사람은 모두 훌륭한 역사가의 자질이 있었기 때문에 사학이 없어지고 끊어진 뒤에 태어났어도 옛사람의 큰 줄거리를 헤아릴 수 있어서 육조시

말했다.[3] 향대부(鄕大夫)는 "정월 초하루에 사도에게 가르치는 방법을 전수받고 물러나와 자기 향의 구실아치에게 그것을 퍼트린다." 공영달은 "대사도가 주관하는 열두 가지 가르침 다음을 말한다"라고 풀이했다.[4] 경기[畿內]의 육향(六鄕)[5]은 천자가 스스로 다스리기 때문에 사도에게서

대, 당나라, 송나라 때 여러 유학자들이 헤아려서 알 수 있는 것이 아니었다. 나머지 분들은 역사서와 비슷하지만 역사서가 아니고, 사학과 비슷하지만 사학이 아니었을 따름이다. 그러나 정초는 역사가의 판단력을 가지고 있었지만 미처 역사가의 지식[史學]이 없었고, 증공은 역사가의 지식은 갖추었지만 사법은 갖추지 못했으며, 유지기는 사법은 얻었지만 역사가의 의도[史意]는 얻지 못했다. 그래서 내가 『문사통의』를 지은 것이다. 『문사통의』를 사람들에게 보여주었지만 사람들은 오히려 의심과 믿음이 엇갈리는데, 아마 헛된 말이 실제 벌어지는 일에서 증명하지 못하기 때문일 것이다. 『지우』 스무 편은 밀고나가는 한 쪽만 대략 보여주었으나 나머지 모서리는 자연스레 짐작할 수 있겠지만, 『문사통의』는 에두르는 말로 비길 수 있는 것이 아니다."(가업당본 『장씨유서』 「외편」 권16) 장학성 사학의 창조적 견해는 「내편」에 갖춰져 있지만 「외편」에 있는 여러 「지」의 "서례"(敍例)가 증명하기에 충분하다. 여기서 그가 끊어진 학문을 이어서 밝힌다고 자부한 이유가 헛된 말이 아니라는 것을 알겠다.

2 「방지립삼서의」의 주8을 보라.

3 『주례』 「춘관」 "외사"[外史職]는 이러하다. "만약 사방으로 문서를 보낼 일이 있으면 그 명령을 기록한다." 정현 주는 이러하다. "왕의 명령을 써서 사자에게 건네준다."

4 『주례』 「지관」은 이러하다. "향대부라는 직책은 각자 향의 정교와 금지령을 관장한다. 정월 초하루에 사도에게 가르치는 방법을 전수받고 물러나와 자기 향의 구실아치에게 그것을 퍼트리며 각자 자기가 다스릴 것을 이에 의하여 가르치게 한다." 가공언 소는 이러하다. "사도에게 방법을 전수받는다고 말한 것은 대사도의 직책 가운데 열두 가지 가르침 다음과 같은 것이고 그 방법은 모두 사도에게서 전수받아 오는 것을 말한다." 이것을 공영달 소[孔氏疏]라고 말한 것은 글을 잘못 적은 것이다. 또한 "대사도"[大司徒職]는 이러하다. "열두 가지 가르침을 베푼다. 첫째 사례(祀禮)로 공경을 가르치면 백성은 분수에 넘치는 짓을 하지 않는다. 둘째 양례(陽禮)로 사양을 가르치면 백성은 다투지 않는다. 셋째 음례(陰禮)로 친함을 가르치면 백성은 원망하지 않는다. 넷째 악례(樂禮)로 화목을 가르치면 백성은 어긋나지 않는다. 다섯째 임금의 몸가짐[儀]으로 등급을 변별하면 백성은 등급을 뛰어넘지 않는다. 여섯째 풍속으로 편안함을 가르치면 백성은 떳떳해진다. 일곱째 형벌로 중용을 가르치면 백성은 사나워지지 않는다. 여덟째 맹세로 남을 구제하는 법을 가르치면 백성은 게을러지지 않는다. 아홉째 헤아리는 법으로 절제를 가르치면 백성은 분수에 따라 만족하게 된다. 열째 세상일에 맞는 것으로 잘하는 것을 가르치면 백성은 직업을 잃지 않게 된다. 열한 번째 훌륭함에 따라 작위를 제어하면 백성은 덕을 조심스럽게 행한다. 열두 번째 부역으로 녹봉을 제어하면 백성은 성과를 낼 수 있는 사업[功業]을 일으킨다."

법을 받을 것이다. 그러나 경기 이외[畿外]의 제후들은 자기 나라를 각자 다스리기 때문에 나라의 제도에 따라 스스로 『춘추』를 짓는다.[6](모든 나라의 역사서는 『춘추』라고 총괄적으로 이름 짓는다) 그래서 사방의 책은 반드시 외사에 속하며[7] 외사가 쓴 명령을 전장으로 받는다. 옛날에 나라마다 따로 역사서를 만들어 죽간에 밝힐 때 임금의 명령을 맨 처음에 중요하게 적은 일은 믿음직스러워 증명할 수 있다. 그래서 『춘추』는 한 해의 첫머리에 반드시 왕이 달력을 바로잡는다고 썼고[8] 한선자가 노나라에 빙문하러 갔을 때 『역상』과 『춘추』를 보고 주나라의 예가 여기에 있다고 말한 것이다.[9] 책이 사방에 있다면 들여와서 아마 외사가 바로잡았을 것이고 임금의 명령이 임금의 나라에 시행될 때도 역시 외사가 그것을 나눠주었을 것이다. 그래서 일에는 전문적인 벼슬아치가 있고 책에는 정해진 제도가 있다. 천하는 이것을 근거로 글자를 통일하는 일에 협조한다.[10]

나는 『주관』의 제도에서 모든 나라의 역사 기록[史記]이 틀림없이 정해진 방식이 있다고 생각하기 때문에 향대부가 교법을 받아 문자를 비교하여 살피는 것처럼 임금의 조정에서 받는 것에 올바르지 못한 것이 있어선 안 된다. 진나라와 초나라의 역사서가 『승』과 『도올』이라고 책 이름을 지은 때부터[11] 이것은 주나라가 쇠락한 뒤 모든 나라가 각자 휘두르는 제도이겠지? 사마천 『사기』에서 제후 나라[侯國]의 「세가」[12]도 역

---

5 『설문해자』는 이러하다. "천자는 천리의 땅으로 멀고 가까움을 말하는데 이것을 기(畿)라고 한다." 기내(畿內)는 왕의 직할지 안이다. 『주례』 「지관」 "향사"(鄉師) 주는 이러하다. "사도는 육향(六鄕)을 관장하고 향사(鄕師)가 나누어 다스린다." 각 판본에 따르면 "육향"은 "육경"(六卿)이라고 잘못 되어 있다. 여기서는 가업당본 『장씨유서』에 의거하여 바로잡았다.

6 「방지립삼서의」의 주8을 보라.

7 위와 같다.

8 「사덕」의 주32를 보라.

9 「역교 상」의 주21을 보라.

10 「시교 상」의 주68을 보라.

11 「서교 상」의 주29를 보라.

12 『이십이사차기』 권1은 이러하다. "『사기』 「위세가찬」(衛世家贊)이 '내가 「세가」(世

시 나라마다 따로 역사서를 만드는 뜻을 남기고 있지만 한나라 무제의 「삼왕세가」[三王]는 임금의 명령서와 책문[詔策]을 상세하게 써서 편의 첫머리에 넣고 있다.[13] 임금이 대수롭지 않게 이야기하는 것[14]을 역사가가 중요하게 여기는 데는 유래가 있다. 후세에 지방의 책은 편집할 때 어울리지 않고 요점도 맞지 않는다.[15] 그리고 조정의 명령서와 포고문을 「예문」에 넣으면서 책의 첫머리에 「기」를 적는 경우도 있고 연혁을 싣는 경우도 있다. 또한 어떤 것은 주와 현이 너무 구석에 처박혀서 특별히 임금의 명령서를 펼치지도 못하기 때문에 결국 중앙 정부의 장고[16]가 사방의 「지」에 흩어져 보이는 것을 빠트린 바람에 비교해보지 못한 채 만들기도 한다. 이것은 본디 엮고 다듬는 일이 세상에 전해지지 않은 지 오래되었기 때문이다. 그러나 마찬가지로 외사라는 전문적인 벼슬아치가 무슨 관직인지 진나라와 한나라 이래로 미처 몰랐던 까닭이기도 하다. 봉건제 시대에 나라마다 따로 역사서를 만들었지만 책의 첫머리에는 왕이 정확한 달력을 바로잡은 책을 아직 중시하고 있었다.[17] 군현제가 조정의 다스림을 받고 지방관이 임금의 명령서[詔條]를 받드는 것은 옛날

家)의 말을 읽다가'라고 운운한 것은 이것이 고대부터 본래 「세가」라는 형식이 있고 사마천은 그것을 써서 왕과 제후의 여러 나라를 기록한 것이다. 『한서』는 그래서 남김없이 「열전」으로 고쳤는데, 「전」은 어떤 사람의 평생을 전하는 것이다. 왕과 제후가 나라를 열고 자손 대대로 물려주기 때문에 「세가」라고 부른다. 이제 「전」이라고 고쳤지만 그 자손 가운데 작위를 이은 사람은 또한 그 뒤에 붙이지 않을 수 없으니, 결국 제대로 된 형식이 아니다."

13 『사기』 「삼왕세가」는 이러하다. "6년 사월 을사에 황제의 아들 유굉[閎]을 제왕(齊王)으로 삼았고 유단[旦]을 연왕(燕王)으로 삼았으며 유서[胥]를 광릉왕(廣陵王)으로 삼았다." 세 명의 왕을 봉한 책문을 글에 갖춰서 실었다. 건륭 연간의 무영전본 『사기고증』은 가유기(柯維騏)를 인용하여 이렇게 말한다. "『사기』에는 원래 「삼왕세가」가 빠져 있는데 홀로 찬어(贊語)만 아직도 남아 있기 때문에 저소손[褚先生]이 조정에서 벼슬하는 신하의 논의 및 책봉하는 임명장[封策書]을 취하여 그것을 보충했다."

14 「언공 하」의 주8을 보라.

15 『상서』 「필명」은 이러하다. "말은 사물의 요점을 숭상한다."

16 「방지립삼서의」의 주3을 보라.

17 가업당본 『장씨유서』에 따르면, 이것 다음에는 "모든 경들[列卿]이 『주관』의 전범을 사모하기도 하고"라는 말이 있다.

경기에 있던 향당주려(鄕黨州閭)의 법과 똑같다. 그러나 외사의 장고는 특별히 전문적인 조목을 세운 적이 없다. 송나라, 원나라, 명나라 때 주와 현의 방지 가운데 오늘날 볼 수 있는 것은 이제껏 천편일률이니 역시 심하구나, 그것이 『춘추』의 뜻을 강의하지 않음이여! 오늘날 주에 있는 모든 것을 모아서 수록하여[18] 「황언기」(皇言紀) 한 편을 조심스럽게 편집할 때 시대에 따라 이어서 편집하고 책의 첫머리를 환히 비추어[19] 조심스럽게 받드는 유래를 알게 할 뿐이다.

18 부(裒)는 음이 부(抔)이다. 『이아』 「석고」는 이러하다. "모은다는 뜻이다." 부록(裒錄)은 집록(集錄)과 같다.

19 『주역』 「혁」 괘 「소상전」은 이러하다. "군자가 표범처럼 변한다는 것은 그 무늬가 깊고 빽빽하다는 뜻이다." 『운회』(韻會)는 이러하다. "울(蔚)은 무늬가 깊고 빽빽한 모양이다."

화주지 관사표 서례(和州志官師表序例)

『주관』에서 어사(御史)는 "왕의 명령으로 문서 만드는 일을 돕고 정사에 종사하는 사람의 숫자를 헤아린다." 정현의 주는 "모든 숫자는 비고 빠진 사람을 언급한다"고 말한다.[1] 아마 태재를 도와 육전을 세우고 나라를 다스리는 고사를 관장하는 것이리라.[2] 관직에는 앞뒤가 있고 정사에는 성공과 실패가 있다. 태재는 기강을 관장하지만 어사는 사람의 숫자를 꼽아 태재를 도우면서 온갖 벼슬아치를 서술하여 모든 업적이 넓어지도록 한다.[3] 후세의 관의(官儀)라는 글과 고선(考選)이라는 격식(『한관

1 『주례』「춘관」은 이러하다. "어사는 왕의 명령으로 문서 만드는 일을 돕고 정사에 종사하는 사람의 숫자를 헤아린다." 정현 주는 이러하다. "공경 이하부터 모든 구실아치[胥徒]에 이르기까지 모든 숫자는 비고 빠진 사람을 언급한다." 숫자를 헤아리는 것은 현재 비고 빠진 사람이다. 가공언 소는 이러하다. "공경 이하부터 모든 구실아치까지 임금의 조정에 있는 사람은 모두 모든 숫자에 해당하고, 또한 정사에 종사하는 사람에 해당한다. 그러므로 정사에 종사하는 숫자를 헤아린다고 말한다."

2 「시교 상」의 주24를 보라.

3 『상서』「요전」은 이러하다. "참으로 온갖 벼슬아치를 다스려 모든 공적이 모두 넓어

의』, 『당육전』, 『양선부』(梁選簿), 『수관서록』(隋官序錄)이다)[4]은 대대로 책을 완성했지만 관직과 성명은 광범위하고 번거로워 기록하지 못한다. 이것은 태재의 법도와 규율이 있지만 어사가 정사에 종사하는 사람의 숫자를 헤아리지 않은 것이다. 반고의 「백관공경표」[5]는 여전히 고대의 의도를 보존하여 글의 첫머리에 관직을 서술하고 있으니 바로 태재가 거느리는 육전의 유산이다.[6] 나중에 관직과 성씨를 「표」로 만든 것은 어사가 정사에 종사하는 사람의 숫자를 헤아린 유산이다. 범엽의 『후한서』와 진수의

지리라." 공안국 『상서전』은 이러하다. "윤(允)은 신(信)이다. 이(釐)는 치(治)이다. 공(工)은 관(官)이다. 적(績)은 공(功)이다. 함(咸)은 개(皆)이다. 희(熙)는 광(廣)이다."

4 『신당서』 「예문지」 "직관류"는 이러하다. "응소 『한관의』는 열 권이다. 서면(徐勉) 『양선부』(梁選簿)는 세 권이다. 낭초지(郎楚之) 『수관서록』(隋官序錄)은 열두 권이다. 『육전』(六典)은 서른 권이다."(원주는 이러하다. 개원 10년 기거사인 육견(陸堅)은 집현원에서 황제의 명령을 받고 『육전』을 편찬했다. 현종이 이전(理典), 교전, 예전, 정전, 형전, 사전 여섯 조목을 손수 썼다. 장열이 집현원을 맡고 있었기 때문에 서견에게 맡겼는데 한 해가 지나도록 규정에 따라 만들지 못했다. 그래서 무경(毋煚), 여흠(余欽), 함이업(咸廙業), 손계량(孫季良), 위술에게 편찬에 참여할 것을 명령하고, 비로소 좋은 방식으로 『주례』 육관을 본떠서 만들었다. 소숭(蕭嵩)이 집현원을 맡으면서 유정란(劉鄭蘭), 소성(蕭晟), 노약허(盧若虛)를 더했다. 장구령이 집현원을 맡으면서 육선경(陸善經)을 더했다. 이임보가 장구령을 대신하자 원함(苑咸)을 더했다. 개원 26년 책이 완성되었다. 조공무는 이렇게 말한다. "『당육전』 서른 권은 당나라 현종이 지었고 이임보와 장열 등이 주를 달았다. 삼공, 삼사(三師), 삼성(三省), 구사(九寺), 오감(五監), 십이위(十二衛) 등의 직책이 맡은 일과 돕는 부하 벼슬을 열거하고 품계를 서술해서 『주례』를 본떴다. 비록 세상에 모두 시행할 수 없었지만 여러 관청에서 그대로 좇아 쓴 것이 거의 절반 가까이 된다. 『당회요』가 물은 일을 살펴보면 가끔 인용하여 내용으로 삼았다. 위술이 비록 완성되었지만 끝내 시행하지 않았다고 한 것은 잘못이다."

5 『한서』 권19가 「백관공경표」인데 상권과 하권으로 나눴다. 상권은 온갖 관직이 관장하는 일을 서술하고 하권은 「표」를 열거했다.

6 『수서』 「경적지」 "직관류" 「서록」은 이러하다. "고대의 벼슬살이한 사람은 신하 이름을 죽간에 적고 각자 나눈 관직이 있어서 계속 거느리고 다스렸다. 『주관』 총재는 나라의 육전을 세우고 어사는 정사에 종사하는 사람의 숫자를 헤아리는 일을 관장한다. 그렇다면 총재는 육경의 부하를 거느려서 정사를 다스리는 것이고 어사는 관직 이름과 숫자, 앞뒤 순서를 관장하는 것이다. 이제 『한서』 「백관공경표」가 많은 관직의 일을 열거하고 자리에 있는 순서를 기록한 것은 아마도 역시 고대의 제도일 것이다." 유함흔 『문사통의지어』는 이러하다. "어사의 관직으로 「백관공경표」를 증명한다는 이야기는 『수서』 「경적지」에 뿌리를 두고 있다." 훌륭하다.

『삼국지』 이후 이런 기풍이 묘연해졌다.[7] 『당서』와 『송사』에 이르러 비로소 「재상연표」(宰相年表)가 생겼다.[8] 그러나 마찬가지로 경이나 윤(尹) 같은 여러 관직을 두루 언급할 겨를이 없었다. 오로지 역사를 기록하는 신하의 생각이 주도면밀하지 못해서가 아니라면 역사서가 지나치게 번거로운 바람에 역시 으레 제시하기 어려웠기 때문이리라.

고대를 좋아하는 선비[嗜古之士]가 품령(品令)을 주워 모으고 성명을 잇달아 엮는 바람에 직관과 고사의 책은 육조시대 이래로 여기서 성행하게 되었다.[9] 그러나 중앙 정부의 장고는 지방까지 전달되지 않아서 분수에 맞지 않게 자질구레한 글은 역사서와 방지에 오르기 힘들어졌다. 기재에 법도가 없고 글이 어울리지 않았기 때문에 이전의 역사서는 허물을 책임지지 않을 수 없다. 아마 모든 관직, 경이나 윤은 중앙 정부에서 관직을 서술하고 지방의 지방관은 외사가 기록할 것이다. 『주관』의 어사가 정사에 종사하는 선비를 헤아린다면 외사가 관장하는 사방의 「지」는 다만 산천과 지방의 풍속뿐 아니라 이른바 직책을 나누고 업무를 받는 모든 일까지도 반드시 해당하는 책이 있었으며 어사가 관장하는 데로 돌린다는 것[10]은 알 수 있다. 당나라 때 사람들의 문집에는 가끔 관청 벽

7 『후한서』 「백관지」는 관직만 서술하여 수록했을 뿐이고 「표」가 없다.

8 『신당서』 「재상표서」(宰相表序)는 이러하다. "당나라는 수나라의 옛 제도를 이어서 삼성의 으뜸 벼슬아치가 재상이다. 조금 있다가 또한 다른 벼슬로 논의에 참여했지만 호칭은 한결같지 않았고 임시로 붙인 이름이다. 결국 동품평장(同品平章)이라는 이름에 따랐지만 직책과 업무는 마찬가지였다." 『송사』 「재보표서」(宰輔表序)는 이러하다. "『송재보연표』(宋宰輔年表)는 북송 아홉 황제의 조정은 건륭 경신년에 시작하여 정강 병오년에 마치는데 모두 백육십칠 년이다. 재상 자리에 있었던 사람이 일흔두 명, 집정(執政) 자리에 있었던 사람이 이백서른여덟 명이다. 남송 일곱 황제의 조정은 건염 정미년에 시작하여 덕우 병자년에 마치는데 모두 백사십구 년이다. 재상 자리에 있었던 사람이 예순한 명, 집정 자리에 있었던 사람이 이백마흔네 명이다."

9 『수서』 「경적지」 "직관류" 「서록」은 이러하다. "한나라 말에 왕륭(王隆)과 응소 등은 「백관표」가 갖춰지지 않아서 『한관해고』(漢官解詁), 『한관의』 등의 책을 지었다. 이 뒤에 계속 이어서 정사의 「표」와 「지」에 관직에 있는 온갖 관료의 이름이 다시는 없게 되었다. 신사의 무리가 관직 이름과 품계의 책을 모두 취하여 지어서 기록하여 세상에 따로 유행했다. 송나라와 제나라 이후 그 책은 더욱 번성하게 되었다."

에 써놓은 「기」(記)가 있는데[11] 아마 관직을 서술하는 의도일 것이다. 그러나 글은 남았지만 이름은 비교할 수 없기 때문에 금석문을 찾아서 모으지 않고 비문을 상세하게 헤아려 결정하지 않은 때부터 알 수 없게 되었다. 이것은 전문 서적으로 정리하지 않은 까닭이다. 송나라와 원나라 이래로 최근까지 지방의 책은 책임을 맡은 사람의 성명을 대부분 기록하고 있다. 그러나 분수에 맞지 않게 자질구레하고 문사가 없어서 현령이 관청에서 부리는 구실아치의 명부[署役卯簿]를 훑어보는 것과 같다.[12] 이것은 반고의 『한서』가 연도를 세로줄로 하고 달을 가로줄로 하는 유산도 아니다. 어떤 책은 「표」를 만들 때 서록(序錄)이 상세하지 않고 품계[品秩]에 순서가 없는 경우도 있고, 어떤 책은 분량이 한정되어 관직 품계가 조금 많거나 연혁의 제도가 다르면 문관과 무관을 나누어 편집하는 경우도 있으며 어떤 책은 부와 주를 구별해서 기록하여 떳떳하지 못하게 간단함을 좇는 경우도 있는데 이것은 또한 서른네 가지 관직을 열네 등급으로 나눈 반고의 『한서』가 남긴 법도를 모르기 때문이다.[13] 또한 이전 사람의 성씨는 완전히 알 수 없지만 죽은 뒤에 남긴 글은 모두 있

10 『사기색은』 「장창전」은 이러하다. "주나라와 진나라에는 모두 주하사가 있다." 「답객문 중」의 주30에 상세하다.

11 『한창려집』에 「남전현승청벽기」가 있는 것처럼 『유하동집』에는 「감찰사벽기」(監察使壁記) 이하 여러 편의 글이 있다.

12 관청의 일은 관례적으로 묘시[卯刻]에 시작하므로, 관청에서 부리는 사람의 이름을 적은 책을 묘부(卯簿)라고 부른다.

13 『한서』 「백관공경표」는 상국, 승상, 대사도, 태사(太師), 태부, 태보를 같은 등급으로 열거하고 태위와 대사마를 같은 등급으로 열거하며 어사대부와 대사공을 같은 등급으로 열거하고 열장군(列將軍)을 같은 등급으로 열거하며 봉상과 태상을 같은 등급으로 열거하고 낭중령(郎中令)과 광록훈을 같은 등급으로 열거하며 위위와 중대부령(中大夫令)을 같은 등급으로 열거하고 태복을 같은 등급으로 열거하며 정위와 대리를 같은 등급으로 열거하고 전객(典客), 대행령(大行令), 대홍려를 같은 등급으로 열거하며 종정과 치속내사를 같은 등급으로 열거하고 중위, 집금오, 소부를 같은 등급으로 열거하며 수형도위(水衡都尉), 주작도위(主爵都尉), 우부풍을 같은 등급으로 열거하고 좌내사(左內史), 좌풍익, 우내사(右內史), 경조윤을 같은 등급으로 열거한다. 모두 서른네 개 관직, 열네 개 등급이다.

고 다른 주장들이 뒤섞여 나오는데도 널리 고르거나 두루 찾지 않고 다만 궐문의 뜻에만 가탁한다.[14] 이것은 또한 고대를 조사한 공을 말할 수 없기 때문이다.

이제 여러 사람을 절충한 뒤 앞뒤를 비교하여 순서를 매겨 위로 한나라 때부터 시작하고 오늘날에 이르기까지 하나의 「표」로 정리하고 의심스러운 것은 비워둔다. 나중에 보는 사람은 이것을 근거로 상세함을 얻을 것이다.

14 「언공 중」의 주21을 보라.

화주지 선거표 서례(和州志選擧表序例)

『주관』의 향대부는 "삼년마다 대비를 해서 한 고을의 훌륭한 사람과 잘하는 사람을 천거한다. 글을 왕에게 바친다. 왕은 두 번 절하고 그것을 받아서 천부(天府)에 올리는데"[1] 대단히 성대한 전범이다. 한나라 때 제도

1 『주례』「지관」"향대부"는 이러하다. "삼년마다 대비를 해서 덕행이나 도예를 비교하고 훌륭한 사람과 잘하는 사람을 천거한다. 향로(鄕老) 및 향대부는 자기가 거느린 구실아치와 많고 적은 백성을 거느리고 예로써 그들을 대접한다. 이튿날 향로 및 향대부, 모든 구실아치들은 훌륭하고 잘하는 사람들의 글을 왕에게 바친다. 왕은 두 번 절하고 그것을 받아서 천부에 올리는데 내사가 부본을 만든다." 정현 주는 이러하다. "훌륭한 사람은 덕행이 있는 사람이다. 잘하는 사람은 도예가 있는 사람이다. 많고 적은 백성은 향에 사는 사람 가운데 좋은 사람이 많고 적은 것이 아니라는 말이다. 정중[鄭司農]은 이렇게 말한다. '훌륭한 사람을 천거하는 것은 오늘날 효렴을 천거하는 것과 같은 말이다. 잘하는 사람을 천거하는 것은 오늘날 무재(茂才)를 천거하는 것과 같은 말이다. 빈(賓)은 경(敬)이다. 훌륭한 사람과 잘하는 사람을 천거한 것을 공경하는 것이다.' 거(擧)를 바꿔서 흥(興)이라고 쓴 것은 많은 사람을 합쳐서 우러르고 아끼기 때문이라고 나는 생각한다. 향음주례[鄕飮酒之禮]로 대접하여 공경하는 것이다. 궐(厥)은 기(其)이다. 대접한 날의 이튿날이다. 헌(獻)은 진(進)과 같다. 왕이 절하고 받는 것은 훌륭한 사람을 얻은 것을 중시하는 것이다. 왕은 그 글을 천

에서 효렴(孝廉), 무재(茂才), 역전(力田), 현량(賢良)을 천거하는 일[2]은 아마 옛날 향당주려의 유풍을 근거로 했을 것이다. 당시 현서(賢書)의 전적이나 불러서 천거하는 장고에는 아직 전문 서적이 없었다. 이것은 지과의 조목이 아직 많지 않았기 때문인데 인문이 성하고 쇠락한 일은 「본기」와 「열전」에 흩어져 보인다. 마음을 가라앉히고 깊이 연구하는 선비는 헤아려서 저절로 알 수 있을 것이다. 남쪽으로 피난한 육조시대[江左六朝]에 주와 군을 옮겨서 설치했으나 선비는 대대로 그 땅에 살지 않았고 학도 전문가의 학업이 아니었으며 향리의 선거도 점점 시행하기 어려운 추세였다.[3] 수나라 때 이르러 문학과 사장을 하나로 만들어 진사 과거시험을 만들었다.[4] 당나라 이래로 이쪽으로 번성했다. 선거가 이미 전문적

부에 바친다. 천부는 조상 사당[祖廟]의 보물을 소장하는 일을 관장한다. 내사는 그 글의 부본을 써서 왕에게 작위와 봉록을 아뢸 때 쓴다."

2 한나라 때의 선거는 여러 가지 과가 있다. 혜제 4년 효성스럽고 우애로우며 힘껏 농사짓는 백성을 천거하여 세금을 면제시켜 주라고 황제가 명령했다.(『한서』「혜제기」) 무제 건원 연간 초에 현량하고 방정하며 직언을 할 수 있는 선비를 천거하라고 천하에 명령했다. 나중에 동중서의 대책을 써서 군국에 해마다 효렴 각 한 명씩을 천거하라고 명령했다. 공손홍 등은 빼어난 자질이 특이한 정도라면 바로 이름을 알리게 해야 한다고 논의했다.(「유림전」) 대대로 그것을 이어서 주는 수재를 천거하고 군은 효렴을 천거하는 것이 정해진 범례가 되었다. 동한 때는 광무제의 이름을 피하여 수재를 고쳐서 무재(茂才)라고 불렀다.

3 『통전』 권14는 이러하다. "위나라 문제 연강(延康) 원년에 이부 상서 진군(陳群)은 천자의 조정이 골라 쓰는 것으로는 인재를 남김없이 고르지 못하기 때문에 구품관인법[九品官人之法]을 세웠다. 주와 군은 모두 중정(中正)을 두어 선발을 결정했다. 주와 군의 훌륭하고 판단력[識鑒]이 있는 사람을 골라서 인물을 구별하고 높고 낮은 등급을 매겼다." 진나라는 위나라 제도를 이어서 주에는 대중정(大中正)이 있고, 군국에는 소중정(小中正)이 있었는데 모두 선거를 관장했다. 그 뒤 중정이 오랫동안 직책을 맡고 사람을 좋아하고 싫어하는 것이 주관적이게 되어서, 구품관인법[九品之法]에 점차 폐단이 생겼다. 동진 초기에 천하가 크게 어지럽고 사람이 많이 죽어서 남기는 데 힘쓰고 열심히 공부하는 것을 위로하느라 먼 지방에 있는 효렴과 수재는 다시 책문으로 시험을 보지 않았고 도착하면 바로 벼슬을 제수했다. 대략 결정을 거친 뒤에 바로 경을 시험하고 재주 있는 사람이 선거에 합격하지 못하면 태수를 면직시키라고 황제가 명령했다. 송나라 이후 모든 군수재(郡秀才)와 군효렴(郡孝廉)이 이르고 모두 책문으로 시험을 보았다.

4 『문헌통고』「선거」는 이러하다. "수나라 문제 개황 7년 여러 주에 해마다 세 명을 바치고 장인과 상인은 벼슬길에 나올 수 없다고 명령했다. 치서 시어사(治書侍御史)

이게 되자 신분은 더욱 중요해졌고[5] 과거의 조항들이 번거로워지자 고

이악은 인재를 고르는 일이 적절함을 잃었다고 상주문을 올려서 이렇게 말했다. '위나라 무제, 문제, 진사왕 조식부터 문사를 더욱 숭상하여 임금의 위대한 도를 대수롭지 않게 여기게 되었고, 벌레를 조각하는 보잘 것 없는 재주를 좋아하여 아래 사람들이 위를 좇게 되고 같은 영향을 받았으며, 실속은 없고 겉만 화려한 것을 다투어 유쾌하게 생각하여 결국 풍속이 되고 말았습니다. 동진, 제나라, 양나라는 그 폐단이 더욱 심하여, 신분이 높거나 낮거나 훌륭하거나 어리석거나 오로지 노래 부르고 시를 읊는 일만 힘썼습니다. 결국 다시 이치를 없애고 기이한 것을 남기자 곧 비어서 점차 희미해지고, 기이한 운자 하나를 다투고 교묘한 글자 하나를 다투었습니다. 이어지는 글과 쌓이는 문서는 달과 이슬의 꼴을 벗어나지 않았고, 책상에 쌓이고 상자에 차는 글은 오로지 바람과 구름의 모습이었습니다. 시대의 풍속은 이로써 서로 높이고 조정은 이것에 의거하여 선비를 발탁했으니 이익과 녹봉의 길이 이미 열렸고 아끼고 숭상하는 감정이 더욱 도타워졌습니다. 그래서 마을에 사는 어리석은 백성이나 신분이 높은 집안의 젊은이는 미처 육갑(六甲)도 살필 줄 모르면서 먼저 시[五言]를 지었습니다. 근본을 버리고 보잘 것 없는 것을 뒤좇는 일이 중원[華壤] 땅에 널리 유행하고 번갈아가며 서로 조사[師祖]로 삼으니 세상을 소박하게 만들지 않는 일을 더욱 부채질했습니다. 위대한 수나라가 천명을 받자 성인의 도가 드디어 일어났고, 그래서 개황 4년 천하의 공문서나 사문서를 동시에 실록에 마땅하게 하라는 황제의 명령이 내렸습니다. 그 해 9월 사주(泗州) 자사 사마작지(司馬汋之)가 화려하고 아리따운 「표」를 올렸다가 책임 관청에 맡겨 죄를 다스렸습니다. 이로부터 공경과 대신은 모두 올바른 길을 알게 되니, 고대 문헌을 우러러 떠받들고 화려하고 고운 것을 끊어 버리며 선왕의 뛰어난 전범을 택하고 이 시대에 위대한 도를 시행하지 않는 사람이 없었습니다. 바깥에 있는 주와 현은 폐단이 되는 어지러운 풍습을 여전히 뒤좇고 구실아치를 선발하고 사람을 추천하는 것이 법칙을 따르지 않는다고 들었습니다. 종족[宗黨]이 효성스러운 사람을 칭찬하고 마을[鄕曲]이 어진 사람에게 돌아가고 배우는 것이 반드시 전범과 규칙[典謨]을 따르는 일에 대해 서로 부합하지 않는다면 개인적인 집안을 물리치고 벼슬아치로 기용하지 말아야 합니다. 학문이 고대를 헤아리지 않는다면 결국 풍속은 시대를 따를 것이고, 신중하지 못하고 가벼운 글을 짓고 붕당을 맺어서 추켜세운다면 선발하는 책임을 맡은 관직은 하늘같은 조정에 올바르지 못한 사람을 천거하여 보낼 것입니다. 현령과 자사가 미처 백성을 교화하지 못한다면 오히려 개인적인 감정을 끼고 공적인 도가 남아나지 않을 것입니다. 신은 황공하게도 사헌(司憲)이고 규찰하는 직책을 맡고 있어서 만약 소문이 들리면 즉시 탄핵하기 때문에 그물에 걸릴까 두려워하는 사람이 많습니다. 여러 관청을 정돈할 것을 청하고 널리 찾아가서 이와 같은 것이 있으면 보고서를 갖춰서 어사대에 보냅니다.' 양제는 비로소 진사과를 세웠다."

5 당나라 때 과거 시험은 「서교 하」의 주23을 보라. 『문헌통고』 권29는 이러하다. "당나라 제도에서 선비를 취하는 과거는 수나라의 옛 제도에 많이 의거했다." 『신당서』 「선거지」는 이러하다. "개원 18년 시중 배광정(裴光庭)은 이부 상서를 겸했다. 시작은 자격에 따르고 훌륭하거나 어리석거나 한결같이, 반드시 자격에 부합해야만 바

사가 계속 전해지게 되었다. 그래서 문학을 지망하는 선비는 전장을 찾아서 모으고 보고 들은 것을 가려 모았는데 큰 것을 알든 작은 것을 알든[6] 모두 글을 완성하게 되었다. 전기와 고사는 해학[俳諧]과 뒤섞였지만 「선거」라는 책은 대체로 어사가 소장한 책과 아주 같아졌다.[7]

글짓기가 번거로워진 뒤 일일이 이름을 적은 문서[條貫]의 의례가 한결같을 수 없지만 뜻을 가지고 구한다면 대략 다음과 같은 세 가지 종류가 있다. 조형(晁逈)의 『진사편칙』(進士編敕)[8]이나 육심(陸深)의 『과장조관』(科場條貫)[9] 따위는 율령의 사례와 벼슬아치를 평가하는 법령을 담은 책이다. 요강(姚康)과 악사(樂史)의 『과제록』(科第錄)[10](요강 것이 열여섯 권이고 악사 것이 열 권이다)이나 이혁(李奕)과 홍적(洪適)의 『등과기』(登科記)[11](이혁의 두 권짜리는 없어졌고 홍적 것이 열다섯 권이다)는 진사가 된 사람의 이름을 기록한 「기」나 「전」 종류이다. 왕정보(王定保)의 『당척언』(唐摭言)[12]과 전명일(錢明逸)의 『송의관성사』(宋衣冠盛事)[13]는 야사나 잡기 종류이다. 역사를 기록하는 신

로 선발하여 제수할 수 있게 되었다."

6 『논어』「자장」은 이러하다. "훌륭한 사람은 그중 큰 것을 기억하고 훌륭하지 못한 사람은 그중 작은 것을 기억하고 있다."

7 주하(柱下)는 「답객문 중」의 주30을 보라. 부(裒)는 모은다는 뜻이다.

8 『송사』「예문지」"형법류"는 이러하다. "조형(晁逈)의 『예부진사칙』(禮部進士敕)은 한 권이다."

9 『명사』「예문지」"고사류"는 이러하다. "육심(陸深)의 『과장조관』(科場條貫)은 한 권이다."

10 『신당서』「예문지」"잡전기류"는 이러하다. "요강(姚康)의 『과제록』(科第錄)은 열여섯 권이다." 『통지』「예문략」 3은 이러하다. "『중정과제록』(重定科第錄) 열 권은 송나라[皇朝] 악사가 지었다."

11 『신당서』「예문지」"잡전기류"는 이러하다. "이혁(李奕)의 『당등과기』(唐登科記)는 두 권이다." 『송사』「예문지」"전기류"는 이러하다. "홍적(洪適)의 『송등과기』(宋登科記)는 열두 권이다."

12 『직재서록해제』「소설가류」는 이러하다. "『척언』(摭言) 열다섯 권은 당나라 왕정보(王定保)가 지었다. 오로지 진사과 합격자의 이름과 사실을 기록했다." 『사고간명목록』은 이러하다. "모두 백세 가지 분야인데 당나라 때 공거(貢擧) 제도를 특히 상세하게 기술했다. 모든 잡스러운 일도 역시 당시 선비의 기풍을 충분히 볼 수 있으며 법도와 경계의 바탕이 된다."

13 『송사』「예문지」"소설류"는 이러하다. "전명일(錢明逸) 『의관성사』(衣冠盛事)는 한

하는 장고를 가려 모아 방지로 편집하고 인사를 가다듬고 가려서 「열전」에 편집해 넣었다. 한 시대는 광범위하고 번거롭기 때문에 기록할 것은 기록하고 삭제할 것은 삭제한 뒤 남은 것에 대해 땅에 버린 마른 풀[14]이나 뱉어버린 열매의 씨앗처럼 의례를 엄격하게 하고 조심해야 한다. 그러나 오래 묵은 책은 분수에 맞지 않게 자질구레하고 뒤죽박죽 기록하여 아름답지 못하므로 보잘 것 없는 문서나 책은 세상에 오랫동안 전해지지 못한다. 결국 진사에 합격한 사람의 글을 임금에게 절하고 바치며 천부에 올리는 『주관』의 제도는 없어진 채 갖춰지지 않았다. 이것도 향대부가 매우 조심스럽게 현서를 올리는 제도를 지방의 책이 따르지 않기 때문이며 기재에 법도도 없고 조리도 없어서 밝혀지지 않은 잘못이다.

최근에는 지방을 생각하여 정하고 스스로 책을 짓는 일이 제법 있다. 악사의 『강남등과기』(江南登科記),[15] 장조서(張朝瑞)의 『남국현서』(南國賢書),[16] 진여원(陳汝元)의 『황명절사등과고』(皇明浙士登科考)[17] 같은 책은 모두 한 지방의 장고를 종류별로 모은 것이지만 안타깝게도 천하에 널리 돌아다니는 것을 보지 못했다. 그러나 주와 현의 방지가 과거 합격자 목록[科目]을 편집하고 거인과 공생[擧貢]을 「표」에 열거하는 것은 과거의 명나라 이래로 그런 범례를 많이 남기고 있으며 송나라와 원나라 때 주와 군의 책과 비교하면 손톱만큼 낫다고 말할 수 있다.[18] 다만 형식이 순수하지

권이다."

14 의례는 「고문십폐」의 주2를 보라. 기록할 것은 기록하고 삭제할 것은 삭제하는 것은 「역교 하」의 주26을 보라. 『장자』 「양왕」은 이러하다. "그 찌꺼기로 천하를 다스린다." 사마표는 이렇게 말한다. "토저(土苴)는 거름과 같은 것이다."

15 『송사』 「예문지」 "전기류"는 이러하다. "악사 『강남등과기』(江南登科記)는 서른 권이다."

16 초횡 『국사경적지』 "전기류"는 이러하다. "『남국현서』(南國賢書) 네 권은 장조서(張朝瑞)가 지었다." 나는 이렇게 생각한다. 정입중[丁氏] 『팔천권루서목』(八千卷樓書目)은 「전편」(前編) 두 권, 「후편」(後編) 여섯 권이라 했다. 권 숫자는 『국사경적지』와 다르다.

17 『국사경적지』 "전기류"는 이러하다. "『황명절사등과고』(皇明浙士登科考) 열 권은 진여원(陳汝元)이 지었다."

못하고 기재에 법도가 없으며 연도를 세로줄로 하고 달을 가로줄로 하는 범례에 익숙하지 않으며(「표」의 범례를 쓰는 것도 있는데 거공(擧貢), 연사(掾仕), 봉(封), 음(蔭) 따위의 조목은 모순되는 것이 많고 분수에 맞지 않는다) 뒤섞어서 책을 완성하고 심한 것은 사적을 붙였기 때문에 「표」와 「전」이 구분되지 않는다. 이것은 계속 이어져 기풍이 되었으니 잘못을 남김없이 열거할 수도 없다.(옳고 그른 것을 가려서 따지는 것은 「열전」 첫 번째 총론(總論)편에 상세하다) 오늘날 역사서와 방지의 글을 모을 때 먼저 제도를 상세하게 하고 뒤에 제명을 열거하며 시대에 따라 편집하는 것은 당나라 때 시작하여 오늘날에 이르기까지 「선거표」(選擧表)를 만들었다. 봉, 음, 벽(辟), 거(擧)[19] 가운데 연도를 기록할 수 없는 것은 뒤에 붙였다.

---

18 『초사』 「복거」는 이러하다. "한 자도 짧을 때가 있고 한 치도 길 때가 있다네."

19 봉(封)은 고봉(誥封)이다. 음(蔭)은 아들과 손자가 아버지와 할아버지의 음덕 덕분에 벼슬을 얻는 것이다. 벽(辟)은 벽소(辟召)이다. 선(選)은 선거이다.

화주지 씨족표 서례(和州志氏族表序例)

상·중·하

1. 화주지 씨족표 서례(상)[1]

『주관』의 소사는 “세계를 엮어 소목을 변별한다”고 한다.[2] 보첩을 관장하는 일은 고대에 전문적인 벼슬아치가 있었다. 사마천은 『오제계첩』(五帝系牒)과 『상서』에 근거하여 세계[世記]를 모아 「삼대세표」(三代世表)[3]를 만들었고 씨족의 연원은 유래가 있게 되었다. 반고 이래로 보계를 수록하지 않았다. 그리고 왕부의 「씨성」(氏姓)편(『잠부론』[4]의 서른다섯 번째

1 『춘추좌전』 「은공 8년」은 이러하다. “천자가 제후를 세울 때 태어난 곳에 의거하여 성을 하사하고 봉토에 따라서 씨를 명합니다. 제후는 신하의 자로 시호를 삼고 후손들은 이로써 족의 이름을 삼습니다. 대대로 벼슬하여 공이 있으면 관명으로 족의 이름을 삼고 봉읍의 이름도 역시 마찬가지입니다.” 『춘추좌전소』(春秋左傳疏)는 『좌전석례』(左傳釋例)를 인용하여 이렇게 말한다. “따로 부를 때는 씨라고 하고 합쳐서 말할 때는 족이라고 한다.” 고염무 「원성」(原姓)은 이러하다. “남자는 씨라고 부르고

여자는 성이라고 부른다. 씨는 한 세대 두 세대 전해지면서 변할 수 있고 성은 천 세대 만 세대가 지나도 변하지 않는다. 가장 신분이 높은 것은 나라의 임금인데 나라의 임금은 씨가 없기 때문에 씨로 부르지 않고 나라로 부른다. 천토의 맹약[踐土之盟]에서 재서는 '진중(晉重), 노신(魯申), 위무(衛武), 채갑오(蔡甲午), 정첩(鄭捷), 제반(齊潘), 송왕신(宋王臣), 거기(莒期)'라고 말하는데 순언(荀偃)은 제환(齊環), 위나라 태자의 이름은 정승(鄭勝)과 진오(晉午)인 것이 이것이다. 다음은 공자인데 공자는 씨가 없어서 씨를 부를지 않고 공자라고 부른다. 공자구(公子彄), 공자익사(公子益師)가 이것이다. 가장 신분이 낮은 것은 평민인데 평민은 씨가 없기 때문에 씨로 부르지 않고 이름을 부른다. 그러면 씨가 일어나게 된 유래는 경대부에 있겠지? 그러므로 제후의 아들을 공자라 하고 공자의 아들을 공손이라 하며 공손의 아들은 시호나 읍 이름이나 벼슬 같은 할아버지의 자를 씨로 삼는다. 씨라는 것은 같은 족이니 소중한 것을 소중하게 여긴다. 그것을 『춘추좌전』에서 살펴보면 이백오십오 년 동안 남자가 성을 부른 사람이 있던가? 없었다. 여자는 성을 부른다. 옛날에 남녀는 달리 자랐는데 집에 있으면 성을 부르고 어른이 되는 관례를 올리면 순서에 따랐다. 숙외(叔隗), 계외(季隗) 같은 부류가 이것이다. 시집간 뒤에는 나라의 임금에 대해서 성을 부르고 앞에 나라를 붙였다. 강미(江羋), 식규(息嬀) 같은 부류가 이것이다. 그래서 대부는 성을 부르고 앞에 대부의 씨를 붙였다. 조희(趙姬), 노포강(盧蒲姜) 같은 부류가 이것이다. 다른 나라 사람에 대해서 부를 때는 앞에 자기 출신 나라의 같은 씨를 붙였다. 여희(驪姬), 양영(梁嬴)은 진나라에 대해서, 안의희(顔懿姬), 종성희(鬷聲姬)는 제나라에 대해서 부른 것이 이것이다. 죽은 뒤에는 성을 부르고 앞에 시를 붙였다. 성풍(成風), 경영(敬嬴) 같은 부류가 이것이다. 역시 시가 없더라도 집에 있을 때 부르던 것을 따른다. 중자(仲子), 소강(少姜) 같은 부류가 이것이다. 그러므로 씨라는 것은 남자의 구별을 근거로 한다. 성이라는 것은 여자의 거처를 근거로 한다. 진나라 이후 사람들은 씨를 성이라 생각하여 성으로 남자를 부르지만, 주나라의 제도가 없어지고 일가붙이가 어지러워졌다."(『정림문집』[文集] 권1)

2 「주현청립지과의」의 주11을 보라.

3 『사기』「삼대세표서」(三代世表序)는 이러하다. "내가 『첩기』를 읽어보니 황제 이후 모든 연대가 있었다. 역대의 보첩과 오덕에 따라 계승된 것을 조사하니 고대 문헌이 모두 다르고 어긋나거나 달랐다. 공자가 연도와 달을 순서대로 논하지 않은 것은 어찌 허투루 그랬겠는가? 그래서 『오제계첩』(五帝繫諜)과 『상서집세』(尙書集世)를 근거로 황제 이래 공화(共和) 연간까지 기록하여 「세표」를 지었다." 『사기색은』은 이렇게 말한다. "첩(諜)은 소리가 첩(牒)이다. 첩(牒)은 계보와 시호[系謚]를 기록한 책이다. 역보첩(歷譜諜)은 역대의 보첩을 말한다. 『대대예기』「오제덕」(五帝德) 및 「제계」(帝繫)편에 따르면 아마 사마천은 두 편의 첩(諜) 및 『상서』를 취하여, 모아서 황제 이래를 「삼대세표」[系表]로 기록했을 것이다(나는 이렇게 생각한다. 이것은 바로 「삼대세표」인데 당나라 태종의 이름을 당나라 태종의 이름을 피하여 고쳤다)" 일본 사람 타키가와 가메타로[瀧川資言]의 『사기회주고증』(史記會注考證)은 나카이 리켄[中井積德]을 인용하여 이렇게 말한다. "『상서집세』(尙書集世)는 아마도 책 이름일 것이다."

편이다)과 두예의 「세족보」[世族之譜](『춘추석례』(春秋釋例)[5]의 두 번째 편이다)는 경을 연구하고 논을 지어서 따로 전문적인 특기가 있는데 뜻을 다하고 나서 멈추고 다시 보학(譜學)까지 연구하지 않았다.[6] 위나라와 진나라 때

역주_ 「사주」편의 주26에 있는 『사기색은』 인용문을 참조하라.

4 『수서』 「경적지」 "유가류"는 이러하다. "『잠부론』 열 권은 후한 때의 처사 왕부(王符)가 지었다." 『잠부론』 「지씨성」(志氏姓)는 이러하다. "옛날 요임금은 설에게 자(子)라는 성을 하사하고 기(棄)에게 희(姬)라는 성을 하사했으며 우임금에게 사(姒)라는 성을 하사하는데 씨는 유하(有夏)이다. 백이는 강(姜) 성이며 씨는 유려(有呂)이다." 이것이 가장 이른 성씨이다. 또한 "시호에서 나온 성씨"는 문왕과 무왕에서 나온 문씨와 무씨 따위이다. "나라 이름에서 나온 성씨"는 제나라와 노나라에서 나온 제씨와 노씨 따위이다. "작위에서 나온 성씨"는 왕과 제후에서 나온 왕씨와 후씨 따위이다. "벼슬에서 나온 성씨"는 사마와 사도에서 나온 사마씨와 사도씨 따위이다. "자(字)에서 나온 성씨"는 맹손과 계손에서 나온 맹손씨와 계손씨 따위이다. "직업에서 나온 성씨"는 무당이나 장인에게서 나온 무씨나 장씨 따위이다. "사는 곳에서 나온 성씨"는 동문이나 서문에서 나온 동문씨나 서문씨 따위이다. 『후한서』 「왕부전」(王符傳)은 이러하다. "왕부는 자가 절신(節信)이며 안정 임경(臨涇) 출신이다. 어려서 학문을 좋아하고 지조가 있었다. 마융, 두장(竇章), 장형, 최애(崔瑗) 등을 벗 삼아 사이가 좋았다. 안정에서는 서자와 그 자손을 저속하고 변변치 않게 여겼는데 왕부는 외가가 없어서 동네 사람들에게 천대를 받았다. 안제와 화제 이후에 세상 사람들은 벼슬살이 하려고 힘썼는데, 요로에 있는 사람들이 거듭 계속해서 추천하고 이끌었지만 왕부는 홀로 대세에 휩쓸리지 않고 지조를 지켜 세속과 달랐다. 이 때문에 결국 승진하지 못하고 일을 이루려는 마음은 분노로 가득 찼다. 그래서 숨어 살면서 책 삼십여 편을 지어 당시 세상의 성공과 실패를 비웃고 자신의 명성을 누구나 알 수 있도록 드러내려 하지 않았다. 그래서 『잠부론』이라고 이름 지었다."

5 두예 「춘추좌씨전서」는 이러하다. "또한 별집의 여러 가지 범례 및 지명, 보제(譜第), 역수는 서로 더불어 한 부가 되는데 모두 마흔 부 열다섯 권이며 그 차이를 적었다. 좇아서 그것을 풀이하여 『춘추석례』[釋例]라고 이름 지었다." 『수서』 「경적지」 "춘추류"는 이러하다. "『춘추석례』 열다섯 권은 두예가 지었다." 『사고간명목록』은 이러하다. "원래 판본은 오래 전에 사라졌고, 지금은 『영락대전』에서 빼내서 기록한 것이다. 그 책은 동일한 사실을 나열해서 흩어진 사실을 모으는 뜻을 찾는 것이며, 「세족보」(世族譜), 「토지명」(土地名), 「장력」(長曆)은 더욱 자세히 조사하여 철저히 밝혔다."

6 두예 『춘추석례』는 이로써 경을 연구하는 것을 돕는다. 왕부 「지씨성」은 이러하다. "『주역』은 이렇게 말한다. '군자는 동류와 혈족으로 사물을 변별한다.' '이전의 주장과 과거의 행실을 많이 알아서 자신의 덕을 쌓는다.' '배워서 그것을 모으고 물어서 그것을 변별한다.' 그러므로 대대로 전하는 기록을 살펴보고 경을 가리며 국토 및 명백한 문헌에 있는 것을 의거하여 성인과 현인의 후손이나 혈족과 동류의 조상을 나누고 씨족이 어디서 나왔는지 이야기하며 여기서 의도를 가탁한 글을 지어서 후

부터 육조시대까지 명망 있는 혈족[族望]이 점차 높아졌다. 학문을 지망하는 선비와 대부들은 문득 사마천의 『사기』 「세가」가 남긴 의도를 헤아려 스스로 가전(家傳)을 만들었다. 가전의 이름을 지은 것은 구별이 있는데 왕숙의 『가전』, 우람(虞覽)의 『가기』(家記), 범왕(范汪)의 『세전』(世傳), 명찬(明粲)의 『세록』(世錄), 육후(陸煦)의 『가사』(家史)(『육사』(陸史) 열다섯 권이다)[7] 따위는 모두 보첩 이외에 전문 서적으로 정리하여 나라에서 가려 기록하기를 기다렸다. 지우의 『소목기』(昭穆記), 왕검(王儉)의 『백가보』(百家譜) 및 하승천[何氏]의 『성원』(姓苑), 가희경[賈氏]의 『요장』(要狀)(가희감(賈希鑒)의 『씨족요장』(氏族要狀) 열다섯 권이다)[8] 따위의 여러 책은 혈족의 모든 사람을 총괄해서 종류와 순서를 편집하여 나눴다. 좋은 것은 역사서[史乘]를 도울 수 있고 좋지 않은 것은 어쩌면 유서로 흘러드는데 구별이 대단히 광범위하기 때문에 변별하지 않을 수 없다.[9] 같은 혈통의 친족의 구

세의 현인에게 남겨주려고 한다." 그래서 그의 저서와 논의는 사물을 변별하는 바탕으로 취할 뿐이다.

7 『수서』 「경적지」 "잡전류"는 이러하다. "『왕랑왕숙가전』(王朗王肅家傳)은 한 권이다. 『우씨가기』(虞氏家記) 다섯 권은 우람(虞覽)이 지었다. 『범씨세전』(范氏世傳) 한 권은 범왕(范汪)이 지었다. 『명씨세록』(明氏世錄) 여섯 권은 양나라 신무(信武)의 기실 명찬(明粲)이 지었다. 『육사』(陸史) 열다섯 권은 육후(陸煦)가 지었다."

8 『진서』 「지우전」은 이러하다. "지우는 자가 중흡이며 태자사인이다. 한나라 말에 크게 어지러워지고 사람이 많이 죽었기 때문에 「보」와 「전」이 많이 없어졌다. 비록 그 자손이라도 자기 선조에 대해 말할 수 없었기 때문에 『족성소목』(族姓昭穆) 열 권을 지어서 상소문을 올리고 바쳤다. 지우는 사물을 갖춰서 쓰임새가 있게 하기 충분하고 많이 듣는 것을 더욱 넓히기 충분하다고 생각했다." 『수서』 「경적지」 사부 "보계류"(譜系類)는 이러하다. "『백가집보』(百家集譜) 열 권은 왕검이 지었다." 『신당서』 「예문지」 "보첩류"(譜牒類)는 이러하다. "하승천(何承天)의 『성원』(姓苑)은 열 권이다. 가희경(賈希鏡)의 『씨족요장』(氏族要狀)은 열다섯 권이다."

역주_ 장학성의 자주에서 가희감이라 한 것은 가희경(賈希鏡)을 잘못 적은 것이다.

9 『일지록』 23 「성씨서」(姓氏書) 조목에 대해 『일지록집석』은 조익을 인용하여 이렇게 말한다. "나는 이렇게 생각한다. 『주례』의 '소사는 세계를 엮어 소목을 변별한다'는 것은 보학이 주나라 때 시작되었음에 의심스러울 것이 없다. 한나라 고조는 평민 출신에서 일어났기 때문에 씨족을 중요하게 여기지 않았다. 그러나 한나라 등씨(鄧氏)에게 이미 『관보』(官譜)가 있고 응소에게 「씨족」이라는 글이 있으며 왕부 『잠부론』도 역시 「씨족」이라는 글이 있다. 위나라 구품중정법(九品中正法)이 시행되기에 이르자 그래서 권세 있고 신분이 높은 명문 집안[權貴右姓]은 책임자가 선거할 때

분이 엄격해지자 군망이 더욱 중요해졌다. 패국 유씨, 농서 이씨, 태원 왕씨, 진군 사씨는 비록 갈려 나온 성씨들[子姓]이 여러 지역에 흩어져서 본래 같이 살지 않았어도 명망 있는 혈족을 헤아려 말할 때는 반드시 시작한 곳에 뿌리를 둔다.[10] 북위 왕조가 낙양으로 천도하자 여덟 가지 씨[八氏], 열 가지 성[十姓], 서른여섯 가지 족[三十六族], 아흔두 가지 성[九十二姓]이 하남과 낙양에 마을을 이뤄 살게 되었다. 그리고 중국의 인사들은 각자 문벌(門閥)을 품평하여 천하의 성[四海大姓], 주의 성[州姓], 군의 성[郡姓], 현의 성[縣姓]이 생기게 되었고 보록(譜錄)을 지었다.[11] 제나라와 양나

반드시 보첩을 헤아렸다. 그러므로 관청에는 대대로 전해진 집안[世胄]이 있고 보첩에는 대대로 전해진 벼슬이 있는 것이다. 그래서 가씨와 왕씨의 보학이 일어났다. 진나라 태원 연간에 가필(賈弼)은 『성씨부장』(姓氏簿狀)을 지었고 하승천도 역시 『성원』(姓苑) 두 편이 있으며 유담(劉湛) 또한 『백가보』(百家譜)를 지었다. 그러나 가필이 지은 것은 아들 가비지[匪之]에게 전수했고 가비지는 아들 가희경[希鏡]에게 전수하여 『성씨요장』(百家譜) 열다섯 편을 지었다. 가희경은 아들 가집[執]에게 전수했고 가집은 자기 손자 가관[冠]에게 전수했다. 그러므로 가씨 보학이 가장 이름을 드날렸다. 심약은 함화(咸和) 연간 이후에 쓴 보첩은 동시에 모두 상세하고 참되다고 했다. 양나라 무제는 심약의 말을 근거로 왕승유에게 『백가보집초』(百家譜集抄) 열다섯 권과 『남북보집』(南北譜集) 열 권을 고쳐서 정하라는 명령을 내렸다. 그러므로 또한 왕씨 보학이 생겼다. 이것이 남조 보학의 원류이다."

10 『광운』은 이러하다. "유씨는 팽성과 패국에서 나왔고 이씨는 농서와 조군에서 나왔으며 왕씨는 태원과 낭야에서 나왔고 사씨는 진군과 회계에서 나왔다." 전대흔은 이렇게 말한다. "위나라와 진나라 때부터 집안의 등급으로 선비를 취하면서 단출하고 쓸쓸한 집안은 내동댕이쳐서 맞지 않았다. 그래서 사대부들은 비로소 군망으로 자신을 뽐내기 시작했다. 유명하고 신분이 높은 선비들은 타향에 깃들어 사는 사람이 많았기 때문에 왕씨를 말할 때는 꼭 낭야라고 쓰고 이씨를 말할 때는 꼭 농서라고 썼다."(『십가재양신록』 권12)

11 진나라 말기에 탁발규(拓拔珪)는 대왕(代王)으로 자립하고 나라 이름을 위(魏)라고 하며 평양(平陽)을 서울로 정했다. 효문제(孝文帝)가 즉위하고 낙양으로 천도하면서 성을 원씨(元氏)로 고쳤기 때문에 또한 원위(元魏)라고 부른다. 『수서』「경적지」 "보계류" 「서록」은 이렇게 말한다. "후위가 낙양으로 천도할 때 팔씨(八氏)와 십성(十姓)이 있었는데 모두 황제의 혈족에서 나왔다. 또한 서른여섯 혈족이 있었는데 위나라를 따르는 여러 나라이다. 아흔두 성이 있었는데 대대로 부락의 어른이다. 이들이 동시에 하남 낙양 사람이 되었다. 본래 중원에 살던 인사들은 자신들의 문벌에 등급을 매겨서 천하의 큰 성씨, 군의 성씨, 주의 성씨, 현의 성씨가 생겼다. 주나라 태조가 중원에 들어오면서 여러 성씨의 자손 가운데 공이 있는 사람은 동시에 자기 종족의 우두머리가 되도록 명령하고 이어서 보록을 지었다."

라 사이에 이런 기풍이 더욱 성해져서 군과 주의 보첩에는 동시에 전문 서적이 생기게 되었다. 왕검과 왕승유가 목록에 기록한 것[12](왕검의 『제주보』(諸州譜) 열두 권과 왕승유의 『십팔주보』(十八州譜) 칠백 권이다)이나 『기주성족』(冀州姓族), 『양주보초』(揚州譜鈔)[13] 따위는 일일이 기록할 수 없는 것이 많았으며 모두 주와 군에 대대로 이어져 내려온 명망 있는 혈족[世望]을 연결시킨 것이다. 당나라 유지기는 역사서의 「지」를 연구하여 논할 때 족보(族譜)라는 책은 역사서에 넣어야 마땅하다고 생각했다.[14] 그 뒤 구양수의 『신당서』는 「재상세계」(宰相世系)를 지으면서[15] 좋은 집안[淸門]과 명망 있는 혈족[巨族]이지만 재상이 된 사람이 없으면 때때로 수록하지 않은 경우가 있다. 정초의 『통지』는 첫머리에 「씨족략」을 지으면서 범례를

12 『신당서』 「예문지」는 이러하다. "왕검의 『신집제주보』(新集諸州譜)는 열두 권이다. 왕승유의 『십팔주보』(十八州譜)는 칠백열두 권이다."

13 『수서』 「경적지」 "보계류"에는 『기주성족보』(冀州姓族譜) 두 권, 『양주보초』(揚州譜鈔) 다섯 권이 있는데 지은 사람의 성명은 적지 않았다.

14 『사통』 「서지」는 이러하다. "제왕의 먼 후손과 제후의 자손은 자손이 받은 경사가 많아서 백 개의 왕조가 지나도록 끊어지지 않는다. 우리 조상을 말할 수 있었기 때문에 담자가 공자에게 스승이 되었다. 자기 선조를 몰랐기 때문에 적담(籍談)이 주나라 왕에게 꾸지람을 받았다. 그러므로 주나라는 『세본』을 지어서 여러 종족을 법도대로 변별했다. 초나라는 삼려대부[三閭]를 두고 실제로 왕족(王族)을 관장했다. 나중에 이르자 보학이 더욱 번거로워졌다. 그것을 관청에서 쓰면 사대부와 서민을 품평할 수 있고, 그것을 나라에서 베풀면 화하족과 이민족을 뚜렷하게 구별할 수 있다. 한나라와 위나라 때부터 옹주와 예주가 고향이었고 대대로 전해진 집안이 계속 이어졌으며 자손이 번성했다. 영가 연간에 남쪽으로 건너가서 양주와 월주에 떠돌다 정착하자 대대로 내려오던 씨족[代氏]이 남쪽으로 옮겨갔고 이민족이 화하족이 되었다. 그래서 중원의 왕조인 동진 때는 남쪽과 북쪽이 뒤죽박죽이 되었다. 화하족과 이민족의 변방 백성은 이민족과 한족이 서로 뒤섞였다. 수나라가 천하를 차지하자 글자와 수레바퀴 폭을 통일한 진나라처럼 크게 같아졌다. 장강 바깥의 산동에는 인물이 풍요롭게 모였다. 그 틈에 높은 집안과 벼슬이 없는 백성[素族]이 집안을 회복하지 않았지만 군의 중정[郡正]과 주의 공조[州曹]는 대대로 그 직책을 관장했다. 국사가 된 모든 사람은 각자 「씨족지」(氏族志)를 지어서 「백관지」[百官] 다음에 열거해야 마땅하다."

15 『신당서』 권72부터 권75까지가 「재상세계표」(宰相世系表)이다. 『용재수필』 6은 이러하다. "『신당서』 「재상세계표」는 모두 집안마다 보첩을 이어서 썼기 때문에 잘못이 많다."

서술하는 글에서 보학이 연결시키는 것을 뚜렷하게 밝혔는데, 역사가가 스승의 전수를 얻지 못한 원인을 헤아리면서 매우 개탄하며 말한 적이 있다.[16] 그러나 후세인이 역사서를 편찬할 때 그의 법도를 스승삼지 않았으니 이것도 역시 사부의 전적이 빠트린 것이다.

옛날에 고몽(瞽蒙)이 시를 읊을 때 세계도 아울러 읊어서 임금을 경계

---

16 『통지』「씨족략서」(氏族略序)는 이러하다. "수나라와 당나라 이전부터 관청에는 장부[簿狀]가 있고 집안에는 보계가 있었다. 관청에서 시행하는 선거는 꼭 장부를 근거로 하고 집안의 혼인은 꼭 보계를 근거로 했다. 대대로 모두 도보를 편찬하는 기구[圖譜局]가 있었고 낭영사(郎令史)를 두어 그것을 관장했지만 여전히 고금에 대해 박식하고 통달한 유학자를 기용하여 「보」를 짓는 일을 맡게 했다. 온갖 벼슬아치의 혈족 성씨 가운데 가장(家狀)이 있는 모든 사람은 관청에 바치도록 하여 상세하고 구체적으로 비교하여 정한 뒤 비각에 소장하고 부본은 좌호(左戶)에 남겼다. 만약 개인 문서에 분수에 넘치는 것이 있다면 그것을 관청 문서로 바로잡았다. 관청 문서가 미치지 못한다면 그것을 개인 문서로 살폈다. 이것이 가까운 고대의 제도인데, 이로써 천하를 바로잡았고 신분이 높은 사람이 늘 우러름을 받고 신분이 낮은 사람이 똑같이 두려워하도록 만들었다. 그래서 사람들은 보계의 학문이나 집안에 소장한 보첩을 숭상했다. 오대 이래부터 선비를 취할 때 대대로 전해진 집안[家世]인지 묻지 않고 혼인할 때 집안의 등급[閥閱]을 묻지 않았기 때문에 그 책은 흩어져 사라졌고 그 학문도 전수되지 않았다. 삼대 이전에는 성과 씨가 나뉘어 둘이었는데, 남자는 씨를 부르고 여자는 성을 불렀다. 씨는 신분의 높낮이를 구별하는 근거인데, 신분이 높은 사람은 씨가 있고 신분이 낮은 사람은 이름만 있고 씨가 없었다. 오늘날 남쪽의 여러 이민족은 이런 도리가 여전히 남아 있다. 고대의 제후가 맹세할 때 하는 저주의 말[詛辭]에 '임금이 죽고 씨족이 없어져 나라와 집안이 망할 것이다'라는 것이 많다. 씨가 없어지는 것은 작위를 빼앗거나 나라를 잃는 것과 마찬가지임을 이해하면 그것이 귀하지 않다는 것을 알 수 있다. 그러므로 성은 씨라고 불러도 되지만 씨는 성이라고 불러서는 안 된다. 성은 혼인 관계를 구별하는 근거이기 때문에 동성, 이성, 서성(庶姓)의 구별이 있다. 씨는 같은데 성이 다르면 혼인은 통할 수 있다. 성은 같은데 씨가 다르면 혼인은 통할 수 없다. 삼대 이후에 성과 씨가 합쳐져서 하나가 되었고 모두 혼인을 구별하는 근거이지만 어느 지역의 명망[地望]으로 신분의 높낮이를 밝혔다. 글자로 볼 때 여자[女]와 낳다[生]가 성(姓)이라는 글자가 되기 때문에 성이라는 글자는 여(女)를 부수로 하는 것이 많다. 희(姬), 강(姜), 영(嬴), 사(姒), 규(嬀), 길(姞), 운(妘), 주(婤), 압(姶), 비(妬), 노(嫪)와 같은 부류가 이것이다. 그러므로 백희(伯姬), 계희(季姬), 맹강(孟姜), 숙강(叔姜) 같은 부류의 여자 호칭은 동시에 성을 부른다. 어찌하여 사마천과 유지기는 주공을 희단(姬旦), 문왕을 희백(姬伯)이라고 했던 것인가? 삼대 때에 이런 말은 없었다. 참으로 삼대 이후에 성과 씨가 합쳐져서 하나가 되었으니, 비록 사마천이나 유지기라도 오히려 이것에 대해 어두운 것이리라."

시키고 권했다. 『국어』가 "태자에게 세계와 보첩[世]을 가르치시오. 그리하여 그에 의해 밝은 덕을 나게 하시오"라고 말한 것[17]이 이것이다. 그래서 세계를 엮는 형식은 소사가 관장하고 고몽이 읊는데 선왕이 중시한 바이며 아마 인도를 우러르고 근본과 시작을 뒤쫓게 하는 것이리라. 당시 향당주려[州閭族黨]의 우두머리는 소속된 백성에게 법을 읽어주고[18] 향대부는 삼년마다 대비하여 덕행이나 도예를 비교하여 왕에게 글을 바친다.[19] 그렇다면 세계의 형식은 반드시 완전한 숫자가 있고 소사에게 모아서 바친다는 것을 알 수 있다. 사람을 늘어놓아야 집안이 생기고 집안을 늘어놓아야 나라가 생기며 나라를 늘어놓아야 천하가 생긴다. 가첩(家牒)이 편찬되지 않는다면 나라의 장고는 무엇을 바탕으로 해서 증명하

---

17 『주례』「춘관」은 이러하다. "고몽(瞽矇)은 시를 외워서 풍자하고 대대로 이어진 왕조의 덕을 기술한다."정현 주는 이러하다. "시를 외워서 풍자하는 것은 시를 암송하며 다른 것에 기대어 읊지 않는다는 말이다. 그러므로 '전'(奠)을 어떤 데서는 '제'(帝)라고 한다. 두자춘(杜子春)은 이렇게 말한다. '대대로 이어진 왕조의 덕을 기술한다는 것은 「제계」와 제후, 경대부의 「세본」 따위가 바로 이것이라고 한다.' 소사는 선왕의 세대와 소목의 이어짐을 순서대로 편집하고 그 덕행을 기술하는 것을 위주로 한다. 고몽은 시를 외우는 동시에 대대로 이어진 것을 외워서 임금을 경계시키고 권하는 일을 위주로 한다." 『국어』「초어 상」은 이러하다. "장왕이 사미(士亹)에게 태자 잠(箴)을 가르치게 했으나 사양했다. 장왕은 마침내 사미에게 태자를 가르치게 했다. 사미가 신숙시(申叔時)에게 물었다. 신숙시는 이렇게 대답했다. '태자에게 『춘추』를 가르치시오. 그리하여 착한 것을 권하고 나쁜 것을 억누르게 만들어 주시오. 태자에게 세계와 보첩[世]을 가르치시오. 그리하여 그에 의해 밝은 덕을 가진 사람이 밝은 이름이 나고 어둡고 어리석은 사람이 쫓겨난 일로 자기 행동을 절제하도록 만드시오.'"

역주_ 두자춘은 유흠의 제자이며 동한 초에 『주례』를 전수받은 학자이다. 두자춘은 『주례』에 주를 단 적이 있지만 오랫동안 세상에서 사라졌었다. 정현의 『주례주』에 두자춘의 학설 백여든여덟 조목이 인용되어 있다.

18 『주례』「지관」은 이러하다. "주장(州長)은 정월 초하루에 각각 자기 주에 속한 백성에게 법을 읽어 줘서 그들의 덕행과 도예를 비교하고 권하며 그들의 잘못과 나쁜 짓을 바로잡고 경계시킨다." "당정은 네 계절의 첫 달 초하루에 소속된 백성들에게 나라 법을 읽어 줘서 바로잡고 경계시킨다." "족사는 다달이 초하루에 소속된 백성들에게 나라 법을 읽어 주고 그중 효성스러운 사람, 우애가 있는 사람, 화목한 사람, 혼인하는 사람, 학이 있는 사람을 기록한다." "여서는 일이 끝나면 법을 읽어 주고 그들 가운데 몸가짐을 조심스럽게 가지고 남을 잘 구제하는 사람을 기록한다."

19 앞 편의 주1을 보라.

고 믿을 수 있겠는가? 『역』은 이렇게 말한다. "하늘과 불이 동인이니 군자는 이로써 혈족을 종류대로 분류하고 사물을 변별한다."[20] 만물 가운데 사람이 가장 크고 사람 가운데 혈족이 가장 중요하다. 기전의 갈래 가운데 벌레나 물고기처럼 자그마한 것을 언급하는 경우도 있지만 지리에 대한 책은 반드시 지방의 생산물을 증명한다. 그러나 선왕이 땅을 하사하고 성을 나눈 일[21]에서 같은 종류의 사람을 중시하고 사람의 순서를 밝힌 근거[22]를 빠트려서 사람들에게 들려주지 않는다면 위대한 도의 뜻을 밝히는 근거가 아니다. 하물며 보첩이라는 책은 집안에 소장하면 흩어져 어지러워지기 쉽고 국사에 남김없이 넣는다면 또한 번거롭게 많아지는 것이 두렵다. 그래서 지방의 「지」가 생각하여 정한 뒤 편집을 완성하면 여러 집안의 「지」를 모아 묶을 수 있고 국사가 요약하고 편집할 일을 대비할 수 있을 것이며 역시 붓을 들어 글을 짓는 사람도 힘써야 하는 것이 어느 것인지 모르지 않게 될 것이다.[23]

2. 화주지 씨족표 서례(중)

세계를 엮는 일을 소사가 관장하는 것과 백성 숫자를 사도가 관장하는 것은 뜻이 하나이다. 두자춘은 이렇게 말한다. "대대로 이어진 왕조

20 『주역』「동인」괘「상전」의 말을 보라.

21 『상서』「우공」은 이러하다. "땅과 성을 하사하다." 공안국『상서전』은 이러하다. "천자가 덕을 세우면 태어난 것에 의거하여 성을 하사하는데 덕이 있는 사람이 이 땅에 태어나면 이 땅의 이름으로 성을 하사하여 드러나게 한다."

22 『상서』「홍범」은 이러하다. "떳떳한 도를 펼칠 바이다."

23 가업당본『장씨유서』에 따르면 글의 끄트머리는 "이상은 원보이다"[右原譜]라고 말한다.

의 덕을 기술한다는 것은 「제계」와 제후, 경대부의 「세본」 따위가 바로 이것이다."[1] 그래서 보잘 것 없는 백성은 아무리 많아도 그들의 세계의 보첩[牒]이 소사에 속하지 않는다는 것을 알 수 있다. 향대부는 해마다 때에 맞춰 부가(夫家)의 많고 적음을 기록하고 삼년마다 대비해서 훌륭한 사람과 잘하는 사람을 천거한다.[2] 부가의 많고 적음은 바로 대사도에게 올리는 백성 숫자이며 훌륭한 사람과 잘하는 사람은 경대부가 가린다는 것도 알 수 있다. 백성은 신분이 낮기 때문에 호구(戶口)의 많고 적은 숫자만 기록하고 경대부는 신분이 높기 때문에 세계의 보첩을 상세하게 기록한다. 이것은 이세가 본래 그렇기 때문이다. 후세 역사서의 「지」에 호구를 상세하게 쓰지만 보계를 지었다는 소리는 들어보지 못했다. 그렇다면 이것은 보잘 것 없는 백성은 있으되 경대부는 없는 셈이다. 『서』는 이렇게 말한다. "모든 혈족이 이미 화목하고 백성들을 나누어 분명히 한다." 정현은 이렇게 주를 달았다. "백성은 모든 신하들의 아버지, 아들, 형, 아우이다."[3](사마천 『사기』 「오제본기」의 주를 보라) 나누어 분명히 한다는

---

1 소사가 세계를 엮어 소목을 변별한다는 것은 「주현청립지과의」의 주11을 보라. 『주례』 「지관」은 이러하다. "대사도의 직책은 봉건한 나라 땅의 「도」와 백성의 숫자를 관장하여 왕을 편안하게 도우며 나라를 편안하게 한다." 두자춘의 이야기는 앞 편의 주17에 상세하다. 나는 이렇게 생각한다. 『수서』 「경적지」는 이러하다. "한나라 때 이씨(李氏)가 『주관』을 얻어서 하간 헌왕에게 바쳤는데 「동관」 한 편만 홀로 빠져 있었다. 헌왕이 천금이라도 주고 사려고 했지만 얻지 못했다. 결국 『고공기』를 취하여 거기를 보충하고 합쳐서 여섯 편을 완성하여 황제에게 바쳤다. 왕망 때 이르러 유흠이 비로소 『주관』 박사를 두었고 세상에 돌아다녔다. 하남 구지(緱氏) 출신의 두자춘이 유흠에게 학업을 전수받은 뒤 이어서 가르치고 전수했다." 가공언 「주례정의서」(周禮正義序)는 이러하다. "두자춘은 영평 연간 초에 나이가 곧 아흔이었고 남산에 살았다. 자기가 읽은 것을 아주 잘했고 자기 학설을 대단히 잘 기억하고 있었다. 정중과 가규가 찾아가서 학업을 전수받았다."

2 『주례』 「지관」은 이러하다. "향대부는 해마다 때에 맞춰 부가(夫家)의 많고 적음을 기록하고 일을 맡을 만한 사람을 변별한다." 가공언 소는 이러하다. "세시(歲時)라고 하는 것은 한 해의 네 계절이다. 등(登)은 성(成), 정(定)과 같다. 부가는 남녀이다. 네 계절에 남녀가 많고 적음을 기록하여 정한다는 말이다. 맡을 만한 사람을 변별한다고 말하는 것은 맡겨서 부릴 만한 사람을 나누어 변별한다는 말이다." 삼년마다 하는 대비는 「화주지 선거표 서례」의 주1을 보라.

것은 바로 변별해서 그것을 뚜렷하게 밝히는 일이다. 이것이 곧 『주관』의 소사가 세계를 엮는 일의 시작이다. 맹자는 이렇게 말한다. "이른바 오래된 나라라는 것은 높이 자란 큰 나무가 있다는 말이 아니고 대대로 업적을 세운 신하들이 있다는 말입니다."[4] 최근 주와 현의 「지」는 고적(故跡)에 미련을 가지고 마을들을 억지로 끌어다 붙이고[5] 세계의 보첩[世牒]은 빠트린 채 논의하지 않는데 이것은 높이 자란 큰 나무는 쓸데없이 중시하면서 대대로 이어진 집안은 가볍게 여기는 것이다. 하물며 국사가 수록하지 않고 주의 「지」도 싣지 않으며 보계의 법도를 관청에서 관장하지 않고 집안에서 스스로 책을 만들며 사람들이 스스로 설을 만들어 아들과 손자들이 자기 할아버지와 아버지를 지나치게 추켜세우는 바람에 옳고 그름이 국사와 대단히 차이가 있는 경우도 있다.[6] 그런 되먹지 못한 무리들은 현인과 철인에 갖다 붙이기도 하고 종보를 제멋대로 사고팔기도 하는데 거짓이 참을 어지럽히거나 허황되고 잘못되어 흐리멍덩함이 도저히 말할 수 없는 지경이다. 좋은 집안과 그 후손[華胄]은 문벌을 서로 뽐내고 세상에 소문난 평판을 제멋대로 세운다. 동진 때 왕씨 집안과 사씨 집안 같은 여러 집안은 다만 관직과 공훈만 있어서 열전

---

3 『상서』「요전」을 보라. 『사기』「오제본기」는 "백성을 나누어 분명히 하다"라고 했다. 『사기집해』는 정현을 인용하여 이렇게 말한다. "백성은 모든 신하들의 아버지, 아들, 형, 아우이다." 『사기색은』은 이러하다. "『고문상서』는 평장(平章)이라 하고 『금문상서』는 변장(辯章)이라 한다. 고대에는 평(平) 자도 역시 변(便)이라고 했는데 음은 비연(婢緣)의 반절이다. 변은 변(辯)이라고 풀이하여 드디어 변장이라고 쓴 것이다." 『후한서』「유개전」(劉愷傳)의 주는 정현 주를 인용하고 있다. "변(辯)은 별(別)이다. 장(章)은 명(明)이다."

4 『맹자』「양혜왕 하」를 보라.

5 『시』「소아」"소변"(小弁)은 이러하다. "뽕나무와 가래나무도 반드시 공경하나니." 「전」은 이러하다. "부모가 심은 것이기 때문에 나는 여전히 감히 공경하지 않을 수 없다." 후세인들은 이것에 의거하여 고향 마을[鄕里]의 이름이라고 생각했다.

6 『한서』「휴홍전」(眭弘傳)의 주는 이러하다. "안사고는 이렇게 말한다. 개인적인 「보」[私譜]는 민간에서 나오고 집안에서 스스로 학설을 짓기 때문에 사실은 경전이 아니다. 만약 선현을 인용한다면 제멋대로 서로 가탁하여 믿음직스럽게 취할 것이 없으니 어찌 의거하기에 충분하겠는가?"

에 제목을 달게 되었다. 역사를 기록하는 신하는 붓을 입에 물고 잠시 생각하여도 아무도 왈가왈부할 수 없다. 이씨라면 반드시 농서 이씨이고 유씨라면 반드시 패국 유씨라고 하는 지경에 이르러 다만 명망을 바탕으로 삼는 일을 구할 뿐이지 어디서 나왔는지 묻지 않는다.[7] 그래서 보첩의 폐단이 생겼으니 보첩이 없는 것만 못하다. 역사서의 「지」가 빠트리고 생략한 것도 아마 이전 사람의 잘못일 것이다.

포정사사와 부가 주와 현을 거느리고 주와 현이 대대로 전해진 혈족을 거느리며 대대로 전해진 혈족이 평민을 이끌면 천하의 대계는 손바닥을 가리키듯 말할 수 있다. 당나라 때 삼백 년 동안의 보계는 겨우 재상만 기록하고 있지만[8] 당나라의 시대가 광범위하고 번거롭기 때문에 어쩔 수 없는 꾀를 낸 것일 뿐이다. 지방의 책이 과거 합격자와 벼슬살이한 사람을 기록한 것은 본디 위대한 주나라의 향대부가 훌륭하고 잘하는 사람을 적어 올리는 일이다. 오늘날 『주관』이 남긴 의도를 본떠 특별히 씨족만 「표」로 만들었는데 편리함이 대략 열 가지이다. 하나는 역사가의 직권이 흩어지지 않아서 개인적인 책도 절충하는 바가 있다.[9] 이

7 전대흔은 이렇게 말한다. "위나라와 진나라 때부터 집안의 등급으로 선비를 취하면서 단출하고 쓸쓸한 집안은 내동댕이쳐서 맞지 않았다. 그래서 사대부들은 비로소 군망으로 자신을 뽐내기 시작했다. 당나라와 송나라는 진사과를 중시했는데, 선비들은 모두 보첩을 던져서 시험에 응시했고 품계에 나뉨이 없었다. 그러나 당나라 때도 여전히 씨족을 숭상하여 황제의 명령을 받들어 어떤 집안이 높고 어떤 집안이 낮은지 등급을 매겨서 전문 서적으로 단단히 엮었다. 오대의 난리 때문에 보첩이 흩어지고 없어졌고 송나라 때 이르러 개인적인 「보」가 성행했기 때문에 조정에서도 그저 지나치고 묻지 않았다. 유명하고 신분이 높은 선비들은 타향에 깃들어 사는 사람이 많았기 때문에 군망이라는 것이 있는지도 모르는 채 오륙백 년이 흘렀다. 오로지 민간에서 시집 장가보낼 때 이름을 쓰는 명첩(名帖)에만 가끔 한 번씩 쓸 뿐이다. 왕씨를 말할 때는 꼭 낭야라고 쓰고 이씨를 말할 때는 꼭 농서라고 쓰며 장씨를 말할 때는 꼭 청하라고 쓰고 유씨를 말할 때는 꼭 팽성이라고 쓰며 주씨를 말할 때는 꼭 여남이라고 쓰고 고씨를 말할 때는 꼭 무릉이라고 쓰며 주씨를 말할 때는 꼭 패국이라고 쓴다. 자기 조상이 어떤 사람이든, 어디서 옮겨 왔든 내버려 두고 묻지도 않는다. 이것은 세속의 풍습 가운데 대단히 웃긴 것이다."(『십가재양신록』 권12)

8 『신당서』 「재상세계표」는 앞 편의 주15를 보라.

9 「역교 하」의 주50을 보라.

것이 첫 번째 편리함이다. 하나는 보첩을 만드는 방법이 한결같아져서 개인적인 보첩의 범례가 순수하지 않다면 참고하여 취할 수 있다. 이것이 두 번째 편리함이다. 하나는 맑은 것과 흐린 것이 길을 나누니 일가붙이가 아니면 거짓으로 기댈 수 없고 품계가 나눠는 것이다. 이것이 세 번째 편리함이다. 하나는 호적에 적는 일이 이미 정해지면 글을 저울질하여 선비를 취할 때도 본래 같은 혈통의 친족이 있어서 조사할 수 있고 그 호적에 있는 사람이 아니라도 조사하여 검증하기 어렵지 않다. 이것이 네 번째 편리함이다. 하나는 소목이나 친밀하고 듬성듬성함[10]이 질서정연하게 서술되어 있으면 선현에게 제사를 받드는 문제가 생기거나 후사가 끊어져 계승하고 상속하는 논의가 생겨서 남의 후사를 다투는 소송도 평온하게 만들기 쉽다. 이것이 다섯 번째 편리함이다. 하나는 조상의 계보가 분명한데 다른 지방에서 옮겨오거나 다른 지방으로 나중에 옮겨간 경우, 세계표[世表]가 주의 「지」에 편집되어 있다면 다른 주와 현의 보첩이 흩어져 없어지더라도 이것을 빌려서 저것을 증명할 수 있다. 이것이 여섯 번째 편리함이다. 하나는 성씨를 바꿨더라도 시대의 앞뒤 및 고친 까닭이 책에 명백하게 드러나면 혼인할 때도 변별할 수 있을 것이고 보학을 뚜렷하게 편찬하는 사람은 유래를 헤아릴 수도 있을 것이다. 이것이 일곱 번째 편리함이다. 하나는 세계가 이어지는 훌륭한 집안[11]이나 명망 있는 혈족,[12] 또는 과거 합격자나 벼슬살이한 사람은 계보

---

10 『예기』 「제통」(祭統)은 이러하다. "제사에는 소목이 있다. 소목은 아버지와 아들, 멀고 가까움, 윗사람과 아랫사람, 친밀하고 엉성함의 순서를 구별하여 어지럽지 않게 한다."

11 '이어지는'은 선련(蟬連)이라고도 하는데 계속 이어져서 끊이지 않는다는 말이다. 『세설신어』 「식감」(識鑒)은 이러하다. "왕공(王恭)이 아버지를 따라 회계에 있었다. 왕침[王大忱]이 서울에서 와서 무덤을 참배했는데 왕공이 잠시 무덤 아래에 가서 그를 만났다. 두 사람은 평소 사이가 좋았기 때문에 결국 십여 일 동안 서로 오갔다. 아버지가 왕공에게 이렇게 물었다. '무슨 이유로 그렇게 여러 날 동안 만난 게냐?' 왕공이 이렇게 대답했다. '왕침[阿大]과 이야기하다보면 매미가 맴맴 하는 소리가 이어지듯 돌아올 수 없게 됩니다.'"

12 뛰어난 명성과 명망이 있는 혈족이다. 진관(秦觀) 「왕검론」(王儉論)은 이러하다. "왕

에 적혀 있지만 어진 행실이나 덕행과 도예는 「열전」이 기록하지 않아서 죽은 뒤에 칭찬받지 못한다면 뜻 있는 선비가 부끄러워한다.[13] 이렇게 글은 더하거나 덜어내지 않았지만 뜻은 좋은 일을 권하고 나쁜 일을 꾸짖는 것을 겸한다. 이것이 여덟 번째 편리함이다. 하나는 지방의 명망 있는 혈족[地望]은 중요하기 때문에 저자거리나 마을에 허투루 베풀지 않는다. 이것이 아홉 번째 편리함이다. 하나는 글을 거두어 증명하고 문헌을 헤아리면 국가의 편찬 기구가 격문을 보내 거두게 되는데, 「지」에 따라서 구한다면 손바닥을 가리키듯 쉽다.[14] 이것이 열 번째 편리함이다. 그러면 그것을 편찬하고 밝혀 여러 부, 주, 현으로 넓어질 테니 「지」가 어떤 주의 「지」인 것만은 아니다.[15]

3. 화주지 씨족표 서례(하)

『역』은 이렇게 말한다. "사물은 끝이 없으므로, 그것을 「미제」로 받는다."[1] 흩어져 잃어버린 것을 널리 빠짐없이 모으는 일은 먼저 흩어져 잃어버린 일이 있었기 때문에 빠짐없이 모으는 일이 있는 법이다. 잠겨서

씨와 사씨는 가장 명망 있는 집안이며, 동진 이래로 공경이나 장군과 재상 가운데 그 집안에서 나온 사람이 열에 일고여덟이다."

13 『논어』「위령공」은 이러하다. "군자는 세상을 마치도록 이름이 일컬어지지 않는 것을 싫어한다."

14 『논어』「팔일」은 이러하다. "어떤 사람이 체(禘) 제사에 대한 이야기를 물었다. 선생님이 말씀하셨다. '모른다. 그 이야기를 아는 사람은 천하를 여기서 보는 것과 같을 것이다!' 자기 손바닥을 가리키셨다."

15 가업당본 『장씨유서』에 따르면 글의 끄트머리에 "이상은 치용이다"[右致用]라는 제목을 달았다.

1 『주역』「서괘전」을 보라.

드러나지 않는 것을 밝게 드러내는 일은 먼저 잠겨서 드러나지 않은 일이 있었기 때문에 밝게 드러내는 일이 있는 법이다. 진수 『삼국지』 「촉서」의 열전은 양희(楊戲)의 「계한보신찬」으로 마무리 지었고[2] 상거 『화양국지』의 「서지」(序志)는 사녀의 이름을 개괄해서 남겼다.[3] 두 분은 장고가 때때로 막힌다는 것을 알았기 때문에 「찬」과 「서」로 세상에 소문난 평판의 큰 줄거리를 남기고 어쩔 수 없이 겨우 남기는 까닭을 명백히 적었다. 이것도 역시 역사가가 글을 비워두고 쓰지 않는 옛 범례이다.[4] 화주는 당나라와 송나라 때 중요한 군[望郡]이고 문헌의 증명은 조금이라도 개괄해 볼 만한 것이 없다. 가보와 세계의 보첩이 드물어서 나이 많은 노인에게 물었는데, 명나라 끝 무렵[明季] 을해년 도적떼의 사변 당시[5] 도서가 전쟁으로 난 불에 훼손되었다고 한다. 오늘날 화주 경계 안에 있는

---

2 『삼국지』 「촉서」 "양희전"(楊戲傳)은 이러하다. "양희는 자가 문연(文然)이고 건위군[犍爲] 무양(武陽) 출신이다. 양희는 연희(延熙) 4년 「계한보신찬」(季漢輔臣贊)을 지었는데 그가 칭송하고 기술한 사람은 지금 「촉서」에 많이 실려 있어서 뒤에 기록한다. 이때 이후로 죽은 사람은 돌이켜 시호를 주지 않았기 때문에 칭송받고 기록되어야 하지만 글에 수록하지 않은 사람이 있는 경우도 있다. 양희가 칭찬했지만 지금 「전」을 짓지 않은 사람은 내가 양희의 말 다음에 모든 내력을 주소로 달아두었기 때문에 그들의 비슷한 모습을 거칠지만 알 수 있을 것이다."

3 『수서』 「경적지」 "패사류"는 이러하다. "『화양국지』 열두 권은 상거가 지었다." 『직재서록해제』 는 이러하다. "파촉(巴蜀)의 지리, 풍속, 인물 및 공손술, 유언, 유장, 유비와 유선[先後主]을 기록하고 이특(李特)의 사적도 언급했다. 권 끄트머리가 「서지」인데 처음 시작했을 때부터 영화(永和) 3년까지 마친다고 말한다." 「서지」편에 따르면, 한나라가 일어났을 때부터 삼국시대가 끝날 때까지 양주, 익주, 영주[寧] 세 주의 사녀가 전기에 수록된 사람이 삼백마흔 명이다. 또한 삼국시대, 서진과 동한 이래의 인사가 쉰한 명이니 합치면 삼백아흔한 명이다.

4 비워둔 글[闕文]은 「언공 중」의 주21을 보라. 『화양국지』 「서지찬」(序志讚)은 이러하다. "이런 선비들은 『한서』에 보이기도 하고 『양양기구기』[耆舊]에 실려 있기도 하며 임금의 「본기」[君紀]에 보이기도 하고 『삼국지』[三國書]에 있기도 하다. 아울러 빼어나고 기이한 사람을 취하여 이 글에서 그들을 드러내서 밝혔다. 널리 알려지고 드러난 사람을 모두 붙여서 고루 실었다. 다만 명목만 보이고 행실이 상세하지 않은 까닭에 진귀할 정도로 좋은 것이 없어도 전하는 경우가 있지만 그것을 빠트리고 올바른 글에 딸리게 함으로써 내용을 삼는다."

5 『명사기사본말』은 이러하다. 숭정 8년 섣달 장헌충(張獻忠)이 여주(廬州)를 포위하고 길을 나누어 소현과 함산현을 함락하고 결국 화주를 함락시켰다.

인사는 모두 당시 겨우 살아남아 다행히 재앙을 면한 사람들의 증손자이거나 고손자이다.[6] 들은 것과 전해들은 것은 다섯 세대나 일곱 세대 앞까지 그칠 뿐이고 더 오래전으로 거슬러갈 수 없었다. 세상에 전해지는 일이 오래 가지도 않고 자손도 많지 않았기 때문에 보첩을 만드는 방법은 대부분 강구하지 않았다. 그들이 가진 것을 찾으니 개인적인 메모나 필기 따위를 냈고 형식도 정해지지 않아서 법도[典則]로 삼기 어렵다. 심한 경우는 성씨를 가지게 된 유래조차 거슬러 올라가지 못하는 지경이었다. 나는 그래서 그것 때문에 개탄하며 한숨지었다.

가보는 주의 「지」보다 분량이 적기 때문에 전쟁이 끝난 뒤에 남아난 가보가 없겠지만 명나라 가정 연간의 지주 역란(易鸞)[7]과 만력 연간의 지주 강고(康誥)가 편찬한 『화주지』[8]는 오랜 세월이 지났어도 오늘날까지 모두 남아 있다. 이것은 책이 관청에 있으면 지키기 쉽지만 개인적으로 가지고 있으면 남기기 어렵다는 명백한 증명이다. 지금 어떻게 할 것인지 다투지 않는다면 이렇게 제각기 다른 것도 나중에는 구할 수 없게 된다. 하물며 내가 『당서』 「재상세계표」를 살펴보니 조상들을 열거하면서 양나라나 진나라 때까지 거슬러 올라간 것도 있고 북위[元魏]나 후주(後周) 때까지 거슬러 올라간 것도 있지만 더욱 앞 시대로 거슬러 올라가면 역사서의 보첩에 빠진 글이 하루아침 하루저녁에 그렇게 된 것은 아니다. 그러면 헤아릴 수 있는 것을 기록하고 알 수 없는 것을 생략하면 사정을

---

6 『이아』 「석친」은 이러하다. "손자의 아들이 증손(曾孫)이고 증손의 아들이 현손(玄孫)이다."

7 역란(易鸞)은 자가 명화(鳴和)이며 강서 분의(分宜) 출신이다. 가정 3년 화주 지주에 제수되었다. 정사를 돌볼 때는 큰 줄거리를 숭상했기 때문에 벼슬살이 하던 삼년 동안 진균(陳鈞)과 황공표(黃公標) 두 사람의 『화주지』를 취하여 편집하고 열일곱 편으로 정했다. 「화주지전지열전」(『장씨유서』 「외편」 18)을 보라.

8 강고(康誥)는 자가 영호(瀛湖)이고 정주위(汀洲衛) 출신이며 거인 자격으로 융경(隆慶) 5년 화주 지주 벼슬에 올랐다. 백성의 일에 마음을 쏟아 돕고 더한 것이 많았다. 만력 3년 제가(齊柯)와 유연(劉埏)에게 『화주지』를 편찬하게 했는데 강령이 모두 여덟 가지이다.(위와 같다)

모르고 지었다는 꾸지람을 피한다.[9] 모든 성씨가 어디서 나왔는지 헤아려 고대를 조사하는 바탕을 준비한다. 호적에 있는 세대를 상세하게 설명해야 주의 강역[州略]을 정한다. 과거 합격자나 벼슬살이한 사람을 제목으로 달았지만 공생, 감생, 생원과 봉군(封君) 및 재물을 바치고 받은 허울뿐인 품계라도 있으면[10] 모두 같은 종류로 따르게 한다. 과거 합격자나 벼슬살이한 사람이 없고 겨우 생원 및 재물을 바치고 받은 허울뿐인 품계만 있으면 「표」를 세워주고 주요한 것과 보조적인 것, 가벼운 것과 무거운 것을 저울질하지 않는다. 과거 합격자나 벼슬살이한 사람의 혈족과 갈려나간 지파가 모두 평민이라면 지파를 나눈 사람에 그치고 다시 그의 아들과 손자를 열거하지 않는 것은 군자의 은혜도 다섯 세대가 지나면 끊어지기 때문이다.[11] 만약 그것까지 모두 열거한다면 판도의 호적이나 다름이 없기 때문이다. 비록 과거 합격자나 벼슬살이한 사람이 있더라도 보첩이 없는 사람을 비워두는 것은 잘못되거나 분수에 넘치는 일을 엄격하게 방지하기 때문이다. 정식 공생[正貢]도 역시 과거 합격자이며 보잘 것 없는 벼슬자리라도 벼슬은 벼슬이니 자격과 등급을 다시 나누지 않는 것은 문헌으로 증명하지 못하기 때문이다. 지나친 것과 함

---

9 『논어』 「술이」는 이러하다. "선생님이 말씀하셨다. '아마 모르면서 하는 것도 있을 수 있지만 나는 이런 것이 없다.'"

10 과거 시험을 칠 때 학교에 들어온 사람을 생원이라 부르고 학업과 행실이 뛰어나며 공거를 받은 사람을 공생이라고 부른다. 명나라 제도는 천하의 학업과 행실이 뛰어난 사람을 국자감에 보내서 학교에 들어가게 시키고 감생이라고 했다. 청나라 제도는 다섯 가지 공생[五貢](부공(副貢), 발공(拔貢), 우공(優貢), 세공(歲貢), 은공(恩貢)이다)이 모두 국자감에 들어가서 학업을 익힐 수 있었다. 그러나 보통 감생이라면 모두 돈이나 곡식을 바친[捐納] 사람에서 말미암는다. 자손 가운데 지위가 높아져 귀하게 되면 모두 조상이 봉전(封典)을 받게 마련인데 이것을 봉군(封君)이라고 부른다. 재물을 바치고 벼슬아치가 된 모든 사람은 자랑(貲郎)이라고 부른다.

11 『맹자』 「이루 하」는 이러하다. "맹자는 이렇게 말했다. '군자의 은혜도 다섯 세대가 지나면 끊어지고 소인의 은혜도 다섯 세대가 지나면 끊어진다." 주희 주는 이러하다. "택(澤)은 흐르는 바람이 남긴 여운과 같다. 아비와 아들이 계속 이어지는 것이 한 세대이다. 참(斬)은 절(絕)이다. 대체로 군자와 소인의 은혜는 다섯 세대가 지나면 끊어진다는 말이다."

께 폐기하는 것은 차라리 지나치더라도 남기는 것이 낫다.[12] 이것이 「미제」 괘의 뜻이다.[13]

12 유흠 「이양태상박사서」는 이러하다. "허물이 있다고 없앨 바에는 차라리 허물이 있을 지라도 남긴다."

13 가업당본 『장씨유서』에 따르면 글의 끄트머리에는 "앞은 통변이다"[右通變]라는 제목을 달았다.

화주지 여지도 서례(和州志輿地圖序例)

도보(圖譜)의 학은 고대부터 전문가가 있었고 정초가 상세하게 논했다.[1] 사마천은 역사서를 지을 때 「표」의 형식으로 열거하는[旁行斜上] 유산만 취하여 열 편의 「표」를 열거했지만 궁궐에 법령을 거는 일을 관장하는 법을 취하여 「도」를 열거하지 않았다.[2] 그래서 후세의 역사서가 계

1　『통지』「도보략」 "색상"(索象)은 이러하다. "고대의 학이라는 것은 배우는 요령이 있었다. 그림[圖]은 왼쪽에 두고 글[書]은 오른쪽에 둔 뒤, 형상[象]은 그림에서 찾고 이치[理]는 글에서 찾았다. 그러므로 사람들도 배우기 쉬웠고 학도 역시 결과를 이루기 쉬웠다. 진나라 때 사람들은 비록 유학을 버렸지만 역시 그림과 글을 버린 적은 없으며 참으로 나라를 다스리는 도구로써 하루도 없을 수 없었다. 소하가 함양에 들어갔을 때 먼저 진나라의 그림과 글을 취했다. 일단 전쟁의 승패가 정해진 뒤에 문물이 모두 펼쳐졌다. 그러므로 소하가 율령을 정하자 형벌이 밝아졌고 한신이 군법을 펼치자 호령이 밝아졌다. 장창이 장정을 만들자 전고의 차례가 잡혔고 숙손통이 예의를 정하자 명분에 구별이 생겼다. 한나라 초 전적에 규율이 없어서 유흠이 새로 의견을 내서 모든 글을 한데 모아서 묶고 『칠략』에서 일곱 가지로 나누었는데 글만 모으고 그림을 수록하지 않았다. 소하의 그림은 이로부터 시들어서 땅에 떨어졌다. 오로지 임굉이 병서를 교정할 때 한 가지 종류를 네 가지로 나누어 쉰세 가지

속 이어서 「표」와 「지」는 더욱 번성했지만 도경은 차츰 잃어버리게 되었다. 고대를 좋아하는 선비[好古之士]는 옛 문헌을 헤아리고 말도 소리 내서 외우지만 눈으로 형상을 그려내지 못한다. 이것도 역시 붓을 들어 글을 짓는 일의 일반적인 폐단이고 우리 유학[斯文]이 빠트린 것이다. 정초는 천 년 뒤에 태어나 분발하고 삼대의 없어진 글에 뜻을 두었다. 「도보략」에 이미 쓸모를 밝혔고 또한 후세에 전고를 잃어버린 이유를 헤아린 뒤, 반고가 글만 수록하고 그림은 버린 일에서 시작되었다고 이미 개탄스럽게 말했다.[3] 그러나 정초의 의도는 다만 여러 사람을 목록에 기록

의 글이 있고 마흔네 권의 그림이 있다고 『칠략』에 실려 있는 것이 다른 것과 홀로 다르다. 송나라와 제나라 사이에 모든 책이 순서를 잃자 왕검이 그래서 『칠지』로 규율했다. 여섯 가지 「지」는 책을 수록하고 한 가지 「지」는 오로지 도보(圖譜)만 수록했다. 설령 전문가의 책이 있으면 전문가의 학이 생기고 전문가의 학이 생기면 그 학은 틀림없이 전해진다 하더라도, 글도 역시 잃어버리지 않아야 한다. 임굉의 「병서략」은 유흠이 넓힐 수 없었다. 왕검의 『칠지』는 완효서가 이을 수 없었다. 완효서가 『칠록』을 지어서 「도」를 흩어 부록(部錄)으로 돌리고 「보」를 뒤섞어 기주(記注)로 돌렸다. 「내편」에는 그림 칠백일흔 권이 있고 「외편」에는 그림 백 권이 있는데, 「보」는 어떤지 미처 모를 뿐이다. 수나라의 장서는 어느 시대보다 풍부하지만 도보는 엮은 적이 없다. 이후로 남김없이 규율하지 않았으니 오늘날까지도 순임금, 하나라, 상나라, 주나라, 진나라, 한나라 등 상고시대의 글은 갖춰져 있지만 그림은 전해지는 것이 없다. 그림은 전해지지 않고 글은 다시 나날이 많아졌기 때문에 그래서 학자가 학문을 완성하기 어려운 것이다."

2 『사기』 「십이제후연표서」는 이러하다. "사마천은 『춘추역보첩』을 읽었다." 『양서』 「유묘전」(劉杳傳)은 이러하다. "왕승유가 「보」를 지으라는 명령을 받고 유묘에게 「보」의 핏줄이 이어진 것을 찾았다. 유묘는 이렇게 말했다. '사마천 『사기』 「삼대세표」가 「표」의 형식으로 열거하고 동시에 『주보』를 본받았다고 환담 『신론』은 말합니다. 이로써 헤아려 보면 주나라 때 시작되었어야 합니다.'" 『사기』의 「표」 열 편이 「표」의 형식으로 열거하고 자주를 나누어 기록한 것은 사실 보첩의 유산이다. 『주례』 「천관」 "대재"는 이러하다. "정월 초하루 달력을 만들어 내거는 방법으로 상위(象魏)에 내건다." 주는 정중을 인용하여 이렇게 말한다. "상위는 궐(闕)이다." 주기(周祈) 『명의고』(名義考)는 이러하다. "고대에는 궁정에 두 개의 높은 대(臺)가 문 밖에 있어서 누각을 지어 위에서 살펴보았다. 위는 둥글고 아래는 네모난 것으로 두 개의 관(觀)이 짝을 이뤄 서있는데 가운데 문을 만들지 않고 문은 양쪽 옆에 있었으며 가운데는 비운 채 길을 만들어서 거기 법을 내걸었다고 상(象)이고 건물의 모습이 우뚝하게 높고 크다고 위(魏)이다." 사마천이 상위를 본받아서 「도」를 짓지 않은 것은 특히 잘못된 꾀이다.

3 『통지』 「도보략」 "명용"(明用)은 이러하다. "학을 잘 하는 사람은 군대를 거느리거

하려고 한 것뿐이지 도보라는 전문 분야를 세우려는 것은 아니었기 때문에 따로 하나의 「녹」을 만들어 『칠략』과 사부 분류법이 따라잡지 못하는 것을 도우려고 했을 뿐이다. 사실 그는 깊이 비교해서 생각한 적도 없다. 도학(圖學)이 전승되지 않은 것은 사마천에게 「표」는 있어도 「도」가 없었고 결국 후세인이 역사서를 편찬할 때 「도」를 채록해야 한다는 것을 모르게 만들었기 때문이다. 그러므로 그는 스스로 『통지』의 「기」, 「전」, 「보」, 「약」을 만들어 여러 형식을 모두 갖췄지만 지리의 형세와 사물의 형상은 다른 사람과 마찬가지로 「도」를 만들지 않았다. 이것을 가지고 반고를 논한다면 이른바 초나라 사람이 틀렸다고 어찌 제나라 사람이 맞다고 할 수 있는가 하는 것이다.[4] 도보의 쓰임새는 서로 표리 관계이다. 주나라의 「보」가 없어진 지 오래되었지만 삼대의 세계와 제후의 연도와 달을 지금도 모두 고증할 수 있는 것은 사마천이 가려 모아 「표」를 만든 덕분이다. 궁궐에 법령을 내거는 제도를 이미 잃어버리고 모양과 이름의 제도, 모나거나 두루뭉술한 것과 굽거나 바른 것을 지금 알 수 없는 것은 사마천이 미처 「도」를 가지고 열거하지 않은 까닭이다. 그

나 옥사를 다스리는 것과 같다. 만약 군대의 대오를 정비하는 것[部伍] 같은 방법이 없다면 어떻게 책의 규율을 얻을 수 있겠는가? 만약 사실을 조사해서 밝히는 방법이 없다면 어떻게 책의 진실을 얻을 수 있겠는가? 이제 천하의 책과 고금의 학술을 총괄하여 도보의 쓰임새가 될 만한 근거를 조리 있게 가린다면 열여섯 가지가 있다. 첫째 천문, 둘째 지리, 셋째 궁실, 넷째 기용(器用), 다섯째 거기(車旂), 여섯째 의상(衣裳), 일곱째 단조(壇兆), 여덟째 도읍, 아홉째 성축(城築), 열째 전리(田里), 열한 번째 회계, 열두 번째 법제, 열세 번째 반작(班爵), 열네 번째 고금, 열다섯 번째 명물, 열여섯 번째 서(書)이다. 이런 열여섯 가지 부류는 모두 책은 있지만 그림이 없어서 쓸 수 없다." 또한 『통지』 「총서」는 이러하다. "고대의 학이라는 것은 그림은 왼쪽에 두고 책은 오른쪽에 두었기 때문에 하나라도 없앨 수 없다. 유흠이 『칠략』을 지을 때 책은 수록하고 그림은 수록하지 않았기 때문에 반고는 그 책에 의거하여 「예문지」를 지었다. 이후로 도보는 나날이 없어지고 서적은 나날이 번거로워져서, 후세의 학자들을 괴롭히고 좋은 재주를 무너뜨린 것은 모두 여기서 시작되었다. 왜 그런가? 그림에 의거하면 구하기 쉽고 책에 의거하면 구하기 어려운데 쉬운 것을 버리고 어려운 것을 좇기 때문에 성공하는 사람이 적다."

4 사마상여 「상림부」를 보라.

래서 책이 남았느냐 없어졌느냐 하는 것과 역사를 기록하는 신하가 기록할 것은 기록하고 삭제할 것은 삭제하는 일이 연결되어 있다는 것[5]은 명백하다. 먼 옛날의 「도」는 잠시 상세하게 논하지 말자. 『삼보황도』[6]와 『낙양궁전도』(洛陽宮殿圖)[7] 이래로 서울[都邑]에 대한 문서 가운데 완성된 것이 대대로 이어지지만 후세에 찾아서 모은 것은 백분의 일도 안 된다. 정초는 홀로 탁월하고 독특한 판단력을 갖추고[8] 전문가의 기록을 세웠지만 지금 열거하고 있는 것을 혹시라도 폐기하지 말아야 한다고 생각했다. 그러나 지금 정초가 수록한 것을 근거로 앞 시대에 새버린 것과 흩어져버린 것을 송나라 때와 비교해서 살펴보면 그다지 큰 차이는 없다.[9] 그러면 책이 남게 되느냐 없어지느냐는 역사를 기록하는 신하가 기록할 것은 기록하고 삭제할 것은 삭제하는 일과 더욱 중요하게 연결되어 있고 제목을 목록에 기록하는 것이나 분류하여 편집하는 것과 오히려 덜 중요하게 연결되어 있다는 것도 명백하다. 술잔[樽罍]처럼 자그마

5 「역교 하」의 주26을 보라.

6 『수서』 「경적지」 "지리류"는 이러하다. "『황도』(黃圖) 한 권은 삼보의 궁관(宮觀), 능묘(陵廟), 명당, 벽옹, 교치(郊畤) 등의 일을 기록한다." 『직재서록해제』 는 이러하다. "진나라와 한나라 사이 궁실과 원유를 대단히 상세하게 실었다. 응소 『한서해』(漢書解)를 많이 인용했지만 여순과 안사고가 다시 이 책을 인용하여 근거로 삼았고 한나라와 위나라 사이 사람들이 지은 것에 뜻이 있었다." 『일지록』 31은 이러하다. "한나라 때 서쪽의 여섯 궁전은 대단히 많아서 역사서를 읽어도 이해하기 특히 쉽지 않은데 『삼보황도』가 순서를 매긴 것은 아주 남김이 없다. 장락궁, 미앙궁, 건장궁[建章], 북궁, 감천궁을 대강으로 삼고 그중에 있는 궁실과 전대(殿臺)를 제목으로 삼아서 핵심을 얻었다."

7 『통지』 「도보략」에는 『낙양궁궐도』(洛陽宮闕圖)가 있는데 권 숫자 및 지은 사람의 성명을 적지 않았다.

8 『통지』 「총서」는 이러하다. "저는 그래서 두 가지 기록을 세웠습니다. 첫째가 있는 것을 기록하는 것인데, 현재 있는 것을 기록하여 모으지 않을 수 없습니다. 둘째가 없는 것을 기록하는 것인데, 찾지 않을 수 없습니다. 그러므로 「도보략」을 지었습니다."

9 『장자』 「소요유」는 이러하다. "크게 차이가 난다." 방이지(方以智)는 이렇게 말한다. "경정(逕庭)은 하늘과 땅[霄壤]과 같다. 좁은 길과 건물 사이의 마당인데 치우침과 올바름이 현격하게 사이가 뜬다는 말이다."

한 것이 박식함과 우아함을 돕는 경우가 있고 노부(鹵簿) 따위가 위엄 있는 몸가짐을 드러내는 경우가 있다.[10] 이전 사람들이 가진 글과 그림은 아마도 풍부했을 것이다. 역사를 기록하는 신하는 다스리는 요점을 적지만 남김없이 엮고 다듬어넣을 여유가 없다. 정초는 전문가의 기록을 열거했는데 만약 헤아려 보려고 한다면 원래 책만 구하면 된다. 지방의 형세와 천하의 대계[11]를 「표」와 「지」 사이에 전문 분야로 배열하고 그 책을 읽도록 한다면 바로 눈먼 사람이 지팡이로 땅을 두드려서 길을 찾는 것과 같은 일[12]이니 어떻게 하면 좋겠는가? 『역』을 연구하는 사람은 반드시 괘상에 밝아야 하고 『춘추』를 연구하는 사람은 반드시 보첩에 통달해야만 한다. 도상(圖象)과 보첩은 『역』과 『춘추』의 큰 원칙이다. 『역』은 이렇게 말한다. "괘사를 엮어서 그 말을 남김없이 다한다."[13] 『예기』는 이렇게 말한다. "같은 말이나 사물을 모아 비교하고 가치를 판단하는 것은 『춘추』의 가르침이다."[14] 괘사를 엮는다든지, 같은 말을 모은다는 것은 분명히 문사가 도상과 보첩 뒤를 따른다는 말이다. 그래서 도상은 말 없는 역사서이고 보첩은 글이 없는 책이니 서로 도와서 시행한다면 설령 하나를 빠트리고 싶어도 할 수 없다. 하물며 주와 군의 도경

10 준(罇)은 본래 준(尊)이라고 했다. 『설문해자』는 이러하다. "준(尊)은 술그릇이다. 뇌(罍)는 거북 눈이 새겨진 술그릇이고 새긴 것은 본래 구름과 우레의 형상인데 형상을 베푼 것이 끝이 없다." 『사기』「경포열전」[黥布傳]은 이러하다. "경포는 늘 초나라 군대의 선봉이었다." 『사기색은』은 이러하다. "『한서』는 초나라 군대의 전부(前簿)가 되었다고 한다. 부(簿)는 노부(鹵簿)이다." 나는 이렇게 생각한다. 수레의 법도는 순서에 따라서 노부가 되는데 온갖 벼슬아치들은 모두 노부가 있으며 각각 차이가 있다. 『양서』「왕승유전」(王僧孺傳)이 "길에서 중승의 노부를 마주쳤는데 도랑 안으로 몰아넣었다"라고 한 것이 이것이다.

11 「주현청립지과의」의 주31을 보라.

12 『법언』「수신」(修身)은 이러하다. "땅을 두드려서 길을 찾는다는 것은 캄캄한 곳을 가는 것일 따름이다." 주는 이러하다. "식(埴)은 토(土)이다. 눈먼 사람이 지팡이로 땅을 두드려서 길을 찾는 것이다."

13 『주역』「계사전 상」을 보라.

14 『예기』「경해」를 보라. 원래 "같은 말이나 사물을 모아 비교하고 가치를 판단한다"라고 했으리라고 나는 생각한다.

은 이전 사람들이 특히 중시한 것이니 말이다.[15]

어떤 사람이 이렇게 말했다. "학자도 역시 도상의 쓰임새가 크다는 것을 압니다. 다만 문사를 전수하고 전수받아 익힐 수 있지만 그림을 소리 내어 읽을 수 없기 때문에 글은 모두 남지만 그림은 헤아릴 수 없는 것은 추세가 그렇기 때문입니다."

"비록 그렇긴 해도 뭘 모르는 소리지. 「도」가 읊을 수 없다면 「표」도 역시 문사가 있는 것이 아닌데 「표」는 역사서에 적혀 있고 「도」가 들어가지 않는 것은 없어지고 잃어버렸기 때문이라네. 하물며 「도」가 전해질 수 없었던 이유는 두 가지이지. 하나는 그리는 일이 교묘함을 다투기 때문이라네.[16] 전문 분야인 예술에서 스스로 일가를 이루었다는 옛사람은 사실 공명정대한 큰 원리와 법칙에 맞지 않지. 곽박(郭璞)의 『산해경도찬』(山海經圖贊)[17] 따위는 「찬」은 있어도 「도」는 없어졌다네. 이제 「찬」의 글을 살펴보니 스스로 용을 새기는 교묘함과 비슷하다고 하는데 그렇다면 그림을 그리는 것도 역시 범을 그리려다 개를 그린 기술일 것일세.[18] 하나는 더 이상 쓸모가 없어진 모자처럼 보잘 것 없는 것 같기 때문이지.[19] 최근 지방의 「지」는 도상을 그려서 서례 사이에 두고 따로 전문 분

---

15 나는 이렇게 생각한다. 이 앞의 가업당본 『장씨유서』는 "이상은 고도이다"[右考圖]라는 제목을 달았다.

16 『논어』 「팔일」은 이러하다. "선생님이 말씀하셨다. '그림 그리는 일은 흰 바탕이 있은 뒤이다.'" 『고공기』는 이렇게 말한다. "그림을 그리는 일은 흰 바탕을 완성한 뒤의 결과이다."

17 『수서』 「경적지」 "지리류"는 이러하다. "『산해경원찬』(山海經圓讚) 두 권은 곽박이 주를 달았다."

18 『사기』 「맹순열전」에 대해 『사기집해』는 유향 『별록』을 인용하고 있다. "추석은 추연의 글과 수식을 가다듬었다. 그것이 마치 용의 무늬를 조각하는 것 같기 때문에 용을 조각한다고 한다." 『후한서』 「마원전」은 이러하다. "범을 그리다가 완성하지 못하면 도리어 개와 비슷해진다."

19 『춘추좌전』 「소공 9년」은 이러하다. "어찌 변모(弁髦)처럼 일이 끝났다고 버릴 수 있겠소?" 『춘추정의』는 이러하다. "변은 검은 베로 만든 모자를 말한다. 모는 어린아이의 늘어뜨린 머리카락을 말한다. 모자를 쓰는 관례를 올릴 때 먼저 검은 베로

야를 세우지 않네. 다만 명승(名勝)을 엮는 것이라면 어떤 책의 표시는 되겠지만 사실 옛사람의 도보의 학에 맞지 않지. 그리는 일을 다툰다면 예술이지 역사서의 형식에 맞지 않는 것이라네. 그리고 더 이상 쓸모가 없어진 모자처럼 책 사이에 둔다면 책방에서 잠시 표시해서[20] 책을 파는 수단으로 전락시키게 되지. 이런 것들은 모두 사학의 정밀하고 드러나지 않는 것을 말할 수 없네. 옛사람에게 전문가의 학이 있는 것은 전문 서적이 있는 것이나 다름없고 전문 서적이 있는 것은 전문가의 형식이 있는 것이나 다름없지.[21] 「표」의 형식으로 열거하거나 주에 다시 주를 다는 일[標分子注]은 보첩의 형식일세. 면적과 거리를 계산하거나 산천을 「표」로 밝히는 것은 지도[輿圖]의 형식이지.[22] 그림이 상세하지 않지만 말로 그것을 연결시키거나 말이 드러나지 않지만 그림으로 그것을 채우는

만든 모자를 쓰고 늘어뜨린 머리카락을 모아서 묶고 세 번 모자를 바꿔 쓴 뒤에 검은 베로 만든 모자를 버리고 다시 쓰지 않는다. 그래서 일이 끝났다고 버리느냐고 말한 것이다."

20 『법언』「오자」는 이러하다. "책을 좋아하면서 공자에게서 그것을 요약하지 않으면 서점이나 마찬가지이다."

21 정초의 학설에 뿌리를 둔 것은 위의 주1을 보라.

22 배수(裴秀) 「우공지도서」(禹貢地圖序)는 이러하다. "「도」를 만드는 형식은 여섯 가지가 있다. 첫째 분솔(分率)인데 너비와 폭이 얼마인지 변별하는 근거이다. 둘째 준망(準望)인데 이쪽과 저쪽의 형식을 바로잡는 근거이다. 셋째 도리(道里)인데 근거가 되는 숫자를 정하는 근거이다. 넷째 고하(高下), 다섯째 방사(方邪), 여섯째 우직(迂直) 세 가지는 각각 땅에 의거해서 마땅함을 제정하고 평탄하고 험한 차이를 교정하는 근거이다. 그림과 형상이 있지만 분솔이 없다면 멀고 가까운 차이를 살필 수 있는 근거가 없다. 분솔이 있어도 준망이 없다면, 설령 한쪽 귀퉁이 얻었다 하더라도 틀림없이 다른 쪽에서 잃을 것이다. 준망이 있지만 도리가 없다면 산과 바다 때문에 사이가 떠서 땅이 펼쳐져 있더라도 서로 통할 수 없을 것이다. 도리가 있지만 고하, 방사, 우직으로 교정하지 않고 가는 길을 늘어놓는다면, 틀림없이 멀고 가까운 시대의 사실과 서로 어긋나게 되어 올바른 준망을 잃게 될 것이다. 그러므로 여섯 가지를 참조하여 비교한 뒤에 멀고 가까운 사실이 분솔에서 정해진다. 이쪽과 저쪽의 거리는 도리에서 정해진다. 도수의 내용은 고하, 방사, 우직의 셈가지에서 정해진다. 그러므로 비록 높은 산과 거대한 바다 때문에 사이가 벌어져 뚝 떨어져 있는 지역이나 지방이라도, 오르내리는 것이 다르고 구석에 있는 곳이라도 모두 열거해서 정할 수 있는 것은 준망 덕분이다. 준망의 방법이 바르다면 구불구불한 것과 바른 것, 먼 것과 가까운 것이 모습을 숨기지 못하기 때문이다."(『진서』「배수전」)

것은 서로 드러내려는 뜻이라네. 글을 생략했지만 일은 어둡지 않고 형태를 그려 넣었지만 말은 돌아갈 곳이 있는 것이 조술과 창작의 법칙이지. 해(亥) 자와 시(豕) 자처럼 비슷한 글자가 뒤섞이면 전해지지 않는 것처럼[23] 기록할 것은 기록하고 삭제할 것은 삭제하는 일이 내용을 훼손하지 못하는 것도 오래된 일이라네. 그 땅을 직접 밟아보지 않고 문사에도 깊지 않은 사람에게 그림을 대조해 보게 하면 불을 보듯 분명하게 알 테지. 이것이 또한 방법에 통달하는 길이라네. 『사기』에 「천관도」와 「하거도」가 있다면 여덟 편의 「서」는 여섯 편이라도 될 것이고 『한서』에 「지리도」와 「구혁도」가 있다면 열 편의 「지」는 여덟 편이라도 될 테지.[24] 그러면 오늘 태초 연간의 성상(星象)을 찾고 서한 때의 판도[版輿]를 조사하더라도 이처럼 아득하지는 않았을 텐데. 하물며 지방의 방지는 이름을 증명하고 사물을 변별하는 것이라서 더욱 상세하고 남김이 없어야 마땅한 까닭은 한 사람의 작품이기 때문이지. 그런데 도리어 사시사철 좋은 경치에 미련을 가지고 명승을 억지로 끌어다 붙여 색칠하는 보잘 것 없는 기예를 보여주는 것으로 여기겠는가?[25] 이것도 역시 옛사람이 왼쪽에 그림을 두고 오른쪽에 역사서를 두는 이유를 강구하지 않기 때문이겠지?"[26]

---

23 『여씨춘추』「신행론」은 이러하다. "자하가 진나라를 가면서 위나라를 지났는데 역사 기록을 읽는 사람이 이렇게 말했다. '진나라 군대가 삼시(三豕)에 황하를 건넜다.' 자하는 이렇게 말했다. '틀렸다. 기해(己亥)라야 맞다.' 기(己)와 삼(三)은 서로 가깝고 시(豕)와 해(亥)는 서로 비슷하기 때문이다. 진나라에 와서 그것을 물으니 '진나라 군대가 기해에 황하를 건넜다'라고 했다."

24 『사기』「천관서」와 「하거서」는 「서」를 생략하여 「도」를 만들고, 『한서』「지리지」와 「구혁지」는 「도」로 「지」를 대신한다면, 『사기』의 「서」 여덟 편은 여섯 가지가 될 수 있고 『한서』의 「지」 열 편은 여덟 가지가 될 수 있다는 말이다.

25 『문선』「오도부」(吳都賦)는 이러하다. "붉고 푸른 빛깔 베풀어[丹靑] 진기하고 보배로운 것들 그렸네." 이선 주는 이러하다. "중국[中夏]에서 보배라고 소중하게 여기지만 볼 수 없는 것은 다만 단청으로라도 이미지를 비슷하게 그린다."

26 『당서』「양관전」(楊綰傳)은 이러하다. "성품이 침착하고 조용하여 방에 홀로 있으면서 왼쪽에 그림을 두고 오른쪽에 역사서를 두었다." 나는 이렇게 생각한다. 이 앞의 가업당본 『장씨유서』는 "이상은 정체이다"[右定體]라는 제목을 달았다.

"그림은 문사와 연결시키지 않을 수 없지만 문사는 상세한 것이라서 책과 같습니다. 그림의 이름도 함께 엮어야 되지 않을까요?"[27]

나는 이렇게 대답했다. "엮으면 안 되네. 형식에는 도맡은 것이 있고 의도도 역시 중시하는 것이 있지. 옛사람의 책에는 전문적인 이름이 있고 글에도 전문적인 뜻이 있네. 말의 차이는 헤아리지 않지만 이름과 내용이 손님과 주인이 될 경우에 지은이는 뜻을 취할 뿐이지. 하물며 내가 이전 역사서의 글을 보니 「지」와 비슷한 「표」가 있더군.(『한서』 「백관공경표」는 편의 첫머리에 관직 제도를 대대로 이어서 서술했다) 꼭 「표」의 형식으로 열거할 필요도 없는데 말이야. 「표」와 비슷한 「지」도 있지.(『한서』 「율력지」는 삼통력[三統]의 육십갑자를 배열한다) 같은 말이나 사물을 모아 비교하고 가치를 판단하는 『춘추』의 범례일 필요도 꼭 없는데 말이야. 『삼보황도』는 지금 없어져버렸지만 다른 책이 인용한 곳에 그 문사가 나타나지. 『삼원둔갑도』[遁甲]나 『역통통도』[通統] 따위의 이야기[28]가 오늘날 남아 있는 것은 『시』의 "화서"나 "유경"이 가사는 없이 뜻만 가지고 있는 것과 같다네.[29] 설령 한 자짜리 그림이나 여덟 자나 열 자의 문사를 연결시키더라도 괜찮겠지."

"그림은 통틀어 「도」라고 불러도 괜찮겠습니다. 「도」를 종류대로 편집하는 일도 번거롭지 않겠습니까?"

나는 이렇게 대답했다. "번거롭지 않네. 그림에 분류가 있는 것은 마치 글에 편명이 있는 것과 같지. 그림을 책에 붙인다고 뜻이 드러나는 것은 아니지만 그림을 나누고 문사를 연결시키면 뜻이 남김없이 드러나네. 청나라[皇朝]의 『명사』 「율력지」 따위는 의상(儀象)과 추보를 모두 그

27 철(綴)은 통가해서 췌(贅)가 된다. 『시』 「대아」 "상유"(桑柔)는 이러하다. "모두 위급하고 끝내 황폐해졌네." 소는 이러하다. "췌(贅)는 철(綴)과 같다."

28 『국사경적지』 "오행가"(五行家)에는 갈홍 『삼원둔갑도』(三元遁甲圖) 세 권이 있다. 또한 『역통통도』(易通統圖) 두 권은 지은 사람의 성명을 적지 않았다.

29 「경해 하」의 주10을 보라.

림으로 그렸지.[30] 이것은 아마 이전 사람들이 미처 가지지 못했을 것이야. 당시 역사를 기록하는 신하는 따로 그림으로 그린 적이 없기 때문에 전문 분야에 열거하지 않았지만 일에는 각각 적당한 것이 있는 법이지. 이제 『화주지』는 첫째 여지(輿地), 둘째 건치(建置),[31] 셋째 영신(營汛),[32] 넷째 수리(水利) 넷으로 그림을 나누었네. 이것은 모두 다스리는 요점과 상관있는 것을 취하고 형세에 꼭 필요한 것을 계획하며 상세하게 문사를 연결시켜서 「기」와 「표」 뒤에 편집하여 어떤 사람의 학에 쓰이도록 갖추었기 때문에 처음에 범례를 밝힌 것이지."[33]

30 『사고전서총목제요』 "정사류"는 이러하다. "『명사』 삼백서른여섯 권은 청나라[國朝] 보화전(保和殿) 대학사 장정옥 등이 황제의 명령을 받들어 지었다. 책이 완성되자 「표」를 바쳤는데 모두 「본기」 스물네 권, 「지」 일흔다섯 권, 「표」 열세 권, 「열전」 이백스무 권, 「목록」 네 권이다." 추보는 「서교 하」의 주25를 보라. 『명사』 「역지」(曆志) 2에 따르면, 『할원호시도』(割圓弧矢圖), 『월도거차도』(月道距差圖) 등이 있다.

31 『한서』 「무오자전찬」(武五子傳贊)은 이러하다. "하남을 침략하여 빼앗고 삭방을 세워 두었다." 나는 이렇게 생각한다. 이것은 군과 현을 설립했다는 말이다.

32 『대청회전』 「병부」는 이러하다. "참장(參將), 유격, 도사, 수비(守備)에 소속된 것은 모두 영이고 천총(千總), 파총(把總), 외위(外委)에 소속된 것은 신인데, 이로써 조심스럽게 돌아다니며 지키고 소집과 파병[徵調]에 대비한다."

33 나는 이렇게 생각한다. 이 앞의 가업당본 『장씨유서』는 "이상은 저례이다"[右著例]라는 제목을 달았다.

화주지 전부서 서례(和州志田賦書序例)

땅을 구분하여 조공을 제정하는 일이 "하서"에 적힌 때부터[1] 땅을 맡아 직책을 제수하는 일(재사(載師)는 사물에 따른 땅의 일을 관장하고 땅의 직책을 준다)이 『주례』에 상세하지만[2] 전부(田賦)라는 책이 도맡아서 관장하게 된

1 『상서』「우공」은 이러하다. "우임금은 구주를 구별하고 산을 따라 강물을 통하게 했으며 땅에 따라 공물을 정했다." 공안국 『상서전』은 이러하다. "땅이 가진 것에 따라서 공물을 바치는 차이를 정했다."

2 『주례』「지관」은 이러하다. "재사(載師)는 땅의 법을 맡아서 사물에 따른 땅의 일을 관장하고 땅의 직책을 주어 정령을 시행하게 한다." 정현 주는 이러하다. "땅을 맡는다는 것은 힘과 형세가 낳고 기를 수 있는지, 또한 공물과 세금을 조절할 수 있는지에 따라 맡기는 것이다. 사물은 물색에 속하는 것인데 마땅한 일을 알아서 농사를 지을 땅, 짐승을 기를 땅, 산림, 천택을 주어서 직책을 맡도록 한다." 가공언 소는 이러하다. "『효경위원신계』는 이렇게 말한다. '모든 산은 신령을 가지고 있고 모든 강은 영검을 머금고 있으며 모든 땅에서는 이익이 나와서 천하에 공급한다. 누르거나 흰 빛깔의 땅은 밭벼를 심기에 적당하고 검은 빛깔의 거름흙은 보리를 심기에 적당하며 푸르거나 붉은 빛깔의 땅은 콩을 심기에 적당하고 물이 나는 진흙땅은 논벼를 심기에 적당하다.' 적당한 것이 많고도 많기 때문에 정현이 말한 무리이다."

데는 유래가 있다. 반고는 『상서』 「홍범」의 팔정(八政)에서 요점을 취하여 「식화지」라는 글을 가다듬었고[3] 후세의 역사서가 계속 그대로 따라서 영원한 표준이 되었다.[4] 그러나 사농(司農)의 지도와 호적이나 회계의 부록(簿錄)[5]은 문서 창고에 가득 채워져 있어서 도저히 모두 볼 수 없다. 그래서 한 시대의 지도와 호적이나 부록을 가려서 취해서 정해진 제도를 만든다. 연혁의 큰 줄거리, 남는 것과 모자라는 것의 통계, 간단하게 역사가가 요약 편집한 것,[6] 재정을 맡은 신하[計臣]의 상주문은 읽는 사람이 살펴보면 저절로 알 수 있게 만드는 것도 역시 추세가 그런 것이다. 만약 이길보(李吉甫)와 위처후(韋處厚)가 만든 『국계부』[國計之簿](이길보의 『원화국계부』(元和國計簿)가 열 권이고, 위처후의 『태화국계』(太和國計)가 스무 권이다)[7]나 정위(丁謂)와 전황(田況)이 만든 『회계록』[會計之錄](정위의 『경덕회계

3 『한서』 「식화지서」(食貨志序)는 이러하다. "「홍범」 팔정의 첫째가 식, 둘째가 화이다. 식은 좋은 곡식과 먹을 수 있는 것을 심는 것이고 화는 입을 수 있는 베와 비단 및 금, 칼, 거북, 조개껍질인데 재물을 나누고 이익을 베풀며 있고 없는 것을 통하게 한다."

4 「역교 중」의 주32를 보라.

5 『한서』 「백관공경표」는 이러하다. "치속내사는 진나라 관직이며 곡식과 재물을 관장한다. 경제 후(後) 원년 대농령(大農令)으로 이름을 바꿨다가 무제 태초 원년 대사농으로 이름을 바꿨다." 회계(會稽)는 "회계"(會計)라고 해야만 해야 옳지 않을까 싶다. 『주례』 천관의 부하에 사회가 있다. 정현 주는 이러하다. "회(會)는 대계이다. 사회는 천하의 대계를 위주로 하여 대계를 시행하는 벼슬아치의 우두머리이다."

6 「언공 하」의 주86을 보라.

7 『신당서』 「예문지」 "직관류"는 이러하다. "이길보 『원화국계부』(元和國計簿)는 열 권이다. 위처후(韋處厚) 『태화국계』(太和國計)는 스무 권이다." 이길보는 자가 홍헌(弘憲)이고 찬황(贊皇) 출신이며 조상 덕으로 벼슬을 얻어 창조 참군(倉曹參軍)이 되었다. 정원 연간 초에 태상박사가 되었다. 헌종 원화 2년 동평장사를 역임했다. 덕종 이후로 번진(藩鎭)을 잠시 안정시키고 죽을 때까지 땅을 바꾸지 않은 적이 있다. 이길보가 재상이 되어 한 해 남짓 되었을 때 모두 서른여섯 개의 진을 바꿨고, 거느린 부하들의 실적을 중앙에 분명하게 보고하도록 했다. 곧이어 일 때문에 면직해주기를 빌었지만 육년 동안 여전히 정사를 장악했다. 천하가 이길보의 겉모양을 사모하여 우러러 보았지만 원망도 조금 있었다. 황제는 그가 권력을 독점하는 것을 알고 이강(李絳)을 발탁했다. 결국 그와 틈이 벌어져 자주 궁전의 자리 위에서 다투고 변론하기는 했어도 법도를 받들고 큰 줄거리를 돌보았다. 찬황현후(贊皇縣侯)에 봉해졌고 죽은 뒤 충의(忠懿)라는 시호를 받았다.(『신당서』 「이길보전」) 위처후는 자가

록』(景德會計錄)이 여섯 권이고, 전황의 『황우회계록』(皇祐會計錄)이 여섯 권이다)[8]은 『주관』의 사회가 부본을 만들어 서계와 판도를 관장하는 제도를 본떴다.[9] 두우와 송백(宋白)의 『통전』,[10] 왕부와 장득상(章得象)의 『회요』[11]는 장

덕재(德載)이며 경조 만년 출신이다. 진사 시험에 합격하고 또한 재식겸무과(才識兼茂科)에 발탁되어 길현교랑(吉賢校郎)에 제수되었다가 함양 위(咸陽尉)로 고쳤다가 관직을 역임하고 중서시랑, 동중서문하 평장사에 이르렀으며 영창군공(靈昌郡公)에 봉해졌다. 헌종, 목종, 경종, 문종 네 명의 황제를 대대로 섬겼으며 임금을 받들어 착한 일을 하도록 권하고 나쁜 일을 하지 않도록 간언하는 것을 자기 임무로 생각해서 온갖 관료들이 감히 제멋대로 끼어들 수 없었고 한때 훌륭한 재상으로 꼽았다. 성품이 학문을 좋아하고 장서를 교수하여 바로잡은 것이 만 권이나 되었다. 습유가 되었을 때 『덕종실록』(德宗實錄)을 지었다. 나중에 또한 노수(路隋)와 함께 『헌종실록』(憲宗實錄)을 지었는데 범례를 창조하여 갖추었지만 미처 완성하지 못하고 죽었다.(『신당서』 「위처후전」)

8 『직재서록해제』 「전고류」는 이러하다. "『경덕회계록』(景德會計錄) 여섯 권은 오군 출신 승상 벼슬의 위지(謂之) 정위(丁謂)가 지었다. 당시 삼사사(三司使)였다. 「서」는 두 곳의 서울과 열일곱 개 노에서 한 해 동안 거둬들이는 세수 장적(帳籍)이 사만사 백칠이고 날마다 급하고 급하지 않은 데 드는 것이 천오백이며 공문서는 두 배이다. 이길보 『원화국계부』와 가탐 『국요도』(國要圖)를 본떠서 항목을 마흔 개로 총괄하고 여섯 권으로 열거했는데, 첫째 「호부」(戶賦), 둘째 「군현」, 셋째 「과입」(課入), 넷째 「세용」(歲用), 다섯째 「녹식」(祿食), 여섯째 「잡기」이다. 대체로 경덕 연간의 한 해를 기준으로 취했다." 또한 "『황우회계록』(皇祐會計錄) 여섯 권은 신도(信都) 출신 추밀 벼슬의 원균(元均) 전황(田況)이 권삼사사 시절에 지은 것이다. 『경덕회계록』의 옛 모습을 본떠서 한 해 동안 가장 평균적인 것을 기준으로 취했다. 또한 「저운」(儲運)이라는 편을 지어서 『경덕회계록』에 빠진 것을 보충했다." 정위는 자가 위지이고 순화 연간에 진사가 되었으며 동중서문하 평장사, 소문각 대학사를 역임하고 진국공(晉國公)에 봉해졌다. 진종 연간에 궁관을 짓고 상서로움과 재이를 받드는 일은 정위와 왕흠약(王欽若)이 시작한 것이 많다. 구준(寇準)이 재상이 되자 특히 정위를 싫어했다. 정위는 구준의 잘못을 몰래 꾸며서 결국 구준의 재상 자리를 그만두게 했다. 인종이 즉위하고 정위가 앞뒤로 속인다는 것을 알고 애주(崖州) 사호 참군(司戶參軍)으로 폄직되어 도주(道州)로 유배되었다. 명도 연간에 비서감에 제수되자 벼슬을 그만두었고 광주(光州)에서 죽었다.(『송사』 「정위전」) 전황은 자가 원균이고 선조는 기주 신도 출신이다. 어려서 두드러지게 뛰어나고 큰 의지가 있었으며 진사 갑과에 합격하여 강릉 추관(推官)에 보임했다. 하송(夏竦)이 섬서를 침략하여 빼앗자 형관(刑官)으로 부름을 받아 변방을 다스리는 열네 가지 일을 말했다. 보주(保州) 전투에서 전황은 병졸 수백 명을 생매장해서 죽였는데 조정에서는 그 처결을 장하게 여겨서 관문전(觀文殿) 학사로 발탁했는데 나중에 죽었다. 『주의』(奏議) 스무 권은 이미 사라졌고 남아 있는 것은 오로지 『유림공의』(儒林公議) 두 권이다.(『송사』 「전황전」)

고를 모아 엮은 것이다. 그중 식화(食貨)를 가장 중시하는데 뜻은 속속들이 뒤져서 밝힘을 취하고 사실은 고금을 포용하고 있으며 삼으로 만든 실처럼 보잘 것 없거나 소소한 액수의 돈처럼 보잘 것 없는 것[12]은 다시 시시콜콜하게 남김없이 찾지 않는다. 조과(趙過)의 균전(均田)에 대한 논의[13]나 이고(李翱)의 「평부서」[平賦之書][14]는 공공 문서와 개인적인 논의로

---

9 「사석」의 주7을 보라.

10 두우 『통전』은 「서교 중」의 주23을 보라. 『직재서록해제』 「전고류」는 이러하다. "『속통전』(續通典) 이백 권은 한림학사 승지 송백(宋白) 등이 지었다. 함평 3년 황제의 명령을 받들어 함평 4년 구월에 책이 완성되었다. 당나라 지덕 연간 초부터 시작하여 북주 현덕 연간 말까지 이른다." 송백은 자가 태소(太素)이고 대명 출신이다. 건륭 연간에 진사가 되었고 건덕 연간 초에 뛰어난 인재를 뽑는 시험에 높은 등급을 받아 저작좌랑에 제수되었다. 태종이 좌습유로 발탁하고 권지연주(權知兗州)가 되었다가 한 해 남짓 뒤에 소환되었다. 유계원(劉繼元)이 항복할 때 송백은 「평진송」(平晉頌)을 바쳤다. 태종은 행영(行營)에 오도록 불러서 칭찬하고 위로했다. 옹희 연간에 불러서 이방 등과 『문원영화』 천 권을 편찬했다. 세 번이나 공거를 관장한 적이 있어서 대단한 비방과 논의를 초래했다. 벼슬은 이부 상서로 마쳤으며 죽은 뒤 문안(文安)이라는 시호를 받았다.(『송사』 「문원전」)

11 왕부 『당회요』는 「방지립삼서의」의 주54를 보라. 왕부는 자가 제물(齊物)이고 병주 기(祁) 출신이며 북한[漢] 건우(乾祐) 연간에 진사 갑과에 합격하여 비서랑이 되었다. 주조(周祖)가 병이 위독해지자 왕부를 중서시랑, 평장사로 삼았다. 송나라 초에 사공으로 자리가 높아졌다. 태평흥국 연간 초에 기국공(祁國公)에 봉해졌다가 죽었는데 나이 예순하나이다. 왕부는 학문을 좋아하여 손에서 책을 떼지 않고 소면 『회요』, 최현 『속회요』를 모아서 빠지고 누락된 것을 보충하여 백 권을 만들었는데 『당회요』라고 한다. (『송사』 「왕부전」) 『통지』 「예문략」 3은 이러하다. "『국조회요』(國朝會要) 백쉰 권은 장득상(章得象) 등이 엮었다."

12 『설문해자』는 이러하다. "기장 열 알이 유(絫), 열 유가 수(銖), 스물네 수가 양(兩)이다."

13 나는 이렇게 생각한다. 『한서』 「식화지」는 이러하다. "무제 말기에 흉노를 정벌한 일을 후회하고 이에 승상을 부민후(富民侯)로 봉하면서 명령을 이렇게 내렸다. '지금 당장 힘쓸 일은 농업에 힘쓰는 데 있다.' 조과를 수속도위(搜粟都尉)로 삼았다. 조과는 대전(代田)할 수 있었는데, 한 무(畝)와 세 견(甽)을 해마다 장소를 바꿨기 때문에 대전이라고 한다." 안사고는 이렇게 말한다. "대(代)는 역(易)이다." 그래서 조과가 시행한 것은 대전이지 균전(均田)을 논의한 것이 아니다. 나는 이렇게 생각한다. 『오대회요』(五代會要) "조세류"(租稅類)는 이러하다. "북주 세종이 『원씨장경집』[長慶集]을 읽다가 원진이 같은 주에 있을 때 바친 「균전주」(均田奏)를 보았고 이것을 근거로 흰 비단을 마름질하여 「도」를 만들어 각 도에 하사했다." 원진 「균전주」는 이렇게 말한다. "농사일에 잠시 짬이 났기 때문에 백성들이 통수(通手)가 되어 상황을 밝히도록 하고 또한 이정(里正)들이 서수(書手)가 되어 옆에서 신중하게 살피라

각자 견해를 펼쳤으나 오로지 일시적인 이익과 못마땅한 점을 어떻게 절충할지만 찾았기 때문에 역사가가 사실을 기록한 법도를 회복하지 못했다. 영사의 부록은 분수에 맞지 않게 자질구레하고 아름답지 않기 때문에 세상에 오랫동안 전해질 수 없다. 문학을 지망하는 사람의 장고는 너무 큰 요점만 널리 모으기 때문에 드러나지 않는 것을 깊이 비춰볼 수 없다. 이것은 전부가 밝혀지기 어려운 이유이자 기존의 책을 만나기도 어려운 이유이다. 옛날에 재부(財賦)의 일은 사도가 거두고(재사는 대사도에게 속한다) 태재가 회계를 결정했다.(사회는 태재에게 속한다) 태재는 삼십 년을 꿰뚫는 구식(九式)을 제정하고 구부(九賦)를 조절하여 제사지내거나 손님을 맞는 큰일부터 마소의 꼴이나 신하에게 나눠주는 보잘 것 없는 일까지 모두 정해진 숫자가 있었다.[15] 지출에 따라서 수입을 헤아리기 때

고 했다. 아울러 벼슬아치를 보내어 마을을 뒤흔들지 않았어도 대체로 속이거나 숨기지 않았기 때문에 흉년 때문에 도망친 사람을 제외하고 나머지 농토에 매긴 양세를 정해진 숫자대로 취하여 채웠다. 일곱 현의 비옥함과 메마름을 헤아려 일률적으로 나누어 세금을 거뒀다." 그렇다면 균전을 논의한 사람은 바로 원진[元微之]이다. 이것은 조과를 말하지만 더 살필 필요가 있다. 검본[黔刻本]에 따르면 "의"(議)는 "지"(識)이라고 한다.

14 이고 「평부서」(平賦書)는 『전당문』 권638을 보라. 이고는 자가 습지이며 서량[涼] 무소왕(武昭王) 이고[暠]의 후손이다. 정원 14년 진사에 급제했고 교서랑으로 뽑혔다. 원화 연간 초에 사관 찬수가 되었고 고공원외랑(考功員外郎)으로 다시 옮겼다. 애초에 간의대부 이경검(李景儉)이 이고를 자기 대신으로 하자는 「표」를 올렸는데 이경검의 의견을 물리치고 이고는 낭주 자사로 낮춰서 제수되었다. 오래 지나서 예부 낭중으로 불러서 간의대부로 들어와 임금의 명령서[制誥]를 맡았다가 중서사인으로 고쳤다. 백기(柏耆)가 창주에 사자로 갔다가 이고가 자신의 자질을 대단히 칭찬하자 백기에게 미움을 사서 이 때문에 소부 소감(少監)으로 좌천되었다가 계관호남관찰사(桂管湖南觀察使), 산동동도 절도사로 돌았다. 회창 연간에 죽었고 문(文)이라는 시호를 받았다.(『신당서』 「이고전」)

15 『주례』 「천관」은 이러하다. "대재는 구식으로 재물과 쓰임새를 고르게 절약한다. 첫째 제사의 의식, 둘째 빈객의 의식, 셋째 상황의 의식, 넷째 수복의 의식, 다섯째 공사의 의식, 여섯째 폐백의 의식, 일곱째 추말의 의식, 여덟째 비반의 의식, 아홉째 호용의 의식이다." 정현 주는 이러하다. "식(式)은 재물을 쓸 때의 절도를 말한다. 황(荒)은 흉년이다. 수(羞)는 먹고 마시는 사물이다. 공(工)은 그릇과 물건을 만드는 것이다. 폐백은 빈객들에게 선사하여 위로하는 것이다. 추말은 소와 말을 기르는 벼와 곡식이다. 정중은 이렇게 말한다. '비(匪)는 분(分)이다. 반(頒)은 반포(班布)의 반(班)

문에 설령 정해진 액수 이외에 백성에게서 많이 취하려 해도 많이 취할 방법이 없다. 이것이 장부에 적어 올바르게 기록하는 방법을 재부에서 소중하게 생각하는 이유이다.[16] 당나라가 조용조[租庸調]를 바꿔서 양세법[兩稅][17]을 만들고 명나라가 다시 양세법을 바꿔서 일조편법(一條鞭法)[18]

으로 읽는데 반사(班賜)라는 말이다.' 왕이 모든 신하에게 나누어 하사하는 것이다. 호용은 잔치를 하고 교제하면서 하사하여 주는 것이라고 나는 생각한다."

16 『맹자』「만장 하」는 이러하다. "공자는 먼저 제사 그릇을 장부에 올바르게 기록했다." 조기 주는 이러하다. "먼저 장부에 적어서 종묘의 제사에 쓰는 그릇을 바로잡았다."

17 『문헌통고』 권3은 이러하다. "당나라 덕종 때 양염(楊炎)이 재상이 되었고 결국 양세법(兩稅法)을 만들었다. 여름에 내는 것은 유월을 넘기지 않고 가을에 내는 것은 동짓달을 넘기지 않았으며 두 번 세금을 내도록 해서 그것을 총괄했다. 온갖 부역의 비용은 먼저 그 숫자를 헤아려 사람에게 부과하고 세출을 헤아려 세입을 제어했다. 주호와 객호[主客]가 없으면 현재 사는 곳을 장부로 만들었다. 사람에게 정중(丁中)이 없으면 가난하고 부유한 것으로 차등을 두었다. 거주하지 않으면서 상행위를 하는 사람은 장사하는 주와 현에서 삼십 분의 일을 세금으로 거뒀다. 취하는 것을 헤아려 사는 사람들에게 고루 주었으며 이익을 속이지 못하게 만들었다. 조(租), 용(庸), 잡요(雜徭)는 모두 생략했지만 인두세[丁額]는 없애지 않았다. 토지세[田畝之稅]는 대력 14년 경작지 숫자[墾田之數]를 기준으로 정하여 고르게 거두었다. 출척사(黜陟使)를 보내 여러 도의 남자 인구, 재산 등급에 따라 홀아비, 홀어미, 의지가지없이 외로워서 구제되지 않은 사람의 세금을 면제시켰다. 감히 조세를 정한 것보다 더 거둬들이면 법을 왜곡한 것으로 논죄했다. 예전 제도는 삼백팔십만 오천이다. 사자가 헤아려보면 주호에서 삼백팔십만, 객호에서 삼십만을 얻는다. 천하의 백성과 땅을 끊어지지 않게 정착시키고 호적[版籍]도 고치지 않았지만 비고 찬 것을 얻었다. 해마다 이천여만 민(緡)의 돈과 사백만 곡(斛)의 쌀을 거둬 서울 이외에 공급했다. 구백여만 민의 돈과 천육백여만 곡의 쌀을 서울에 공급했다. 천하는 그것을 편하게 생각했다." 나는 이렇게 생각한다. 당나라는 본래 조용조법(租庸調法)을 시행했다. 성인 남자[丁男]에게 한 경(頃)의 농토를 주고 해마다 곡식 두 곡씩 받는 것을 조(租)라고 한다. 해마다 명주 두 필과 솜 석 량씩 내는데, 베를 내는 사람은 오 분의 일과 삼베 세 근을 더하거나 은 열네 량을 내는 것을 조(調)라 한다. 인력이 부역하는 것은 해마다 이십 일인데 윤달이 들면 이틀을 더했고 부역하지 않는 사람은 다달이 명주 세 자를 내는 것을 용(庸)이라고 한다. 부역을 이십오 일 하면 조(調)를 면제시켰고 삼십 일을 하면 조와 조를 모두 면제시켰다. 개원 연간 이후 호적이 없어지고 망가져서 성인 남자와 호구[丁戶], 토지 재산[田産]은 모두 헤아릴 수 없었다. 양염은 결국 조용조를 하나로 합쳤고 상반기와 하반기로 나눠서 취했기 때문에 양세라고 한다.

18 『속통전』「식화」는 이러하다. "명나라 가정 연간 이후 일조편법을 시행했다. 주와 현의 부역을 한데 모은 뒤, 땅을 재고 성인 남자를 헤아려 인두세[丁糧]는 관청에 다

을 만들면서부터 추세는 간편함을 추구하여 백성들이 가혹하거나 시끄럽지 않게 만든 것도 역시 시대의 추세를 헤아려서 적당한 것을 저울질한 것이라고 할 수 있다. 그러나 존류(存留)나 공억(供億) 따위의 비용, 토공(土貢)이나 방물(方物) 따위의 명목,[19] 첨차(僉差)나 모운(募運)의 비용을 총괄해서 계산하여 한꺼번에 내게 하는 것이 백성들에게 편리하고 어수선하거나 떠들썩하지 만들지 않아도 된다. 책임자의 문이와 안독[文牘]이나 영사의 장부[簿籍]는 본래 예전부터 있는 항목을 모두 기록하고 법령이 규정한 합치고 줄이는 이유를 명확하게 적어야만 한다. 그런 뒤에 당시 법도로 꺾어서 계산하면 재정을 담당한 관청에서 직책을 맡은 사람이나 호적에 편입되어 있는 평민은 모두 제도가 변경되었어도 숫자가 늘거나 줄지 않았다는 것을 안다. 문이는 나날이 간단해지고 있지만 안독은 너무 오래되어 증명하지 못한다. 다만 당시 총괄해서 헤아린 숫자만 남겨서 여러 항목을 일일이 열거하지 않으면 법망이 조금 느슨해져서 벼슬아치와 구실아치가 법도를 지키지 않거나 명목을 더 보태서 억지로 세금을 거두게 되고 균수(均輸)를 시행하더라도 옛날의 올바른 세금이라고 생각하는 지경이 될 텐데,[20] 누가 좇아서 그것이 본래 제도가 아니라는

내고 한 해 동안의 부역은 관청이 모두 모은다. 노동력이 차이가 나면 일을 하는 동안 밥 먹는 비용[工食之用]을 헤아려서 양에 따라 더하거나 덜어낸다. 은이 차이가 나면 지불하는 비용[交納之用]을 헤아려 증가분과 소모분을 더한다. 모든 규정된 업무 처리[額辦], 파견 업무 처리[派辦], 서울의 재정[京庫] 세수와 보유[存留], 공급[供億] 등 여러 용도 및 각지의 공물[土貢方物]은 모두 한 가지로 합쳐서 모두 농토를 헤아려 은을 징수하고 관청에서 참작하여 처리한다."

19 『춘추좌전』「은공 11년」은 이러하다. "과인은 한두 명의 친척 어른[父兄]에게도 편안함을 주지 못하는 지경이오." 두예 주는 이러하다. "공(供)은 급(給)이고 억(億)은 안(安)이다." 『상서』「여오」는 이러하다. "멀고 가까움이 없이 모두 지방의 물건을 바치다."

20 『송사』「신종기」(神宗紀)는 이러하다. "3년 을묘에 여러 노가 청묘전(青苗錢)을 흩고 강제로 징수하는 일[抑配]을 금지하라고 황제가 명령했다." 『속통전』「식화」는 이러하다. "신종 희녕 2년 균수(均輸)와 시역(市易)의 제도를 세웠다." "여러 노가 바치는 숫자는 본래 일정하다. 풍년이 들면 바로 많이 바칠 수 있다고 말하지만 남겨서는 안 된다. 흉년이 들어 물건이 비싸지면 공급하기 어려워도 감히 부족해져서는 안

것을 논하겠는가?

법을 바꾸는 것[變法]은 백성을 편리하게 하는 근거이지만 구실아치가 법을 이용하여 간사하게 굴기도 하고 문서의 효과가 대비하지 못하기도 하기 때문에 지도와 역사서가 나라를 다스리는 전범이 되는 이유일 것이다. 그러나 어떤 시대가 광범위하고 번거로우면 사관의 책이 견뎌내지 못하는 경우도 있다. 주와 현의 방지는 지방에 한정되기 때문에 여러 항목을 일일이 구별할 수 있고 부스러기조차 남지 않기 때문에 국사의 힘이 미치지 않는 것을 도울 수 있다. 이전의 명나라 이래로 지방지[外志]의 기재는 모두 분수에 맞지 않게 변변치 않고 법도가 없다. 전부에 대한 일은 구실아치의 장부이고 문장의 거창하고 아름다운 모습에 맞지 않는다고 생각했기 때문에 결국 기존에 시행한 안독에 따라 으레 통틀어 편집하고 말지 고금을 깊이 헤아리고 시작부터 끝까지 깊이 탐구하지 않는다. 비유하자면 밑이 빠진 옥 술잔[21]의 화려함과 아름다움을 누가 감

된다. 먼 곳에서는 갑절 이상 댓 곱절의 운반비용이 들지만 서울[中都]에서는 반값에 판다. 다만 부유한 상인과 큰 도매상이 공공 기관이나 개인의 급한 수요를 올라타서 마음대로 저울질하고 거두고 흩는 권력을 휘두른다. 지금은 발운사(發運使)가 여섯 노의 부역을 사실대로 모아서 "모든 조매(糴買), 세렴(稅斂), 바치는 공물[上供之物]은 모두 비싼 것을 옮겨서 싼 것을 취하고, 가까이 있는 것을 이용하여 멀리 있는 것을 바꾼다. 서울에 있는 내탕고에 보관된 재물[帑藏]의 한 해 지출에서 현재의 정해진 숫자를 미리 알려줘서 공급하여 처리해야만 하는 것은 편리함을 좇아서 바꿔야만 하고 사서 쌓아놓았다가 바칠 필요가 있기 때문이다. 저울질하고 거두고 흩는 권한을 조금 거둬들여서 그것을 공적으로 바치는 일에 돌리고 있는 것과 없는 것을 조절하여 옮기는 일을 편리하게 한다. 그러면 나라 재정이 충분해질 수 있고 백성의 재물이 모자라지 않는 상태에 거의 가까워질 것이다." 이것은 균수를 가리킨다. 『상서』「무일」은 이러하다. "많은 나라의 올바른 공물만 가지다." 채침 『서집전』(書集傳)은 이러하다. "늘 바치는 공물의 바른 숫자 이외에 마구잡이로 거두는 일이 없었다."

21 당(當)은 저(底)이다. 『한비자』「외저설 우상」은 이러하다. "당계공(堂谿公)이 (한나라) 소후(昭侯)에게 이렇게 말했다. '여기 천금의 값어치가 있는 잔이 있는데 밑이 뚫려 있다면 물을 담을 수 있겠습니까?' 소후는 이렇게 대답했다. '담을 수 없소.' '질그릇이 있는데 새지 않는다면 술을 담을 수 있겠습니까?' 소후가 이렇게 대답했다. '담을 수 있소.' 이렇게 대답했다. '질그릇은 지극히 보잘 것 없지만 새지 않기 때문에 술을 담을 수 있습니다. 비록 천금의 값어치가 있는 옥으로 만든 잔은 지극

상하겠는가? 명나라 때의 일조편법[條鞭之法]은 가정 연간에 정해졌지만 옛날 『화주지』에서 현재 비교할 수 있는 것은 가정 연간 역란이 만든 『화주지』에 그친다.[22] 당시 막 제도를 고칠 즈음이지만 역란 『화주지』는 새로운 법으로 예전의 조목을 남김없이 삭제했기 때문에 결국 당나라 때 사람들의 양세법 이래의 연혁을 비교할 수 없게 되었으니 안타깝다! 또한 반고가 『한서』를 서술할 때 조조(鼂錯)의 「귀속주」[貴粟之奏]를 「식화지」에 넣고[23] 가양(賈讓)의 「치하책」[治河之策]을 「구혁지」에 넣은 것[24]처럼 개인적인 논의, 관청의 공문서, 전부의 이익과 못마땅한 점에 관련된

히 귀하지만 밑이 뚫려 있다면 물이 새니 물을 담을 수 없습니다. 그렇다면 어떤 사람이 값진 술을 부으려고 하겠습니까? 만약 임금이 자기 모든 신하의 말을 다른 신하에게 새나가게 한다면 이것은 밑이 뚫린 옥잔이나 같을 것입니다. 비록 거룩한 지혜가 있다 하더라도 그 방법을 남김없이 하지 못할 것이니 새는 잔이 됩니다.' 소후는 이렇게 말했다. '그렇소이다.' 소후는 당계공의 말을 들은 뒤부터 천하의 큰일을 실행하고자 하면 홀로 자지 않은 적이 없다. 잠꼬대를 하다가 남이 자기 꾀를 알게 할까 두려웠기 때문이다."

22 「화주지 씨족표 서례 하」의 주7을 보라.

23 조조는 영천 출신이다. 한나라 문제 때 태자가령(太子家令)에 임명되었다가 중대부로 옮겼다. 경제가 즉위하자 내사가 되었고 어사대부로 옮겼다. 제후의 땅을 없애자고 주장하자 일곱 나라가 반란을 일으켰는데 조조를 죽이자는 것이 구실이었다. 경제는 원앙(袁盎)의 말을 써서 동시에서 참형에 처했다. 『한서』 「식화지」는 이러하다. "문제가 즉위하자 몸소 검약하고 절약했으면 백성이 편안해질 방법을 생각했다. 당시 백성들은 전국시대에서 얼마 지나지 않았기 때문에 모두 근본에 등을 돌리고 말단을 좇았다. 조조는 임금에게 유세하여 이렇게 말했다. '지금 당장 힘쓸 일은 백성들이 농사일에 힘쓰게 하는 것보다 급한 것이 없을 따름입니다. 백성이 농사일에 힘쓰게 하고자 하는 것은 곡식을 소중하게 여기는 데 있습니다. 곡식을 소중하게 하는 길은 백성들이 곡식을 상벌이라고 여기게 만드는 데 있습니다. 현의 벼슬아치에게 곡식을 들이면 죄를 면제해 준다고 천하에 모집하게 하십시오. 그렇게 하면 부유한 사람은 작위가 생기고 농민은 돈이 생기며 곡식은 우려내게 될 것입니다.' 문제가 그것을 좇아 백성들이 곡식을 들이고 작위를 받게 했다."

24 『한서』 「구혁지」는 이러하다. "애제 초에 평당(平當)이 파견되어 황하 둑을 통솔했다. 그는 상주해서 이렇게 말했다. '아홉 강물[九河]은 지금 모두 묻혀서 없어졌습니다. 황하는 위군(魏郡)부터 동북쪽으로 넘쳐서 둑이 터진 곳이 많고 물길을 분명하게 하기 어렵습니다. 강바닥을 퍼내고 황하를 뚫을 수 있는 사람을 광범위하게 찾아야만 합니다.' 대조 가양이 황하를 다스리는 데 상책, 중책, 하책이 있다고 상주해서 말했다.

것은 본래 「전부서」에 가려 넣어야만 사실이 드러나 문사가 밝아지게 만들어서 학도 쓸모 있어지게 되기를 바란다. 그렇게 하지 않아도 본인의 「열전」에 가다듬어 넣으면 서로 비교하여 비교해서 헤아리기 편리한데 이것도 역시 조충국(趙充國)의 여러 「둔전의」[屯田諸議]에 이미 정해진 방식이다.[25] 최근의 "지가류"(志家類)는 모두 문사를 잘라서 따로 「예문지」를 만들지만 본래 분야의 사실 및 본인이 실행한 업적은 도리어 텅 비어서 자료가 없어진다.[26] 어찌 「지」의 목록이 전문 분야를 드러나도록 크게 쓰면서 특히 의례만 표시하여 한 권을 만들겠는가? 이것은 매달려 있는 조롱박을 우러르기만 하고 못 먹는 것과 대등하지 않겠는가?[27] 강고의 옛날 『화주지』[28]는 이런 기풍을 대략 꿰뚫어 보았다. 나중에 붓을 잡고 글을 지은 여러 사람이 태연하게 삭제해 버리는 일이 자꾸 거듭되자 다시 돌이키지 못했으니 크게 한숨이 나는 일이다! 이제 역란 『화주지』 이전의 일은 없어진 것이 있어도 좇을 수가 없지만 이후의 일은 시작부터 끝까지 모두 기록하고 편집하여 책을 만들었다. 강고 「균전의」[29]는 전부의 이익과 못마땅한 점에 해당하는 것이 사실 있지만 화주의 전

---

25 조충국(趙充國)은 자가 옹손(翁孫)이며 농서 상방(上邽) 출신이다. 사람됨이 침착하고 용기가 있으며 뛰어난 지략이 있었다. 한나라 선제 때 강족[羌人]이 반란을 일으켰다. 조충국은 당시 나이가 이미 일흔이 넘었는데 금성(金城)으로 말을 달려가 일을 해나갈 방법과 계략을 세워서 바친 덕분에 강족을 깨트렸다. 상주문을 바쳐 둔전(屯田)의 열두 가지 편리함을 말하고 농업에 군사를 깃들게 만들었다. 사실은 『한서』 「조충국전」에 상세하다.

26 확락(擴落)은 다름 아니라 곽락(廓落)인데 텅 빈 것[空洞]을 가리킨다. 『장자』 「소요유」는 이러하다. "그것을 둘로 쪼개서 바가지로 만들려고 하니 납작하고 얕아서 아무 것도 담을 수 없었다." 간문(簡文)은 이렇게 말한다. "호락(瓠落)은 곽락(廓落)과 같다."

27 『논어』 「양화」는 이러하다. "내가 어찌 박이겠는가? 어찌 한 군데 매달려서 먹히지 않을 수 있겠는가?" 하안 『논어집해』는 이러하다. "박이 한 군데 매달려 있는 것은 먹히지 않기 때문이라고 말한다. 내가 본래 먹는 물건이라면 동서남북 어디라도 있을 테고, 먹히지 않는 물건이 한 군데 매달려 있는 것처럼 되지 않을 것이라는 말이다."

28 「화주지 씨족표 서례 하」의 주8을 보라.

29 강고에게는 「균전의」(均田議)가 있는데 그가 편찬한 『화주지』 「전부서」(田賦書)에 수록되어 있다.

부에 관한 나머지 글들은 모두 채록하거나 여러 조목 뒤에 편집하기도 하고 간혹 「열전」에 가려 넣기도 해서 서로 밝혔으며 의심스러운 것은 비워두었다. 나중에 훑어보는 사람은 어쩌면 여기서 취할 것이 있을 것이다.

화주지 예문서 서례(和州志藝文書序例)

『역』은 이렇게 말한다. "상고시대에는 노끈을 묶어 기록했고 후세의 성인이 그것을 글자로 기록하는 방식으로 바꿨다. 모든 벼슬아치가 이것을 근거로 다스리고 모든 백성이 이것을 근거로 살폈다."[1] 글자의 근원은 옛사람이 다스리는 방법으로 삼은 것이다. 삼대의 성대한 시대에는 법도를 책에 갖추고 벼슬아치가 지켰다. 천하의 학술과 기술이 모두 관사의 장고에서 나왔고 도예(道藝)가 여기서 가지런해지며 어진 행실이 여기서 통하는 까닭은 천하를 같은 글자로 다스리기 때문이다. 그리고 『주관』 여섯 편은 모두 옛사람이 지키는 관직을 따라 사법(師法)을 보존하는 근거가 되는 책이다.[2] 관사의 직업에 의해 보존되지 않는 책은 법도가

1 『주역』「계사전 하」를 보라.

2 『주관』은 「역교 하」의 주3을 보라. 『한서』「유림전」은 이러하다. "맹희는 『주역』을 전수받았는데 박사가 빠져 있어서 많은 사람들이 맹희를 천거했다. 임금은 사법(師法)을 고쳤다는 소리를 듣고 결국 기용하지 않았다."

아닌 것이고 설령 공자가 예를 잘 안다고 해도 꼭 국립 문서관의 장서를 찾아갔었다.[3] 삼대 이후로 글자가 현직 벼슬아치에게 속하지 않게 되자 관청의 법령과 사유가 익히는 학업은 나뉘어 둘이 되었고 사람마다 스스로 책을 만들고 집안마다 스스로 주장을 만드는 일이 빚어졌는데 아마 온갖 벼슬아치[百司]의 장고 밖으로 벗어난 것이 마구 돌아다녀서 뒤섞이고 어지러웠을 것이다.(『역』을 태복이 관장하고 『시』가 태사에게 있는 것처럼 육경은 모두 장고에 속한다) 책이 천하에 흩어져 묶을 수 없게 되자 목록에 기록하거나 분류해 편집하는 방법이 나와서 그것을 다스리게 된 것도 역시 추세가 어쩔 수 없었기 때문이다. 그러나 목록에 기록하는 일이 생긴 이래로 학자들은 숫자를 기록한 장부를 살펴 천하를 같은 글자로 다스릴 수 있는 방법을 어떻게 헤아릴지 찾았지만 육전이 관직을 적는 유산을 보존한 것[4]은 오로지 유향과 유흠이 만든 『칠략』과 『별록』 뿐이었다.[5] 그러므로 그들이 구류를 분별하고 제자백가를 논의하여 편집할 때 꼭 옛날 어떤 관직이 관장하던 데서 나왔고 그것이 어떤 집안의 학이 되었으며 잃어버려서 어떤 일의 폐단이 되었는지 일일이 말하고 궁극을 탐구하여 남김없이 정리했다. 학자가 만약 흐름을 따라서 근원으로 거슬러 올라갈 수 있다면 설령 보잘 것 없는 기술이나 지식, 치우친 문사나 올바르지 못한 주장을 가진 사람이라도 모두 돌아가 위대한 도에 통달할 수 있고 그 학설을 연구하는 사람도 역시 자기의 힘이 도달할지 도달하지 못할지 변별할 수 있다. 그들이 그것을 지킨다면 떠내려가지 않을

---

3 『사기』 「공자세가」는 이러하다. "남궁경숙은 공자와 함께 주나라로 가서 예를 물었는데 아마 노자를 만났을 것이다." 또한 「노자열전」은 이러하다. "노담은 주나라 궁중 도서관을 지키는 벼슬아치였다. 공자가 주나라에 갔을 때 노자에게 예를 물었다." 『사기색은』은 이러하다. "「장탕전」(張湯傳)은 '노자가 주하사가 되었다'라고 한다. 다름 아니라 궁중 도서관의 기둥 아래[柱下]인데 이것에 의거하여 관직 이름으로 삼았다."

4 육전은 「시교 상」의 주24를 보라. 한유 「번소술묘지명」은 이러하다. "문자가 순조로워 각각 직책을 안다." 직책을 안다는 말은 이것에 뿌리를 두고 있다.

5 『칠략』은 「서교 상」의 주14를 보라. 『별록』은 「언공 중」의 주29를 보라.

것이고 그것을 따라간다면 잘못된 길로 들어가지 않을 것이다. 언어와 문장이 적당한 것으로 모두 돌아간다면 사법(師法)이 회복될 수 있고 고대의 학이 일어날 수 있는데 어찌 성대하지 않겠는가? 한유는 이렇게 말한다. "고대 서적의 올바름과 거짓을 변별하여 검은색과 흰색이 나뉘는 것처럼 환히 안다."[6] 맹자는 이렇게 말한다. "치우친 말은 가려진 것을 알고 음탕한 말은 빠진 것을 알며 올바르지 못한 말은 떠나는 것을 알고 도망치는 말은 궁한 것을 안다."[7] 공자는 이렇게 말한다. "많이 듣고 그 중 좋은 것을 가려서 따른다."[8] 고대 서적의 올바름과 거짓을 변별해 주장을 아는 것에 가까워지고 많이 듣고 좋은 것을 가리는 것에 가까워지면 반드시 관사가 관장하는 것을 깊이 이해한 뒤에 유파의 유래와 보잘것 없는 무리의 잘못을 남김없이 갖추게 될 것이다. 그래서 유향과 유흠이 목록에 기록한 것은 학술이 끊어지고 이어진 자취이다. 관사가 관장하는 것을 끝까지 탐구할 수 없다면 유파의 유래를 열거할 방법이 없고 그래서 보잘 것 없는 무리의 잘못을 모르게 된다면 천하의 학술은 으뜸으로 섬길만한 것이 없어진다. "마음에서 생겨 정사에 해를 끼치며 정사에서 튀어나와 사업을 해치게 된다."[9] 맹자의 말을 확실하다. 그러나 여러 책을 두루 읽는 선비[10]는 널리 모으는 재주를 뽐내고 드러나지 않은 이치를 헤아리는 일[11]은 장차 구석에 처박힌 폐허 같은 견해를 뽐내며[12]

---

6 『창려집』 권16 「답이익서」를 보라.

7 『맹자』 「공손추 상」을 보라.

8 『논어』 「술이」를 보라.

9 『맹자』 「공손추 상」은 이러하다. "마음에서 생겨 정사에 해를 끼치며 정사에서 튀어나와 사업을 해치게 된다."

10 『한서』 「가산전」은 이러하다. "모든 글과 기록을 훑어보기만 하면 순수한 유학자가 될 수 없다." 안사고는 이렇게 말한다. "섭(涉)은 물을 건너는 것과 같다. 엽(獵)은 짐승을 사냥하는 것과 같다. 두루 훑어보고 오로지 정밀하지 못한 것을 말한다."

11 『예기』 「중용」은 이러하다. "선생님이 말씀하셨다. '숨은 것을 찾아내고 괴이한 짓을 행하는 것을 후세에 조술하기도 하지만 나는 그렇게 하지 않노라.'" 주희 주는 이러하다. "색은(索隱)은 드러나지 않고 숨어 있는 이치를 깊이 탐구하는 것이다."

12 우(隅)는 한 귀퉁이를 말한다. 『순자』 「해폐」는 이러하다. "도는 항상성을 깊이 이해

목록에 기록한 제각기 다른 글이나 교수학의 학업이 문화에 도움이 될 것이라고 생각한다. 아! 그것은 정신을 어지럽힌다.[13]

육전이 없어지자 『칠략』을 만들었고 그래서 벼슬아치는 자기가 지키는 것을 잃었다. 『칠략』이 없어지자 사부 분류법을 만들었고[14] 그래서 스승은 자기가 전수하는 길을 잃었다. 『주관』이 포괄한 전적은 풍부하구나! 보장씨의 천문, 직방씨의 지리,[15] 우형(虞衡)이 사물을 다스리는 일,[16] 무축(巫祝)이 신령과 접신하는 일[17]은 각각 기존의 책으로 다스리는 법을 베풀고 각자 자기 일을 정밀하게 알아서 학술을 전수하는 것이며 사씨와 보씨의 이른바 육예, 『시』, 『서』의 글만 그런 것이 아니다.[18] 「사공」

하여 변화를 남김없이 다하는 것이지 한 귀퉁이로는 그것을 남김없이 다하기에 충분하지 않다." 허(墟)는 텅 빈 우물에 얽매이는 것을 말한다. 『장자』 「추수」는 이러하다. "우물 안 개구리가 바다에 대해 이야기할 수 없는 것은 텅 빈 우물에 얽매여 있기 때문이다." 『경전석문』은 이러하다. "허(虛)는 본래 허(墟)라고도 쓴다."

13 나는 이렇게 생각한다. 이 앞의 가업당본 『장씨유서』는 "이상은 원도이다"[右原道]라는 제목을 달았다.

14 사부(四部)는 「문집」의 주15를 보라. 『신당서』 「예문지」는 이러하다. "한나라 이래로 사관은 자신의 이름을 글 앞에 열거하고 육예 아홉 종류, 칠략이라고 생각했다. 당나라 때 이르러 비로소 경사자집 네 가지 부류로 나누었다."

15 보장씨는 「천유」의 주16을 보라. 직방씨는 「주현청립지과의」의 주18을 보라.

16 『주례』 「지관」은 이러하다. "산우(山虞)는 산림의 정령을 관장하여 산에서 나는 사물에 따라 경계를 삼고 지켜서 금지한다." "택우(澤虞)는 나라가 소유한 습지의 정령을 관장하고 경계에 따라서 출입을 금지하며 습지의 땅에 사는 사람들에게 습지의 재물을 지키도록 한다." "임형(林衡)은 숲과 산기슭의 금지령에 따라 순찰하는 일을 관장하고 금지령을 지키는 일을 공평하게 한다. 때에 맞춰 숲과 산기슭을 헤아려 담당자를 벌하는 일을 관장한다." "천형(川衡)은 강과 습지의 금지령에 따라 순찰하는 일을 관장하고 금지령을 지키는 일을 공평하게 한다. 때에 맞춰 지키는 곳에 머물면서 금지한 것을 어기는 사람을 잡아서 죽이거나 벌준다."

17 『주례』 「춘관」은 이러하다. "사무(司巫)는 모든 무당의 정령을 관장하며 만약 나라에 큰 가뭄이 들면 무당을 거느리고 기우제를 지낸다. 나라에 큰 화재가 나면 무당을 거느리고 무당이 늘 머물도록 한다." "태축은 육축의 말을 관장하여 인귀[鬼], 천신[神], 지기[示]를 섬겨 복과 상서로움을 빌고 영원히 올바른 것을 구한다."

18 『주례』 「지관」은 이러하다. "사씨는 아름다운 일을 왕에게 아뢰는 일, 세 가지 덕과 세 가지 행실로 국자를 가르치는 일을 관장한다. 첫째 지덕(至德)인데 도를 근본으로 삼는다. 둘째 민덕(敏德)인데 행실을 근본으로 삼는다. 셋째 효덕(孝德)인데 거스르는 일이 나쁘다는 것을 알게 한다. 세 가지 행실을 가르친다. 첫째 효행(孝行)으로

편이 없어지자 유흠은 『고공기』를 취하여 채웠다.[19] 그것을 채우지 않더라도 고공(考工)은 사공의 부하 벼슬아치이기 때문에 이른바 「기」는 바로 동관(冬官)의 전적이 되어야만 한다.[20] 이것은 마치 『의례』 십칠 편이 춘관의 전적이고[21] 『사마법』(司馬法) 백쉰 편이 하관의 전적인 것과 같다.[22]

부모를 가까이 모시는 일이다. 둘째 우행(友行)으로 어질고 훌륭한 사람을 우러르는 일이다. 셋째 순행(順行)으로 스승과 어른을 섬기는 일이다." 또한 "보씨는 왕의 나쁜 점을 간언하는 일, 국자를 도로 기르며 육예와 육의를 가르치는 일을 관장한다. 첫째 오례(五禮), 둘째 육악(六樂), 셋째 오사(五射), 넷째 오어(五馭), 다섯째 육서(六書), 여섯째 구수(九數)이다."

19 당나라 가공언 「주례정의서」는 이러하다. "『주관』은 무제 때 비로소 나왔는데 궁중에 소장하고 전수하지 않았다. 『주례』가 나중에 나온 이유는 시황제가 특히 싫어했기 때문이다. 그래서 마융이 전수하면서 이렇게 말했다. '진나라는 효공 이후부터 상앙[商君]의 법을 써서 그 정사가 매우 혹독하고 심한 것이 『주관』과 서로 반대였다. 그러므로 시황제가 책을 끼고 다니는 것을 금지하면서 특히 미워해서 숨통을 끊고자 했다. 찾아내서 금지하고 불사르는 일이 유달리 남김 없어서 백 년 동안 드러나지 않고 감춰져 있었다. 무제가 비로소 협서율[挾書之律]을 없애고 책을 바치는 길을 열었지만, 감춰 두었던 산속의 바위와 집의 바람벽에서 나온 뒤로 다시 비부에 들어갔다. 다섯 학파의 유학자들도 보지 못했다. 성제[孝成皇帝] 때 이르러 뛰어난 자질을 가진 사람이자 박학다식한 사람인 유향과 아들 유흠이 비부의 책을 교정하고 정리하여 비로소 열거한 「서」를 얻고 『칠록』과 『칠략』[錄略]에 적었다. 그러나 그중 「동관」편이 없어져서 『고공기』로 채웠다.'"

20 『사고전서총목제요』 「주례주소」(周禮注疏)는 이러하다. "『남제서』는 문혜태자(文惠太子)가 옹주에 주둔하고 있을 때 어떤 도둑이 초나라 임금의 무덤을 도굴하다가 죽간으로 된 책[竹簡書]을 얻었는데 푸른 실로 죽간을 엮고 너비는 몇 푼이고 길이가 두 자가 넘었다고 한다. 열 몇 개의 죽간을 왕승건에게 보여주었더니 왕승건이 이렇게 말했다. '이것은 고대 문자[科斗書]로 쓴 『고공기』이다.' 그러면 그것은 진나라 이전의 책이라는 것도 역시 명백하게 알 수 있다. 비록 「동관」으로 채워 넣기에 충분하지 않지만 온갖 공인들은 구경(九經)의 하나이고 공공(共工)은 구관(九官)의 하나이며 선왕이 원래 그릇을 만드는 일을 큰일로 생각했으니 그것을 남겨서 조금이나마 고대의 제도를 볼 것이다. 유정춘(兪庭椿) 이후로는 오관(五官)을 어지럽게 찢어 발겼는데 모두 제멋대로인 작품이라는 것을 모를 뿐이다."

21 『수서』 「경적지」 "예류"는 이러하다. "『의례』 열일곱 편은 정현이 주를 달았다." 왕응린 『한서예문지고증』은 『칠록』을 인용하고 있다. "고대의 경인데 주나라 종백이 관장하는 오례와 예법에 맞는 몸가짐[威儀]의 일이다."

22 『한서』 「예문지」 "육예략" '예류'는 이러하다. "『군례사마법』(軍禮司馬法)은 백쉰 편이다." 왕응린 『한서예문지고증』은 이러하다. "『주관』은 '현사(縣師)는 장차 군대가 회동하거나 사냥하는 일에 대한 명령[戒]이 있으면 사마에게 법을 받아서 자기 백성들을 떨쳐 일어나게 한다', '소사마(小司馬)는 일을 관장하는 것이 대사마의 법과 같

이것들은 모두 다행히 거두어져 후세에 전해졌다. 당시 전적이 모두 남아 있었고 삼백육십 가지 관직의 『주례』[23]는 관직 등급을 분류해서 편집한 것인데 문장이 어찌 흩어질 수 있었겠는가? 주나라가 쇠락한 이후에 관직 제도가 시행되지 않고 책이 흩어지고 없어져 천 분의 십이나 백분의 일만 남았다. 천 분의 십이나 백분의 일이 겨우 남은 것을 가지고 삼백육십 가지 관직의 분류와 편집을 회복하려고 했지만 억지로 끌어다 붙이지 않으면 새어버렸으니 추세가 시행하기 어려웠기 때문에 어쩔 수 없이 『칠략』으로 가다듬었을 뿐이다. 『칠략』은 아마 옛날 어떤 관직이 관장하던 데서 나왔을 것이라고 하는데 아마라는 말은 의심스러워하는 말이다. 남은 깊이 생각하게 만들고 나는 뻥 뚫리도록 관사의 장고의 근원을 알고자 하는 것이다. 그러므로 육전이 없어지고 나서 『칠략』을 만든 것은 관직이 지키는 것을 잃어버렸기 때문이라고 한다. 비록 그렇지만 관사가 일을 잃고 나면 법도에 기강이 없어지더라도 처사는 글을 지을 때 본뜻을 요약하여 모두 자기가 배운 것을 미뤄 자기가 살고 있는 시대에 시행하려고 할 것이다. 비록 그들의 글을 잇달아 엮는다 하더라도 요지는 요약할 수 있다. 비록 그들의 주장이 속임수라 하더라도 순수하지 못한 것을 뒤섞지 않는다.[24] 그러므로 노자와 장자, 신불해와 한비자, 명가와 묵가, 종횡가는 한나라 초기의 여러 유학자 가운데 그들의 일을 연구하는 사람이 여전히 있었으니[25] 스승이 전수하는 길을 아직 잃지

다', '사병(司兵)은 무기를 줄 때 사마의 법에 따라서 나누어 준다'고 한다. 이것은 옛날에 『사마법』이 다름 아니라 주나라의 정전이라는 것이다."

23 『한서』「예문지」는 이러하다. "『예경』이 삼백 가지이다." 주는 위소를 인용하여 이렇게 말한다. "『주례』는 삼백육십 관직이다. 여기서 삼백이라고 한 것은 온전한 숫자를 거론한 것이다." 상세한 것은 「역교 하」의 주3을 참고하라.

24 가업당본 『장씨유서』에 따르면 "연철"(連綴)은 "연변"(連犿)이라고 하고 "박잡"(駁雜)은 "방잡"(龐雜)이라고 했다.

25 제자백가의 학술과 학업은 한나라 초에 유파가 이어졌는데 역사서에서 오히려 헤아려 볼 수 있다. 그중 비교적 드러난 것은 다음과 같은 것이 있다. 전숙(田叔)이 악거공(樂鉅公)에게 황로술을 배우고 사마담이 황자(黃子)에게서 도론(道論)을 익혔고 조참(曹參)과 진평이 정치에 황로술을 썼으며 급암과 정당시(鄭當時)가 황로술을 배우

않았다는 명백한 증거이다. 스승이 전수하는 길이 아직 없어지지 않았으면 글자는 틀림없이 뿌리를 둔 데가 있는 법이다. 뿌리가 있는 모든 것은 옛사람 가운데 벼슬아치가 지키는 방식에서 나오지 않은 것이 없다. 그래서 유향과 유흠이 조리 있게 구별하기 쉬웠을 것이다. 위나라와 진나라 사이에 전문가의 학이 점차 없어지면서 문장을 잘 쓰는 선비들은 저작이 세상에 이름을 내는 수단이라고 생각하여 시부, 장표(章表), 명잠(銘箴), 송뢰(頌誄)를 사실에 근거하여 얽어서 지었다. 이름 지은 의도는 각자 다르고 궁극적인 뜻은 유가도 묵가도 아니며 말은 때때로 멀어지기도 하고 때때로 부합하기도 하는데 그것을 절충하여 편집한 것을 문집이라 부른다.[26] 이것이 유파를 나눌 수 없는 첫 번째 이유이다. 문장에 뿌리가 없어지자 우아한 어휘에 도움을 구했다. 경전을 모아서 엮고 자부와 사부의 글을 딴 것은 의사가 독을 모아 두었다 때를 기다려 아픈 사람에게 주는 일에 비길 수 있다. 푸른빛을 가려서 자줏빛에 짝지우고 특정 학파를 위주로 하지 않는 것을 유서라고 한다.[27] 이것이 유파를 나눌 수 없는 두 번째 이유이다. 학술에는 이미 전문 분야가 없으므로 책을 읽어도 정밀하고 전일하게 읽을 수 없어서 여러 사람을 덜어내서 간단하게 만든 것은 훑어보는 일을 편리하게 하기 위해서이다. 시작할 때

고 좋아했고 동방삭이 익살을 부려 교훈을 주고 지혜가 많았는데, 『계자서』(戒子書)의 뜻은 황로에 뿌리를 두고 있으며 유흠[劉德少]은 황로술을 수련했고 아들 유향도 역시 아버지의 황로학을 이었다. 이것은 '도가'라는 유파이다. 역사서는 가의가 신불해와 상앙을 잘 이해하고, 조조가 신불해와 상앙의 형명을 장회(張恢)에게 배웠다고 한다. 이것은 '법가'라는 유파이다. 전숙은 임협을 좋아했는데 계포(季布)는 더욱 유명했고, 정당시는 임협을 본래 좋아했고 주운(朱雲)은 어렸을 적에 경박하게 임협의 흉내를 내는 사람과 통했지만 사마천이 임협을 좋아한 것은 더욱 심했다. 이것은 '묵가'라는 유파가 변해서 그 기풍을 이끌어 휘날린 것이다. 육가와 유경(劉敬)은 한나라 초의 변사이고 장조(莊助)와 주매신은 모두 당시 문학을 지망하는 유학자였지만 사실은 종횡가였으며 추양, 엄기(嚴忌), 매승, 사마상여는 동시에 사부로 이름이 났지만 사부는 바로 종횡가가 변한 것이다. 이것은 '종횡가'라는 유파이다.

26 「문집」편을 참고하라.

27 「문집」의 주18을 보라.

일시적으로 급히 쓸 일에 대비하는 것에 지나지 않았고 죽간을 만들 뜻은 없었는데 계속 점차 이어지다 보니 이쪽 나루에서 저쪽 나루로 건너가듯 후학에게 전해지게 되었다.[28] 그것을 나누면 본래 책이 모두 갖춰져 있고 그것을 합치면 특정 학파의 주장이 아니다. 뒤섞여 어지럽게 나타난 것을 서초(書鈔)라고 한다.[29] 이것이 유파를 나눌 수 없는 세 번째 이유이다. 깨달음이 충분하지 않으면서 글의 껍데기에서 찾고 구절의 격식이 교묘한지 졸렬한지 지적하며 음악 곡조의 높낮이를 품평한다. 상스러운 선생[俗師]과 보잘 것 없는 유학자는 모범으로 받들고 경전을 따다가 조절하며 사장을 가려서 비교할 때, 으레 붉은빛 먹과 푸른빛 먹으로 교정한다.[30] 이것을 평선(評選)이라고 한다. 이것이 유파를 나눌 수 없는 네 번째 이유이다. 여기 네 가지는 모두 사법을 근거로 세운 것이 아니라서 학에도 전문 분야가 없고 보잘 것 없는 버릇도 지루하며 옛사람의 위대한 근본 바탕도 모르지만 보잘 것 없는 무리가 바삐 좇기 때문에 사실 번거로워도 또한 불타오르듯 한다. 이미 그런 책들은 몽땅 가져다 불쏘시개[丙丁]로 써버리지도 못하고[31] 다만 인쇄 재료로 쓰는 비싼 나무판

28 유청(留靑)은 유간(留簡)을 말한다. 『후한서』 「오우전」(吳祐傳)은 이러하다. "푸른 기운을 죽인 죽간에 경을 썼다." 『수경주』는 이러하다. "황하 북쪽에 층산(層山)이 있는데 산이 대단히 신령스럽고 빼어나다. 깎아지른 바위 안에 동굴[石室]이 많다. 동굴에는 두루마리가 쌓여 있기도 한데 세상 선비들은 나루를 건너듯 도달한 사람이 드물다."

29 장종원(章宗源) 『수서경적지고증』(隋書經籍志考證)은 이러하다. "『한서초』(漢書鈔) 서른 권은 진나라 산기상시 갈홍이 지었다." 『신당서』 「예문지」도 같다. 종영 『시품』은 이러하다. "대명(大明)과 태시(泰始) 연간에 문장은 거의 다른 책에서 뽑아 베낀 것[書鈔]과 같았다."

30 왕충 『논형』은 이러하다. "양웅은 다른 나라의 말들을 찾아서 모을 때, 늘 세 치짜리 죽간[弱翰]을 쥐고 기름 먹인 명주 네 자 짜리를 지닌 채, 다른 말을 묻고 연필로 세 자짜리 죽간에 따다 쓴다." 『문선』 임방 「위범시흥립태재비표」(爲范始興立太宰碑表)는 이러하다. "사람마다 기름 먹인 명주를 쌓아놓고 집집마다 연필(鉛筆)을 품고 있다." 주는 이러하다. "연분필(鉛粉筆)이다." 한유 「추회」(秋懷) 시는 이러하다. "글자를 엿보는 것만 못하리라, 붉고 푸른 먹으로 점찍어 교감하는 일이란." 단사(丹砂)와 연분(鉛粉)은 옛사람들이 글자를 교감할 때 많이 썼다.

31 「번칭」의 주55를 보라.

[甲乙]을 더럽히고 있을 뿐이다. 만약 『칠략』의 오래된 방법을 쥐고 보잘것 없는 세상의 문장을 구분하려고 한다면 이것은 네모난 것을 둥근 구멍에 넣으려고 하는 일에 비길 수 있으니[32] 어찌 부합할 수 있겠는가? 그러므로 『칠략』이 변해서 사부 분류법이 되었다고 말한 것은 스승이 자기가 전수하는 길을 잃은 것이다. 만약 역사서가 광범위하고 번거롭다고 한다면 『춘추』에 딸렸던 작은 나라가 번성하여 큰 나라가 된 것이다.[33](『칠략』은 『태사공』을 "춘추류"에 나열했다. 이십일사(二十一史)에 이르러 따로 사부를 세우지 않을 수 없었다) 명가와 묵가가 황폐하여 쓸쓸해진 것은 소종(小宗)이 갈려나간 뒤 두 세대 만에 전승을 잃은 것과 같다.('명가'라는 유파와 '묵가'라는 유파처럼 엉성한 여러 학파는 후세에 다시 자신의 책을 가지지 못하게 되었다) 『칠략』의 추세가 변해서 사부 분류법이 되지 않을 수 없다고 생각하는 것은 또한 목록에 기록하는 방법을 얕게 논하는 사람이다.[34]

분류하고 편집해서 책을 다스린다는 말은 들었어도 책으로 분류와 편집을 어지럽힌다는 말은 듣지 못했다. 한나라 초기의 제자백가는 넓으면서 도맡아 다스리지 않아서 주나라의 공식적 제도의 의도가 사라져 버렸다. 유향과 유흠은 서한의 폐단을 이었지만 옛날에 관사가 합일되었던 까닭을 끝까지 헤아릴 수 있었고 일일이 이름을 적은 문서로 드러내서 근원으로 거슬러 올라갔는데 연구가 정밀하지 않았던 적이 없다. 위나라와 진나라 사이에 아직 문집과 유서를 합쳐 연결시키지 못했지만(위나라 문제가 서간, 진림, 응창, 유정의 글을 지어서 모두 하나의 「집」으로 만들었다. 지우가 『문장유별집』을 지은 것이 「집」의 시작이다.[35] 위나라 문제가 『황람』(皇覽)을 만든 것이

---

32 『초사』 「구변」은 이러하다. "둥근 구멍에 네모진 자루여, 맞지 않아 들어가기 어려움을 내 진즉 알았도다."

33 『문심조룡』 「전부」는 이러하다. "『시경』의 여섯 가지 뜻에 딸렸던 작은 나라가 번성하여 큰 나라가 되었다." 이것은 그 말을 썼다.

34 나는 이렇게 생각한다. 이 앞의 가업당본 『장씨유서』는 "이상은 명시이다"[右明時]라는 제목을 달았다.

35 서간, 진림, 응창, 유정이 모두 「집」을 지은 일은 위나라 문제의 「여오질서」를 보라. 『문장유별집』은 「시교 상」의 주37을 보라. 주에는 예전에 "집"(集)이라는 글자가 빠

유서의 시작이다)[36] 전문가가 전수하는 학업이 드러나지 않게 되었다. 그러나 순욱과 이충 같은 여러 사람(순욱(荀勖)과 이충(李充)이다)[37]은 『칠략』의 원류를 끝까지 헤아릴 수 없었다. 왕검과 완효서 같은 여러 사람(왕검(王儉)과 완효서(阮孝緖)이다)[38]에 이르자 거리가 더욱 멀어졌다. 그 뒤 방기(方技)와 병서(兵書)는 자부에 합쳐졌지만 문집은 독자적인 전문 분야가 되었고 유서는 제자백가에 편입되었다. 당나라 때 사람들은 사부로 책을 분류했다.(사부는 순욱이 만들었다. 형식이 후세의 사부 분류법과 다르기 때문에 당나라 때 사람에게서 시작되었다고 말한 것이다) 그래서 후세의 목록들이 영원히 옮기지 않고 모시는 정해진 방식이 되었지만 천하의 학술은 더욱 어지러워지고 더 이상 법도와 규율은 없었다. 『칠략』이 육전의 폐단을 이었어도 육전의 없어진 법도도 보존하고 있다는 것은 아마 알겠지만 사부 분류법이 『칠략』의 폐단을 이었어도 『칠략』의 없어진 법도도 남기고 있다는 것은 아마 모를 것이다. 그래서 『칠략』은 분류하고 편집해서 책을 다스릴 수 있지만 사부 분류법은 책으로 분류와 편집을 어지럽히지 않을

진 것에 따라 여기서 가업당본 『장씨유서』에 근거하여 보충했다.

36 『삼국지』「위서」 "문제기"는 이러하다. "애초에 문제는 문학을 좋아해서 저술에 힘썼는데 완성한 것이 거의 백 편에 달한다. 또한 여러 유학자들에게 경전을 편찬하여 모으고 종류에 따라 서로 따르게 했는데 모두 천여 편이며 『황람』이라고 이름 지었다." 또한 「유소전」(劉劭傳)은 이러하다. "유소는 자가 공재(孔才)이고 황초 연간에 산기시랑이 되었다가 황제의 명령을 받고 오경의 모든 책을 모아 종류대로 서로 좇게 하여 『황람』을 지었다."

37 순욱은 「문집」의 주15를 보라. 『전진문』(全晉文) 「소전」은 이러하다. "이충(李充)은 자가 홍도(弘度)이며 이중[重]의 아우 이구[矩]의 아들이다. 성제 때, 승상 왕도의 구실아치로 부름을 받았다가 기실참군으로 옮겼으며 또한 정북대장군[征北] 저부(褚裒)의 군사 작전에 참여하여 담 영에 제수되었고 대저작랑(大著作郎)으로 들어왔다가 중서시랑으로 옮겼다. 『논어주』(論語注) 열 권, 『한림론』(翰林論) 쉰네 권, 『집』(集) 스무 권이 있다."

역주_ **순욱과 이충**의 원문은 荀李이고 다음의 주에서 그들의 이름을 밝히고 있다. 본문에 본명을 드러내는 원칙에 따라 사족처럼 보이더라도 본명을 드러냈다.

38 왕검 『칠지』는 「문집」의 주16을 보라. 완효서 『칠록』은 「시교 상」의 주22를 보라.

역주_ **왕검과 완효서**의 원문은 王阮이고 다음의 주에서 그들의 이름을 밝히는 것은 바로 앞의 순욱과 이충의 예와 마찬가지이다.

수 없다. 『칠략』을 회복할 수 없다는 것에 대한 사부 분류법의 구실은 다음과 같다. 첫째, 역사서가 번거롭기 때문에 『춘추』의 가학에 붙일 수 없다. 이십일사[39]는 함께 모아서 정리하기 어렵지 않을 것이다. 직관과 고사의 책, 보첩과 기전이라는 형식은 주나라의 공식적인 제도가 창조한 것에 뿌리를 두었거나 유가와 잡가의 주장을 건드리기 때문에 꼭 역사서의 형식일 필요는 없다. 이제 여러 가지 형식을 싸잡아서[40] 역사서를 하나의 부류로 나누려고 하기 때문에 의주(儀注)는 '예류'[禮經]에 넣지 않았고 직관은 육전과 통하지 않게 되었으며 황제의 명령서[謨誥]는 '상서류'[尙書]와 떨어지게 되었고 사평(史評)은 제자백가와 길이 갈리게 되어 (사평은 모두 제자백가의 유산이므로 사부에 넣는 것은 옳지 않다) 옛사람이 주장을 세운 본뜻을 바꿔서 어지럽히고 분류와 편집의 정해진 방식을 간단하고 쉽게 만들었으니 어떻게 괜찮겠는가? 둘째, 문집이 나날이 번거로워지기 때문에 전문 분야에 열거하지 않게 되자 도맡아 다스릴 방법이 없었다. 제자백가는 벼슬아치가 지키는 방식에서 나오지 않았지만 유향과 유흠은 벼슬아치가 지키는 방식의 유파를 헤아렸다.[41] 그래서 문집이 제자백가가 아니라면 목록에 기록한 책이라고 왜 꼭 제자백가가 관직을 적는 방식으로 문집을 다스릴 수 없겠는가? 「집」이라는 형식이 비록 번거롭지만 요컨대 「집」을 지은 사람을 먼저 평가해야만 한다. 사람의 성정에는 틀림없이 가까운 곳이 있기 마련이니 성정의 본뜻을 얻은 다음에 시부가 맡겨서 깃들이는 것, 논변이 인용하여 비유하는 것, 기록과 서술이 으뜸으로 숭상하는 것에서 큰 뜻을 뽑고 중요하지 않은 부분은 생략한

---

39 명나라 때 간행한 감판 정사는 열일곱 가지 정사에 『송사』, 『요사』, 『금사』, 『원사』를 합쳐서 스물한 가지 정사이다. 「답객문 상」의 주10을 보라.

40 『주역』 「곤」 괘 육사(六四) 효사는 이러하다. "주머니 끈을 매듯 한다면 허물도 없고 칭찬도 없다." 이것은 포함의 풀이이다.

41 장태염 선생은 이렇게 말한다. "구류는 모두 왕관에서 나왔다. 그들이 폭발적으로 퍼지면서 왕관이 함께 하지 못했다. 벼슬아치들은 요점을 지키지만 구류가 그들의 뜻을 펼치는 일은 여기서 엄청나게 자라게 되었다."(『국고논형』 「원학」)

다면 유가, 묵가, 명가, 법가처럼 옛사람이 이른바 특정 학파의 주장이라 했던 것 가운데는 꼭 그 유파가 얻은 것이 있을 것이다.[42] (한유의 유가, 유종원의 명가, 소식의 종횡가, 왕안석의 예가(禮家)와 같다) 문집의 본래 이름을 남겨서 기록하고 원류의 유래를 논의하여 정하며 제목을 유향과 유흠이 분류해서 편집한 뒤에 붙이지만 적당한지 적당하지 않은지 구별하여 명백하게 만들어서 후학이 길을 변별하는 나루터로 삼게 한다면 치언은 붙이고 끼울 바가 없어지고[43] 문집의 폐단은 점차 멈추게 될 것이다. 이것은 말에 내용이 있고 행실에 항상성이 있는 것과 거의 같을 것이고[44] 『칠략』이라는 전문적인 분야를 근거로 육전의 없어진 규칙을 살피게 될 것이다! 가법이 이미 전문적이라면 뿌리가 없이 뒤섞여 잡스러운 유초(類鈔)와 평선의 형식은 너저분하지 않게 저절로 다스려질 것이다. 그래서 목록에 기록하는 방법은 교법과 통하는데 어찌 갑자기 숫자로 분류한 제목의 형식을 기록하고 편집을 가벼이 말하겠는가? 다만 학자가 먼저 천지의 순수함을 살펴서 옛사람의 위대한 근본 바탕을 기록하지 않고 갑자기 모든 주장들을 분류하고 편집하며 유파를 변별하고 밝혀서 한마디로 옳은 것에 거의 가까운 주장을 하기를 바라지만 그런 것은 얻을 수 없다. 그래서 목록에 기록하는 사람들은 사부 분류법을 말하길 좋아하고 『칠략』의 말을 듣는 것을 두려워한다.[45]

역사가들은 분류해서 편집하는 방법과 조목조목 구별하는 방법이 반고에게서 갖춰졌다지만 사실은 사마천을 본뜬 것이다. 사마천은 기존 방법을 쓰지 않았고 반고는 유향과 유흠의 학을 계승했지만 정밀하지 못했기 때문에 목록에 기록하는 일의 정밀하고 드러나지 않는 것을 말하려 하면 역시 유향과 유흠의 학업을 곰곰이 연구해야만 한다. 유향과 유

---

42 이야기는 『교수통의』 「두 번째 종류」(宗劉)의 네 번째 단락에 상세하다.

43 치언은 「질성」의 주39를 보라.

44 『주역』 「가인」 괘 「상전」의 말을 보라.

45 나는 이렇게 생각한다. 이 앞의 가업당본 『장씨유서』는 "이상은 복고이다"[右復古]라는 제목을 달았다.

흠의 학업을 연구할 때 반고의 『한서』에서 시작해야만 한다는 것은 사람들이 알 것이다. 유흠의 학업을 연구할 때 사마천의 방법으로 비교해야만 한다는 것은 사람들이 모를 것이다. 사마천이 이른바 여섯 학파를 순서대로 편집했다거나 학술의 차이를 일일이 변별했다거나 이익과 못마땅한 점을 헤아려 연구했다는 것은 자신의 가학에 뿌리를 둔 것이고(사마담은 음양가, 유가, 묵가, 명가, 법가, 도덕가를 논하고 그것을 여섯 학파로 삼았다)[46] 시대가 오래되었기 때문이다. 「기」의 첫 번째 편은 『상서』를 연구하고(「오제본기찬」(五帝本紀贊)이다)[47] 「표」의 첫 번째 편은 『춘추』를 연구하며(「삼대세표서」(三代世表序)이다)[48] 「전」의 첫 번째 편은 『시』와 『서』가 빠트린 것을 연구하고 순임금과 하나라 때의 글(「백이열전」이다)[49]은 목록에 기록하는 일의 연원을 모두 시작한 것이다. 그는 육예 이후에 대해 「맹순열전」, 「삼추열전」, 「노장신한열전」, 「관안열전」, 「굴원열전」, 「우경열전」, 「여불위열전」의 여러 「열전」처럼 주나라 때부터 진나라 때까지의 제자백가의 저술을 논해서 편집하고 궁극적인 뜻을 요약하며[50] 문사의

---

46 사마담이 여섯 학파의 긴요한 뜻을 논한 일은 『사기』 「태사공자서」를 보라.

47 『사기』 「오제본기찬」은 이러하다. "학자들이 오제에 대해 많이 이야기하는 일은 오래되었다. 그러나 『상서』는 요임금 이후의 일만 편집되어 있다. 제자백가가 황제를 말할 때 그 글은 우아하지도 온당하지도 않아서 신사들이 그것을 말하기 어렵다."

48 『사기』 「삼대세표서」는 이러하다. "은나라 이전 제후에 대해 「보」를 지을 수 없었으나 주나라 이래는 이내 다소 지을 수 있게 되었다. 공자는 역사서를 근거로 『춘추』를 편집하고 원년을 기록했으며 계절과 날과 달을 바로잡았는데 대체로 참 상세하다."

49 『사기』 「백이열전」은 이러하다. "학자들의 재적은 지극히 광범위하지만 오히려 믿을 만한 것은 육예와 비교해야 한다. 『시』와 『서』에 비록 빠진 것이 있지만 순임금이나 하나라에 관한 글은 알 수 있다."

50 「맹순열전」과 「삼추열전」은 이러하다. 이것은 『사기』가 순서대로 나누고 조목조목 구별한 방법, 곧 어떻게 맹자, 순자, 세 명의 추자를 하나의 「전」으로 합쳤는지를 말한다. 『사기』는 맹자, 순자, 추기, 추연, 추석을 「맹자순경열전」에 합쳤다. 맹자와 순자는 유가이고, 추기는 제나라 위왕을 풍자하여 간언을 드렸으며, 추연의 말은 대단히 크고 정상적인 법도를 벗어나 있는데 궁극적인 뜻을 요약하자면 틀림없이 인의와 절검에서 그친다. 추석은 용무늬를 새기는 것처럼 추연의 글을 수식하고 "궁극적인 뜻을 요약하여" 모두 인의나 덕성스러운 정사를 말하고 있기 때문에 하나의 「전」으로 합쳤다. 「노장신한열전」은 이러하다. 『사기』는 노자, 장자, 신불해, 한비를 「노

장신한열전」으로 합쳤다. 노자와 장자는 도가이다. 또한 이렇게 말한다. "신불해의 학문은 황로에 뿌리를 두고 형명을 위주로 한다." "한비는 형명과 법술의 학문을 좋아하지만 귀결점은 황로에 뿌리를 두고 있다." 신불해와 한비는 도가와 통하기 때문에 노자, 장자, 신불해, 한비를 하나의 「전」으로 합쳤다. 「관안열전」은 이러하다. 『사기』는 관중과 안영을 하나의 「전」으로 합쳤는데, 관중과 안영이 모두 제나라를 도와서 대대로 이른바 훌륭한 신하였고 제후들에게 명성이 드러났기 때문에 하나의 「전」으로 합쳤다. 「굴원열전」은 이러하다. 『사기』는 굴원과 가의를 하나의 「전」으로 합쳤는데, 두 사람이 나라에 충성하고 억울하게 유배당해서 죽었으며 모두 문학 작품[辭賦]으로 이름이 드러났고 자신의 의지를 슬퍼했기 때문에 하나의 「전」으로 합쳤다. 여기서는 다만 굴원을 말할 뿐이고 가의는 언급하지 않는 것은 앞의 글에서 "주나라와 진나라 때 제자백가"에 한정했기 때문이다. 「우경열전」은 이러하다. 『사기』는 평원군과 우경을 하나의 「전」으로 합쳤는데 찬하여 이렇게 말한다. "평원군은 이익 때문에 지혜가 어둡게 되어서 조나라가 장평(長平)에서 병사 사십여 만 명을 파묻도록 시켰고 조나라[邯鄲]가 거의 망하게 만들었다. 우경이 사정을 헤아려 조나라를 위해 일을 꾸민 것은 얼마나 교묘했던가." 평원군과 우경을 대비시켜 구성하여 하나의 「전」으로 합쳤다. 여기서 다만 우경을 말할 뿐이고 평원군을 언급하지 않는 것은 "주나라와 진나라 때 제자백가"에 한정했기 때문에 평원군을 들지 않았다. 마지막으로 여불위를 들고 있는데, 이것은 전전이지 여러 사람을 같이 쓰는 합전이 아니다. 순서대로 나누고 조목조목 구별하는 방법에는 합전과 전전 두 가지가 있다는 것을 설명한다. 여불위는 문객에게 『여씨춘추』를 지으라고 시킨 잡가이기 때문에 또한 열거해 넣었다. 앞에서 합전과 전전은 "궁극적인 뜻을 요약하여 그 등급을 올리거나 내린다." "사람이 있다면 바로 「열전」을 짓는다." 『사기』는 또한 이렇게 서술하여 기록하고 있다. 맹자는 "『시』와 『서』를 편집하고 공자의 의도를 기술하여 『맹자』 일곱 편을 지었다"라고 한다. 순자는 "유가, 묵가, 도가[道德]가 시행한 일이 잘되어 일어난 것과 못 되어 없어진 것을 헤아려 편집하여 열거하고 수만 자의 주장을 지었다"고 한다. "추연은 기이하고 세상 물정과 거리가 먼 변화를 기술하여 「종시」[始終], 「대성」(大聖) 등의 글 십여만 자를 지었다"고 한다. 추석은 "추연의 방법을 대단히 골라서 글을 지었다"고 한다. 노자는 "상편과 하편의 글을 지어 도와 덕의 의도를 말하고 있다"고 한다. 장자는 "요점과 근본은 노자의 주장으로 귀결되며 십여만 자나 되는 글을 지었다"고 한다. 신불해는 "황로에 뿌리를 두고 형명을 위주로 하며 두 편의 글을 썼다"라고 한다. 한비는 "「고분」, 「오두」, 「내외저」, 「설림」, 「세난」 등 십여만 자"를 지었다고 한다. 관자와 안자는 "내가 관자의 「목민」, 「산고」, 「승마」, 「경중」, 「구부」 및 『안자춘추』를 읽어보니 그들이 말한 것이 굉장히 상세했다"라고 한다. 굴원은 "굴원[屈平]이 『이소』를 지은 것은 아마 원망으로부터 생겼을 것이다"라고 한다. 우경은 "뜻을 이루지 못하고 이내 책을 지었는데 위로 『춘추』에서 고르고 아래로 최근 세상을 살펴서 「절의」(節義), 「칭호」(稱號), 「췌마」(揣摩), 「정모」(政謀) 등 모두 여덟 편을 지었다. 이로써 국가의 성공과 실패를 풍자하고 꾸짖었는데 세상 사람들이 그것을 전하여 『우씨춘추』(虞氏春秋)"라고 한다. "여불위는 그래서 자신의 식객들에게 각각 들은 것을 지으라고 시켰고 그들이 논한 것을 「팔람」,

상세하고 간단한 것을 연구하고 등급을 올리거나 내렸으며[51] 가락이 오르내리고 길게 읊어 감탄했으며 뜻이 텅 빈 자리에 얽매이게 하지 않기 때문에 사람에 대해서 말하자면 「열전」이고 책에 대해 말하자면 「서록」(敍錄)이다. 옛사람은 이름 짓는 의도를 가지고 글 제목을 달았는데 세속적인 학자가 무슨 기준으로 한정할 수 있는가? 유향과 유흠의 학업이 분류하고 편집하는 방법은 주나라의 공식적 제도에 뿌리를 두고 있으며 「서록」이라는 글은 사마천의 『사기』 「열전」에서 약간 형식을 얻었다. 원류를 조목조목 구별하고 제자백가의 어지러움을 다스려서 그것을 위대한 도에 통하게 하려는 것이 아마 본뜻일 것이다. 권의 순서, 분류한 제목, 편의 순서는 비록 부류에 따라 등급을 정해서 질서정연하고 어지럽지 않지만 사실 벼슬아치들을 소통시켜 함께 모여서 일을 의논해야만 서로 돕고 결과를 만들 수 있다. 예를 들어 『관자』를 '도가'에 열거하지만 '소학류'를 서술할 때 「제자직」편을 『이아』 뒤에 붙인다면[52] 특정 학파의 책을 알게 되고 말을 골라 범례를 따로 낼 수 있다. 『이윤』(伊尹)과 『태공』(太公)은 도가의 조상이고(그들의 책은 '도가'에 넣는다) 『소자』(蘇子)와 『괴통』(蒯通)은 종횡가의 주장인데 그들은 병법에서 으뜸가는 법이라고 생각하기 때문에 결국 '병권모가'[兵法權謀類]에 거듭 수록했다. 손무와 오기 같은 여러 사람을 첫머리에 넣는다면[53] '도가'[道德家]와 '병권모가'의

「육론」, 「십이기」로 모았는데 모두 이십여만 자나 되었다. 천지, 만물, 고금의 일을 갖추었다고 생각하여 『여씨춘추』라고 불렀다"고 한다. 이상이 "순서대로 논하여 저술하고" "책이 있으면 바로 서술하여 기록한다"는 것이다. 유흠의 『칠략』은 본디 여기서 자신의 편집을 약간 얻은 적이 있다.

51 『시』 「패풍」 "연연"은 이러하다. "제비와 제비가 정답게 나는구나, 솟구쳤다 내리꽂히는구나." 「전」은 이러하다. "날아오르는 것을 힐(頡), 날아 내려오는 것을 항(頏)이라 한다." 위아래를 나누는 것을 가리킨다.

52 『한서』 「예문지」 "제자략" '도가'에는 『완자』(莞子) 여든여섯 편이 있다. 그러나 "육예략" '효경류'에는 『제자직』 한 편이 있다. 응소는 이렇게 말한다. "관자가 지은 것은 『관자』의 책에 있다." 심흠한은 이렇게 말한다. "지금은 『관자』의 쉰아홉 번째 편이다. 『예기』 「곡례」의 정현 주가 그것을 인용했는데, 아마 한나라 때는 단행본이었던 모양이다."

종지에는 부합하는 것이 있다는 것을 알 수 있기 때문에 범례대로 거듭 수록했다. 편을 따로 낼 수 있다면 학술의 원류에 틈이 생겨서 온전하지 못할 지도 모른다는 근심이 없어질 것이다. 분류한 제목이 계속 나타난다면 법도와 규율을 분별하지만 서로 갈려서 견제할 지도 모른다는 근심이 없어질 것이다. 학술의 원류에도 틈이 생겨 온전하지 못하거나 법도와 규율을 분별하지만 서로 갈려 견제하는 일이 없다. 그렇다면 『주관』의 육경이 함께 모여 일을 의논하는 의도가 보존되고[54] 사마천의 『사기』 「열전」이 서로 상세하게 만드는 뜻이 나타난다.(「화식열전」이 자공을 서술하면서도 「중니제자열전」과 무관한 것이나 「유림전」이 동중서와 왕길(王吉)을 서술하면서도 따로 「열전」[專傳]이 있는 것과 같다)[55] 책을 다스리는 방법은 옛사람이 본래 전수하고 전수받았는데 어찌 소홀할 수 있는가? 반고가 『칠략』에서 「집략」(輯略)을 덜어낸 때부터 유흠의 「서론」(緒論)이 전해지지 않는다.(「집략」은 모든 책의 큰 뜻을 총괄적으로 논의한 것이다)[56] 분류한 제목을 생략하고 유흠의 중요한 방법이 드러나지 않게 되었다.(반고는 유향이 중요하게 보는 것을 생략해서 하나로 귀속시켰다) 그래서 학자는 목록에 기록하는 방법으로 제자백가를 변별해서 밝혀야 위대한 도에 통한다는 것을 모르게 되었고(『장자』 「천하」편도 이런 의도이다) 다만 목록[甲乙]의 숫자로 기록할 필

53 『한서』 「예문지」 "제자략" '도가'에는 『이윤』(伊尹) 쉰한 편과 『태공』(太公) 이백서른일곱 편이 있다. '종횡가'에는 『소자』(蘇子) 서른한 편과 『괴자』(蒯子) 다섯 편이 있다. 그러나 "병서략" '병권모가'에 있는 반고의 자주는 이렇게 말한다. "『이윤』, 『태공』, 『관자』, 『손경자』, 『갈관자』, 『소자』, 『괴통』, 『육가』, 『회남』 이백쉰아홉 편을 생략한 것은 중복되기 때문이다.(유봉세(劉奉世)의 교정에 의거했다)" 아마 『칠략』이 거듭 기록했지만 반고가 생략해 버린 듯하다.

54 「서교 상」의 주11을 보라.

55 왕길은 자가 자양(子陽)이며 낭야 고우(皐虞) 출신이다. 「왕길전」은 『한서』 권72에 있지 『사기』에 있는 것이 아니다. 예전의 각 판본에는 "「유림전」은 동중서를 서술하고"라는 말이 빠져있는데, 여기서는 가업당본 『장씨유서』에 의거하여 보충했다.

56 『교수통의』 「원도」는 이러하다. "유흠의 『칠략』에서 반고는 「집략」(輯略)을 삭제하고 여섯 가지만 남겼다. 안사고는 이렇게 말한다. '「집략」은 여러 책의 요점을 모았다.' 아마 유흠은 모든 책의 뜻을 토론했을 것이다. 이것은 도를 밝히는 가장 중요한 요점이지만 안타깝게 그 글은 전하지 않는다."

요가 있다고만 보았기 때문에 학에 전문 분야가 없다느니 책에 대대로 지키는 일이 없다느니 하는 말이 도리어 무축의 부록이나 의사의 비밀스러운 처방만도 못하게 되었고 스승이 전수한 길이 지키지 못한 방법도 생기게 되었다. 정초의 「교수략」은 분류와 편집에 대한 『숭문총목』의 잘못을 바로잡는 일에 힘쓰면서 반고 이후의 모든 사람을 나무라고 있다.[57] 그러나 정초는 목록에 기록하는 일의 원류가 주나라의 공식적 제도를 좇아야 한다는 것을 몰랐기 때문에 다만 어떤 책에서 갑이라고 해야 마땅한데 을이라고 잘못 쓴 것을 조심스럽게 바로잡고 어떤 책에서 병이라고 해야 마땅한데 정이라고 틀린 것을 조심스럽게 바로잡고 있다. 분류와 편집이 뒤섞여 어지러운 것은 비록 가법이 전수되지 않았기 때문이지만 유가와 잡가가 뒤섞이기 쉽고 직관과 고사가 갈린 것이 많기 때문에 그런 책들은 본래 어느 쪽에 두어도 모두 괜찮은 것이고 아마 애초부터 목록에 기록하는 일의 잘못이 아닐 것이다. 만약 따로 내서 서로 드러나게 하는 유흠의 방법이 후세에 밝혀지지 않았다면 설령 사마천을 다시 살리고 양웅을 다시 만난다 해도 분류와 편집의 방법을 오히려 아득하게 만드는 바람에 합쳐서 기록하지 못할 것이다. 정초는 반고의 『한서』 「예문지」가 종류대로 붙인 것을 적당하지 않다고 꾸짖을 수 있지만 합치고 생략한 것을 적당하지 않다고 바로잡을 수는 없다. 이것은 일 곱하기 십이 십인 것은 알지만 이 곱하기 오가 십인 것은 모르는 것이라고 할 수 있다. 하물며 내가 후세인이 목록에 기록한 것을 살펴보니, 『소이

57 『숭문총목』은 「편권」의 주20을 보라. 『통지』 「교수략」은 순서대로 엮은 잘못을 논하여 이렇게 말한다. "세시는 본디 특정 학파의 책이지만 『세시광기』(歲時廣記) 백열두 권이나 『숭문총목』 따위를 세시에 열거하지 않고 유서에 열거한 것은 무엇 때문인가?" 순서대로 엮었지만 명백하지 못한 것을 논하여 이렇게 말한다. "『신당서』 「예문지」가 명당(明堂)과 경맥(經脈)이라는 조목을 구별했지만 『숭문총목』은 의학 서적에 합쳤다. 명당이라는 부류에도 역시 여러 사람이 있는 것에 의거하면 한 조목으로 만든 것이 벌써 스스로 느슨한 것이다. 설령 의학 서적에 합치더라도 그 부류는 또한 서로 붙지 않으니 이래서 되겠는가?" 반고를 나무라고 힐책하는 것은 『교수통의』 「정초오교한지」(鄭樵誤校漢志)의 주1을 보라.

아』를 따로 내서 "논어류"에 귀속시킨 것이 있고[58](본래 『공총자』의 편명이다. 『수서』「경적지」는 따로 내서 "논어류"에 귀속시켰다) 『하소정』을 따로 내서 "시령류"[時令]에 넣은 것도 있으니[59](본래 『대대예기』의 편명이다. 『문헌통고』는 따로 내서 "시령류"에 귀속시켰다) 이것이 어찌 옛사람이 따로 내는 방법을 알기에 충분하겠는가? 다만 뿌리를 둔 책을 잊었기 때문에 종류대로 붙일 때 의지할 근거를 잃어버린 것일 뿐이다. 『가서기』(嘉瑞記)는 이미 "오행류"에 넣었는데 "잡전류"에 다시 나타나고(『수서』「경적지」이다)[60] 『서경잡기』는 이미 "고사류"에 넣었는데 "지리류"에 거듭 보이니(『신당서』「예문지」이다)[61] 이것이 어찌 옛사람을 거듭 나타내는 방법을 알기 충분하겠는가? 다만 이미 목록에 기록해 올렸다는 것을 잊고 거듭되다가 그릇되고 어긋나게 되었을 뿐이다. 보잘 것 없는 학문의 지루함은 종류대로 붙일 때 근거를 잃고 거듭 뒤섞여 잘못되어야 극에 달했다고 말할 수 있을 것

---

58 『직재서록해제』「소학류」는 이러하다. "『소이아』는 한 권인데 『한서』「예문지」에 이 책이 있다. 역시 성명을 적지 않았다. 『신당서』「예문지」는 이궤(李軌)의 풀이 한 권이 있다. 오늘날 『중흥관각서목』은 공부가 지었다고 한다. 아마 『공총자』의 열한 번째 편에 의거했으리라. 「광고」, 「광언」(廣言), 「광훈」(廣訓), 「광의」(廣義), 「광명」(廣名), 「광복」(廣服), 「광기」(廣器), 「광물」(廣物), 「광조」(廣鳥), 「광수」(廣獸)라고 하는데, 모두 열 장(章)이다. 또한 「광도량형」(廣度量衡)은 열세 장이다. 호사가가 베껴 내서 따로 유행한 것이 맞으리라." 심흠한은 이렇게 말한다. "반고의 『한서』를 살필 때, 『공총』(孔叢)에는 적혀있지 않았지만 이미 『소이아』에는 있었다. 역시 공자의 옛집 벽에서 나온 글이지 『공총』을 좇아서 베껴낸 것이라고 말하는 것은 맞지 않다." (『한서소증』 권24)

59 『직재서록해제』「시령류」(時令類)는 이러하다. "『하소정전』(夏小正傳) 네 권은 한나라 대덕이 지었고 (송나라) 산음 출신 부숭경(傅崧卿)이 주를 달았다. 이 책은 본래 『대대예기』에 있는데, 정현은 「예운」의 하시(夏時)에 주를 달면서 이렇게 말했다. '하나라의 사시에 관한 책이다. 그중 남아 있는 것이 『하소정』[小正]이다.' 후세인들은 『대대예기』에서 베껴내 따로 유행했다. 부숭경은 본문과 「전」을 서로 뒤섞어서 『춘추좌전』의 경전을 본떠, 그 앞에 본문을 열거하고 「전」을 붙였으며 또한 그것을 위해 주를 달았다."

60 나는 이렇게 생각한다. 『수서』「경적지」 사부 "잡전류"는 이러하다. "『가서기』(嘉瑞記) 세 권은 육경(陸瓊)이 지었다." 그러나 자부 "오행류"에는 결코 『가서기』가 없다.

61 「답객문 하」의 주18을 보라. 『신당서』「예문지」 "고사류"는 갈홍의 『서경잡기』 두 권이라고 하지만 "지리류"는 또 그것을 거듭해서 수록했다.

이다. 그들이 갈라지고 잘못된 이유를 연구해보면 이치가 의심을 초래하거나 추세를 따르다가 꼭 이런 지경에 이르게 된다. 다만 이런저런 정해진 방식에 얽매여 옛사람을 따로 나타내는 이유나 거듭 나타내는 이유도 정밀하게 분석하지 않고 자신의 판단도 아득하고 정해지지 않은 바람에 폐단이 여기까지 이르렀다. 그래서 교수학자가 만약 학술의 원류를 깊이 알지 못하는데 그에게 글을 가다듬어 따로 내도록 하고 분류를 결정해서 거듭 나타나게 하면 부숴서 어지럽게 만들고 기준과 법칙을 없애는 것이니 폐단을 구제한다는 것이 도리어 폐단을 성하게 만들게 될 것이다. 그래서 교수학의 사법은 전하지 않을 수 없고 목록에 기록하는 전문 분야는 세우지 않을 수 없다.[62]

주와 현의 지방지에 있는 「예문」의 글은 깊이 생각하여 넉넉히 논의하지 않을 수 없다. 옛날에 행인이 책을 고르고[63] 태사가 전범을 관장하여[64] 문장을 수록한 문헌[載籍]은 모두 위에 모였기 때문에 관직이 지키는 것 이외에 고대의 전적[墳籍]이 없었다. 후세인은 각자 책을 만들고 학파는 주장을 구별한다. 글을 숭상하는[右文] 시대나 상을 걸고 책을 구하는[購典] 시대를 만났어도 궁중 도서관에 들어갈 수 있는 책이 사관이 묶은 것 가운데 열에 일고여덟인 것은 추세가 그렇기 때문이다. 문장이 천하에 흩어지고 사관도 전문적으로 지키지 못하게 되면서 같은 글자로 다스리는 시대에 오로지 학교의 사유가 얻으면 설명해줘서 받아 익히게 하고 주와 현의 지방지가 얻으면 분류해서 편집한 뒤 정해진 방식으로 드러내 지방에서 지키면서 조정의 사신[輶軒]이 풍속을 가리는 일을 갖추

62 나는 이렇게 생각한다. 이 앞의 가업당본 『장씨유서』는 "이상은 가법이다"[右家法]라는 제목을 달았다. 월아당총서본은 예전에 다음 문장과 이어지고 있는데, 여기서 가업당본 『장씨유서』과 검본[黔刻本]을 의거하여 이것 다음에 줄을 바꿨다.

63 「방지립삼서의」의 주9를 보라.

64 『주례』 「춘관」은 이러하다. "태사는 나라를 세우는 육전을 관장하고 이로써 나라의 다스림을 맞이한다." 정현 주는 이러하다. "전(典)은 법(法)이다. 역(逆)은 영(迎)이다. 육전은 총재가 세우며 이로써 모든 온갖 벼슬아치를 다스린다. 태사가 또한 세워서 왕이 그들의 다스림을 맞이하여 받게 한다."

고[65] 비서(秘書)가 논의하여 결정하기만 기다린다. 그중 올바르지 않고 맞지 않는 주장이 있어도 보고 들은 것을 가지고 교수(校讎)하여 바로잡을 수 있다. 문장의 전적은 묶게 되면 으뜸이 생기게 되고 학술과 인심은 규범에 맞는 제한을 얻게 될 것이다. 옛날에 채옹은 석경(石經)을 올바르게 정할 때[66] 이렇게 생각했다. '사방의 선비가 뇌물을 먹이고 난대에 소장된 책[漆書]을 개인적인 글자에 부합하도록 고치는 지경이라면 이것은 당시 군국에서 전수하여 받아 익히는 책이 궁중에 소장된 책과 부합하지 않는다는 명백한 증거이다.[67] 글자의 점이나 획, 소학 공부는 사방에서 전수하여 받아 익히는 것에 차이가 있는데, 하물며 전해들은 것을 기재하거나 개인적으로 별도의 기록을 적거나 학교에서 설명한 것을 전하지 않거나 지방지가 분류와 편집을 다스리지 않는다. 그래서 문장이 흩

65 『설문해자』는 이러하다. "유(輶)는 가벼운 수레이다." 「풍속통서」(風俗通序)는 이러하다. "주나라와 진나라 때는 늘 해마다 팔월이면 유헌사자[輶軒之使]를 파견하여 다른 시대의 사투리를 찾았고 돌아와서 바친 뒤에 문서에 적어 비실(祕室)에 소장했다."

66 『후한서』「채옹전」은 이러하다. "건녕 3년 사도 교현의 막부에 부름을 받았는데, 교현이 그를 대단히 공경스럽게 대했다. 하평 장(河平長)으로 나가서 보임했다가 불러서 낭중에 제수되었고 동관 교서랑에서 의랑으로 옮겼다. 채옹은 경적이 성인의 시대로부터 오래되어 글자에 잘못이 많은데 세속적인 유학자들이 깊이 연구하여 후학들이 오해하지 않을까 두려워했다. 희평 4년 그래서 중랑장 당계전(堂谿典), 광록대부 양사(楊賜), 간의대부 마일제, 의랑 장훈(張馴), 의랑 한열, 태사령 단양(單颺) 등과 함께 아뢰어 육경의 글자를 바로잡아 정할 것을 요구했다. 영제는 그것을 허락했다. 채옹은 그래서 서책으로부터 비석으로 석공에게 서책을 비석에 파서 새기게 하여 태학 문 바깥에 세웠다. 그래서 후세의 유학자와 후학[晚學]이 모두 취하여 바로잡았다. 비석이 처음 세워질 때 살펴보고 베껴 쓰는 사람들의 수레가 하루에 천여 대나 되어 거리를 가득 메웠다."

67 『후한서』「유림전서」는 이러하다. "당인(黨人)을 죽이자 높은 명성을 가진 착한 선비들이 많이 연루되어 귀양을 가거나 못 쓰게 되었고 나중에 결국 성이 나서 다투는 지경에 이르렀으며 더욱 서로 고자질하게 되었다. 역시 몰래 뇌물을 뿌려 난대에 있는 옻으로 쓴[漆書] 경의 글자를 정하여 자신의 글에 부합하게 만들었다. 희평 4년에 영제는 바로 여러 유학자들이 오경을 바로잡아 정하라고 명령하고 돌비석에 새겼는데, 고문, 전서, 예서 세 가지 형식의 서법이었고 이로써 서로 참조하여 검사했다. 그것을 태학의 문에 세워 천하가 모두 규칙으로 취하게 만들었다." 중서(中書)는 궁중에 소장한 책이다.

어지고 옳고 그름이 뒤섞여 분명하지 않고 의심스러운데 후세에 무엇을 의거해서 그들을 헤아려서 정하겠는가?' 정초는 책을 찾는 방법을 논하면서 땅을 근거로 찾고 사람을 근거로 찾는다고 했는데[68] 지방에서 분류하고 수록한 예문은 본래 땅을 근거로 하고 사람을 근거로 해서 요약 편집한 것이다. 이전에 도서를 찾을 때는 만약 상을 후하게 걸지 않으면 기이한 책이나 비밀스런 책을 모을 수 없었다. 만약 상을 후하게 건다면 사라진 고대의 책을 거짓으로 만들어 거짓말로 부합하기를 함부로 바랄 것이니 『삼분』의 『역』이나 『고문상서』[69]가 명백한 증거이다. 만약 지방이 분류해서 편집한 책을 가지게 한 다음에 아래로 집안에 소장한 목록을 바로잡고 위로 궁중 도서관이 거두는 일을 대비하게 한다면 천하의 문자는 모두 도서 목록에 기록할 수 있을 것이다. 설령 개인적으로 굳게 숨기고자 해도 그러지 못하고 설령 위조하려고 해도 그러지 못하게 되는 것은 당연한 일이다. 인구가 많이 늘어나면 호적[版籍]을 조사하고 물이나 땅에서 생산되는 것은 직방에 열거할 것이다. 하물며 전적과 문장은 학술의 원류가 나온 근거이고 다스리는 일의 공로와 그 실마리가 흘러서 전해지는 근거이며 주와 현의 방지는 분류해서 편집하고 조목조목 구별하며 요약 편집을 다스리는 것이니 무엇을 근거로 어떤 지방의 문헌에 빠지거나 잃어버리는 것이 없도록 만들겠는가?[70]

---

68 『통지』「교수략」은 이러하다. "책을 구하는 길은 여덟 가지이다. 첫째 종류에 의거하여 구한다. 둘째 종류를 확장해서 구한다. 셋째 땅에 의거하여 구한다. 넷째 집안에 의거하여 구한다. 다섯째 공공 기관에서 구한다. 여섯째 개인에게서 구한다. 일곱째 사람에 의거하여 구한다. 여덟째 왕조에 의거하여 구한다. 구하는 일은 하나만 고집해서는 안 된다."

69 유현이 『연산역』을 위조한 일은 「언공 중」의 주17을 보라. 매색이 『고문상서』를 만든 일은 「경해 중」의 주28을 보라.

70 나는 이렇게 생각한다. 이 앞의 가업당본 『장씨유서』는 "이상은 예지이다"[右例志]라는 제목을 달았다.

화주지 정략 서례(和州志政略序例)

주와 현의 지방지를 옛날 모든 나라의 역사서에 비교한 지 오래되었다. 모든 나라의 제후들이 나라를 세우고 집안을 받을 때 신분이 높고 세력이 다른데도 역사서[史策]가 「세가」를 편집하여 열거하고 백성들 위에 우뚝 세운 것은 본디 도에 맞는 것이다. 주와 현의 행정 책임자는 옛날 대부나 읍재(邑宰)를 선발하는 것에 지나지 않아서 땅도 오래 머무는 것이 아니고 관직도 대대로 전하는 것이 아니지만 팔배나무가 드리운 그늘이 있거나 자취를 따라서 노래할 수 있다면[1] 「열전」에 순서대로 엮고 문학과 정사 사이에 넣어도 적당하다. 과거의 책이 기록한 것은 지금 알 수 없다. 양나라 원제가 지은 『단양윤전』(丹陽尹傳)(『수서』 「경적지」를 보

1 『시』 「소남」 "감당서"(甘棠序)는 이러하다. ""감당"은 소백(召伯)을 아름답게 여긴다. 소백의 가르침은 남쪽 나라에서 밝혀졌다." 공영달 소는 이러하다. "무왕 때 소백은 서백(西伯)이었고 남쪽 땅에서 정사를 시행했는데 팔배나무[小棠] 아래에서 판결을 내려 그 가르침이 남쪽 나라에서 드러나고 밝혀졌으며 민심이 아끼고 맺어졌기 때문에 이 시를 지어 그를 아름답게 여겼다." 『광운』은 이러하다. "순(循)은 선(善)이다."

라. 모두 열 권이다)이나 손중(孫仲)이 지은 『현목전』(賢牧傳)(『신당서』「예문지」를 보라. 열다섯 권이다)은 전문 분야의 편집과 기록이며 예전의 법도를 따르고 있다. 사마천과 반고의 「순리전」은 요컨대 고치지 못하는 것이다. 주와 현의 전체 「지」는 지위를 품평해서 구분할 때 「명환」(名宦)을 강령으로 쓰는데 「향현」(鄉賢), 「열녀」, 「선석」(仙釋), 「유우」(流寓) 여러 조목과 분야며 종류를 고루 나눈다. 이것은 가려서 늘어놓은 유서이자 문학자[詞人]가 뒤죽박죽 편찬한 것이니 비록 악사의 『태평환우기』(太平寰宇記)에 붙인 명목을 대략 본뜨긴 했어도[2] 사실 어린이용 교재[兎園]를 만드는 솜씨로 문학 작품[詞藻]을 불러 모은 것이다.[3] 『춘추』의 가학과 외사의 장고를 본뜨고 싶다면 사람은 「열전」에 편집해야 처음부터 끝까지 사실을 갖춘다. 만약 벼슬아치와 백성을 같이 수록하면 형식이 다르지 않아서 사마휘가 방통의 집안에 들어간 일처럼 한 집에서 손님과 주인을 나누기 어려워진다.[4]

내 생각에는 촉군 사람들이 문당을 그리워하고[5] 남양 사람들이 소신신을 그리워하는[6] 이유는 그들이 이익을 일으키고 폐단을 바꿔서 한 지

---

2 『군재독서지』「지리류」는 이러하다. "『태평환우기』(太平寰宇記) 이백 권은 송나라[皇朝] 악사 등이 지었다. 태평흥국 연간에 여러 나라를 남김없이 평정하고 천하는 통일되었다. 악사가 고대의 산경[山經]과 지지로부터 모두 취하여 잘못을 바로잡고 이 책을 편찬하여 완성한 뒤 바쳤다."

3 「전기」편의 주23을 보라.

4 『후한서』「일민전」 "방공전"(龐公傳)의 주는 『양양기구기』를 인용하여 이렇게 말한다. "제갈량[諸葛孔明]은 방통[德公] 집을 지나갈 때마다 홀로 마루 아래에서 절했는데 방통은 애초에 그만두라고 하지 않았다. 사마휘[司馬德操]는 방통을 찾아뵌 적이 있는데 면수[沔]를 건너고 있을 때쯤 아버지 무덤에 올라갔다. 사마휘는 안방으로 바로 들어가서 방통의 아내와 아들을 부르고 빨리 기장밥을 지으라고 시켰다. 서원직(徐元直)은 과거에 와서 나를 모셔갈 것이라고 말한 적이 있는데 방통과 이야기하고 있었다. 자기 아내와 아들이 모두 집 아래에 늘어서서 절하고 뛰어다니며 바쁘게 함께 차리고 있었다. 조금 있다가 방통이 돌아와서 곧바로 들어가서 서로 만나니 누가 손님인지 몰랐다."

5 「답객문 하」의 주17을 보라.

6 『한서』「순리전」은 이러하다. "소신신(召信臣)은 자가 옹경(翁卿)이며 구강(九江) 수춘(壽春) 출신이다. 명경 갑과로써 낭이 되었다가 남양 태수로 옮겼다. 사람됨이 부

방을 일으켰기 때문이고 그 사람이 비록 떠나더라도 백성들에게 사랑이 남은 것[7]은 이런 까닭이다. 바로 백이의 맑은 성품이나 유하혜의 어진 성품[8]과 같은 부류라고 해도 꺼리지 않을 것이다. 그들은 어쩌면 여기서 벼슬살이를 하기 이전 지역에서 평이 좋지 않았을 수도 있지만 벼슬자리를 떠난 뒤에 나중의 절개는 끝이 없다. 만약 일시적으로 법을 잘 지키는 좋은 벼슬아치라면 어찌 한 지방의 좋은 정사를 해치겠는가? 다스린 업적을 중시하고 나머지 행실이나 업적을 가볍게 여겨 화주의 인물과 비교한 뒤 그들의 일생을 찾고 흠이나 좋은 점을 품평하여 풀과 나무를 구분하듯 일일이 편집하고 분류한다면 편집하는 범례는 본래 똑같지 않을 것이다. 그래서 표제를 분별하여 「정략」(政略)이라고 이름 짓는 것이 역시 적당하지 않겠는가? 「약」은 법도와 규율의 거대한 계획이나 책을 엮고 다듬을 때의 위대한 호칭이니 황석공과 회남자의 무리가 그 제목을 세우고(『황석공삼략』(黃石公三略)과 『회남자』 「요략훈」[淮南子要略]이다)[9] 장온과 어환의 무리가 그 규율을 나눈 것(장온의 『삼리략』(三吏略)과 어환의 『전략』(典略)이다)[10]도 아마 『상서』의 유산에서 취하려는 것이지 정초의 『통

지런하고 방법과 지략이 있었으며 백성들을 위해 이익을 일으키기 좋아하고 부유하게 만들어주는 일에 힘썼다. 몸소 밭을 갈아 농사일을 권하고 밭에 드나들었으며 군의 강물과 샘을 다니면서 살피고 도랑을 뚫었으며 백성들이 물을 고르게 쓰겠다[均水]고 약속하게 만들어서 돌에 새겨 밭두렁에 세워 갈라져 다투는 일을 막았다. 그 교화가 크게 시행되자 백성들이 친밀하고 아끼게 만들었다. 그를 소부(召父)라고 불렀고 죽은 뒤에 남양에 사당을 세웠다."

7 『춘추좌전』 「소공 20년」은 이러하다. "자산이 죽자 공자는 그것을 듣고 눈물을 흘리며 이렇게 말했다. '그는 고대의 유애(遺愛)이다!'"

8 「원도 상」의 주33을 보라.

9 『수서』 「경적지」 "병서류"(兵書類)는 이러하다. "『황석공삼략』(黃石公三略) 세 권은 하비신인(下邳神人)이 지었다." 진진손 『직재서록해제』 는 이러하다. "장량[張子房]이 흙다리 위의 노인[圯上老人]에게 글을 받을 때 '제수 북쪽 곡성산(穀城山) 아래에서 누런 돌을 얻으면 그것이 바로 나이다.' 나중에 드디어 누런 돌을 흙다리 위의 노인으로 여겼다고 세상에 전한다. 그러나 모두 견강부회이고 가탁한 것이다." 『회남자』는 「시교 상」의 주56을 보라. 「요략」은 바로 마지막 편이다. 고유 주는 이렇게 말한다. "『회남자』[鴻烈之書] 스무 편은 대략 요점을 헤아리고 가리키는 바를 밝혔으며 미묘한 것을 서술하고 큰 줄거리를 논했기 때문에 「요략」이라고 한다."

지』[二十部]뿐만 아닐 것이다.(정초의 『통지』에는 「이십략」이 있다) 그것을 가지고 정사를 편집하여 늘어놓고 큰 공적을 편집하여 저술하면 지방 백성들에게 떳떳하게 나서기 충분하므로 「열전」 첫머리에 넣는다. 기재에서 그것을 살펴보면 참으로 형식에 부합하는데 배송지[裴之野]가 역사서를 덜어내 『송략』(宋略)[11]을 지은 것처럼 글자 하나만 따서 「약」의 뜻이 되었다고 말하는 것은 아니다.

---

10 『수서』 「경적지」 "잡사류"는 이러하다. "『삼사략』(三史略) 스물아홉 권은 오나라 태자태부 장온(張溫)이 지었다. 『전략』 여든아홉 권은 위나라 낭중 어환이 지었다." 『삼국지』 「오서」 "장온전"(張溫傳)은 이러하다. "장온은 자가 혜서(惠恕)이고 오군 출신이며 어려서 절개와 지조를 닦았고 생김새가 뛰어나게 훌륭했다. 손권이 듣고 뽑아서 의랑에 제수했고 선조(選曹) 상서가 되었다가 태자태부로 옮겼는데 당시 나이 서른둘이었다. 보의중랑장(輔義中郎將)으로 촉나라에 사신을 갔는데 촉나라에서 그 자질을 대단히 소중하게 여겼다. 돌아왔는데 손권은 장온이 촉나라의 정사를 칭찬하여 많은 사람이 정신을 빼앗기는 것을 속으로 못마땅하게 생각했다. 기염(暨豔)의 일이 일어났을 때 이 때문에 물리쳐서 고향으로 돌아갔고 여섯 해 뒤에 병으로 죽었다." 나는 이렇게 생각한다. 어환은 『삼국지』 「위서」에 「전」이 없다.

11 『수서』 「경적지」 "고사류"는 이러하다. "『송략』(宋略) 스무 권은 양나라 통직랑(通直郎) 배자야(裴子野)가 지었다." 『양서』 「배자야전」은 이러하다. "배자야는 자가 기원(幾原)이다. 증조부 배송지는 송나라 원가 연간에 하승천의 『송사』를 이어서 편집하라는 황제의 명령을 받았지만 완성하지 못한 채 죽었다. 배자야는 늘 선조의 사업을 잇고자 했다. 제나라 영명 연간 말에 심약이 지은 『송서』가 이미 유행하고 있었는데 배자야가 다시 편집하여 『송략』(宋略) 스무 권을 지었다. 사실 서술과 평론이 좋은 것이 많았기 때문에 심약은 보고서 감탄하면서 이렇게 말했다. '나는 미치지 못한다!'" 책이 없어진지 오래되었고 지금 남아 있는 「송략총론」(宋略總論)은 『문원영화』 제754권을 보라.

화주지 열전 총론(和州志列傳總論)

『화주지』는 이렇게 말한다. 「전」과 「지」의 글은 고대에 정해진 형식이 없었다. 『춘추좌전』이 인용한 『군지』(軍志)나 『주지』(周志)의 여러 글은 바로 「전」이다.[1] 맹자가 탕왕과 무왕의 원유를 묻는 말에 대답하면서 모두 "「전」에 있다"라고 말한 것[2]이 바로 「지」이다. 육예가 경이라면 『논

---

1 『춘추좌전』 「희공 28년」은 이러하다. "『군지』(軍志)는 '적이 정당하면 그냥 돌아간다'고 했다." 주는 이러하다. "『군지』는 병서(兵書)이다." 또한 「문공 2년」은 이러하다. "진나라 낭심(狼瞫)은 이렇게 말했다. '『주지』(周志)에 이런 말이 있다. 「용감하면서 윗사람을 해치는 사람은 명당에 오르지 못한다."' 주는 이러하다. "『주지』는 주나라 책이다." 소는 이러하다. "지는 기록한다는 말이다. 『주지』라고 말한 이것이 주나라 때의 책이라는 것은 명백하지만 책 이름이 무엇인지 모르는 것이다." 유함흔 『문사통의지어』는 이렇게 말한다. "「전」과 「지」를 하나로 합치는 것은 아마 옛날 주나라 관직의 중대한 전범을 바로 경이라고 부르고 외사 및 여러 소사에게 남긴 나머지를 모두 「전」과 「지」라고 불렀다. 그러므로 기전체 역사가는 이것을 보조적인 형식의 이름이라고 생각하지만 후세에는 주와 현의 역사서를 「지」라고 부르게 되었다."

2 「경해 상」의 주17을 보라.

어』와 『예기』의 글은 「전」이라 부른다.[3] 『주역』의 괘사와 효사가 경이라면 『단전』, 『상전』, 『문언전』은 「전」이라 부른다.[4] 『춘추좌전』이 경에 의거하여 뜻을 일으킨 때부터 동시에 역사서의 체제이기도 했다.[5] 그리고 사마천의 일흔 편의 「열전」은 대체로 『춘추좌전』의 범례를 참조했는데 본래 열두 편의 「본기」를 마음속으로 『춘추』에 비기기도 했으리라.[6] 사마천은 인물에 대해 따로 글을 지어 분류에 따라 순서대로 열거하는데 『춘추좌전』을 살펴보면 얼마나 엄격한지 조금이나마 깨달을 수 있으며 탁월하며 독특한 판단력은 대체로 제자백가를 본떴다.[7] 그가 이름 지은 애초의 상태를 헤아려 보면 여러 「전」이 『춘추』에 의거하는 것이 여러

---

3 『한서』 「예문지」의 주는 이러하다. "안사고는 육예가 육경이라고 말한다." 『후한서』 「반표전」의 주는 이러하다. "육경은 『시』, 『서』, 『예』, 『악』, 『역』, 『춘추』이다." 유희 『석명』은 이러하다. "전(傳)은 전한다는 뜻이고 후세에 전해서 보여주는 것이다." 『논어』와 『예기』가 「전」이라는 이야기는 「경해 상」에 상세하다.

4 『일지록』 권1은 이러하다. "『주역』은 복희씨가 괘를 그린 것부터 문왕이 괘사를 지은 것, 주공이 효사를 지은 것까지 경이라고 한다. 경은 상하 두 편으로 나눈다. 공자는 십익을 짓고서 그것을 「전」이라고 불렀다. 「전」은 열 편으로 나눈다. 「단전」 상하 두 편, 「상전」 상하 두 편, 「계사전」 상하 두 편, 「문언전」, 「설괘전」, 「서괘전」, 「잡괘전」이 각각 한 편씩이다." 육덕명 『경전석문』은 이렇게 말한다. "사마천은 여섯 학파의 긴요한 뜻을 논할 때 '천하는 동일한 곳으로 되돌아가지만 가는 길은 다르며, 동일한 지향을 가지지만 생각은 제각각이다'를 인용하면서 『역대전』(易大傳)이라고 했다. 반고는 공자가 늘그막에 『역』을 좋아해서 가죽으로 엮은 끈이 세 번이나 끊어지도록 읽었고 「전」을 지었다. 「전」은 다름 아니라 십익이다."

5 『사통』 「육가」는 이러하다. "『춘추좌전』이 경을 풀이한 것을 살펴보면, 말은 경의 글에 나타나지만 사실은 「전」 안에 상세한 것이 있고 「전」에는 없지만 경에는 있는 것이 있으며 경은 빠지고 없는데 「전」에는 남아 있는 것이 있다. 그 말은 간단하고 긴요하고 그 사실은 상세하고 광범위하다. 참으로 성인의 힘이 되는 깃털[羽翮]이며 조술하는 것의 으뜸이다." 포기룡은 이렇게 말한다. "「전」에는 세 가지가 있다. 『사통』이 오로지 『춘추좌전』만 취하고 『춘추공양전』과 『춘추곡량전』을 취하지 않은 것은 『춘추공양전』과 『춘추곡량전』이 뜻을 풀이하는 것 위주이고 『춘추좌전』이 사실을 수록하는 것 위주인데, 『춘추공양전』과 『춘추곡량전』은 사법이 아니고 『춘추좌전』은 사법을 갖췄기 때문이다."

6 「경해 하」의 주33을 보라.

7 사마천은 『사기』를 짓고서 『춘추』에 비길 수 있다고 생각했다. 사실에 이치를 깃들여서 스스로 일가의 주장을 이루기 때문에 제자백가를 대강 바로잡았다.

「기」가 『예경』[經禮]을 근거로 하는 것처럼 이름을 근거로 형식을 정하는 것에 지나지 않으며 깊은 글이 있는 것은 아니다. 바로 초나라의 굴원을 한나라의 가의와 같은 「전」에 합친 것이나[8] 하늘에 대해 이야기한 추연을 훌륭한 유학자 맹자나 순자와 같은 편에 엮은 것이다.[9] 사람을 근거로 종류를 증명할 때 품평[品藻]이 정해진 방향이 없거나 읊고 감탄할 때 격렬하게 소리를 높이는 것은 『여씨춘추』「육론」의 유산이다.[10](여불위의 『여씨춘추』「십이기」를 『사기』의 「본기」가 따른 것 같고 「팔람」을 여덟 편의 「서」가 따른 것 같으며 「육론」을 「열전」이 따른 것 같다) 반고의 『한서』는 같은 권에 실린 사람이라도 처음부터 끝까지 나누어 「전」의 이름이 이미 정해져 있고 규칙이나 체제가 아주 면밀하다. 그러나 세상에 나서지 않고 숨어 지내는 일민(逸民)이나 상산사호[四皓]의 무리는 왕길과 공우에게 딸려있다.[11]

---

8 「서교 하」의 주16에 상세하다.

9 「서교 하」의 주19에 상세하다.

10 여불위는 「언공 상」의 주39를 보라. 『문심조룡』「사전」은 이러하다. "사마천이 아버지의 의지를 이어서 제왕들의 공적을 살펴서 편집했다. 이들을 요임금에 비겨서 「전」(典)이라고 부른다면 뛰어난 제왕의 지위를 중간쯤 밖에 안 되는 현인들과 뒤섞게 된다. 공자를 본받아 경이라는 제목을 단다면 자신의 글이 으뜸가는 성인의 글이 아닌데 분수에 넘치는 짓을 하게 된다. 그러므로 『여씨춘추』[呂覽]의 법도를 취하여 통틀어 「기」라고 불렀다. 기강이라는 이름도 역시 큰 호칭이다. 그러므로 이에 따라서 「본기」는 황제나 왕들을 기술하고 「열전」은 제후를 모았으며 여덟 편의 「서」는 정체(政體)를 펼치고 열 편의 「표」는 연대와 작위의 계보를 만들었다. 비록 고대의 법도와 다르지만 사실의 순서만 얻었을 뿐이다." 장학성은 "여불위 『여씨춘추』의 「십이기」는 『사기』「본기」가 으뜸으로 삼은 듯하다"라고 하여 "비슷하다"라는 말을 적고 있는데 감히 수긍할 수 없다. 유협의 이야기는 확실한 것이다. 범문란(范文瀾)의 주는 『사기』「대완전찬」(大宛傳贊)이 「우본기」(禹本紀)를 두 번 언급했다고 하는데, 이것이 바로 『사기』가 뿌리를 둔 것이라면 유협의 이야기는 옳지 않다.

11 『한서』「왕길공우등전서」(王吉貢禹等傳敍)는 이러하다. "한나라가 일어났을 때 원공(園公), 기리계(綺里季), 하황공(夏黃公), 용리 선생(用里先生)이 있었다. 이 네 사람은 진나라 때 상산(商山)으로 피해 들어갔다. 고조가 들었을 때부터 그들을 불렀지만 오지 않았다. 여태후[呂氏]가 유후(留侯)의 꾀를 써서 황태자에게 말을 공손하게 하고 편안한 수레를 보내 그들을 맞아들이게 했다. 네 사람이 태자를 뒤따라 알현하자 고조가 손님으로 모시고 공경스럽게 대접했다. 태자는 이로써 중요하다고 여겨질 수 있었고 결국 이로써 자신을 탈 없이 보전했다." 왕길은 「화주지 예문서 서례」의 주55를 보라. 공우(貢禹)는 자가 소옹(少翁)이고 낭야 출신이다. 경에 밝고 깨끗한 행

왕길이나 위현 등 여러 사람은 「유림전」에서 갈려 나온 혈족이다.[12] 전유가 노나라에 기댄 것처럼 큰 나라에 딸린 작은 나라[13]는 목록에 들리지 않게 한다. 전씨나 진씨처럼 제나라에 사는 갈려 나온 혈족[14]은 따로 표시하는 제목[標額]을 연다. 글을 거두는 일은 「사마상여전」이 사부를 지나치게 늘어놓는 것이고[15] 풍속을 변별하는 일은 「동방삭전」이 해학의 말을 꺼리지 않는 것이다.[16] 뛰어난 판단력과 거대한 계획은 한 가지로는 미처 헤아릴 수 없을 것이다. 범엽 『후한서』[東漢之作]는 제목이 번거롭게 쪼개져 쌀알이나 소금이랑 비슷하다. 「전」에 열거한 성명은 편의 첫머리에 꼭 작은 주를 달아서 표시했다. 그래서 「열전」이라는 형식은

실로 유명했고 박사로 불렸다가 나중에 어사대부가 되었으며 자주 성공과 실패에 대해 말했다. 「공우전」을 보라. 『예기』 「왕제」 정현 주는 이러하다. "작은 성을 부용(附庸)이라 한다. 부용이라는 것은 나랏일이 큰 나라에 딸렸기 때문에 자기 이름으로 통할 수 없는 것이다."

12 『한서』 「왕길전」(王吉傳)은 이러하다. "애초에 왕길은 오경에 두루 통했는데 『추씨춘추』(騶氏春秋)를 잘 했고 『시』와 『논어』를 가르치고 전수했다. 양구하가 『주역』을 말한 것을 좋아했고 아들 왕준[駿]이 전수받도록 했다." 또한 「위현전」(韋賢傳)은 이러하다. "위현은 자가 장유(長孺)이며 노나라 추(鄒) 출신이다. 위현은 사람됨이 꾸밈이 없고 수수하며 욕심이 적었다. 학문에 돈독한 의지를 가졌고 『예』와 『상서』를 아울러 통달했으며 『시』를 가르치고 전수했기 때문에 추로(鄒魯)의 위대한 유학자라고 불렸다. 박사, 급사중으로 불렸는데 소제에게 나아가 『시』를 전수했다." 그래서 자신의 경술이 널리 통달했기 때문에 유림들에게 얼굴을 들어 건방지게 굴기에 충분했다.

13 『논어집해』는 공자를 인용하여 이렇게 말한다. "전유(顓臾)는 복희씨의 후손이고 풍성(風姓)의 나라이며 본래 노나라에 딸린 작은 나라인데 당시 노나라에 신하로 예속되어 있었다."

역주_ 섭영의 주석에는 『논어집해』를 '論語解集'이라고 했는데 식자공의 실수인 듯하다.

14 「시교 하」의 주33을 보라. 전(田)과 진(陳)은 고대의 성부가 같으므로 진씨는 제나라에서 전씨라고 불렸다.

15 사마상여는 「시교 상」의 주59를 보라. 「시교 하」는 이러하다. "한나라 때의 부는 실제로 떳떳하지 못하게 지은 것이 아니지. 장편의 작품이 온전한 「전」에 수록되어 들어가면, 「전」에 기록된 사람의 지극한 생각을 보기에 충분하다네. 가의의 「논정사소」나 동중서의 「천인삼책」의 쓰임새는 거의 다르지만, 글로써 사람을 전하는 것이 위주라는 점은 같지."

16 「감우」의 주20을 보라.

마치 고신(告身)을 적을 때 첫머리에 조상의 세계를 증명하고 끝에 손자와 증손자를 이어서 엮는 것처럼 순서대로 연도를 엮으며 오로지 잃어버릴까 두려워한다.[17] 진수가 『삼국지』「촉서」를 서술할 때 「계한보신찬」을 두루 고르고[18] 심약이 사령운의 「전」을 세울 때 육조시대의 문학과 사학을 통틀어 논한 것처럼 찾는다면[19] 법도에 의해 얽매이지 않고

---

17 『운회』는 이러하다. "당나라 제도에서 관직을 제수하는 부(符)를 고신(告身)이라고 한다." 『당서』「선거지」는 이러하다. "앞으로 벼슬 받을 것을 아뢰면 모두 부를 주는데 이것을 고신이라 한다." 나는 이렇게 생각한다. 이것은 오늘날의 관직에 임명하겠다는 증명서와 같다. 『사통』「제목」은 이러하다. "예전 역사서의 「열전」을 살펴보면 권의 제목을 다는 일이 일정하지 않아서 글자가 적은 사람은 성명을 갖춰내는데 사마상여나 동방삭 따위이다. 글자가 번거로운 사람은 오로지 성씨만 적는데 「무장개진위제갈전」(毋將蓋陳衛諸葛傳) 따위가 이것이다. 반드시 사람이 많고 성이 같은 사람들은 그 숫자를 묶어서 정하는데 「이원사장이공손전」(二袁四張二公孫傳) 따위이다. 이와 같이 틀을 표시하면 속속들이 상세히 살피기에 충분하다. 범엽이 범례를 들면서 비로소 성명을 온전히 기록하기 시작했다. 대대로 짧은 줄은 권 가운데 있고 촘촘하고 잔글씨는 표시 바깥에 있으며 자손을 붙여내는 것은 선조 다음에 주석으로 다는데, 그러면 세속적인 공문서 목록[文案孔目]과 비슷해진다. 약초 처방전[藥草經方]은 지극히 너저분하고 자질구레하니 어느 것이 이것보다 지나치겠는가."

역주_ 「**무장개진위제갈전**」은 『한서』 권77 「개제갈류정손무장하전」(蓋諸葛劉鄭孫毋將何傳)을 가리키는 것이지만, 진과 위는 제목에 없다. 「**이원사장이공손전**」은 『삼국지』「위서」 권6 「동탁이원유표전」(董卓二袁劉表傳)과 권8 「이공손도사장전」(二公孫陶四張傳)을 가리킨다. 이로써 『사통』이 급고각(汲古閣) 판본과 같은 판본을 이용했다는 것을 알 수 있다.

18 『삼국지』「촉서」 권15는 양희의 「계한보신찬」을 수록하고 있다. 「화주지 씨족표 서례 하」의 주2에 상세하다.

19 『송서』「사령운전론」은 주나라, 한나라, 위나라, 서진[晉], 동진, 송나라 여섯 시대의 문학을 논한다. "주나라 왕실이 쇠락한 뒤로 풍류가 더욱 드러났다. 굴원과 송옥은 앞에서 맑은 근원을 이끌었고 가의와 사마상여는 뒤에서 향기로운 먼지를 떨쳤다. 뛰어난 문사가 금석을 윤색했고 높은 뜻은 구름이 노니는 높은 하늘에 옅게 떠돌았다. 이 이후부터 감정과 의지가 더욱 넓어졌다. 왕포, 유향, 양웅, 반고, 최인, 채옹의 무리는 궤도는 달랐지만 같이 달리면서 번갈아가며 계속 스승과 조상이 되었다. 비록 맑은 문사와 아리따운 곡조가 때때로 글에서 표현되었지만 무성한 잡음과 변변치 않은 기운도 본디 역시 많았다. 장형의 「사수시」는 아리땁게 표현했지만 글이 감정에 따라 변했다. 뛰어난 노래와 높은 자취를 이은 울림은 오랫동안 없었다. 건안 연간에 이르자 조씨가 나라를 세우고 무제 조조와 문제 조비, 진사왕 조식은 모두 성대한 수식을 쌓았다. 비로소 감정에 따라 글을 얽고 형식에 따라 내용을 꾸몄다. 한나라 때부터 위나라 때까지 사백여 년 동안 문학자와 재능 있는 젊은이들의 문체

지은이의 의도를 조금이라도 남기는 것은 텅 빈 산골짜기에 저벅저벅 들려오는 발자국 소리 같을 것이다.[20] 그러나 노반이 다시 살아나지 않더라도 그림쇠와 곱자는 여전히 남아 있다.[21] 늘어놓고 모아서 책을 완성한 다음에 잘할 사람을 기다리거나 답가는 부르지만 먼저 노래하지 않는 것[22]은 할 수 있는 일인 듯하다. 다만 저술 분야가 많기 때문에 온갖 일을 잘하는 사람과 뛰어난 판단력을 가진 사람은 이것 때문에 조잘

가 세 번 크게 변했다. 사마상여는 형태를 비슷하게 그리는 말을 교묘하게 잘했고, 반고와 반소는 감정과 이치의 학설에 뛰어났으며, 조식과 왕찬은 기질을 형식으로 삼았다. 이들은 동시에 제각기 아름다움을 표시할 수 있어서 당시 유독 빛났고, 그래서 한 세상의 선비들은 각자 서로 사모하여 익혔다. 그들의 거센 바람 같은 풍류가 시작된 것을 찾아가면 『시경』과 『이소』를 함께 조술하지 않은 것이 없다. 다만 기이한 감정을 즐기고 좋아했기 때문에 의도와 작품이 서로 어그러졌다. 원강 연간으로 내려오면 반악과 육기가 특히 빼어난데, 이들의 가락과 격식은 반고나 가의와 다르고 문체는 조식과 왕찬을 변화시켰고 화려한 뜻은 별처럼 빽빽하고 번거로운 형식은 비단처럼 합쳤다. 양나라 효왕의 평대(平臺)에서 지었지만 사라졌던 울림을 엮고 위나라 문제의 남피(南皮)에서 높이 읊은 운율을 골라서, 없어진 기풍과 나머지 열렬함은 동진에서 극에 달하게 되었다. 과거 동진 중흥 연간에 현학의 기풍만 성했는데, 배우는 일은 『노자』를 깊이 연구했고 사물에 박식하려는 일은 『장자』 일곱 편에 그쳤다. 문사에만 내달리게 되자 뜻은 여기에서 튀어버리고 말았다. 건무 연간부터 의희(義熙) 연간에 이르기까지 거친 햇수가 백 년에 가까운데, 비록 울림을 늘어놓고 문사를 잇는 일이 물결이 이어지고 구름이 겹겹이 쌓인 것 같았지만, 덕을 숭상하라는 노자의 주장에 말을 맡기고 장자를 변용한 연금술의 검은 구슬에 의도를 맡기는 바람에 굳세고 아리따운 문사는 더 이상 들리지 않게 되었을 따름이다. 은중문이 손작과 허순의 기풍을 없애기 시작하고 사곤이 태원 연간의 기운을 크게 변화시키자, 송나라 때 이르러 안연지와 사령운이 명성을 드날리게 되었다. 사령운의 홍회(興會)는 표준으로 거론되었고 안연지의 형식은 명백하고 정밀하여, 동시에 이전의 뛰어난 사람들과 반듯한 궤도를 달리고 후배들에게 전범을 내려줬다."

20 『장자』 「서무귀」는 이러하다. "인적이 드문 텅 빈 곳으로 도망간 사람은 족제비가 다니는 좁은 길에 명아주풀이 우거진 그 텅 빈 곳에서 서성거릴 때 사람의 발소리만 들려도 기뻐하게 마련이다." 성현영은 이렇게 말한다. "공(跫)은 사람이 지나가는 소리이다."

21 『맹자』 「이루 상」은 이러하다. "맹자는 이렇게 말했다. '이루의 눈이 밝고 공수자(公輸子)의 재주가 교묘하지만 그림쇠를 쓰지 않으면 네모와 동그라미를 제대로 그리지 못한다" 조기 주는 이러하다. "공수자는 노반이며 노나라의 장인[巧人]이다." 『회남자』 「도응훈」(道應訓)은 공수반이라 한다.

22 『장자』 「덕충부」를 보라.

거려서는 안 된다.[23] 정사 이외에 여러 가지를 적은 책은 모두 「전」이라고 부르는데 『고조전』이나 『효문전』 따위는 임금의 책문과 명령서를 논해도 모두 「전」이라고 부르는 것(『한서』 「예문지」에는 『고조전』 열세 편과 『효문전』 열한 편이 있다)이 바로 고사의 시조이다. 『목천자전』(穆天子傳)과 『한무내전』(漢武內傳)[24]은 소설의 부류이다. 유향의 『열녀전』과 혜강(嵇康)의 『고사전』(高士傳)[25]은 전문 분야의 기록이다. 왕숙의 『가전』과 왕부(王裒)의 『세전』[26]은 한 집안의 책이다. 『동방삭전』이나 『육선생전』(陸先生傳)[27]은 한 사람의 행실이다. 군읍의 「지」는 동한 이후부터 육조시대에 이르기까지 『진류기구전』(陳留耆舊傳)이나 『회계선현전』(會稽先賢傳) 같은 종류이다.[28] 「전」이라는 이름을 짓지 않은 것은 『양양기구기』나 『예장지후찬』(豫章志後撰) 같은 종류이다.[29] 붓을 들어 글을 짓는 일은 번거로움이

---

23 『장자』 「제물론」은 이러하다. "쓸데없는 작은 말은 이러쿵저러쿵 시끄럽다." 이이(李頤)는 이렇게 말한다. "첨첨(詹詹)은 수다스럽게 지껄이는 모양이다."

24 『수서』 「경적지」 "기거주류"는 이러하다. "『목천자전』 여섯 권은 급총서이며 곽박이 주를 달았다." 『직재서록해제』는 이러하다. "체제는 기거주와 꼭 같다. 기거주라는 것은 한나라 명덕황후 마씨[明德馬皇后]에게서 시작되었고 한나라와 위나라 이래로 그것을 이었다." 『수서』 「경적지」 "잡전류"는 이러하다. "『한무내전』은 세 권이다." 『군재독서지』는 두 권이라고 하면서 이렇게 말한다. "지은 사람을 쓰지 않았는데 왕모강(王母降)이라고 적었다."

25 『열녀전』은 「고문십폐」의 주82를 보라. 『수서』 「경적지」 "잡전류"는 이러하다. "『성현고사전찬』(聖賢高士傳贊) 세 권은 혜강이 지었고 주속지(周續之)가 주를 달았다." 장영서(臧榮緖) 『진서』는 이러하다. "혜강은 자가 숙야이며 초군[譙國] 출신이다. 어려서 기이한 자질이 있었고 널리 보아서 보지 않은 것이 없었으며 중산대부에 제수되었다가 여안(呂安)의 일 때문에 죽임을 당했다."

26 『왕숙가전』은 「화주지 씨족표 서례 상」의 주7을 보라. 『수서』 「경적지」 "잡전류"는 이러하다. "『왕씨강좌세가전』(王氏江左世家傳) 스무 권은 왕포(王褒)가 지었다." 나는 이렇게 생각한다. 부(裒)는 포(褒)라고 해야만 한다.

27 『수서』 「경적지」 "잡전류"는 이러하다. "『동방삭전』은 여덟 권이다." 지은 사람의 성명은 적지 않았다. 또한 "『육선생전』 한 권은 공치규가 지었다."

28 『수서』 「경적지」 "잡전류"는 이러하다. "『진류기구전』 한 권은 위나라 산기시랑 소림(蘇林)이 지었다. 『회계선현전』 일곱 권은 사승이 지었다."

29 『양양기구기』는 「전기」의 주5를 보라. 『수서』 「경적지」 "잡전류"는 이러하다. "『예장구지후찬』(豫章舊志後撰) 한 권은 웅흔(熊欣)이 지었다."

헤아릴 수 없이 많다. 놓쳐 버린 것을 모으고 과거에 들은 것을 엮어 모으는 일은 수많은 물줄기가 골짜기를 달릴 때 크든 작든 버리지 않는 것이나 온갖 쇠를 담금질할 때 날카로운 물건을 만들 쇠이든 뭉툭한 것을 만들 쇠이든 동시에 부어 만드는 일에 비길 수 있다. 사마천은 이렇게 말한다. "제자백가의 주장은 우아하지도 점잖지도 않아서 신사들은 말하기 어렵다." 또 이렇게 말한다. "고문을 떠나지 않는 사람이 옳은 것에 가깝다." 또 이렇게 말한다. "주장이 더욱 우아한 것을 고른다."[30] "문헌[載籍]이 지극히 넓어서 육예에 따라 절충한다. 『시』와 『서』가 비록 빠졌더라도 순임금이나 하나라를 알 수 있다."[31] 그래서 두루 헤아리고 자세하게 증명하는 일은 보고 들은 것을 참조하여 드러나지 않은 것을 드러내거나 캄캄한 것을 밝혀서 지극히 마땅한 것을 절충하는 것이다. 요컨대 글이 완성되면서 법도도 서게 되는 것이니 어찌 땅을 구분해 놓고 거기 얽매여서 달릴 수 있겠는가?[32]

달고 매운 것을 합쳐야 맛이 나고 색색가지 실을 꼬아야 무늬가 완성되는 법이다.[33] 시대의 높낮이를 평가하고 선비의 기풍을 저울질하고 살피는 것[34]은 세상을 논하는 학문이다. 동시대 사람과 덕행을 견주고 고루 편집한 것을 붙여내는 것은 분류해서 편집하는 방법이다. 감정은 격하지만 표현은 평온한 듯하고 뜻은 풍자하는듯하지만 사실 안타까워하는 것[35]은 칭찬을 해주거나 빼앗는 저울이다. 반대로 증명하는 것은 비

---

30 여기까지 모두 『사기』 「오제본기찬」을 보라.

31 『사기』 「백이열전」을 보라.

32 『장자』 「인간세」는 이러하다. "위태롭구나, 위태로워! 땅에 금 긋고 안에서 허둥대는 짓이."

33 『서경잡기』는 이러하다. "성람(盛覽)이 부를 어떻게 짓는지 물었다. 사마상여는 이렇게 말했다. '실을 땋아 매듭을 만들듯 합쳐서 형식을 완성하고 비단실로 수놓듯 열거해서 내용을 삼는다.'"

34 형(衡)은 눈썹과 눈 사이이다. 좌사 「위도부」은 이러하다. "눈을 부라리며 가르치다." 사풍(士風)은 토풍(土風)이라고 해야만 하지 않나 의심스럽다. 유함흔 『문사통의지어』는 이러하다. "이것은 역사가를 가로세로 두 가지 방향에서 살펴본 것이다."

35 유함흔 『문사통의지어』는 이러하다. "이것은 다름 아니라 고대 역사서가 포폄에 밝

(比) 같기도 하고 멀리서 인용하는 것은 흥(興) 같기도 하지만 한 가지 사실을 상세하거나 간단하게 달리 지었는데 뜻하지 않게 갑자기 함께 편집되는 것도 등급을 품평하는 이치이다. 말이 아름답지 않으면 행실이 오랫동안 전해지지 못한다.[36] 공적인 기재와 개인적인 기재를 모으고 제자백가의 장점과 단점을 비교한다고 자기가 탁월하고 독특한 판단력을 갖추지는 못하지만 조심스럽게 문서 목록만 만든다면 살펴보는 사람을 무엇으로 불러일으키고 곧바로 글을 판각하여 불후의 명성을 남길 것인가?[37] 국사는 지방지에서 거두고 지방지는 가첩에서 거두는데 거둔 것이 넓어진 뒤에야 간단하게 취하는 일에 대비할 수 있다. 오늘날의 지방지는 「기」와 「전」을 나누지 않고 이름과 내용이 어긋난 것이 많으며 인물과 열녀를 전문 분야라고 표시하고 문원과 향현을 정해진 등급으로 구분하며 정사의 「열전」을 가다듬어 사실을 덜어내 간단하게 만들고 조목조목 일일이 주를 붙이는데, 유서가 가려서 늘어놓는 규격과 비슷한 점이 있으니 옛사람의 전기의 학이 아니다. 나라별로 역사서를 만들고 지방별로 「지」를 만드는 것과 비교하는 것은 역시 어렵지 않은가? 또한 과거 합격자와 벼슬살이한 사람은 선거 조목에 상세하게 나타나는 경우가 있고 지, 장, 비, 명은 예문에 넣는다. 한 사람의 일이 다시 나타나고 거듭 나오면 「전」이 어떤 권에 상세하다고 주를 달기도 하고 사실은 어떤 조목을 보라고 주를 달기도 한다. 이것은 『본초』(本草)가 약에 주를 달 때

지 못하고 그 드러나지 않는 의도를 보는 것에 그쳤다는 것이다. 후세의 유학자들은 그 의도를 알 수 없기 때문에 결국 사마천과 반고의 옳고 그름은 성인에 비해 잘못이 많다고 말한다."

36 『춘추좌전』 「양공 25년」이다.

37 장학성 『을묘차기』는 이러하다. "범엽 『후한서』 「열전」의 형식은 다름 아니라 문집의 형식을 시행했기 때문에 반고와 사마천이 의도를 세워서 편명을 지은 뜻을 완전히 잃었다. 그러므로 한 권을 여러 편으로 나눌 수 있고, 한 사람이 하나의 논(論)을 차지해야 하는데도 장의 분량이 적으면 끌어당겨서 합칠 수 있고 많으면 구별하여 나눌 수도 있다. 전문적인 학파의 주장은 이와 같지 않다. 진수 『삼국지』의 「제하후조전」이나 「제갈량전」은 오히려 깊은 의도가 있다."(가업당본 『장씨유서』 「외편」 2)

뿌리와 열매를 다른 부분으로 나누어 수록하거나[38] 『운서』(韻書)가 여러 가지 소리가 나는 글자가 있을 때 평측을 거듭 표시하여 쓰는 것과 거의 비슷하다.[39] 문사가 우아하거나 점잖지 않으면 학자들은 꾸짖는다. 오늘날 정사의 일반적 형식을 쓸 때, 특히 「열전」의 제목만 달 때는 두루 헤아리고 서로 증명하며 전문 분야로 정리하여 위로 고대의 역사서에서 없어진 글을 돕고 아래로 후세인이 채록할 것에 대비한다. 어쩌면 지은 이를 얻어서 이것으로 비교하여 연구할 수 있을 것이다. 만약 그렇지 않다고 한다면 미래의 철인을 기다리길 바란다.[40]

---

38 『직재서록해제』「의서류」는 이러하다. "『대관본초』 서른한 권은 당신미가 지었다. 본초라는 이름은 『한서』「평제기」(平帝紀)와 「누호전」(樓護傳)에 비로소 나타난다. 예전의 경은 한 권에 그치지만 약은 삼백예순다섯 가지이다. 도홍경[陶隱居]은 『명의별록』(名醫別錄)을 더했지만 역시 삼백예순다섯 가지이고 이어서 일곱 권으로 주석을 달았다. 당나라 현경(顯慶, 고종의 연호) 연간에 또한 백열네 가지를 더해서 스무 권으로 넓혔고 『당본초』(唐本草)라고 불렀다. 개보 연간에 또한 백서른세 가지를 보탰다. 촉의 맹양(孟羕)이 또한 더하고 보태서 『촉본초』(蜀本草)라고 불렀다. 가우(송나라 인종의 연호) 연간에 장우석(掌禹錫)과 임억(林億) 등이 거듭 교정을 더하고 보주(補注)로 고쳤는데, 붉은색과 푸른색 먹으로 써서 구별하고 새로운 약과 예전의 약이 모두 천여든두 가지인데 아마도 역시 갖춰진 것이리라. 이제 당신미가 다시 더하거나 보탠 것이 대단하지만 그래도 역시 그다지 많지는 않다." 본초가 약에 주를 달 때 뿌리와 열매의 성질이 다른 것은 다른 부분에 수록한다.

39 운서 가운데 가장 오래된 것은 위나라 이등(李登)의 『성류』(聲類)이다. 진나라 여정(呂靜)이 그 방법을 본떠서 『운집』(韻集)을 지었고 남제[齊] 주옹시(周顒始)은 『사성절운』(四聲切韻)이 있으며 양나라 심약은 『사성』(四聲) 한 권이 있고 수나라 진왕준(秦王俊)은 『운찬』(韻纂)이 있으며 육법언은 『절운』(切韻)이 있다. 당나라 때 손면(孫愐) 『당운』(唐韻)이 나오자 여러 책들은 모두 없어졌다. 송나라 진팽년 등이 『광운』을 거듭 편찬하고 정도(丁度)는 『집운』이 있으며 원나라 황공소(黃公紹)는 『운회거요』(韻會擧要)가 있고 명나라 홍무 연간에 송렴 등이 『정운』(正韻)을 편찬한 것이 운서의 큰 줄거리이다. 고대의 운[古韻]에는 서로 통가하고 전주하는[通轉] 것이 있는데, 운서는 꼭 모든 운의 등록한 제목[部目] 다음에 표시하여 밝혀야 한다.

40 유함흔 『문사통의지어』는 이러하다. "이 글은 「열전」의 원류를 논한 것이 가장 상세하므로 「전기」와 합쳐서 살펴야 마땅하다. 이것을 안다면 기전체가 두루뭉술해서 변화를 헤아릴 수 없다는 것을 알 것이고 후세의 역사서에 있는 「전」이 널빤지처럼 네모반듯하지만 법도가 없다는 것을 알 것이며 역사서가 사람을 강령으로 삼지 않는다는 것도 알 것이고 사마천의 『사기』 백서른 편과 반고의 『한서』 백스무 권이 처음부터 끝까지 하나의 편이라는 것을 알 것이며 후세에 역사서를 논하는 사람들이 아무개는 특별한 「전」을 세워야만 하고 아무개는 「전」을 세워서는 안 된다(나는

이렇게 생각한다. 전조망[全謝山]의 『경사답문』(經史答問)에 이 말이 있다)고 어지럽게 말하는 것도 모두 껍데기만 보고 하는 청맹과니 같은 소리라서 역사서를 일으켜 말하기에 충분하지 않다는 것도 알 것이다.

화주지 궐방열전 서례(和州志闕訪列傳序例)

공자는 이렇게 말한다. "나는 그래도 사관이 글을 빼놓는 것을 보았다."[1] 또 이렇게 말한다. "많이 듣고 의심스러운 것은 비워두며 그 나머지는 조심스럽게 말한다."[2] 흩어져 잃어버린 것을 널리 빠짐없이 모으고 책에서 실마리를 뽑아서 간단하게 편집하며 본 것과 들은 것 가운데 때때로 옳은지 그른지 의심스러운 것이 있으면 비워두고 연구하지 않는 것을 소중하게 여기는 것은 아닐 것이다. 곽공(郭公)과 하오(夏五)[3]에는 원

1 「언공 중」의 주21을 보라.

2 『논어』 「위정」을 보라.

3 『춘추좌전』 「장공 24년」의 경에는 "곽공"(郭公)이 나온다. 두예 주는 이렇게 말한다. "「전」이 없는 것은 아마도 경이 빠트려서 잘못되었을 것이다." 「환공 14년」의 경에는 "하오"(夏五)가 나온다. 두예 주 이렇게 말한다. "달을 쓰지 않은 것은 빠진 글이다." 『일지록』 권3 「궐문」(闕文) 조목은 이러하다. "개유(介儒) 범수기(范守己)는 이렇게 말한다. 자백(子伯), 곽공, 하오 부류를 기록한 것은 경에 「전」을 쓰다가 빠진 글일 뿐이다. 이것이 공자가 의심스러운 것은 비워둔다고 한 것이라고 하는 말을 나는 믿지 않는다."

래 깊은 글이 없지만 쟁기, 보습, 새그물, 물고기그물을 만든 시대에도[4] 역시 의견이나 주장을 남겼을 것이다. 그러나 『춘추』가 거듭 오래된 글을 남기고[5] 『상서』가 「요전」부터 시작하는 것으로 자른 이유[6]는 의심스러운 것을 비워두고 마치지 않으며 비워둔 것을 남기고 삭제하지 않았기 때문인데 이것은 조심스러움이다. 사마천은 이렇게 말한다. "책을 비워서 틈이 생겼지만 그렇게 잃어버린 것은 때때로 다른 주장에 나타난다."[7] 옳은지 그른지 의심스러운 자취에 꼭 참조할 만한 다른 주장이 없는 것도 아니지만 예전 책은 고문을 으뜸으로 여기고 제자백가의 말은 우아하고 점잖은 것을 고른다.[8] 마음속으로 그 의도를 알기 때문에 학문을 좋아하고 깊이 생각하는 선비가 한숨지을 것이다.[9] 반고의 「동방삭전」은 기괴한 말이 많이 붙었다고 생각해서 드디어 그의 해학이나 사복 같은 자질구레한 이야기를 상세하게 기록하여 동방삭이 사실 여기에 그친다는 것을 보여주었는데,[10] 이것은 역사가가 의심을 풀어준 가법이

4 『주역』 「계사전 하」는 이러하다. "옛날 포희씨가 천하에 왕 노릇할 때 끈을 매어 그물을 만들어 사냥도 하고 물고기도 잡으니 이것은 아마 「이」괘에서 상을 취했을 것이다. 포희씨가 죽자 신농씨가 일어나서 나무를 깎아 보습을 만들고 나무를 구부려 쟁기를 만들어 밭을 갈고 김맬 때의 이로움으로 천하를 가르치니, 이것은 아마 「익」괘에서 상을 취했을 것이다."

5 『춘추』는 노나라 역사 기록의 예전 호칭이다. 두예 「춘추좌씨전서」는 이러하다. "『춘추』는 노나라 역사 기록의 이름이다. 사실 기록은 사실을 날짜에 잇고 날짜를 달로 이으며 달을 계절로 잇고 계절을 연도로 이은 것은 멀고 가까운 것을 기록하고 같고 다른 것을 구별하는 근거이다. 그러므로 역사서가 기록한 것은 반드시 연도를 표시하여 사실의 첫머리에 둔다. 연도에는 네 계절이 있기 때문에 번갈아 열거하여 기록하는 이름으로 삼는다."

6 「서교 상」의 주2를 보라.

7 『사기』 「오제본기찬」을 보라.

8 『사기』 「오제본기찬」은 이러하다. "제자백가가 황제를 말할 때 그 글은 우아하지도 온당하지도 않다." 또한 이렇게 말한다. "결론적으로 말한다면 고문에 위배되지 않는 것은 사실에 가깝다." 또한 이렇게 말한다. "그 말 가운데 더욱 우아한 것을 가렸기 때문에 「본기」의 첫 편으로 삼았다." 일본 사람 타키가와 가메타로 『사기회주고증』은 심주(沈鑄)를 인용하여 이렇게 말한다. "고문은 다름 아니라 『상서』를 말한다."

9 「답객문 상」의 주32를 보라.

10 동방삭은 「감우」의 주20을 보라. 『한서』 「동방삭전찬」(東方朔傳贊)은 이러하다. "동

다.[11] 진수의 『삼국지』「촉서」는 제갈량이 사관을 세우지 않았기 때문에[12] 촉나라의 일은 찾아볼 길이 막히게 되었다고 생각하고 이어서 양희의 「계한보신찬」[季漢名臣之贊]을 수록하면서[13] 성씨를 대략이나마 남겨 자기 의도를 표현한 것은 역사서의 궐문이라는 예전 법도이다.(진수는 따로 『익부기구전』(益部耆舊傳) 열 권을 지었기 때문에[14] 진수가 촉나라를 생략한 것은 아니다. 『익부기구전』을 『삼국지』「촉서」에 넣지 않은 것은 각각 형식에 적당함이 있기 때문이다. 어떤 사람은 이것으로 진수를 나무라지만 그렇지 않다.) 사학이 전승을 잃은 때부터 중간 쯤 되는 자질을 가진 사관은 궐문의 뜻을 이해하지 못했다. 번거로운 문사를 좋아하는 사람은 올바르지 않은 주장을 뒤섞는 경우도 있고 간결한 것을 좋아하는 사람은 중요한 요점을 삭제하는 경우도 있다.(『진서』는 소설을 채록하기 좋아하고 『당서』는 상주문을 자주 삭제한다.) 많이 듣는 일의 뜻을 좇지 않으면 조심스러운 말의 풀이를 잘못 이해하게

방삭의 해학, 미래에 대한 점술, 사복은 사실 허황되고 얕아서 많은 백성들 사이에 행해지고 어린아이나 목동들이나 현혹될 일이다. 그러나 후세의 호사가들은 이어서 기괴한 말을 가져다가 동방삭에게 붙였기 때문에 상세히 기록했다." 안사고는 이렇게 말한다. "이 「전」이 동방삭의 말을 상세히 기록한 이유는 세속적인 사람들이 기이한 것을 동방삭에게 제멋대로 붙인 것이 많기 때문일 뿐이라고 한다. 「동방삭전」이 기록하지 않은 것을 이해하고자 한다면 모두 사실이 아니다."

11 『후한서』「좌웅전」(左雄傳)은 이러하다. "좌웅은 군국이 천거하는 효렴이 모두 관청[公府]의 제생에게 와서 가법 시험을 보게 하라는 주장을 바쳤다." 장회태자 주는 이러하다. "유학은 특정 학파의 학이기 때문에 가법이라 부른다."

12 『삼국지』「촉서」 "후주전"(後主傳)은 이러하다. "촉나라는 역사나 기거주를 기록하는 벼슬아치를 두지 않았으므로 시행한 정사 가운데 없어진 것이 많고 재앙이나 이변도 기록하지 않았다. 제갈량이 보록 정사에 통달했다지만 이런 모든 부류는 오히려 주도면밀하지 못했다." 그러나 『사통』「곡필」(曲筆)은 이러하다. "진수는 이렇게 말한다. '촉나라에 사관이 없었기 때문에 재앙과 상서로움을 듣지 못한다.' 나는 이렇게 생각한다. 자귀현[秭歸]에서 누런 기운이 나타난 일, 까마귀 떼가 장강에 떨어져 죽은 일, 성도에서는 경성(景星)이 나왔다고 말한 일, 익주에서는 재상의 기운이 없어졌다고 말한 일이 있다. 만약 사관을 두지 않았다면 이런 사실은 무엇을 근거로 썼는가? 아마 진수의 아버지가 욕되게 제갈량에게 죄인이 되었기 때문에 이처럼 남을 헐뜯는 논의를 보탠 것이리라."

13 「화주지 씨족표 서례 하」의 주2를 보라.

14 『수서』「경적지」 "잡전류"는 이러하다. "『익부기구전』 열네 권은 진수가 지었다."

된다. 만약 형식이 의심스러운 것을 전하는 일과 관련되고 사실이 억지로 끌어다 붙이는 일과 통한다면 붓을 입에 물고 결단하지 못한다. 역사서가 증명하기 어려우면 편이나 장을 삭제해 버려야만 한다고 말해야 궐문의 설에 부합할 것이고 이것은 이른바 의심스러운 것을 없앨 뿐이라고 말하는 것이니 다시 무슨 비워둔 것이 있겠는가? 정초는 「교수략」을 지으면서 국가의 편찬 기구가 책을 거둘 때는 예전에 없어진 책의 목록이 있다고 말했다. 글을 비교하려면 반드시 분류와 편집을 기록해야 천하에 상을 걸고 찾게 될 것이다.[15] 정초의 논의는 정밀하다고 말할 수 있다.

나는 전적이 이와 같다고 생각하지만 인문도 역시 그렇다. 역사서를 짓는 모든 사람은 논의해서 편집한 나머지를 취해야 적당하지만 어떤 사람이 유명한데도 사실이 상세하지 않은 경우도 있다. 「전」에 일치하지 않는 것이 있어서 논의가 하나같지 않거나 명목[名品]이 목록에 열거되었으나 사실이 증명되지 않는 것은 백이와 숙제의 청렴함을 표시하더라도 수양산[西山]에서 고비를 캐먹다 죽은 일을 싣지 않는다든지[16] 안회와 증삼의 학을 목록에 기록하더라도 노나라[東國]에서 배운 학업을 쓰지 않는 것[17]과 같은데 한 귀퉁이를 들면 나머지 세 귀퉁이가 뒤집어지는 것처럼

15 『통지』「교수략」은 이러하다. "순서대로 엮은 것은 반드시 없어진 책을 기록하여 논한다." "옛사람은 없어진 책을 기록했기 때문에 기록한 것을 받들어 찾았다. 위나라 때 사람들이 책을 구할 때 『궐목록』(闕目錄) 한 권이 있었고 당나라 때 사람들이 책을 구할 때 『수방도서목』(搜訪圖書目) 한 권이 있었다. 그래서 책을 많이 얻었다."

16 『사기』「백이열전」은 이러하다. "무왕이 은나라의 어지러움을 평정하자 천하는 주나라를 종주로 섬겼다. 그러나 백이와 숙제는 그것을 부끄럽게 여겨 정의롭게 주나라의 곡식을 먹지 않고 수양산에 숨어서 고비를 캐서 먹고 살았다." 『사기색은』은 이러하다. "서쪽 산은 다름 아니라 수양산이다."

17 『사기』「중니제자열전」은 이러하다. "안회는 노나라 출신이며 자는 자연인데 공자보다 서른 살이 적다. 안회는 나이 스물아홉에 머리카락이 남김없이 셌고 일찍 죽었다. 공자는 그가 죽자 통곡하면서 이렇게 말했다. '내게 안회가 있은 뒤부터 문인들이 더욱 친해졌다.'" 또한 "증삼은 남무성(南武城) 출신이고 자가 자여인데 공자보다 마흔여섯 살이 적다. 공자는 그가 효도를 잘하고 통달했다고 생각했기 때문에 그에게 학업을 전수하여 『효경』을 지었으며 노나라에서 죽었다." 나는 이렇게 생각한다.

그런 종류가 사실 번거로울 정도로 많다. 붓을 들어 글을 지을 때 잘못 삭제하기도 하고 허튼 소리를 널리 고르기도 하니 근거도 없이 마음대로 판단하는 것에 맡기기는 어렵고 의심스러운 것을 그대로 전하는 일에 맡겨야만 한다. 「열전」을 장차 마치려고 할 때 「별재」(別裁)나 「궐방」(闕訪) 같은 글을 조심스러운 말의 가르침에 붙이면 나중에 살펴보는 사람이 이것을 근거로 헤아려 연구할 수 있다. 가령 진수 『삼국지』의 「계한보신찬」(위를 보라)이나 상거 『화양국지』의 「서지」(『화양국지』에는 「서지」가 있는데 사녀를 기록하고 있으나 성명을 열거하는 데 그치기 때문에 사실이 상세하지 않다고 한다)[18] 따위는 역시 좋지 않은가? 주와 현의 「지」는 형식이 역사서에 비해서 더욱 상세해야 마땅하지만 과거에 「지」를 지을 때는 인물을 작은 분량에 한정하여 사실을 가리고 배열하며 간단한 서술을 주에 붙이는 것이 지방 특산물을 분야별로 구분하는 것이나 대략 같았다. 주를 붙인 사실도 대략 벼슬아치의 인사고과나 비교 평가한 말, 안독이나 소송 판결문[讞文]처럼[19] 말을 나란히 짝지우고 판단하지만 서술하지 않았다. 선비라면 효성스럽고 우애가 있으며 다정하고 정직하며 자애롭고 상서로우며 화기애애하다고 하고 구실아치라면 청렴하고 유능하며 맑고 조심스러우며 충성스럽고 믿음직하며 어질고 선량하다고 한다. 학은 한나라 때 유학자와 남김없이 같고 절개는 모두 공강[姜女]과 같다고 한다.[20] 천편일률적이라서 띠인지 갈대인지 아득하니 구분하지 못하는데[21]

동쪽 나라는 노나라를 말한다.

18 「화주지 씨족표 서례 하」의 주3을 보라.

19 안독(案牘)은 공문이라 말하는 것이다. 유우석 「누실명」(陋室銘)은 이러하다. "안독 때문에 몸을 수고롭게 하지 않는다." 『예기』 「문왕세자」는 이러하다. "공족의 사건이 성립되면 책임자가 임금에게 죄를 사건을 아뢴다." 진호(陳澔) 주는 이러하다. "형벌을 논의하는 것이다."

20 『시』 「용풍」 "백주서"(柏舟序)는 이러하다. ""백주"는 공강(共姜)이 스스로 맹세한 것이다. 위나라 세자 공백(共伯)이 일찍 죽자 그 아내가 수절을 했는데 부모는 빼앗아다가 시집보내려고 했다. 맹세하고 허락하지 않았기 때문에 이 시를 지어서 그것을 딱 자른 것이다."

21 『예원치언』(藝苑卮言)은 이러하다. "백거이의 시는 천편일률이다." 띠와 갈대는 「언

살펴볼 만한 것이 무엇이 있겠는가? 오늘날 역사가의 일반적 형식을 쓰고 특히 「열전」이라는 제목을 달아서 읊을 만한 글을 취하고 내용에 따라 기록할 만한 것을 취하는 일에 힘쓰며 이전의 「지」가 남긴 것을 거의 남김없이 찾았다. 이름을 표시하고 생략하여 주를 다는 것처럼 사실을 증명하기 어렵거나 오랫동안 세상에 전해지지 않아서 세월에 묻혀서 찾아 볼 수 없는 나머지는 보존하더라도 귀속시킬 만한 종류가 없고 삭제하더라도 드러나지 않은 덕행이 빛나지 않는다. 이와 같은 것은 「궐방열전」으로 남김없이 편집하여 나중에 오는 사람이 구별하여 고르기를 기다릴 뿐이다.

공 하」의 주127을 보라.

화주지 전지열전 서례(和州志前志列傳序例)

상·중·하

1. 화주지 전지열전 서례(상)

『예기』는 이렇게 말한다. "정사에 통달하여 오래된 옛날 일도 아는 것이 『서』의 가르침이다. 같은 말이나 사물을 모아 비교하고 가치를 판단하는 것은 『춘추』의 가르침이다."[1] 조술과 창작의 방법이 다르다고 하지만 교육과 정사에 의한 교화에도 차이가 있다. 맹자는 이렇게 말한다. "그의 시를 읊고 그의 책을 읽는데 그 사람을 모른다는 게 말이 되는가?"[2] 고대 전적이 모두 남아 있다고 하지만 지은이의 뜻은 변별하지 않을 수 없다. 옛날 사관에게는 각자 기존 방법이 있었는데 말이 아름답고

1 『예기』「경해」를 보면 "같은 말이나 사물을 모아 비교하고 가치를 판단한다"라고 했다.

2 『맹자』「만장 하」를 보라.

뜻이 깊은 것은 그 사람에게 달렸다. '그 문사가 바로 역사서'라는 맹자의 말은 공자가 말한 뜻을 살짝 취한 것인데[3] 사관의 법도를 바꿀 수 없다는 것을 밝혔지만 뜻과 의도는 성인이 홀로 가다듬은 것이다. 그러면 좋은 역사가의 좋은 역사서도 역시 도가 있게 마련이다. 이전의 고대에 역사를 기록하는 직책의 벼슬아치는 헤아릴 수 없고 춘추시대 모든 나라의 좋은 역사가는 동호나 남사처럼 사실대로 적었는데[4] 좌사 의상의 박식함과 우아함[5]은 그중 큰 줄거리이다. 내 생각에는 남사, 동호, 좌사의 무리는 당시 사법을 전수하고 전수받았던 것이 틀림없는데 전문가의 학업이 사실과 멀기 때문에 전승되지 않았고 그래서 지금은 남김없이 모두 연구할 수 없다. 사마천은 흩어지고 없어진 것을 널리 받아들여 포괄하고 예전에 들은 것을 가려 모아 『사기』 백서른 편을 지었고 『춘추』의 사업을 이었다.[6] 그는 안영, 우경, 여불위의 무리(『안자춘추』, 『우씨춘

---

3 『맹자』「이루 하」를 보라.

4 『춘추좌전』「선공 2년」은 이러하다. "조천(趙穿)은 도원(桃園)에서 진나라 영공을 공격했다. 조돈[宣子]은 미처 산을 넘지 못하고 있다가 되돌아 왔다. 태사[大史]는 이렇게 썼다. '조돈(趙盾)이 자기 임금을 죽였다.' 이것을 조정에 보였다. 조돈은 이렇게 말했다. '그렇지 않다.' 동호가 대답하여 이렇게 말했다. '그대는 정경(正卿)이라서 망명하려 했지만 국경을 넘지 않았는데, 돌아와서 임금을 죽인 도적을 치지 않았으니 그대가 아니라면 누가 임금을 죽인 셈이오?' 조돈이 이렇게 말했다. '아! 「내가 그리워함이여, 자신을 속이다가 근심하게 되었구나」라는 것은 나를 두고 한 말이로구나.' 공자는 이렇게 말씀하셨다. '동호는 고대의 훌륭한 역사가이니 쓰는 방법은 숨기지 않았다.'" 또한 『춘추좌전』「양공 25년」은 이러하다. "최저[崔子]가 병을 핑계로 공무를 살피지 않았다. 을해일에 제나라 장공이 최저에게 병문안을 갔는데 결국 당강[姜氏]을 따랐다. 당강이 안방으로 들어가자 드디어 장공을 죽였다. 태사[大史]가 이렇게 썼다. '최저(崔杼)가 자기 임금을 죽였다.' 최저가 그를 죽였다. 태사의 아우들이 이어서 썼다가 죽은 사람이 두 명이다. 다른 아우가 또 그렇게 쓰니 그것을 내버려두었다. 남사씨(南史氏)는 태사가 남김없이 죽었다는 소리를 듣고 죽간을 쥐고 갔다가 이미 썼다는 소리를 듣고 이내 돌아갔다."

5 「서교 상」의 주3을 보라.

6 『한서』「사마천전」은 이러하다. "익주 자사 임안(任安)이 사마천에게 편지를 보냈다. 사마천은 그것에 답하여 이렇게 말한다. '저는 감히 겸손하지 못하게 최근 잘하지도 못하는 말에 자신을 깃들여 천하의 없어진 예전 소문을 모두 모으고 행한 일들과 비교하여 성공과 실패, 잘 되어 일어남과 못 되어 없어진 것의 이치를 헤아렸는데 모

추』, 『여씨춘추』에는 모두 역사서의 같은 말이나 사물을 모아서 비교하고 가치를 판단하는 형식이 있다. 그러면 당시 춘추가의 학설에는 각각 유파가 있으며 '봄에 왕이 정확한 달력을 바로잡는다'는 것과 모두 동일한 형식인 것은 아니다)처럼 주나라가 쇠락한 때와 전국시대의 춘추가의 주장 가운데 저술의 큰 줄거리를 모두 서술하고 기록하며[7] 모으고 비교하며 논의하고 편집한 다음에 자기가 제자백가를 널리 고르고 육예를 절충한 것을 가지고 유파의 연원이 어디서 기원한 것인지 상세하게 밝히지 않을 수 없었다.(사마천의 「태사공자서」는 『춘추』의 학업을 이었는데 자기 유파가 기원한 유래까지 거슬러 올라간 것이 분수에 넘치고 망령된 말이 아닐 것이다) 사마천이 죽고 나서 반고가 일어났고 서한의 역사 사실을 논의해서 편집할 때 「태사공자서」를 전부 수록하여 그 의례를 헤아렸는데 「사마상여열전」이나 「양웅전」과 거의 같은 부류였다.[8] 범엽의 『후한서』는 반고를 서술하면서 뒤좇아 고사를 완성하고 예

두 백서른 편입니다.'" 『춘추』의 학업을 이었다는 것은 『사기』 「태사공자서」를 보라.

7 『안자』는 「시교 상」의 주78을 보라. 『사기』 「관안열전찬」은 이러하다. "내가 『안자춘추』를 읽어보니 그가 말한 것이 굉장히 상세했다." 또한 「십이제후연표서」는 이러하다. "조나라 효성왕(孝成王) 때 재상 우경은 위로 『춘추』에서 고르고 아래로 최근 세상을 살펴서 역시 여덟 편을 지으니 이것이 『우씨춘추』이다. 여불위는 진나라 장양왕의 재상인데 위로 상고시대를 보고 『춘추』를 삭제하여 모으고 전국시대의 사건을 모아 「팔람」, 「육론」, 「십이기」를 지으니 이것이 『여씨춘추』이다."

8 『수서』 「유현전」(劉炫傳)은 이러하다. "스스로 찬하여 이렇게 말한다. 통달한 유학자 사마상여, 양웅[揚子雲], 마융[馬季倫], 정현 등은 모두 기풍의 아름다움을 스스로 서술하여 미래[來葉]에 향기를 전했다." 『사통』 「서전」은 이러하다. "굴원 『이소경』은 첫 장에서 위로 씨족을 펼치고 아래로 돌아가신 조상[祖考]을 열거할 때, 먼저 그들의 삶을 기술하고 다음에 이름[名字]을 열거했다. 스스로 서술하여 발자취를 밝히는 일은 사실 여기에 기초를 두고 있다. 사마상여에게 내려와 비로소 스스로 서술하는 것을 「전」으로 지었다. 그러나 서술한 것은 다만 어렸을 때부터 자랄 때까지 사회적으로 성장하고[立身] 행한 일을 기록한 것일 뿐이다. 선조가 어디서 나왔느냐에 대해서는 업신여길 뿐이라 듣지 못했다. 사마천은 또한 굴원[三閭]의 고사를 거둬들이고 문학 분야[文園]의 최근 작품을 버렸는데, 굴원과 사마천 두 사람을 본보기로 해서 이 책을 완성했다. 그래서 양웅은 그들의 예전 궤도를 따르고 반고는 그들이 남긴 물결을 참작했다. 자신을 서술하는 글은 사실 한나라 때 번거로워졌다. 비록 지은 말이 다르지만 이런 형식은 바꾸지 않았다." 『사기』 「사마상여열전」과 『한서』 「양웅전」은 동시에 그들이 자신을 서술한 글이다.(『한서』 「양웅전찬」[雄傳贊]은 이러하다. "양웅이 자신을 서술하여 말한 것일 따름이다.") 『한서』 「사마천전」도 역시 「태사공자서」

전의 법도를 굳게 지켰으며 기준을 넘지 않았는데,[9] 비록 독립적으로 판단하는 자질은 없었지만 희양을 바쳐 초하루를 알리는 예를 보존해야 한다는 공자의 말처럼 예가 폐기되어도 글이 남았다.[10] 『송서』가 「범엽전」을 짓고 『진서』가 「진수전」을 지으면서 문인의 반열에 뒤섞어 편집하기도 하고 분수에 맞지 않게 동시대 사람과 함께 편집하기도 했지만[11] 사학의 연원이나 창작과 조술의 가법에 다시 의도를 두지 않은 것도 역시 사법이 전승되지 못하고 점차 변했기 때문이다. 당나라 때 『진서』와 『수서』를 편찬하면서 많은 사람들의 힘을 바탕으로 삼았는데[12] 인재들이 흩어진 뒤 함께 일하던 사람들을 남김없이 알 수 없게 되었기 때문에 어떤 사람을 다른 사람의 「전」 끄트머리에 붙인 경우도 생기고 어떤 사람을 몇몇 문인이 칭찬하고 언급하는 말에 적는 경우도 생겨서 다시 따

를 온전히 수록하기 때문에 이것과 같은 분야라고 말한다.

9 『후한서』 「반고전」도 역시 『한서』 「서전」의 글을 많이 기록하고 있다.

10 희양(餼羊)은 「사주」의 주33을 보라. 나는 이렇게 생각한다. 월아당총서본은 "존"(存)을 "성"(成)이라고 잘못 썼다. 여기서 가업당본 『장씨유서』에 의거하여 바로잡는다.

11 범엽은 자가 울종이고 순양 출신이다. 『송서』 권69에 범엽과 유담(劉湛)이 같은 「전」에 있으며 이것이 이른바 분수에 넘치게 동시대 사람을 엮는다는 것이다. 진수는 자가 승조이고 파촉 안한 출신이다. 『진서』 권82에는 진수와 왕장문(王長文), 우전(虞傳), 사마표, 왕은, 우예, 손성, 간보, 등찬, 사침(謝沈), 습착치, 서광 여러 명이 같은 「전」에 있으며 이것이 이른바 문인의 줄에 순서대로 뒤섞는다는 것이다.

12 『진서』는 「시교 하」의 주44 및 「언공 하」의 주29를 보라. 『사통』 「정사」는 이러하다. "『수사』(隋史)는 개황 연간과 인수 연간에 왕소가 여든 권의 책을 지어 종류대로 서로 따르게 하고 편명을 정했지만, 편년체와 기전체에 대해서는 동시에 형식이 빠져있다. 수나라 양제 때에 오로지 왕주(王胄) 등이 편찬한 『대업기거주』(大業起居注)가 있을 뿐이지만 수나라 양제가 강도에서 죽는 재앙[江都之禍]이 닥쳤을 때 이어서 많이 흩어지고 사라졌다. 당나라[皇家] 정관 연간 초에 중서시랑 안사고와 급사중 공영달이 함께 『수서』 쉰다섯 권(「외지」(外志)가 서른 권이다)을 지어서 완성하라고 황제가 명령했다." 『구당서』 「위징전」(魏徵傳)은 이러하다. "위징은 자가 현성(玄成)이다. 애초에 영호덕분이 여러 역사서를 지었는데 위징이 황제의 명령을 받고 지어서 정한 것을 모아서 더했다. 『수서』의 「서론」(序論)은 모두 위징이 지은 것이다." 나는 이렇게 생각한다. 『수서』는 본래 안사고와 공영달이 합쳐서 지었고 위징은 그 일을 총괄했을 뿐이다. 『통지략』(通志略)은 이러하다. "옛날에는 한 사람에게서 책이 편찬되고 완성되었는데 당나라 때 이르러 비로소 많은 사람을 썼다. 『진서』와 『수서』가 이것이다."

로 기재하지 않았다. 산에 오르고 물을 건너는 길을 막고 끊는 것처럼 『춘추』의 가학을 막고 끊었으니 스승이 전수하는 역사가의 길은 은하수처럼 아득해지게 되었다.[13] 혈족을 수록할 때 사람이 없으면 가첩이 저절로 어지러워지는 것이나 스님들[淄流]이 쫓겨나 흩어지는 바람에[14] 절[梵刹]이 황폐해지는 것[15]에 비길 수 있으니, 추세에는 반드시 이르는 것이 있고 이치에는 당연한 것이 있는 법이다.

사마천과 반고가 역사서를 지은 일은 복생과 공안국이 경을 전한 일이나 같다.[16] 미언대의는 마음으로 전하고 입으로 전수한다. 명산에 숨겨서 적임자에게 전하려고도 하고[17] 훌륭한 유학자를 집 앞에 엎드리게 하여 자기 누이에게 학업을 받도록 하기도 한다.[18] 어찌 후세의 기전체처럼 뜻을 책에서 남김없이 말하거나 글이 구실아치의 글과 같거나 범례에 얽매여 쓱 훑어보기만 해도 남김없이 볼 수 있는가? 그러나 사마천 『사기』의 「유림열전」과 반고 『한서』의 「유림전」이 육예를 강령으로 삼아 사유를 전할 수 있었던 이유는 끈으로 구슬을 꿰어 엮는 것처럼 저절로 주요한 것과 보조적인 것이 되어 사법이 계속 이어진 내력을 밝히고 연원으로 거슬러 올라가서 중단되지 않기 때문이다.(「유림전」의 형식은 경을 강령으로 하고 사람이 보조적인 것이 되는데 보통 「열전」처럼 한 사람의 일생을 상세하게 적지 않는다. 『후한서』 이후부터 그런 전승을 잃었다) 후세에 사관의 「전」은 만약 옛사람의 사법을 곰곰이 연구한다면 대체로 경사가 「전」을 짓는 범

---

13 『장자』 「소요유」는 이러하다. "나는 그 이야기가 은하수처럼 끝도 없이 이어지는 것 같아서 오싹해졌다." 성현영 소는 이러하다. "높은 하늘의 은하수는 끝도 없이 높이 이어진다."

14 치류(緇流)는 스님들이다. 검은 옷을 입기 때문에 이름 지었다.

15 범찰(梵刹은 불교의 절이다. 『번역명의집』은 이러하다. "또한 다시 가람(伽藍)을 범찰이라고 이름 지은 것은 보행(輔行)이 말한 것처럼 서역에서는 기둥으로 절을 표시하여 사는 곳을 알리기 때문이다."

16 사마천과 반고가 역사서를 지은 것은 복승과 공안국이 『상서』를 전수한 것처럼 바로 전문가의 학업이라는 말이다.

17 『한서』 「사마천전」을 보라.

18 「사주」의 주8을 보라.

례를 본떠서 역사서에 강령이라고 제목을 달고 이어서 창작과 조술의 유파로 서로 주요한 것과 보조적인 것을 삼는다. 사마천과 반고를 가지고 시험 삼아 논한다면 그들이 근거로 삼은 이전의 자료는 사마천의 『사기』가 『세본』과 『전국책』,[19] 『한서』가 양웅과 유흠을 근거로 삼은 것이 이것이다.[20] 나중에 전해진 것을 퍼트린 것은 양운이 사마천의 『사기』를 퍼뜨리고 마융이 『한서』를 전수받은 일이 이것이다.[21] 따로 주소[疏注]를 연구한 것은 사마천의 『사기』를 서광과 배인이 연구했고 『한서』를 복건과 응소가 연구한 것이 이것이다.[22] 이와 같은 것은 모두 종류대로 편집할 수 있고 가학을 거듭 밝힐 수 있으나 책을 위주로 해서 어떤 사람의 일생으로 편명을 다시 짓지 않는다면 『춘추』가 기록한 세상을 경륜하는 일은 설령 지금까지 남아 있다고 해도 괜찮을 것이다. 후한의 역사서는 유진(劉珍)과 원굉(袁宏)의 작품이나[23] 화교, 사승, 사마표의 책이 있는데[24]

19 『한서』「사마천전찬」은 이러하다. "사마천은 『춘추좌전』과 『국어』를 근거로 하고 『세본』과 『전국책』을 골라 『초한춘추』를 기술한 뒤 그 뒤의 사실을 이어서 천한 연간에 이르렀다." 「언공 상」의 주47을 참고하라.

20 「언공 상」의 주49를 보라.

21 「사주」의 주7 및 주8을 보라.

22 복건은 「지난」의 주23을 보라. 응소는 「사주」의 주10을 보라.

23 『후한서』「문원전」은 이러하다. "유진은 자가 추손인데, 영초 연간에 등태후가 유진에게 유도도, 마융과 동관에 있는 제자백가를 교정하라고 명령했다. 또한 유진에게 유도도와 함께 건무 연간 이래 유명한 신하의 전을 지으라는 명령을 내렸다." 원굉은 「서교 하」의 주36을 보라.

24 『진서』「화표전」(華表傳)은 이러하다. "화표의 아들 화교[嶠]는 자가 숙준(叔駿)이고 원강 연간 초에 내대 중서(內臺中書) 산기 저작(散騎著作)이 되었는데 관청에서 짓고 모으는 일을 모두 맡아서 모았다. 애초에 화교는 『한기』가 번거롭고 변변치 않다고 생각해서 분발하여 고쳐 지으려는 의도가 있었다. 대랑(臺郎)이 되었을 때 책임지는 벼슬아치[典官]와 제도의 사실에 대해 궁중 도서관의 책을 두루 볼 수 있었다. 드디어 그 실마리를 잡아서 「기」(紀), 「전」(典), 「전」(傳), 「보」(譜) 모두 아흔일곱 권을 짓고 『한후서』(漢後書)라고 이름을 고쳤다. 형식과 내용, 사실은 사마천과 반고의 규칙이 있다." 『삼국지』「오서」 "사부인전"(謝夫人傳)은 이러하다. "아우 사승은 오관낭중(五官郎中)에 제수되었고 조금 있다가 장사 동부 도위, 무릉 태수로 옮겼는데 『후한서』 백여 권을 지었다." 주는 『회계전록』(會稽典錄)을 인용하여 이렇게 말한다. "사승은 자가 위평이며 박학다식하고 들은 것을 연구했는데 일단 책을 알거나 보면

모두 범엽과 아울러 열거하고 모두 보존한다. 진나라[晉氏]의 역사서는 왕은, 우예, 하법성, 간보, 육기, 사령운 따위부터 지은이가 모두 열여덟 사람이니[25] 역시 성하다고 하겠다. 그러나 후세인이 역사서를 편찬할 때 여러 사람의 형식을 조목조목 구별하거나 모든 책의 성공과 실패를 논의해서 편집하면서 한 편으로 모아서 합치지 못했다. 초나라 서울 사람이 도끼질을 잘한 일에 비기자면 죽은 다음에 물어봐야 어디서 찾을 수 있겠는가?[26] 하나라의 예는 말할 수 있지만 증명할 수 없어서 믿을 수

죽을 때까지 잊지 않았다." 『진서』「사마표전」은 이러하다. "사마표는 자가 소통이며 태시 연간에 비서랑이 되었다가 비서승으로 옮겼다. 많은 책을 토론하고, 자기가 들은 것을 엮었다. 이 책은 세조부터 시작해서 헌제에서 끝난다. 햇수로 이백 년을 엮었고, 열두 황제를 기록했다. 위아래로 통하게 만들어 종합하고, 숱한 사실을 옆으로 일관되게 만들었다. 「기」, 「지」, 「전」 모두 여든 편을 지었고 『속한서』라고 부른다." 『수서』「경적지」 "정사류"는 이러하다. "『후한서』 백서른 권에는 「제기」(帝紀)가 없는데 무릉 태수 사승이 지었다. 『속한서』 여든세 권은 진나라 비서감 사마표가 지었다. 『한후서』 아흔일곱 권은 진나라 소부경(少府卿) 화교가 지었다."

25 『진서』「왕은전」(王隱傳)은 이러하다. "왕은은 자가 처숙(處叔)이다. 아버지 왕전[銓]은 저술하려는 의지가 있어서 늘 진나라 때 사실 및 공신의 행장을 개인적으로 기록하다가 마치지 못하고 죽었다. 원제가 왕은을 저작랑으로 불러서 『진사』(晉史)를 짓도록 명령했다." 「우예전」(虞預傳)은 이러하다. "우예는 자가 숙녕(叔寧)이고 어려서 학문을 좋아했으며 문장을 잘 지었다. 제갈회(諸葛恢)와 유량(庾亮) 등이 천거하여 승상 행참군(行參軍) 기실로 불렀다. 태흥 2년 비서승 저작랑으로 옮겼다. 『진서』 사십여 권을 지었다." 하법성은 『송서』에 「전」이 없다. 『진서』「간보전」(干寶傳)은 이러하다. "간보는 자가 영승(令升)이고 신채 출신이다. 할아버지 간통[統]은 오나라 분무장군(奮武將軍)이다. 간보는 자질과 그릇에 의거하여 저작랑으로 불려갔다. 『진기』는 선제부터 민제[愍]까지인데 모두 스무 권이고 바르지만 완곡하게 잘 말했다." 『진서』「육기전」(陸機傳)은 이러하다. "육기는 자가 사형(士衡)이며 오군 출신이다. 문장이 당시 으뜸이었다." 『송서』「사령운전」(謝靈運傳)은 이러하다. "사령운은 진군(陳郡) 양하 출신이다. 할아버지 사현[玄]은 진나라 거기장군이다. 사령운은 모든 책을 널리 살펴보았고 동진 때 그만한 사람이 없었으며 강락공(康樂公)을 세습하여 봉해졌다. 황제의 명령을 받들어 『진서』를 지었는데, 조리와 흐름을 대략만 세우고 책은 끝내 끝내 완성하지 않았다." 『수서』「경적지」 "정사류"는 이러하다. "『진서』 여든 권은 진나라 저작랑 왕은이 지었다. 『진서』 스물여섯 권은 진나라 산기상시 우예가 지었다. 『진중흥서』 일흔여덟 권은 송나라 상동 태수(湘東太守) 하법성이 지었다. 『진서』 서른여섯 권은 송나라 임천 내사(臨川內史) 사령운이 지었다." 또한 "고사류"는 이러하다. "『진기』 네 권은 육기가 지었다. 『진기』 스물세 권은 간보가 지었다." 열여덟 사람은 「언공 하」의 주30을 보라.

없다.[27] 이밖에 많은 사람을 모아서 책을 편찬하거나 국사 편찬을 감독하는 관청을 세워 기강을 세우는 것처럼 특히 편장을 생각하여 정하고 문자를 거듭 심사하여 어떤 「기」와 어떤 「서」를 어떤 분이 편집했으며 어떤 「표」와 어떤 「전」을 어떤 분이 지었는지 증명해야 한다. 그래서 읽는 사람이 좋은 점과 나쁜 점을 살펴서 옳고 그름을 정하게 한다면 경수[涇]와 위수[渭]가 비록 뒤섞였어도[28] 치수[淄]와 민수[澠]의 물맛을 변별할 수 있는 것처럼[29] 보잘 것 없는 무리의 폐단은 기대서 막을 수 있다. 그러나 당나라와 송나라 때 여러 사람들은 도대체 전문적인 기록이 없어서 결국 경생의 시험문제집이나 벌레를 조각하는 것 같은 사부의 작품조차[30] 모두 반고와 사마천의 집에서 재잘거리고 떠들며 옷소매를 걷어붙이고 글을 쓰는 일로 만들었다.[31]

---

26 「언공 중」의 주36을 보라.

27 「역교 상」의 주16을 보라.

28 『시』「패풍」"곡풍"(谷風)은 이러하다. "경수가 위수 때문에 흐려졌으나 맑고도 맑구나 그 물가여." 전은 이렇게 말한다. "경수와 위수가 서로 들어오는 곳에는 맑고 흐린 것이 달리 구분된다." 육덕명 『경전석문』「모시음의」는 이러하다. "경(涇)은 소리가 경(經)이고 흐린 물이다. 위(渭)는 소리가 위(謂)이고 맑은 물이다."

29 『열자』「중니」는 이러하다. "입맛을 잃으려는 사람은 먼저 치수와 사수의 물맛을 변별한다." 장담 주는 이러하다. "치수는 노군(魯郡) 내무현(萊蕪縣)에서 나온다. 민수(澠水)는 서쪽으로 흐르는데 북해군(北海郡) 천승현(千乘縣) 경계로부터 수광현(壽光縣)으로 흘러들어 치수와 민수가 서로 합친다. 치수와 민수는 물맛이 다르지만 이미 합친 뒤에는 변별하기 어렵다."

30 경생의 시험문제집은 「박약 상」의 주7을 보라. 벌레를 조각하는 것은 「신정」의 주10을 보라.

31 『후한서』「오우전」은 이러하다. "아버지 오회[恢]는 남해 태수(南海太守)가 되었는데 푸른빛이 도는 죽간을 깎아서 경을 쓰고 싶어 했다." 『태평어람』 606은 『풍속통』을 인용하고 있다. "유향 『별록』은 쇄청(殺青)이라는 것이 바로 대나무를 다스려 죽간으로 된 책을 만드는 것일 뿐이라 했다. 대나무 생나무는 즙[汗]이 있는데 썩거나 좀이 슬기 좋다. 죽간을 만드는 모든 사람은 불에 구워서 말리는데 진나라와 초나라 어간에서는 한(汗)이라 한다. 한은 대나무 즙을 없앤다는 것이다. 오나라와 월나라에서는 쇄(殺)라고 한다. 쇄도 역시 다스린다는 뜻이다. 유향은 성제[孝成皇帝]를 위해 이십여 년 동안 서적을 맡아서 교정했는데 먼저 대나무에 썼다가 고치고 바꾼 뒤 책을 펴내고 결정할 때는 비단에 반듯하게 썼고 비단 책[素]을 바쳤다." 가업당본 『장씨유서』에 따르면 글의 끄트머리에는 "앞은 원사이다"[右原史]라는 제목을 달았다.

2. 화주지 전지 열전서례(중)

진나라 지우는 『문장지』를 창작하여[1] 문학을 지망하는 선비의 일생을 서술하고 사장의 내력을 논했는데 범엽 『후한서』 「문원열전」(文苑列傳)이 본떴다.[2] 이때부터 문학을 지망하는 선비의 전기를 엮은 기록이 대대로 생기게 되었고 결국 「문원열전」이 역사서에 들어가 기존의 규칙으로 받들게 되었다. 사학의 유파가 이것을 토론했다는 말을 듣지 못했고 사관의 성공과 실패도 결국 헤아리지 않는다. 심하구나, 세상에서 글을 이야기하는 것을 쉬운 일로 여기고 역사서를 거리낌 없이 이야기하는 것은! 사마천과 반고의 역사서는 「문원전」을 세우지 않았지만 글이 없었던 것은 아니다. 「노장신한열전」, 「관안열전」, 「맹순열전」, 「사마상여열전」, 「양웅전」, 「매승전」, 「추양전」은 모두 「열전」을 지을 때 저술의 일에 대해 두 번 세 번 거듭해서 의도를 표현하지 않은 적이 없다. 문원을 제목으로 드러내지 않은 것은 전문가의 학을 논의해서 편집하기 때문이다.[3] 문원이지만 「전」이 있는 이유는 학에 전문가의 학이 없는 것이 문장이 쇠락한 상태이기 때문이다.[4] 그러나 역사를 기록하는 신하가 붓을 들어 글을 지을 때 문원에 대해 많이 말하지만 『춘추』의 가학이나 유파의 원류에 대해서는 조금도 마음에 담아둔 적이 없는데, 장차 그들의 역사서가 어떻다고 스스로 생각하는 것인지 모르겠다. 『문장지』의 「전」은 지우 이후에 심약, 부량(傅亮), 장척 등 여러 사람[5]이 어지러이 짓고 수록했는

---

1 「시교 상」의 주37을 보라.

2 「문집」 장학성의 자주는 이러하다. "「문원전」은 『후한서』에서 시작되었다."

3 양웅과 사마상여의 사부, 추양과 매승의 종횡(「서교 중」에 있는 말)은 모두 제자백가의 학문 가운데 하나를 스스로 완성할 수 있었고, 전문가의 책과 애초에 다른 것으로 갈리지 않았다. 『사기』와 『한서』는 그들의 글을 갖춰서 수록하여 이것에 의거하여 그 사람들을 드러냈다. 나머지는 「화주지 예문서 서례」의 주50을 보라.

4 「문집」은 이러하다. "서한과 동한 때 문장이 점점 풍부해지면서 저작은 쇠락하기 시작했다."

데(부량의 『속문장지』(續文章志), 심약의 『송세문장지』(宋世文章志), 장척의 『문사전』이다) 손가락으로 꼽아도 다 헤아릴 수 없다. 그러나 역사를 기록하는 신하가 따서 기록하여 큰 줄거리를 남기고 목록에 기록한 여러 가지 책은 오늘날 모두 없어지거나 잃어버렸다. 그리고 역사가의 내력이나 고적을 엮어 다듬는 일은 지어 모아서 책을 완성할 때, 공문서든 개인적인 글이든 거둬서 헤아리는 일이 완전히 없는 것도 아니다. 다만 이전의 역사서가 전문적인 글을 남기지 않았기 때문에 후학이 으뜸가는 요점을 모르고 설령 자취가 있더라도 결국 없어지거나 잃어버려 남기지 못한다. 그래서 벼슬아치가 자기 책을 지키고 집안이 가업을 대대로 물려주게 하는 것은 옛사람의 말을 도리어 아름답게 빛나는 사장만 못하게 만들기 때문에 상보정(常寶鼎)의 『문선저작인명』(文選著作人名)의 반열에 함께 하는 것이 낫다.(상보정의 책은 모두 세 권이다)[6] 당나라 때 이조(李肇)는 『경사석제』(經史釋題)를 지었고 종간(宗諫)은 『십삼대사목』(十三代史目)에 주를 달았다.[7] 그 책을 "목록류"에 편집하면 전기의 큰 줄거리와 통하지 않게 된

---

5 심약은 「사덕」의 주10을 보라. 『수서』 「경적지」 "부록류"는 이러하다. "『송세문장지』(宋世文章志) 두 권은 심약이 지었다." 『송서』 「부량전」(傅亮傳)은 이러하다. "부량은 자가 계우(季友)이고 북지(北地) 영주(靈州) 출신이며 경과 역사서를 널리 읽고 더구나 문사를 잘 지었다. 의희 연간에 시중 황문 시랑을 역임했다. 고조가 들어와 즉위하자, 영초 연간 초에 태자 첨사로 옮겼다가 나라를 세우는 일을 도왔다는 공으로 건성현공(建成縣公)에 봉해졌다. 중서성에 번을 들고 황제의 명령서를 도맡았기 때문에 대단한 명령을 받고 황제를 도와 나라를 다스렸다. 소제(少帝)가 폐위될 때 부량이 함께 주장하여 일을 꾸몄다. 문제가 즉위하자 시흥군공(始興郡公)으로 작위가 높아졌고 산기상시를 더했으며 막부를 열고[開府] 의동삼사가 되었다. 원가 연간 초에 죽임을 당했다." 『수서』 「경적지」 "부록류"는 이러하다. "『속문장지』(續文章志) 두 권은 부량이 지었다." 장즐의 『문사전』은 「문집」의 주33을 보라.

6 『신당서』 「예문지」 "목록류"는 이러하다. "상보정(常寶鼎) 『문선저작인명목』(文選著作人名目)은 세 권이다."

7 『신당서』 「예문지」 "목록류"는 이러하다. "이조(李肇) 『경사석제』(經史釋題)는 두 권이다. 종간(宗諫) 『주십삼대사목』(注十三代史目)은 열 권이다." 이조는 당나라 원화 연간에 한림학사가 되었다가 백기를 천거한 일에 연좌되어 중서사인에서 장작소감으로 좌천되었다. 저술에 『한림지』(翰林志)와 『당국사보』(唐國史補)가 있다. 종간은 상세하지 않다.

다. 송나라[趙宋] 때 공평중(孔平仲)은 『양사사적』(良史事跡)을 지은 적이 있는데[8] 그 책은 오늘날 역시 전해지지 않고 목록에 기록한 것도 겨우 한 권뿐이어서 분수에 맞지 않게 변변치 않기 때문에 살펴서 고르기에도 충분하지 않다.

역사를 기록하는 신하가 범례를 만들 때는 각자 근거가 있을 것이다. 「열녀전」은 유향에게 뿌리를 두고 있고[9] 「효의전」은 소광제(蕭廣濟)(진나라 때 사람이며 『효자전』(孝子傳)을 지었다)[10]에게 뿌리를 두고 있으며 「충의전」은 양나라 원제(『충신전』(忠臣傳)은 서른 권이다)[11]에게 뿌리를 두고 있고 「은일전」은 황보온(皇甫謐)(『일사전』(逸士傳)과 『고사전』이다)[12]에게 뿌리를 두고

---

8 『송사』「공문중전」(孔文仲傳)은 이러하다. "공평중[平仲]은 자가 의보(義甫)이고 진사 시험에 급제했으며 또한 제과(制科)에 응시하여 여공저(呂公著)의 천거로 비서승, 집현 교리가 되었다. 휘종이 즉위하자 호부 낭중이 되었다. 공평중은 사학에 뛰어나고 문사를 잘 지었기 때문에 『속세설』(續世說), 『역해』(繹解), 『패시희』(稗詩戲) 여러 가지 책을 지었다." 『송사』「예문지」"잡가류"는 이러하다. "공평중 『양사사증』(良史事證)은 한 권이다." 나는 이렇게 생각한다. "적"(蹟)은 『화주지』에 의거하여 "증"(證)이라고 해야만 한다.

9 「고문십폐」의 주82를 보라.

10 『수서』「경적지」 "잡전류"는 이러하다. "『효자전』(孝子傳) 열다섯 권은 진나라 보국장군(輔國將軍) 소광제(蕭廣濟)가 지었다."

11 『양서』「원제기」는 이러하다. "황제는 이름이 역(繹)이고 자가 세성(世誠)이며 고조의 일곱째 아들이다. 성품이 음악과 여자를 좋아하지 않아서 대단히 높은 명성이 있었다. 배자야, 유현(劉顯), 소자운, 장찬(張纘) 및 당시 자질이 빼어난 사람들과 평등한 신분으로 교제했고 저술과 사장이 세상에 많이 유행했다. 지은 것이 『효덕전』(孝德傳) 서른 권, 『충신전』(忠臣傳) 서른 권, 『단양윤전』(丹陽尹傳) 열 권이고 『한서』 115권에 주를 달았다." 『수서』「경적지」 "잡전류"는 이러하다. "『충신전』 서른 권은 양나라 원제가 지었다."

12 『진서』「황보밀전」. "황보밀은 자가 사안(士安)이고 안정 조나 출신이며 한나라 태위 황보숭[嵩]의 증손이다. 나이 스물이 되도록 학문을 하지 않고 만판 놀아나 막 되먹었다. 계모[嗣母] 임씨(任氏)가 이렇게 말했다. '자기 수양과 돈독한 학문은 네가 얻는 것이지 내게 무슨 소용이 있느냐!' 이어서 그를 마주하고 눈물을 흘렸다. 황보밀은 이내 감동하여 같은 마을 사람 석탄(席坦)에게 가르침을 받고 부지런히 공부하고 게으르지 않았다. 집안이 가난하여 몸소 농사를 지었는데 경을 가지고 다니며 농사지었고 결국 경전과 제자백가의 주장을 널리 모았다. 침착하고 조용하며 욕심이 적고 세상에서 뛰어난 의지가 있었다. 저술하려는 의지가 있어서 스스로 현안 선생(玄晏先生)이라 호를 지었다. 초야에 묻힌 그를 불러 벼슬을 시키려 했지만 취임하

있는데 모두 이전 역사서의 일반적 형식이며 시대에 따라 뜻을 제정하는 것이다. 사마천과 반고의 「유림전」은 박사가 전수한 학업에 뿌리를 두고 있는데 안타깝게도 사관이 관장하는 것을 취하지 못하고 전문 서적으로 정리한 것이다. 후세인의 학문과 식견은 이전 사람을 따라잡지 못하기 때문에 미처 이을 수 없었고 이 일을 할 수 없었다. 한나라 때 유학자들이 경의 「전」을 지었지만 사법은 없어졌고 후세의 역사서에 있는 「유림전」은 원류를 꿰뚫는 사마천과 반고의 방법을 뒤따를 수 없게 되었지만 당시의 사유를 취하지 않은 적은 없기 때문에 그들의 학업을 가지고 한 시대의 학을 기록한다. 그러면 사마천과 반고가 역사서를 지은 가법을 이미 잃어버렸고 후세 사관의 일은 설령 그들의 의례에 조화를 이룰 수 없다 해도 어찌 당시 찬술(纂述)의 큰 줄거리와 인문의 위아래를 가지고 논의하고 편집한 뒤 「전」을 지어서 어떤 역사서를 완성하도록 모을 수 없었겠는가? 「유림전」은 경을 연구하고 「문원전」은 예술을 이야기하는데 사관의 일은 사이에 끼어 있지만 엮고 다듬을 때 무엇을 힘써야 할지 모르지 않는다. 「예문지」가 분류하고 편집해서 책에 수록하고 마무리하는 말을 뒤에 서술하고 수록하여 지은이의 뜻을 대략 표시하기도 하는데 사부의 요지는 큰 줄거리에 이미 드러난다. 그러나 경사의 주석, 문학을 지망하는 선비의 사장, 「예문지」의 분류와 편집을 목록에 기록하지 않은 적이 없어도 「유림전」과 「문원전」이 그들의 일생을 상세하게 비교하고 품평해서 구별하여 자세히 살펴보고 서로 증명한 것을 어찌 소홀히 여길 수 있겠는가? 어떤 사람의 사적이 혹시 많아서 따로 제목을 달아 「전」을 세우는 바람에 한 편으로 합칠 수 없다면 사관의 글에라도 성명을 남겨서 따로 「전」이 있다는 것을 다시 주석으로 달아야 한

지 않았다. 태강 3년에 죽었는데 나이는 예순여덟이다. 『제왕세기』, 『연력』(年曆), 『고사전』, 『일사전』[逸士], 『열녀전』 등이 있는데 『현안춘추』(玄晏春秋)도 동시에 세상에서 중시되었다." 『수서』 「경적지」 "잡전류"는 이러하다. "『고사전』 여섯 권, 『일사전』 한 권은 황보밀이 지었다."

다. 동중서, 왕길, 위현의 범례는 저절로 예전의 법도가 있는데(동중서가 『춘추』를 연구하고 왕길이 『모시』를 연구하며 위현이 『노시』를 연구한 일은 모두 「유림전」에 보이지만 따로 전전도 있다)[13] 두 가지는 방해하지 않는다. 순자가 「예론」과 「악론」을 지은 것은 열두 명의 제자백가가 지은 책을 비판하는 것이고[14] 장자가 황당무계한 주장을 함부로 펼친 것은 금활리와 묵자나 여러 제자백가를 서술한 것이다.[15] 특정 학파의 작품을 완성하려고 하지만 이전 사람들의 논저에 대해 일일이 분명하게 쪼개지 않았고 연원을 조술한 것에 대해 지극히 마땅한 것을 절충하지 않았기 때문에 설령 이전 사람들에게 공로가 있고 후학에게 은혜를 베풀려고 했다 해도 뒷걸음치면서 앞으로 가려고 하는 것에 비길 수 있으며 미처 지극한 것을 얻지 못했다.[16]

13 나는 이렇게 생각한다. 『사기』에 동중서는 「유림열전」에 들어가 있다. 『한서』에 동중서, 왕길, 위현은 모두 전전이 있지만 「유림전」에는 동중서가 『춘추공양전』에 「전」을 지은 일, 왕길이 『한시』에 「전」을 지은 일, 위현이 『노시』에 「전」을 지은 일을 서술하는 것에 그치고 동시에 각자 「전」이 있다고 각각 말하고 있다. 여기서 왕길이 『모시』를 연구했다고 하는 것은 잘못이다.

14 『순자』의 「예론」과 「악론」은 순자 사상의 중심이지만 「비십이자」는 제자백가를 평론한 것이다. 십이자는 타효(它囂), 위모(魏牟), 진중(陳仲), 사추(史鰌), 묵적, 송견, 신도, 전병, 혜시, 등석(鄧析), 자사, 맹가이다.

15 『장자』「천하」는 스스로 자신의 책이 "종잡을 수 없는 큰 소리, 터무니없는 말, 밑도 끝도 없는 언사로 이것을 말했다. 때때로 제멋대로 하면서도 한쪽으로 기울지 않고 일의 어떤 부분으로 자신의 견해를 내보이지도 않는다"라고 말한다. 그러나 묵적, 금활리(禽滑釐), 팽몽, 전병, 신도, 노담, 혜시의 제자백가의 학문에 대해서 각각 논하고 열거한 것이 있다.

16 가업당본 『장씨유서』에 따르면 글의 끄트머리에는 "앞은 변례이다"[右辨例]라는 제목이 달려 있다.

3. 화주지 전지열전 서례(하)

주와 현의 방지에 이전 사람들의 찬술을 논해서 편집하거나 「열전」을 특별히 편집한 것은 아마 처음 만든 범례일 것이다. 이것을 제시하고 사방에 퍼트려 『춘추』가 기록한 세상을 경륜하는 일과 역사가의 가법[1]이 천하에 눈부시게 크게 밝혀진다면, 지방지를 다스리고 책을 모두 모아 이미 국사로 요약하고 편집한 것이기 때문에 손뼉으로 맞장구를 치며 말할 수 있을 것이다.[2] 설령 그렇다 하더라도 서술하기 어려운 것이 세 가지이고 서술하지 않을 수 없는 것이 세 가지인데 붓을 들어 글을 짓는 선비가 이런 논의를 곰곰이 살피지 않을 수 없다.

서술하기 어려운 것 세 가지는 무엇을 말하는가? 첫째, 책에 가법이 없어지고 글에 볼만한 것이 없다면 쉽게 흩어지고 따로 떨어진다. 당나라와 송나라 이후로는 사법이 전해지지 않고 사마천과 반고의 전문가의 학업만 말하기 때문에 회복시킬 수 없을 뿐이다. 「기」와 「표」에 대한 기존의 규칙이나 「지」와 「전」에 대한 이전의 범례 따위는 오랜 세월을 겪어도 변하지 않고 과거 시험의 정해진 방식이나 벼슬아치를 평가하는 법령의 조례(條例)와 대등하기 때문에[3] 비록 평범한 사관이라도 법도에 억지로 끼워 맞춰서 정리하고 수정하는 일을 대략 마칠 수 있다. 그러므로 비록 책에 좋고 나쁨이 가지런하지 않고 장점과 단점이 번갈아 나타나더라도 살피는 사람은 오히려 정해진 방식을 가지고 기존의 격식을 완성해 기록할 것은 기록하고 삭제할 것은 삭제하는 일을 저울질할 수

---

1 『춘추』가 기록한 세상을 경륜하는 일이라는 말은 『장자』 「제물론」을 보라. 가법은 「화주지 궐방열전 서례」의 주2를 보라.

2 지방지는 「방지립삼서의」의 주1을 보라. 요약 편집은 「언공 하」의 주86을 보라. 손뼉으로 맞장구를 치는 것은 「시교 상」의 주28을 보라.

3 과거 시험은 「서교 하」의 주23을 보라. 벼슬아치를 평가하는 법령은 「경해 중」의 주16을 보라.

있을 것이다.[4] 지방지의 기준이 자취도 없어지는 바람에 기준 없이 가려서 늘어놓는 형식도 유서와 비슷하며 기주가 장부[簿冊]와 같고 소박한 말을 쓰는 것이 구실아치 같으며 꾸민 말을 쓰는 것이 편지와 같다면[5] 살펴보는 사람은 아득해서 종지를 알 수 없다. 문학을 전공하는 선비가 상스럽다고 버린 뒤 쳐다보지도 않다가 새로운 편집이 완성되자마자 옛날 『화주지』가 갑자기 사라졌다. 이것은 추위와 더위에 따라 모자와 옷을 바꾸는 것이나 지나가는 길손이 여관에 머무는 것에 비길 만하니[6] 남겨서 기록해두려고 해도 역시 어렵지 아니한가? 둘째, 편찬하는 사람들이 실행한 업적을 상세하게 모르면 「전」을 세우기 어렵다. 역사 편찬 기구에서 유학자를 뽑을 때는 모두 문학에 뛰어나고 조정의 벼슬아치[朝紳]이면서 전적에 통달한 사람을 뽑는데 그중에는 유명한 대신도 있다. 그들의 저술은 「예문지」에도 나타나고 실행한 업적은 「열전」에도 상세하기 때문에 이것저것 뒤섞어 비교해서 헤아리면[7] 오히려 모으기 쉽다. 잠시 지방에서 벼슬하는 선비가 우연히 지나가다가 역사를 편찬하는 관청을 열고 주와 현의 방지를 지어 결정하는 시간[8]이 한 해를 넘지 않으며 토론하고 상의하는 범위[9]도 향당주려[州閭]를 벗어나지 않는다. 잠시 벼슬하는 사람은 그 사람이 평소에 어떤지 모르고 그 사람이 익힌 학업을

4 정리하고 수정하는 일은 「신정」의 주8을 보라. 기록할 것은 기록하고 삭제할 것은 삭제하는 일은 「역교 하」의 주26을 보라.

5 유서는 「문집」의 주18을 보라. 편지는 「번칭」의 주10을 보라.

6 『사기』 「역이기전」은 이러하다. "패공(沛公)이 고양(高陽)의 전사(傳舍)에 이르렀다." 『석명』 "석궁실"(釋宮室)은 이러하다. "전(傳)은 전(轉)이다. 사람들이 멈춰서 쉬고 갔던 사람이 다시 돌아오고 구르고 굴러 계속 전해지며 늘 있는 주인이 없다." 『노자』 제35장은 이러하다. "음악과 음식은 지나가던 과객을 멈추게 한다."

7 「설림」의 주65를 보라.

8 「화주지 전지열전 서례 상」의 주31을 보라.

9 『장자』 「서무귀」는 이러하다. "천지에는 근본 원리가 있다고 말하지 않을 수 있는가?" 주는 이러하다. "떨쳐 드러내서 헤아려 잘 생각하는 것이다." 『북사』 「최효분전」(崔孝芬傳)은 이러하다. "고금을 헤아려 잘 생각하고 틈틈이 실없는 말로 빗대어 놀린다."

모르기 때문에 드러나지 않은 어떤 사람의 덕행이나 드러나지 않은 어떤 사람의 아름다운 행실 가운데 미처 증명하지 못한 것이 간혹 있다.[10] 이것은 부평초가 둥실둥실 떠다니며 모인 것이나 마찬가지이고 기러기가 발자국을 남긴 것이나 다름없다.[11] 설령 「문원전」이 이어서 엮은 일을 본받고 「유림전」을 본뜨려고 한다 한들 어찌 얻을 수 있겠는가? 셋째, 제목과 서문이 어지럽고 분수에 맞지 않으며 요점이 없어진 지 오래되었기 때문에 수록하는 범례를 증명하기 어렵다. 사마천과 반고의 「전」은 모두 「자서」를 수록했다. 그들이 평생 실행한 업적과 기록할 것은 기록하고 삭제할 것은 삭제하는 큰 줄거리는 「자서」에 이미 명확하다. 본래 모습을 따라 그대로 써서 「열전」에 편집해 넣고 읽는 사람이 만약 스스로 얻을 수 있다면 그 책에 대한 생각은 절반도 넘을 것이다. 「서록」을 처음 지은 것이 무엇인지 찾아보면 비록 『주역』 「계사전」이나 『시』의 편마다 붙은 「서」에 뿌리를 두고 있지만[12] 사실 교수학의 여러 학파가 특히 그 형식을 중시한 데서 역사가의 요약과 편집이 유래했다. 유향이 글의 제목을 조목조목 나누어 열거하고 뜻과 의도를 뽑아서 기록하고 아뢰는 글이라고 말한 것[13]은 모두 명백하고 간결하여 그 책이나

---

10 『예기』 「곡례 상」은 이러하다. "사람의 자식 된 이는 집을 나설 때 꼭 가는 곳을 알리고 돌아올 때 꼭 부모에게 얼굴을 보이며 노는 곳은 꼭 일정해야 하고 익히는 것은 꼭 해야 하는 일이 있다."

11 소식 「화자유민지회구」(和子由澠池懷舊) 시는 이러하다. "인생의 방향은 무엇과 비슷한지 아는가? 날아온 기러기가 눈 녹은 진흙탕을 밟는 것 같다고 해야겠지. 진흙에 우연히 발자국을 남겼어도 기러기가 동쪽으로 날아갔는지 서쪽으로 날아갔는지 어찌 다시 헤아리겠나."

12 요내 「고문사유찬서」는 이러하다. "서발류(序跋類)는 옛날 이전 성인이 『역』을 짓고 공자가 이를 위해 「계사전」, 「설괘전」, 「문언전」, 「서괘전」, 「잡괘전」을 지어 본원을 미루어 논하고 그 뜻을 크게 넓혔다. 『시』와 『서』는 모두 「서」가 있다."

13 앞의 여러 구절은 『한서』 「예문지」를 보라. 완효서 「칠록서」(七錄序)는 이러하다. "옛날 유향이 책을 교정하면서 번번이 하나씩 「녹」을 지어 궁극적인 뜻을 논하고 그릇됨을 변별해서 마치는 대로 상주하여 바친 것은 모두 이 책에 실었다. 당시 또한 따로 모으고 많이 기록하여 『별록』이라고 불렀는데 다름 아니라 오늘날의 『별록』이 이것이다."

사람에 대해 확실하게 밝혀준다. 글의 첫머리에 붙인 말이 후학에게 도움이 되는 것은 주로 이런 이유 때문이다. 후세에는 글에 요점이 없어지고 교감이 사업이 아니게 되다 보니 모두 신중하지 못하게 허둥지둥 글을 쓰게 되었다.[14] 책이 있다면 어쨌든 서문[弁語]을 쓸 텐데[15] 말은 관청에서 나오고 이치는 모두 가볍게 설명한다. 그렇게 분류하고 편집한 것을 가려서 급하게 서문을 읽는다 해도 누구를 가리키는지, 무슨 일을 말하는지 모르게 된다. 그러나 문인의 누적된 악습이 계속 이어져서 아무도 자신을 반성하지 않으니 어지럽게 된다. 주와 현이 「지」를 편찬할 때 더구나 서문이 많은 것을 영광스럽게 생각하고 예서와 초서로 글씨를 잘 쓴다고 뽐내며 바람이 일고 구름이 이는 것처럼 글씨체를 다툰다. 법을 잘 지키며 열심히 일하는 구실아치를 칭송할 때 팔배나무 그늘에 복사꽃이 활짝 폈다는 말을 먼저 짓고 인문을 일반적으로 찬송할 때 물이 세차게 흐르고 산이 높다는 말을 다시 짓는다. 천편일률적이라서 살피는 사람이 재미가 없기 때문에[16] 그것을 인쇄 재료로 쓰는 비싼 나무판[甲乙]에 옮겨도 되지만 몽땅 가져다 불쏘시개[丙丁]로 써버려도 아무 상관 없다. 옛날 『화주지』의 서문을 고르고 이전의 범례를 기록하여 「열전」이

---

14 육기 「문부」는 이러하다. "고(觚)를 쥐고 술술 쓰기도 하지만 붓을 벼루에 머금은 채 막막하기도 하구나." 장운오(張雲璈) 『교언』(膠言)은 이러하다. "고(觚)는 다름 아니라 목간(木簡)이며 오늘날 칠판[粉版]에 글을 쓰는 것과 같다."

15 『의례』 「사관례」는 이러하다. "주나라 때는 변(弁), 은나라 때는 우(冔), 하나라 때는 수(收)이다." 소는 이러하다. "변은 고대 모자의 큰 이름이다." 「서」는 글 첫머리에 씌우기 때문에 서문을 변어(弁語)라고 부른다.

16 팔배나무는 「화주지 정략 서례」의 주1을 보라. 『진서』 「반악전」(潘岳傳)은 이러하다. "반악이 하양 영이 되자 현이 가득하도록 모두 복사꽃을 심었다." 『세설신어』 「언어」는 이러하다. "왕제[王武子]와 손초[孫子荊]가 자기 고장과 사람들의 아름다움을 각자 말했다. 왕제가 이렇게 말했다. '우리 고장은 땅이 넓고 평평하고 물이 담백하고 맑으며 사람들이 염치가 있고 바르지.' 손초가 이렇게 말했다. '우리 고장은 산이 높디높은데다 험하고 물이 깊고 거칠어서 물결이 일어나며 사람들 마음이 넓고 너그러워 빼어난 사람이 많지.'" 천편일률은 「화주지 궐방열전 서례」의 주21을 보라. 『진서』 「양호전」(羊祜傳)은 이러하다. "유선(劉禪)이 항복하자 여러 군대 진지[營堡]에 있던 사람은 쓸쓸하게 모두 흩어졌다."

자료를 취하도록 한다한들, 책에 조리가 생기겠는가? 이런 세 가지가 이른바 서술하기 어려운 것이다.

서술하지 않을 수 없는 것 세 가지는 무엇을 말하는가? 첫째, 이전의 「지」가 맞지 않아서 나중의 「지」가 그것을 고치더라도 서로 증명한 것을 남겨야 마땅하다. 천하 사람들의 견문은 끝이 없고 개인의 총명함은 한계가 있다. 『상서』 「우공」의 민산(岷山)에 대한 글은 오래되었지만 『면지』(緬志)를 얻어 보고나서 장강의 발원지가 금사강[金沙]이라는 것을 알았다.[17] 정현의 사준(娑尊)에 대한 이야기는 오래되었지만 왕숙을 얻어 보고나서 청동을 부어 만들 때 희준[犧]의 등을 뚫는다는 것을 알았다.[18] 경을 끝까지 파고드는 일은 나중 사람이 이전 사람을 이기는데 어찌 「지」

17 『서』 「우공」은 이러하다. "민산에서 장강이 시작한다." 『한서』 「지리지」는 이러하다. "「우공」에 민산은 촉군 전저도(湔氐道)의 서쪽 변방 바깥에 있고 장강이 시작되는 곳이다." 『면지』(緬志)는 확실하지 않다. 서굉조(徐宏祖) 『강원고』(江源考)에 따르면 이렇게 말한다. "남쪽에서 시작하는 것은 이우석(犂牛石)이라 하고 남쪽으로 흐르다가 석문관(石門關)을 거치면서 비로소 동쪽으로 꺾여 여강(麗江)으로 들어가 금사강이 된다. 또한 북쪽으로 굽이쳐서 서주(敍州)의 큰 강이 되고 민산의 강과 합친다. 나는 이렇게 생각한다. 민산의 강은 성도를 거쳐 서주에 이르기까지 천리도 안 된다. 금사강은 여강, 운남 오호(烏豪)를 거쳐 서주에 이르기까지 모두 이천여 리이다. 그러므로 장강의 근원으로 헤아리는 것은 반드시 금사강을 으뜸이라 생각해야만 한다."(『서하객유기』(徐霞客遊記) 「부록」)

18 『시』 「노송」 "비궁"은 이러하다. "술잔들도 가지런하네." 『모시전』은 이러하다. "사준(犧尊)은 봉황새 장식이 있다." 주는 이러하다. "사준은 정(鄭)이며 소하(素河)의 반절이다. 모형은 봉황새 장식이 있다고 했지만 정과 같은 것이어야 마땅하다." 정현전은 『모시전』과 같다고 말한다. 공영달 소는 이렇게 말한다. "이 「전」에서 사준이 새 깃털 장식[沙羽飾]이라고 한 것은 정중이 물총새[翡翠]로 꾸몄다고 풀이한 의도와 같다. 그래서 모두 사(娑)라고 읽어야 한다. 「전」에서 사(沙)라고 말한 것은 다름 아니라 사(娑)라는 글자이다. 왕숙은 이렇게 말한다. '태화 연간에 노군(魯郡)의 땅속에서 제나라 대부 자미(子尾)가 딸에게 보낸 그릇이 발견되었다. 희준(犧尊)이 있었는데 희생으로 바치는 소로 준을 만들었다. 그렇다면 상준(象尊)은 준이 코끼리 모양인 것이다.' 왕숙의 이 말은 두 가지 준의 모양이 소와 코끼리 같은데 등 위에 준을 짊어지고 있다는 것이다. 모두 희(犧)를 희(羲)라고 읽는데도 모형이나 정현의 뜻과 다르니 누가 옳은지 모르겠다." 홍매는 이렇게 말한다. "지금까지 세상에 남아 있는 옛 물건을 내가 살펴보니 『선화박고도』(宣和博古圖)가 그린 희준은 순전히 소 모양이고 상준은 순전히 코끼리 모양이었지만 준은 등에 있어서 바로 왕숙의 학설과 부합한다."(『용재삼필』(容齋三筆) 권13)

를 만드는 자질은 일단 이뤄지면 바뀌지 않는가? 그러나 후세인이 새로운 편집을 가다듬어 정할 때 반드시 오래된 기록을 남기지는 않는 법이니 만약 이전의 「지」가 제대로 서술하지 않았다면 무엇을 근거로 고쳐 정하려고 애쓰는 마음을 알 것이며 무엇을 근거로 변별하여 가다듬는 일의 지극히 마땅함을 알겠는가? 그러면 이전 기록을 논의해서 편집하는 것은 예전의 「지」에 의해 성씨를 남기는 것뿐만 아니라 역시 탁월한 것도 새로운 「지」에 의해 밝힐 수 있을 것이다. 둘째, 이전의 「지」가 증명했지만 나중의 「지」가 잘못 고쳤다면 가려 뽑을 일을 대비해야만 한다. 인심이 사람마다 다른 것이 마치 사람마다 얼굴이 다른 것처럼[19] 글을 짓는 일도 이것과 대등해야 한다. 예전 글을 고치기를 좋아하고 추구하는 역사가의 케케묵은 악습은 범례를 쉽게 가지려고 하기 때문이지만 본래 일부러 가혹하게 추구하지는 않는다. 그러나 한신이 칼을 차고 있다고 하면서도 어떤 사람인지 변별하지 않는다.(사마천의 「회음후열전」[韓信傳]은 이렇게 말한다. "회음의 젊은이가 한신을 욕보이면서 이렇게 말했다. '그대가 비록 몸은 장대하지만 속마음은 겁쟁이일 뿐이구나.'" 반고가 "너"[若]라는 글자를 삭제해 버리면서 글의 뜻이 분명하지 않게 되었다) 단수실[太尉]이 목을 가지고 왔다는 것은 누구를 빌려야만 하는가?(이전 사람들은 『신당서』「단수실전」(段秀實傳)을 논하여 이렇게 말한다. "유종원의 「장」은 태위를 일컬어 '내가 내 머리를 가지고 왔다'라고 했는데 글이 저절로 명백하다. 『신당서』는 고쳐서 이렇게 말한다. '내가 머리를 가지고 왔다.' 이것은 누구 머리인가?") 당시의 원문을 남기지 않으면 몇 차례 남의 손을 거치면 해(亥) 자와 시(豕) 자처럼 잘못 전해질 뿐만 아니라 벌레와 물고기[蟲魚]마저 다른 종류로 바뀔까 두렵다.[20] 셋째, 「지」는 번갈아 이어야 하지 번갈아 고치면 안 되기 때문에 범례를 조절해야만 한다. 사마천의

19 「언공 중」의 주52를 보라.

20 해(亥)와 시(豕)는 「화주지 여지지 서례」의 주23을 보라. 한유 「독황보식공안원시서기후」(讀皇甫湜公安園詩書其後)는 이러하다. "『이아』가 벌레와 물고기에 주를 단 것을 보니 틀림없이 마음이 넓고 너그러운 사람이 아닐 것이다."

『사기』는 『세본』과 『전국책』을 고르고 『상서』의 세계[世紀]를 모았으며[21] 『남사』와 『북사』는 심약, 소자현, 요사렴, 이백약 등이 쓴 여덟 사람의 역사서를 모았는데[22] 새로운 편집이 완성되자마자 이전의 책을 장독 덮는 종이로 쓴다는 소리를 듣지 못했다.[23] 자잘한 주와 현의 지방지는 이미 탁월하고 독특한 판단력이 없으므로 조술할 뿐이지 창작하면 안 된다.[24] 최근 사람들이 붓을 들어 글을 지을 때 장점을 뽐내려고 힘쓰면서도 미처 사마천[龍門]의 울타리를 들여다보지 못하고[25] 먼저 저공(狙公)의 술수를 익혀[26] 조삼모사 하면서 돌리고 돌려 서로 잇는 것은 이른바 스스로 어지럽힌다는 것이다. 삼십 년이 한 세대이니 없어진 글을 보충하고 모은 뒤, 장고를 수집하고 나열할 수 있을 것이다. 다시 삼십 년이 지난 다음에 남겨서 후세의 현인을 기다렸다가 이런저런 책들이 새록새록 계속 잇게 한다면 이것은 대체로 반고가 사마천을 상속하고 범엽이 반고를 계승한 것과 같으니 역시 좋지 아니한가? 설령 이전 책의 의례가 온전하지 못하고 모든 목록에 빠졌다고 해서 후세인이 새로 일으켜서 사라진 글을 보충하려는 것도 역시 사마천의 『사기』에 「지리지」가 없다고 반고의 「지리지」가 바로 『상서』 「우공」으로 거슬러 올라간 일[27]이나 『양서』와 『진서』에 「지」가 없다고 『수서』가 위로 다섯 왕조에 통한 일

---

21 「언공 상」의 주47을 보라.

22 「석통」의 주37을 보라. 여덟 왕조의 역사서는 심약의 『송서』, 소자현의 『남제서』, 요사렴의 『양서』와 『진서』, 위수의 『위서』, 이백약의 『북제서』, 영호덕분의 『북주서』, 위징의 『수서』이다.

23 「변사」의 주37을 보라.

24 조술하고 창작하지 않는다는 『논어』 「술이」를 보라.

25 『사기』 「태사공자서」는 이러하다. "나는 용문에서 태어났다."(현재 섬서성 한성현(韓城縣)에 있다) 그러므로 사마천을 용문이라고 하는 것이다.

26 『장자』 「제물론」은 이러하다. "원숭이를 부리는 사람이 원숭이에게 도토리를 나눠주면서 '아침에 세 개, 저녁에 네 개다'라고 했다. 원숭이들이 모두 화를 냈다. 그래서 '그러면 아침에 네 개, 저녁에 세 개다'라고 했다. 원숭이들이 모두 기뻐했다. 이름과 내용이 어그러지지 않았는데 기쁨과 노여움이 일게 되었다."

27 「서교 상」의 주35를 보라.

과 같다.[28](양나라, 진나라, 북제, 후주, 수나라가 다섯 왕조이다) 범례는 뜻에 근거하여 제정한 것인데 그렇지 않은 것이 어디 있는가? 그리고 마침내 범례와 제목[凡目]을 거칠게 바꿔서 예전 글을 온전히 기록하고 있다. 고기를 잡고 나면 통발을 잊는 것은 표절이나 같은 것인데[29] 이것이 어찌 괜찮겠는가? 그러나 거문고와 비파 소리가 맞지 않으면 고쳐 매서 다시 팽팽하게 해야 한다.[30] 이제 어떤 책을 처음 만들면서 번갈아 잇는 범례에 얽매일 수 없으니 설령 창으로 방패를 무너뜨리게 되더라도[31] 나는 사양하지 않겠고 나중에 오는 사람이 있다면 아마 내 마음을 굽이굽이 살필 수 있을 것이다. 이전의 「지」를 대대로 이어서 서술하고 그 규모를 남긴 것도 범례를 새로 만들어서 새로 편집한 일이 본래 어쩔 수 없었던 것임을 알 것이다. 이와 같은 세 가지가 이른바 서술하지 않을 수 없는 것이다.[32]

---

28 『오대사지』는 「석통」의 주57을 보라.

29 고기를 잡고 나면 통발을 잊는 것은 「답객문 하」의 주31을 보라. 한유 「번소술묘지명」은 이러하다. "생각건대 고대에는 문사가 반드시 자기에게서 나왔지만 시대가 내려오면서 자기가 지을 수 없으면 이내 남의 것을 몰래 따다 썼다."

30 「서교 중」의 주22를 보라.

31 『한비자』 「난 1」은 이러하다. "초나라 사람 가운데 방패와 창을 파는 사람이 있었는데 그것을 칭찬하여 이렇게 말했다. '내 방패는 단단해서 어떤 것도 뚫을 수 없다.' 또한 자기 창을 칭찬하여 이렇게 말했다. '내 창은 날카로워서 어떤 것도 뚫지 못하는 것이 없다.' 어떤 사람이 이렇게 말했다. '그대의 창으로 그대의 방패를 찌르면 어떻게 됩니까?' 그 사람은 대답할 수 없었다."

32 가업당본 『장씨유서』에 따르면 글의 끄트머리에는 "앞은 신지이다"[右申志]라는 제목이 달려 있다.

화주문징 서례(和州文徵序例)

건륭 39년 『화주지』 마흔두 편을 지었다. 편집과 퇴고가 끝난 다음에 이어서 화주의 저술 가운데 문헌에 도움이 되는 것과 문사가 법도에 맞아 우아하고 웅장하여 볼 만한 것이 있으면 골라서 「주의」 두 권, 「징술」(徵述) 세 권, 「논저」 한 권, 「시부」 두 권을 모아 『문징』 여덟 권으로 합치니[1] 글이 약간 되었다. 조목조목 구별한 뒤에 가려 모은 까닭을 조술하고 그것을 위해 「서록」을 지었다.

「서록」은 다음과 같다. 옛사람의 저술은 각자 일가를 이루었지만 여러 사람을 가려 모은 뒤 「집」에 하나로 모아 합친 적은 없었다. 전문가의 학이 흩어지면서부터 별집의 기풍이 나날이 번성했는데[2] 글이 한결같지 않아도 때때로 장점이 있는 말을 가려 모으는 일이 일어났다.[3] 고

1 「화주지 황언기 서례」의 주1을 보라.

2 「문집」편을 보라.

3 가려 모으는 일은 지우의 『문장유별집』에서 시작되었어야만 한다.(『유별집』은 「시

대에 가까운 한나라 때 사람인 사마상여, 양웅, 매승, 추양의 사부에서 화려한 말을 취해서 「열전」에 편집했다.[4] 역사를 기록하는 신하의 의도를 살피면 그들은 이로써 당시의 우아한 노래[風雅]를 남겨서 기록하려 한 것이다. 문장이 중요하기 때문에 비록 사람의 종류가 가지런하지 않더라도 그들의 사업과 함께 「전」에 수록하지 못한 적이 없었던 것은 후세에 글의 뜻에 얽매이고 이끌린 것이나 그들이 평생 동안 한 일을 「열전」이 거두는 데 그친 것과 다르다. 그러나 서한의 기풍은 간단하고 소박했으며 사마천과 반고도 스스로 한 학파의 책을 만들었기 때문에 이런 의례를 쓸 수 있었다. 옹달샘이 흘러 황하나 장강이 된 것처럼[5] 후세의 문자를 종류대로 나눠서 따로 수록하지 않는다면 기재가 가득해도[6] 기록하지 못한 것이 엄청나게 많을 것이다. 당나라 유지기는 정사의 「열전」에 실린 말이 번거롭고 지나치게 많음을 근심하여 조정의 명령서와 명령[詔令]이나 신하의 상주문을 취하여 「표」나 「지」 같은 전문 분야의 범례를 본떠 따로 형식을 만들고[7] 「기」와 「전」에 분류해서 편집하려고 한 적이 있는데 그 의도는 좋다고 할 수 있다. 그러나 「기」와 「전」은 문사를 남김없이 삭제할 수도 없지만 문사만 특별히 역사서에 편집해 넣는 것도 아마 광범위해서 마치기 어려울 것이다. 이것은 후세에 그의 주

교 상」의 주37을 보라) 유사배는 이렇게 말한다. "문학사는 역대 문학의 변천을 헤아리는 근거이다. 고대의 책은 진나라 때의 지우에게 갖춰지지 않은 것이 없다. 지우가 지은 것은 하나가 『문장지』이고 하나가 『문장유별집』이다. 『문장지』는 사람을 강령으로 하는 것이다. 『문장유별집』은 문체를 강령으로 하는 것이다."(「수집문장지재료방법」(蒐集文章志材料方法)은 『국고』 제3기에 실려 있다)

4 양웅은 「역교 상」의 주31을 보라. 사마상여, 추양, 매승은 「서교 중」의 주18 및 주20을 보라. 『사기』와 『한서』의 네 사람에 대한 「전」은 그들의 문사를 갖춰 수록했기 때문에 이른바 글로 사람을 전한 것이라 한다.

5 「서교 중」의 주27을 보라.

6 유종원 「급사중황태자시독육문통선생묘표」(給事中皇太子侍讀陸文通先生墓表)는 이러하다. "세상에 나가지 않을 때는 그가 지은 책이 집안을 가득 채웠고 세상에 나갔을 때는 소나 말이 진땀이 날 정도였다."

7 「서교 중」의 주17을 보라.

장이 남은 이유이지만 마침내 시행할 수 없는 이유이기도 하다.

역사가의 책은 의례가 대단히 광범위하고 『시』와 『서』의 형식은 『춘추』와 다르다. 열두 나라의 『국어』나 열다섯 나라의 『시』 「국풍」처럼[8] 그것이 말하는 전범과 교훈이나 지방의 풍속을 읊은 노래에는 각각 적당한 것이 있다. 그래서 태사가 시를 조사할 때 외사도 사방의 「지」만 관장하지[9] 혼자 한 가지 책만 취해서 대비한다는 말은 들어보지 못했다. 공환의 『문원』이나 소통의 『문선』 이후, 당나라 때는 『당문수』가 생기고 송나라 때는 『송문감』이 생겨[10] 모두 시대를 포괄하여 글을 가리고 많은 문체를 널리 찾았다. 그러나 그런 책들이 의도를 이름 짓고 범례를 밝힌 것은 재능 있는 젊은이가 글을 논하는 버릇이나 경생의 시험문제집이라는 기풍을 아직 벗지 못했기 때문에[11] 역사적 사실에 대해 그다지 착 달라붙지 않았다. 원나라 사람의 『원문류』는 오래된 관습이 그르다는 것을 점차 깨달았기 때문에 문사를 지어 모아 역사서의 의도를 모두 남겼다는 것을 서례도 이미 명백하게 말하고 있다.[12] 그러나 조목조목 구

---

8 『국어』는 「서교 하」의 주26을 보라. 나는 이렇게 생각한다. 『국어』는 그래서 나라별로 편을 지었는데 주나라, 노나라, 제나라, 진나라, 정나라, 초나라, 오나라, 월나라 여덟 나라를 헤아린다. 여기서 열둘이라고 말한 것은 『춘추』가 열두 명의 노나라 제후를 적은 것 때문에 잘못되지 않았는지 의심스럽다. 『시』 「국풍」 열다섯 가지는 「주남」, 「소남」, 「패풍」, 「용풍」, 「위풍」[衛], 「왕풍」, 「정풍」, 「제풍」, 「위풍」[魏], 「당풍」, 「진풍」[秦], 「진풍」[陳], 「회풍」, 「조풍」, 「빈풍」이 이것이다.

9 「방지립삼서의」의 주8 및 주10을 보라.

10 『문원』은 「시교 상」의 주39를 보라. 『문선』, 『당문수』, 『송문감』은 「서교 중」의 주30부터 주32까지를 보라.

11 「박약 상」의 주7을 보라.

12 「서교 중」의 주33을 보라. 원나라 진려 「원문류서」는 이러하다. "한림 대제 조군 출신 소천작은 이것에 대해 분발하여 의지를 가지고 있다. 진나라, 한나라, 위나라, 진나라의 글은 『문선』에 수록되어 있고 당나라와 송나라의 글은 『당문수』와 『송문감』에 실려 있다고 생각한다. 국가의 문장이 성대한데 골라 모으지 않는다면 장차 결국 흩어지고 사라지며 가라앉고 뒤섞일 것이고, 번쩍번쩍 빛나는 뛰어난 공적은 장래에 빛나지 못할 것이니 지금 세상에 크게 빠진 것이 아니겠는가? 그래서 나라가 처음 세워졌을 때부터 지금까지 유명 인사가 지은 것을 모았는데 가시, 부송, 명찬, 서기, 주의, 잡저, 서설, 의론, 명지, 비전 따위는 모두 종류대로 모았다. 스무 해 동안

별되지 않았기 때문에 문학의 원류에 대해 논의하고 편집한 것은 드물다. 또한 옛사람은 이렇게 말했다. "그 시를 읊고 그 책을 읽으면서 그 사람을 몰라서야 되겠는가?"[13] 지은이 평생의 큰 줄거리 및 그가 지은 글의 이름은 이선 『문선주』의 범례에 보존되어 있지만[14] 좀 해석하고 증명해야 적당한 듯하다. 주장을 세우고 논의를 밝힌 글은 가끔 아름다운 빛이 뚜렷하기 때문에 읽는 사람도 신바람이 나고 글이 끝나면 성나서 주먹을 쥐게 되지만[15] 시작부터 끝까지 과정 전체가 본디 어떤지 모른다. 이것은 아마 잠결에 옛사람을 꿈꾸다가 갑자기 깨어나거나 잠결에 묘하게 아름다운 음악을 듣다가 끝나지 않았는데도 갑자기 깨어나는 것처럼 가슴을 뭉클하게 만들기 어려운 것이리라. 이런 것은 모두 글을 논하고도 남지만 역사서를 증명하기에는 충분하지 않으니 나중에 역사를 고증하게 될 사람들은 깊이 생각하고 넉넉히 논의하지 않을 수 없다. 지

쌓아서 모두 약간 수를 얻었는데 일흔 권이며 이름을 『국조문류』라고 했다. 백 년 동안 문물의 뛰어난 것이 남김없이 여기에 있다. 그러나 취한 것은 반드시 정치와 이어져 있거나 세상의 교화에 보탬이 되는 것이고, 바르게 지어서 풍속에 본보기가 되기에 충분한 것을 취하기도 했고 논하고 기술하여 역사가를 돕기에 충분한 것을 취하기도 했다. 이런 것이 아니면 비록 좋아해도 취하지 않았다."

13 『맹자』 「만장 하」를 보라.

14 이선 『문선주』 범례는 이러하다. 지은이의 평생을 서술하고 동시에 글을 지은 연유를 언급한다. 반고 「양도부」 같은 것은 『후한서』를 인용하여 반고의 평생을 서술하고 또한 후한이 "낙양을 서울로 삼자 장안[西京]의 어른들은 원망이 있었는데 반고는 화제가 낙양을 떠날 것을 두려워했기 때문에 「양도부」를 바쳐서 간언하자 화제가 크게 기뻐했다"라고 한다. 다름 아니라 "지금 이야기하고 있는 일을 처음부터 끝까지" 서술한 것이다. 『구당서』 「유림전」 "조헌전"(曹憲傳)은 이러하다. "이선은 양주 강도 출신이고 반듯하고 우아하며 맑고 힘이 있어 사군자(士君子)의 기풍이 있었다. 명경 연간에 태자 내솔부 녹사 참군(太子內率府錄事參軍), 숭현관 직학사로 여러 차례 보임했으며 패왕(沛王) 시독을 겸했다. 『문선』에 주를 달고 풀이한 적이 있는데 예순 권으로 나누어 「표」와 함께 바쳤다. 황제가 비각에 소장하라고 명령했다. 또한 『한서변혹』(漢書辨惑) 서른 권을 지었다. 재초(載初) 원년에 죽었다. 아들 이옹[邕]도 역시 명성이 알려졌다."

15 『사기』 「자객열전」(刺客列傳)은 이러하다. "번오기(樊於期)는 한쪽 옷소매를 걷어붙여 어깨를 드러내고 한손으로 팔을 움켜쥐고 다가섰다." 『사기색은』은 이러하다. "손바닥 다음을 팔뚝이라 한다. 용감한 사람은 성나고 분하면 반드시 먼저 왼쪽 손으로 오른쪽 팔뚝을 불끈 움켜쥔다." 액(搤)은 소리가 액(戹)이고 액(扼)과 통한다.

방의 글을 가리는 일은 『국어』나 『시』 「국풍」이 오래전부터 주장하고 있다. 최근의 『중주집』[中州]이나 『하분집』[河汾] 같은 여러 「집」이나 『양원편』[梁園]이나 『금릉편』[金陵] 같은 여러 「편」[16]은 모두 경계를 구분하여 글을 논하고 대략 거둬서 바치는 의도를 깃들이고 있는데 이것도 괜찮다. 왜 방지를 짓는 사람[志家]은 「예문지」를 편집할 때 역사서의 형식을 명확히 이해하지 못하는가? 이해하지 못하면서 도리어 글을 가리는 범례를 몽땅 본떠 시사(詩辭)나 가부(歌賦), 기전이나 잡문조차 「서」나 「지」에 배열한 것은 종류대로 분류할 줄 모르는 것이라고 말할 수 있다. 그래서 「지」를 편찬하는 자투리 시간을 이용하여 여러 가지 형식을 가려서 굽어보고 규칙과 제도를 일으켜 시작하며 간단하게 종류대로 서로 따르게 하여 서술하고 수록하여 그들의 유파를 설명해 두면 아마 올바른 사업을 거의 뒤따르는 사람이라면 화려함을 보탤 수 있을 것이다.[17]

---

16 『사고전서총목제요』 "총집류"는 이러하다. "『중주집』(中州集)은 열 권이고 『중주악부』(中州樂府) 한 권을 붙였는데 금나라 원호문이 엮었다. 금나라 한 시대의 시를 수록하고 모든 사람마다 각각 「소전」을 지어 일생을 상세하게 갖추고 시 평론도 겸하고 있어 대체로 시를 빌려 역사서를 남기려는 것 위주이다." 또한 "『하분제로시집』(河汾諸老詩集) 여덟 권은 원나라 방기(房祺)가 엮었다. 방기는 평양 출신이다. 고앙소(高昂霄)의 「발」에 따르면 방기는 대동로(大同路) 유학 교수(儒學教授)라고 한다. 그러나 방기는 「후서」를 지어 자기를 횡분은자(橫汾隱者)라고 부르고 있다. 어쩌면 관직을 그만두고 이 「집」을 엮은 것이겠지? 엮은 것은 모두 마혁(麻革), 장우(張宇), 진갱(陳賡), 진앙(陳颺), 방호(房皥), 단극기(段克己), 단성기(段成己), 조지겸(曹之謙) 여덟 사람의 시이고 사람마다 각자 한 권씩인데 모두 금나라의 유로이며 원호문을 좇아 배우던 사람들이다." 또한 "『양원풍아』(梁園風雅) 스무 권은 명나라 조언복(趙彥復)이 엮었다. 조언복은 자가 미생(微生)이고 기현(杞縣) 출신이며 만력 갑진년에 진사가 되었고 벼슬은 호광안찰사 부사에 이르렀다. 이것은 중주의 시가 모두 아홉 명, 이몽양이 다섯 권, 하경명이 다섯 권, 왕정상(王廷相)이 한 권, 맹양(孟洋)이 한 권, 설혜(薛蕙)가 두 권, 고숙사(高叔嗣)가 두 권, 유회(劉繪)가 한 권, 장구일(張九一)이 세 권인데 조언복의 시 한 권이 붙어 있다." 『국사경적지』 "총집류"는 이러하다. "『금릉풍아』(金陵風雅) 마흔 권은 요여순(姚汝循)이 지었다."

17 양나라 소통 「문선서」는 이러하다. "아마 그 일을 뒤따라서 화려함을 더하고 그 근본을 변화시켜 더욱 심하게 만들었기 때문일 것이다."

첫째, 주의.[18]

『문징』의 첫머리인 「주의」는 마치 「지」의 첫머리인 「편기」(編紀)와 같다. 소통이 글을 가릴 때부터 부(賦)가 전체의 첫머리가 되었다. 때를 논한다면 반고가 굴원보다 뒤에 있고 문체를 논한다면 부가 『시』의 유파가 된다.[19] 그렇다면 이런 의례가 어찌 중요한 전거가 될 수 있겠는가? 그러나 후세의 글을 가리는 사람[選文之家]이 이것을 백 개의 왕조가 지나도록 움직일 수 없는 시조처럼 받드는 것[20]도 괴이할 따름이다! 이제 주의를 취하여 첫머리에 넣고 관청의 공문서를 그것에 붙인다. 주의를 「기」에 견주고 공문서를 「정략」에 견준 것은 모두 장고가 소장하는 것이기 때문이다.[21]

둘째, 징술.

「징술」에는 기, 전, 서, 술, 지, 장, 비, 명이라는 문체들이 있다.[22] 그들

---

18 요내 「고문사유찬서」는 이러하다. "주의류는 아마 요임금, 순임금, 삼대의 성인과 현인들이 자기 임금에게 펼쳐 유세한 문사일 것이며 『상서』에 갖춰져 있다. 주나라가 쇠락하자 모든 나라의 신하들이 나라를 위해 계획한 것은 내용이 충성스럽고 문사가 아름다운데 모두 『상서』의 「모」나 「고」에 뿌리를 둔 유산이며 학자들이 많이 외운다."

19 「시교 하」의 주28 및 주29를 보라. 『문선』은 소(騷)를 부(賦)와 구별하고 부가 시보다 앞선다고 하는데, 종류대로 구별하는 것이 맑지 않고 시작부터 끝까지 순서를 잃었다. 이야기는 「시교 하」 및 「영청현지 문징 서례」에 상세하다.

20 중요한 전거는 「답객문 중」의 주8을 보라. 움직일 수 없는 시조는 「서교 하」의 주22를 보라.

21 「서교 상」의 주13을 보라.

22 방웅(方熊) 『문장연기보주』(文章緣起補注)는 이러하다. "「기」는 사실을 기록한 글이다." 또한 "「전」은 전한다는 뜻이다. 사마천은 『사기』를 지을 때부터 「열전」을 창조했지만 후세의 역사가는 끝내 바꿀 수 없었다. 드러나지 않는 덕이 있지만 뚜렷하게 하지 못하거나 보잘 것 없는 사람이 있지만 본받을 만하다면 모두 그를 위해 「전」을 짓는다." 또한 "『이아』는 이렇게 말한다. '서(序)는 서(緖)이다.' 이 글자는 역시 서(敍)라고도 한다. 사리를 잘 서술하고 차례에 순서가 있는 것이 실의 실마리 같은 것을 말한다." 또한 "선현은 시호를 드러내는 동시에 「행장」이 있다. 죽은 사람의 세계(世系), 이름[名字], 작위와 살았던 곳[爵里], 행실과 공적[行治], 수언(壽言)을 상세하게 갖추고 공로를 헤아린 것을 첩에 적어서 태상에게 보고하여 시호를 논의하

의 글은 「열전」이나 도서와 서로 상세하거나 간단한 것이 있다. 사학이 흩어지면서 책은 전문가의 것이 아니게 되었고 문인의 별집 가운데 상대편의 글을 되받아 남기고 수록한 작품에도 역사적 사실을 도울 수 있는 기전의 문체들이 자주 나온다.[23] 소통이 글을 가릴 때는 아직 이런 것이 없었다. 후세의 문집에는 역사서의 형식도 있고 역사서를 편찬하는 사람도 가끔 거기서 취하므로 「징술」이라는 글은 요컨대 바꿀 수 없는 것이다.

셋째, 논저.

「논저」는 제자백가의 유풍이므로 주장을 세워 불후의 명성을 영원히 남긴 사람에 깃들이는 실마리가 여기에 있다.[24] 유협은 논(論)이라는 이름을 지은 것이 『논어』에서 시작되었다고 말했는데[25] 그 말은 맞다. 조공무의 『군재독서지』는 "도를 논하고 나라를 다스린다"는 말이 『상

게 하거나 역사서를 편찬하는 기관에 보고하여 엮어서 수록하기를 청하거나 지은이에게 바쳐서 「묘지」(墓誌)나 「비표」를 찾는 부류는 아마 모두 그것을 쓸 것이다." 또한 "옛날에 종묘에 세운 비석은 희생을 묶는 쓰임새였지만 후세인이 그 위에 공덕을 기록했기 때문에 「비」가 유래한 것은 오래되었다. 후한 이래로 지은이들이 점차 많아졌다. 「지」(誌)는 기록한다[記]는 뜻이다. 「명」(銘)은 이름 짓는다[名]는 뜻이다. 옛날 사람들은 덕행과 선행, 뛰어난 공적이 있어서 이름을 세상에 알릴 만하면 죽은 뒤에 후세인이 그를 위해 쇠를 부어 그릇을 만들고 이름을 새겨 넣어 영원히 전해지도록 했다. 『채중랑집』(蔡中郎集)에 실린 「주공숙정명」(朱公叔鼎銘) 같은 것이 이것이다. 한나라 때 두주[杜子夏]에 이르러 비로소 글을 새겨 무덤 옆에 묻기 시작하면서부터 결국 「묘지」가 생기게 되었고 후세인들이 이를 이었다."

23 「시교 상」은 이러하다. "사학이 전문가의 학업이 아니게 되자 문집에 전기라는 장르가 생겼다." 글은 역사서를 돕기에 충분한 것을 취한다는 것은 위의 주12를 보라.

24 『문심조룡』 「제자」는 이러하다. "온갖 일에 대해 널리 밝은 것은 「자」(子)이고 오직 하나의 이치만 변별하는 것은 「논」이다." 요내 「고문사유찬서」는 이러하다. "논변류는 고대의 제자백가에서 근원하고 각자 자신이 배운 바를 책으로 지어서 후세에 알려준다."

25 『문심조룡』 「논설」은 이러하다. "「논」이라는 것은 모든 말들을 두루 다스려서 하나의 이치를 정밀하게 연구하는 것이다. 공자의 드러나지 않는 말은 제자들이 좇아서 기록했기 때문에 그것을 경이라는 제목을 붙이지 않고 『논어』라고 부른 것이다. 아마 모든 「논」이 이름을 세운 것은 여기서 시작했을 것이다."

서』에서 나온다고 원용하고 있는데 유협이 엉성하고 거칠다는 것을 낮춰보기 때문이다.[26] 『주관』의 글은 가짜 고문에서 나왔을 텐데 조공무가 그것을 살핀 적이 없다는 것도 역시 정신 나간 짓이다. 제자백가의 기풍이 쇠락하자 문학을 지망하는 선비의 「집」에 논, 설, 변(辨), 해(解) 같은 형식들이 생기게 되었다.[27] 설령 사실을 근거로 주장을 세운다 하더라도 편지나 제발(題跋) 같은 부류[28]는 논저의 유파이다.

---

26 조공무 『군재독서지』 "별집류"는 이러하다. "『문심조룡』은 진나라 유협이 지었다. 고대부터 문장의 성공과 실패를 평하고 문장의 형식을 구별했는데, 모두 쉰 편이며 각각 '「찬」은 이렇게 말한다'라는 말로 그것을 이었다. 나는 그 뒤에 이렇게 쓴 적이 있다. 세상의 문학가들은 문학작품에 애를 쓰지만 책은 찢기고 흩어져 없어진 책을 읽은 경우가 많다. 두목[杜牧之]은 용성(龍星)을 진짜 용이라고 생각했고 왕유[王摩詰]는 곽거병을 위청(衛青)이라고 생각했는데, 옛날 사람들은 그것을 비난했다. 그러나 괴이쩍게 여길 수 없는 것은 아마 시부가 어쩌면 갑작스러운 작품이기 때문일 것이다. 이제 유협이 책을 지어 후세에 물려주면서 붉은빛 옻칠한 그릇을 쥐고 공자를 따라 남쪽으로 간 꿈을 꾼 적이 있다고 말했으니 그의 자부심이 얕지 않다. 『문심조룡』 「논설」편은 '『논어』 이전의 경에는 논(論)이라는 글자가 없다. 『육도』(六韜)의 두 가지 「논」은 후세인이 나중에 제목을 붙인 것'이라고 말하지만, 특히 『서』에 '도를 논하고 나라를 경영한다'라는 말이 있다는 것을 모르니 꼼꼼하지 못하고 대문대문이 왕유나 두목보다 지나치다!" 장학성은 『주관』이 가짜 고문에서 나왔다고 하는데, 가짜 『고문상서』가 청나라 때 와서 염약거가 비로소 논하고 결정한 것에 따르면 조공무는 알 수가 없었던 일이다. 『문심조룡』 범문란 주는 이러하다. "경에 '논'자가 나타나지 않는다고 이내 경에 '논'으로 이름 지은 것이 없다고 말할 수는 없다." 조공무가 논박한 것은 옳지 않다.

27 섭장청의 주는 『함분루문담』(涵芬樓文談) 「문체추언」(文體芻言) "논변류"를 인용한다. "변(辨)의 뜻은 따져 묻고 비난하는 일을 반복하여 자신의 처음 의도를 표현하는 데 힘쓰는 것이 논(論)과 큰 차이 없이 거의 같다. 후세 경생[經生家]의 주장은 이 문체를 많이 쓴다. 설(說)이 처음 일어난 것은 아마 제자백가의 나머지에서 나왔을 것이기 때문에 한나라 이래부터 저술하는 사람이 지은 잡설은 우언에서 나온 것이 보통 열에 여덟아홉이다. 아마 이것은 모두 의지를 가진 선비가 당시 세속적인 것을 가엾게 여기고 꾸짖는 동시에 자신의 처지가 불우한 것을 애달파 하면서도 말을 바로잡고 사물에 자신의 의도를 깃들이려고 하지 않는 뜻일 것이다. 『소대예기』에는 「경해」라는 편이 있는데, 후세인이 경을 훈고한 말을 해(解)라고 하는 경우가 많다. 그러나 사실 경을 풀이하기 위해서만 오로지 베푼 것은 아니다. 제자백가의 글을 살펴보면 해(解)라는 이름을 단 글이 많은 것으로도 알 수 있다."

28 섭장청의 주는 『함분루문담』 「문체추언」 "서독류"(書牘類)를 인용한다. "유협[劉彦和]은 이렇게 말한다. '전국시대 이전에는 임금과 신하의 편지[書]가 같았다.' 아마 그때는 윗사람이 아랫사람에게 보내는 것을 서(書)라고 하고 아랫사람이 윗사람에

넷째, 시부.

「시부」라는 것은 『시경』의 여섯 가지 뜻의 유산이다.[29] 『시』 「국풍」이라는 형식은 사실 주와 현의 『문징』에 가깝다. 「감천부」와 「상림부」[30]는 반고가 「열전」에 수록했고 당시 시행했어도 되는 것이다. 후세의 글이 번거로워졌기 때문에 본디 전문적인 글과 구별해야만 한다. 다만 '시부가'라는 유파만 최근에 이르러 어휘의 화려함[辭采]에 탐닉하면서 옛날에 국사가 『모시서』를 지은 의도를 얻지 못하고[31] 어리석게도 문자가 교묘한지 졸렬한지만 다투고 있다. 이들은 모두 『문징』을 더불어 이야기할 수 없는 사람들이다.[32] 이제 이전 사람들이 지어 읊은 노래를 취한 뒤, 순서대로 편집하고 배열하여 『시경』의 유산을 남긴다. 동시대 사람은 으

게 보내는 것도 역시 서라 했기 때문에 같다고 했을 것이다. 그 뒤 명분이 엄해진 뒤로 두 가지는 서로 빌리지 못하고 그중 서독류에 들어간 것은 겨우 자기보다 존귀한 사람 및 자기와 엇비슷한 이하의 사람에게만 썼을 뿐이다. 독(牘)은 다름 아니라 서의 다른 이름인데 역사서에서 한나라 문제가 흉노에게 한 자 짜리 편지[尺牘]를 보냈다는 것이 이것이다." 또한 "서발류"는 이러하다. "「발」은 아마 송나라 중엽에 시작되었을 것이다. 구양수[歐陽永叔]의 「집」에 「발미」(跋尾) 수십 편이 있고 소식이나 황정견의 무리가 계속 이어서 지었으나 이에 앞서서는 미처 보지 못했다. 「제후」(題後)는 다름 아니라 「서후」(書後)이다. 제라고 말한 것은 자세하게 살핀다는 뜻을 취했다. 뜻은 『석명』을 보라."

29 「시교 하」의 주14를 보라.

30 양웅 「감천부」와 사마상여 「상림부」는 각각 『한서』「양웅전」과 「사마상여전」에 수록되어 있다.

31 「힐루」의 주35를 보라.

32 『중설』 「천지」는 이러하다. "이백약이 선생을 찾아와 시를 논했다. 선생은 대답하지 않았다. 이백약은 물러나와 설수에게 이렇게 말했다. '나는 위로 응창과 유정을 펼치고 아래로는 심약과 사령운을 기술했으며 네 가지 성조[四聲]와 여덟 가지 못마땅한 점[八病]을 나누었으니, 굳셈과 부드러움이나 맑음과 흐림은 각각 실마리가 생기고 소리는 조화를 이루는 것 같다. 그러나 선생님은 대꾸도 하지 않으시니 내가 아직 그것에 대해 통달하지 못한 탓이겠지?' 설수가 이렇게 대답했다. '내가 선생이 시를 논하시는 말을 들은 적이 있네. 위로 삼강을 밝히고 아래로 오륜에 통달하여 여기서 보존과 소멸을 증명하고 성공과 실패를 변별하기 때문에, 백성은 노래하여[歌] 자신의 풍속을 알리고 군자는 노래하여[賦] 의지를 드러내며 성인은 가려서 변화를 살핀다네. 만약 자네가 아득바득 보잘 것 없는 것에 대해서만 바삐 돌아다녔다면 이것은 선생이 아파하는 것이지! 대답하시지 않았다면 이유가 있다네.'" 나는 이것이 장학성의 학설과 서로 밝혀준다고 생각한다.

례 부록에 붙여서 뒤에 오는 사람이 따로 고르기를 기다린다.[33]

33 왕개운은 이렇게 말한다. "장학성 『문사통의』를 잘 읽어보면 방지의 형식을 대단히 상세하게 말했다. 그러나 문징이라는 분야를 따로 세운 것은 아직 사법이 아니다. 그 말도 역시 지나치게 변별해서 이기려고 한다. 요약하자면 「지」가 역사서라는 말은 그것을 얻었다. 『시』가 사라진 뒤 『춘추』가 만들어졌다는 이런 것은 특히 가정한 말일 뿐이다. 『춘추』가 어찌 『시』를 대신할 수 있는가? 맹자가 『춘추』를 전수받은 뒤 그것이 천자의 사실이라는 것을 알았다고 해서, 임금다운 왕이 희미해지자 공자가 일어났다고 말할 수는 없다. 그러므로 『시』가 사라졌다고 가탁해서 말한 것이다. 그래서 장학성이 시와 글을 방지에 넣은 것은 어찌 비슷한 것과 어그러지지 않겠는가!"(『상기루설시』(湘綺樓說詩) 권2) 이것을 글을 거둬서 역사서를 돕자는 장학성의 의도에서 생각해보면 아마도 미치지 못할 뿐이다.